黄 河 中 游
粗泥沙集中来源区界定研究

徐建华　林银平　吴成基　喻权刚　左仲国　等 编著

黄 河 水 利 出 版 社

图书在版编目(CIP)数据

黄河中游粗泥沙集中来源区界定研究/徐建华等编著.
郑州:黄河水利出版社,2006.11
ISBN 7-80734-147-5

Ⅰ.黄… Ⅱ.徐… Ⅲ.黄河-中游-粗泥沙-来源-研究 Ⅳ.TV152

中国版本图书馆 CIP 数据核字(2006)第 119222 号

组稿编辑:雷元静 电话:0371-66024764

出 版 社:黄河水利出版社
地址:河南省郑州市金水路 11 号 邮政编码:450003
发行单位:黄河水利出版社
发行部电话:0371-66026940 传真:0371-66022620
E-mail:hhslcbs@126.com
承印单位:河南第二新华印刷厂
开本:787 mm×1 092 mm 1/16
印张:31.75
字数:733 千字 印数:1—1 500
版次:2006 年 11 月第 1 版 印次:2006 年 11 月第 1 次印刷

书号:ISBN 7-80734-147-5/TV·479 定 价:96.00 元

前　言

"堤防不决口,河道不断流,河床不抬高,污染不超标",是黄河健康生命的重要标志。其中,河床不抬高的关键是减少输入黄河的泥沙,特别是粗泥沙。

众所周知,长期以来,由于黄土高原地区严重的水土流失,带来黄河下游泥沙的严重淤积,使得每年有16亿t泥沙进入黄河,其中约有1/4淤积在下游河道,使下游成为"地上悬河"。特别是近20年来,由于自然因素和人类活动因素共同的影响,使黄河的水沙关系极不协调,造成黄河下游主河槽泥沙淤积加重,河道内又出现了3~5m高的"悬河中的悬河",呈现出"槽高于滩,滩又高于背河地面"的局面,称之为"二级悬河"。

现已初步查明,1960年前三门峡水库未建成的"自然"水沙情况下(淤积物取样分析得知,后同),下游河道主槽淤积物中,$d \geqslant 0.05$mm和$d \geqslant 0.10$mm的粗泥沙分别达76.1%和50.7%。如此之多的粗泥沙主要来自黄河中游的多沙粗沙区,特别是位于河口镇至龙门区间右岸的皇甫川、窟野河、秃尾河、佳芦河、孤山川等5条支流,产生的$d \geqslant 0.05$mm和$d \geqslant 0.10$mm的泥沙分别占到河龙区间相应沙量的50.0%和87.0%。强烈的水土流失使该地区生态环境进一步恶化,不仅严重制约着当地的经济发展和人民生活水平的提高,而且大量的泥沙输入下游,使下游河道淤积抬高,形成潜在的洪水灾害,直接威胁着黄河下游两岸人民生命财产的安全。因此,在倡导维持河流健康生命的今天,加强这一特殊地区的治理与合理开发研究,对区域经济的可持续发展和下游河槽减淤都具有重要的意义。

1996年,黄河水利委员会将"黄河中游多沙粗沙区区域界定及产沙输沙规律研究"列为水土保持科研基金项目,1997年水利部科技司(科技项[1997]29号)将其确认为水利部科技计划项目(SR9727)。其研究目的是:明确对黄河三门峡库区及下游河道淤积危害最大的泥沙即粗泥沙,界定黄河中游多沙粗沙区的范围,并根据该区内部的地面组成物质和侵蚀强度的差异进行亚区划分,提出治理开发方略。2000年该项目完成。研究得到的结果是:黄河中游多沙粗沙区面积为7.86万km^2,占河口镇至桃花峪区间总面积的22.8%,年均可产生的泥沙达11.82亿t,占中游年均输沙量的69.2%,其中粗泥沙量($d \geqslant 0.05$mm)达3.19亿t,占中游总粗泥沙量的77.2%。由此说明,黄河下游淤积泥沙主要来自7.86万km^2的多沙粗沙区。因此,加强该区域的水土流失治理,是减少黄河下游河道泥沙淤积的关键所在。

找到了7.86万km^2的多沙粗沙区,初步明确了黄土高原水土流失治理的重点。但要清醒地认识到,多沙粗沙区不仅是黄土高原水土流失最严重的地区,而且也是生态系统最为脆弱的地区,同时又是治理难度最大、需要治理投入最多的地区。鉴于当地的经济发展水平,在国家投入主导治理资金时,地方提供配套治理投资的能力较弱,致使该地区治理的投入强度相对不足。由此看来,相对于国家的投入强度和当地的经济发展水平而言,要对7.86万km^2的多沙粗沙区实施高强度的集中治理,面积仍显偏大。并且,在多沙粗沙区内，粗泥沙产沙强度也十分不均衡，以 $d \geq 0.10$mm 的粗泥沙输沙模数为例，最高的地区可高达10 000t/(km^2·a)以上，低的地区只有 350t/(km^2·a)左右。因此，应在现有的 7.86 万 km^2 多沙粗沙区面积的基础上，进一步界定泥沙颗粒直径大且侵蚀模数也大的水土流失区域，以便更加突出治理重点，一方面缩小范围，便于集中治理；另一方面，又可使黄河干流三门峡、小浪底水库和黄河下游河道尽快见到中游拦减粗泥沙的治理效果。

2004 年初，水利部黄河水利委员会（以下简称黄委）主任李国英代表中共黄委党组提出应进一步缩小范围，确定对下游河道主槽淤积危害最大的产粗泥沙更多的地区，即粗泥沙集中来源区，作为当前在国家不可能大量增加投资的情况下，应首先治理的区域，并遴选出粗泥沙集中来源区中的重点治理支流，为规划设计和水土流失治理实践服务。

2004 年 10 月，黄委以黄规计[2004]197 号文批准了“黄河中游粗泥沙集中来源区界定研究”项目。随着研究的深入和黄河治理开发的需要，2005 年 3 月 29 日，黄委主任专题办公会议又提出了新的研究内容，并以黄委黄水保[2005]009 号文追加了补充研究内容，根据项目任务书和后来的要求，分下列专题进行了研究。

第一专题：三门峡库区淤积物粒径分析

第二专题：黄河下游河道淤积物粒径分析

第三专题：基于自然地理背景的粗泥沙集中来源区宏观判析

第四专题：黄河中游严重水土流失区侵蚀土壤粒径分布研究

第五专题：粗泥沙集中来源区界定研究

第六专题：粗泥沙集中来源区中重点支流特性深化研究

第七专题：黄河中游多沙粗沙区治理分区划分研究

第八专题：多沙粗沙区各治理分区水资源量评价

第九专题：多沙粗沙区各治理分区经济社会指标调查与评价

以上 9 个研究专题的负责单位及参加人员如下：

第一专题，由黄委水文局负责，主要参加人员为：徐建华、林银平、金双彦、张永平、和晓应、任松长、胡跃斌、张长江、郭相秦、牛万红、蒋昕晖、陈志凌、郝国占、周鸿文、李梅、刘伟、郭宝群、赵淑饶、刘社强、王西超、田捷、傅延红、王生雄、单伟、刘东、张双慧、杨春杰。

第二专题，由黄委水文局负责，主要参加人员为：金双彦、王志勇、高亚军、孙广平、徐建华、王玉明、胡跃斌、周鸿文、陈志凌、朱小勇、任松长、李梅、田捷、傅延红、龙虎、吴强、张春岚。

第三专题，由陕西师范大学负责，主要参加人员为：吴成基、徐建华、郭力宇、林银平、高亚军、孙虎、赫晓慧、刘护军、王志勇、薛滨瑞、宋瑞鹏、陶盈科、孟彩萍、陈晓军、尹进虎。

第四专题，由黄河水利科学研究院和黄委水文局共同负责，主要参加人员为：高亚军、左仲国、徐建华、张彦军、王玉明、王笑冰、王志勇、李静、汪艾卓、和瑞莉、康玲玲、李海晓、王金花、孟宪颖、杨剑峰、毛利强、王生雄。

第五专题，由黄委水文局负责，主要参加人员为：林银平、李雪梅、徐建华、王志勇、朱小勇、吴成基、赫晓慧、蒋昕晖、周鸿文、赵帮元、王玉明、王宝华、高亚军、宋瑞鹏、吴强、毛利强。

第六专题，由黄委黄河上中游管理局负责，主要参加人员为：赵帮元、喻权刚、马宁、王志勇、马国力、罗万勤、梁剑辉、张香娟、李志华、马红斌、陈志凌、李雪梅、林银平、金双彦、王玉明、王宏乾。

第七专题,由黄委水文局负责,主要参加人员为:徐建华、王志勇、高亚军、周鸿文、金双彦、宋瑞鹏、蒋昕晖。

第八专题,由黄委水文局负责,主要参加人员为:林银平、王玉明、潘启民、任松长、王宏乾、李雪梅、高亚军、周鸿文、刘东旭、王宝华、张小军、吉海富、蒋秀华、梁海燕。

第九专题,由黄委黄河上中游管理局负责,主要参加人员为:喻权刚、薛顺康、赵帮元、罗万勤、马宁、魏涛、尤代强、梁剑辉。

由于本研究项目涉及内容广、难度大,因此联合了有关科研院所和高等院校进行协作攻关。在黄委水土保持局的组织协调下,参加单位有黄委水文局、黄河水利科学研究院、黄河上中游管理局、陕西师范大学等,参加研究的科技人员70余人。在黄委主任李国英和有关专家的指导下,经过全体科研人员的共同努力,充分发挥各学科、各部门的优势,协作攻关,取得了预期的研究成果,为确定黄河中游粗泥沙集中来源区并进行治理开发提供了新的科学依据和系列基础资料。

本书是在上述研究成果基础上编写而成的。各章编写人员是:第一章,由徐建华、吴成基、林银平、喻权刚、李雪梅、左仲国、潘启民、王玉明、金双彦、王志勇、王宏乾编写;第二章,由周鸿文、陈志凌编写;第三章,第一节至第三节由朱小勇编写,第四节和第五节由陈志凌编写,第六节和第七节由任松长编写,第八节和第九节由徐建华、林银平、金双彦、李雪梅、周鸿文、王志勇、潘启民、王玉明编写;第四章,由吴成基、高亚军编写;第五章,由高亚军、左仲国编写;第六章,第一节由周鸿文编写,第二节至第四节由王宝华编写,第五节和第六节由徐建华、林银平、周鸿文、王志勇编写;第七章,由赵帮元、喻权刚、马宁、梁剑辉编写;第八章,由高亚军编写;第九章,第一节和第二节由周鸿文编写,第三节由任松长编写,第四节和第五节由王宏乾编写,第六节至第八节由王宝华编写,第九节由王宏乾编写;第十章,由马宁、喻权刚、赵帮元、梁剑辉编写;第十一章,由喻权刚、梁剑辉、赵帮元、马宁编写;附录由王志勇编写。全书由徐建华、林银平、吴成基、喻权刚、左仲国统稿。

由于书稿资料量大,编撰时间较短,我们的写作水平有限,书中难免有欠妥和错误之处,敬请读者批评指正。

编著者

2006年5月

目 录

第一章 绪 论

黄河难治,根在泥沙,泥沙淤积是加重黄河下游洪水危害的根本原因。黄河下游河道的现状是河床高出背河地面 4 ~ 6m[1],比两岸平原高出更多,称为淮河和海河的分水岭,是举世闻名的“地上悬河”。黄河下游从桃花峪至河口段,除右岸东平湖至济南区间为低山丘陵外,其余地区全靠堤防挡水,历史上堤防决口频繁,现在依然严重威胁着黄淮海平原地区的安全,是中华民族的心腹之患。

近年来,进入黄河下游的泥沙虽然减少了,但由于上中游来水大幅度削减,三门峡水库汛期集中排沙,再加上下游大量引水,使下游河道输沙能力大大降低,挟带的泥沙绝大部分淤积在主槽内,造成河道萎缩,排洪能力降低。1996 年 8 月 5 日发生的7 860m^3/s的洪水,虽然属于 2 ~ 3 年一遇的中常洪水,却造成了新中国成立以来的洪水水位最高、漫滩淹没范围最大、灾害损失最严重的一年。这主要是长期泥沙淤积、河床抬升和河道萎缩、排洪能力下降的结果。另外,黄河干支流兴建的水库,因入库泥沙量大,库容丧失迅速,大大缩短了其使用年限,从而不能长期发挥其综合效益,三门峡水库的被迫改建,便是一个明显的例证。小浪底水库建成投入运用后,虽然预留了泥沙淤积库容,但相对上游的来沙而言还是有限的。随着水资源的开发利用,黄河沿岸各省(区)每年引用黄河水 300 亿 m^3 左右,占黄河年均天然径流量的一半以上;每年的引沙量约为 2 亿 t,仅占黄河下游多年平均来沙量的 1/8 ~ 1/6[2]。对黄河下游而言,来水量的减少远大于来沙量的减少,使得黄河水沙矛盾更加突出,因而加重了黄河下游河道主槽的淤积。20 世纪 60 年代,下游平滩流量为 6 000 ~ 7 000m^3/s,到 2002 年,部分河段 2 000m^3/s 左右的流量就可出现严重漫滩[3]。特别是近 20 年来,由于自然因素和人类活动因素共同的影响,使得黄河下游的水沙关系极不协调,造成主河槽泥沙淤积加重,河道内又出现了 3 ~ 5m 高的“悬河中的悬河”,呈现出“槽高于滩,滩又高于背河地面”的局面,称之为“二级悬河”。黄河中游严重的水土流失和下游河道的淤积严重制约着黄河的治理开发。因此,在新时期的黄河治理理念中已将“河床不抬高”作为“维持黄河健康生命”的重要标志之一。

黄河流域自然地理特性十分复杂,水沙来源的地区分布很不均匀,存在水少沙多、水沙异源和时空分布不均等特点。黄河水量主要来自河口镇以上的上游地区,占进入下游总水量的 54%,但沙量仅占进入下游泥沙总量的 10%左右;河口镇至龙门区间两岸支流是下游泥沙的主要来源区,沙量占总沙量的 56%左右,而水量仅占总水量的 15%左右。通过对黄河下游多场洪水的来水来沙及河道冲淤情况分析发现,来自黄河中游多沙粗沙区的洪水几率虽然只有 10%左右,但造成的淤积量占全部洪峰淤积量的 40% ~ 60%;来自少沙区的洪水则对下游河道发生冲刷,在一定程度上对下游河道的淤积起到制约作用[2]。由此看出,黄河中游多沙粗沙区的洪水泥沙是造成黄河下游严重淤积的主要原因。

通过对三门峡库区及下游河道滩槽淤积物的粒径组成分析发现,不同粒径泥沙的淤积量有较大差别,主槽淤积物中 $d \geqslant 0.05$mm 的粗泥沙占多数,库区约为 66.2%,下游河道约为 67.1%;主槽中 $d \geqslant 0.10$mm 的粗泥沙也不少,库区约为 37.6%,下游河道约为 33.5%;特别是在 1960 年前无三门峡水库影响的自然情况下,黄河下游河道主槽淤积物中 $d \geqslant 0.05$mm 和 $d \geqslant 0.10$mm 的泥沙各占 76.1%和 50.7%;1960 年以后,下游主槽淤积物中 $d \geqslant 0.05$mm 和 $d \geqslant 0.10$mm 的泥沙各占 51.5%和 20.4%,百分比下降很多,但三门峡库区龙门至潼关全断面淤积物中,$d \geqslant 0.05$mm 和 $d \geqslant 0.10$mm 的泥沙各占 70.3%和 43.6%,主槽中相应粒级的泥沙含量为 77.0%和 47.1%。说明粗泥沙是三门峡库区和下游河道主槽淤积物的主要物质组成,危害最大。据有关成果分析,中游河口镇至龙门区间拦减 1 亿 t 泥沙,下游河道可减淤泥沙 0.5 亿~0.7 亿 t;吴堡以上减少 1 亿 t 较粗泥沙,下游可减淤泥沙 0.7 亿~0.9 亿 t[4]。因此,为了有效地减少库区及下游河道的淤积,应在水土流失区的源头——黄土高原做文章,尤其是要在中游寻找粗泥沙集中来源区,并有效拦截其粗颗粒泥沙。

第一节　研究背景

泥沙问题是黄河诸多问题的症结。减少和处理黄河泥沙,特别是粗泥沙,是维持黄河健康生命、实现黄河长治久安的需要。为使黄河泥沙治理收到事半功倍的效果,减少和处理黄河泥沙必须把拦截粗泥沙作为突破口和关键目标,构筑控制黄河粗泥沙的三道防线。

黄河是世界大江大河中输沙量最大、水流含沙量最高的河流。据 1919~1960 年实测资料统计,黄河三门峡(陕县)水文站多年平均输沙量约 16 亿 t,多年平均含沙量 35kg/m^3,实测最大含沙量 911kg/m^3(1977 年),其中约 1/4 的泥沙淤积在下游河道,使黄河下游河道成为举世闻名的“地上悬河”。近 20 年来,由于自然因素和人类活动因素共同的影响,使得黄河下游的水沙关系极不协调,造成主河槽泥沙淤积加重,河道内又出现了 3~5m 高的“悬河中的悬河”,呈现出“槽高于滩,滩又高于背河地面”的局面,称之为“二级悬河”(见图 1-1)。目前,黄河下游河道已全部为“二级悬河”,其中较为严重的河段达 300km。在这些河段,河道横比降大于纵比降,由于主河槽已呈“浅碟子”状,即使发生中常洪水,主槽也难以容纳,出槽后必然造成重大河势变化,极易出现“横河”、“斜河”和“滚河”,增大了堤防冲决和溃决的危险。可以说,黄河复杂难治的症结在于泥沙。表 1-1 是黄河下游河道及三门峡库区淤积物粒径组成分析结果,从表中可以看出,主槽淤积物中 $d \geqslant 0.05$mm 的粗泥沙占了 2/3,可以说,粗泥沙是导致河道及库区淤积的根本原因。如果控制了粗泥沙就会大大减缓黄河下游河道主槽淤积。

对粗泥沙的治理,黄委主任李国英提出了“三道防线”的治理策略[6],首先是黄土高原治理水土流失,做到“先粗后细”,其次是小北干流放淤,做到“淤粗排细”,最后是小浪底水库等干流水库拦沙,做到“拦粗泄细”。每道防线都要围绕对黄河下游“地上悬河”淤积最严重的粗泥沙做文章。对黄土高原水土流失区的治理须突出重点区域进行集中治理，宜

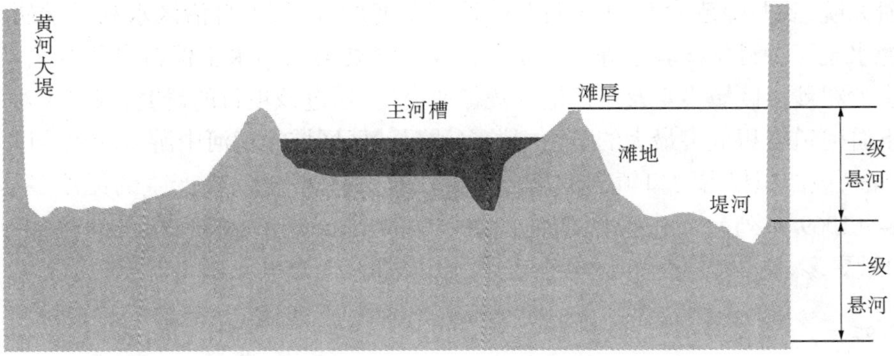

图 1-1 “二级悬河”示意图[5]

表 1-1 三门峡库区及下游河道淤积物粒径组成分析

河段名	时段(年·月)	部位	总淤积量(亿 t)	大于等于某粒径的沙重百分数(%)					
				0.025mm	0.05mm	0.10mm	0.25mm	0.5mm	1.0mm
三门峡库区	1960.5 ~ 2003.10	主槽	34.25	85.9	66.2	37.6	8.2	0.9	0
		滩地	59.21	69.3	40.3	19.2	6.3	1.4	0
		全断面	93.45	75.4	49.8	25.9	7.0	1.2	0
铁谢—利津	1950.7 ~ 2004.10	主槽	22.53	83.2	67.1	33.5	1.9	0.0	0
		滩地	62.81	71.7	42.2	13.4	2.4	0.4	0
		全断面	85.34	74.7	48.8	18.7	2.3	0.3	0

注:三门峡库区淤积物容重取 1.35t/m^3;铁谢至利津淤积物粒径组成系 1998 ~ 2004 年 6 次钻孔取样级配平均值。

“先粗后细”,即以粗泥沙集中来源区为重点先行强化治理,而后扩展到其他泥沙来源区的治理。小北干流河道宽阔,地势低洼,其地理位置正好处于晋陕峡谷与干流三门峡、小浪底水库的连接部位,在这里处理黄河泥沙不仅有必然的要求(控制泥沙不要进入水库),而且具备客观的条件。在这个防区内,对泥沙的处理主要是放淤,通过工程措施,借助水力自然分选,实现“淤粗排细”,即把对下游河道淤积影响最严重的粗泥沙沉淀在淤区,把细泥沙回归黄河。小浪底水库处于控制黄河下游水沙的关键部位,可作为控制黄河下游河道泥沙的第三道防线。在其 126.5 亿 m^3 的总库容中,拦沙库容 75 亿 m^3,可拦蓄泥沙 100 亿 t。拦沙初期水库蓄水体相对较大,粗泥沙拦在库区,细泥沙通过异重流形式排出库外。在小浪底水库运行的后期,蓄水体相对较小,含沙水流进入后基本呈明流输沙状态,通过控制运用可实现“拦粗泄细”。“三道防线”互为联系,构成控制黄河下游河道泥沙淤积的立体防御系统。

本项目就是在寻找近期构筑黄河粗泥沙的第一道防线的切入点即黄河中游粗泥沙集中来源区。

为了找出对下游泥沙淤积危害最大的产沙区,1996 ~ 2000 年,由黄委水文局、黄河水利科学研究院、陕西师范大学、中国科学院地理研究所、内蒙古自治区水利科学研究院和黄委绥德水土保持科学试验站等单位联合完成了黄委第二期水土保持科研基金项目"黄河中游多沙粗沙区区域界定及产沙输沙规律研究"。通过该项目的研究,找出了对三门峡库区及下游河道淤积危害最大的黄河中游多沙粗沙区区域。黄河中游多沙粗沙区面积为7.86 万 km^2,该面积仅占河口镇至桃花峪区间总面积的22.8%,但产生的泥沙多达11.82亿 t(1954~1969 系列),占中游同期输沙量(18.81 亿 t)的69.2%,产生的粗泥沙($d \geqslant$ 0.05mm)量更多,达3.19亿 t,占中游同期粗泥沙量的77.2%(见图1-2)。

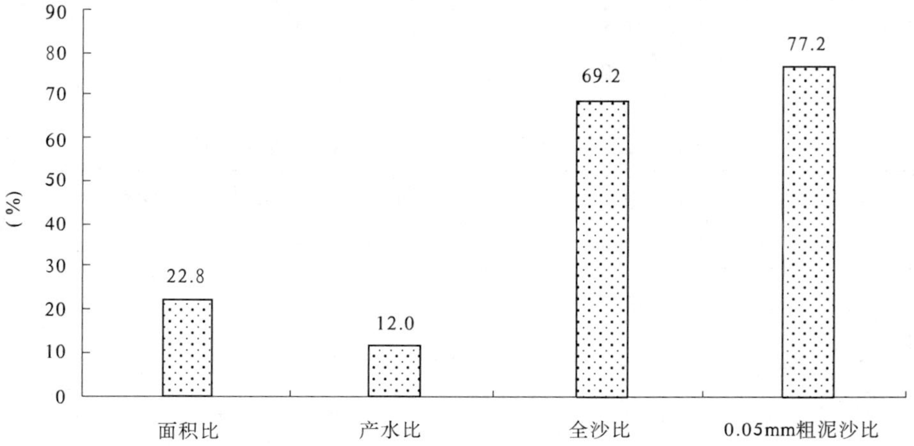

图1-2　黄河中游多沙粗沙区水量、沙量占黄河中游地区水量、沙量的百分比

黄河中游多沙粗沙区范围的确定,为黄河泥沙的快速治理提供了有力的技术支持。该区域相对于45.4 万 km^2 的黄土高原水土流失区范围更为集中,可以说,找到了7.86 万 km^2的多沙粗沙区,初步明确了黄土高原水土流失治理的重点。但要清醒地认识到,多沙粗沙区不仅是黄土高原水土流失最严重的地区,而且也是生态系统最为脆弱的地区,同时又是治理难度最大、需要治理投入最多的地区。鉴于当地的经济发展水平,在国家投入主导治理资金时,地方提供配套治理投资的能力较弱,致使该地区治理的投入强度相对不足。由此看来,相对于国家的投入强度和当地的经济发展水平而言,7.86 万 km^2 的多沙粗沙区仍显偏大[5]。并且,在7.86 万 km^2 的多沙粗沙区内,粗泥沙产沙强度也十分不均,以$d \geqslant 0.10$mm的粗泥沙输沙模数为例,高的地区可达10 000t/(km^2·a)以上,小的地区才350 t/km^2 左右,水土流失的分散治理效果尤其对下游河道的减淤效果并不明显[6],因此,必须突出重点区域进行集中治理,即在多沙粗沙区范围内,寻找粗泥沙来源更为集中的区域,以此作为近期水土流失治理规划及投资的重点区域,是减少入黄粗泥沙、减轻下游河道泥沙淤积危害的关键,是水土流失治理的重中之重,是"维持黄河健康生命"中实现"河床不抬高"的重要措施之一。只有这样,才会起到在投资力度有限的条件下达到使治理的面积相对较少,拦减粗泥沙相对较多的效果。

2004 年8 月5 日,黄委召开了"黄河中游粗泥沙集中来源区界定研究"专题办公会,李国英主任提出了构筑控制黄河粗泥沙的"三道防线"的重要方略。8 月25 日,黄委召开了

"黄河中游粗泥沙集中来源区界定研究"项目任务书的审查会,正式立项开展研究。

第二节　相关研究动态及成果简述

早在20世纪50年代,钱宁教授到黄河下游花园口滩地查看一座施工挖掘出的唐墓时发现,墓坑立面上,历史淤积的泥沙要比黄河河床床面上的泥沙粗得多。此后,他又通过广泛搜集各处河床质钻孔的资料(见表1-2),同样发现,淤积在河床深处的泥沙都比表层的泥沙粗,绝大部分都是大于0.05mm的颗粒。按照20世纪50年代的水文资料统计,这种粗泥沙的多年平均来量为3亿~4亿t(见表1-3),占黄河下游总沙量的1/5。由此,钱宁教授首次提出,防止黄河下游河道淤积恶化,应着重于控制这部分粗泥沙[7]。

表1-2　黄河下游滩槽物质组成　(%)

站名	泥沙粒径分类(mm)	主槽部分表层以下			滩地部分表层以下			资料说明
		0~1.5m	1~3m	3~5m	0~1.5m	1~3m	3~5m	
花园口	>0.025	93.5	94.5	98.1				主槽部分花园口及朱口、刘庄资料最多,中牟、柳园口、东坝头水文站仅有个别钻孔资料。主槽中有些嫩滩组成过细,未包括在内。从修防段钻孔资料看出,东坝头至高村滩地 $d \geqslant 0.05$mm的泥沙约占40%。
	>0.05	82.7	85.8	94.6				
中牟	>0.025		89.0	99.0	86.0	75.0	72.4	
	>0.05		60.0	97.0	69.0	55.0	66.3	
柳园口	>0.025	88.0	98.0			83.0	59.5	
	>0.05	63.0	96.0			40.0	50.5	
东坝头	>0.025			98.5				
	>0.05			97.0				
朱口	>0.025	85.0	70.5	94.0	64.8	45.3	73.1	
刘庄	>0.05	50.0	50.5	90.0	34.3	23.4	46.2	
伟那里	>0.025		93.0	97.0	85.0	91.0	95.0	
	>0.05		82.3	90.0	40.0	70.0	92.0	
平均	>0.025	88.8	89.0	97.3	79.6	73.6	75.0	
	>0.05	65.2	75.0	93.7	47.0	47.0	63.8	

注:表1-2和表1-3资料摘自《黄河泥沙研究报告选编》(第一集下册,1975)中的"黄河流域不同地区来水来沙对黄河下游冲淤的影响"。

1965年,钱宁教授随水利部专家组到黄委参加修改1955年的黄河治理规划时,被指定负责基本资料组的工作。这时,他怀着对黄河粗泥沙的初步认识和探究兴趣,开始将研究的重点转向黄河中游,并预感到"黄河中游粗泥沙来源区"的研究将有可能成为决定黄河治理全局的大计。因此,他热情高涨地调动各方面的力量协同作战,一方面让水文站的同志重新分析以往的测流取沙资料,把泥沙分成粗细两部分,分别计算它们的年输沙量,然后再绘制出黄河中游的全沙输沙模数和粗泥沙输沙模数等值线图。另一方面，动员南京大学地理系的二十几位师生，分头到中游黄土高原水土流失区现场调查地表物质组成。就是在这个时候，他第一次现场查勘了黄河中游地区。通过这次现场调查及后来的资料分析，钱宁教授发现，黄河中游确实存在粗泥沙比较集中的产沙区，与下游河道内的淤积粗泥沙相呼应。那么，这二者之间是否有必然的迁移联系呢？

表 1-3　1950 年 7 月 ~ 1960 年 6 月黄河下游多年平均来水来沙及排沙情况

时期	水量(亿 m^3)		粒径级	沙量(亿 t)				排沙比
	三+黑+小	利津		三+黑+小	渠道引沙	利津	三—利淤积	(%)
汛期	295.6	298.6	<0.025mm	8.76	0.42	7.48	+0.86	85.4
			0.025 ~ 0.05mm	3.83	0.16	2.60	+1.07	67.9
			>0.05mm	2.75	0.10	1.43	+1.22	52.0
			全沙	15.34	0.68	11.51	+3.15	75.0
非汛期	184.0	165.3	<0.025mm	0.94	0.09	1.02	-0.17	108.5
			0.025 ~ 0.05mm	0.77	0.05	0.51	+0.21	66.2
			>0.05mm	0.90	0.04	0.18	+0.68	20.0
			全沙	2.61	0.18	1.71	+0.72	65.5
全年	479.6	463.9	<0.025mm	9.70	0.51	8.50	+0.69	87.6
			0.025 ~ 0.05mm	4.61	0.21	3.12	+1.28	67.7
			>0.05mm	3.64	0.14	1.60	+1.90	44.0
			全沙	17.95	0.86	13.22	+3.87	73.6

带着对这一问题的深深思考，1975 ~ 1977 年，钱宁教授又先后两次带队查勘黄土高原水土流失区，几乎跑遍了所有重要支流，获得了对黄土高原水土流失区更为全面的认识。与此同时，他组织开展了“粗沙多沙来源区洪水对黄河下游淤积的影响”的分析和计算，从而得出：在三门峡水库建库前后 19 年中，黄河下游 103 次洪峰中有 13 次来自粗泥沙产沙区，它们在黄河下游河道中造成的淤积量占全部洪峰总淤积量的 59.8%[8]。这就证实，淤积在黄河下游的粗泥沙确定无疑来自中游粗泥沙集中区，他对这个淤积链条做出了成功的揭示。

在此认识的基础上，1979 年，钱宁教授根据 1965 年黄委绘制的黄河中游粗泥沙输沙模数图，首次提出了粗泥沙来源区的研究结论：$d \geqslant 0.05$mm 的粗泥沙主要集中在两个区域，其中第一区为皇甫川至秃尾河等各支流的中下游地区，粗泥沙输沙模数达到 10 000 t/(km^2·a)，另一个区域为无定河中下游区（粗泥沙输沙模数为 6 000 ~ 8 000t/(km^2·a)之间）及广义的白于山河源区（粗泥沙输沙模数达到 6 000t/(km^2·a)左右）[8]。

同年，在钱宁教授这一思想的指导下，龚时旸、熊贵枢根据来沙分配图提出 80% 的全沙和 $d \geqslant 0.05$mm 的粗泥沙分别来自 11 万 km^2 和 10 万 km^2，50% 的全沙和 $d \geqslant 0.05$mm 的粗泥沙分别来自 5.1 万 km^2 和 3.8 万 km^2[9]。钱宁教授也明确指出应该把这 5 万 ~ 10

万 km^2的多沙粗沙区作为水土保持工作的重点。这些概念和数据的提出,对黄河泥沙研究和中游水土流失治理起到了很大的推动作用。

1979 年以后,黄河中游多沙粗沙区吸引了更多方面的关注和研究。但由于对多沙粗沙区的认识、研究资料的系列和精度以及具体的分析方法不同,许多学者对黄河中游多沙区、粗沙区以及多沙粗沙区的范围仍存在较大分歧。多沙区面积大到 21 万 km^2,小到 5.1 万 km^2,粗沙区的面积也在 3.8 万 ~ 21 万 km^2 之间[10]~[16]。这使黄河治理方略的决定存在着很大困难,也反映出了黄河基础理论研究和治理科技水平上的创新要求。

1996 年,黄委提出了"黄河中游多沙粗沙区区域界定及产沙输沙规律研究"的水土保持科研基金项目,该项目并被纳入水利部科技计划项目(SR9727)进行实施。该研究项目由黄委水文局、黄河水利科学研究院、陕西师范大学地理系、中国科学院地理研究所、内蒙古自治区水利科学研究院以及黄委绥德水土保持科学试验站等单位承担,并组成 50 多名科技人员参加的项目组,在以往工作的基础上,协同攻关,开始了黄河中游多沙粗沙区探索研究的新征程。

研究过程中,项目组在研究方法上多措并举,综合采用利用现有资料、实地考察、综合分析、实验测试、地理制图等多种方法,定性分析与定量分析相结合,大量引进并积极应用计算机处理、遥感图像分析、^{137}Cs 分析等先进技术手段。在研究内容上,通过悬移质输沙量平衡法和淤积物取样分析法相结合,对粗泥沙粒径的界限进行了全面论证;通过分析黄土、基岩、风沙各自产粗泥沙量及产沙输沙规律,进一步研究了多沙粗沙区的区域特征,首次划分出能反映多沙粗沙区区域差异,并具个性特色的不同亚区,增加了成果的实用性。同时,这次研究在基础资料整理分析上,对所有泥沙观测系列和颗分资料进行同步分析处理,提高了基础资料的一致性和可靠性。

通过大量采用新技术、新方法,经过长达 4 年的潜心研究,项目组克服了问题复杂、研究难度大、基础工作薄弱等重重困难,于 2000 年 5 月提交了研究结果:以三门峡库区及黄河下游主河槽淤积物占多数的观点,确定了黄河"粗泥沙"的界限为 0.05mm。用输沙模数指标法界定了黄河中游多沙粗沙区面积为 7.86 万 km^2。同时研究了多沙粗沙区的产沙输沙规律,根据地面组成物质和侵蚀强度进行了亚区划分,并探讨了多沙粗沙区及其亚区的治理方略。

2000 年 5 月,以中国工程院院士徐乾清为组长的专家组对这项成果作出了鉴定,鉴定结果表明,该成果具有国际先进水平。2000 年 11 月,这项成果作为治黄基础数据向社会发布了公告,7.86 万 km^2 的多沙粗沙区面积也先后在 2002 年 7 月 14 日国务院批复的《黄河近期重点治理开发规划》、2003 年水利部三大亮点工程之一《黄土高原地区水土保持淤地坝规划》中被采用。该项研究成果获得首届大禹水利科学技术二等奖。

第三节 研究目标及研究内容

一、研究目标

本项目的研究目标为:

(1)明晰三门峡水库以及下游河道淤积物粒径组成,特别是 1960 年前无三门峡水库影响的“自然”水沙情况下下游河道主槽淤积物中“贡献”最大的泥沙粒级。

(2)从暴雨、洪水、泥沙、地质、地貌、地面物质组成、侵蚀方式以及沟壑分布特点等角度宏观判析粗泥沙集中来源区的大致位置。

(3)在水土流失严重地区进行侵蚀物钻探取样,分析侵蚀物粒径分布规律,搜寻粗泥沙集中来源区的可能位置,为重点治理支流的遴选和深化研究服务。

(4)在多沙粗沙区内部,利用不同粒径级的分级输沙模数指标值,界定粗泥沙集中来源区。

(5)在粗泥沙集中来源区中,遴选出当前急需治理的重点支流,分析重点支流上、中、下游及左右岸地形、地貌、土壤、植被、土地利用、水土流失和治理现状等指标的差异,为粗泥沙集中来源区水土保持治理规划服务。

(6)为快速减少入黄粗泥沙,按照治理面积相对较少,拦减粗泥沙量相对较多的原则将多沙粗沙区进行治理分区。

(7)分析出多沙粗沙区中各治理分区中的水资源量,说明产水的贡献小于产沙的危害。

(8)对多沙粗沙区中各治理分区的经济社会指标进行调查评价,分析减沙与经济社会的关系。

二、研究内容

本项目的研究内容包括以下九个方面,即分为9个研究专题。

专题一　三门峡库区淤积物粒径分析

一是利用钻探资料和历年河床质资料,分析三门峡库区淤积物中各粒径级泥沙百分含量;二是利用输沙率资料,分析淤积物中各粒径级泥沙百分含量以及各粒径级泥沙的淤积比和排沙比。

专题二　黄河下游河道淤积物粒径分析

一是利用1998年以来的下游河道淤积物钻孔取样资料,分析淤积物中各粒径级泥沙百分含量,重点分析1960年前无三门峡水库影响的“自然”水沙情况下下游河道主槽淤积物粒径组成;二是利用输沙率资料,分析各粒径级泥沙淤积百分含量以及各粒径级泥沙的淤积比和排沙比。

专题三　基于自然地理背景的粗泥沙集中来源区宏观判析

查明区内地质、地貌、气象、水文、植被背景,并重点分析其与侵蚀产沙的关系及区域差异,宏观判析粗泥沙集中来源区的大致位置。

专题四　黄河中游严重水土流失区侵蚀土壤粒径分布研究

以粒径0.05mm为粗泥沙界限,且粒径0.05mm的粗泥沙输沙模数大于2 500t/(km^2·a)为指标圈定的区域为重点,按照每0.4°的经纬网交叉点和0.05mm的粗泥沙输沙模数大于5 000t/(km^2·a)范围内适当加密的原则,布设56个点取样,分析侵蚀物粒径分布规律,为宏观判析粗泥沙集中来源区的可能位置、重点支流的遴选和深化研究服务。

专题五 粗泥沙集中来源区界定研究

利用粗泥沙输沙模数指标，分别研究粗泥沙界限为粒径 0.05mm 和粒径 0.10mm 的粗泥沙分布区域。根据下游主槽淤积物粒径分析确定的粗泥沙界限和面积与产粗泥沙的比较（二阶导数）分析，确定粗泥沙集中来源区。

专题六 粗泥沙集中来源区重点支流特性深化研究

在粗泥沙集中的来源区中，利用遥感和 GIS 技术，以来沙粒径的差异、粗泥沙输沙模数的大小（在粒径差异不明显时）和粗泥沙集中来源区所在支流面积比（在前两个因素差异不明显时）等要素，确定重点支流顺序，并对重点支流的地质、地貌、土壤、植被、土地利用、水土流失和治理现状等特性进行深入研究。分析各重点支流上、中、下游及左右岸的差异，为水土保持规划和治理提供依据。

专题七 黄河中游多沙粗沙区治理分区划分研究

为了快速减少入黄粗泥沙，为“河床不抬高”作出贡献，按照治理面积相对较少和拦减粗泥沙量相对较多的原则，将多沙粗沙区按照“先粗后细”的治理策略进行分区，本专题重点解决各治理分区的划分。

专题八 多沙粗沙区中各治理分区水资源量评价

在多沙粗沙区治理分区划分的基础上，分析各区域的水资源总量，为评估各治理分区水土保持措施对黄河水资源的可能影响服务。

专题九 多沙粗沙区各治理分区经济社会指标调查与评价

对多沙粗沙区各治理分区与经济社会发展有关的指标进行遴选，并进行相应调查，依据调查的主要指标进行分析和评价，为该区的治理规划提供科学依据和技术支撑。

研究内容的详细分解见图 1-3。

三、理论上要解决的主要问题

(1)粗泥沙集中来源区界定研究中粗泥沙界限的确定；重点分析无三门峡水库影响的“自然”水沙情况下下游河道主槽淤积物粒径组成以及对主槽淤积物贡献最大的泥沙粒级。

(2)粗泥沙集中来源区界定方法和指标的确定。

(3)重点支流遴选原则的确定。

(4)多沙粗沙区治理分区原则、方法及指标研究以及治理分区的划分。

(5)多沙粗沙区中各治理分区来水来沙及其治理对黄河水沙的影响。

(6)调查多沙粗沙区中各治理分区的主要经济社会指标，探讨水土保持与经济社会发展及减沙的关系。

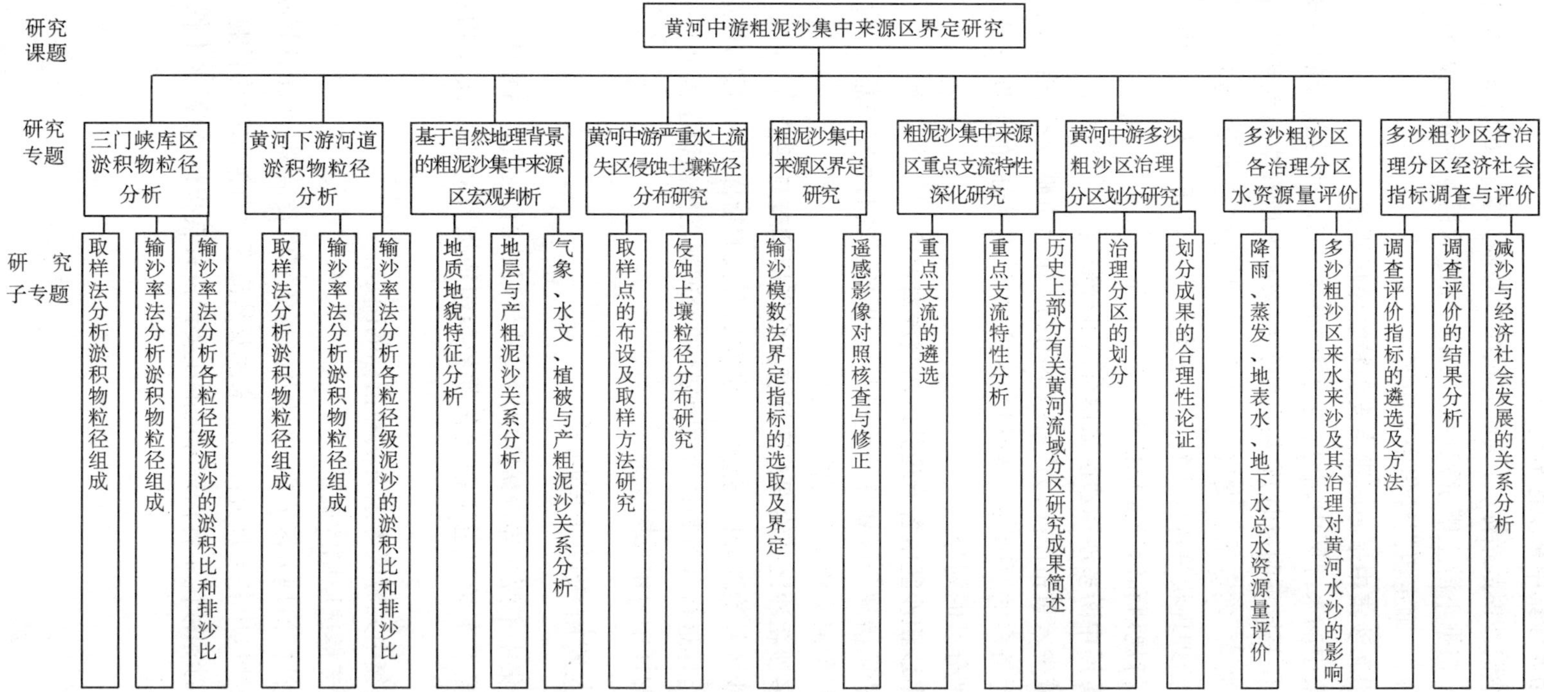

图 1-3 “黄河中游粗泥沙集中来源区界定研究”研究内容分解框图

第四节 研究方法和技术路线

一、研究方法

本项目在吸收目前国内外有关先进理论和研究方法的基础上，继承创新，得出实用性强且有先进理论依据的成果。在方法上采取“三结合”，即利用现有资料、实地考察、综合分析、地理制图等多种方法相结合；定性分析与定量分析相结合；常规方法与计算机处理、遥感图像分析等先进技术手段的应用相结合。

二、技术路线

在黄委2000年取得的“黄河中游多沙粗沙区区域界定成果”的基础上，以多沙粗沙区(7.86万 km^2)为研究区域，根据三门峡库区和下游河道淤积物粒径组成特性，以粒径≥0.10mm(或≥0.05mm)为粗泥沙界限，进一步寻找对下游河床淤积危害最大的粗泥沙集中来源区。在淤积物粒径组成的分析上，采用淤积物钻探取样法和输沙率平衡法；在中游粗泥沙集中来源区的界定上，采用粗泥沙输沙模数指标逐步搜寻和面积与产粗泥沙关系的比较(二阶导数)分析法；在重点支流的遴选上，既要考虑侵蚀土壤粒径的大小，又要考虑粗泥沙输沙模数的大小；为了反映侵蚀土壤粒径的大小，还需要布置大量的钻孔点取样分析；同时，利用暴雨、洪水、泥沙、地质、地貌、地面物质组成、侵蚀方式以及沟壑密度分布等自然地理要素，对粗泥沙集中来源区的位置进行宏观判析；利用面积与产粗泥沙关系的比较(二阶导数)，对粗泥沙集中来源区进行界定；在粗泥沙集中来源区中，对重点支流的侵蚀特性进行深化研究，为治理规划提供支撑。技术路线流程见图1-4。

(一)三门峡库区淤积物粒径分析

1960年9月三门峡水库蓄水运用以来，已淤积约69.22亿 m^3 泥沙(截至2003年10月)，坝前淤厚达30m。由于淤积物的冲淤交替，历年河床质资料无法准确代表淤积物级配，为此，在三门峡库区布设了9个断面，18个钻孔，全面分析三门峡库区淤积物粒径组成。钻孔全部选在大滩上，每间隔1m取一沙样分析淤积物级配，并在1960年原河底上再下钻1m，采取建库前原河床淤积物进行分析，对水下部分仍用历年水下河床质资料，同时辅以输沙率法分析三门峡库区淤积物粒径组成和各粒径级泥沙的淤积比和排沙比。

(二)黄河下游河道淤积物粒径分析

利用1998年汛前(为跟踪小浪底水库运行方式研究的第一次钻孔)、1999年汛前(因钻孔最深，河南段为11m，山东段为10m)、2002年汛前(第一次调水调沙试验前)、2003年汛前(第一次调水调沙试验后)和2004年汛前(第二次调水调沙试验和2003年秋汛后)和2004年汛后(最近一次钻孔，也代表第三次调水调沙试验后)黄河下游37个断面主槽(每个断面5个钻孔、河南为5m深、山东为4m深)和滩地表层淤积物取样资料，分析主槽和滩地淤积物粒径组成以及沿河道和深度方向的粒径组成变化，同时辅以输沙率法分析下游河道淤积物粒径组成和各粒径级泥沙的淤积比和排沙比。

(三)基于自然地理背景的粗泥沙集中来源区宏观判析

首先进行资料分析，在广泛吸取已有研究成果的基础上，将多沙粗沙区作为研究区域，结合一定的野外考察对黄河中游自然地理背景进行分析，进一步剖析自然地理因子对产沙的影响及变化，寻求最利于产沙的自然地理特征组合并宏观判定粗泥沙集中来源区的范围。

（四）黄河中游严重水土流失区侵蚀土壤粒径分布研究

利用坡面、易发生重力侵蚀的沟边、坝地淤积物钻孔等取样资料，分析侵蚀土壤的粒径分布规律。

（五）粗泥沙集中来源区界定

借助各地貌单元粗泥沙输沙模数勾绘等值线图方法，辅以野外的地质、地貌调查、物探取样等方法，全面分析研究下垫面条件，利用面积与产粗泥沙量关系的比较（二阶导数）方法，界定粗泥沙集中来源区。

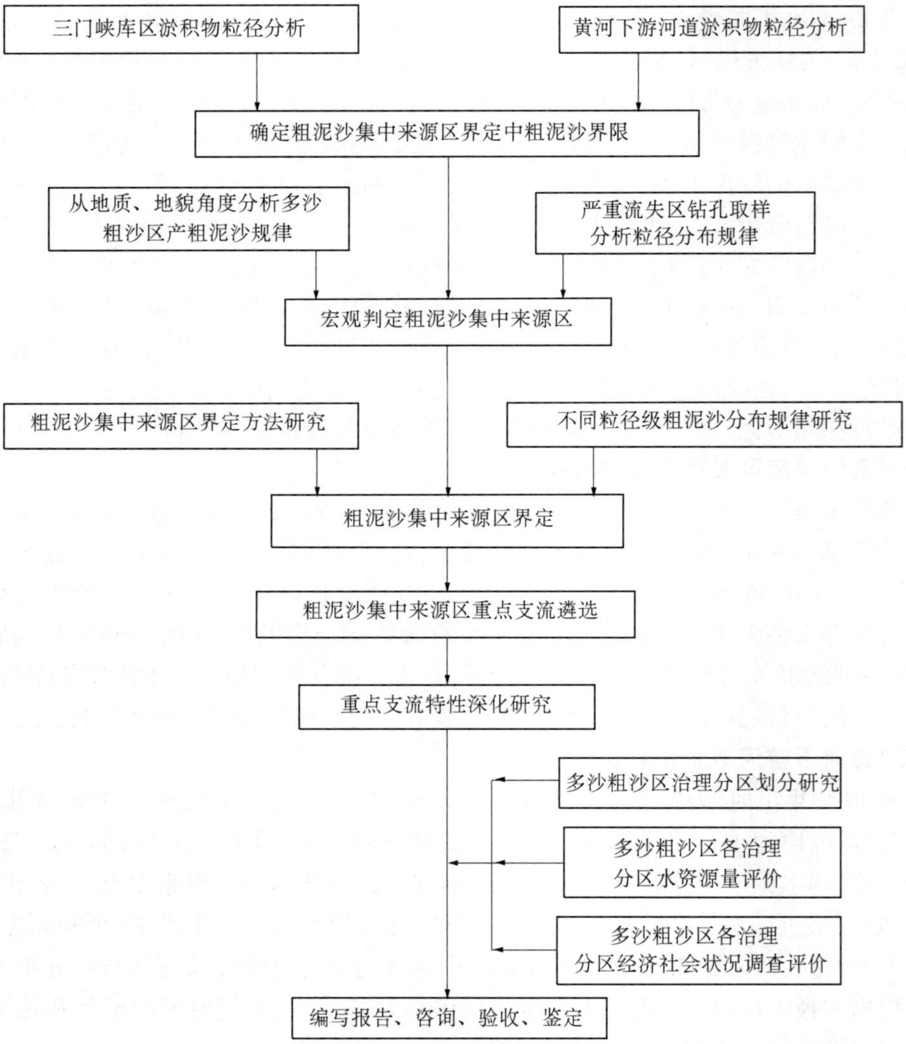

图 1-4　技术路线流程图

（六）粗泥沙集中来源区重点支流的遴选及特性研究

依据以下三个方面来确定粗泥沙集中来源区重点支流：

(1)优先选择来沙粒径较粗的支流为重点支流，这是“质”的要求。

(2)来沙粒径一样时比较输沙模数，选择粗泥沙输沙模数大的支流为重点支流，这是“量”的要求。

(3)来沙粒径、输沙模数都相近时，比较水土流失面积占支流流域面积的比例，比例大的支流作为重点支流，这是“大”的要求。

收集、整理各重点治理支流地质、地貌、土壤、植被、土地利用、水土流失和水土保持治理现状等资料，在遥感和地理信息系统技术支持下，分析各重点治理支流内部不同粒径、不同粗泥沙输沙模数时上述指标在流域上、中、下游和左、右岸等方面的差异，并以减少0.10mm以上的粗泥沙为目标进行治理顺序分析，为重点支流水土保持规划和治理提供支撑。

（七）多沙粗沙区治理分区划分研究

多沙粗沙区是黄河中游水土流失治理的重点地区，但该地区达到7.86万km^2，相当于半个河南省的面积，其区内各地方粗泥沙的产沙强度也不一样，按照“先粗后细”的治理策略，需对多沙粗沙区进一步分区。分区的原则：一是快速减少入黄粗泥沙，为“河床不抬高”服务；二是治理面积相对较少，拦减粗泥沙量相对较多；同时，参考粗泥沙集中来源区界定研究中的粗泥沙输沙模数指标进行分区。

（八）多沙粗沙区各治理分区水资源量评价

在黄河流域第二次水资源评价成果的基础上，按照各治理分区、分支流及县级行政区，对地表、地下水和总水资源量进行估算，为分析多沙粗沙区及各治理分区来水来沙以及治理后对黄河水资源的影响服务。

（九）多沙粗沙区各治理分区经济社会指标调查与评价

选取与经济社会发展有关的主要指标，通过全面调查统计和典型分析，对各治理分区经济社会状况进行评价，分析水土保持与经济社会发展的关系，为治理规划提供技术支撑。

三、关键技术

(1)通过对三门峡库区及下游河道淤积物粒径组成分析，特别是通过对1960年前无三门峡水库影响的“自然”水沙情况下下游河道主槽淤积物粒径组成分析，确定界定黄河中游粗泥沙集中来源区的粗泥沙界限。

(2)在气象、水文、地质、地貌等自然地理要素分析及侵蚀土壤粒径分布规律分析的基础上，根据粗泥沙输沙模数指标和粗泥沙各输沙模数级别的产沙量及分布特征对比(二阶导数)分析，确定黄河中游粗泥沙集中来源区。

(3)根据粒径粗、粗泥沙输沙模数大以及粗泥沙集中来源区面积占支流面积的比例大等指标，确定近期重点治理支流。

(4)利用遥感和地理信息系统技术，提取分析各重点支流上、中、下游、左右岸的地质地貌、地表组成物质、植被、土地利用、水土流失和水土保持治理现状等特性，得出各支流内部差异。

(5)为快速减少入黄粗泥沙,根据治理的面积相对较少,拦减粗泥沙量相对较多的原则,对多沙粗沙区进行治理分区划分。

(6)对多沙粗沙区中各治理分区的水资源进行评估,特别提出对地表水清水资源的评估,为分析各治理分区来水来沙以及治理后对黄河水资源的影响服务。

(7)多沙粗沙区各治理分区经济社会指标的遴选与评价,分析减沙与经济社会发展的关系。

第五节 主要研究成果

一、三门峡库区淤积物粒径分析成果

(一)取样法分析结果

据大断面实测资料分析,1960 年 5 月至 2003 年 10 月,三门峡库区共淤积泥沙 69.22 亿 m^3,其中潼关以下淤积量为 27.99 亿 m^3,潼关以上淤积量为 41.23 亿 m^3。潼关以上淤积量中,淤积在干流的占 60.2%,淤积在渭河的占 32.7%,淤积在北洛河的占 7.1%。

滩地淤积物利用 2004 年 10 月钻孔级配成果和历年河床质取样级配成果平均值,主槽利用历年河床质取样成果经各河段滩槽淤积量加权平均计算,得出在三门峡库区淤积物中,$d \geqslant 0.05$mm 和 $d \geqslant 0.10$mm 的泥沙比例分别为 49.8% 和 25.9%(见表 1-4),而下游铁谢至利津相应粒径比例为 48.8% 和 18.7%。说明粗泥沙首先在三门峡库区淤积,因此三门峡库区的淤积物比下游的淤积物粗。

表 1-4 三门峡库区滩槽淤积物粒径分析结果(钻孔取样法)

部位	淤积量(亿 m^3)	各级泥沙的百分数(%)				
		≥0.025mm	≥0.05mm	≥0.10mm	≥0.25mm	≥0.5mm
主槽	25.37	85.9	66.2	37.6	8.2	0.9
滩地	43.86	69.3	40.3	19.2	6.3	1.4
全断面	69.22	75.4	49.8	25.9	7.0	1.2

注:滩地为 2004 年 10 月钻孔和历年河床质平均,主槽为历年河床质取样。

三门峡库区主槽淤积物中,$d \geqslant 0.05$mm、$d \geqslant 0.10$mm 和 $d \geqslant 0.25$mm 的泥沙比例分别为 66.2%、37.6% 和 8.2%(见表 1-4),明显比滩地粗;而下游铁谢至利津主槽淤积物中,相应粒径比例分别为 67.1%、33.5% 和 1.9%,表现出三门峡库区主槽淤积物比下游主槽的淤积物粗,即粒径越粗越容易落淤。也说明库区水流变缓挟沙能力下降,使粗泥沙首先在这里淤积。

(二)输沙率平衡法分析结果

三门峡库区是指"四站"(龙门、华县、河津、洑头四个水文站,下同)至三门峡大坝区间。潼关以上一般为淤积区,来大水时会略有冲刷,修建水库后,潼关以上大多为淤积,近

些年来因控制运用，淤积较少。根据悬移质颗粒级配成果分析，1960～2003 年"四站"至三门峡的淤积物中，$d \geq 0.05$mm 和 $d \geq 0.10$mm 的泥沙百分数分别为 28.6% 和 15.9%（见表 1-5）。因为水文站只测了悬移质，故输沙率成果仅作参考。

表 1-5　三门峡库区滩槽淤积物粒径分析结果（输沙率平衡法）　（%）

各级泥沙的百分含量						
全沙	≥0.025mm	≥0.05mm	≥0.10mm	≥0.25mm	≥0.5mm	≥1.0mm
100	61.1	28.6	15.9	9.70	2.30	0.01

"四站"至三门峡区间 $d \geq 0.05$mm、$d \geq 0.10$mm、$d \geq 0.25$mm、$d \geq 0.5$mm 和 $d \geq 1.0$mm 的淤积比分别为 15.4%、36.6%、82.7%、97.4% 和 100%；排沙比分别为 84.6%、63.4%、17.3%、2.6% 和 0（见表 1-6）。

表 1-6　三门峡库区各级泥沙淤积比和排沙比　（%）

项目	全沙	≥0.025mm	≥0.05mm	≥0.10mm	≥0.25mm	≥0.5mm	≥1.0mm
淤积比	12.1	15.0	15.4	36.6	82.7	97.4	100
排沙比	87.9	85.0	84.6	63.4	17.3	2.6	0

二、黄河下游河道淤积物粒径分析成果

（一）淤积物钻孔取样法分析结果

1. 下游河道淤积情况

根据断面法计算结果，从 1950 年 7 月至 2004 年 10 月的 54 年间，铁谢至利津河段共淤积泥沙 85.34 亿 t，年均泥沙淤积量达 1.58 亿 t，其中 1960～1973 年是三门峡水库对下游河道冲淤影响最为显著的时期。1950～1960 年来水来沙丰沛，铁谢至利津段平均每年淤积泥沙 3.61 亿 t；1961～1964 年三门峡水库大量下泄清水，排沙不多，河道每年冲刷泥沙 5.78 亿 t；1965～1973 年，除了中上游来沙外，三门峡库区有部分淤积泥沙排出，下游河道每年淤积泥沙 4.39 亿 t；1974～1998 年三门峡水库蓄清排浑运用，输入下游河道的径流泥沙偏少，河道淤积轻微，平均每年淤积泥沙 1.58 亿 t，但大多淤在主槽内；1999 年 10 月小浪底水库投入运用，除 1999 年 10 月至 2000 年 10 月大断面实测显示下游为淤积外，其余各年均为冲刷；1999 年 10 月至 2004 年 10 月共冲刷泥沙约 8.15 亿 t，年均冲刷量约 1.63 亿 t。

2. 淤积物粒径变化情况

从钻探取样粒径分析成果来看，粗泥沙含量主槽大于滩地且从上游向下游沿程有减小的趋势性变化。

三门峡水库运行前，下游河道主槽淤积物中，$d \geq 0.05$mm 的泥沙含量孙口以上河段为 73.9%～80.1%，孙口以下河段为 45.9%～51.9%；$d \geq 0.10$mm 的泥沙含量花园口以上河段为 61.1%，花园口—高村河段为 48.7%～55.1%；高村以下河段只有 16.6%～35.7%

(见表 1-7)。

表 1-7 1960 年前后下游各河段滩槽淤积物中 $d \geqslant 0.05$mm 和 $d \geqslant 0.10$mm 泥沙百分含量(%)

河段名	部位	1960 年前		1960~1999 年	
		≥0.05mm	≥0.10mm	≥0.05mm	≥0.10mm
铁谢	主槽	78.2	61.1	67.8	43.4
—	滩地	51.1	26.0	51.1	26.0
花园口	全断面	65.1	44.1	39.6	14.0
桃花峪	主槽	89.4	68.7	67.4	44.0
—	滩地	49.3	23.1	49.3	23.1
花园口	全断面	70.0	46.6	66.0	42.3
花园口	主槽	80.1	55.1	60.5	32.7
—	滩地	46.7	18.4	46.7	18.4
夹河滩	全断面	56.1	28.7	52.6	24.5
夹河滩	主槽	78.2	48.7	54.6	24.7
—	滩地	37.9	8.5	37.9	8.5
高村	全断面	45.0	15.5	44.4	14.8
高村	主槽	73.9	35.7	51.6	20.1
—	滩地	42.7	11.2	42.7	11.2
孙口	全断面	47.7	15.2	44.1	12.7
孙口	主槽	51.9	20.2	50.8	19.8
—	滩地	33.6	10.0	33.6	10.0
艾山	全断面	36.7	11.7	44.7	16.4
铁谢	主槽	76.5	51.1	53.5	23.1
—	滩地	42.3	13.5	43.3	14.8
艾山	全断面	51.1	23.1	46.4	17.3
桃花峪	主槽	77.1	47.5	56.3	27.2
—	滩地	41.3	12.0	41.7	12.3
艾山	全断面	48.8	19.5	47.5	18.2
艾山	主槽	46.7	18.5	51.6	19.3
—	滩地	35.3	7.6	35.3	7.6
泺口	全断面	35.9	8.2	48.3	17.0
泺口	主槽	45.9	16.6	45.5	12.9
—	滩地	37.8	7.7	37.8	7.7
利津	全断面	37.8	7.7	42.7	11.0
铁谢	主槽	76.1	50.7	51.5	20.4
—	滩地	41.5	12.6	42.8	14.1
利津	全断面	49.3	21.2	46.1	16.5

三门峡水库运用后，由于库区拦截了部分粗泥沙，下游河道淤积物细化，1960~1999 年下游河道主槽淤积物中，$d \geqslant 0.05$mm 的泥沙含量夹河滩以上河段为 60.5%~67.8%，夹河滩以下河段为 45.5%~54.6%；$d \geqslant 0.10$mm 的泥沙含量花园口以上河段为 43.4%，花园口—孙口河段为 20.1%~32.7%；孙口以下河段只有 12.9%~27.2%(见表 1-7)。当

然，下游淤积物细化不仅与三门峡水库淤积有关，也与中游水土保持拦沙作用和进入下游洪水减少有关。

黄河下游淤积物的粗化对河道水流的变化非常敏感。1998 年汛前，由于 20 世纪 90 年代的连续断流，特别是 1997 年的严重断流，铁谢至利津的主槽淤积物中，$d \geqslant 0.05$mm 和 $d \geqslant 0.10$mm的泥沙分别占 41.6%和 15.5%，到 2004 年汛后，因三次调水调沙和 2003 年秋汛的作用，铁谢至利津的主槽淤积物中 $d \geqslant 0.05$mm 和 $d \geqslant 0.10$mm 的泥沙含量上升到 82.1%和 46.9%（见表 1-8）。

表 1-8 黄河下游 1998～2004 年铁谢—利津河段淤积物中 $d \geqslant 0.05$mm 和 $d \geqslant 0.10$mm 泥沙百分含量 （%）

粒级	部位	1998 年汛前	1999 年汛前	2002 年汛前	2003 年汛前	2004 年汛前	2004 年汛后
≥0.05mm	主槽	41.6	57.5	74.6	79.8	82.4	82.1
	滩地	21.9	31.5	51.9	54.7	41.5	55.2
	全断面	27.8	39.5	59.2	62.5	53.0	62.3
≥0.10mm	主槽	15.5	26.9	39.3	43.1	46.5	46.9
	滩地	5.7	8.4	13.9	19.5	11.6	22.6
	全断面	8.7	14.1	22.1	26.9	21.4	29.0

3. 下游河道淤积物粒径分析

经多次钻孔取样成果平均，黄河下游河道主槽淤积物中，$d \geqslant 0.05$mm 和 $d \geqslant 0.10$mm 的泥沙比例分别为 67.1%和 33.5%（约占 2/3 和 1/3）；全断面对应粒径约为 48.8%和 18.7%（约占 1/2 和 1/5）（见表 1-9）。

表 1-9 黄河下游桃花峪—艾山和铁谢—利津钻孔取样级配平均值

（1998 年、1999 年、2002 年、2003 年、2004 年汛前和 2004 年汛后 6 次平均）

河段名	部位	1950 年 7 月～2004 年 10 月总淤积量（亿 t）	大于某粒径级（mm）的百分数（%）							
			0.005	0.01	0.025	0.05	0.10	0.25	0.5	1.0
桃花峪—艾山	主槽	18.98	96.9	94.7	88.0	74.8	44.4	6.8	0.3	0
	滩地	47.05	95.0	90.6	74.4	46.4	15.8	1.9	0.2	0
	全断面	66.03	95.5	91.8	78.3	54.5	24.0	3.3	0.2	0
铁谢—利津	主槽	22.53	95.7	92.2	83.2	67.1	33.5	1.9	-0.5	-0.1
	滩地	62.81	94.0	89.0	71.7	42.2	13.4	2.4	0.4	0
	全断面	85.34	94.5	89.8	74.7	48.8	18.7	2.3	0.1	0

桃花峪—艾山河段，全断面淤积物中，$d \geqslant 0.05$mm 和 $d \geqslant 0.10$mm 的泥沙分别占 54.5%和 24.0%，高于铁谢至利津河段；其中主槽淤积物中 $d \geqslant 0.05$mm 和 $d \geqslant 0.10$mm 的泥沙分别占 74.8%和 44.4%（见表 1-9），仍比铁谢至利津河段粗。

4.1960 年前下游河道淤积物粒径分析

三门峡水库修建前，下游河道淤积物中 $d \geqslant 0.05$mm 和 $d \geqslant 0.10$mm 的泥沙分别占

49.3%和 21.2%(见表 1-7,约占 1/2 和 1/5),比 1998 ~ 2004 年取样平均值(48.8%和 18.7%,见表 1-9)粗;特别是下游河道主槽淤积物中,$d \geq 0.05$mm 和 $d \geq 0.10$mm 的泥沙分别占 76.1%和 50.7%(约为 3/4 和 1/2)(见表 1-7);明显比 1998 ~ 2004 年取样平均值(67.1%和 33.5%,见表 1-9)粗。

桃花峪—艾山河段,全断面淤积物中,$d \geq 0.05$mm 和 $d \geq 0.10$mm 的泥沙分别占 48.8%和 19.5%;主槽淤积物中,$d \geq 0.05$mm 和 $d \geq 0.10$mm 的泥沙分别占 77.1%和 47.5%(约占 3/4 和 1/2)。说明 1960 年前无三门峡水库影响的“自然”水沙情况下,下游河道主槽淤积物中粗泥沙所占比重更大一些。

5. 三门峡水库运行后至小浪底水库运行前下游河道淤积物粒径分析

1960 ~ 1999 年,下游河道淤积物中 $d \geq 0.05$mm 和 $d \geq 0.10$mm 的泥沙分别占 46.1%和 16.5%(见表 1-7),比 1960 年前的(49.3%和 21.2%)细;主槽淤积物细化更多,$d \geq 0.05$mm 和 $d \geq 0.10$mm 的泥沙分别占 51.5%和 20.4%,而 1960 年前为 76.1%和 50.7%。

桃花峪—艾山河段,全断面淤积物中,$d \geq 0.05$mm 和 $d \geq 0.10$mm 的泥沙分别占 47.5%和 18.2%(1960 年前为 48.8%和 19.5%,见表 1-7);主槽淤积物中,$d \geq 0.05$mm 和 $d \geq 0.10$mm 的泥沙分别占 56.3%和 27.2%(1960 年前为 77.1%和 47.5%),说明 1960 年后因有三门峡水库的影响,下游河道主槽淤积粗泥沙细化得比较多,但这也与中游水土保持措施拦沙作用和进入下游洪水偏少有关。

6. 小浪底水库运行后下游河道淤积物粒径组成

小浪底水库于 1999 年 10 月 15 日下闸蓄水,由于是运用初期,其拦沙作用较大,到 2003 年 10 月,共拦截泥沙 14.16 亿 m^3,由于小浪底拦沙下泄清水,以及三次调水调沙和“03”秋汛的作用,除 2000 年为淤积外,其余各年均为冲刷,1999 年 10 月 ~ 2004 年 10 月的 5 年间,铁谢—利津区间共冲刷泥沙 8.15 亿 t,使河床进一步粗化。据 2004 年汛后钻孔资料分析,铁谢—利津主槽淤积物中 $d \geq 0.05$mm 和 $d \geq 0.10$mm 的泥沙分别占 82.1%和 46.9%,比 1999 年汛前(57.5%和 26.9%)分别大 24.6 个百分点和 20 个百分点。全断面淤积物中,$d \geq 0.05$mm 和 $d \geq 0.10$mm 的泥沙分别为 62.3%和 29.0%,比 1999 年汛前(39.5%和 14.1%)分别大 22.8 个百分点和 14.9 个百分点(见表 1-8)。

小浪底水库运行以来,特别是经过三次调水调沙,下游河道普遍冲刷,主槽进一步粗化,铁谢—利津河段主槽淤积物中 $d \geq 0.10$mm 的泥沙含量,2002、2003、2004 年汛前分别为 39.3%、43.1%、46.5%,2004 年汛后为 46.9%,有向 50%靠近的趋势(见表 1-8)。

(二)输沙率平衡法分析结果

1960 ~ 2003 年小浪底—利津区间淤积物中,$d \geq 0.05$mm 和 $d \geq 0.10$mm 的泥沙分别为 54.7%和 24.8%(见表 1-10),比取样法分析结果(48.8%和 18.7%)大。因为水文站只测悬移质泥沙,故输沙率法分析成果仅作参考。

表 1-10　小浪底—利津区间淤积物级配组成　　(%)

分析方法	全沙	≥0.025mm	≥0.05mm	≥0.10mm	≥0.25mm	≥0.5mm	≥1.0mm
取样法		74.7	48.8	18.7	2.3	0.1	0
平衡法	100	82.7	54.7	24.8	1.0	0	0

1960～2003年小浪底—利津区间，全沙以及 $d \geqslant 0.025$mm、$d \geqslant 0.05$mm、$d \geqslant 0.10$mm、$d \geqslant 0.25$mm和 $d \geqslant 0.5$mm 泥沙的淤积比分别为24.9%、33.5%、44.1%、83.1%、91.0%和100%（见表1-11）。说明粒径越粗，淤积比越大。

表1-11 小浪底—利津区间各级泥沙淤积比和排沙比 (%)

项目	全沙	≥0.025mm	≥0.05mm	≥0.10mm	≥0.25mm	≥0.5mm
淤积比	24.9	33.5	44.1	83.1	91.0	100
排沙比	75.1	66.5	55.9	16.9	9.0	0

（三）粗泥沙集中来源区界定中粗泥沙界限的初选

从钻孔资料分析看出：三门峡库区和下游河道主槽淤积物中 $d \geqslant 0.05$mm 和 $d \geqslant 0.10$mm 以上的泥沙分别占2/3和1/3。过去的研究中，一直以 $d \geqslant 0.05$mm 作为黄河的粗泥沙界限。

但从1960年前无三门峡水库影响的"自然"水沙情况来看，下游河道主槽淤积物中，$d \geqslant 0.05$mm和 $d \geqslant 0.10$mm 的泥沙占3/4和1/2，在粒径0.05mm以上的淤积泥沙中，粒径0.10mm以上的泥沙又占了2/3，特别是 $d \geqslant 0.10$mm 的泥沙在下游主槽淤积量中的比例，1960年前是1960年后的2.5倍。

从长系列输沙率资料分析表明，小浪底—利津区间，$d \geqslant 0.10$mm 泥沙的淤积比为83.1%，$d \geqslant 0.05$mm 泥沙的淤积比为44.1%，前者比后者大39个百分点。根据赵业安等人分析的粗泥沙来源区洪水中分级泥沙在下游河道的冲淤演变（见表1-12）情况看出，泥沙粒径越粗，淤积比越大。

表1-12 粗泥沙来源区洪水中泥沙组成沿程变化 (%)

水文站站名	<0.025mm		0.025～0.05mm		0.05～0.10mm		>0.10mm	
	悬移质	占"三站"比值	悬移质	占"三站"比值	悬移质	占"三站"比值	悬移质	占"三站"比值
"三站"	42.1	100	25.4	100	24.3	100	8.2	100
花园口	57.9	137.5	19.6	77.2	17.9	73.7	4.6	56.1
高村	66.0	156.8	19.6	77.2	12.9	53.1	1.5	18.3
艾山	68.1	161.8	19.1	75.2	12.0	49.4	0.8	9.8
利津	71.9	170.8	19.0	74.8	8.9	36.7	0.2	2.4

注："三站"指三门峡、黑石关、武陟三站。

小浪底水库运行以来，特别是经过三次调水调沙试验，主槽中粒径0.10mm以上的泥沙含量又有向50%靠近的事实表明，0.10mm以上的泥沙难以冲刷。

因此，在黄河中游粗泥沙集中来源区界定研究中，应将0.10mm作为粗泥沙集中来源区界定研究的关键指标。但从淤积的绝对量来看是0.05mm比0.10mm的泥沙多。在本项黄河中游粗泥沙集中来源区界定研究中，粗泥沙界限以粒径0.10mm为主、粒径

0.05mm 为辅同时进行研究。

三、基于自然地理背景的粗泥沙集中来源区宏观判析

结合黄河中游自然地理背景，以多沙粗沙区为平台，分析区内地质、地貌、气象、水文、植被特征与产粗泥沙的关系。分析认为：

(1)区内均属于多暴雨区，以水力、风水混合侵蚀方式为主。

(2)黄土梁峁和盖沙丘陵沟壑区是侵蚀最严重的地区，黄土和易侵蚀基岩(包括砒砂岩)产沙最多，空间分布规律具有越向北越易被侵蚀的特征。

(3)河流悬移质泥沙粒径自东南向西北由细变粗，皇甫川至秃尾河各条支流以及无定河中下游地区泥沙粒径较粗。

(4)从河流输沙角度和含沙量分布图判断，河口镇—吴堡区间的粗泥沙集中来自右岸的皇甫川、窟野河、孤山川、佳芦河和秃尾河等支流。

据此认为，多沙粗沙区内在吴旗—志丹—延安—延长以北至东胜—准格尔—清水河以南，吴旗—榆林—神木—大柳塔的风沙区以东至晋西、晋西北黄河沿岸的范围是侵蚀最为严重的地区，也是产粗泥沙的集中区，应在此范围内再进一步界定粗泥沙集中来源区。

四、黄河中游严重水土流失区侵蚀土壤粒径分布研究

在 $d \geqslant 0.05$mm 的粗泥沙输沙模数大于 2 500t/(km^2·a)的范围内布设了 56 个采样点，分别对面蚀、重力侵蚀和坝地淤积物钻孔取样进行颗粒分析，点绘了面蚀、重力侵蚀及坝地淤积物中数粒径、平均粒径分布图，以及 $d \geqslant 0.025$mm、$d \geqslant 0.05$mm、$d \geqslant 0.10$mm、$d \geqslant 0.25$mm 和 $d \geqslant 0.5$mm 百分含量变化趋势图。

根据研究区内所绘平均粒径分布图来看，面蚀土样平均粒径为 0.04 ~ 0.10mm，重力侵蚀土样平均粒径为 0.04 ~ 0.3mm，坝地土样平均粒径为 0.04 ~ 0.3mm。面蚀泥沙粒径最细。

图中反映出，面蚀、重力侵蚀以及坝地淤积物的粒径均有由南(东南)向北(西北)逐渐变粗的趋势。由此判断粗泥沙集中来源区应位于该区的北中部。

五、粗泥沙集中来源区界定研究

以粒径 0.10mm 为黄河中游粗泥沙集中来源区界定研究的粗泥沙界限，采用粗泥沙输沙模数指标逐步提高，搜索了粗泥沙集中来源区。

粗泥沙界限为 0.10mm 时，分别用粗泥沙输沙模数 350t/(km^2·a)、700t/(km^2·a)、1 400t/(km^2·a)、2 800t/(km^2·a)和 5 600t/(km^2·a)进行了粗泥沙集中来源区的搜索，随着粗泥沙输沙模数的提高，其控制面积分别为 5.8 万 km^2、3.94 万 km^2、1.88 万 km^2、1.17 万 km^{2}和 0.21 万 km^2，分别占多沙粗沙区面积(7.86 万 km^2)的 73.8%、50.1%、23.9%、14.9%和 2.7%。其控制区内所产全沙量分别占多沙粗沙区全沙量的 79.8%、58.3%、34.5%、24.2%和 5.7%；所产 $d \geqslant 0.05$mm 的粗泥沙分别占多沙粗沙区相应粒径沙量的 88.7%、74.0%、47.6%、34.8%和 11.0%；所产 $d \geqslant 0.10$mm 的粗泥沙分别占多沙粗沙区相应粒径沙量的 94.4%、85.4%、68.5%、55.1%和 18.0%(见表 1-13)。

表 1-13 黄河中游多沙粗沙区中 $d \geq 0.05$mm 和 $d \geq 0.10$mm 不同模数级产沙量分析

项目	$d \geq 0.10$mm 级不同粗泥沙输沙模数[t/(km²·a)]对应特征值					$d \geq 0.05$mm 级不同粗泥沙输沙模数[t/(km²·a)]对应特征值			
	350	700	1 400	2 800	5 600	1 300	2 500	5 000	10 000
面积(万 km²)	5.8	3.94	1.88	1.17	0.21	7.86	5.82	1.97	0.22
占多沙粗沙区面积的比值(%)	73.8	50.1	23.9	14.9	2.70	100	74	25.1	2.8
全沙量(亿 t)	9.43	6.89	4.08	2.86	0.67	11.82	9.46	4.21	0.7
占多沙粗沙区全沙量的比值(%)	79.8	58.3	34.5	24.2	5.70	100	80	35.6	5.9
$d \geq 0.05$mm 粗泥沙量(亿 t)	2.83	2.36	1.52	1.11	0.35	3.19	2.83	1.57	0.36
占多沙粗沙区相应粗泥沙量的比值(%)	88.7	74.0	47.6	34.8	11.00	100	88.7	49.2	11.3
占相应区域全沙量的比值(%)	30	34.3	37.3	38.8	52.2	27	29.9	37.3	51.4
$d \geq 0.10$mm 粗泥沙量(亿 t)	0.84	0.76	0.61	0.49	0.16	0.89	0.79	0.62	0.16
占多沙粗沙区相应粗泥沙量的比值(%)	94.4	85.4	68.5	55.1	18.00	100	88.8	69.7	18.0
占相应区域全沙量的比值(%)	8.9	11.0	15.0	17.1	23.90	7.5	8.4	14.7	22.9

从上看出:随着粗泥沙输沙模数指标的提高,各区域粗泥沙量占多沙粗沙区粗泥沙量的比值大于相应区域全沙量的比值,而相应区域全沙量的比值又大于其面积比值;且粗泥沙占全沙量的比重随面积的减少(集中)而增加。可以说,在黄河中游多沙粗沙区中,粗泥沙分布十分不均,相对集中。

通过对 $d \geq 0.10$mm 级泥沙的累积沙量与累积面积关系曲线的深入分析发现,在累积面积达到 1.88 万 km² 后,其输沙模数变率(二阶导数)几乎为 0。这一面积基本上是 $d \geq 0.10$mm 级泥沙输沙模数为 1 400t/(km²·a)以上的区域。

用同样的方法,分析用粒径 0.05mm 以上的粗泥沙集中来源区面积为 1.97 万 km²。

从用粒径 0.10mm 和用粒径 0.05mm 所界定的粗泥沙集中来源区看:核心区域基本重合,用粒径 0.10mm 和用粒径 0.05mm 界定的粗泥沙集中来源区的面积分别为 1.88 万 km² 和 1.97 万 km²,区内产生的全沙量分别为 4.08 亿 t 和 4.21 亿 t,产生的 $d \geq 0.05$mm 的粗泥沙量分别为 1.52 亿 t 和 1.57 亿 t,产生的 $d \geq 0.10$mm 的粗泥沙量分别为 0.61 亿 t 和 0.62 亿 t。

由此看出,$d \geq 0.10$mm 的粗泥沙集中来源区的面积比 $d \geq 0.05$mm 的粗泥沙集中来源区的面积小 900km²,但产生的 $d \geq 0.10$mm 的粗泥沙量相差不多,故选择面积小的为粗泥沙集中来源区为宜。

以上分析看出,粗泥沙界限为 0.10mm 时的粗泥沙集中来源区面积为 1.88 万 km²,对应的粗泥沙输沙模数是 1 400t/(km²·a)。在黄河中游呈一“品”字形分布,涉及三大片,最大的一片在皇甫川至佳芦河区间,第二片在无定河的芦河、大理河、延河和清涧河上游一带,第三片是在无定河下游。

粗泥沙集中来源区面积仅占黄河中游多沙粗沙区面积(1.88/7.86)的23.9%(约

1/4)，可产生的泥沙达4.08亿t，占多沙粗沙区产沙量的(4.08/11.82)34.5%(约1/3)，产生 $d \geqslant 0.05$mm和 $d \geqslant 0.10$mm的粗泥沙量达1.52亿t和0.61亿t，占多沙粗沙区相应粒径输沙量(3.19亿t和0.89亿t)的47.6%(约1/2)和68.5%(约2/3)。因此，对该区的综合整治，应作为一项重大工程进行立项，以便国家加大投入，加快治理步伐，为实现"河床不抬高"作出贡献。

由此看出，黄河中游粗泥沙集中来源区界定研究是在黄河中游多沙粗沙区区域界定成果基础上的深化和细化，是在寻找侵蚀产沙的重中之重。

以上所确定的粗泥沙集中来源区的界限是一个宏观界限，其产粗泥沙的强度平均值超过粗泥沙集中来源区的指标值，但在局部也有产沙强度很小的地方，如道路、水域、峁顶或难侵蚀基岩出露部分；反之，区外也有局部侵蚀很大的地方，如易滑坡的黄土陡崖等，由于这些面积较小，或离大片的粗泥沙集中来源区较远，所以不再划分。

本项目界定的黄河中游粗泥沙集中来源区是一项科研成果，对于指导防治黄河中游水土流失、快速减少入黄粗泥沙、维持黄河健康生命、改善研究区域生态环境和发展农村经济具有重要的实践意义和应用价值，但在实际生产规划中，为便于管理，照顾到地区和流域的完整性，可以对界限作灵活调整。

六、重点支流遴选及其特性深化研究

(一)重点支流的遴选

按水文站实测悬移质颗粒分析资料，以 $d \geqslant 0.10$mm所占百分数由大到小排序分析，粒径最粗的支流依次是皇甫川、窟野河、秃尾河、佳芦河、孤山川、无定河、延河、清涧河、北洛河和马莲河。

按坝地淤积物取样颗粒分析成果，$d \geqslant 0.10$mm泥沙的所占百分数由大到小排序，重点支流依次为窟野河、皇甫川、清水川、孤山川、石马川、秃尾河、无定河、佳芦河、乌龙河、延河和北洛河。

用水文站实测悬移质和坝地淤积物 $d \geqslant 0.10$mm所占百分数"聚类"排序，皇甫川和窟野河没有差异，再引入0.10mm粗泥沙集中来源区粗泥沙输沙模数大小判断，窟野河排第一，皇甫川排第二，再将无水文站的支流由北向南顺序插入后的重点支流依次是窟野河、皇甫川、清水川、秃尾河、孤山川、石马川、佳芦河、乌龙河、无定河、延河、北洛河和清涧河。

(二)重点支流特性深化研究

在遥感和地理信息系统技术支持下，通过对各重点支流地形地貌、土壤、植被、土地利用方式、水土流失和水土保持现状等指标的对比分析，得出各重点支流内部上述指标的差异，并以减少0.10mm以上粗泥沙为目标，提出各重点支流的治理顺序。

1. 窟野河

粗泥沙集中来源区窟野河流域地表组成物质主要为黄土、沙黄土和砒砂岩，约87%的区域土壤平均粒径在0.10mm以上，土壤抗蚀性差；区域坡度从上游向下游增大，土地利用以荒草地和坡耕地为主，植被覆盖度低，中低覆盖度以下面积约占90%；区域粗泥沙输沙模数从上游向下游增大，土壤侵蚀强度从上游向下游加剧，强度侵蚀以上面积约占80%，治理程度低。治理应从下游向上游推进。

2. 皇甫川

皇甫川流域地表组成物质主要为砒砂岩和黄土，土壤平均粒径全部在0.10mm以上，土壤抗蚀性差；流域坡度从上游向下游增大，土地利用以未利用地和坡耕地为主，植被覆盖度低，中低覆盖度以下面积约占88%；流域边缘地带输沙模数较小，土壤侵蚀强度十里长川较干流轻，干流上游侵蚀较下游轻，强度侵蚀以上面积约占80%，治理程度低。应先治理干流纳林川，后治理十里长川左岸。

3. 清水川

清水川流域地表组成物质为黄土和砒砂岩，土壤平均粒径全部在0.10mm以上，土壤抗蚀性差；该流域以荒草地和坡耕地为主，植被覆盖度低，中低覆盖度以下面积约占95%，坡度从上游向下游增大；流域粗泥沙输沙模数均在1 400t/(km^2·a)以上，土壤侵蚀强度从上游向下游加剧，强度侵蚀以上面积约占80%，治理程度低。应优先治理下游，其次治理左岸。

4. 秃尾河

粗泥沙集中来源区秃尾河流域地表组成物质基本为黄土，约40%的区域土壤平均粒径在0.10mm以上，其余在0.05mm以上，土壤抗蚀性差；以坡耕地和荒草地为主，植被覆盖度低，中低覆盖度以下面积约占99%，平均坡度约为22°，粗泥沙输沙模数从流域上游向下游增大，土壤侵蚀强度从中游向下游加剧，强度侵蚀以上面积约占85%，治理程度低。治理应从下游向上游推进。

5. 孤山川

孤山川流域地表组成物质基本为黄土，土壤平均粒径全部在0.10mm以上，土壤抗蚀性差；流域以荒草地、坡耕地为主，植被覆盖度低，中低覆盖度以下面积约占94%，平均坡度约为23°；粗泥沙输沙模数从流域左岸向右岸增大，流域中、下游左岸土壤侵蚀最剧烈，强度侵蚀以上面积约占84%，治理程度低。应先治理孤山川流域及其支流木瓜川右岸，后治理支流木瓜川左岸。

6. 石马川

石马川流域地表组成物质基本为黄土，土壤平均粒径基本在0.10mm以上，土壤抗蚀性差；流域以荒草地和坡耕地为主，植被覆盖度低，基本在中低覆盖度以下，坡度上游和下游较中游大；粗泥沙输沙模数从流域下游向上游增大，土壤侵蚀从下游向上游加剧，强度侵蚀以上面积约占86%，治理程度低。应先治理上游，后治理下游。

7. 佳芦河

佳芦河流域地表组成物质基本为黄土，土壤平均粒径在0.05~0.10mm之间，土壤抗蚀性差；流域以坡耕地和荒草地为主，植被覆盖度低，中低覆盖度以下面积约占95%，坡度下游较上游大；粗泥沙输沙模数从流域上游向下游增大，土壤侵蚀强度从上游向下游加剧，强度侵蚀以上面积约占91%，治理程度低。治理应从下游向上游推进。

8. 乌龙河

乌龙河流域地表组成物质全部为黄土，土壤平均粒径在0.05~0.10mm之间，下游土壤抗蚀性相对较强，植被覆盖度低，中低覆盖度以下面积约占97.5%；流域以坡耕地和荒草地为主，平均坡度约为28°；粗泥沙输沙模数从流域下游向上游增大，强度侵蚀以上面积约占94%,治理程度低。应先治理上游,后治理下游。

9. 无定河

无定河粗泥沙集中来源区涉及无定河流域中游左岸、下游和无定河支流大理河上游三个区域,地表组成物质基本为黄土,土壤平均粒径为0.05~0.10mm的占62%(主要分布在下游),在0.10mm以上的占17%(主要分布在中游),土壤抗蚀性相对较强,且南部较北部强,流域以坡耕地和荒草地为主,植被覆盖度低,中低覆盖度以下面积约占95%,平均坡度约为29°;榆溪河下游左岸和大理河源头粗泥沙输沙模数较大且土壤侵蚀较剧烈,强度侵蚀以上面积约占86%,治理程度相对较高,且中游较下游治理程度高,治理应从上游向下游推进。

七、多沙粗沙区治理分区划分研究

黄河中游多沙粗沙区水土流失产生的泥沙是黄河下游河道淤积泥沙的主要来源,因此本区成为黄土高原水土保持生态建设的重点区。然而,在7.86万km^2多沙粗沙区范围内,粗泥沙的产沙强度也十分不均,$d\geqslant0.10$mm的粗泥沙输沙模数高的地区达10 000 t/(km^2·a),低的地区才350t/(km^2·a)左右,在治理上如果维持当前的“广种薄收”治理模式,对下游河道的减淤就必然不会在短期内明显见效。考虑到在多沙粗沙区内粗泥沙产沙强度仍有较大差异,因此必须将多沙粗沙区按照“先粗后细”的治理思路,划为多个治理阶段,便于突出重点,逐步推进,这就是多沙粗沙区治理分区划分的目的。

(一)分区原则及指标的确定

1. 分区原则

(1)快速减少下游河床主槽粗泥沙淤积的原则。据钻孔资料分析,1960年前无三门峡水库影响的“自然”水沙情况下,下游河道主槽淤积物中,粒径0.05mm和0.10mm以上的粗泥沙占76.1%(约3/4)和50.7%(约1/2);并且,下游主槽淤积物粒径在0.05mm以上的泥沙中,0.10mm以上的泥沙又占了66.6%(约2/3),说明控制粒径0.10mm以上的泥沙是实现“河床不抬高”的关键之一。

(2)治理面积相对较小,拦减粗泥沙量相对较多的原则。在7.86万km^2的多沙粗沙区中,粒径0.10mm以上粗泥沙输沙模数700t/(km^2·a)和1 400t/(km^2·a)对应的区域内,其面积分别是3.94万km^2和1.88万km^2,分别占多沙粗沙区面积的50.1%和23.9%,可各区域产生的$d\geqslant0.10$mm的泥沙分别占多沙粗沙区中相应泥沙量的85.4%和68.5%,后者面积比前者少26.2个百分点,可后者产生的粒径在0.10mm以上的粗泥沙仅少16.9个百分点,说明粗泥沙输沙模数越大,面积越小,产粗泥沙更集中。

(3)对入黄水资源影响较小的原则。治理水土流失必然要减少入黄水量,但在该区域进行高强度治理,减少了入黄泥沙,也减轻了下游河道淤积,反过来可节约下游输沙用水。据分析,在同样减沙比例情况下,粗泥沙含量越高的地区,因当地治理拦沙而节约的下游输沙用水越多,因此影响也越小;当地拦沙比例越高,下游节约的输沙用水与当地产水量的比值也越高。

(4)当地生态环境改善与下游河道减淤同步的原则。多沙粗沙区内主要包括三大地貌单元:易侵蚀基岩(俗称础砂岩)地貌、盖沙地貌和黄土丘陵沟壑地貌。三种地貌上的自然景观、侵蚀强度、生态环境、土地承载能力等差异很大,往往当地生态环境最恶化(特指水土流失最严重)的地区(如砒砂岩区,供植物生长的黄土很薄),对下游河道淤积的"贡献"也最大,其社会生态环境承载力也最差。

2. 分区指标的确定

(1)粗泥沙界限的确定。1960 年前无三门峡水库影响的"自然"水沙情况下,下游河道主槽淤积物中,粒径 0.10mm 以上的泥沙占一半;并且长系列分析粒径 0.10mm 以上泥沙淤积比较粒径 0.05mm 以上泥沙淤积比高 39 个百分点;粗泥沙区来的洪水中,粒径 0.10mm 以上泥沙含量小浪底到利津区间削减率达 97.6%;特别是经过三次调水调沙试验,下游主槽淤积物中,粒径 0.10mm 以上泥沙的含量又有向 50%靠近的趋势,说明粒径 0.10mm 以上的泥沙也难以被冲刷。因此,对 7.86 万 km^2 多沙粗沙区进行治理分区划分中,粗泥沙粒径指标仍采用 0.10mm。

(2)粗泥沙输沙模数指标的确定。$d \geqslant 0.10$mm 的泥沙的输沙模数在 1 400t/($km^2 \cdot a$)以上的区域是前面确定的粗泥沙集中来源区,其面积约占 7.86 万 km^2 多沙粗沙区的 1/4;$d \geqslant 0.10$mm的泥沙的输沙模数在700t/km^2 以上的区域,面积为 3.94 万 km^2,基本上是 7.86 万 km^2 多沙粗沙区区域的一半;余下的多沙粗沙区 $d \geqslant 0.10$mm 的泥沙的输沙模数基本上在 300 ~ 700t/($km^2 \cdot a$)之间。因此,多沙粗沙区治理分区划分指标分别采用 $d \geqslant 0.10$mm 的粗泥沙输沙模数 1 400t/($km^2 \cdot a$)和 700t/($km^2 \cdot a$),将 7.86 万 km^2 的多沙粗沙区分成了三个治理区域。

(二)分区结果

1. 治理一区

治理一区是 $d \geqslant 0.10$mm 粗泥沙输沙模数大于 1 400t/($km^2 \cdot a$)的区域,也就是粗泥沙集中来源区,其面积为 1.88 万 km^2,仅占多沙粗沙区面积(7.86 万 km^2)的 23.9%(约 1/4),但产生的全沙、$d \geqslant 0.05$mm 的粗泥沙和 $d \geqslant 0.10$mm 的粗泥沙分别为 4.08 亿 t、1.52 亿 t 和 0.61 亿 t,分别占多沙粗沙区相应粒径输沙量(11.82 亿 t 、3.19 亿 t 和 0.89 亿 t)的 34.5%(约1/3)、47.6%(约 1/2)和 68.5%(约 2/3)。说明该区域面积不大,却是名副其实的产粗泥沙"大户",是减少入黄粗泥沙,实现"河床不抬高"应首先治理的区域。该区域中全沙、$d \geqslant 0.05$mm和 $d \geqslant 0.10$mm 粗泥沙的输沙模数分别为 21 699t/($km^2 \cdot a$)、8 084t/($km^2 \cdot a$)和3 244t/($km^2 \cdot a$),是三个治理区中各粒级产沙模数最高的地区。

2. 治理二区

治理二区是 $d \geqslant 0.10$mm 的粗泥沙输沙模数在 700 ~ 1 400t/($km^2 \cdot a$)之间的区域,面积为 2.06 万 km^2,占多沙粗沙区面积的 26.2%,产生的全沙、$d \geqslant 0.05$mm 的粗泥沙和 $d \geqslant 0.10$mm 的粗泥沙分别为 2.81 亿 t、0.84 亿 t 和 0.15 亿 t,分别占多沙粗沙区相应粒径输沙量的 23.8%、26.3%和 16.9%。该区域中全沙、$d \geqslant 0.05$mm 的粗泥沙和 $d \geqslant 0.10$mm 的粗泥沙的输沙模数分别为 13 641t/($km^2 \cdot a$),4 078t/($km^2 \cdot a$)和 728t/($km^2 \cdot a$)。其产沙强度明显较治理一区低。

3. 治理三区

治理三区是多沙粗沙区中减去前两个治理区后剩余的区域,面积为 3.92 万 km^2,占多沙粗沙区面积的 49.9%,产生的全沙、$d \geqslant 0.05$mm 的粗泥沙和 $d \geqslant 0.10$mm 的粗泥沙分别为 4.93 亿 t、0.83 亿 t 和 0.13 亿 t，分别占多沙粗沙区相应粒径输沙量的 41.7%、26.0%和 14.6%。该面积中全沙、$d \geqslant 0.05$mm 的粗泥沙和 $d \geqslant 0.10$mm 的粗泥沙的输沙模数分别为 12 577t/(km^2·a)，2 117t/(km^2·a)和 332t/(km^2·a)。其产沙强度又比治理二区低。

(三)分区结果合理性论证

多沙粗沙区总体上呈东北—西南向分布，南北跨了 4 个纬度。由于黄河中游气候南北分异性明显，因此多沙粗沙区各治理区中产水产沙特性也有明显的差异。本节主要从三个治理区域产沙强度、含沙量(产沙与产水强度之比)和单位降水产沙量的分异特征，论证在多沙粗沙区中按照“先粗后细”原则进行治理区划分成果的合理性。

1. 降雨分布

由于黄河中游的降雨总体上由东南向西北逐渐递减，而治理一区到治理三区的治理分区基本上是由北向南，治理一区到治理三区多年平均降水量由 434.3mm 升为 477.1mm，变幅达 42.8mm。三个区域的水面蒸发能力高达 1 030mm(E_{601})左右，蒸发十分旺盛。从降水看出，治理一区降水量最小，而治理三区与治理一区相比降水稍多，说明治理一区的气候环境质量比其他两区差得多。

2. 径流分布

径流分布与降水分布并不完全相同。由于多沙粗沙区北部大部分为砒砂岩地区，沟壑密度大，坡度陡，与黄土相比下渗能力差，再加上降水集中，多为高强度暴雨，因而治理一区到治理三区呈现出多年平均径流系数和径流深排序为：治理一区(15.1%和 65.6mm) > 治理二区(11.5%和 53.8mm) > 治理三区(8.8%和 42.1mm)。

从地表径流来看更是如此，多年平均径流系数和径流深，治理一区为 14.9%和 64.7mm，治理二区为 10.0%和 46.8mm，治理三区为 8.3%和 39.5mm。在多沙粗沙区三个分区中，谁的地表径流产流系数高、径流量大，谁的挟沙能力就强、冲刷作用也强，因而水土流失就严重。

3. 泥沙分布

前面已讨论了各区全沙、$d \geqslant 0.05$mm 的粗泥沙和 $d \geqslant 0.10$mm 的粗泥沙的产沙模数(强度)，表明是治理一区大于治理二区，治理二区大于治理三区，从产沙模数的角度说明前面的治理分区基本符合“先粗后细” 治理方略的分区要求。

4. 含沙量分布

含沙量反映了产沙与产水的强度比。本文产水用地表径流，反映出治理一区全沙、$d \geqslant 0.05$mm粗泥沙和 $d \geqslant 0.10$mm 粗泥沙的含沙量分别是 335kg/m^3、125kg/m^3 和 50kg/m^3，大于治理二区(292kg/m^3、87kg/m^3 和 16kg/m^3)，治理二区大于治理三区。这从含沙量分布角度也说明前面的治理分区基本符合“先粗后细”治理方略的分区要求。

5. 单位降水产沙量分布

用各治理区的输沙量除以该区的降水量即为单位降水产沙量(kg/m^3)。这一特征值将气候因素中的降水与下垫面的产沙量直接连接起来。据分析，治理一区单位降水产生的全沙、$d \geqslant 0.05$mm 粗泥沙和 $d \geqslant 0.10$mm 的粗泥沙分别为 50.0kg/m^3、18.6kg/m^3 和 7.5kg/m^3，治理二区相应为 29.2kg/m^3、8.7kg/m^3 和 1.6kg/m^3，治理三区相应为26.4kg/m^3、4.4kg/m^3 和 0.7kg/m^3，单位降水的各级泥沙产沙强度均反映出治理一区大于治理二区，治理二区大于治理三区。这从单位降水产沙量角度再一次说明前面的治理分区基本符合“先粗后细”治理方略的分区要求。

综合以上各治理分区不同粒径输沙模数、地表径流含沙量以及单位降水产沙量等指标,均反映出是治理一区最大,治理三区最小。从各种特征反映出前面的治理分区符合“先粗后细”治理方略的分区要求。

八、多沙粗沙区各治理分区水资源量评价

本研究评价范围为黄河中游多沙粗沙区,总面积 7.86 万 km^2,涉及内蒙古、陕西、山西、宁夏、甘肃五省(自治区)45 个县(市、旗、区);在多沙粗沙区内,按照各治理分区进行评价。

评价的依据是全国水资源调查评价技术细则和全国地下水调查评价补充细则。评价的内容主要包括降水、蒸发、地表水资源量、地下水资源量、水资源总量、泥沙,以及多沙粗沙区治理对黄河水资源的影响评估等。

(一)降水

多沙粗沙区多年平均降水量从东南部的 500mm 递减至西北部的 300mm。并且年内分配极不均匀,7~8 月降水量占到了年降水量的 50%左右,6~9 月降水量占年降水量的 70%~80%。

多沙粗沙区降水量年代变化是:20 世纪五六十年代降水量最大,70~90 年代降水量逐渐减少。

多沙粗沙区分区降水量是:治理三区降水量最大,为 432.6mm,治理二区次之,为 425.2mm,治理一区最小,为 391.7mm。主要是降水由南向北逐渐减少,而治理一区最靠北部,治理三区大部分靠南部。

(二)地表水资源量

1. 径流的分布特点

径流深分布总的趋势是自东部 50mm 向西逐渐递减到 10mm,向北递减到 25mm。在治理一区内,径流深较大,尤其在佳芦河、秃尾河、窟野河等出现径流深高值区,径流深最大可达 150mm,而此地区正是粗泥沙集中来源区,这是由于该区下垫面大多为砒砂岩区,坡度陡,沟壑密度大,再加上暴雨集中,因而极易产汇流;同时,黄河流域的闭流区可能有部分地下水补给这些河流,从而对径流产生影响。

2. 地表径流的年内分配

多沙粗沙区下垫面大多是丘陵沟壑区,地表径流受降水的影响,多集中于汛期,径流的产生主要由暴雨形成,洪水暴涨暴落,汛期过后,随着降水的减少而消退。冬季雨雪稀少,径流甚微。皇甫川、窟野河、佳芦河、清涧河和延河等把口水文站汛期(6~9 月)径流量占年径流量的比例均在 55%以上,其中以皇甫川为最高,达到 80.5%。无定河和秃尾河由于受风沙区的影响,年内分配相对平稳,非汛期径流量所占比重较大,如秃尾河高家川水文站多年平均非汛期径流占年径流量的比例为 60.7%。

3. 地表径流年代变化

多沙粗沙区各治理区地表径流的年代变化与降水一致。多沙粗沙区多年平均地表水

资源量为31.18亿m^3,其中1956~1969年、1970~1979年、1980~1989年和1990~2000年不同时段的径流量分别为37.29亿m^3、31.10亿m^3、27.74亿m^3和26.58亿m^3。20世纪五六十年代地表水资源量最大,以后逐渐减少,20世纪80年代和90年代比较接近,这些变化趋势与降水变化趋势基本一致。

4. 各治理分区地表水资源量

多沙粗沙区的地表水资源量为31.18亿m^3,其中治理一区为10.19亿m^3,治理二区为7.99亿m^3,治理三区为13.00亿m^3。

(三)地下水资源量

多沙粗沙区地下水资源量(山丘区降水入渗补给量)为13.74亿m^3,其中与地表水重复的地下水资源量(降水入渗补给量形成的河道排泄量或河川基流量)为10.98亿m^3,与地表水不重复的地下水资源量为2.75亿m^3。

1. 各治理分区与地表水不重复的地下水资源量

多年平均与地表水不重复的地下水资源量:治理一区为1 721万m^3,占6.2%;治理二区为14 657万m^3,占53.3%;治理三区为11 147万m^3,占40.5%。

2. 与地表水不重复的地下水资源量的年代变化

多沙粗沙区与地表水不重复的地下水资源量平均值在20世纪五六十年代和70年代、80年代等三个时段之间基本持平,到了90年代达到了最大,主要是由于人民生活耗水量增加,工农业生产开发利用地下水量加大所致。各分区的年代变化趋势基本如此。

(四)水资源总量

多沙粗沙区多年平均水资源总量为33.93亿m^3,其中,治理一区水资源总量为10.36亿m^3,占30.5%;治理二区水资源总量为9.46亿m^3,占27.9%;治理三区水资源总量为14.11亿m^3,占41.6%。

多沙粗沙区水资源总量变化是:20世纪50年代水资源总量较丰,以后逐年代递减,20世纪90年代最枯。这和降水的变化趋势基本一致。

(五)泥沙

多沙粗沙区多年平均输沙量、$d \geq 0.05$mm和$d \geq 0.10$mm的粗泥沙输沙量分别为11.82亿t、3.19亿t和0.89亿t,相应的输沙模数为15 038t/(km^2·a)、4 059t/(km^2·a)和1 128t/(km^2·a)。

治理一区多年平均输沙量、$d \geq 0.05$mm和$d \geq 0.10$mm的粗泥沙输沙量分别为4.08亿t、1.52亿t和0.61亿t,相应的输沙模数为21 699t/(km^2·a)、8 084t/(km^2·a)和3 244 t/(km^2·a)。在三个治理区中输沙模数是最大的。

治理二区多年平均输沙量、$d \geq 0.05$mm和$d \geq 0.10$mm的粗泥沙输沙量分别为2.81亿t、0.84亿t和0.15亿t,相应的输沙模数为13 618t/(km^2·a)、4 071t/(km^2·a)和727 t/(km^2·a)。输沙模数次于治理一区。

治理三区多年平均输沙量、$d \geq 0.05$mm和$d \geq 0.10$mm的粗泥沙输沙量分别为4.93亿t、0.83亿t和0.13亿t,相应的输沙模数为12 589t/(km^2·a)、2 120t/(km^2·a)和323 t/(km^2·a)。输沙模数是3个治理分区中最小的。

(六)多沙粗沙区来水来沙对黄河水沙的影响

1. 扣除泥沙后地表水资源量的估算

从整个黄河来看,多年平均河川径流量580亿m^3,输入下游的泥沙16亿t,考虑扣除泥沙后的(清水)地表水资源量意义不大。多沙粗沙区年平均地表水含沙量达257kg/m^3(1956~2000年系列,本节下同;治理一区高达272kg/m^3),所占浑水体积达9.5%,表明该区实际进入黄河中下游的清水只有地表水资源量的90.5%,对此进行扣除泥沙后的水资源量估算,可为分析高强度治理后对可能减少入黄水资源量的评估服务。因此,对多沙粗沙区有必要进行扣除泥沙后的地表水资源量的估算。

整个多沙粗沙区扣除泥沙后的水资源量为28.21亿m^3,占多沙粗沙区未扣除泥沙前地表水资源量的90.5%。

2. 各治理分区来水来沙对黄河水沙的影响分析

治理一区、治理二区、治理三区以及多沙粗沙区1956~2000年地表径流量分别占黄河花园口以上同期天然河川径流量的1.9%、1.5%、2.4%和5.9%;可产生的全沙量分别占“六站”(龙门、河津、华县、洑头、黑石关、武陟水文站,下同)1954~1969年全沙量的21.7%、14.9%、26.2%和62.8%;产生的$d \geqslant 0.10$mm的粗泥沙量分别占“六站”相应沙量的54.0%、13.3%、11.5%和78.5%;各区间粒径0.10mm以上输沙量占全河相应输沙量百分比与地表径流量占花园口以上径流量百分比的倍数分别为28.4、8.9、4.8和13.4。由此看出,各治理区,特别是治理一区,对黄河的产水贡献远小于产沙的危害。

3. 多沙粗沙区不同程度治理对黄河水资源的影响评估

黄河中游多沙粗沙区进行不同程度治理后,虽然减少了入黄水量,但由于入黄泥沙量的减少,也减轻了下游河道淤积,反过来可节约下游输沙用水量。

假设多沙粗沙区得到不同程度治理后,各治理分区的入黄泥沙分别减少30%、50%、70%和90%,单位输沙水量取30m^3/t,估算相对“节约”的输沙用水量。根据黄河中游多沙粗沙区不同治理区假定的拦沙指标和下游输沙用水指标,计算得出:当多沙粗沙区得到不同程度治理,假定各治理区入黄泥沙减少50%,可“节约”下游河道输沙用水量约120亿m^3;假定各治理区入黄泥沙减少70%,“节约”的输沙用水量约168亿m^3,这部分水量相当于当地地表水资源量的5.39倍。由此看出,拦沙比例越高,“节约”的输沙用水量越多,对黄河总体水资源量是一种正效应。

各治理分区比较来看,在同一减沙比例下,多沙粗沙区各治理分区实施水土保持综合治理,拦减入黄泥沙,减少下游输沙用水量而相对“增加”的水资源量,治理一区大于治理二区,治理二区大于治理三区。

随着拦沙比例的提高,各治理区输沙水量与扣除泥沙后的清水资源量的比值均呈增大趋势,即黄河中游多沙粗沙区治理程度越高,拦沙比例越大,相对节约的水资源量越多。当第一、二、三区和多沙粗沙区的入黄泥沙分别减少11%、13%、12%和12%时,各区因减少入黄泥沙而“节约”的输沙用水量约等于当地产清水水资源量。

以上采用的输沙用水量(30m^3/t)一是多年平均值,二是全沙的概念。在黄河中游多沙粗沙区、特别是粗泥沙集中来源区产生的泥沙特别粗,产生粒径大于0.10mm的粗泥沙占到全河相应粒径泥沙的54%,要把进入黄河下游的这些粗泥沙输送入海,将需要更多的输沙用水,并且输送的效果也很差,最好将这些粗泥沙就近拦截在当地。因此,加强黄河中游多沙粗沙区特别是粗泥沙集中来源区粗泥沙的控制,是实现“河床不抬高”的关键措施之一。

九、多沙粗沙区各治理分区经济社会指标调查与评价

调查评价的范围为黄河中游多沙粗沙区,面积7.86万km^2,涉及内蒙古、陕西、山西、宁夏、甘肃五省(自治区)45个县(旗、市、区);在多沙粗沙区内分别按治理一区(1.88万km^2)、治理二区(2.06万km^2)和治理三区(3.92万km^2)统计分析和评价。

(一)调查评价指标的遴选

经对比分析,确定评价的指标主要包括:人口劳力指标、农村经济发展指标、水土流失指标、水土保持指标、土地利用指标等方面。

人口指标包括现有人口总量、农业人口数量、人口密度、农业人口密度、人口素质、文化水平等;劳力指标包括现有劳力总数、劳动力密度等。

农村经济发展指标主要是农村产业结构指标、人均产值(元)和人均收入(元)、单位面积的产值、水土流失治理对农村各业生产的影响等。

水土流失指标主要包括单位面积输沙模数(全沙、$d \geqslant 0.05$mm和$d \geqslant 0.10$mm粗泥沙)、单位降水侵蚀量等。

水土保持指标包括各项治理措施的保存面积、各类水土保持工程的数量。

土地利用指标主要包括各类土地利用面积、土地利用比例、土地利用率等。

(二)调查评价的方法

主要采用调查统计、搜集已有研究成果和有关资料的形式进行。资料的基准年为2004年底。总的调查程序是:先确定调查评价指标,制定统一的调查表格,举办有省(自治区)、地(市、盟)、县(旗、市、区)、乡(镇)各级业务技术人员参加的培训班,由基层业务技术人员调查,从乡(镇)逐级上报。上报前由业务主管部门审查,最后由黄河上中游管理局汇总,调查结果经专家审查后使用。分别以三个治理分区为对象,根据调查的指标进行对比分析,采用综合评价与典型评价相结合的评价方法。综合评价以三个治理分区和多沙粗沙区为范围,典型评价以典型小流域或典型区域为范围。

(三)经济社会调查结果与分析

分别按三个治理分区和整个多沙粗沙区为区域进行统计分析单元。调查的指标比较多,这里仅列出与经济社会发展和水土保持减沙有关的主要指标的调查结果,根据这些指标进行分析评价。

1.人口及粮食生产情况分析

通过对调查结果分析可以看出,各治理分区的人口密度、农业人口密度和劳力密度有一定的差异。治理一区(1.88万km^2)总人口密度、农业人口密度、劳力密度是三区中最低的,分别为65人/km^2、56人/km^2、24人/km^2。治理二区(2.06万km^2)总人口密度、农业人口密度、劳力密度数值最大,分别为100人/km^2、87人/km^2和32人/km^2。治理三区居中。三个治理分区及整个多沙粗沙区平均每平方公里生产粮食分别为2.18万kg、2.83万kg、2.87万kg、2.70万kg,治理一区最低,治理二区居中,治理三区较高。说明治理一区土地

质量最差，土地的产出率低，人口密度小，人均粮食低于整个多沙粗沙人均粮食的平均值。

2. 经济发展状况对比分析

经分析，各治理分区人均产值、人均收入和单位面积产值有一定的差别。人均产值从低到高依次是治理一区、治理二区、治理三区，分别为 1 258 元、1 418 元、2 129 元，多沙粗沙区全区人均为 1 723 元。单位面积产值是反映单位面积上经济发展的一个指标，经过分析，治理一区最低，其次依次是治理二区、治理三区，其数值分别为 8.26 万元/km^2、14.24 万元/km^2、16.11 万元/km^2，整个多沙粗沙区为 13.74 万元/km^2。说明治理一区经济发展水平最低，经济最落后。

3. 土地利用对比分析

不同治理分区的土地利用结构不完全相同。治理一区农地的比例最小，为 13.3%，治理二区农地的比例最大，达 21.5%。林地的比例三个区基本相当。治理二区草地的比例最少。治理一区未利用地的比例最大，达 45.7%，治理二区最小，为 42.4%。可见，土地利用结构不够合理，尤其是治理一区的未利用土地比例过大，土地利用的潜力有待进一步发挥。

4. 水土保持情况对比分析

分别引入治理程度、单位面积基本农田、单位面积坝地等指标进行水土保持对比分析。通过分析可以看出，治理一区的治理程度最低，为 30%，治理二区和治理三区相同，为 35%，多沙粗沙区平均治理程度为 34%。单位面积基本农田、单位面积坝地两项指标均是治理一区最低，分别为 5.32hm^2/km^2 和 0.64hm^2/km^2。治理二区高于治理一区，治理三区最高。

5. 水土流失情况分析

经过对比分析，各治理分区水土流失情况有一定的差异，治理一区水土流失最为严重，单位降水产沙量最高，为 50.0kg/m^3，治理三区水土流失最轻，平均侵蚀模数为 1.26 万 $t/(km^2 \cdot a)$，单位降水产沙量最低，为 26.4kg/m^3。治理一区的水土流失具有以下特点：

(1)侵蚀强度高。治理一区是我国水土流失强度最大的地区之一，土壤侵蚀模数为 1.2 万 ~ 3.5 万 $t/(km^2 \cdot a)$，平均侵蚀模数达 2.17 万 $t/(km^2 \cdot a)$，窟野河下游等部分地方高达 3 万 ~ 4.5 万 $t/(km^2 \cdot a)$。

(2)粗泥沙比重大。在治理一区，年平均流失总量 4.08 亿 t 中，产生粒径大于 0.05mm 和粒径大于 0.10mm 的粗泥沙量达 1.52 亿 t 和 0.61 亿 t，分别占黄河中游多沙粗沙区相应粒径泥沙输沙量的 47.6%和 68.5%。

(3)时空分布集中。该区面积仅为 18 803km^2，占黄河流域黄土高原水土流失面积 45.4 万 km^2 的 4.1%，可产生的泥沙达 4.08 亿 t，占黄河流域同期输沙量的 21.7%。

(四)水土保持与经济社会发展的关系分析

通过对水土保持措施的减沙作用、水土保持与当地经济发展的关系、水土保持改善区域环境等方面的作用分析认为，水土保持作为农业的重要组成部分，在经济社会发展中具有非常重要的作用。具体地讲，一是减少入黄泥沙，减轻黄河下游河道淤积，对实现“河床不抬高”具有显著作用；二是开发利用水资源，为人们的生产和生活服务，通过水土保持还可以间接地增加水资源量，改善黄河水资源利用状况，对“维持黄河健康生命”具有重要作用;三是改善农业生产条件,发展区域经济,增加国民生产总值,尤其是能够发展农村经济,对促进区域经济社会的可持续发展具有非常重要的作用;四是改善生态环境,防止荒漠化,对促进和谐社会建设具有积极的作用;五是扩大内需,启动农村市场,充分利用农村剩余劳动力,缓解城市就业压力,为经济发展提供保证。

第六节　研究特色与创新点

本项目的研究特色在于:以系统论的观点为指导思想和导向,将黄河中游粗泥沙侵蚀产沙子系统与下游河道泥沙堆积子系统联结起来,并特别关注无三门峡水库影响的“自然”水沙情况下下游河道主槽淤积情况,将其作为黄河中游粗泥沙集中来源区界定研究中确定粗泥沙界限的重要参考,并根据中游多沙粗沙区内部粗泥沙的分布特征,提出粗泥沙集中来源区和重点治理支流,从而达到在近期以最小的治理面积,最大限度地减轻下游河槽淤积的效果。

本项目研究在总结、吸收前人和过去研究成果的基础上,在以下几个方面有所创新:

(1)首次在三门峡库区 9 个典型断面进行了水库淤积物完整钻孔取样,在下游河道利用多断面(37 个)、多钻孔(每个断面 5 个钻孔)、深层次(10 ~ 11m)的钻孔法取样,分析淤积物粒径组成。

(2)利用 1999 年汛前深层钻孔取样和淤积大断面实测资料,确定了 1960 年(三门峡水库运行)前、后淤积物粒径组成,并发现三门峡水库运行前,下游河道主槽淤积物中 $d \geqslant$ 0.10mm 以上的泥沙占 1/2(50.7%),比 1960 年后(20.4%)大 1.5 倍。

(3)根据天然情况下,下游河道主槽淤积物中 0.10mm 粒径级泥沙所占比重较大(1/2)以及中游 $d \geqslant 0.10$mm 和 $d \geqslant 0.05$mm 粗泥沙集中来源区区域中面积与产粗泥沙量的比较分析,提出在中游粗泥沙集中来源区的界定中应以粒径 0.10mm 为粗泥沙界限。这一结论进一步明确了近期治理主攻的目标。

(4)本着侵蚀产沙的自然地理综合效应观,以寻求地质、地貌、气象、水文和植被等特征与产沙关系为重点,通过分析自然地理因子与产沙的区域差异和规律,以及黄河中游严重水土流失区侵蚀土壤粒径分布规律,宏观判定了粗泥沙集中来源区的大致范围,为粗泥沙集中来源区的进一步界定奠定了基础。

(5)在自然地理背景和淤积物钻探取样成果资料分析的基础上,利用粗泥沙输沙模数与产沙面积关系的变率分析,界定了黄河中游 0.10mm 和 0.05mm 粒径级的粗泥沙集中来源区;根据面积相对较小、产粗泥沙量相对较多的原则,确定粗泥沙集中来源区面积为 1.88 万 km^2,进一步明确了黄河中游近期治理主攻的区域。

(6)利用来沙粒径、粗泥沙输沙模数等指标,遴选了粗泥沙集中来源区近期重点治理的典型支流并进行了治理排序,明确了下一步治理主攻的重点。

(7)利用遥感和地理信息系统技术,进一步分析了重点支流内部差异,指出了支流内部上下游、左右岸治理的先后顺序,为重点支流水土保持措施的规划布局和治理决策提供了科学支撑。

(8)以快速减少入黄粗泥沙和治理的面积相对较少,拦减的粗泥沙量相对较多的原则,基于治理的时间顺序将多沙粗沙区划分为三个治理分区,为中游“先粗后细”治理方略的实施提供了技术支撑。

(9)对多沙粗沙区各治理分区进行水资源量评价,并首次进行了扣除泥沙后的水资源量估算,为评估该区水土流失治理对黄河水资源的影响提供了参考;根据下游汛期输沙用水指标,定量论证了该区水土保持拦沙后节约的输沙用水量大于因水土保持对黄河径流的减少量,提出了在该区进行大规模水土流失治理可为黄河间接“增水”的结论。

(10)提出了水土保持与经济社会发展关系的调查评价指标,进行了各治理分区全面的调查评价,为该区水土流失治理规划提供了技术支撑。

第二章　三门峡库区淤积物粒径分析

三门峡水库是黄河上修建的第一座大型枢纽工程，1957 年 4 月正式开工，同年 11 月 25 日截流，1960 年 9 月 15 日蓄水运用。

三门峡水库控制黄河流域 68.8 万 km^2 的面积，其控制面积占全流域面积的 91.5%。水库控制黄河水量的 89%、沙量的 98%，控制了黄河干流三个洪水来源区中的两个，渭河、泾河、北洛河、汾河等支流在库区汇入黄河。库区范围包括黄河龙门、渭河华县、汾河河津和北洛河 洑头四个水文站（以下简称“四站”）至大坝区间的干、支流河段。

水库于 1960 年 9 月 15 日开始蓄水运用[17]，高水头蓄水运用一年半（1960 年 9 月至 1962 年 3 月），水库淤积严重，改为低水头滞洪排沙运用。经过两次加大泄流规模的改建，于 1973 年底采取“蓄清排浑”运用方式，保持了长期有效库容，发挥了防洪、防凌、灌溉、供水、发电、减淤、保护生态环境等综合效益，在工程建设及水库运用上积累了丰富的经验。

第一节　三门峡水库淤积情况

三门峡水库不同运用时期库区冲淤情况见表 2-1。从 1960 年 5 月至 2003 年 10 月的 44 年间，三门峡水库共淤积泥沙 69.23 亿 m^3。

表 2-1　三门峡水库不同运用期库区冲淤量统计　　（单位：亿 m^3）

区段	1960.5 ~ 1964.10	1964.10 ~ 1973.10	1973.10 ~ 1986.10	1986.10 ~ 1995.10	1995.10 ~ 2000.10	2000.10 ~ 2003.10	1960.5 ~ 2003.10	占总淤积量的百分比（%）
黄淤 1 ~ 41	35.75	−9.225	0.553 9	1.452	0.899	−1.442 2	27.99	40.4
黄淤 41 ~ 68	6.342	12.03	0.689 2	5.043	0.385 9	0.329 3	24.82	35.9
渭淤 1 ~ 37	1.845	8.477	−0.234 9	2.979	0.269 4	0.13	13.47	19.4
洛淤 1 ~ 21	0.481	0.799 9	0.142 3	1.24	0.238	0.052 1	2.95	4.3
累　计	44.42	12.08	1.151	10.71	1.792	−0.930 8	69.23	100

注：摘自 2003 年《黄河泥沙公报》。

从表 2-1 中看出，1960 年 9 月水库运用到 1964 年，大量的泥沙淤积造成水库库容迅速减少，库底高程迅速抬高，4 年间库区共淤积了 44.42 亿 m^3 的泥沙；1965～1973 年水库改建并改变运用方式，提高了排沙能力，主槽下切，泥沙淤积速度减缓，9 年间共淤积了 12.08 亿 m^3 的泥沙；1974 年以来，水库的运用更为合理，虽有泥沙淤积但维持较为稳定的局面，1973 年 10 月至 2003 年 10 月的 29 年间库区共淤积泥沙 12.72 亿 m^3。

从空间分布上看（见图 2-1），潼关以下淤积泥沙 27.99 亿 m^3，占库区总淤积量的 40.4%；潼关以上干流淤积泥沙 24.82 亿 m^3，占总淤积量的 35.9%；渭河淤积泥沙 13.47 亿 m^3，占总淤积量的 19.4%；北洛河仅淤积泥沙 2.95 亿 m^3，占总淤积量的 4.3%。

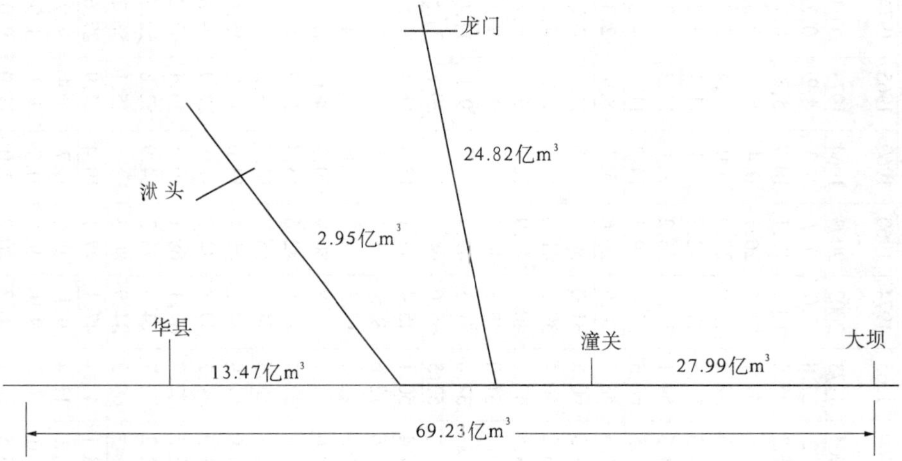

图 2-1　三门峡库区 1960 年 5 月～2003 年 10 月各河段淤积量分布示意图

第二节　三门峡库区淤积物粒径分析（河床质法）

三门峡库区河床质取样与淤积测验一起进行，浅水区使用横式采样器取样，深水区使用锚式采样器取样。水面宽小于 500m 时，沿河宽方向等距布设 3 条采样垂线；水面宽大于 500m 时，沿河宽方向等距布设 5 条采样垂线。沙样重一般不小于 20g。

滩地取样，一般在洪水漫滩淤积区进行，使用环形原状土采样器在表层 0.10m 以下取原状土。滩地取样范围与淤积测验范围相同，取样点的横向分布与水道部分相同。

黄河干流取样断面相对固定，一般取样断面为：黄淤 2、8、12、15、19、22、26、29、31、33、36、38、41、45、49、51、53、55、57、59、61、63、65、67 断面和汇淤 2 断面，所取土样均做淤积物颗粒分析试验。

表 2-2 和表 2-3 为三门峡库区主槽、滩地主要淤积断面淤积物 1960～1964 年、1965～1973 年、1974～2003 年、1960～2003 年不同时间段 $d \geqslant 0.025$mm、$d \geqslant 0.05$mm、$d \geqslant 0.10$mm、$d \geqslant 0.25$mm和 $d \geqslant 0.5$mm 级配成果对照。

表 2-2　三门峡库区主槽淤积物颗粒分析成果

（%）

位置		d≥0.025mm				d≥0.05mm				d≥0.10mm				d≥0.25mm				d≥0.5mm			
		1960~1964	1965~1973	1974~2003	1960~2003	1960~1964	1965~1973	1974~2003	1960~2003	1960~1964	1965~1973	1974~2003	1960~2003	1960~1964	1965~1973	1974~2003	1960~2003	1960~1964	1965~1973	1974~2003	1960~2003
潼关以下	黄淤 2	53.8	87.9	50.0	57.2	19.2	62.8	20.7	28.4	4.2	27.8	3.0	7.7	0.3	4.2	0.2	1.0	0.0	1.8	0.1	0.4
	黄淤 15	60.3	83.5	54.8	60.2	36.2	72.3	31.0	38.6	21.3	45.6	10.1	17.1	10.7	5.8	0.7	2.4	3.3	0.3	0.0	0.3
	黄淤 22	73.0	88.6	77.5	79.5	49.2	76.8	50.8	55.9	10.0	47.1	21.6	26.1	0.4	5.5	2.3	2.8	0.0	0.3	0.1	0.1
	黄淤 29	76.3	90.4	83.9	84.5	53.8	79.8	55.9	59.9	31.5	52.2	21.9	27.9	3.0	11.4	2.0	3.7	0.1	1.0	0.1	0.3
	黄淤 33	95.9	89.0	81.2	83.6	77.2	81.4	58.0	63.5	40.5	50.5	27.3	32.3	3.1	11.1	3.2	4.5	0.1	0.6	0.0	0.1
	黄淤 38	95.0	95.5	88.4	90.1	84.3	85.9	65.5	70.5	44.5	54.1	31.2	36.2	8.1	13.3	3.2	5.3	0.5	2.4	0.1	0.6
	黄淤 41	98.3	97.9	87.7	90.3	93.0	92.4	61.6	69.5	68.5	60.5	31.0	39.1	14.3	11.2	4.2	6.3	1.3	0.5	0.2	0.3
	平均	78.9	90.4	74.8	77.9	59.0	78.8	49.1	55.2	31.5	48.3	20.9	26.6	5.7	8.9	2.3	3.7	0.8	1.0	0.1	0.3
潼关以上	黄淤 41	98.3	97.9	87.7	90.3	93.0	92.4	61.6	69.5	68.5	60.5	31.0	39.1	14.3	11.2	4.2	6.3	1.3	0.5	0.2	0.3
	黄淤 45	96.0	96.1	92.8	93.5	87.5	84.3	73.6	76.2	56.2	46.4	39.5	41.6	13.7	8.9	4.3	5.6	1.3	0.2	0.1	0.2
	黄淤 51	99.3	94.0	92.6	93.0	96.5	83.2	72.0	74.5	68.5	47.4	40.0	41.9	12.1	9.6	6.2	6.9	1.1	0.6	0.1	0.2
	黄淤 57		97.4	93.6	94.3		84.2	76.5	78.0		51.0	45.8	46.8		9.2	7.2	7.5		0.8	0.1	0.2
	黄淤 63		92.8	94.9	94.6		75.0	78.8	78.3		37.8	51.3	49.4		9.1	11.6	11.2		1.6	0.7	0.8
	黄淤 67		97.3	96.6	96.7		87.2	85.3	85.5		57.5	65.0	64.1		20.8	23.5	23.2		1.4	1.5	1.4
	平均	97.9	95.9	93.0	93.7	92.3	84.4	74.6	77.0	64.4	50.1	45.4	47.1	13.4	11.5	9.5	10.1	1.2	0.8	0.4	0.5
渭河	渭淤 1	76.8	70.2	60.3	64.0	52.0	35.1	28.2	31.8	26.6	12.6	9.6	11.7	7.4	2.8	1.8	2.5	1.0	0.6	0.1	0.2
	渭淤 4	77.6	88.9	69.7	75.0	33.7	66.0	29.4	38.4	14.5	40.4	17.3	22.3	7.6	4.3	4.5	4.8	0.8	0.3	0.4	0.4
	渭淤 7	83.2	81.5	80.8	81.1	68.9	48.2	53.7	52.8	62.0	19.1	33.8	30.9	29.3	4.6	12.8	11.2	3.6	0.1	1.7	1.3
	渭淤 10	86.4	81.4	85.5	84.5	60.7	58.4	63.1	61.6	36.4	37.4	45.5	42.6	13.3	22.9	25.1	23.6	2.6	4.3	5.3	4.8
	渭淤 14	86.4	90.1	87.4	88.1	66.1	74.1	69.9	70.6	55.1	58.5	54.1	55.5	35.5	33.5	28.7	31.0	9.7	3.9	6.6	6.2
	渭淤 18	71.7	93.7	79.4	82.7	48.3	77.7	52.6	59.6	25.9	61.9	34.2	41.4	13.0	38.2	15.6	22.0	4.0	5.8	3.1	4.0
	渭淤 22	62.6	85.5	84.8	82.0	36.4	64.3	65.7	61.4	14.2	49.2	49.8	44.9	6.0	27.9	29.8	26.1	1.6	6.7	9.0	7.4
	渭淤 26	93.0	93.6	92.5	92.9	76.8	83.3	78.9	80.3	56.5	72.7	67.1	68.1	39.3	46.4	47.2	46.3	15.7	19.4	23.9	21.8
	渭淤 30	85.9	89.5	92.0	90.9	67.1	79.7	83.4	81.6	52.2	72.7	74.9	73.3	24.9	52.8	52.5	51.6	2.3	7.4	15.5	12.3
	渭淤 34		92.1	96.1	94.9		79.3	91.4	87.9		69.2	84.9	80.3		45.1	58.2	54.4		7.9	17.7	14.8
	平均	80.4	86.6	82.8	83.6	56.7	66.6	61.6	62.6	38.1	49.4	47.1	47.1	19.4	27.9	27.6	27.3	4.6	5.6	8.3	7.3
北洛河	洛淤 1	83.2	83.5	70.2	75.2	36.7	45.1	36.9	39.3	3.2	11.4	9.1	9.3	0.7	1.4	4.9	3.5	0.1	0.3	2.8	1.8
	洛淤 5	81.5	84.1	77.9	80.0	35.7	43.9	39.9	40.7	7.0	8.7	9.9	9.3	0.5	1.2	1.9	1.6	0.0	0.5	0.8	0.6
	洛淤 10	88.8	87.9	76.6	81.2	60.1	65.2	41.6	50.8	15.5	28.1	16.7	20.2	2.0	17.0	9.0	10.9	0.2	8.0	5.0	5.5
	洛淤 17	91.9	86.8	77.3	80.8	74.0	68.3	48.1	55.1	15.8	50.7	30.2	35.8	15.8	50.7	30.2	35.8	0.0	37.6	19.5	24.2
	平均	86.3	85.6	75.5	79.3	51.6	55.6	41.6	46.5	10.4	24.7	16.5	18.6	4.7	17.6	11.5	13.0	0.1	11.6	7.0	8.0

表 2-3 三门峡库区滩地淤积物颗粒分析成果

（%）

位置		d≥0.025mm				d≥0.05mm				d≥0.10mm				d≥0.25mm				d≥0.5mm			
		1960~1964	1965~1973	1974~2003	1960~2003	1960~1964	1965~1973	1974~2003	1960~2003	1960~1964	1965~1973	1974~2003	1960~2003	1960~1964	1965~1973	1974~2003	1960~2003	1960~1964	1965~1973	1974~2003	1960~2003
潼关以下	黄淤 2	61.0	72.8	76.9	75.6	11.1	20.6	28.7	26.5	0.8	2.7	1.8	2.0	0.2	0.1	0.2	0.2	0.0	0.0	0.0	0.0
	黄淤 15	59.0	61.5	71.5	68.0	26.0	23.8	42.3	36.7	6.8	1.8	21.3	15.7	4.3	0.1	0.2	0.6	0.0	0.0	0.0	0.0
	黄淤 22	55.8	64.9	49.4	53.2	12.3	26.5	17.5	19.0	1.7	1.3	2.3	2.1	0.0	0.0	0.2	0.2	0.0	0.0	0.0	0.0
	黄淤 29	71.3	76.4	77.7	77.1	38.9	35.3	26.5	29.0	11.8	7.8	2.8	4.3	1.2	0.6	0.6	0.6	0.1	0.1	0.0	0.0
	黄淤 33	75.1	87.5	60.6	67.7	24.1	60.8	33.5	38.0	5.0	26.6	5.1	9.5	1.0	0.2	0.1	0.2	0.8	0.1	0.0	0.1
	黄淤 38	91.5	68.3	75.9	76.1	55.6	25.7	33.1	34.1	33.7	0.3	8.3	9.5	3.9	0.0	0.9	1.0	0.4	0.0	0.0	0.0
	黄淤 41	98.3	98.8	84.2	88.8	92.8	93.6	42.5	58.7	75.0	69.6	16.3	33.9	10.9	7.8	1.2	3.7	0.0	0.0	0.0	0.0
	平均	73.1	75.7	70.9	72.4	37.3	40.9	32.0	34.6	19.2	15.7	8.3	11.0	3.1	1.2	0.5	0.9	0.2	0.0	0.0	0.0
潼关以上	黄淤 41	98.3	98.8	84.2	88.8	92.8	93.6	42.5	58.7	75.0	69.6	16.3	33.9	10.9	7.8	1.2	3.7	0.0	0.0	0.0	0.0
	黄淤 45	65.2	71.8	70.5	70.2	36.9	53.8	34.7	38.9	7.0	24.4	7.5	10.9	0.2	7.6	1.2	2.4	0.0	0.1	0.0	0.0
	黄淤 51	89.4	86.9	75.0	78.0	54.9	62.9	32.6	40.0	17.1	23.7	6.5	10.6	1.7	1.8	0.9	1.1	0.1	0.1	0.0	0.0
	黄淤 57		91.0	85.8	86.8		59.8	66.2	65.0		25.0	39.3	36.6		4.7	10.9	9.8		1.1	0.3	0.5
	黄淤 63		87.3	92.1	91.4		57.7	81.4	78.0		23.1	65.7	59.6		6.4	18.9	17.1		2.8	1.1	1.4
	黄淤 67		85.5	94.6	93.5		57.2	81.5	78.6		30.4	55.0	52.1		13.3	23.0	21.9		4.5	1.9	2.2
	平均	84.3	86.9	83.7	84.8	61.5	64.2	56.5	59.9	33.0	32.7	31.7	33.9	4.3	6.9	9.4	9.3	0.0	1.4	0.6	0.7
渭河	渭淤 1	63.1	58.3	44.0	51.0	29.4	21.1	12.5	17.6	12.5	1.7	1.5	3.4	6.0	0.2	0.5	1.4	1.5	0.0	0.0	0.3
	渭淤 4	77.3	59.6	27.5	44.9	34.7	22.4	9.3	17.2	10.2	3.6	1.8	3.7	4.4	2.0	0.4	1.5	0.7	1.2	0.1	0.5
	渭淤 7		55.5	56.9	56.5		16.2	18.4	17.8		4.3	6.5	5.9		1.9	1.3	1.4		0.7	0.2	0.3
	渭淤 10	76.0	59.4	35.1	45.8	39.1	22.8	8.4	15.2	17.1	8.8	0.6	4.4	5.8	2.5	0.1	1.3	0.7	0.2	0.0	0.1
	渭淤 14	42.2	54.4	37.7	43.2	19.9	21.0	11.7	15.7	14.1	7.4	3.2	6.2	8.3	3.6	0.4	2.6	2.1	0.4	0.1	0.5
	渭淤 18	53.4	58.8	58.6	57.8	12.8	17.8	9.8	12.6	5.4	12.5	1.4	5.3	2.2	8.7	0.0	2.9	0.9	2.7	0.0	0.9
	渭淤 22	81.3	54.1	49.9	56.2	75.7	27.7	19.0	30.7	70.7	16.5	7.8	20.5	26.9	11.5	2.2	8.9	7.2	5.7	0.1	2.9
	渭淤 26	54.5	59.1	60.9	60.0	30.5	12.2	22.9	19.6	15.6	0.7	9.3	6.7	7.8	0.2	2.0	1.6	0.3	0.0	0.2	0.1
	渭淤 30	94.3	71.4	52.6	60.4	84.2	15.7	20.1	21.0	9.4	3.5	1.8	2.6	1.3	1.8	0.4	0.9	0.0	0.2	0.0	0.1
	渭淤 34		68.9	58.3	62.0		33.7	30.9	31.9		24.0	13.0	16.8		10.1	3.2	5.6		1.5	0.1	0.6
	平均	67.8	59.9	48.1	53.8	40.8	21.1	16.3	19.9	19.4	8.3	4.7	7.5	7.8	4.3	1.0	2.8	1.7	1.3	0.1	0.6
北洛河	洛淤 1	78.5	76.2	53.2	62.4	14.9	31.2	25.9	26.9	0.5	5.7	6.9	6.0	0.2	0.3	1.5	1.0	0.0	0.0	0.3	0.2
	洛淤 5	87.6	72.4	64.4	68.6	28.8	28.4	33.5	31.5	1.0	2.9	6	4.6	0.2	0.0	0.6	0.1	0.0	0.0	0	0.0
	洛淤 10	93.6	93.6	79.3	84.9	51.7	51.7	34.2	41.1	1.6	1.6	3.9	2.9	0.8	0.8	1.9	1.5	0.1	0.1	0.7	0.5
	洛淤 17			66.1	66.1			30.2	30.2			2.8	2.8			0.4	0.4			0.0	0.0
	平均	86.6	80.7	65.7	70.5	31.8	37.1	30.9	32.4	1.0	3.4	4.9	4.1	0.4	0.4	1.1	0.8	0.0	0.0	0.3	0.2

一、库区淤积物粒径沿程变化分析

(一)库区主槽淤积物粒径沿程变化

图 2-2 为三门峡库区主槽淤积物粒径沿程变化示意,从图中可以看出,主槽同一粒径百分数沿河道向上游逐渐递增,但各年代之间变化不相同,潼关以下(潼关为 41 断面,图上距离为 126km)同一粒径百分数 1965~1973 年最大,并且沿程衰减得慢,1960~1964 年和 1974~2003 年交叉变化,沿程衰减得快。这与三门峡水库运用方式有关,1960~1964 年三门峡水库蓄水拦沙期,粗细泥沙均淤积在水库中,特别是潼关以下库区,淤积严重,所以泥沙粒径组成较细;1965~1973 年三门峡水库滞洪排沙运用,大量排沙,潼关以下库区冲刷了 9.2 亿 m^3,淤积物粗化,因此泥沙粒径组成也较粗;1974~2003 年水库为“蓄清排浑”运用,非汛期蓄水拦沙,汛期泄洪排沙,基本上是年际间交换,因此泥沙粒径组成主要受潼关以上来水来沙影响。

潼关以上受水库回水影响较小,同一粒径百分数沿程衰减慢,主要受龙门以上来水来沙的影响。

(二)库区滩地淤积物粒径沿程变化

图 2-3 为三门峡库区滩地淤积物粒径沿程变化示意,从图中可以看出,滩地同一粒径淤积物百分数沿河道向上游逐渐递增。

总的来说,三门峡库区主槽和滩地淤积物粒径沿程变化有如下规律:

(1)主槽和滩地总的趋势是同一粒径百分数沿河道向上游迅速递增,这是因为粒径越粗,越容易落淤的缘故。

(2)主槽流速比滩地大,主槽中细泥沙易被水流带走,表现出主槽各级粒径百分数较滩地大。

(3)潼关以下滩地淤积物大多为 1960~1964 年淤成,各年代粒径沿程变化不大。

(4)潼关以上淤积物粒径沿程变化主要受来水来沙影响,淤积物最粗。

二、库区淤积物粒径组成分析

将三门峡库区分为潼关以下、潼关以上干流、渭河和北洛河四个河段,根据各河段多年平均滩槽河床质级配和滩槽淤积量加权,得到全断面和整个库区淤积物粒径组成。

表 2-4~表 2-7 为三门峡库区各时段淤积物粒径变化分析结果,分别就主槽、滩地及全断面进行了分析。

(一)库区主槽淤积物粒径分析

三门峡库区分河段主槽淤积物 1960~1964 年、1965~1973 年、1974~2003 年、1960~2003 年四个时段粒径变化见图 2-4。从图 2-4 可以看出,主槽中潼关以下及北洛河库区淤积物粒径较细,潼关以上黄河干流及渭河库区淤积物粒径较粗。

(1)黄河干流潼关以下河段。1960~1964 年,$d \geqslant 0.025$mm、$d \geqslant 0.05$mm 和 $d \geqslant 0.10$mm 主槽淤积物所占百分数分别为 78.9%、59% 和 31.5%;1965~1973 年,$d \geqslant 0.025$mm、$d \geqslant 0.05$mm 和 $d \geqslant 0.10$mm 主槽淤积物所占百分数分别为 90.4%、78.8% 和 48.3%,明显比 1960~1964 年粗;1974~2003 年,$d \geqslant 0.025$mm、$d \geqslant 0.05$mm 和 $d \geqslant 0.10$mm 主槽淤积物所占百分数分别为 74.8%、49.1% 和 20.9%。

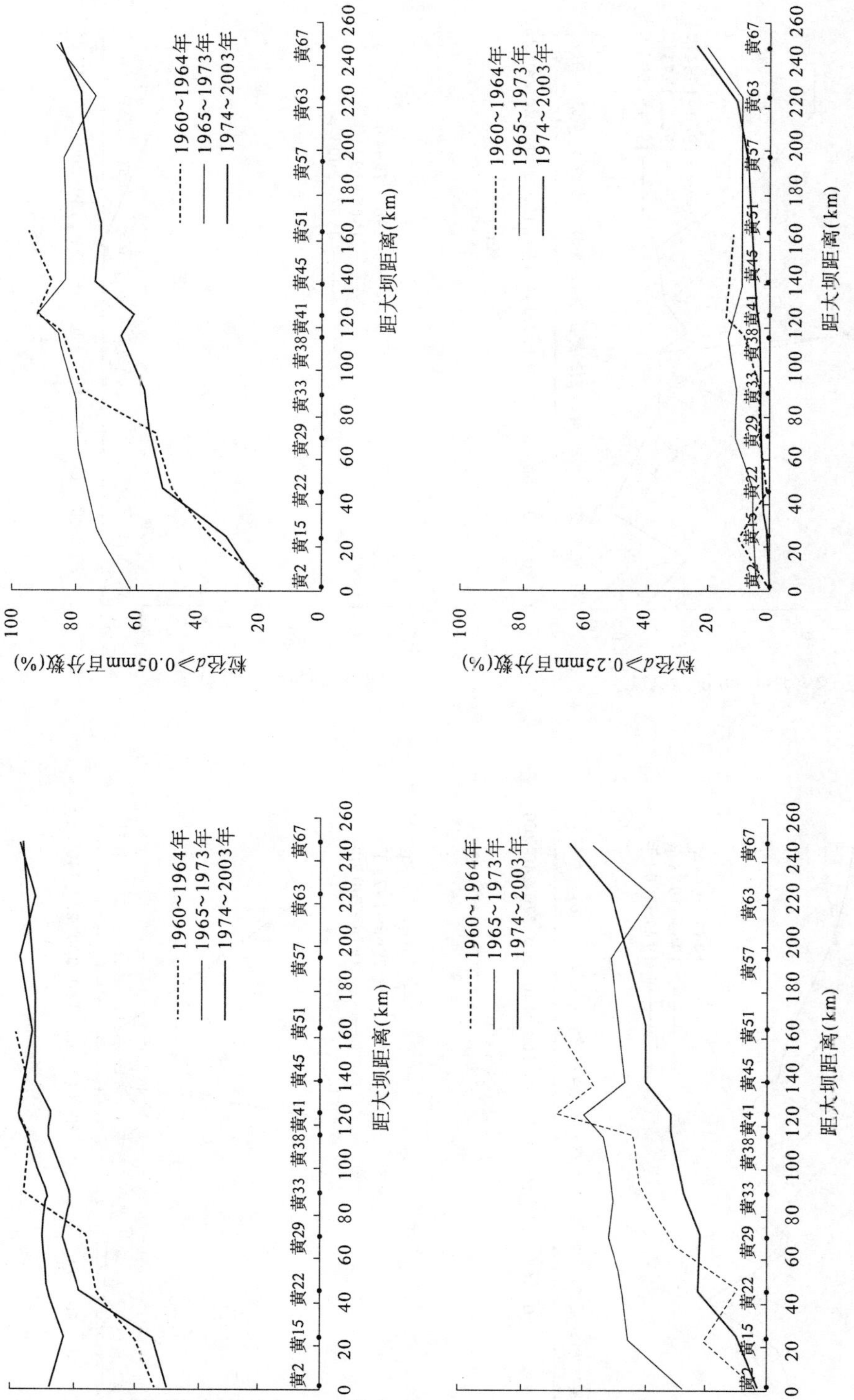

图 2-2　三门峡库区主槽淤积物粒径沿程变化

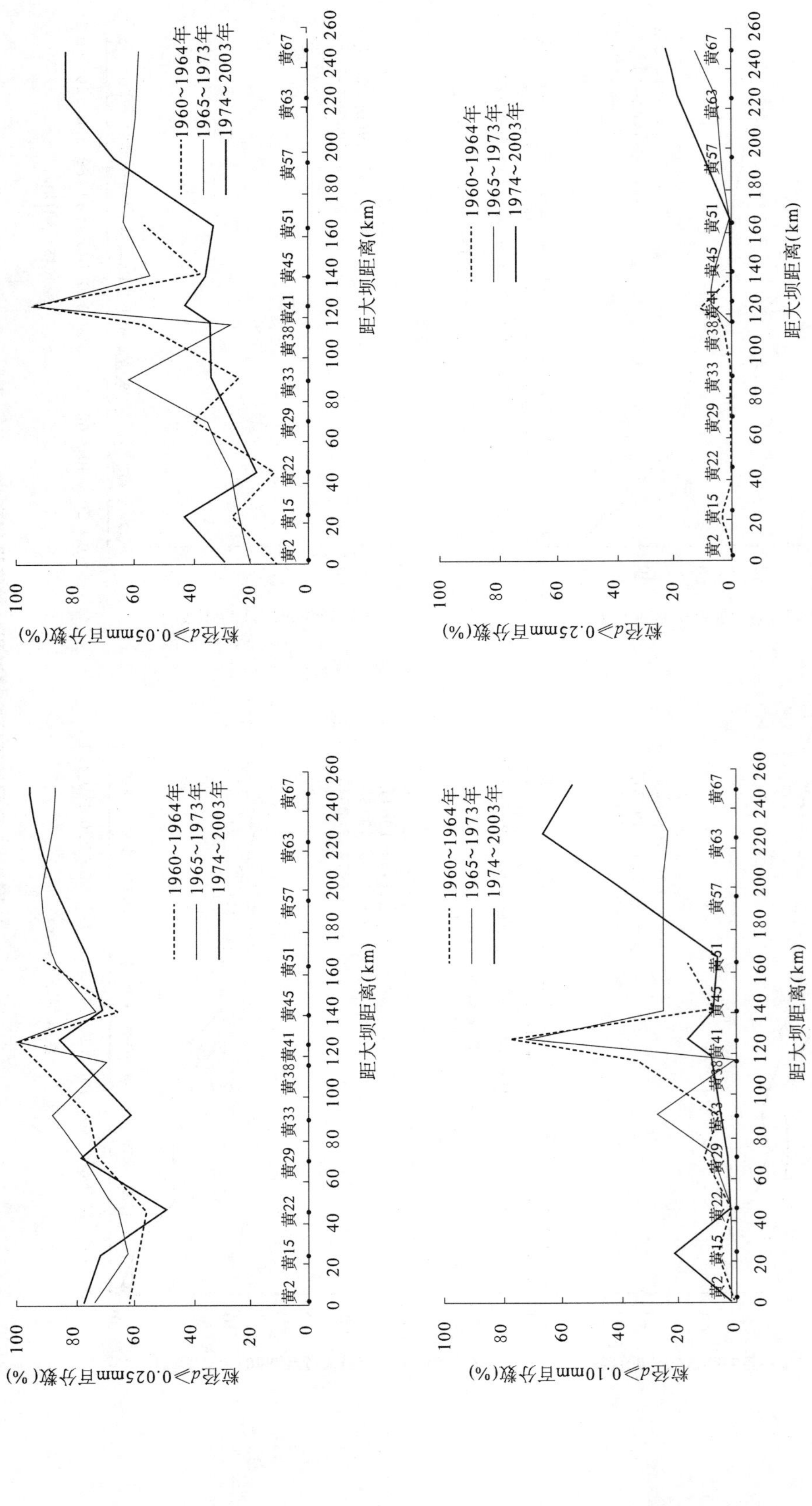

图 2-3　三门峡库区滩地淤积物粒径沿程变化

表 2-4　1960～1964 年三门峡库区淤积物粒径分析

位置		部位	淤积量（亿 m^3）	大于某粒径沙重百分数(%)				
				0.025mm	0.05mm	0.10mm	0.25mm	0.5mm
潼关以上	黄河干流	主槽	3.17	97.9	92.4	64.4	13.4	1.2
		滩地	3.17	84.3	61.5	33.1	4.3	0.0
		全断面	6.34	91.1	76.9	48.7	8.8	0.6
	渭河	主槽	0.18	80.4	56.7	38.1	19.6	4.6
		滩地	1.66	67.7	40.8	19.4	7.8	1.7
		全断面	1.85	69.0	42.4	21.3	9.0	2.0
	北洛河	主槽	0.05	86.3	51.6	10.4	4.7	0.1
		滩地	0.43	86.6	31.8	1.0	0.4	0.0
		全断面	0.48	86.6	33.8	2.0	0.8	0.0
	小计	主槽	3.40	96.8	89.8	62.2	13.6	1.4
		滩地	5.26	79.3	52.5	26.1	5.1	0.6
		全断面	8.67	86.1	67.2	40.3	8.4	0.9
潼关以下		主槽	14.46	78.9	59.0	31.5	5.7	0.8
		滩地	21.30	73.1	37.3	19.2	3.1	0.2
		全断面	35.75	75.5	46.1	24.2	4.1	0.4
三门峡库区		主槽	17.86	82.3	64.9	37.4	7.2	0.9
		滩地	26.56	74.3	40.3	20.6	3.5	0.3
		全断面	44.42	77.6	50.2	27.3	5.0	0.5

表 2-5　1965～1973 年三门峡库区淤积物粒径分析

位置		部位	淤积量（亿 m^3）	大于某粒径沙重百分数(%)				
				0.025mm	0.05mm	0.10mm	0.25mm	0.5mm
潼关以上	黄河干流	主槽	6.02	95.9	84.4	50.1	11.5	0.8
		滩地	6.02	86.9	64.2	32.7	6.9	1.4
		全断面	12.03	91.4	74.3	41.4	9.2	1.1
	渭河	主槽	0.85	86.6	66.6	49.4	27.9	5.7
		滩地	7.63	59.9	21.1	8.3	4.3	1.3
		全断面	8.48	62.6	25.6	12.4	6.6	1.7
	北洛河	主槽	0.08	85.5	55.6	24.7	17.6	11.6
		滩地	0.72	80.7	37.1	3.4	0.4	0.0
		全断面	0.80	81.2	39.0	5.5	2.1	1.2
	小计	主槽	6.95	94.7	81.9	49.7	13.5	1.5
		滩地	14.37	72.3	39.9	18.3	5.2	1.3
		全断面	21.31	79.6	53.6	28.5	7.9	1.4
潼关以下		主槽	－3.73	90.4	78.8	48.3	8.9	1.0
		滩地	－5.50	75.8	40.9	15.7	1.3	0.0
		全断面	－9.23					
潼关以上库区		主槽	6.95	94.7	81.9	49.7	13.5	1.5
		滩地	14.37	72.3	39.9	18.3	5.2	1.3
		全断面	21.31	79.6	53.6	28.5	7.9	1.4

注：因潼关以下为冲刷，全库区为潼关以上值。

表 2-6　1974 ~ 2003 年三门峡库区淤积物粒径分析

位置		部位	淤积量(亿 m^3)	大于某粒径沙重百分数(%)				
				0.025mm	0.05mm	0.10mm	0.25mm	0.5mm
潼关以上	黄河干流	主槽	3.22	93.0	74.6	45.4	9.5	0.4
		滩地	3.22	83.7	56.5	31.7	9.4	0.6
		全断面	6.45	88.4	65.6	38.6	9.4	0.5
	渭河	主槽	0.31	82.8	61.6	47.1	27.6	8.3
		滩地	2.83	48.1	16.3	4.7	1.0	0.1
		全断面	3.14	51.6	20.8	8.9	3.7	0.9
	北洛河	主槽	0.17	75.5	41.6	16.5	11.5	7.0
		滩地	1.51	65.7	30.9	4.9	1.1	0.3
		全断面	1.67	66.7	32.0	6.1	2.1	1.0
	小计	主槽	3.70	91.4	72.0	44.2	11.1	1.4
		滩地	7.56	66.8	36.4	16.3	4.6	0.3
		全断面	11.26	74.9	48.1	25.5	6.8	0.7
潼关以下		主槽	0.59	74.8	49.1	20.9	2.3	0.1
		滩地	0.87	70.9	32.0	8.3	0.5	0.0
		全断面	1.46	72.5	38.9	13.4	1.2	0.0
三门峡库区		主槽	4.30	89.1	68.9	41.0	9.9	1.2
		滩地	8.43	67.2	35.9	15.4	4.2	0.3
		全断面	12.72	74.6	47.1	24.1	6.1	0.6

表 2-7　1960 ~ 2003 年三门峡库区淤积物粒径分析

位置		部位	淤积量(亿 m^3)	大于某粒径沙重百分数(%)				
				0.025mm	0.05mm	0.10mm	0.25mm	0.5mm
潼关以上	黄河干流	主槽	12.41	93.7	77.0	47.1	10.1	0.5
		滩地	12.41	84.8	59.9	33.9	9.3	0.7
		全断面	24.82	89.3	68.5	40.5	9.7	0.6
	渭河	主槽	1.35	83.6	62.6	47.1	27.3	7.3
		滩地	12.12	53.8	19.9	7.5	2.8	0.6
		全断面	13.47	56.8	24.2	11.5	5.3	1.3
	北洛河	主槽	0.30	79.3	46.5	18.6	13.0	8.0
		滩地	2.66	70.5	32.4	4.1	0.8	0.2
		全断面	2.95	71.4	33.8	5.6	2.0	1.0
	小计	主槽	14.06	92.4	75.0	46.5	11.8	1.3
		滩地	27.19	69.6	39.4	19.2	5.6	0.6
		全断面	41.24	77.4	51.5	28.5	7.7	0.8
潼关以下		主槽	11.32	77.9	55.2	26.6	3.7	0.3
		滩地	16.67	72.4	34.6	11.0	0.9	0.0
		全断面	27.99	74.6	42.9	17.3	2.0	0.1
三门峡库区		主槽	25.37	85.9	66.2	37.6	8.2	0.9
		滩地	43.86	70.7	37.6	16.1	3.8	0.4
		全断面	69.22	76.3	48.1	24.0	5.4	0.6

注:①潼关以下 1960 ~ 2004 年滩槽淤积比为 0.6:0.4;
②潼关以上黄河干流滩槽淤积比为 0.5:0.5;
③渭河和北洛河滩槽淤积比为 0.9:0.1。

综合以上分析，1960～2003 年多年平均潼关以下库区主槽 $d \geqslant 0.025$mm、$d \geqslant 0.05$mm 和 $d \geqslant 0.10$mm 淤积物所占百分数分别为 77.9%、55.2%和 26.6%。其中，1965～1973 年淤积物粒径最粗，因为此时三门峡水库处于改建期的滞洪排沙运用期，潼关以下库区大量冲刷，细沙被排泄出库，所以淤积物粒径最粗；1960～1964 年淤积物粒径较 1965～1973 年细，比 1974～2003 年粗，这是因为三门峡水库处在蓄水拦沙运用期，大量泥沙淤积在潼关以下，粗细泥沙均淤积；1974～2003 年为蓄清排浑运用，为了保持潼关以下有效库容，潼关以下淤积减缓，加上受水库回水影响，水流挟沙能力减小，因此淤积物粒径最细。干流潼关以下主槽是库区主槽淤积物粒径较细的河段。

（2）黄河干流潼关以上河段。1960～1964 年，$d \geqslant 0.025$mm、$d \geqslant 0.05$mm 和 $d \geqslant 0.10$mm 主槽淤积物所占百分数分别为 97.9%、92.4%和 64.4%；1965～1973 年，$d \geqslant 0.025$mm、$d \geqslant 0.05$mm 和 $d \geqslant 0.10$mm 主槽淤积物所占百分数分别为 95.9%、84.4%和 50.1%；1974～2003 年，$d \geqslant 0.025$mm、$d \geqslant 0.05$mm 和 $d \geqslant 0.10$mm 主槽淤积物所占百分数分别为 93.0%、74.6%和 45.4%。

综合以上分析，1960～2003 年多年平均潼关以上库区主槽 $d \geqslant 0.025$mm、$d \geqslant 0.05$mm 和 $d \geqslant 0.10$mm 淤积物所占百分数分别为 93.7%、77.0%和 47.1%。其中，1960～1964 年淤积物粒径最粗，1965～1973 年次之，1974～2003 年最小。干流潼关以上主槽淤积物粒径主要受上游来水来沙影响。

（3）渭河。1960～1964 年，三门峡水库处在蓄水拦沙运用期，潼关以下库区淤积十分严重，库区渭河部分，淤积末端达渭淤 15 断面，因此粗细泥沙均淤积。$d \geqslant 0.025$mm、$d \geqslant 0.05$mm 和 $d \geqslant 0.10$mm 主槽淤积物所占百分数分别为 80.4%、56.7%和 38.1%，在各年代中是最小的；1965～1973 年，三门峡水库处于滞洪排沙运用期，经过两次改建，三门峡库区潼关以下转淤为冲，缓解了渭河淤积上延的矛盾，$d \geqslant 0.025$mm、$d \geqslant 0.05$mm 和 $d \geqslant 0.10$mm 主槽淤积物所占百分数分别为 86.6%、66.6%和 49.4%，较 1960～1964 年粗；1974～2003 年，三门峡水库为"蓄清排浑"运用，$d \geqslant 0.025$mm、$d \geqslant 0.05$mm 和 $d \geqslant 0.10$mm 主槽淤积物所占百分数分别为 82.8%、61.6%和 47.1%，较 1960～1964 年粗，但比 1965～1973 年稍细。

综合以上分析，1960～2003 年多年平均库区渭河部分主槽 $d \geqslant 0.025$mm、$d \geqslant 0.05$mm 和 $d \geqslant 0.10$mm 淤积物所占百分数分别为 83.6%、62.6%和 47.1%，在整个库区是淤积物粒径较粗的河段。

（4）北洛河。1960～1964 年粗细泥沙均淤积，$d \geqslant 0.025$mm、$d \geqslant 0.05$mm 和 $d \geqslant 0.10$mm 主槽淤积物所占百分数分别为 86.3%、51.6%和 10.4%；1965～1973 年，$d \geqslant 0.025$mm、$d \geqslant 0.05$mm 和 $d \geqslant 0.10$mm 主槽淤积物所占百分数分别为 85.5%、55.6%和 24.7%；1974～2003 年，$d \geqslant 0.025$mm、$d \geqslant 0.05$mm 和 $d \geqslant 0.10$mm 主槽淤积物所占百分数分别为 75.5%、41.6%和 16.5%。

综合以上分析，1960～2003 年多年平均库区北洛河部分主槽 $d \geqslant 0.025$mm、$d \geqslant 0.05$mm 和 $d \geqslant 0.10$mm 淤积物所占百分数分别为 79.3%、46.5%和 18.6%。但各粒径级之间变化不一致，1974 年以前库区北洛河部分淤积物中 $d \geqslant 0.025$mm 和 $d \geqslant 0.05$mm 粒径较 1974 年后淤积物粒径粗，但 $d \geqslant 0.10$mm 以上各粒径级是 1960～1964 年细，1974～2003 年次之，1965～1973 年最大，在整个库区是淤积物粒径较细的河段。

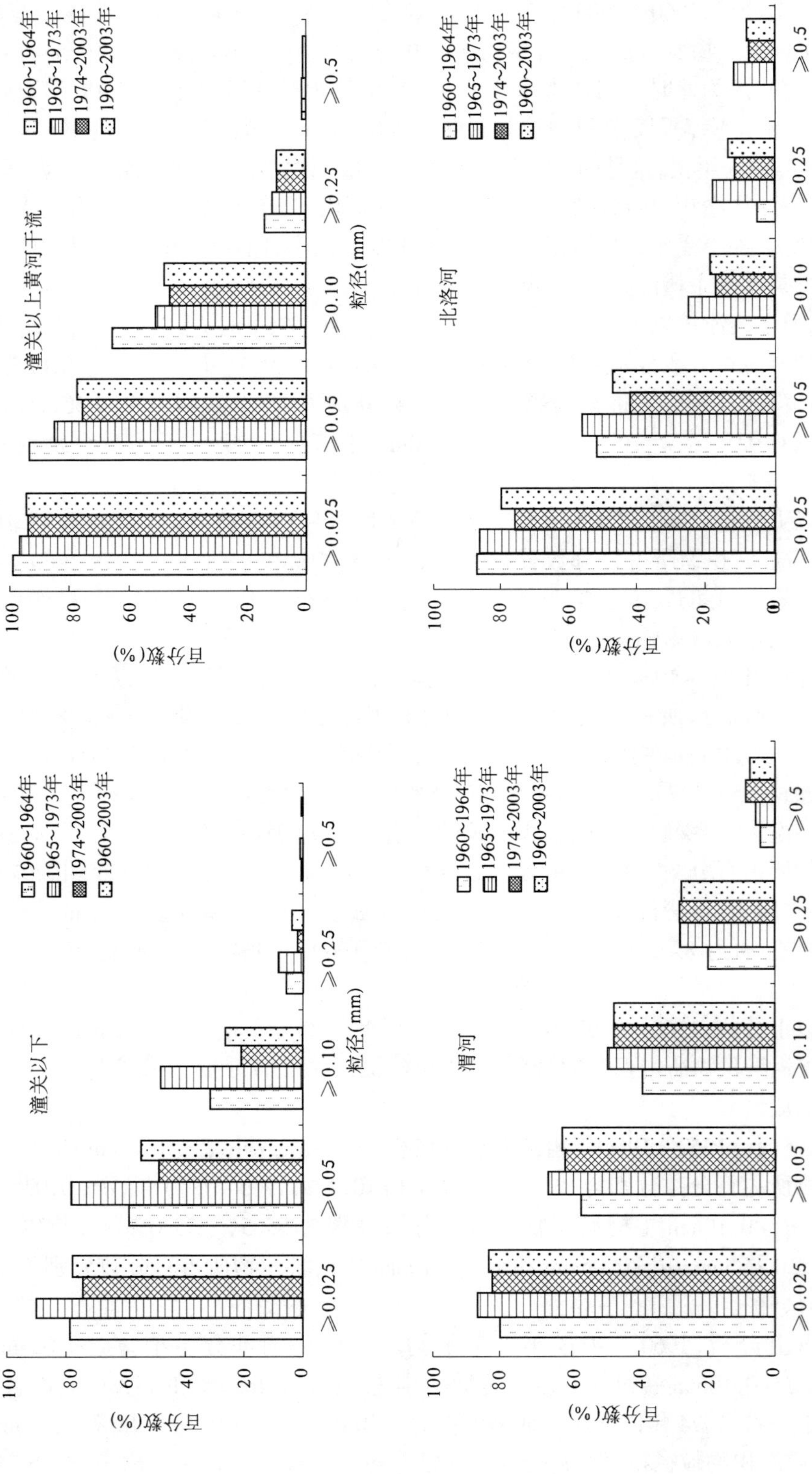

图 2-4　三门峡库区各河段主槽淤积物粒径变化

（二）库区滩地淤积物粒径分析

图 2-5 为三门峡库区分河段滩地淤积物 1960 ~ 1964 年、1965 ~ 1973 年、1974 ~ 2003 年、1960 ~ 2003 年四个时段粒径变化示意。从图 2-5 可以看出，滩地中潼关以下及北洛河库区淤积物粒径较细，潼关以上黄河干流及库区渭河部分淤积物粒径较粗。

（1）黄河干流潼关以下。1960 ~ 1964 年，$d \geqslant 0.025$mm、$d \geqslant 0.05$mm 和 $d \geqslant 0.10$mm 滩地淤积物所占百分数分别为 73.1%、37.3% 和 19.2%；1965 ~ 1973 年，$d \geqslant 0.025$mm、$d \geqslant 0.05$mm 和 $d \geqslant 0.10$mm 滩地淤积物所占百分数分别为 75.8%、40.9% 和 15.7%；1974 ~ 2003 年，$d \geqslant 0.025$mm、$d \geqslant 0.05$mm 和 $d \geqslant 0.10$mm 滩地淤积物所占百分数分别为 70.9%、32.0% 和 8.3%。

综合以上分析，1960 ~ 2003 年多年平均潼关以下库区滩地淤积物中，$d \geqslant 0.025$mm、$d \geqslant 0.05$mm 和 $d \geqslant 0.10$mm 淤积物所占百分数分别为 72.4%、34.6% 和 11.0%。其中，1965 ~ 1973 年淤积物粒径最粗，1960 ~ 1964 年次之，1974 ~ 2003 年最细。

（2）黄河干流潼关以上。1960 ~ 1964 年，$d \geqslant 0.025$mm、$d \geqslant 0.05$mm 和 $d \geqslant 0.10$mm 滩地淤积物所占百分数分别为 84.3%、61.5% 和 33.1%；1965 ~ 1973 年，$d \geqslant 0.025$mm、$d \geqslant 0.05$mm 和 $d \geqslant 0.10$mm 滩地淤积物所占百分数分别为 86.9%、64.2% 和 32.7%；1974 ~ 2003 年，$d \geqslant 0.025$mm、$d \geqslant 0.05$mm 和 $d \geqslant 0.10$mm 滩地淤积物所占百分数分别为 83.7%、56.5% 和 31.7%。

综合以上分析，1960 ~ 2003 年多年平均潼关以上库区滩地淤积物中，$d \geqslant 0.025$mm、$d \geqslant 0.05$mm 和 $d \geqslant 0.10$mm 淤积物所占百分数分别为 84.8%、59.9% 和 33.9%。各时段淤积物粒径级变化不大。

（3）渭河。1960 ~ 1964 年，$d \geqslant 0.025$mm、$d \geqslant 0.05$mm 和 $d \geqslant 0.10$mm 滩地淤积物所占百分数分别为 67.7%、40.8% 和 19.4%；1965 ~ 1973 年，$d \geqslant 0.025$mm、$d \geqslant 0.05$mm 和 $d \geqslant 0.10$mm 滩地淤积物所占百分数分别为 59.9%、21.1% 和 8.3%；1974 ~ 2003 年，$d \geqslant 0.025$mm、$d \geqslant 0.05$mm 和 $d \geqslant 0.10$mm 滩地淤积物所占百分数分别为 48.1%、16.3% 和 4.7%。

综合以上分析，1960 ~ 2003 年多年平均库区渭河部分滩地淤积物中，$d \geqslant 0.025$mm、$d \geqslant 0.05$mm 和 $d \geqslant 0.10$mm 淤积物所占百分数分别为 53.8%、19.9% 和 7.5%。其中，1960 ~ 1964 年最粗，1965 ~ 1973 年次之，1974 ~ 2003 年最小。

（4）北洛河。1960 ~ 1964 年，$d \geqslant 0.025$mm、$d \geqslant 0.05$mm 和 $d \geqslant 0.10$mm 滩地淤积物所占百分数分别为 86.6%、31.8% 和 1.0%；1965 ~ 1973 年，$d \geqslant 0.025$mm、$d \geqslant 0.05$mm 和 $d \geqslant 0.10$mm 滩地淤积物所占百分数分别为 80.7%、37.1% 和 3.4%；1974 ~ 2003 年，$d \geqslant 0.025$mm、$d \geqslant 0.05$mm 和 $d \geqslant 0.10$mm 滩地淤积物所占百分数分别为 65.7%、30.9% 和 4.9%。

综合以上分析，1960 ~ 2003 年多年平均库区北洛河部分滩地淤积物中，$d \geqslant 0.025$mm、$d \geqslant 0.05$mm 和 $d \geqslant 0.10$mm 淤积物所占百分数分别为 70.5%、32.4% 和 4.1%。但各粒径级之间各年代变化不一致，$d \geqslant 0.025$mm 各年代变化是，1960 ~ 1964 年淤积物粒径最粗，1965 ~ 1973 年次之，1974 ~ 2003 年最小；$d \geqslant 0.05$mm 各年代变化是，1965 ~ 1973 年淤积物粒径最粗，1960 ~ 1964 年和 1974 ~ 2003 年变化相当；$d \geqslant 0.10$mm 粒径以上淤积物所占百分数各年代不足 10%。

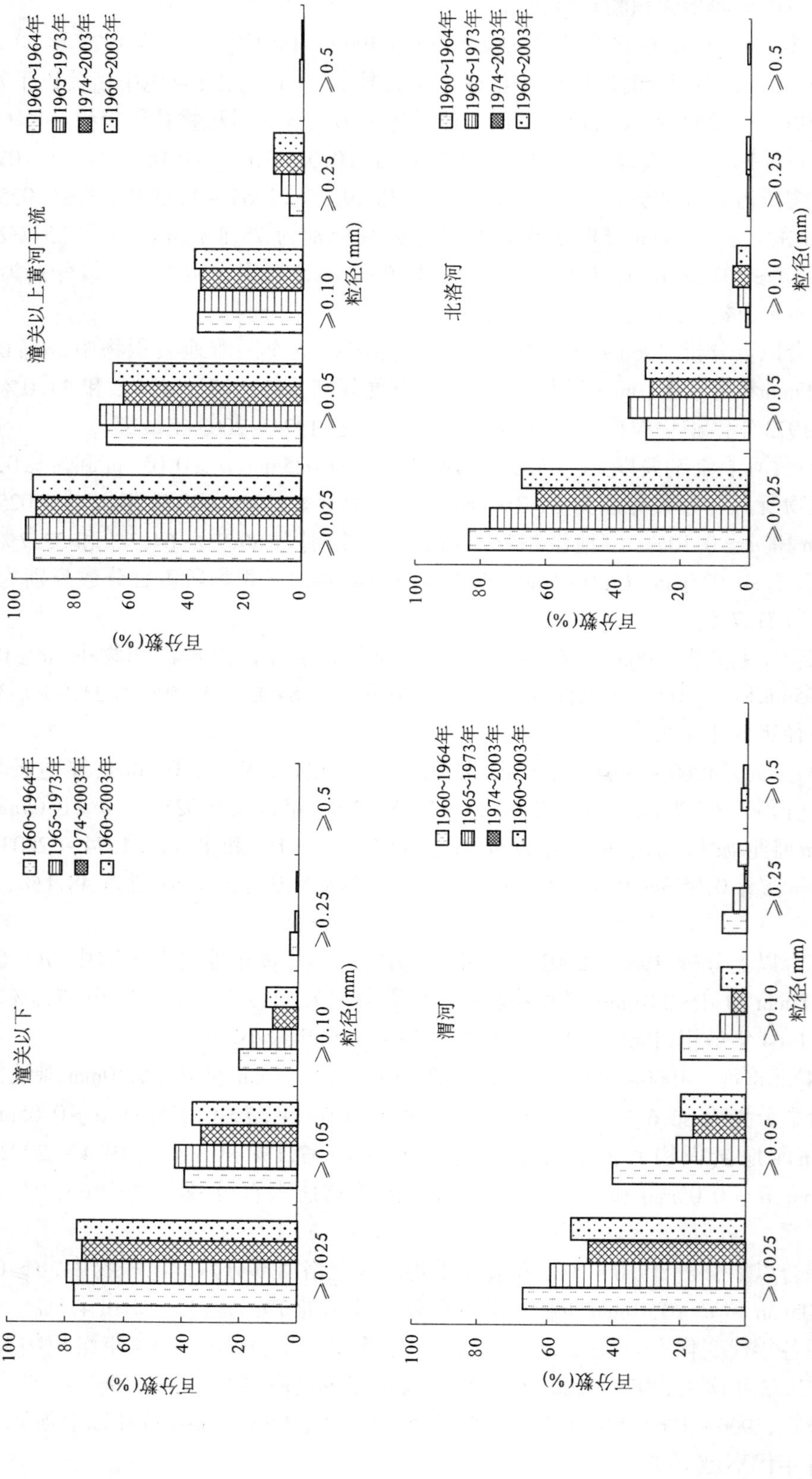

图 2-5　三门峡库区各河段滩地淤积物粒径变化

(三)库区淤积物粒径分析

图 2-6 为三门峡库区分河段全断面淤积物 1960 ~ 1964 年、1965 ~ 1973 年、1974 ~ 2003 年、1960 ~ 2003 年四个时段粒径变化示意。从图 2-6 中可以看出，除潼关以上干流外，其他河段淤积物均较细。

1960 ~ 1964 年，三门峡水库处在蓄水拦沙运用期与改建前的滞洪排沙运用期，期间共淤积泥沙 44.42 亿 m^3，粗细泥沙均淤积。库区 $d \geqslant 0.025$mm、$d \geqslant 0.05$mm 和 $d \geqslant 0.10$mm 淤积物所占百分数分别为 77.6%、50.2% 和 27.3%；主要淤积在潼关以下，共淤积泥沙 35.75 亿 m^3，$d \geqslant 0.025$mm、$d \geqslant 0.05$mm 和 $d \geqslant 0.10$mm 淤积物所占百分数分别为 75.5%、46.1% 和 24.2%；潼关以上淤积泥沙 8.67 亿 m^3，$d \geqslant 0.025$mm、$d \geqslant 0.05$mm 和 $d \geqslant 0.10$mm 淤积物所占百分数分别为 86.1%、67.2% 和 40.3%。潼关以下较细，潼关以上较粗。

1965 ~ 1973 年，三门峡水库处于改建期的滞洪排沙运用阶段，期间共淤积泥沙 12.08 亿 m^3；潼关以下库区大量冲刷，共冲刷泥沙 9.23 亿 m^3；潼关以上淤积严重，共淤积泥沙 21.31 亿 m^3，其中 $d \geqslant 0.025$mm、$d \geqslant 0.05$mm 和 $d \geqslant 0.10$mm 淤积物所占百分数分别为 79.6%、53.6% 和 28.5%。

1974 ~ 2003 年，三门峡水库为“蓄清排浑”运用，潼关以上继续淤积，但淤积速度减缓，期间共淤积泥沙 12.72 亿 m^3，$d \geqslant 0.025$mm、$d \geqslant 0.05$mm 和 $d \geqslant 0.10$mm 淤积物所占百分数分别为 74.6%、47.1% 和 24.1%；主要淤积在潼关以上，淤积泥沙 11.26 亿 m^3，$d \geqslant 0.025$mm、$d \geqslant 0.05$mm 和 $d \geqslant 0.10$mm 淤积物所占百分数分别为 74.9%、48.1% 和 25.5%；潼关以下淤积泥沙 1.46 亿 m^3，$d \geqslant 0.025$mm、$d \geqslant 0.05$mm 和 $d \geqslant 0.10$mm 淤积物所占百分数分别为 72.5%、38.9% 和 13.4%。

综合以上分析，1960 ~ 2003 年三门峡库区潼关以上淤积物中，$d \geqslant 0.025$mm、$d \geqslant 0.05$mm 和 $d \geqslant 0.10$mm 淤积物所占百分数分别为 77.4%、51.5% 和 28.5%。潼关以下 $d \geqslant 0.025$mm、$d \geqslant 0.05$mm 和 $d \geqslant 0.10$mm 淤积物所占百分数分别为 74.6%、42.9% 和 17.3%。整个库区 $d \geqslant 0.025$mm、$d \geqslant 0.05$mm 和 $d \geqslant 0.10$mm 淤积物所占百分数分别为 76.3%、48.1% 和 24.0%。

第三节　三门峡库区淤积物粒径分析(钻孔法)

一、钻孔断面布设及取样

(一)钻孔断面布设

2004 年 10 月，正值三门峡库区低水位期，水面在槽内，滩地处于高位，是钻孔取样最佳时期。根据项目研究的要求共布置了 9 个钻孔断面(见图 2-7 和表 2-8)。其中，在潼关以上布设 6 个断面，潼关以下布设 3 个断面，分别是黄淤 8、黄淤 20、黄淤 36，潼关以上黄河干流布设 3 个断面，分别是黄淤 49、黄淤 60、黄淤 64；渭河布设 2 个断面，分别是渭淤 2(华阴附近)和渭淤 18(渭南附近)；洛河布设 1 个断面，即洛淤 8(大荔附近)。

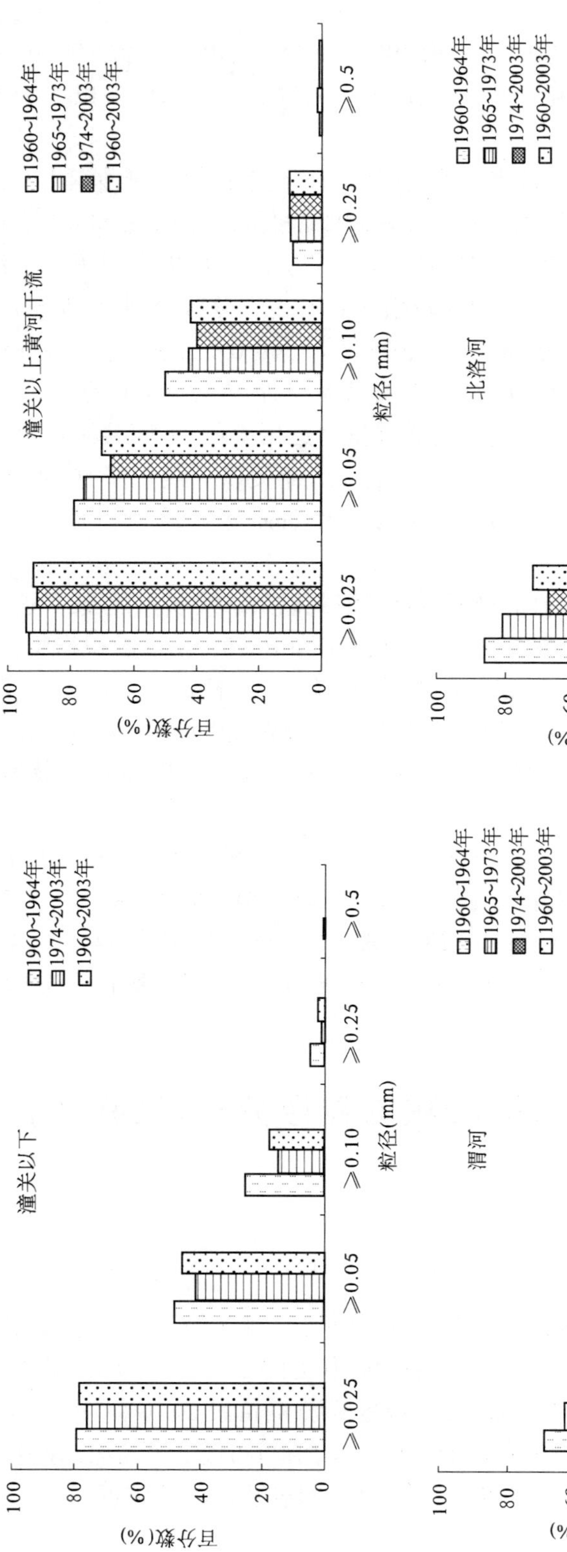

图 2-6　三门峡库区各河段全断面淤积物粒径变化

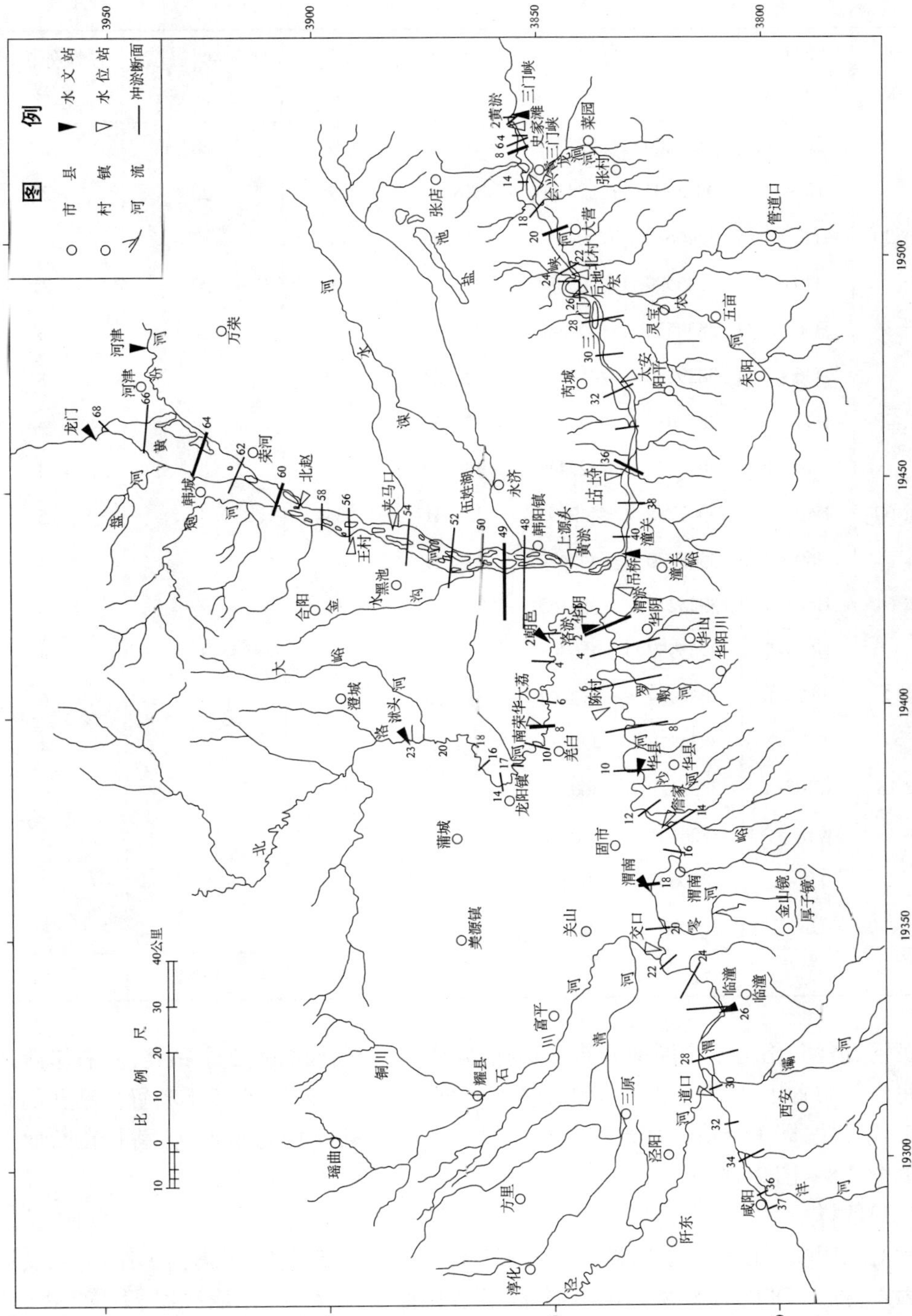

图 2-7　三门峡库区取样断面平面示意图

表 2-8　钻孔基本情况一览

断面名称	钻孔编号	大地坐标		地面标高(m)	孔深(m)	物理性状试验土样数	颗粒分析试验土样数
		X（m）	Y（m）				
黄淤 8	H8 – 1	3854280	523261	318.33	29	28	29
	H8 – 2	3853702	523420	318.30	29	28	29
黄淤 20	H20 – 1	3846670	504889	313.92	14	13	14
	H20 – 2	3845999	505087	319.62	21	20	21
黄淤 36	H36 – 1	3830554	453283	327.00	8	7	8
	H36 – 2	3829350	452792	326.23	8	7	8
黄淤 49	H49 – 1	3858086	432292	337.30	4	3	4
	H49 – 2	3858329	427448	338.00	4	3	4
黄淤 60	H60 – 1	3907758	449393	358.41	5	4	5
	H60 – 2	3908320	447474	358.29	4	3	4
黄淤 64	H64 – 1	3925219	458165	367.38	3	2	3
	H64 – 2	3925957	456306	367.85	4	3	4
渭淤 2	W2 – 1	3836989	419402	333.70	6	5	6
	W2 – 2	3834614	420182	333.15	4	3	4
渭淤 18	W18 – 1	3827129	360212	347.86	9	8	9
	W18 – 2	3826135	360321	348.57	3	2	3
洛淤 8	L8 – 1	3850607	395884	344.97	2	2	3
	L8 – 2	3850009	395922	344.88	2	2	3
合 计					159	143	161

黄河、渭河、洛河 9 个断面共布置钻孔 18 个，每个断面布置 2 个钻孔，左右岸滩地均衡时每岸各布置 1 个钻孔，左右岸滩地不均衡时大滩布置 2 个，小滩不布置。钻孔的布置应具有代表性，即 1 个钻孔时布置在滩地中间；2 个钻孔时均匀布置，各钻孔在断面上的位置见图 2-8 ~ 图 2-13。

（二）取样

针对三门峡库区淤积物取样技术要求及近期黄河河势特点，考虑到工作环境、交通条件等因素，投入 DPP – 100 型钻机 1 部，配备了套管、麻花钻、专用取沙器、手持 GPS、交通车 1 部、通讯设备、全站仪等器材进行外业工作。为了提高试验质量，做好外业现场试验，配备了发电机、电子天平、环刀等试验设备。

各取样钻孔原则上每 1m 取一个原状样，但 1960 年以后淤积物土样数不小于 2 个，1960 年以前的淤积物土样数为 1 个。

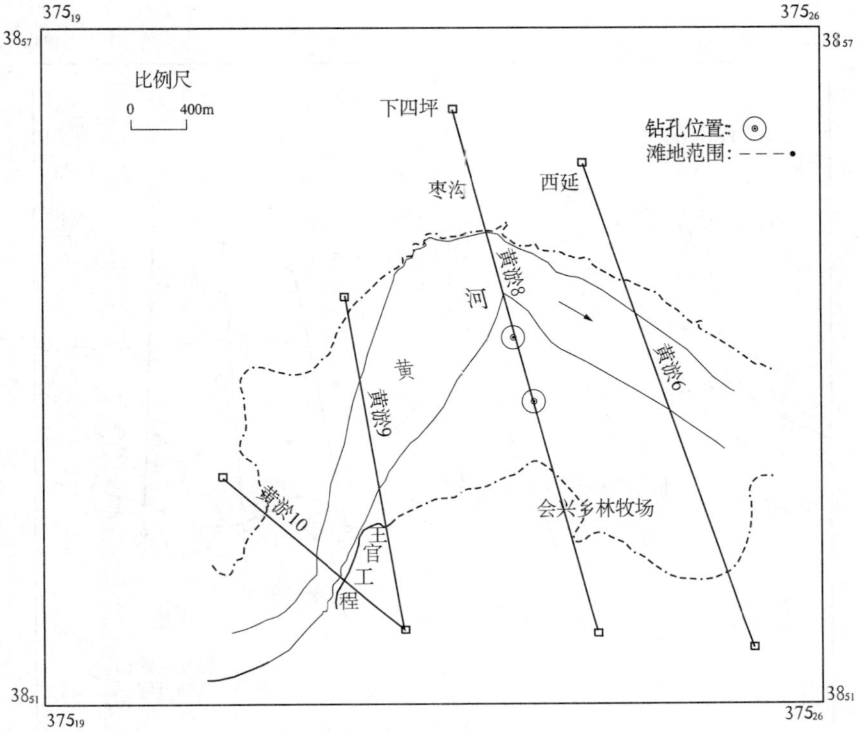

图 2-8　黄淤 8 断面钻孔位置

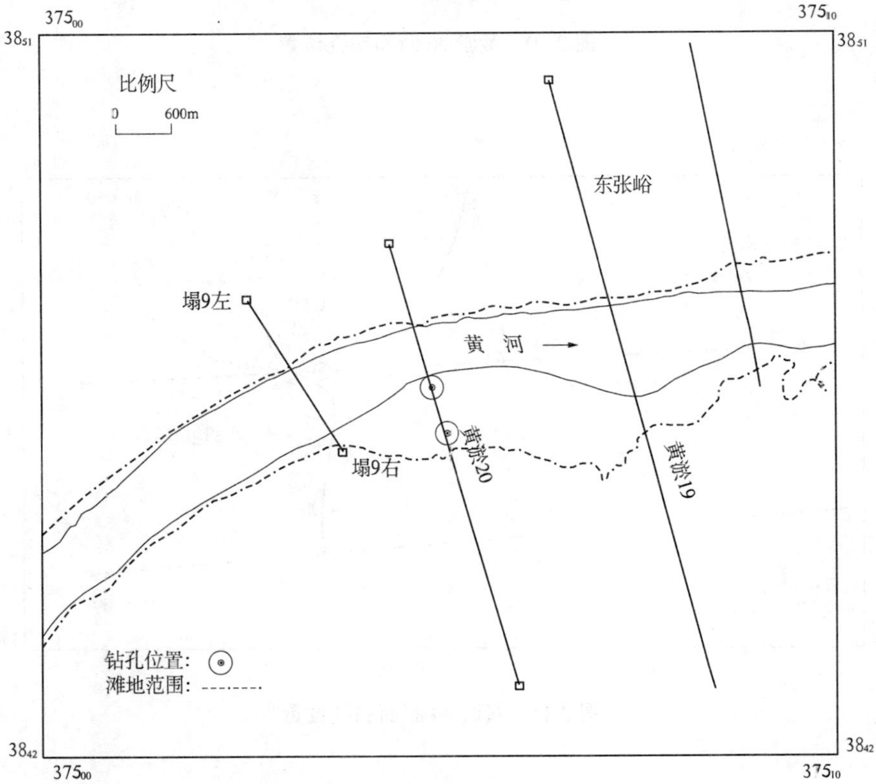

图 2-9　黄淤 20 断面钻孔位置

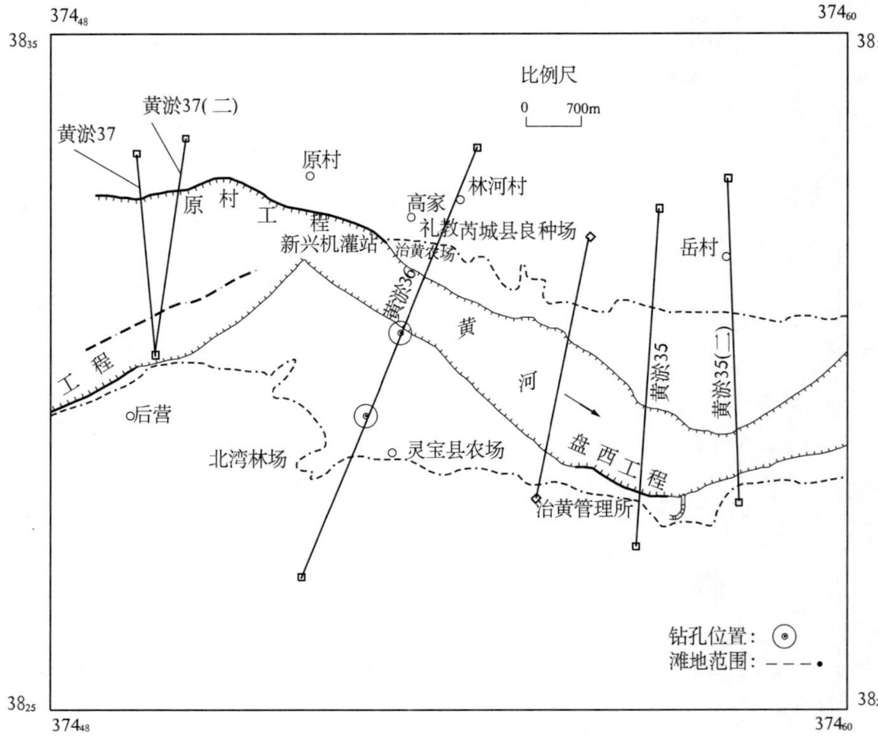

图 2-10　黄淤 36 断面钻孔位置

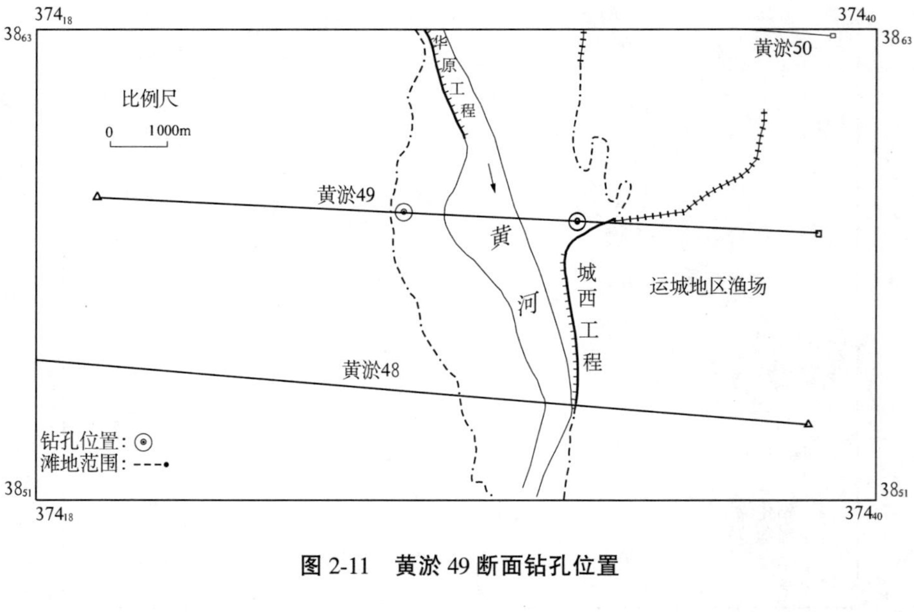

图 2-11　黄淤 49 断面钻孔位置

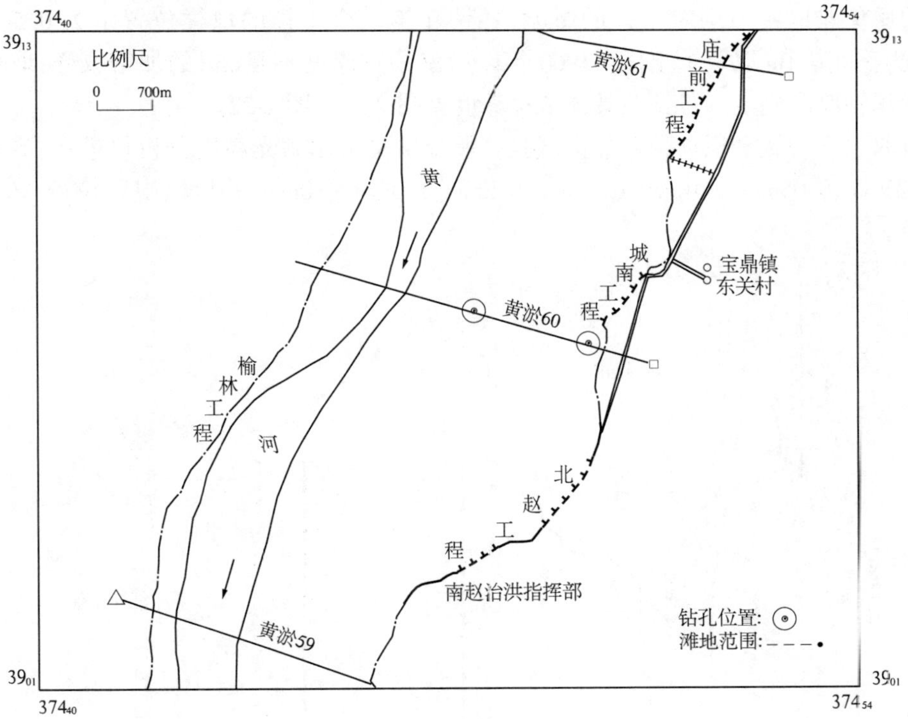

图 2-12　黄淤 60 断面钻孔位置

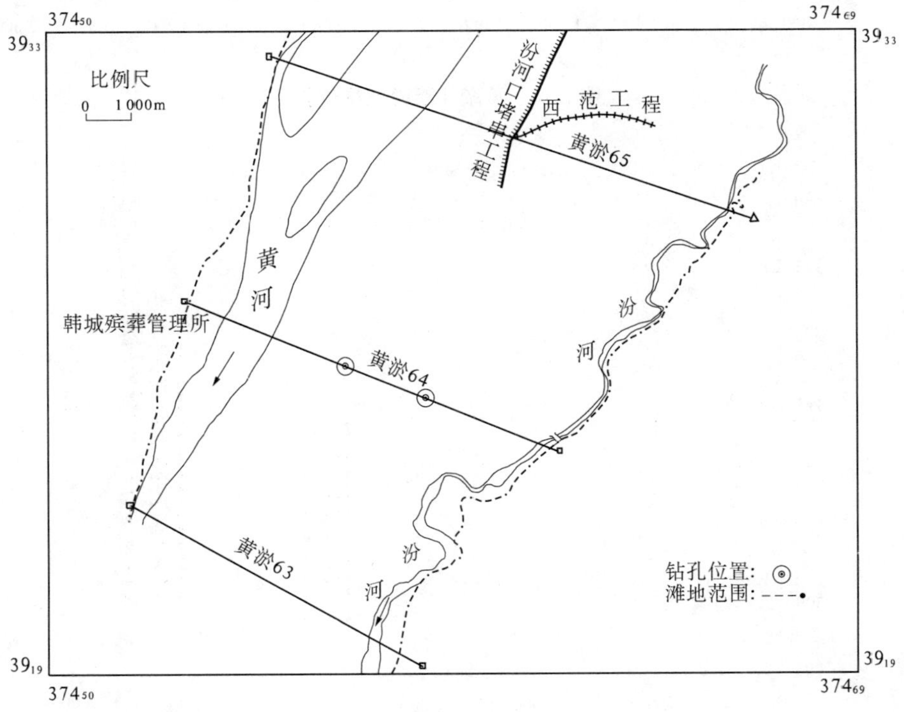

图 2-13　黄淤 64 断面钻孔位置

为避免滩地耕植层对土样的影响，各钻孔第一个土样的取样位置定为 0.5m，孔深 0.5m 以下间隔 1m 取一个土样。1960 年以后淤积物厚度不足 2m 的加密取样，取样深度根据淤积物厚度确定。各钻孔具体取样深度见图 2-14 ~ 图 2-22。

所取土样均做淤积物颗粒分析试验。颗分试验采用激光粒度分析仪进行，界限粒径为 0.025mm、0.05mm、0.10mm、0.25mm、0.5mm、1.0mm、2.0mm，并提供中数粒径（d_{50}）和平均粒径。

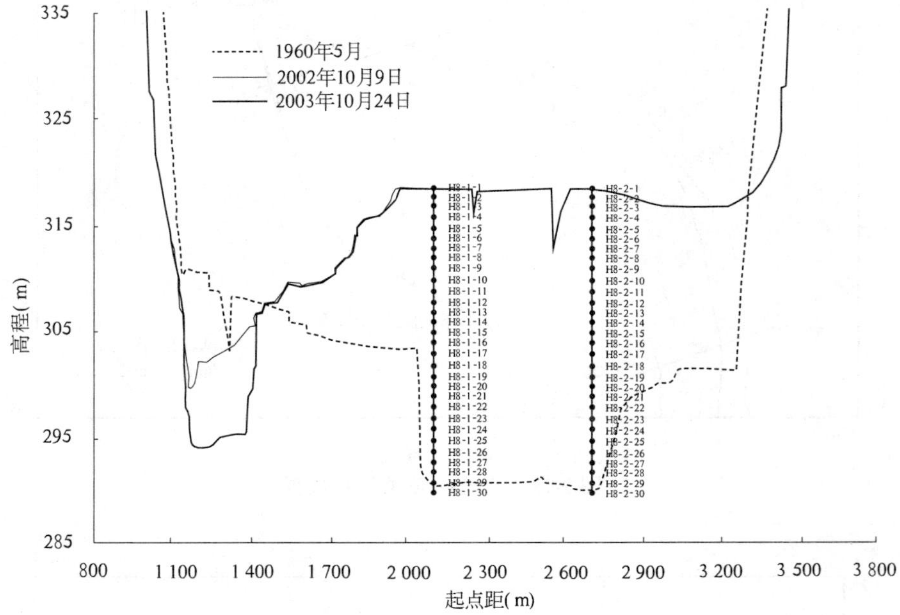

图 2-14　黄淤 8 断面取样位置

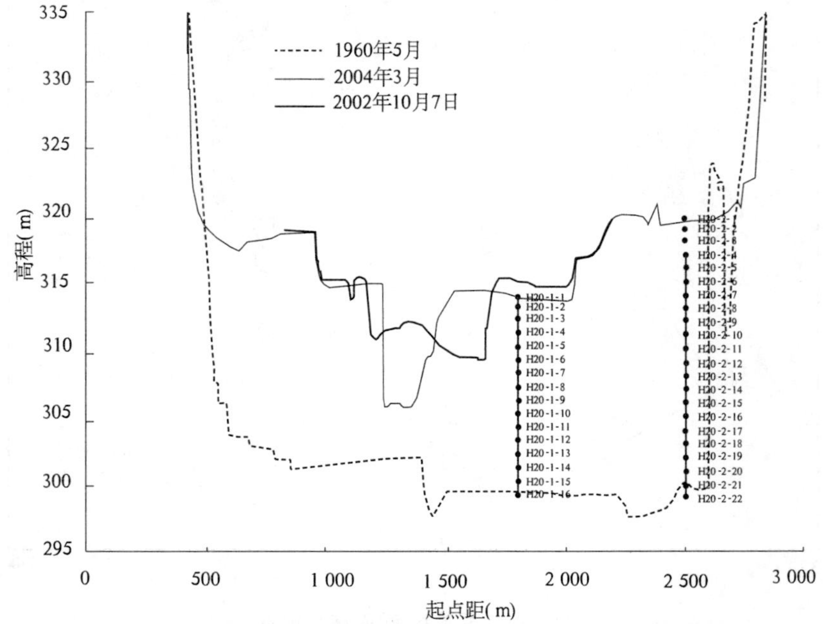

图 2-15　黄淤 20 断面取样位置

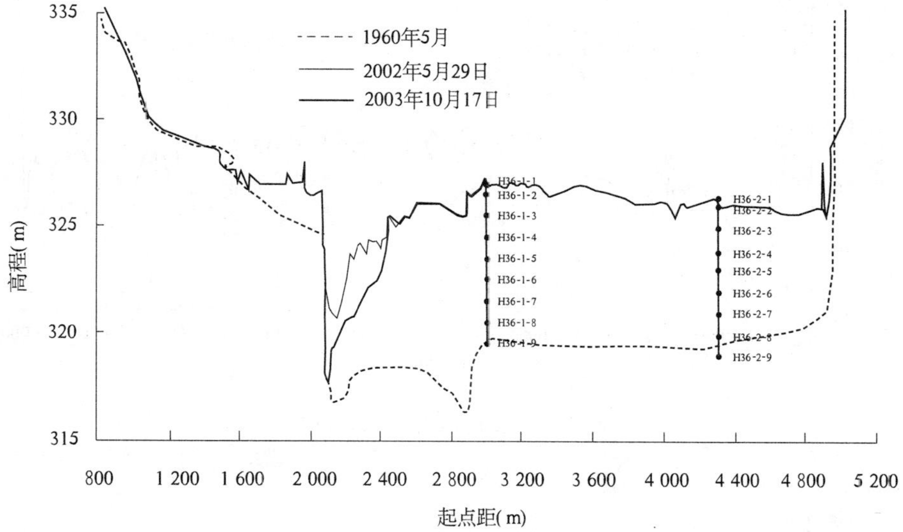

图 2-16 黄淤 36 断面取样位置

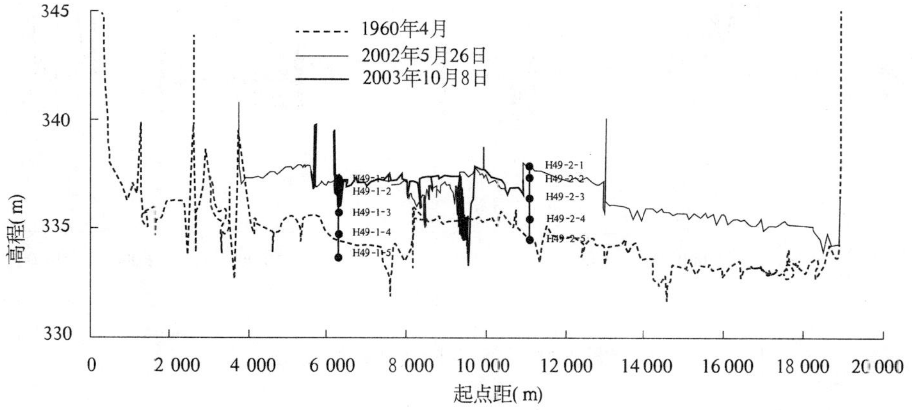

图 2-17 黄淤 49 断面取样位置

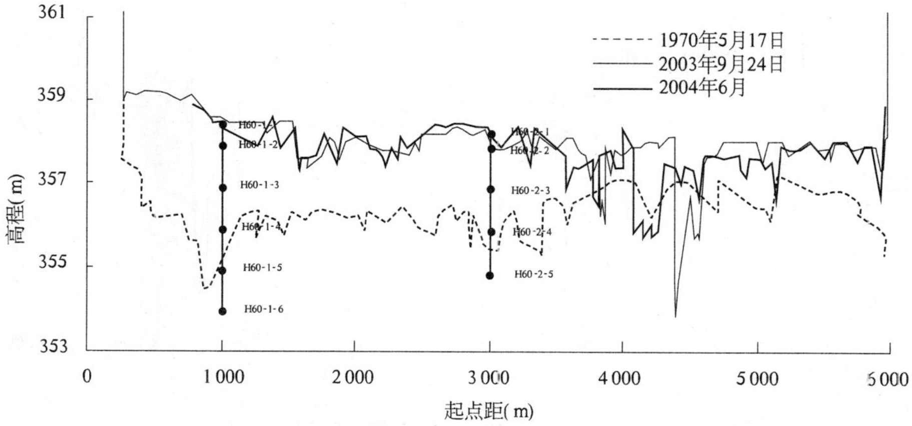

图 2-18 黄淤 60 断面取样位置

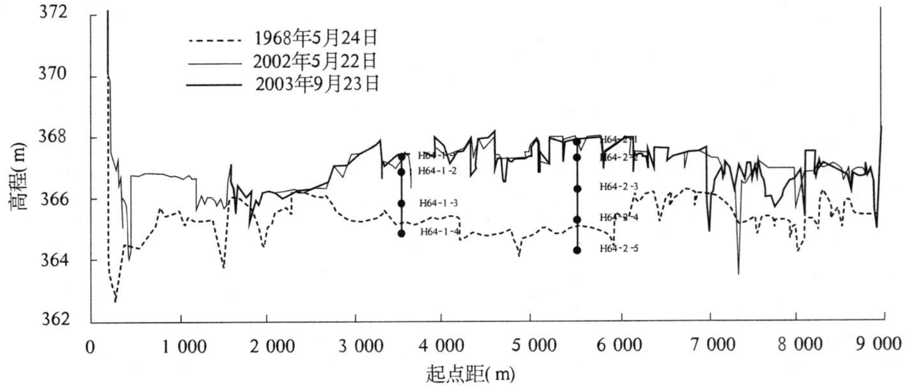

图 2-19　黄淤 64 断面取样位置

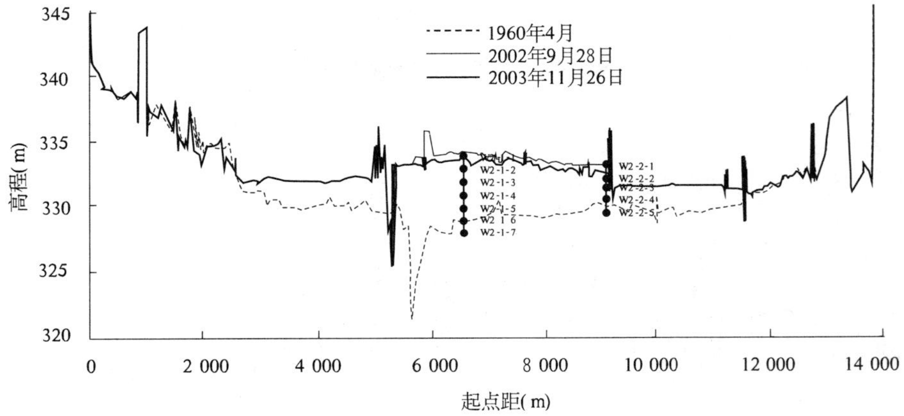

图 2-20　渭淤 2 断面取样位置

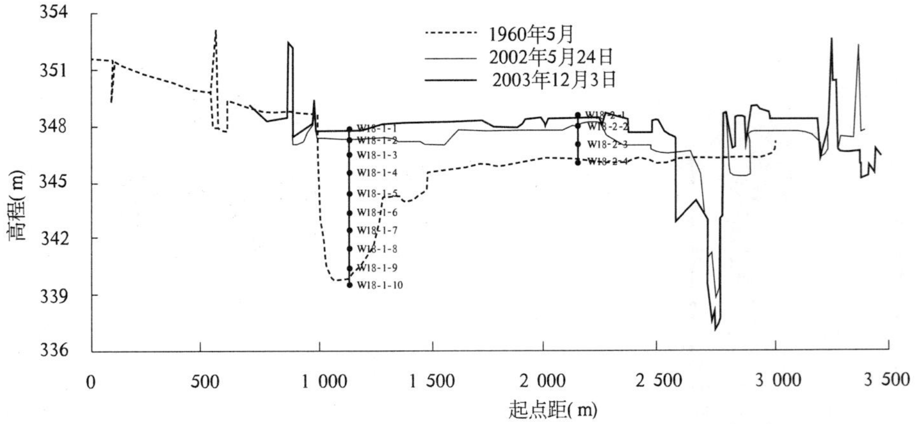

图 2-21　渭淤 18 断面取样位置

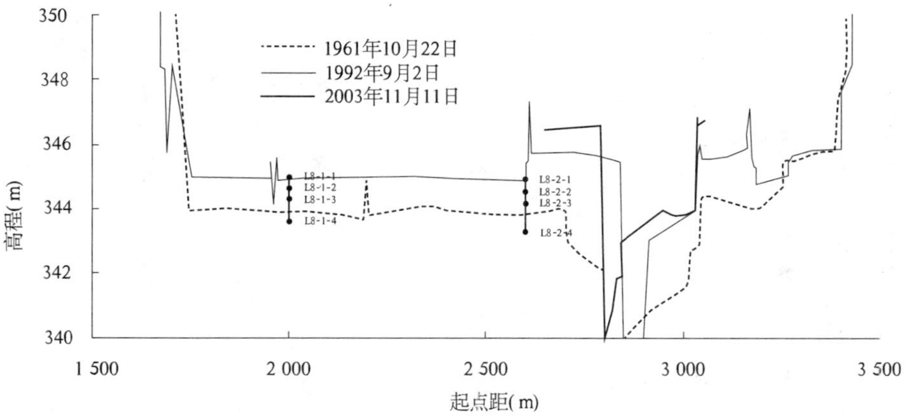

图 2-22　洛淤 8 断面取样位置

根据 2004 年 10 月库区滩地钻孔取样资料，分析三门峡水库滩地淤积物粒径组成，包括不同粒径泥沙百分含量沿河道和深度变化。将 1960 年以来淤积的每个钻孔取样级配算术平均，得出钻孔平均级配，根据每个断面两孔平均得到滩地淤积物断面级配，再根据区间滩地淤积量加权得到全库区滩地淤积物级配。

二、分析结果

(一)滩地淤积物粒径沿程变化

表 2-9 为 2004 年 10 月三门峡库区滩地各断面钻孔取样平均级配统计结果。图 2-23 为 2004 年 10 月三门峡库区滩地(钻孔取样)不同粒级沿程变化。从表 2-9 和图 2-23 可以看出：因受水库回水顶托作用，水流变缓，淤积物粒径从库区上游到坝前逐渐细化。依然是潼关以上泥沙粒径粗，潼关以下泥沙粒径细。

表 2-9　2004 年 10 月三门峡库区滩地各断面钻孔取样平均级配统计结果

河段	断面名称	大于某粒径(mm)百分数(%)							中数粒径	平均粒径
		0.025	0.05	0.1	0.25	0.50	1.0	2.0	(mm)	(mm)
黄河干流	黄淤 8	66.4	34.2	9.8	0.2	0.0	0.0	0.0	0.040	0.044
	黄淤 20	64.0	34.5	9.4	0.3	0.0	0.0	0.0	0.038	0.044
	黄淤 36	56.7	24.7	6.1	0.2	0.0	0.0	0.0	0.030	0.036
	黄淤 49	78.2	60.0	33.6	5.3	0.1	0.0	0.0	0.079	0.090
	黄淤 60	76.5	55.7	35.3	17.5	5.0	0.0	0.0	0.117	0.129
	黄淤 64	94.2	86.6	69.6	33.3	4.8	0.0	0.0	0.188	0.206
渭河	渭淤 2	44.2	18.3	4.4	0.3	0.1	0.0	0.0	0.023	0.030
	渭淤 18	76.0	54.0	35.6	24.4	10.2	0.2	0.0	0.151	0.161
北洛河	洛淤 8	67.8	33.7	7.4	0.0	0.0	0.0	0.0	0.038	0.041

(二)滩地淤积物粒径沿深度变化

图 2-24 为 2004 年 10 月三门峡库区滩地淤积物不同粒径沿深度变化情况。每个断面基本上都钻到了 1960 年建库前的老河床。

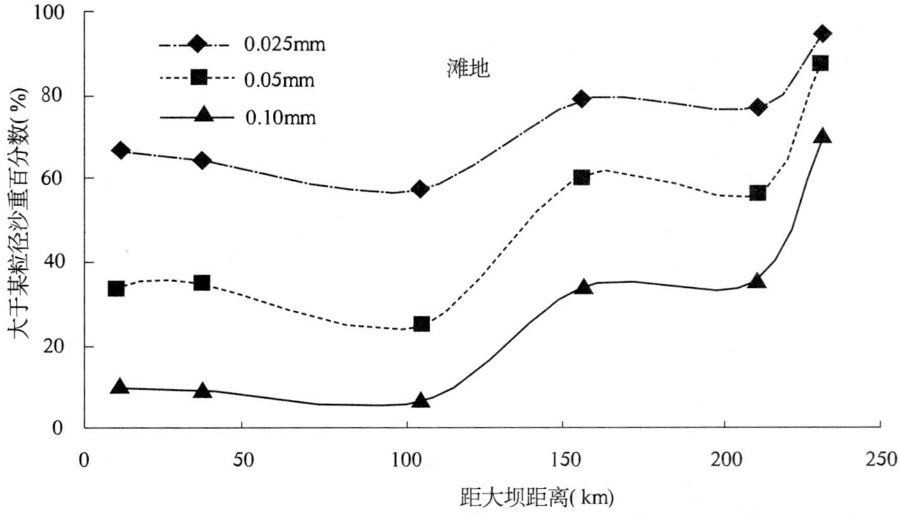

图 2-23　2004 年 10 月三门峡库区滩地(钻孔取样)不同粒级沿程变化

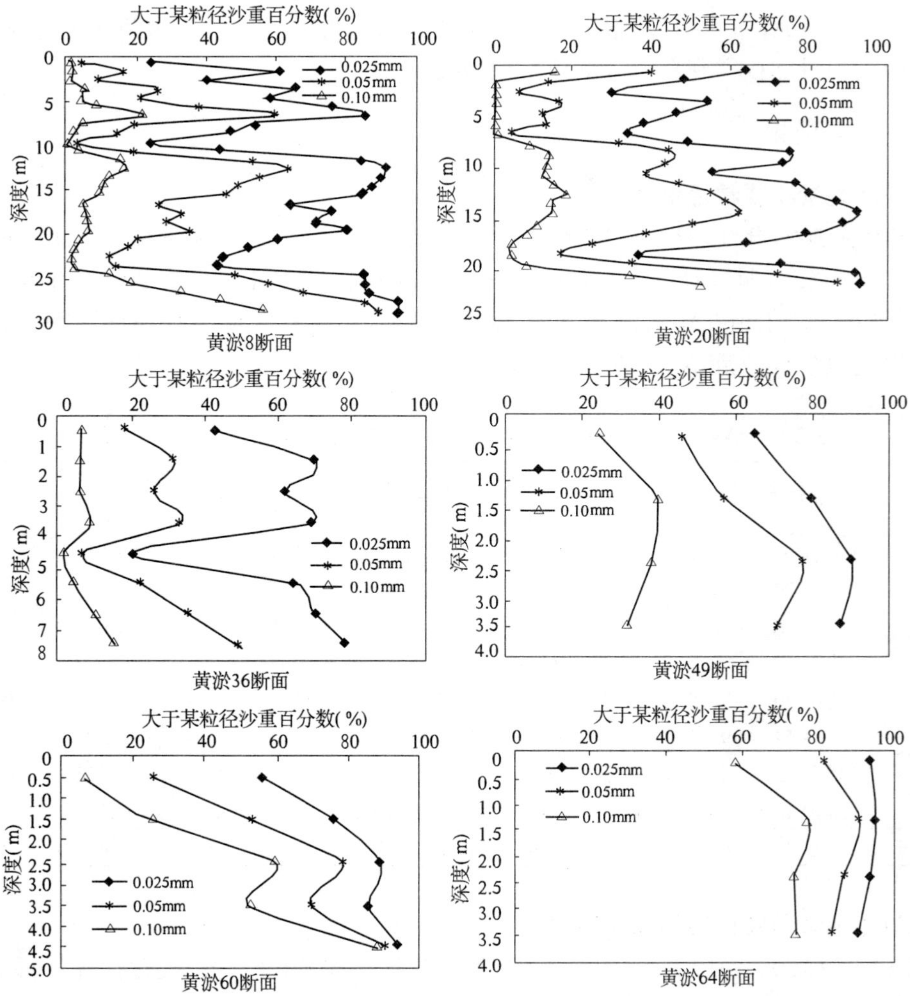

图 2-24　2004 年 10 月三门峡库区滩地淤积物不同粒径沿深度变化

从图 2-24 看出：①由于水流的分选作用，离坝越远，淤积物粒径越粗；②由于三门峡水库 1960～1964 年为蓄水拦沙运用，粗细泥沙均淤积，因此黄淤 8 和黄淤 20 断面淤积物沿深度变化波动也较大，粗细泥沙均有；③在龙门至潼关区间，受水库回水影响和水流分选的共同作用，基本上都是较粗的泥沙。

图 2-25 为 2004 年 10 月渭河渭淤 2 断面和渭淤 18 断面滩地淤积物不同粒径沿深度变化情况。同一粒径百分数渭淤 2 断面较渭淤 18 断面细。

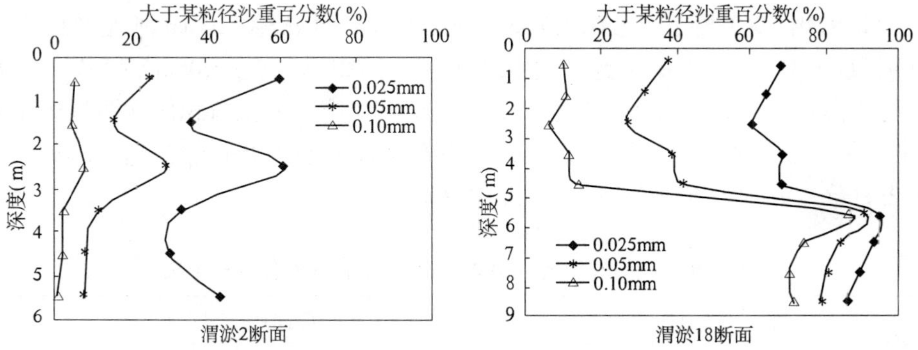

图 2-25　2004 年 10 月渭河库区滩地淤积物不同粒径沿深度变化

图 2-26 为 2004 年 10 月北洛河库区洛淤 8 断面滩地淤积物不同粒径沿深度变化情况。洛淤 8 断面距潼关约 77km。从图 2-26 可以看出，由于受水库回水影响不大，基本靠水流自然分选落淤，同一粒径百分数沿深度变化不大。

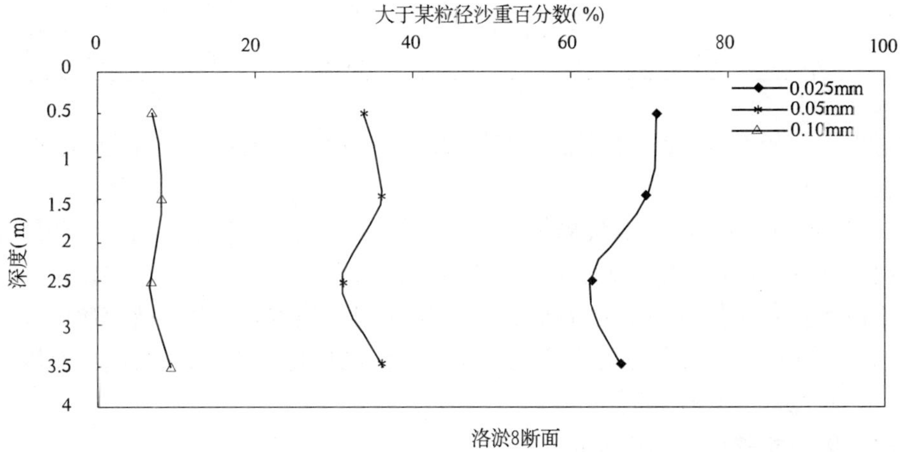

图 2-26　2004 年 10 月北洛河库区滩地淤积物不同粒径沿深度变化

综合三门峡库区滩地钻孔取样结果分析得出：

(1)潼关以下 $d \geqslant 0.025$mm、$d \geqslant 0.05$mm 和 $d \geqslant 0.10$mm 滩地淤积物所占百分数分别为 62.3%、31.2% 和 8.5%，淤积较细；潼关以上 $d \geqslant 0.025$mm、$d \geqslant 0.05$mm 和 $d \geqslant 0.10$mm 滩地淤积物所占百分数分别为 71.3%、50.2% 和 30.7%，是淤积物最粗的河段；全库区 $d \geqslant$

0.025mm、$d \geqslant 0.05$mm 和 $d \geqslant 0.10$mm 滩地淤积物所占百分数分别为 67.9%、43.0% 和 22.2%。

(2)滩地淤积物粒径组成，潼关以下受水库不同时期运用方式的影响，沿深度变化复杂，粗细交替，与整个库区相比，淤积物粒径较细；潼关以上主要受上游来水来沙和水流挟沙作用影响，淤积物粒径较粗。

(三)滩地淤积物粒径组成

表 2-10 为三门峡库区 2004 年 10 月滩地钻孔取样分段淤积量加权平均统计结果。从表 2-10 可以看出：潼关以下 $d \geqslant 0.025$mm、$d \geqslant 0.05$mm 和 $d \geqslant 0.10$mm 滩地淤积物所占百分数分别为 62.3%、31.2% 和 8.5%；潼关以上 $d \geqslant 0.025$mm、$d \geqslant 0.05$mm 和 $d \geqslant 0.10$mm 滩地淤积物所占百分数分别为 71.3%、50.2% 和 30.7%，潼关以上淤积泥沙明显比潼关以下粗，其中潼关以上黄河干流最粗；全库区 $d \geqslant 0.025$mm、$d \geqslant 0.05$mm 和 $d \geqslant 0.10$mm 滩地淤积物所占百分数分别为 67.9%、43.0% 和 22.2%。

表 2-10　三门峡库区 2004 年 10 月滩地钻孔取样分析结果

河段		滩地淤积量（亿 m^3）	大于某粒径(mm)百分数(%)					
			0.025	0.05	0.10	0.25	0.5	1.0
潼关以上	黄河干流	12.41	82.9	67.4	46.1	18.7	3.3	0
	渭河	12.12	60.1	36.2	20	12.4	5.1	0.1
	北洛河	2.66	67.8	33.7	7.4	0	0	0
	小计	27.19	71.3	50.2	30.7	14.1	3.8	0
潼关以下		16.67	62.3	31.2	8.5	0.2	0	0
全库区		43.86	67.9	43.0	22.2	8.8	2.3	0

通过以上分析看出，潼关以下及北洛河滩地淤积物粒径较细，潼关以上黄河干流滩地淤积物粒径较粗。

表 2-11 为三门峡库区滩地淤积物历年河床质与钻孔取样级配对比。与历年河床质取样资料对比，钻孔取样成果较历年河床质取样成果粗。

由于淤积物各年都有一定的冲淤交替，用历年河床质取样级配的平均值来代替淤积物级配，有一定的失真；虽然钻孔取样是真实存在的淤积物，但本次钻孔断面有限，代表性不够，所以各种资料的使用都有局限性。

(四)库区淤积物粒径组成分析

由前面分析看出，历年河床质取样断面多，但有冲淤交替，不完全是真正的淤积物，钻孔取样应是真正的淤积物，但钻孔断面不多，因此滩地淤积物级配用 2004 年 10 月钻孔取样级配成果和历年河床质级配成果平均值，主槽淤积物级配用历年河床质成果来计算多年平均情况下三门峡库区淤积物粒径组成(见表 2-12)。

表 2-11　三门峡库区滩地淤积物历年河床质与钻孔取样级配对比

位置		淤积量（亿 m^3）	大于某粒径(mm)百分数(%)					备注
			0.025	0.05	0.10	0.25	0.5	
潼关以上	黄河干流	12.41	84.8	59.9	33.9	9.3	0.7	历年河床质分析
	渭河	12.12	53.8	19.9	7.5	2.8	0.6	
	北洛河	2.66	70.5	32.4	4.1	0.8	0.2	
	小计	27.19	69.6	39.4	19.2	5.6	0.6	
潼关以下	黄河干流	16.67	72.4	34.6	11	0.9	0	
三门峡库区		43.86	70.7	37.6	16.1	3.8	0.4	
潼关以上	黄河干流	12.41	82.9	67.4	46.1	18.7	3.3	2004 年 10 月钻孔取样分析
	渭河	12.12	60.1	36.2	20	12.4	5.1	
	北洛河	2.66	67.8	33.7	7.4	0	0	
	小计	27.19	71.3	50.2	30.7	14.1	3.8	
潼关以下	黄河干流	16.67	62.3	31.2	8.5	0.2	0	
三门峡库区		43.86	67.9	43	22.2	8.8	2.3	
潼关以上	黄河干流	12.41	83.9	63.7	40	14	2	二者平均
	渭河	12.12	57.0	28.1	13.8	7.6	2.9	
	北洛河	2.66	69.2	33.1	5.8	0.4	0.1	
	小计	27.19	70.4	44.8	25.0	9.8	2.2	
潼关以下	黄河干流	16.67	67.4	32.9	9.8	0.6	0	
三门峡库区		43.86	69.3	40.3	19.2	6.3	1.4	

表 2-12　三门峡库区淤积物粒径分析结果

位置		部位	淤积量（亿 m^3）	大于某粒径(mm)百分数(%)				
				0.025	0.05	0.10	0.25	0.5
潼关以上	黄河干流	主槽	12.41	93.7	77.0	47.1	10.1	0.5
		滩地	12.41	83.9	63.7	40.0	14.0	2.0
		全断面	24.82	88.8	70.3	43.6	12.1	1.3
	渭河	主槽	1.35	83.6	62.6	47.1	27.3	7.3
		滩地	12.12	57.0	28.1	13.8	7.6	2.9
		全断面	13.47	59.6	31.5	17.1	9.6	3.3
	北洛河	主槽	0.30	79.3	46.5	18.6	13.0	8.0
		滩地	2.66	69.2	33.1	5.8	0.4	0.1
		全断面	2.95	70.2	34.4	7.0	1.7	0.9
	小计	主槽	14.05	92.4	75.0	46.5	11.8	1.3
		滩地	27.19	70.4	44.8	25.0	9.8	2.2
		全断面	41.24	77.9	55.1	32.3	10.5	1.9
潼关以下	黄河干流	主槽	11.32	77.9	55.2	26.6	3.7	0.3
		滩地	16.67	67.4	32.9	9.8	0.6	0.0
		全断面	27.99	71.6	41.9	16.6	1.8	0.1
三门峡库区		主槽	25.37	85.9	66.2	37.6	8.2	0.9
		滩地	43.86	69.3	40.3	19.2	6.3	1.4
		全断面	69.22	75.4	49.8	25.9	7.0	1.2

注：滩地为 2004 年 10 月钻孔和历年河床质平均，主槽为历年河床质取样。

从表 2-12 看出：潼关以下 $d \geqslant 0.025$mm、$d \geqslant 0.05$mm 和 $d \geqslant 0.10$mm 淤积物所占百分数分别为 71.6%、41.9% 和 16.6%。三门峡库区潼关以上 $d \geqslant 0.025$mm、$d \geqslant 0.05$mm 和 $d \geqslant 0.10$mm 淤积物所占百分数分别为 77.9%、55.1% 和 32.3%。整个库区 $d \geqslant 0.025$mm、$d \geqslant 0.05$mm 和 $d \geqslant 0.10$mm 淤积物所占百分数分别为 75.4%、49.8% 和 25.9%，比历年河床质分析结果稍粗。

第四节　三门峡库区淤积物粒径分析（平衡法）

一、淤积物粒径组成

（一）淤积量分析

“四站”至三门峡区间输沙率平衡法计算的不同时段各粒径级泥沙淤积量见表 2-13。图 2-27 给出了该区间 1960 ~ 2003 年不同粒径级的多年平均淤积量，可以看出，全沙以及 $d \geqslant 0.025$mm、$d \geqslant 0.05$mm、$d \geqslant 0.10$mm、$d \geqslant 0.25$mm、$d \geqslant 0.5$mm、$d \geqslant 1.0$mm 和 $d \geqslant 2.0$mm 的泥沙多年平均淤积量分别为 1.34 亿 t、0.82 亿 t、0.39 亿 t、0.21 亿 t、0.13 亿 t、0.03 亿 t、0.000 1 亿 t 和 0，表明粒径越粗，绝对淤积量越小。

1960 年前，小北干流为天然微淤状态[18]，故“四站”至三门峡总体上也是微淤状态，淤积物主要为粗颗粒泥沙。

1961 年至 1964 年三门峡水库为蓄水拦沙运用期。这期间，1960 年 9 月至 1962 年 3 月三门峡水库为蓄水运用，除洪水期以异重流排出少量细颗粒泥沙外，其他时间均下泄清水；1962 年 3 月至 1964 年 10 月，水库改为滞洪排沙运用，但由于水库泄流能力小，滞洪作用大，水库继续拦沙，出库泥沙较少，因此这一时期库区严重淤积。1964 年 11 月至 1973 年 10 月为水库滞洪排沙运用期，枢纽工程进行了改建，泄流能力逐步增大，库区淤积部位发生变化，潼关以上淤积，潼关以下冲刷。1973 年 11 月水库实行非汛期蓄水，汛期降低水位控制排沙，全年泥沙基本集中在汛期下排，形成非汛期八个月清水、汛期四个月浑水的清浑水交替出现过程。各时段不同粒径淤积量见图 2-28。由图 2-28 可以看出，三门峡水库的拦沙作用随着时间的推移在逐渐减弱。

应当说明，此处所计算库区冲淤量，只是用输沙率平衡法计算淤积物中各粒径级所占百分数的一个中间过程，真正的冲淤量应以断面法成果为准。

（二）淤积物粒径组成分析

图 2-29 和图 2-30 分别给出了三门峡水库 1960 ~ 2003 年以及三个不同运用时期“四站”至三门峡区间的淤积物粒径组成。该区间各时段淤积物粒径组成见表 2-13。由图 2-29、图 2-30 和表 2-13 可以看出，各时段随着泥沙粒径的增大，其在淤积物中占的百分比逐渐减小。

表 2-13 “四站”至三门峡区间不同时段各粒径级泥沙淤积量

项目	粒径级（mm）	1960～1969年	1970～1979年	1980～1989年	1990～1999年	2000～2003年	1960～2003年	1961～1964年	1965～1973年	1974～2003年
“四站”输沙量（亿 t/a）	全沙量	17.0	13.6	7.95	8.67	4.91	11.19	16.7	17.0	8.78
	≥0.025	8.52	6.67	3.69	4.33	2.41	5.5	7.93	8.85	4.20
	≥0.05	3.86	3.06	1.61	1.89	0.70	2.43	3.38	4.25	1.79
	≥0.10	1.06	0.90	0.35	0.30	0.12	0.60	0.88	1.23	0.38
	≥0.25	0.32	0.29	0.03	0.05	0.05	0.16	0.23	0.41	0.08
	≥0.5	0.06	0.07	0.000 4	0.003	0.003	0.03	0.06	0.11	0.01
三门峡输沙量（亿 t/a）	全沙量	11.4	13.9	8.49	7.60	4.69	9.83	6.41	15.8	8.58
	≥0.025	4.77	6.72	4.23	3.80	2.56	4.67	1.79	7.83	4.20
	≥0.05	2.15	3.00	1.87	1.67	0.78	2.05	0.68	3.72	1.77
	≥0.10	0.37	0.76	0.33	0.21	0.09	0.39	0.06	0.85	0.30
	≥0.25	0.01	0.09	0.02	0.01	0.01	0.03	0.001	0.05	0.03
	≥0.5	0	0.002	0.002	0	0	0.001	0	0	0.001
区间淤积量（亿 t/a）	全沙量	5.68	-0.35	-0.55	1.06	0.21	1.34	10.23	1.22	0.19
	≥0.025	3.75	-0.05	-0.55	0.53	-0.15	0.82	6.14	1.02	-0.001
	≥0.05	1.71	0.06	-0.26	0.22	-0.08	0.39	2.70	0.52	0.01
	≥0.10	0.70	0.14	0.01	0.09	0.02	0.21	0.82	0.37	0.09
	≥0.25	0.31	0.20	0.01	0.04	0.04	0.13	0.22	0.36	0.05
	≥0.5	0.06	0.07	-0	0.003	0.003	0.03	0.06	0.11	0.01
	≥1.0	0	0.000 1	0.000 2	0.000 1	0	0.000 1	0	0	0.000 1
各粒径级沙量占全沙量的百分比（%）	全沙量	100	100	100	100	100	100	100	100	100
	≥0.025	66.1	15.5	100	49.9	冲淤量很少	61.1	60.0	84.2	冲淤量很少
	≥0.05	30.1	-17.5	47.2	20.7		28.6	26.4	42.9	
	≥0.10	12.3	-38.6	-2.38	8.13		15.9	7.99	30.7	
	≥0.25	5.40	-56.2	-2.51	3.66		9.70	2.19	29.3	
	≥0.5	1.14	-19.4	0.27	0.29		2.30	0.55	8.64	
	≥1.0	0	-0.03	-0.04	0.01		0.01	0	0	

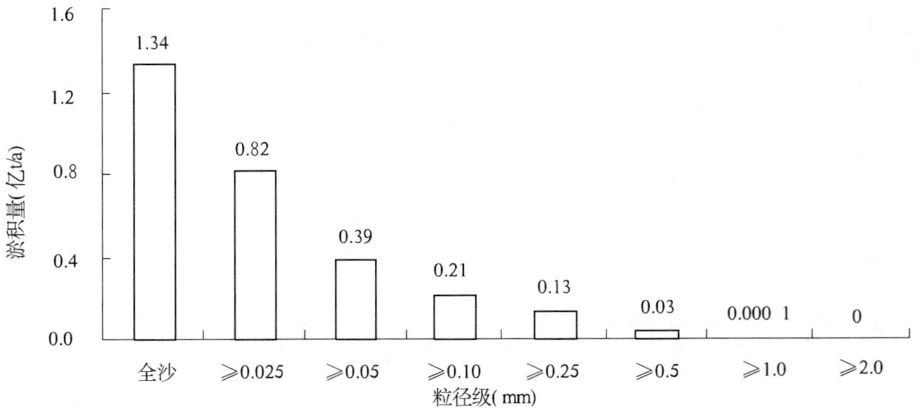

图 2-27　1960 ~ 2003 年“四站”至三门峡不同粒径级淤积量

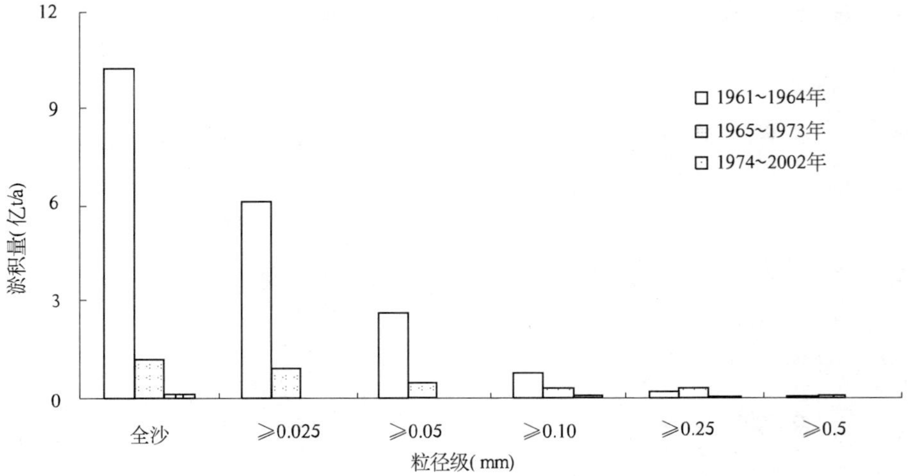

图 2-28　“四站”至三门峡不同时段不同粒径级淤积量对比

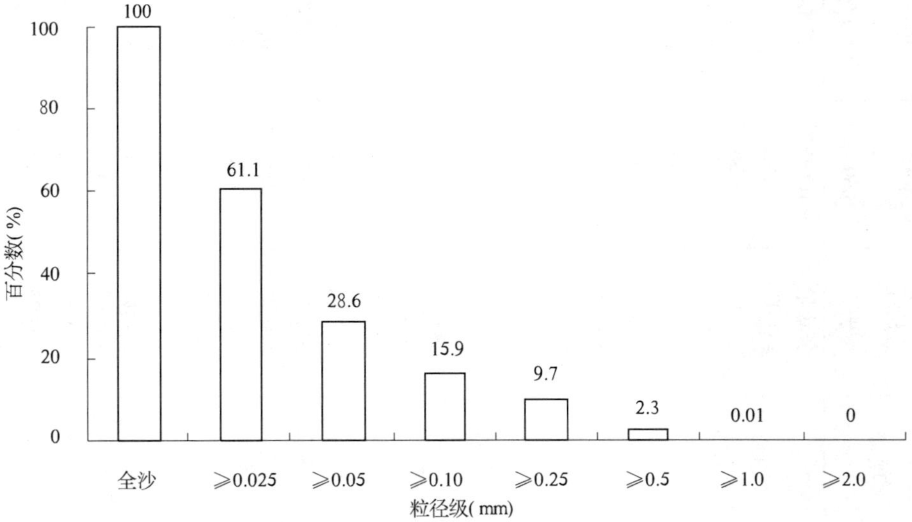

图 2-29　1960 ~ 2003 年“四站”至三门峡淤积物粒径组成

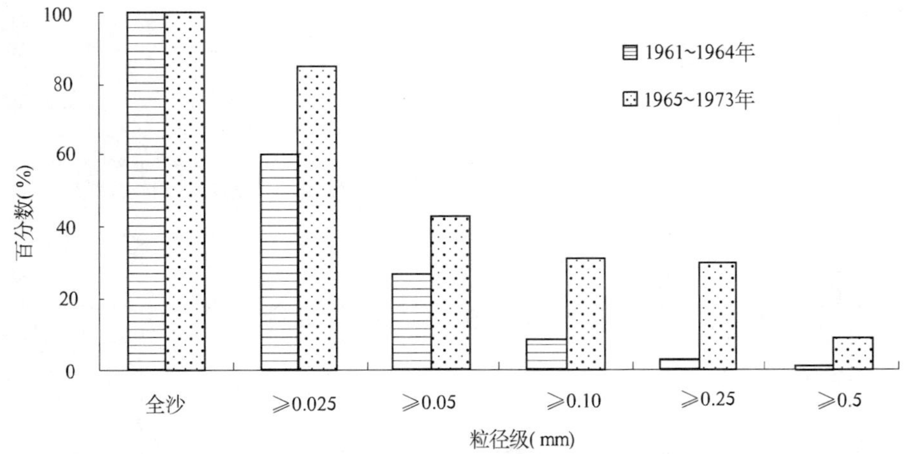

图 2-30　“四站”至三门峡不同时段淤积物粒径组成

由于三门峡水库 1961 ~ 1964 年为蓄水拦沙运用期，细泥沙也被拦在水库内，造成粗泥沙占的比重并不大，$d \geqslant 0.05$mm 的泥沙占淤积物的 26.4%，$d \geqslant 0.10$mm 的泥沙仅占淤积物的 8.0%。从 1960 ~ 2003 年长时期来看，淤积物中粗泥沙占的比重也不大，$d \geqslant 0.05$mm 和 $d \geqslant 0.10$mm 泥沙分别为 28.6% 和 15.9%，远小于取样法分析的相应粒径的比重。由于各水文站只测悬移质，只能计算悬移质部分，结果偏小，仅供参考。

二、各粒径级泥沙淤积比分析

泥沙冲淤与否，不仅与水流条件有关，还与粒径粗细有关，粒径越粗越难输送。利用上水文站和下水文站各年泥沙平均级配计算逐年各粒径输沙量和淤积比。淤积比计算公式为：

$$\eta(\%) = \frac{W_{si上} - W_{si下}}{W_{si上}} \times 100\% \qquad (2\text{-}1)$$

式中：η 为淤积比，$W_{si上}$ 和 $W_{si下}$ 分别为上水文站和下水文站第 i 级粒径多年平均输沙量。

“四站”至三门峡区间输沙率法分析所得不同时段各粒径悬移质输沙量计算结果见表 2-14。由表 2-14 可以看出，1960 ~ 2003 年实测悬移质全沙及 $d \geqslant 0.025$mm、$d \geqslant 0.05$mm、$d \geqslant 0.10$mm、$d \geqslant 0.25$mm、$d \geqslant 0.5$mm 和 $d \geqslant 1.0$mm 的泥沙淤积比分别为 12.1%、15.0%、15.4%、36.6%、82.7%、97.4% 和 100%。

“四站”至三门峡区间 1961 ~ 1964 年全沙及 $d \geqslant 0.025$mm、$d \geqslant 0.05$mm、$d \geqslant 0.10$mm、$d \geqslant 0.25$mm 和 $d \geqslant 0.5$mm 的淤积比分别为 61.5%、77.4%、79.9%、93.0%、99.5% 和 100%；1965 ~ 1973 年全沙及 $d \geqslant 0.025$mm、$d \geqslant 0.05$mm、$d \geqslant 0.10$mm、$d \geqslant 0.25$mm 和 $d \geqslant 0.5$mm 的淤积比分别为 7.2%、11.6%、12.3%、30.5%、87.7% 和 100%；1974 ~ 2003 年全沙及 $d \geqslant 0.025$mm、$d \geqslant 0.05$mm、$d \geqslant 0.10$mm、$d \geqslant 0.25$mm、$d \geqslant 0.5$mm 和 $d \geqslant 1.0$mm 的淤积比分别为 2.3%、0.1%、0.9%、22.4%、66.5%、82.6% 和 100%。

表 2-14　“四站”至三门峡区间输沙率法分析所得不同时段各粒径级输沙量、排沙比及淤积比

项目	粒径级（mm）	1960~1969 年	1970~1979 年	1980~1989 年	1990~1999 年	2000~2003 年	1960~2003 年	1961~1964 年	1965~1973 年	1974~2003 年
“四站”输沙量（亿 t/a）	全沙量	17.0	13.6	7.95	8.67	4.91	11.2	16.7	17.0	8.78
	≥0.025	8.52	6.67	3.69	4.33	2.41	5.5	7.93	8.85	4.20
	≥0.05	3.86	3.06	1.61	1.89	0.70	2.4	3.38	4.25	1.79
	≥0.10	1.06	0.90	0.35	0.30	0.12	0.6	0.88	1.23	0.38
	≥0.25	0.32	0.29	0.03	0.05	0.05	0.2	0.23	0.41	0.08
	≥0.5	0.06	0.07	0.000 4	0.003	0.003	0.03	0.06	0.11	0.01
	≥1.0	0	0.000 1	0.000 2	0.000 1	0	0.000 1	0	0	0.000 1
三门峡输沙量（亿 t/a）	全沙量	11.4	13.9	8.49	7.60	4.69	9.83	6.41	15.8	8.58
	≥0.025	4.77	6.72	4.23	3.80	2.56	4.67	1.79	7.83	4.20
	≥0.05	2.15	3.00	1.87	1.67	0.78	2.06	0.68	3.72	1.77
	≥0.10	0.37	0.76	0.33	0.21	0.09	0.38	0.06	0.85	0.30
	≥0.25	0.01	0.09	0.02	0.01	0.01	0.03	0.001	0.05	0.03
	≥0.5	0	0.002	0.002	0	0	0.001	0	0	0.001
	≥1.0	0	0	0.001	0	0	0	0	0	0
区间排沙比（%）	全沙量	66.6	102.5	106.8	87.6	95.4	87.9	38.5	92.8	97.7
	≥0.025	55.9	100.8	114.8	87.7	106.1	85.0	22.6	88.4	99.9
	≥0.05	55.7	97.9	116.0	88.3	111.2	84.6	20.1	87.7	99.1
	≥0.10	34.5	84.8	96.0	70.8	79.7	63.4	7.02	69.5	77.6
	≥0.25	3.3	31.3	52.2	14.5	20.1	17.3	0.50	12.3	33.5
	≥0.5	0	2.96	487	0	0	2.60	0	0	17.4
	≥1.0	—	0	440	0	—	0	—	—	0
区间淤积比（%）	全沙量	33.4	-2.53	-6.80	12.4	4.6	12.1	61.5	7.2	2.3
	≥0.025	44.1	-0.76	-14.8	12.3	-6.1	15.0	77.4	11.6	0.1
	≥0.05	44.3	2.08	-16.0	11.7	-11.2	15.4	79.9	12.3	0.9
	≥0.10	65.5	15.2	3.98	29.2	20.3	36.6	93.0	30.5	22.4
	≥0.25	96.7	68.7	47.8	85.5	79.9	82.7	99.5	87.7	66.5
	≥0.5	100	97.0	-387	100	100	97.4	100	100	82.6
	≥1.0	100	100	-340	100	100	100	100	100	100

图 2-31 和图 2-32 分别给出了 1960 ~ 2003 年以及三门峡水库三个不同运用时期各级泥沙的淤积比。总体上来讲,粒径越粗,淤积比越大。1961 ~ 1964 年三门峡水库为蓄水拦沙运用期。因此,全沙及各级泥沙的淤积比都很大,远大于 1965 ~ 1973 年水库滞洪排沙和 1974 ~ 2003 年蓄清排浑运用期的淤积比。1961 ~ 1964 年和 1965 ~ 1973 年 $d \geqslant 0.5$mm 时的淤积比已达到 100%。

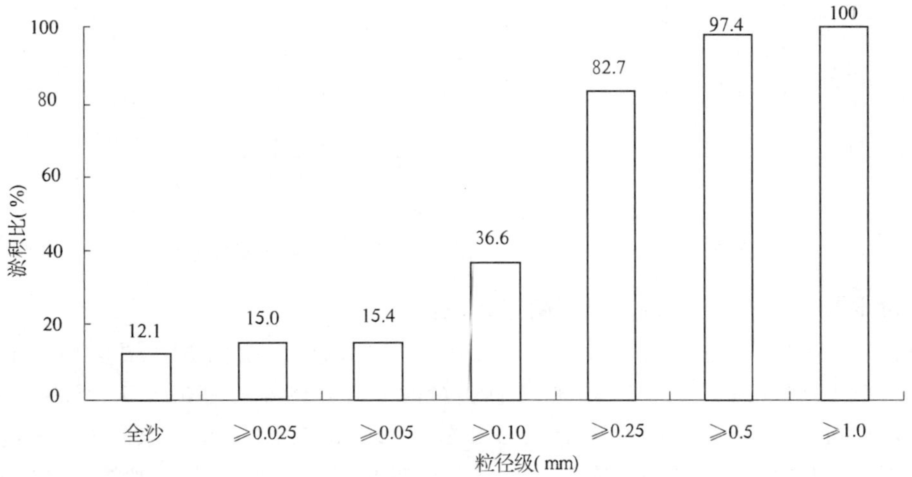

图 2-31 1960 ~ 2003 年“四站”至三门峡不同粒径级淤积比

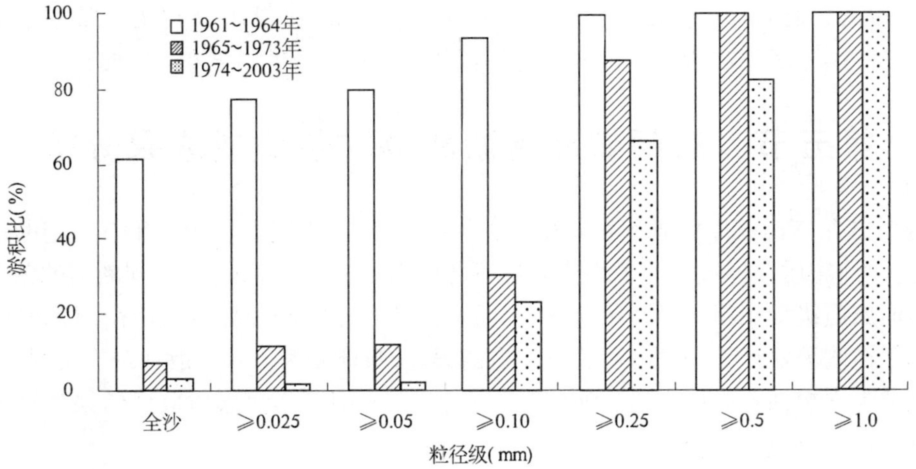

图 2-32 三门峡水库三个不同运用时期“四站”至三门峡各粒径级淤积比

“四站”至三门峡区间 1960 ~ 2003 年全沙及 $d \geqslant 0.025$mm、$d \geqslant 0.05$mm、$d \geqslant 0.10$mm、$d \geqslant 0.25$mm、$d \geqslant 0.5$mm 和 $d \geqslant 1.0$mm 的排沙比分别为 87.9%、85.0%、84.6%、63.4%、17.3%、2.6%和 0。其他时段排沙比见表 2-14。图 2-33 给出了长系列 1960 ~ 2002 年不同粒径级的排沙比。

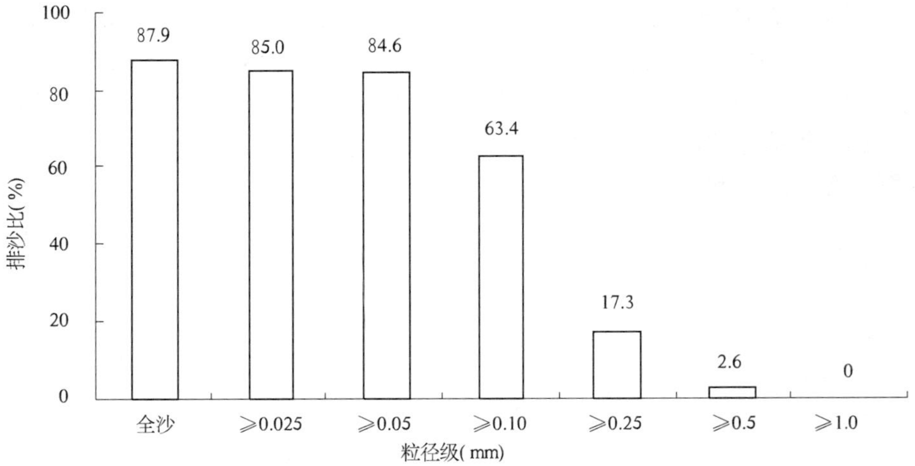

图 2-33　1960～2003 年“四站”至三门峡不同粒径级排沙比

通过本节的分析,从中得出以下两点认识:

(1)从输沙率平衡法分析来看,1960～2003 年三门峡库区淤积物中,$d≥0.025$mm、$d≥0.05$mm、$d≥0.10$mm 和 $d≥0.25$mm 的泥沙占全沙的百分比分别为 61.1%、28.6%、15.9% 和 9.7%(钻孔法对应百分比为 75.4%、49.8%、25.9% 和 7.0%),小于取样法分析的结果。主要原因,一是输沙率法未包括库区华县以上较粗的部分泥沙,二是泥沙测验和颗粒分析成果都有一定的误差所致。

(2)1960～2003 年,“四站”至三门峡区间全沙及 $d≥0.025$mm、$d≥0.05$mm、$d≥0.10$mm、$d≥0.25$mm、$d≥0.5$mm 和 $d≥1.0$mm 泥沙的淤积比分别为 12.1%、15.0%、15.4%、36.6%、82.7%、97.4%和 100%。表明粒径越粗,越容易淤积。

第五节　三门峡库区淤积物粒径组成成果分析

表 2-15 是三门峡库区淤积物粒径组成分析表,由于表层淤积物各年有一定的冲淤交替,用历年河床质取样级配的平均值来代替淤积物级配有一定的失真,同断面的钻孔取样比历年河床质级配稍粗就说明了这一点;而本次钻孔取样断面偏少,也存在代表性不够;输沙率平衡法因输沙量和颗分测验有一定的误差,只能作为参考。故在现有资料条件下,采用滩地为本次钻孔取样和历年河床质平均值,主槽用历年河床质取样结果计算的库区淤积物粒径组成成果比较合适。

表 2-15　三门峡库区淤积物粒径组成成果对比　(%)

分析方法	大于某粒径(mm)百分数				
	0.025	0.05	0.10	0.25	0.5
河床质法	76.3	48.1	24.0	5.4	0.6
钻孔法 + 河床质法	75.4	49.8	25.9	7.0	1.2
平衡法	61.1	28.6	15.9	9.7	2.3

第六节　小浪底水库运行与淤积情况简介

一、小浪底水库及运行情况

小浪底水库是一座以防洪、防凌、减缓下游河床淤积为主，兼顾供水、发电、灌溉的综合性水利工程。水库大坝上距三门峡水库大坝130km，控制流域面积69.4万km^2，占黄河流域面积的92.3%。水库高程275m，设计库容126.5亿m^3，长期可用库容51亿m^3。

1994年9月水库主体工程开工，1997年10月截流，1999年10月下闸蓄水，2000年5月正式投入运用，2001年1月第一台机组开始发电。

二、小浪底水库淤积情况简介

小浪底水库总体处于峡谷地带，平面形态狭长弯曲，入汇支流较多，大支流与干流交接处多为开阔地带。一般按此形态将水库划分为大坝—黄河20断面、黄河20—38断面和黄河38—56断面三个区段研究淤积状况，前两区段为不规则“大肚”，后一区段为窄谷。黄河20、黄河38和黄河56断面分别距坝址34.21km、66.24km和125.74km，其中黄河20断面处于八里胡同峡谷附近。小浪底水库1997年10月以来库区冲淤情况见表2-16。从1997年10月至2003年底，小浪底水库共淤积泥沙14.16亿m^3，其中大坝—黄河20断面间干支流共淤积6.014亿m^3，占全库淤积量的42.5%；黄河20—38断面共淤积5.112亿m^3，占全库淤积量的36.1%；黄河38—56断面共淤积3.03亿m^3，占全库淤积量的21.4%。

表2-16　小浪底水库1997年以来库区淤积量

区段	时段冲淤量（亿m^3）						占总淤积量的百分比（%）
	1997.10～2000.5	2000.5～2000.11	2000.11～2001.12	2001.12～2002.10	2002.10～2003.10	1997.10～2003.10	
大坝—黄河20	0.587 5	1.89	2.678	0.707 1	0.152 1	6.014	42.5
黄河20—38	0.039 1	0.869 9	0.655 3	1.519 6	2.028	5.112	36.1
黄河38—56	0.005 5	0.798 7	-0.361 8	-0.116 1	2.704	3.03	21.4
累计	0.632 1	3.557	2.972	2.111	4.884	14.16	100

1999年10月前水库尚未蓄水，1999年10月至2000年5月水库蓄水为三门峡水库下泄清水。因此，1997年10月至2000年5月的两年多时间，库区淤积0.632 1亿m^3，水库淤积第一年，全库淤积3.557亿m^3，第二年淤积2.972亿m^3。

1997年10月至2000年5月库区淤积主要分布在黄河10断面以下；2000年5月至2000年11月库区淤积主要分布在黄河20断面以下和黄河35断面至黄河46断面两个区段；2000年11月至2001年12月淤积主要分布在黄河35断面以下，黄河38断面至黄河47

断面则出现冲刷。(黄河 10、黄河 35、黄河 38、黄河 46 断面和黄河 47 断面距水库大坝的距离分别为 14.49km、59.71km、66.24km、87.75km 和 90.55km)。

由于 2001 年汛期出现异重流,距坝 66~91km 区段普遍发生冲刷,最大冲刷深度在距坝 71km 附近,深达 11.97m;距坝 64km 以下普遍发生淤积,最大淤积厚度在距坝约 7km 附近,厚达 17.39m,和上年度同期相比,2001 年汛后坝前淤积、库底面高程进一步抬高,距坝 53km 以下库底坡势趋于平缓。

2002 年汛期,小浪底水库调水调沙前蓄水位较高,调水调沙时泄流流量较大,水位下降较快并出现异重流,冲淤变化也较大。距坝 64~80km 区段普遍发生冲刷,最大冲刷深度在距坝 74km 附近,深达 8.13m;距坝 64km 以下普遍发生淤积,最大淤积厚度在距坝约 48km 附近,厚达 16.70m。与上年度同期相比,2002 年汛后坝前库底高程进一步抬高,在距坝 60~19km 库段泥沙淤积形成了一个较大“凸”面,一直延伸至坝前。

2003 年汛期,小浪底水库连续调蓄北干流及渭河的几场洪水,使得大量泥沙淤积在库区内。整个库区总体淤积,除近坝处外库底高程普遍抬升。与 2002 年汛后相比,库区平均淤积厚度为 13.4m,最大淤积厚度位于黄河 41 断面附近,厚度达 34.6m。

二、小浪底库区淤积物粒径分析

小浪底库区河床质(淤积物)取样断面为库区黄河干流的偶数编号断面,大峪河的 2、6 断面,东洋河的 2、4 断面,西阳河的 2、4 断面,沇西河的 1、4 断面,亳清河的 1、4 断面,板涧河的 2 断面,石门沟的 2 断面,畛水河的 2、4、8 断面,石井河的 2、4 断面,峪里河的 2 断面。

断面上取样数量按河面(库区)宽度而定。蓄水期库区干支流断面只在主槽部分取样,畅流期断面上有分流串沟时,根据分流串沟的宽度布置取样个数,每个断面的取样个数按表 2-17 执行。淤积物取样一般采用锚式或横管式采样器。

表 2-17 断面淤积物取样个数

宽度(m)	<500	500~1 000	>1 000
取样个数	2~3	3~5	>5

取样重量一般单个土样不少于 100g,取样确有困难时,可减少重量,但最少不能少于 10g。

每断面年河床质(淤积物)颗粒级配是根据年取样次数和断面取样个数算术平均求得。多年平均断面河床质(淤积物)颗粒级配是根据历年断面颗粒级配算术平均而来。

(一)小浪底库区淤积物粒径沿程变化

图 2-34 绘出了小浪底库区各淤积断面主槽平均颗粒级配沿程变化情况。从图 2-34 中可以看出:小浪底库区淤积物泥沙颗粒组成向上游逐渐粗化,上粗下细,$d \geq 0.025$mm、$d \geq 0.05$mm和 $d \geq 0.10$mm 淤积物粒径百分数由黄淤 54 断面的 89.9%、68.5%、42.7%沿程逐渐衰减,到黄河 2 断面时 $d \geq 0.025$mm、$d \geq 0.05$mm 和 $d \geq 0.10$mm 淤积物粒径百分数仅为 14.7%、4.8%和 0.9%。

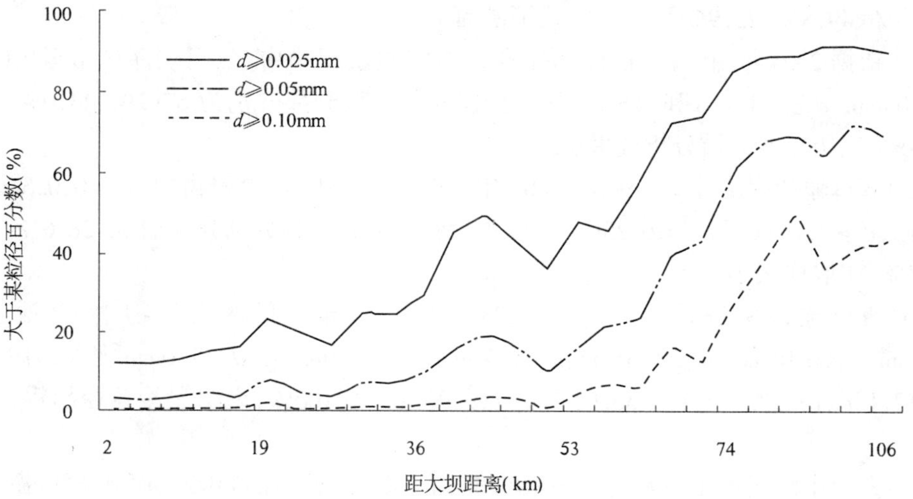

图 2-34　小浪底库区各淤积断面主槽平均颗粒级配沿程变化示意

(二)小浪底库区淤积物粒径组成

表 2-18 为小浪底库区淤积物中各断面间平均颗粒级配,库区平均值是根据分段淤积量加权计算得出的。从表中可看出,小浪底库区淤积物 $d \geq 0.025$mm、$d \geq 0.05$mm 和 $d \geq 0.10$mm 淤积物粒径百分数分别为 39.4%、19.4%和 7.8%,淤积物粒径是比较细的。

表 2-18　小浪底水库 2000～2003 年各淤积断面主槽平均颗粒级配

断面	淤积量(亿 m^3)	大于某粒径(mm)沙重百分数(%)								
		0.005	0.01	0.025	0.05	0.10	0.25	0.5	1.0	2.0
坝址—黄河 20	6.014	57.6	41.4	17	4.7	0.7	0.2	0.1	0	0
黄河 22—38	5.112	80.1	68.7	40.3	14.8	3.2	0.3	0.1	0	0
黄河 40—56	3.03	96.5	94.1	82.5	56.5	29.7	5.9	0.5	0.2	0.1
库区平均	14.16	74	62.6	39.4	19.4	7.8	1.5	0.1	0	0

第七节　小　结

(1)从历年河床质(淤积物)分析,三门峡库区主槽淤积物中,2/3(66.2%)为粒径在 0.05mm 以上的泥沙,1/3(37.6%)为粒径在 0.10mm 以上的泥沙,与下游主槽接近。$d \geq 0.025$mm、$d \geq 0.05$mm、$d \geq 0.10$mm 和 $d \geq 0.25$mm 的泥沙占主槽淤积物的百分数分别为 85.9%、66.2%、37.6%和 8.2%。用 2004 年 10 月滩地钻孔和历年滩地河床质取样平均分析,滩地淤积物中 $d \geq 0.025$mm、$d \geq 0.05$mm、$d \geq 0.10$mm 和 $d \geq 0.25$mm 的泥沙占滩地淤积物的百分数分别为 69.3%、40.3%、19.2%和 6.3%,滩地比主槽细。整个库区淤积物中,$d \geq 0.025$mm、$d \geq 0.05$mm、$d \geq 0.10$mm 和 $d \geq 0.25$mm 的泥沙占淤积物的百分数分别

为 75.4%、49.8%、25.9%和 7.0%，比下游河道淤积物稍粗。

(2)依据 2004 年 10 月库区滩地钻孔分析滩地淤积物中，三门峡库区 $d \geqslant 0.025$mm、$d \geqslant 0.05$mm、$d \geqslant 0.10$mm 和 $d \geqslant 0.25$mm 淤积物所占百分数分别为 67.9%、43.0%、22.2% 和 8.8%，比历年河床质分析成果粗。

(3)通过输沙率法计算，1960 ~ 2003 年“四站”至三门峡淤积物中，$d \geqslant 0.025$mm、$d \geqslant 0.05$mm、$d \geqslant 0.10$mm 和 $d \geqslant 0.25$mm 泥沙占淤积物的百分数分别为 61.1%、28.6%、15.9% 和 9.7%，比取样法小。

(4)通过输沙率法计算，1960 ~ 2003 年“四站”至三门峡淤积物中，全沙及 $d \geqslant 0.025$mm、$d \geqslant 0.05$mm、$d \geqslant 0.10$mm、$d \geqslant 0.25$mm、$d \geqslant 0.5$mm 和 $d \geqslant 1.0$mm 泥沙的淤积比分别为 12.1%、15.0%、15.4%、36.6%、82.7%、97.4%和 100%，说明泥沙粒径越粗，越容易落淤。

(5)由于小浪底水库主要受中游来沙和三门峡水库调节的影响，小浪底库区淤积物中 $d \geqslant 0.025$mm、$d \geqslant 0.05$mm、$d \geqslant 0.10$mm 和 $d \geqslant 0.25$mm 淤积物所占百分数分别为 39.4%、19.4%、7.8%和 1.5%，到 2003 年为止，淤积物粒径是比较细的。

第三章　黄河下游河床淤积物粒径分析

桃花峪以下至黄河河口为黄河下游段，流域面积为 2.27 万 km^2，占全流域面积的 3%，影响范围 20 万 km^2，河道长 786km 左右，约占全河段的 14%，落差约为 89m，平均比降约 11‰。

黄河下游两岸沿河大堤约束着黄河，使泥沙加速沉积，形成闻名中外的"地上悬河"，成为纵贯华北平原的"屋脊"，分割淮河与海河水系。

黄河下游河道总的形态是上宽下窄、上陡下缓。下游河道冲淤演变具有上段变化较大、下段变化较小的特点。按照河床演变的特点，可将黄河下游分为三种不同类型的河道。即：孟津至高村为游荡性河道，陶城铺以下为受控制的弯曲性河道，高村至陶城铺河道介于游荡与弯曲之间，称为过渡性河道[2]。

第一节　黄河下游河床淤积情况

黄河下游河道的冲淤变化主要取决于来水来沙条件，根据 1950 年以来黄河下游的来水来沙特点和三门峡水库的运用方式，分时段对下游冲淤特点进行分析❶。

一、天然情况下河床冲淤演变

1950～1960 年下游年均来水量 480 亿 m^3，来沙量约 18 亿 t，平均含沙量 37.4kg/m^3，为丰水多沙系列。该时期下游淤积量较大，年均淤积 3.61 亿 t，沿程分布不均，宽、窄段差异大（见表 3-1）。艾山以下年均淤积 0.45 亿 t，占全下游河段淤积量的 12.4%；艾山以上年均淤积量占全下游河段淤积量的 87.6%。主槽年平均淤积仅 0.82 亿 t，占全断面的 23%。

二、三门峡水库修建后河床冲淤演变

三门峡水库于 1960 年 9 月正式投入运用，经历了蓄水拦沙、滞洪排沙及蓄清排浑控制运用三个不同运用时期。下面按三个不同运用时期进行下游河床冲淤变化分析。

（一）蓄水拦沙运用期

1960～1964 年，来水来沙过程经过水库的调节发生了较大的变化，该时期水沙过程的变化特点为：中水流量持续时间加长，流量过程趋于均匀化，水库除通过异重流排出部分泥沙外，下泄水流基本为清水或来沙较细的低含沙水流。拦沙期间，下游河道共冲刷泥沙约 23.1 亿 t，年均冲刷量为 5.78 亿 t，冲刷主要表现为河槽的冲深与滩地的坍塌，冲刷强度沿程逐渐减弱。

---

❶　摘自中华人民共和国水利部《黄河的重大问题及对策》附件 6"黄河径流、泥沙和洪水特征及变化趋势分析"，1999 年 10 月。

表 3-1 黄河下游各时期年均冲淤量纵横向分配 (单位:亿 t/a)

时段(年·月)	项目	铁谢—花园口	花园口—夹河滩	夹河滩—高村	高村—孙口	孙口—艾山	艾山—泺口	泺口—利津	铁谢—利津
1950.7~1960.6	主槽	0.32	0.16	0.14	0.15	0.04	0.01	0	0.82
	滩地	0.30	0.41	0.66	0.78	0.20	0.19	0.25	2.79
	全断面	0.62	0.57	0.8	0.93	0.24	0.2	0.25	3.61
1960.6~1960.8	全断面	0.19	-0.32	0.6	0.11	0.60	0.1	0.25	1.53
1960.8~1964.10	全断面	-1.9	-1.47	-0.84	-1.03	-0.22	-0.19	-0.13	-5.78
1964.10~1973.10	主槽	0.47	0.74	0.51	0.35	0.23	0.22	0.42	2.94
	滩地	0.48	0.34	0.43	0.09	0.07	0.01	0.03	1.45
	全断面	0.95	1.08	0.94	0.44	0.30	0.23	0.45	4.39
1973.10~1980.10	主槽	-0.18	0.01	0.03	0.10	0.03	0.03	0	0.02
	滩地	-0.04	0.33	0.5	0.49	0.08	0.13	0.3	1.79
	全断面	-0.22	0.34	0.53	0.59	0.11	0.16	0.3	1.81
1980.10~1985.10	主槽	-0.3	-0.35	-0.29	-0.13	-0.01	-0.07	-0.12	-1.27
	滩地	-0.06	-0.1	-0.09	0.52	0.07	-0.04	0	0.30
	全断面	-0.36	-0.45	-0.38	0.39	0.06	-0.11	-0.12	-0.97
1985.10~1997.10	主槽	0.30	0.52	0.36	0.16	0.1	0.17	0.12	1.73
	滩地	0.18	0.23	0.18	0.10	0.02	0	0.01	0.72
	全断面	0.48	0.75	0.54	0.26	0.12	0.17	0.13	2.45
1950.7~1997.10 总淤积量(亿 t)	主槽	0.86	6.62	6.31	2.61	3.55	3.32	4.35	27.62
	滩地	8.90	11.73	15.68	15.84	3.78	2.70	4.99	63.62
	全断面	9.76	18.35	21.99	18.45	7.33	6.02	9.34	91.24

注:1950 年 7 月至 1998 年 10 月淤积量为 92.04 亿 t。

(二)滞洪排沙期

1964 年 10 月至 1973 年 10 月,三门峡水库滞洪排沙运用,年均来水量 426 亿 m^3、来沙量 16.3 亿 t,来水来沙与多年均值基本接近。水库运用方式改变,出库水沙过程发生明显变化,主要表现为水库在降低水位的过程中大量排沙,下游河道回淤严重。该时期下游河道淤积量大,年均淤积为 4.39 亿 t,大于建库前年均淤积量 3.61 亿 t,本时段非汛期淤积比重较大,由建库前占年淤积量的 20%增加到 26%。高村以上、艾山以下两河段淤积比例与建库前相比增加。从横向分配看,主槽淤积多,滩地淤积少,主槽年均淤积量为 2.94 亿 t,为建库前主槽年均淤积量 0.82 亿 t 的 3 倍多,局部河段形成“二级悬河”。

(三)蓄清排浑控制运用期

根据三门峡水库蓄水拦沙和滞洪排沙两个不同运用期的经验教训,考虑到黄河自身的水沙特点，自 1973 年 10 月水库开始采用蓄清排浑控制运用。

依据黄河的来水来沙特点，1973 年 10 月至 1997 年 10 月下游河道的冲淤演变又可分为三个子时段。

1.1973 年 10 月至 1980 年 10 月

该时段黄河下游年均来水量 395 亿 m^3，来沙量 12.4 亿 t，年平均含沙量 31.3kg/m^3。天然情况下，非汛期下游河道发生淤积，而蓄清排浑运用后，则转为冲刷，平均每年冲刷 1 亿 t 左右，冲刷范围主要在夹河滩或高村以上。该阶段下游年均淤积 1.81 亿 t，淤积量相对较少。在沿程分布上，花园口以上河段发生冲刷，淤积集中在夹河滩至孙口段，占全下游淤积量的 62%。从淤积横向分布看，花园口以上主槽发生冲刷，以下河段沿程微淤，滩地淤积集中在夹河滩至孙口河段。

2.1980 年 10 月至 1985 年 10 月

该时段下游年均来水量 482 亿 m^3，来沙量 9.7 亿 t，年均含沙量 20.1kg/m^3。来沙量比枯水少沙的 20 年代还小，除 1961～1964 年三门峡水库拦沙期外，是有资料以来含沙量较低的时期，此期间多沙粗沙来源区河口镇至龙门区间由于暴雨强度较弱，年平均来水量仅 36 亿 m^3，比多年均值减少了 46%，来沙量为 3.36 亿 t，为多年均值的 39%。

由于水丰、沙少，下游河道连续五年发生冲刷，累计冲刷泥沙 4.85 亿 t，年均冲刷约 1 亿 t。高村以上冲刷量占下游冲刷量的 75%。

3.1985 年 10 月至 1997 年 10 月

1985 年以后，因受龙羊峡、刘家峡两大水库的调节，水资源的开发利用，上中游地区的综合治理及降雨等因素的影响，进入黄河下游的水沙条件发生了很大变化。汛期来水比重减小，非汛期比重增加，洪峰流量大幅度减小，枯水历时增长，淤积比较严重，特别是主槽淤积量占总淤积量的 70.6%，使得主槽萎缩，嫩滩滩唇明显淤高，滩地横比降加大。

三、下游河道冲淤与三门峡库区泥沙拦排关系的讨论

根据断面法淤积资料分析，下游河道的冲淤与三门峡库区泥沙拦排关系见表 3-2 和图 3-1。

表 3-2　三门峡库区及下游河道各时段淤积量变化统计　（单位：亿 t/a）

分段		1950.7～1960.6	1960.7～1964.10	1964.10～1973.10	1973.10～1980.10	1980.10～1985.10	1985.10～1997.10	1960.10～1997.10	1950.7～1997.10
三门峡库区		0.10	15.26	1.78	0.31	−0.33	1.54	2.61	2.07
下游河道	河南	1.99	−3.74	2.97	0.65	−1.19	1.77	0.81	1.07
	山东	1.62	−0.51	1.42	1.16	0.22	0.68	0.64	0.87
	合计	3.61	−4.25	4.39	1.81	−0.97	2.45	1.45	1.94

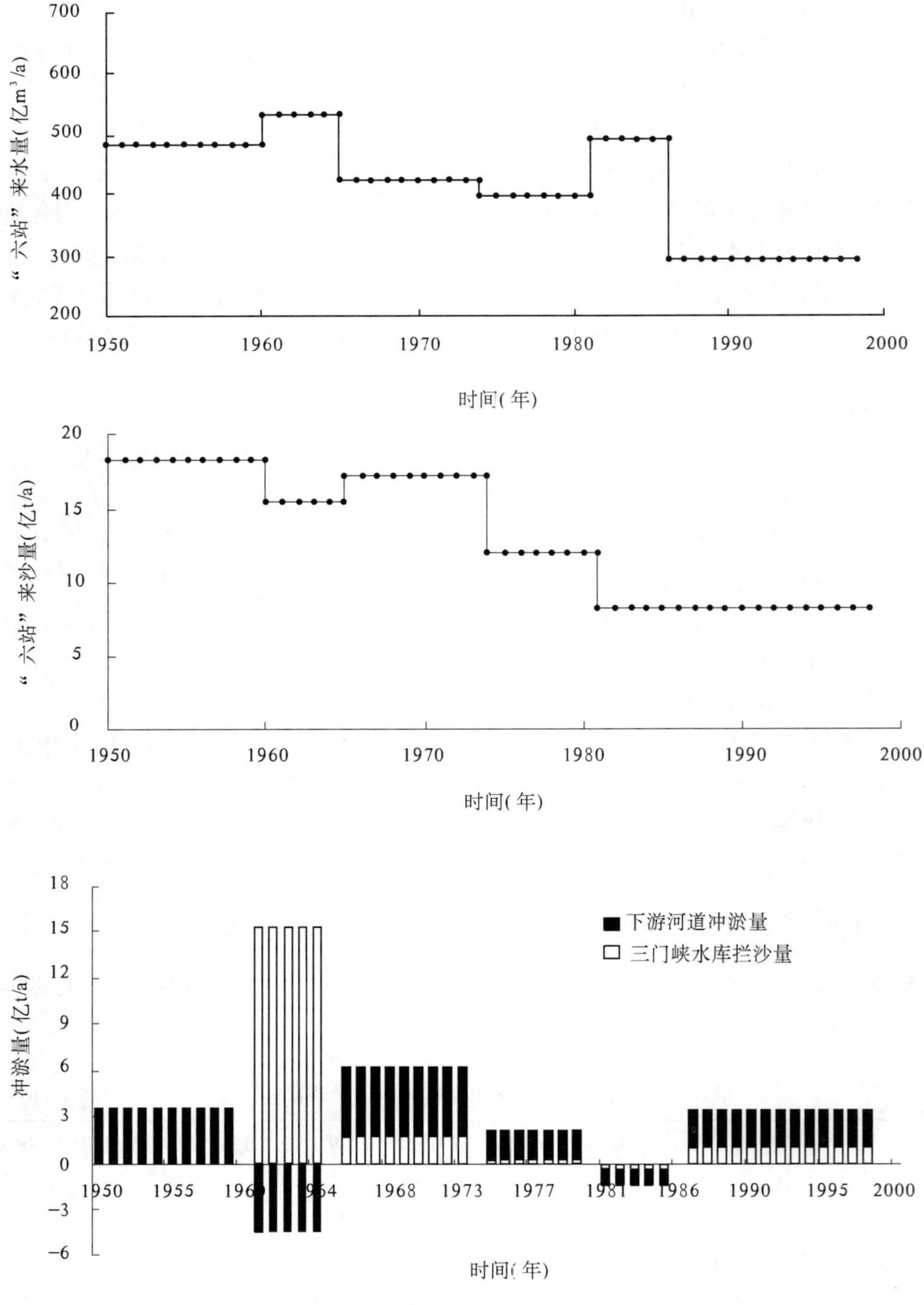

图 3-1　三门峡库区及下游河道来水、来沙及冲淤对应关系示意

注:"六站"代表龙门、河津、华县、洑头、黑石关、武陟水文站

从表 3-2 和图 3-1 可以看出,20 世纪 50 年代为没有三门峡水库拦蓄作用的天然状态,下游河道年均淤积 3.61 亿 t;1961 ~ 1964 年,三门峡水库蓄水拦沙运用,年均拦沙 15.26 亿 t,而下游发生冲刷,年均达 4.25 亿 t;1965 ~ 1973 年,三门峡水库处于改建期的滞

洪排沙运用，三门峡水库拦沙大大减少，年均拦沙为 1.78 亿 t，而下游又大量淤积，年均淤积达 4.39 亿 t；1974 ~ 1980 年，三门峡水库改建完成，改滞洪排沙为蓄清排浑运用，来水来沙偏中，库区淤积量很少，只有 0.31 亿 t/a，而下游淤积较轻，为 1.81 亿 t/a；20 世纪 80 年代前期，因来水偏多，来沙偏少，1981 ~ 1984 年库区和下游河道均发生冲刷，分别为 - 0.33 亿 t/a和 - 0.97 亿 t/a；1986 年以后，虽然来沙很少，库区淤积量不大，而下游河道因洪水和径流大减，淤积仍很严重。

通过图 3-1 的分析看出，下游河道冲淤变化主要受河道水流挟沙能力的影响，当三门峡水库下泄清水时，河道泥沙沿程恢复，下游冲刷；反之，则下游淤积。

第二节　黄河下游河床质钻孔取样断面布置及计算方法

一、断面布置

为跟踪小浪底水库运行方式研究，自 1998 年开始，在黄河下游铁谢至清 7 约 800km 的河段上布设了 37 个河床质淤积物取样断面（见表 3-3）。

表 3-3　黄河下游河床淤积物取样断面一览

序号	断面名称	断面左岸位置	断面右岸位置	序号	断面名称	断面左岸位置	断面右岸位置
1	铁谢断面	洛阳吉利农场	孟津铁谢险工	20	十里堡断面	台前后店子险工	东平十里堡险工
2	花园镇断面	孟县阎湾村	孟县花园镇工程	21	陶城铺断面	阳谷县陶城铺	东平铁山头村
3	马峪沟断面	孟县化工工程	巩义解放岭	22	位山断面	东阿位山险工	东平解山村
4	伊洛河口断面	温县河务局	巩义沙鱼沟	23	王坡断面	东阿县王坡村	东平斑鸠店
5	官庄峪断面	武陟老蟒河	荥阳市官庄峪	24	艾山断面	艾山水文站	外山提灌站
6	秦厂断面	武陟秦厂大坝	邙山头鸿沟	25	朱圈断面	东阿朱圈险工	平阴望口山工程
7	花园口断面	原阳马庄工程	郑州市花园口	26	水牛赵断面	豆腐窝险工	长清县韩庄村
8	辛寨断面	原阳张庵村	中牟县九堡险工	27	泺口断面	济南市月牙坝村	泺口水文站
9	韦城断面	原阳县韦城村	中牟县狼城岗	28	刘家园断面	济阳县城	章丘市河务局
10	柳园口断面	封丘大宫工程	开封市柳园口	29	杨房断面	惠民县杨家庙	孟口工程
11	夹河滩断面	封丘贯台工程	开封市中王庄东	30	道旭断面	滨州市小郭家村	滨州市道旭险工
12	禅房断面	封丘禅房工程	兰考县樊寨	31	利津断面	利津水文站	垦利新建村
13	王高寨断面	长恒小吕寨	东明县王高寨	32	东张断面	利津新合北村	东营宁海
14	杨小寨断面	长恒县苗寨	东明县吴庄险工	33	一号坝断面	垦利李家呈子村	垦利河务局
15	高村断面	濮阳翟庄村	高村水文站	34	清 1 断面	西河口水库	护林河务局
15	苏泗庄断面	濮阳小屯村	鄄城苏泗庄闸	35	清 3 断面	孤岛三十公里险工	河口区二十二公里险工
17	彭楼断面	范县彭楼	鄄城葛庄乡	36	清 4 断面	无地名	采油四大队 25 队
18	杨集断面	范县芦庄工程	郓城杨集险工	37	清 7 断面	孤东北汊河西	孤东北汊河西
19	孙口断面	台前县孙口	孙口水文站				

具体情况是:深层河床质测验断面共37个,其中河南段14个,山东段23个。每个断面均布置5个钻孔(见图3-2),并保证河槽内不少于5条取样垂线。钻孔深度,河南段除1999年汛前为11m、1999年汛后为3m外,其余各年均为5m;山东段除1998年汛前为5m、1999年汛前为10m、1999年汛后为3m外,其余各年均为4m。每孔纵向取样间距1m,另外加取滩地表层样(见表3-4)。1998年汛前取样,为了摸清滩地本底淤积情况,在大滩上加密了表层取样点,最多处达6个表层取样点,以后河南段每岸取2组滩地表层样,山东段每岸取1组表层样。根据1999年、2001年和2003年汛前取样位置资料(见表3-5)看出,滩地取样点位置不固定。

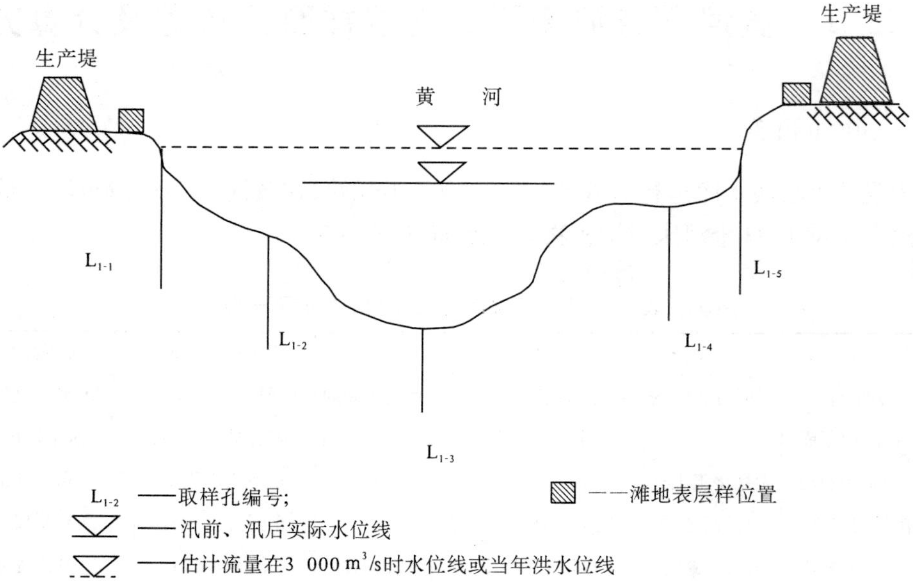

图3-2 钻孔布置示意

二、计算方法

将测验断面划分为主河槽和滩地两部分,每个钻孔用算术平均值计算垂线平均级配,断面间按照河流泥沙颗粒分析规程要求[19](SL42—92)用孔间宽度和滩地宽度分别加权平均(见式(3-1)、式(3-2))计算出滩地或主河槽颗粒级配成果平均值。

主河槽计算公式为:

$$P_j = \frac{(2b_0 + b_1)P_{1j} + (b_1 + b_2)P_{2j} + \cdots + (b_{n-1} + 2b_n)P_{nj}}{(2b_0 + b_1) + (b_1 + b_2) + \cdots + (b_{n-1} + 2b_n)} \tag{3-1}$$

式中:P_j为断面平均小于某粒径沙重百分数,%;b_1、b_2、…、b_{n-1}分别为各取样垂线间的距离,m;P_{1j}、P_{2j}、…、P_{nj}分别为各取样垂线的小于某粒径沙重百分数,%;b_0、b_n分别为尽头垂线至水边的间距,m。

滩地部分计算公式为:

表 3-4　黄河下游河床质钻孔取样施工统计

时间	钻孔取样情况						滩地表层取样情况	
	河南段			山东段				
	钻孔深度(m)	主槽钻孔数	滩地钻孔数	钻孔深度(m)	主槽钻孔数	滩地钻孔数	河南滩地取样数	山东滩地取样数
1998 年汛前	5	5		5	5		5～6	2
1998 年汛后	5	5		4	5		2	2
1999 年汛前	11	3	2	10	3	2	4	4
1999 年汛后	3	3	2	3	3	2	4	4
2000 年汛前	5	3～4	1～2	4	3～4	1～2		
2000 年汛后	5			4			2	1
2001 年汛前	5	5		4	5		4	2
2001 年汛后	5	5		4	5		4	2
2002 年汛前	5	5		4	5		2	1
2002 年汛后	5	5		4	5		2	1
2003 年汛前	5	5		4	5		2	1
2003 年汛后	5	5		4	5		2	1
2004 年汛前	5	5		4	5		2	1

$$P_j = \frac{P_{左j}b_{左} + P_{右j}b_{右}}{b_{左} + b_{右}} \tag{3-2}$$

式中：P_j 为断面平均小于某粒径沙重百分数，%；$P_{左j}$、$P_{右j}$分别为左、右滩地平均小于某粒径沙重百分数，%，与主河槽计算方法相同；$b_{左}$、$b_{右}$ 分别为左、右滩地部分宽度，m。

根据以上资料，分析 $d \geqslant 0.025$mm、$d \geqslant 0.05$mm、$d \geqslant 0.1$mm 和 $d \geqslant 0.25$mm 粒径级泥沙百分比沿深度和顺河道变化趋势，确定对黄河下游河道淤积危害的泥沙组成。

由于时间紧，本次仅分析了 1998 年汛前（为跟踪小浪底水库运行方式的第一次钻孔）、1999 年汛前（钻孔最深一次，河南为 11m，山东为 10m）、2002 年汛前（首次调水调沙试验前）、2003 年汛前（首次调水调沙后）、2004 年汛前（第二次调水调沙和 2003 年秋汛后）和 2004 年汛后（第三次调水调沙后）黄河下游河床淤积物粒径组成。

表 3-5　1999 年、2001 年和 2003 年汛前滩地取样点位置

站名	时间	滩地各采样点起点距(m)				站名	时间	滩地各采样点起点距(m)				站名	时间	滩地各采样点起点距(m)			
		1	2	3	4			1	2	3	4			1	2	3	4
	1999 年汛前	0	200	1 670	1 970		1999 年汛前	4 405	4 905	5 405	5 905		1999 年汛前	60			
铁谢	2001 年汛前	0	200	1 470	1 670	王高寨	2001 年汛前	7 175	7 325			陶城铺	2001 年汛前	600			
	2003 年汛前						2003 年汛前	7 370	7 410				2003 年汛前	400			
	1999 年汛前	4 380	4 940	5 450	7 075		1999 年汛前	5 230	5 750	7 720	8 220		1999 年汛前	995	1 245	1 445	1 645
花园镇	2001 年汛前	6 200	6 320			杨小寨	2001 年汛前	6 200	6 300	7 000	7 100	位山	2001 年汛前	520			
	2003 年汛前	6 220	6 320				2003 年汛前	6 110	6 210	6 310	6 960		2003 年汛前				
	1999 年汛前	4 590	5 010	5 400	5 870		1999 年汛前	1 680	2 030	2 460	2 800		1999 年汛前	560	1 370	1 670	2 470
马峪沟	2001 年汛前	3 860	4 000			高村	2001 年汛前	880				王坡	2001 年汛前	70			
	2003 年汛前	3 240	3 290				2003 年汛前	780					2003 年汛前	101	410		
伊洛	1999 年汛前	3 415	4 520	5 260	8 700		1999 年汛前	5 762	6 172	6 452	6 722		1999 年汛前				
河口	2001 年汛前	6 500	6 650	8 210	8 460	苏泗庄	2 001 年汛前	7 500				艾山	2001 年汛前				
	2003 年汛前	6 600	8 400				2003 年汛前	7 770					2003 年汛前	187			
	1999 年汛前	1 630	2 310	3 210	3 920		1999 年汛前	625	1 030	3 080	3 480		1999 年汛前	38	522	572	1 026
官庄峪	2001 年汛前	5 620	5 720			彭楼	2001 年汛前	1 590	2 450			朱圈	2001 年汛前	200	580		
	2003 年汛前	6 011	6 088				2003 年汛前	1 600	6 157				2003 年汛前				
	1999 年汛前	1 400	2 000	3 000	3 400		1999 年汛前	3 350	3 620	3 890	5 790		1999 年汛前	672	1 172	1 502	2 302
秦厂	2001 年汛前	4 150	4 300			杨集	2001 年汛前	5 373	5 773			水牛赵	2001 年汛前	360			
	2003 年汛前	4 260	4 360				2003 年汛前	5 378	5 803				2003 年汛前				
	1999 年汛前	235	575	3 370	3 670		1999 年汛前	770	1 070	2 700	3 080		1999 年汛前	340	1 397	1 905	2 005
花园口	2001 年汛前	920	1 070			孙口	2001 年汛前	1 480	2 115			刘家园	2001 年汛前	1 280	1 830		
	2003 年汛前	1 110	2 030				2003 年汛前						2003 年汛前				
	1999 年汛前	700	1 100	3 980	4 480		1999 年汛前						1999 年汛前	55	575	1 515	1 715
辛寨	2001 年汛前	1 300	1 450	2 830	2 930	十里堡	2001 年汛前					杨房	2001 年汛前	700			
	2003 年汛前	2 340	2 460				2003 年汛前	1 145					2003 年汛前				
	1999 年汛前	2 450	2 980	5 600	6 110		1999 年汛前	1 380	1 680	3 550	3 750		1999 年汛前	2 498	3 208	4 458	4 708
韦城	2001 年汛前	3 200	3 300	5 100	5 280	夹河滩	2001 年汛前	2 100	2 250	3 150	3 300	道旭	2001 年汛前	4 750			
	2003 年汛前	4 000	4 100	5 400	5 500		2003 年汛前	3 316	3 580				2003 年汛前	4 822	5 140		
	1999 年汛前	1 560	4 000	4 350	4 650		1999 年汛前	4 280	4 680	5 180	5 680		1999 年汛前				
柳园口	2001 年汛前	2 430	2 560	3 480	3 600	禅房	2001 年汛前	2 865	3 130			利津	2001 年汛前	440			
	2003 年汛前	2 510	2 900				2003 年汛前	2 770	2 870				2003 年汛前				

第三节　黄河下游滩槽淤积物粒径对比分析

图 3-3～图 3-8 是黄河下游几次河床质取样滩槽淤积物级配对比，分别反映了不同测次主槽和滩地不同粒径百分含量沿河道变化，从图中看出：

(1)由于主槽流速比滩地大，主槽中细泥沙易被水流带走，表现出各级粒径百分含量基本上是主槽高于滩地。

(2)由于粒径越粗越容易落淤(或越粗越难挟带)，随着粒径的变粗，其百分含量沿河道迅速递减。

(3)0.25mm 以上粒径的粗泥沙大多数年份在 230km 以后就很少了。

一、1998 年汛前滩槽淤积物粒径对比分析

20 世纪 90 年代黄河下游断流严重，从 1972 年到 1999 年黄河有 22 年断流，特别是 1997 年断流最为严重，山东利津站全年断流 13 次，累计 226 天，330 天无黄河水入海，断流河段曾延伸到距河口 700km 的河南开封附近。

由于断流的影响，1998 年汛前滩槽淤积物是最细的，根据 1998 年滩槽淤积物级配和各河段滩槽淤积量加权分析(见表 3-6)，在淤积物中，铁谢至利津河段 $d \geqslant 0.05$mm 和 $d \geqslant 0.1$mm 的比例，主槽为 41.6% 和 15.5%，滩地为 21.9% 和 5.7%，在所计算的几次中是最细的一年。

二、1999 年汛前滩槽淤积物粒径对比分析

表 3-7 是 1999 年汛前铁谢至利津淤积物粒径组成分析，图 3-9 是 1998 年和 1999 年汛前黄河主槽淤积物不同粒径百分含量对比。1999 年汛前与 1998 汛前相比，虽然 1998 年利津站仍有 142 天的断流，断流河长达 449km，但 1998 年的断流与 1997 相比，断流天数比 1997 年少 84 天，断流河长少 251km，1997 年利津水量为 18.6 亿 m^3，而 1998 年为 106 亿 m^3，1998 年的断流情势远不如 1997 年严重，再加上 1999 年钻孔深度比 1998 年深，故 1999 年汛前下游河床质比 1998 年汛前粗，铁谢至利津河段主槽中 $d \geqslant 0.05$mm 和 $d \geqslant 0.10$mm 的泥沙比重由 1998 年汛前的 41.6% 和 15.5% 上升到 1999 年汛前的 62.8% 和 33.3%，全断面 $d \geqslant 0.05$mm 和 $d \geqslant 0.10$mm 的泥沙比重由 1998 年汛前的 27.8% 和 8.7% 上升到 1999 年汛前的 41.2% 和 16.1%。当然，由于两次主槽取样深度的不同和滩地取样个数和位置的变化，这种比较只能说定性上是合理的。

为了与 1998 年汛前比较，将 1999 年汛前主槽钻孔河南段取 5m，山东段取 4m，按各河段淤积量加权计算下游淤积物粒径组成(见表 3-8)。由表 3-8 看出，下游河道淤积物比 1998 年粗，但比深层钻孔稍细。

三、2002 年汛前滩槽淤积物粒径对比分析

1999 年 10 月 15 日，小浪底水库下闸蓄水，拦沙下泄部分清水，下游河道主槽进一步粗化，由表3-9看出，2002年汛前铁谢至利津主槽淤积物中，$d \geqslant 0.05$mm和$d \geqslant 0.10$mm的

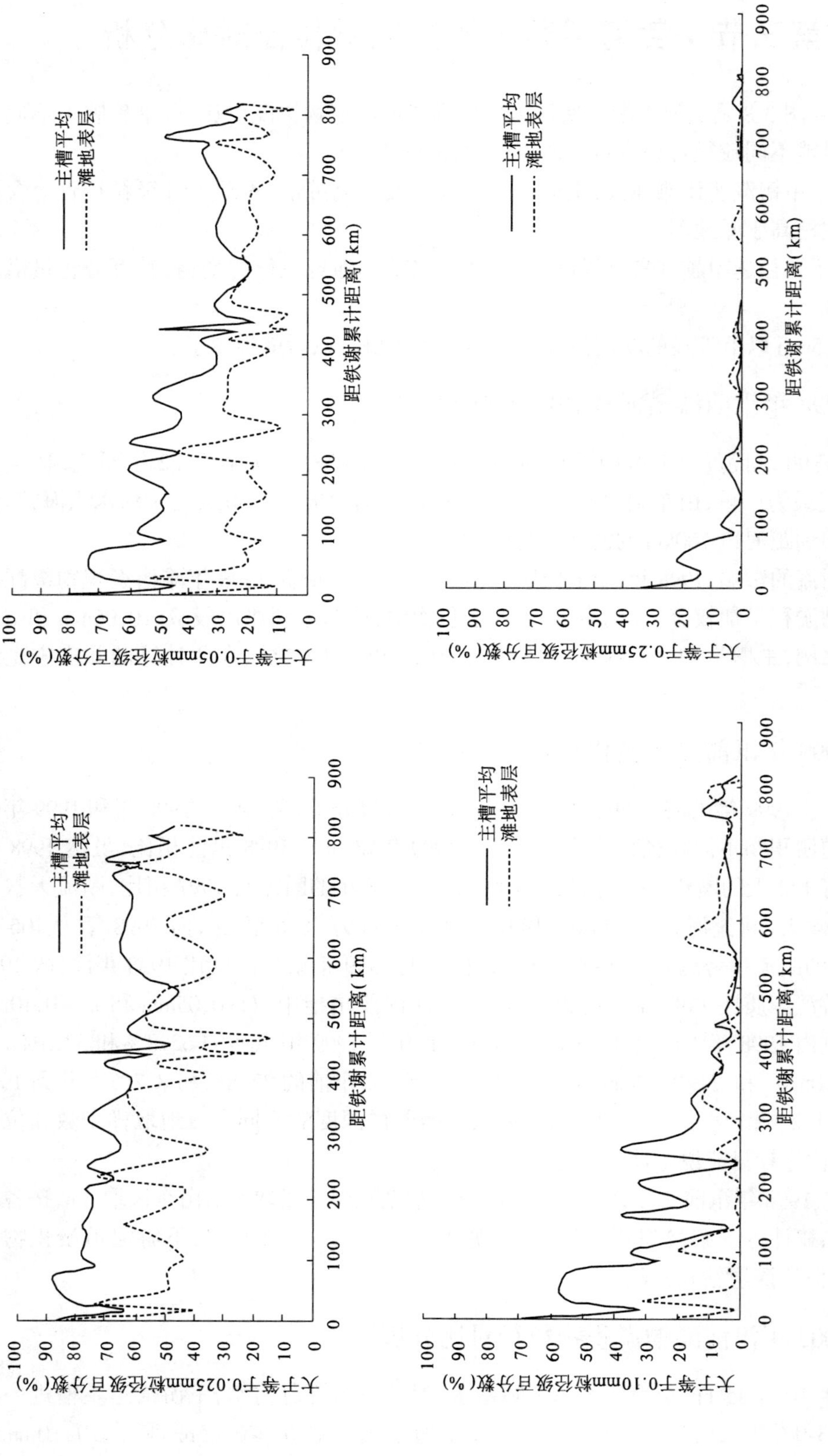

图 3-3 1998 年汛前黄河下游主槽与滩地不同粒径百分数沿河道变化

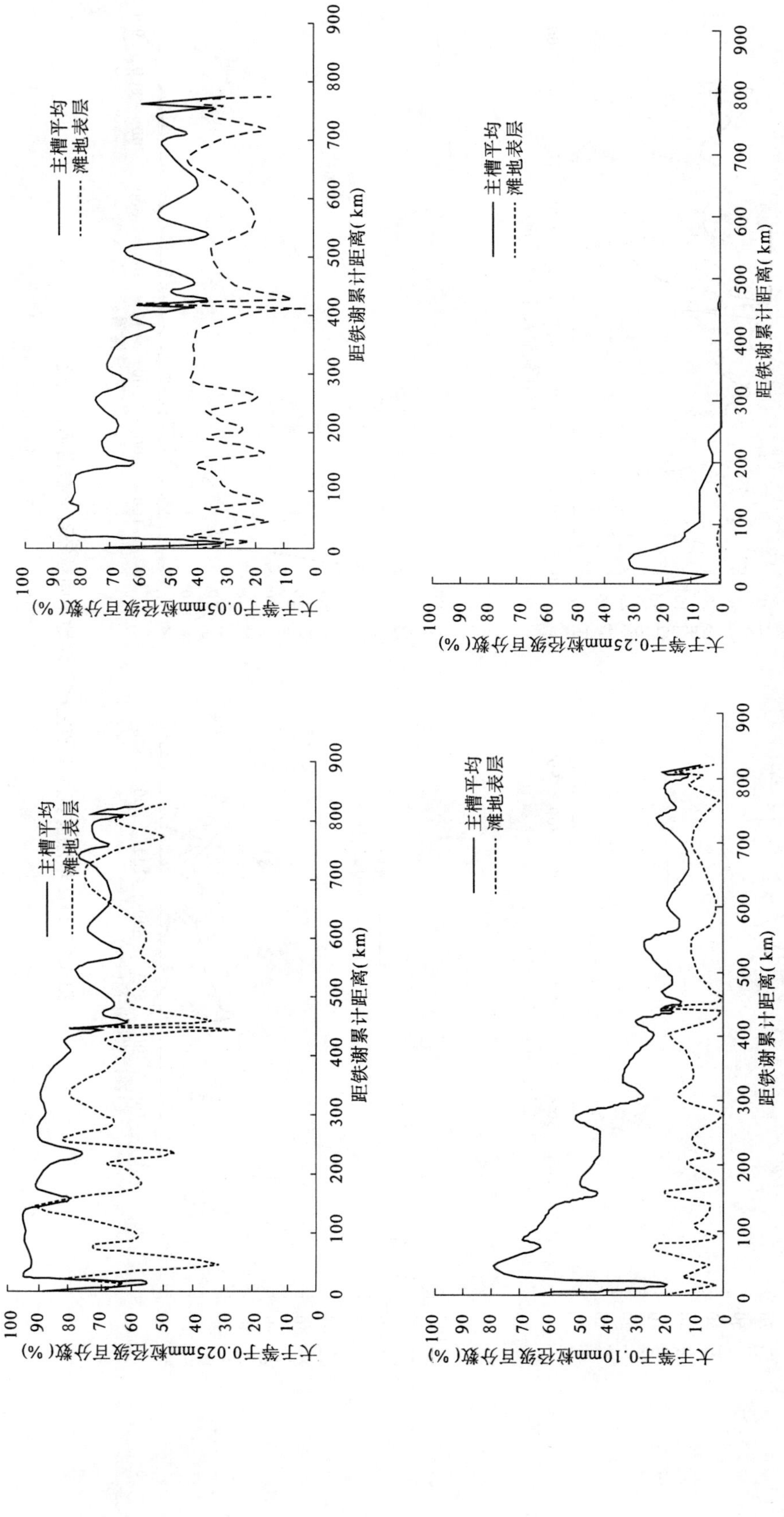

图 3-4　1999 年汛前黄河下游主槽与滩地不同粒径百分数沿河道变化

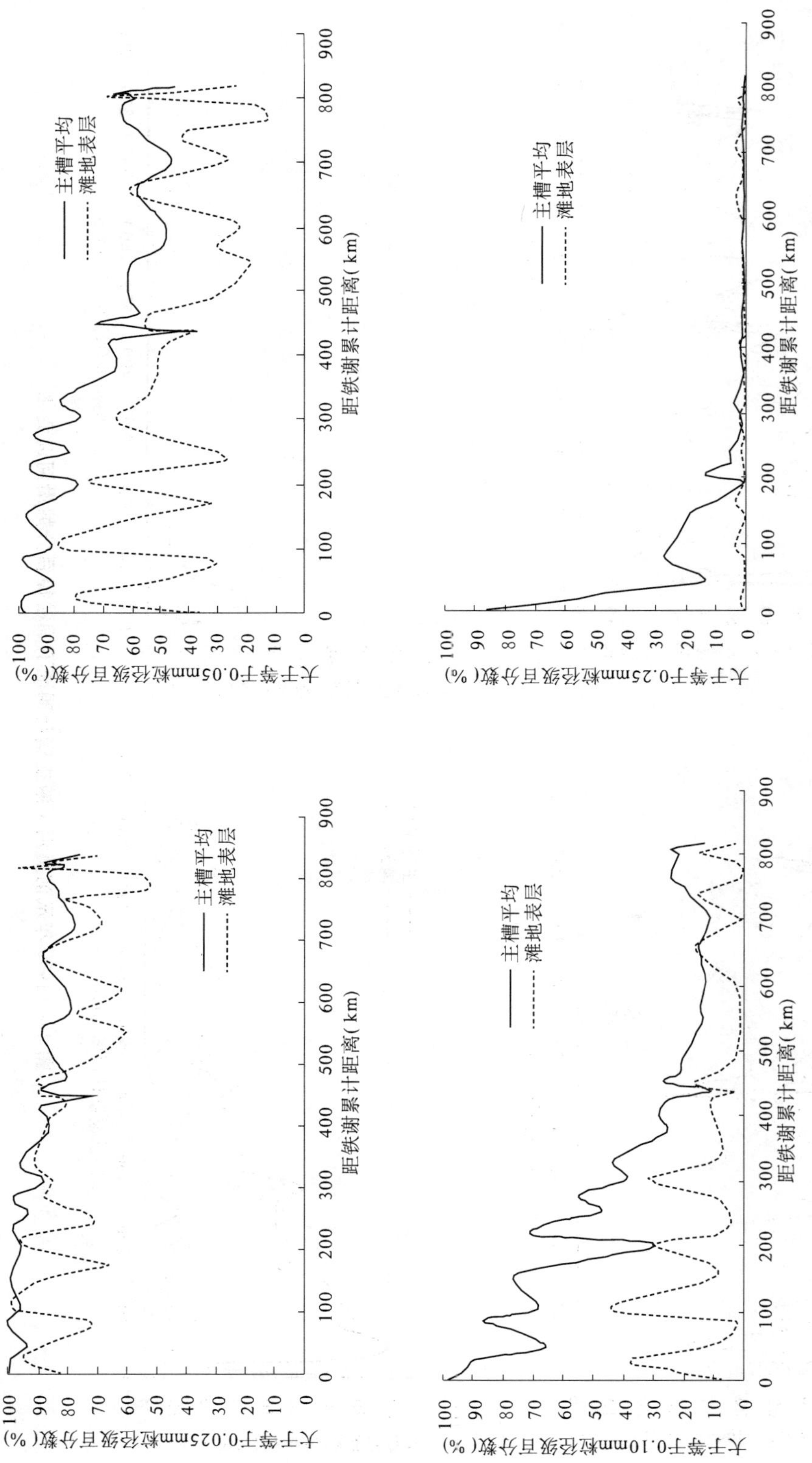

图 3-5　2002 年汛前黄河下游主槽与滩地不同粒径百分数沿河道变化

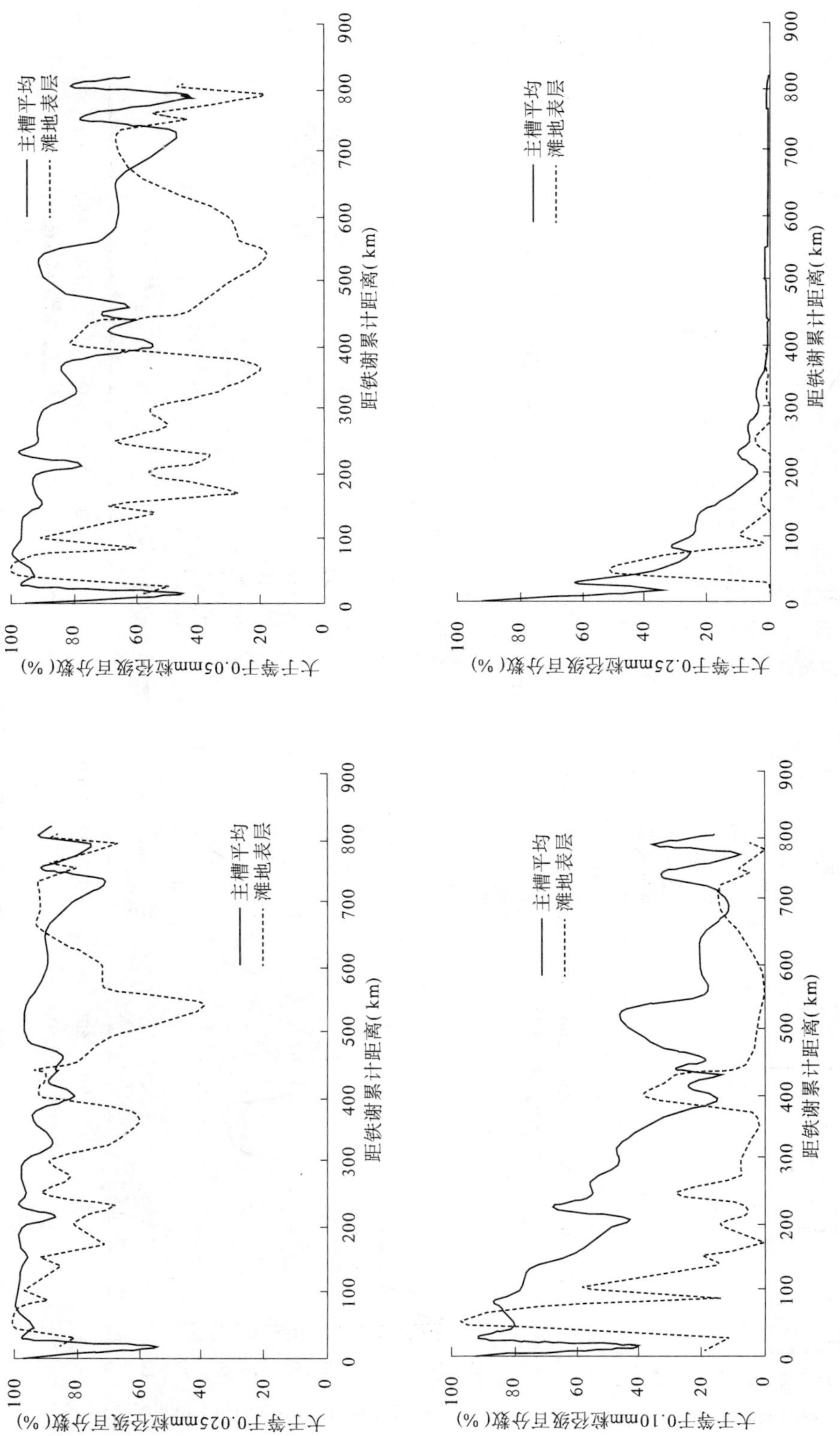

图 3-6　2003 年汛前黄河下游主槽与滩地不同粒径百分数沿河道变化

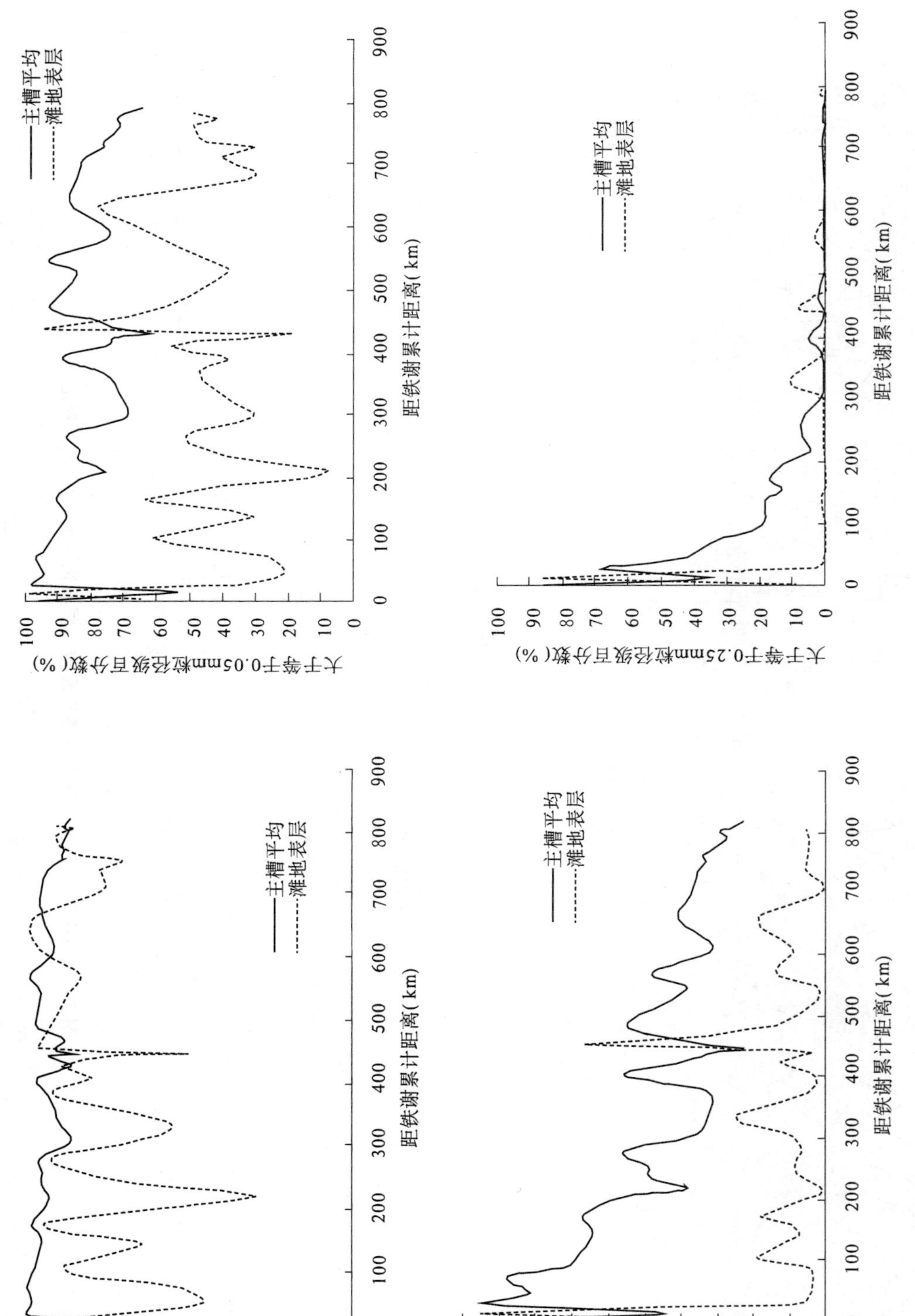

图 3-7 2004 年汛前黄河下游主槽与滩地不同粒径百分数沿河道变化

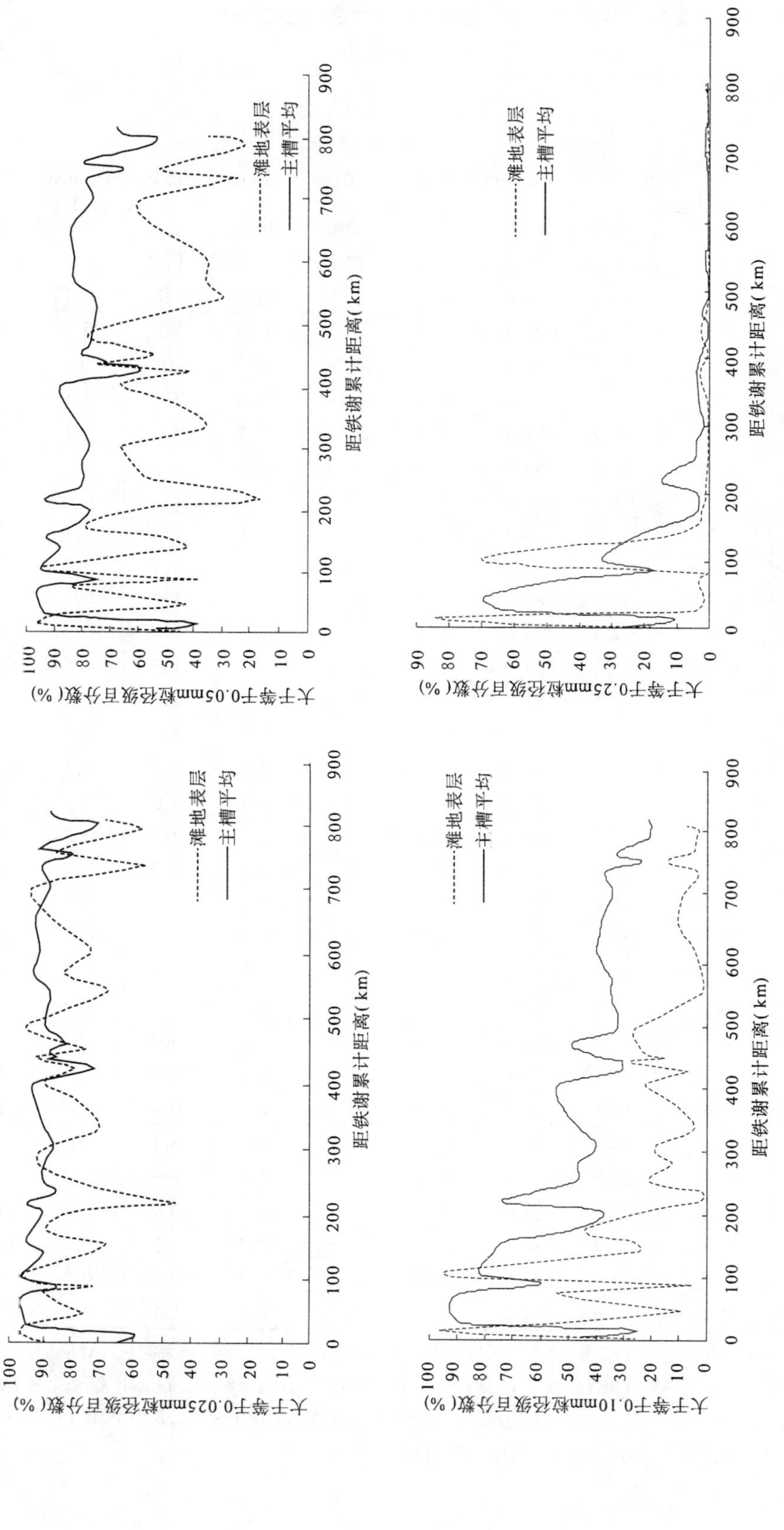

图 3-8　2004 年汛后黄河下游主槽与滩地不同粒径百分数沿河道变化

表 3-6　1998 年汛前黄河下游淤积物粒径组成分析

（主槽取样深度：河南 5m，山东 4m）

河段	地点分类	1950.7～1997.10 总淤积量（亿 t）	大于等于某粒径级的百分数（%）							
			0.005mm	0.010mm	0.025mm	0.05mm	0.10mm	0.25mm	0.5mm	1.0mm
铁谢	主槽	0.86	96.2	91.6	79.3	62.9	46.8	15.9	3.8	2.4
—	滩地	8.9	94.1	86.3	54.4	27.8	11.7	0.4	0.1	0
花园口	全断面	9.76	94.3	86.8	56.6	30.9	14.8	1.8	0.4	0.2
桃花峪	主槽	1.88	95.6	92.3	76.1	52.8	30.6	4.9	0.2	0
—	滩地	0.77	89.3	80.3	45.6	21.8	10.7	0	0	0
花园口	全断面	2.65	93.8	88.8	67.2	43.9	24.8	3.5	0.1	0
花园口	主槽	6.62	94.9	91.3	76.5	52.4	25.2	3.4	0.1	0
—	滩地	11.73	92.4	84.8	51.9	20.3	4.6	0.0	0	0
夹河滩	全断面	18.35	93.3	87.2	60.8	31.9	12.0	1.2	0.0	0
夹河滩	主槽	6.31	94.1	89.7	72.2	53.2	22.6	2.3	0.1	0
—	滩地	15.68	93.3	85.8	50.3	24.5	2.7	0.4	0.0	0
高村	全断面	21.99	93.6	86.9	56.6	32.7	8.4	1.0	0.1	0
高村	主槽	2.61	94.5	88.6	66.7	40.4	12.5	1.0	0.2	0
—	滩地	15.84	91.7	84.0	49.4	20.7	5.9	1.5	0.5	0
孙口	全断面	18.45	92.1	84.7	51.8	23.4	6.8	1.4	0.5	0
孙口	主槽	3.55	93.1	87.1	62.5	32.0	5.5	0.4	0.1	0
—	滩地	3.78	79.1	68.0	32.2	13.0	2.4	0.8	0.1	0
艾山	全断面	7.33	85.9	77.3	46.9	22.2	3.9	0.6	0.1	0
铁谢	主槽	19.95	94.4	89.7	71.5	47.9	20.1	2.7	0.3	0.1
—	滩地	55.93	91.8	84.0	49.8	22.3	5.4	0.7	0.2	0.0
艾山	全断面	75.88	92.5	85.5	55.5	29.0	9.3	1.2	0.2	0.0
桃花峪	主槽	20.97	94.4	89.8	71.6	47.7	20.0	2.4	0.1	0
—	滩地	47.80	91.4	83.5	48.9	21.3	4.3	0.7	0.2	0
艾山	全断面	68.77	92.3	85.4	55.8	29.3	9.1	1.2	0.2	
艾山	主槽	3.32	91.5	85.4	55.6	18.6	3.0	0.0	0	0
—	滩地	2.7	79.5	70.4	39.2	19.0	5.9	0.9	0	0
泺口	全断面	6.02	86.1	78.6	48.3	18.8	4.3	0.4	0	0
泺口	主槽	4.35	92.4	86.6	62.8	30.5	3.9	0.1	0	0
—	滩地	4.99	83.8	72.3	39.9	18.5	8.4	1.3	0.3	0
利津	全断面	9.34	87.8	79.0	50.6	24.1	6.3	0.7	0.1	0
铁谢	主槽	27.62	93.7	88.7	68.2	41.6	15.5	2.0	0.2	0.1
—	滩地	63.62	90.7	82.5	48.6	21.9	5.7	0.7	0.2	0.0
利津	全断面	91.24	91.6	84.4	54.5	27.8	8.7	1.1	0.2	0.0

注：①各河段滩槽淤积量资料来源：1997 年 10 月前引自中华人民共和国水利部《黄河的重大问题及对策》附件 6“黄河径流、泥沙和洪水特性及变化趋势分析”（1999 年 10 月）；1997 年 10 月后引自《黄河泥沙公报》，下表同；②桃花峪—花园口淤积量资料引自龙毓骞等完成的《黄河下游断面法冲淤量分析与评价》（2004 年 4 月），其中 1960 年前只有断面总淤积量，借用①中铁谢—花园口 1950～1960 年滩槽淤积比分配。

表 3-7　1999 年汛前铁谢至利津淤积物粒径组成分析(Ⅰ)
(主槽取样深度:河南 11m,山东 10m)

河段	地点分类	1950.7~1998.10 总淤积量(亿 t)	大于等于某粒径级的百分数(%)							
			0.005mm	0.010mm	0.025mm	0.05mm	0.10mm	0.25mm	0.5mm	1.0mm
铁谢	主槽	0.86	97.3	95.1	87.8	75.9	58.2	18.1	2.4	0.8
—	滩地	8.87	93.9	88.0	62.0	29.4	10.2	0.5	0.1	0.0
花园口	全断面	9.73	94.2	88.6	64.3	33.5	14.5	2.1	0.3	0.1
桃花峪	主槽	1.81	99.1	98.3	94.4	83.8	62.4	10.7	0.1	0
—	滩地	0.76	97.0	90.6	58.9	22.8	5.2	0.0	0	0
花园口	全断面	2.57	98.5	96.0	83.9	65.8	45.5	7.5	0.1	0
花园口	主槽	6.84	97.8	95.9	89.5	74.3	48.3	7.0	0.2	0
—	滩地	11.73	97.8	93.7	69.7	31.7	8.8	0.4	0	0
夹河滩	全断面	18.57	97.8	94.5	77.0	47.4	23.3	2.8	0.1	0
夹河滩	主槽	6.71	96.4	93.5	85.8	71.6	41.5	2.6	0.0	0
—	滩地	15.57	94.5	89.1	64.6	29.9	6.2	0.0	0	0
高村	全断面	22.28	95.1	90.4	71.0	42.5	16.9	0.8	0	0
高村	主槽	2.83	97.5	95.4	86.6	66.8	30.9	0.2	0	0
—	滩地	15.89	95.6	91.0	69.2	36.6	10.6	0.0	0	0
孙口	全断面	18.72	95.9	91.7	71.9	41.2	13.7	0.1	0	0
孙口	主槽	3.58	93.9	88.8	73.3	50.9	19.7	0.1	0	0
—	滩地	3.78	89.0	80.0	53.0	25.7	6.9	0.0	0	0
艾山	全断面	7.36	91.4	84.3	62.8	37.9	13.1	0.0	0	0
铁谢	主槽	20.82	96.6	93.8	85.0	68.5	39.3	3.9	0.2	0
—	滩地	55.85	95.0	89.8	65.8	31.8	8.7	0.2	0.0	0
艾山	全断面	76.67	95.5	90.9	71.0	41.8	17.0	1.2	0.1	0
桃花峪	主槽	21.8	96.8	94.1	85.7	69.4	40.4	3.9	0.1	0
—	滩地	47.7	95.3	90.1	66.4	32.1	8.3	0.1	0	0
艾山	全断面	69.5	95.8	91.4	72.4	43.8	18.4	1.3	0.0	0
艾山	主槽	3.26	93.0	86.6	68.8	48.4	18.8	0.0	0	0
—	滩地	2.70	88.8	79.6	54.6	27.4	6.3	0.1	0	0
泺口	全断面	5.96	91.1	83.4	62.3	38.9	13.1	0.1	0	0
泺口	主槽	4.33	93.1	87.1	69.8	46.2	15.5	0.3	0.0	0
—	滩地	5.05	93.7	87.3	64.5	30.3	5.9	0.0	0	0
利津	全断面	9.38	93.4	87.2	67.0	37.6	10.3	0.1	0	0
铁谢	主槽	28.41	95.7	92.0	80.9	62.8	33.3	3	0.1	0
—	滩地	63.60	94.7	89.2	65.2	31.5	8.4	0.2	0.0	0
利津	全断面	92.01	95.0	90.0	70.0	41.2	16.1	1	0.1	0

表 3-8 1999 年汛前铁谢至利津淤积物粒径组成分析(Ⅱ)

(主槽取样深度:河南 5m,山东 4m)

河段	地点分类	1950.7~1998.10总淤积量(亿 t)	大于等于某粒径级的百分数(%)							
			0.005mm	0.01mm	0.025mm	0.05mm	0.10mm	0.25mm	0.5mm	1.0mm
铁谢	主槽	0.86	97.4	95.3	87.3	72.4	51.7	12.2	1.6	0.5
—	滩地	8.87	93.9	88.0	62.0	29.4	10.2	0.5	0.1	0.0
花园口	全断面	9.73	94.2	88.6	64.2	33.2	13.9	1.6	0.2	0.1
桃花峪	主槽	1.81	98.6	97.2	91.1	76.1	52.5	5.7	0	0
—	滩地	0.76	97.0	90.6	58.9	22.8	5.2	0.0	0	0
花园口	全断面	2.57	98.1	95.3	81.6	60.4	38.5	4.0	0	0
花园口	主槽	6.84	98.0	96.0	87.6	67.1	38.5	3.5	0.2	0
—	滩地	11.73	97.8	93.7	69.7	31.7	8.8	0.4	0	0
夹河滩	全断面	18.57	97.9	94.5	76.3	44.7	19.7	1.5	0.1	0
夹河滩	主槽	6.71	96.2	93.0	82.7	63.3	31.1	1.3	0	0
—	滩地	15.57	94.5	89.1	64.6	29.9	6.2	0.0	0	0
高村	全断面	22.28	95.0	90.2	70.1	39.9	13.7	0.4	0	0
高村	主槽	2.83	96.9	93.9	81.4	57.4	23.6	0.1	0	0
—	滩地	15.89	95.6	91.0	69.2	36.6	10.6	0.0	0	0
孙口	全断面	18.72	95.8	91.4	71.1	39.7	12.5	0.0	0	0
孙口	主槽	3.58	94.3	89.3	72.7	48.5	18.4	0.1	0	0
—	滩地	3.78	89.0	80.0	53.0	25.7	6.9	0.0	0	0
艾山	全断面	7.36	91.6	84.5	62.6	36.8	12.5	0.1	0	0
铁谢	主槽	20.82	96.6	93.5	82.6	61.6	31.2	2.1	0	0
—	滩地	55.85	95.0	89.8	65.8	31.8	8.7	0.2	0	0
艾山	全断面	76.67	95.5	90.8	70.4	39.9	14.8	0.7	0	0
桃花峪	主槽	21.8	96.7	93.8	83.1	62.3	32.1	2.0	0.1	0
—	滩地	47.7	95.3	90.1	66.4	32.1	8.3	0.1	0	0
艾山	全断面	69.5	95.7	91.3	71.6	41.6	15.8	0.7	0	0
艾山	主槽	3.26	93.7	87.8	69.9	47.5	17.4	0.0	0	0
—	滩地	2.70	88.8	79.6	54.6	27.4	6.3	0.1	0	0
泺口	全断面	5.96	91.5	84.1	62.9	38.4	12.3	0.1	0	0
泺口	主槽	4.33	94.6	89.4	72.8	45.4	13.4	0.1	0	0
—	滩地	5.05	93.7	87.3	64.5	30.3	5.9	0.0	0	0
利津	全断面	9.38	94.1	88.3	68.3	37.3	9.4	0.0	0	0
铁谢	主槽	28.41	96.0	92.3	79.6	57.5	26.9	1.5	0.1	0
—	滩地	63.60	94.7	89.2	65.2	31.5	8.4	0.2	0	0
利津	全断面	92.01	95.1	90.1	69.7	39.5	14.1	0.6	0	0

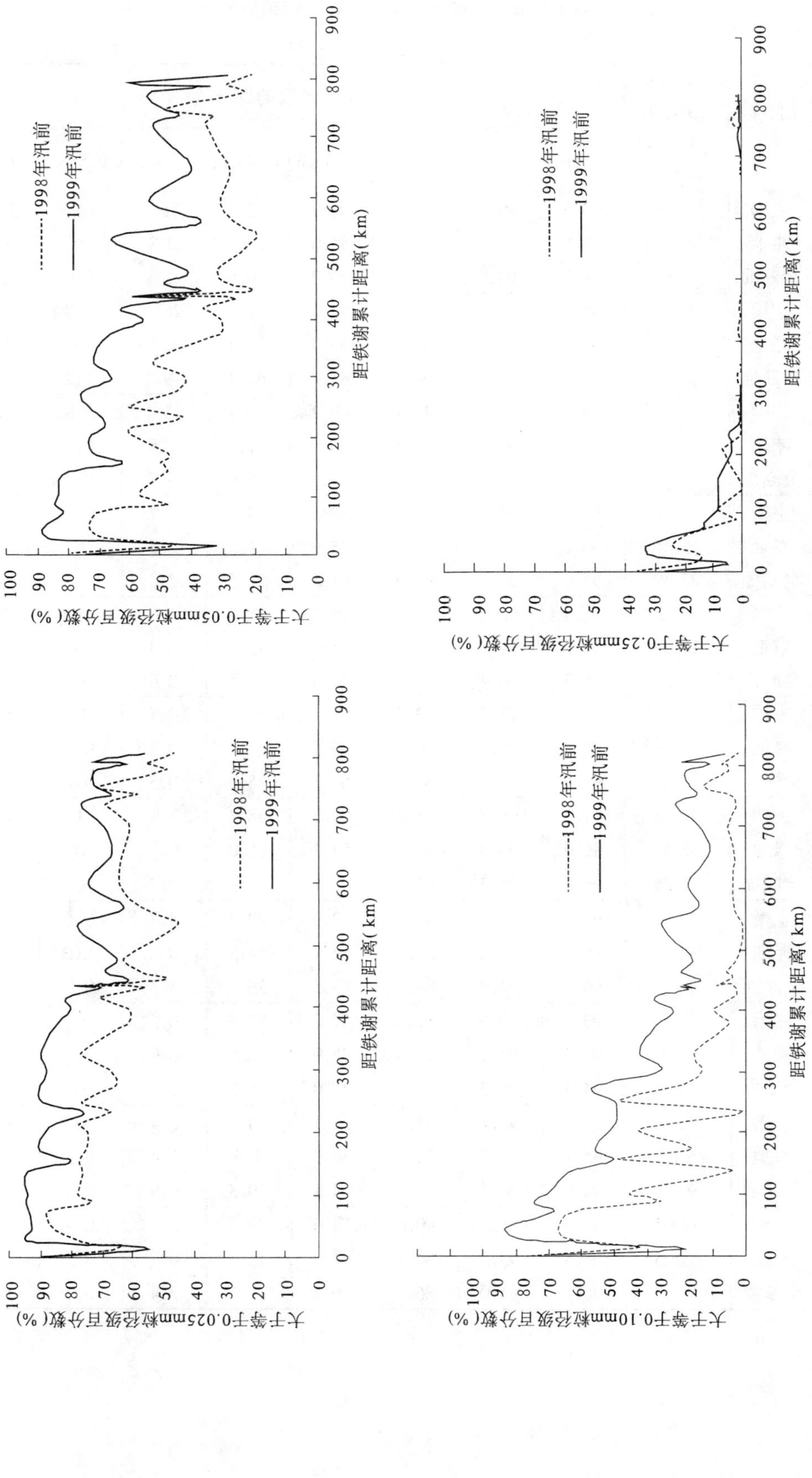

图 3-9　1998 年和 1999 年汛前黄河下游主槽淤积物不同粒径百分含量对比

表 3-9 2002 年汛前铁谢至利津淤积物粒径组成分析

（主槽取样深度：河南 5m，山东 4m）

河段	地点分类	1950.7～2001.10总淤积量（亿 t）	大于等于某粒径级的百分数（%）							
			0.005mm	0.01mm	0.025mm	0.05mm	0.10mm	0.25mm	0.5mm	1.0mm
铁谢	主槽	0.39	99.5	99.1	98.0	94.9	82.2	41.2	12.7	2.3
—	滩地	8.79	95.8	93.5	84.8	55.0	18.1	0.8	0	0
花园口	全断面	9.18	96.0	93.8	85.3	56.7	20.8	2.6	0.6	0.1
桃花峪	主槽	1.77	99.5	99.1	97.7	93.1	77.7	26.5	1.7	0
—	滩地	0.76	96.4	94.3	86.0	59.4	23.4	1.6	0	0
花园口	全断面	2.53	98.6	97.7	94.2	83.0	61.4	19.1	1.2	0
花园口	主槽	7.16	99.1	98.6	97.4	89.2	60.7	15.1	0.8	0
—	滩地	11.55	95.6	93.3	86.3	60.9	21.7	1.5	0.1	0
夹河滩	全断面	18.71	96.9	95.3	90.6	71.7	36.6	6.7	0.4	0
夹河滩	主槽	7.13	98.9	98.3	96.7	88.7	53.3	5.4	0	0
—	滩地	15.46	96.1	94.0	83.8	48.9	11.3	0.5	0	0
高村	全断面	22.59	97.0	95.3	87.9	61.5	24.5	2.0	0	0
高村	主槽	3.32	96.9	95.2	91.3	78.3	38.2	1.6	0	0
—	滩地	15.93	96.2	94.3	87.5	55.0	13.2	0.3	0	0
孙口	全断面	19.25	96.3	94.4	88.1	59.0	17.5	0.6	0	0
孙口	主槽	3.75	94.2	91.2	83.5	59.1	20.4	0.7	0	0
—	滩地	3.78	96.5	94.8	86.0	49.5	9.7	0.3	0.1	0
艾山	全断面	7.53	95.4	93.0	84.8	54.3	15.0	0.5	0.1	0
铁谢	主槽	21.75	97.9	96.7	93.8	82.3	48.3	7.9	1	0
—	滩地	55.51	96.0	93.9	85.7	54.2	15.0	0.7	0	0
艾山	全断面	77.26	96.5	94.7	88.0	62.1	24.3	2.7	0	0
桃花峪	主槽	23.1	98.0	96.8	94.1	82.9	49.9	8.7	0.4	0
—	滩地	47.5	96.1	94.0	85.9	54.1	14.5	0.7	0.03	0
艾山	全断面	70.6	96.7	94.9	88.6	63.5	26.1	3.3	0.2	0
艾山	主槽	3.47	93.7	90.5	82.8	57.2	17.6	0.5	0	0
—	滩地	2.71	95.4	92.3	75.4	33.9	3.7	0.0	0	0
泺口	全断面	6.18	94.4	91.3	79.5	47.0	11.5	0.3	0	0
泺口	主槽	4.71	93.9	90.7	81.3	51.7	14.3	0.4	0	0
—	滩地	5.02	94.1	90.1	73.6	36.9	7.5	1.4	0.3	0
利津	全断面	9.73	94.0	90.4	77.3	44.1	10.8	0.9	0.2	0
铁谢	主槽	29.94	96.7	95.0	90.6	74.6	39.3	5.8	0.4	0
—	滩地	63.23	95.8	93.5	84.3	51.9	13.9	0.7	0.1	0
利津	全断面	93.17	96.1	94.0	86.3	59.2	22.1	2.4	0.2	0

泥沙由 1999 年汛前的 62.8% 和 33.3% 上升到 74.6% 和 39.3%，主槽进一步粗化，全断面 $d \geqslant 0.05$mm 和 $d \geqslant 0.10$mm 的比重由 41.2% 和 16.1% 上升到 59.2% 和 22.1%。由于滩地取样位置的变化，这种比较基础不完全一致，但定性应当是正确的。

四、2003 年汛前滩槽淤积物粒径对比分析

2002 年黄河下游进行了首次调水调沙试验，利用 2003 年汛前与 2002 年汛前河床钻孔资料对比，主要反映了首次调水调沙后淤积物粒径变化。

图 3-10 和图 3-11 分别是 2002 年和 2003 年汛前滩地和主槽淤积物百分含量对比。从图中看出：①由于调水调沙下泄人造洪峰，花园口洪峰流量达 2 600m^3/s，滩地都受到不同程度的"水洗"，因而粗化明显。②本次调水调沙 400km 以上河段由于"洪峰"较大，粗细泥沙均被冲刷，主槽粗化现象不明显；由于水流进入高村以下河段出现多处漫滩[1~3]，河道流速减小，只能带走细泥沙，因而 $d \geqslant 0.05$mm 及 $d \geqslant 0.10$mm 泥沙粗化现象比上段明显。

2003 年汛前，滩地表层沙样以首次人造洪峰调水调沙时淤积的新滩为准进行取样作颗粒分析❶，共取了 23 个断面 45 个沙样，其中有 42 个比 1999 年更靠近主槽，导致滩地泥沙比较粗(见表 3-10)。因此，用 2003 年汛后滩地资料(见表 3-11)替代 2003 年汛前滩地资料，其结果相对比较合理。

从表 3-11 看出，由于首次调水调沙的作用，淤积物均有所粗化，主槽中 $d \geqslant 0.05$mm 和 $d \geqslant 0.1$mm 的泥沙含量由 2002 年汛前的 74.6% 和 39.3% 上升到 79.8% 和 43.1%，全断面 $d \geqslant 0.05$mm 和 $d \geqslant 0.1$mm 的泥沙含量由 2002 年汛前的 59.2% 和 22.1% 上升到 62.5% 和 26.9%，这与河道水流条件变化是相吻合的。

五、2004 年汛前滩槽淤积物粒径对比分析

2003 年，黄河进行了第二次调水调沙试验，加上秋汛的影响，黄河下游河道主槽冲刷了大量泥沙。利用 2004 年汛前和 2003 年汛前河床钻孔资料对比分析第二次调水调沙和秋汛洪水后淤积物粒径变化。

图 3-12 和图 3-13 分别是 2003 年汛前和 2004 年汛前滩地和主槽淤积物粒径组成。从图中看出：在主槽中，上段(300km 以上)粗细泥沙均发生冲刷，粒径变化不大，因兰考蔡集生产堤溃决，到下段主槽中流速减小，带走部分细泥沙，因而河床粗化。

表 3-12 是 2004 年汛前滩槽淤积物级配分析。由表中看出，经过第二次调水调沙和 2003 秋汛的冲刷，下游主槽淤积物进一步粗化，主槽中 $d \geqslant 0.05$mm 和 $d \geqslant 0.10$mm 的泥沙所占百分数由 2003 年汛前的 79.8% 和 43.1% 上升到 2004 年汛前的 82.4% 和 46.5%，说明水流的冲刷使泥沙进一步粗化。

❶ 水利部黄河水利委员会勘测规划设计研究院．小浪底水库运用方式研究．见：黄河下游河道床沙测验勘测试验成果报告(2003 年汛前)．2003 年 7 月

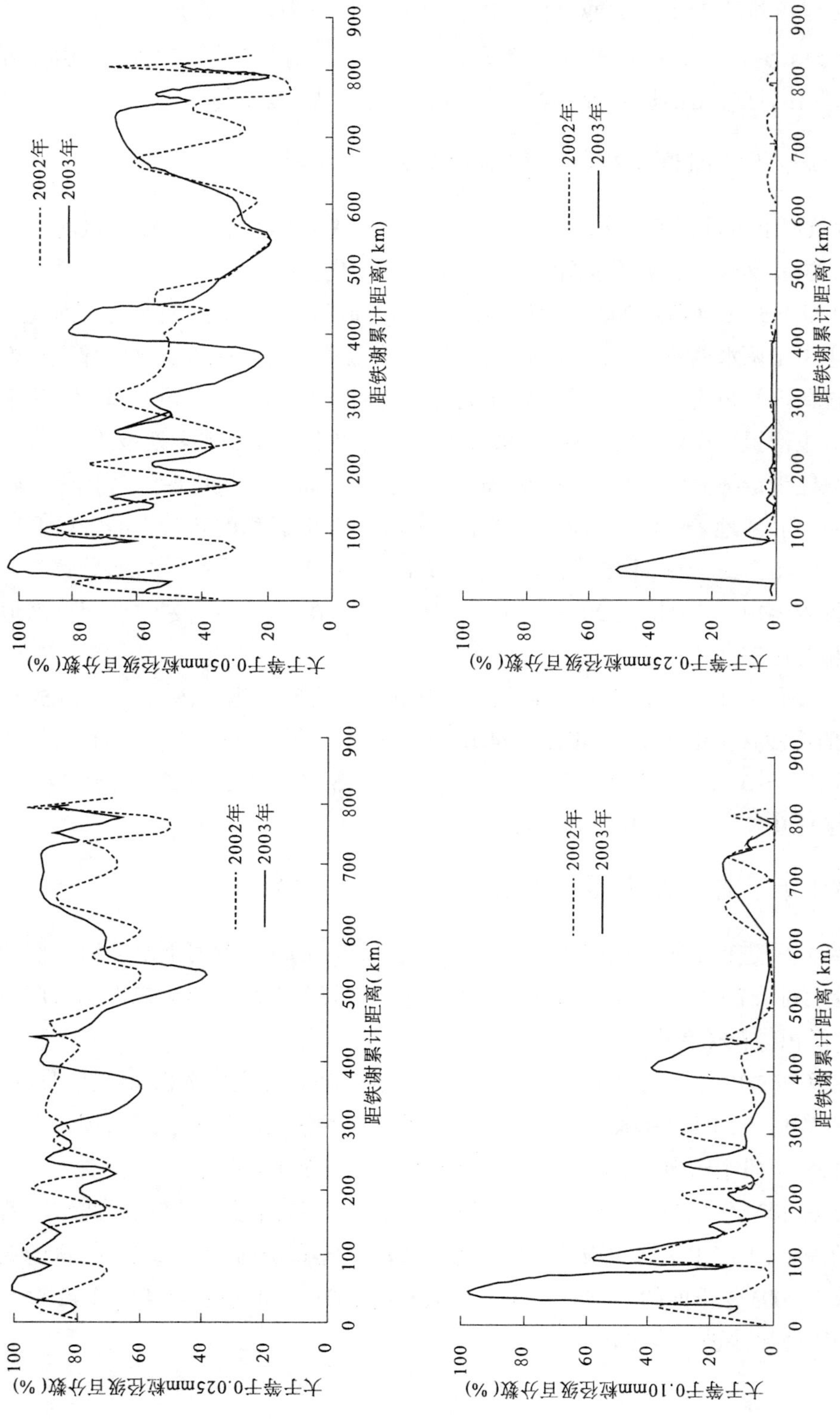

图 3-10　2002 年和 2003 年汛前黄河下游滩地淤积物不同粒径百分含量对比

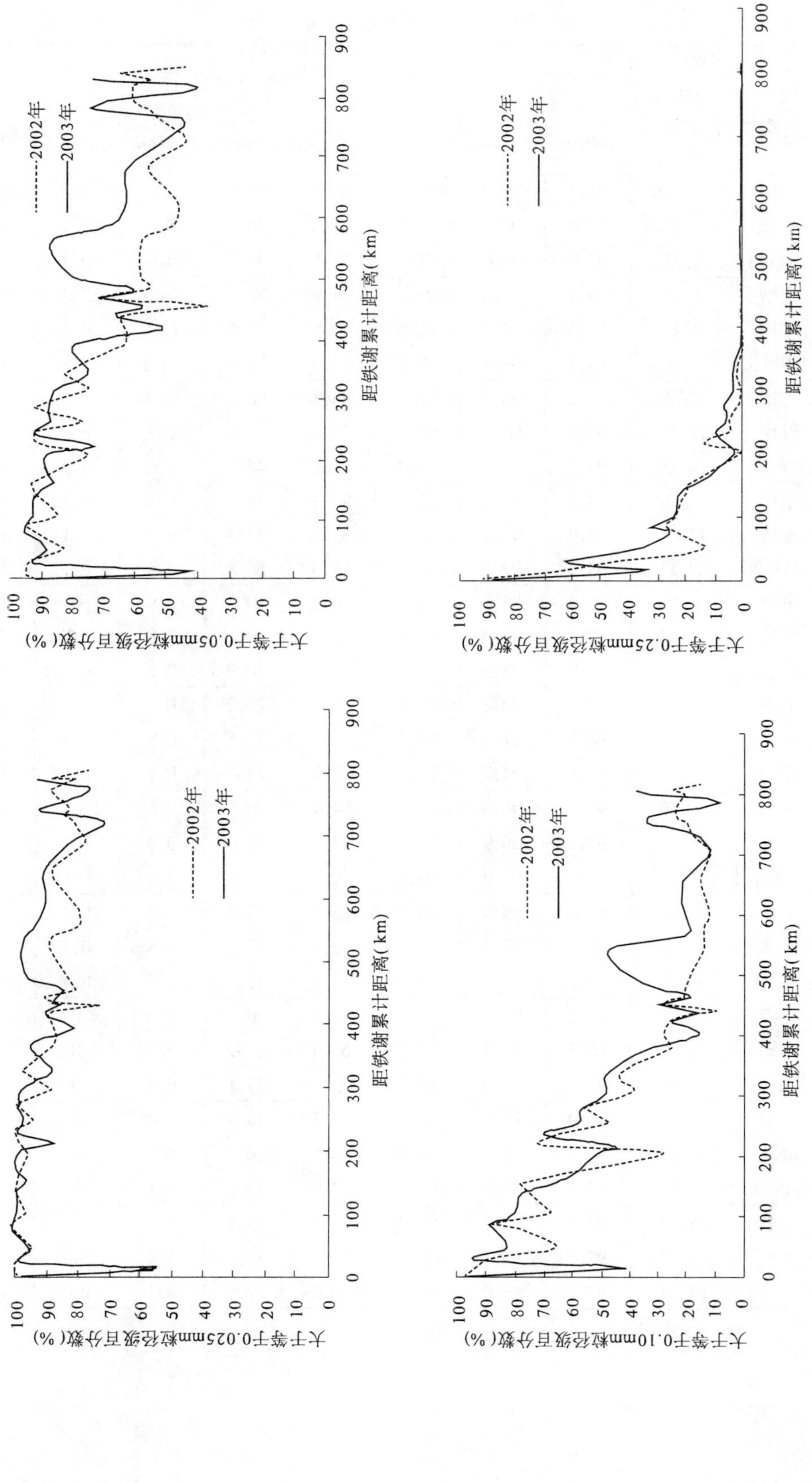

图 3-11　2002 年和 2003 年汛前黄河下游主槽淤积物不同粒径百分含量对比

表 3-10 2003 年汛前铁谢至利津淤积物粒径组成分析(Ⅰ)

(主槽取样深度:河南 5m,山东 4m)

河段	地点分类	1950.7~2002.10 总淤积量(亿 t)	大于等于某粒径级的百分数(%)							
			0.005mm	0.01mm	0.025mm	0.05mm	0.10mm	0.25mm	0.5mm	1.0mm
铁谢	主槽	-0.06	96.4	94.7	92.0	89.7	81.7	44.6	10.4	0.1
—	滩地	8.79	97.9	96.4	91.1	73.6	39.4	5.2	0.3	0
花园口	全断面	8.73	97.9	96.4	91.1	73.5	39.1	4.9	0.3	0
桃花峪	主槽	1.70	99.7	99.6	99.1	97.9	84.5	28.3	2.3	0
—	滩地	0.76	98.3	97.0	92.6	78.5	52.6	12.5	0.4	0
花园口	全断面	2.46	99.3	98.8	97.1	91.9	74.7	23.5	1.8	0
花园口	主槽	6.73	99.2	98.7	97.8	93.3	66.6	15.4	0.6	0
—	滩地	11.55	97.9	96.6	92.9	78.8	38.0	2.1	0.2	0
夹河滩	全断面	18.28	98.4	97.4	94.7	84.1	48.5	7.0	0.3	0
夹河滩	主槽	7.11	98.2	97.2	95.5	89.6	55.9	6.4	0.1	0
—	滩地	15.46	98.9	98.1	95.5	83.7	48.4	6.2	0.1	0
高村	全断面	22.57	98.7	97.8	95.5	85.6	50.8	6.3	0.1	0
高村	主槽	3.05	97.4	95.7	91.5	79.3	40.3	2.9	0	0
—	滩地	15.64	97.8	96.4	92.7	72.6	29.1	2.8	0.7	0
孙口	全断面	18.69	97.8	96.3	92.5	73.7	30.9	2.8	0.6	0
孙口	主槽	3.73	95.3	92.4	85.8	62.9	20.2	0.4	0	0
—	滩地	3.77	98.3	97.0	93.4	72.1	22.6	0.9	0.3	0
艾山	全断面	7.50	96.8	94.7	89.6	67.5	21.4	0.7	0.1	0
铁谢	主槽	20.56	97.9	96.6	93.9	84.4	50.5	7.6	0	0
—	滩地	55.22	98.2	96.9	93.3	77.1	37.6	3.9	0	0
艾山	全断面	75.78	98.1	96.9	93.5	79.1	41.1	4.9	0	0
桃花峪	主槽	22.3	98.0	96.8	94.3	85.5	53.2	9.3	0.4	0
—	滩地	47.2	98.3	97.0	93.7	77.8	37.5	3.8	0.4	0
艾山	全断面	69.5	98.2	97.0	93.9	80.3	42.5	5.5	0.4	0
艾山	主槽	3.42	97.2	95.6	92.5	76.8	30.6	0.6	0	0
—	滩地	2.71	96.3	93.3	87.7	68.3	22.7	0.1	0	0
泺口	全断面	6.13	96.8	94.6	90.4	73.1	27.1	0.4	0	0
泺口	主槽	4.45	94.9	91.8	85.1	60.5	18.3	0.4	0	0
—	滩地	5.02	93.3	88.1	76.0	46.1	10.5	0.4	0	0
利津	全断面	9.47	94.1	89.8	80.3	52.9	14.1	0.4	0	0
铁谢	主槽	28.43	97.3	95.7	92.4	79.8	43.1	5.7	0.2	0
—	滩地	62.94	97.7	96.1	91.7	74.3	34.8	3.4	0.3	0
利津	全断面	91.37	97.6	96.0	91.9	76.0	37.4	4.1	0.3	0

表 3-11 2003 年汛前铁谢至利津淤积物粒径组成分析(Ⅱ)

(主槽取样深度:河南 5m,山东 4m。滩地表层为汛后取样)

河段	地点分类	1950.7~2002.10总淤积量(亿 t)	大于等于某粒径级的百分数(%)							
			0.005mm	0.01mm	0.025mm	0.05mm	0.10mm	0.25mm	0.5mm	1.0mm
铁谢	主槽	-0.06	96.4	94.7	92.0	89.7	81.7	44.6	10.4	0.1
—	滩地	8.79	97.8	96.5	92.1	75.3	46.3	15.5	1.0	0
花园口	全断面	8.73	97.9	96.5	92.1	75.2	46.0	15.3	1.0	0
桃花峪	主槽	1.70	99.7	99.6	99.1	97.9	84.5	28.3	2.3	0
—	滩地	0.76	98.0	96.8	93.1	75.3	37.6	5.3	0	0
花园口	全断面	2.46	99.2	98.7	97.3	90.9	70.0	21.2	1.6	0
花园口	主槽	6.73	99.2	98.7	97.8	93.3	66.6	15.4	0.6	0
—	滩地	11.55	96.4	93.9	85.1	59.4	22.8	2.6	0.3	0
夹河滩	全断面	18.28	97.4	95.7	89.8	71.9	38.9	7.3	0.4	0
夹河滩	主槽	7.11	98.2	97.2	95.5	89.6	55.9	6.4	0.1	0
—	滩地	15.46	94.5	90.9	80.1	50.2	13.7	1.1	0	0
高村	全断面	22.57	95.7	92.9	84.9	62.6	27.0	2.8	0	0
高村	主槽	3.05	97.4	95.7	91.5	79.3	40.3	2.9	0	0
—	滩地	15.64	94.5	90.8	78.4	48.4	13.9	0.5	0	0
孙口	全断面	18.69	95.0	91.6	80.6	53.4	18.2	0.9	0	0
孙口	主槽	3.73	95.3	92.4	85.8	62.9	20.2	0.4	0	0
—	滩地	3.77	96.9	94.8	87.7	62.4	20.2	0.1	0	0
艾山	全断面	7.50	96.1	93.6	86.7	62.7	20.2	0.3	0	0
铁谢	主槽	20.56	97.9	96.6	93.9	84.4	50.5	7.6	0	0
—	滩地	55.22	95.6	92.7	83.1	56.4	21.3	3.5	0	0
艾山	全断面	75.78	96.2	93.7	86.0	64.0	29.2	4.6	0	0
桃花峪	主槽	22.3	98.0	96.8	94.3	85.5	53.2	9.3	0.4	0
—	滩地	47.2	98.3	97.0	93.7	77.7	37.2	3.6	0.3	0
艾山	全断面	69.5	98.2	97.0	93.9	80.2	42.4	5.5	0.4	0
艾 山	主槽	3.42	97.2	95.6	92.5	76.8	30.6	0.6	0	0
—	滩地	2.71	88.8	82.4	64.2	29.3	3.4	0.0	0	0
泺口	全断面	6.13	93.5	89.8	80.0	55.8	18.5	0.3	0	0
泺口	主槽	4.45	94.9	91.8	85.1	60.5	18.3	0.4	0	0
—	滩地	5.02	96.7	94.3	83.9	49.1	8.8	0.0	0	0
利津	全断面	9.47	95.9	93.1	84.5	54.5	13.3	0.2	0	0
铁谢	主槽	28.43	97.3	95.7	92.4	79.8	43.1	5.7	0.2	0
—	滩地	62.94	95.4	92.4	82.3	54.7	19.5	3.0	0.2	0
利津	全断面	91.37	96.0	93.4	85.5	62.5	26.9	3.9	0.2	0

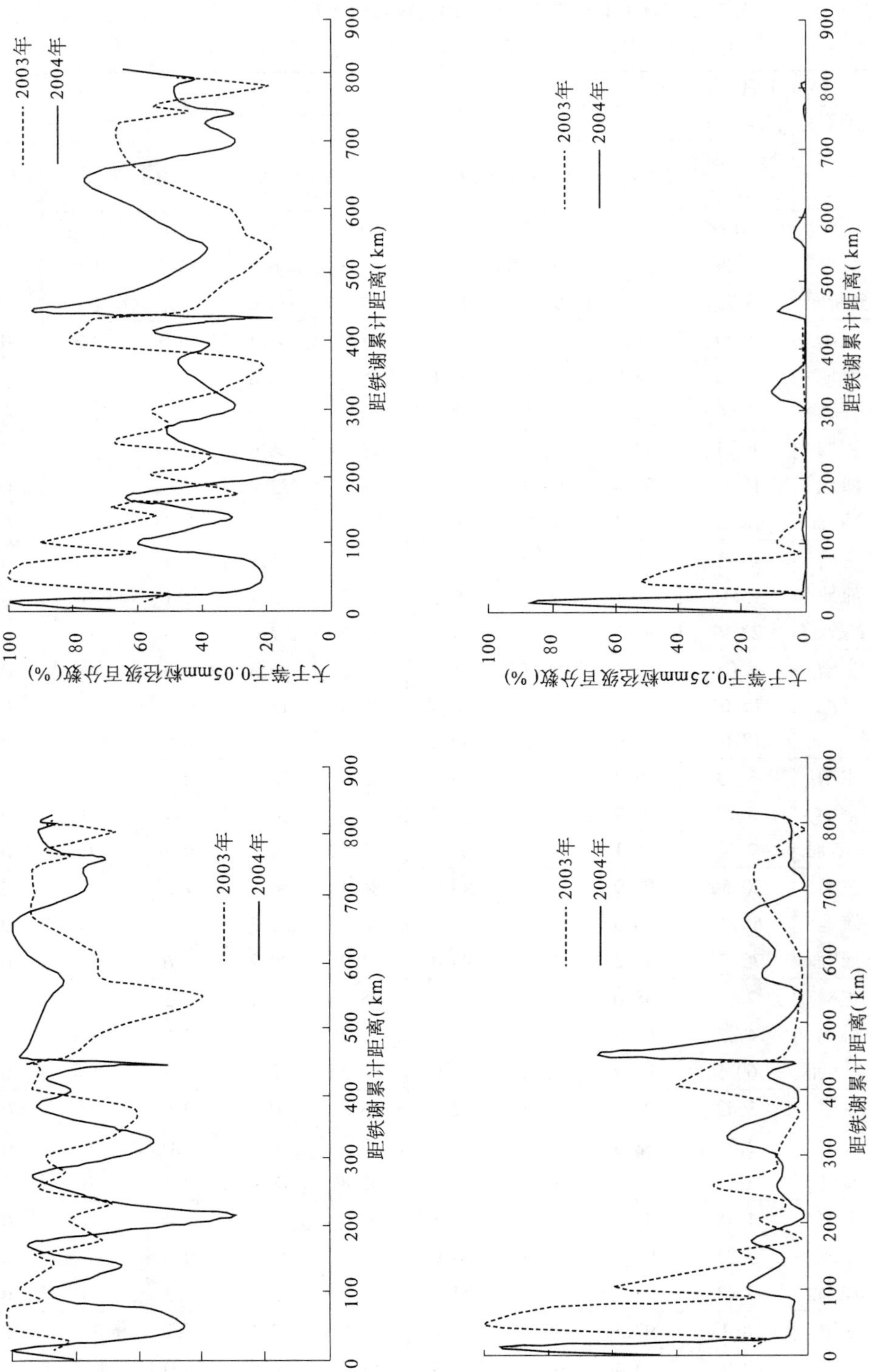

图 3-12　2003 年和 2004 年汛前黄河下游滩地淤积物不同粒径百分含量对比

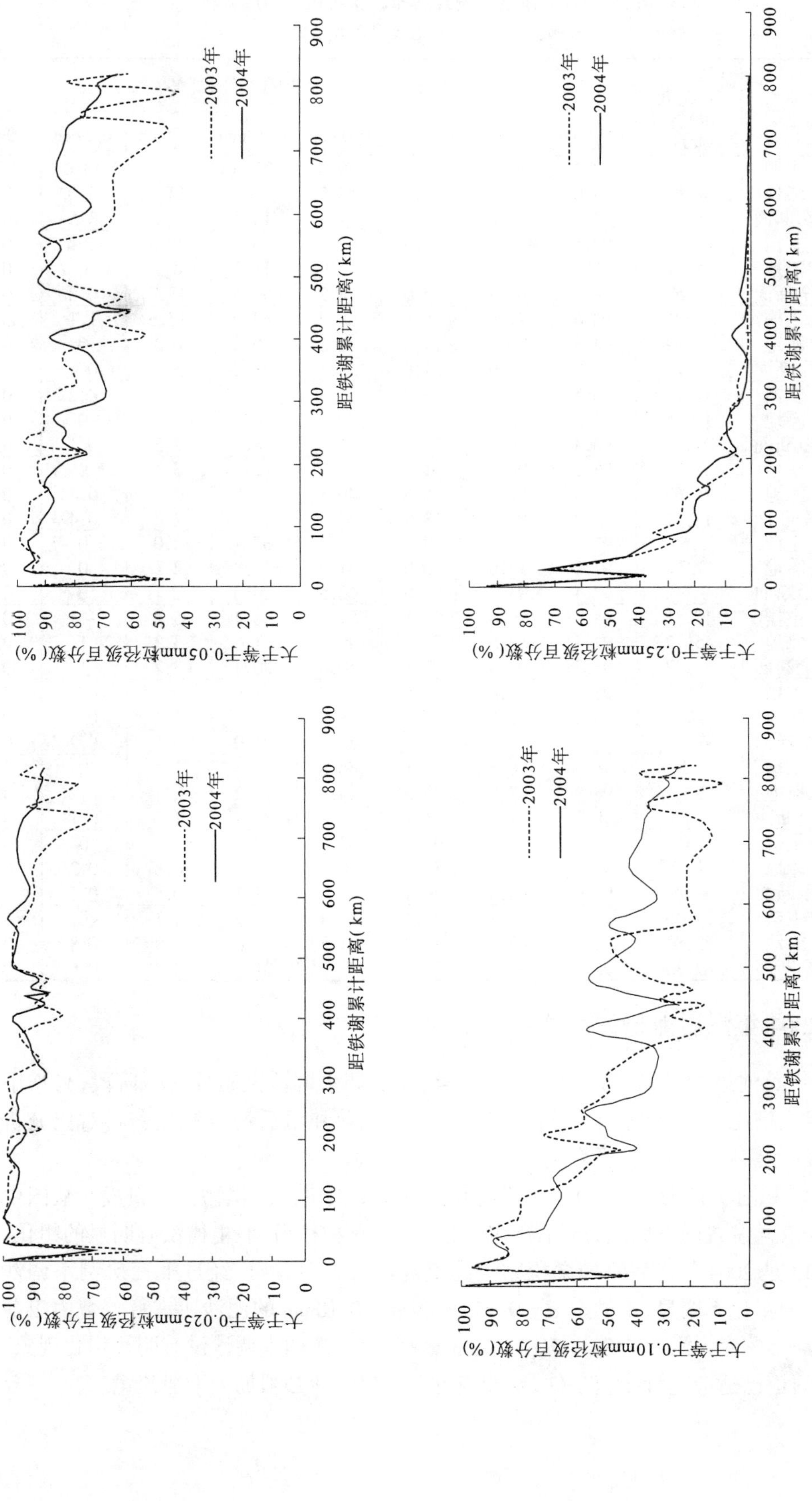

图 3-13　2003 年汛前和 2004 年汛前黄河下游主槽淤积物不同粒径百分含量对比

表 3-12　2004 年汛前铁谢至利津淤积物粒径组成分析

（主槽取样深度：河南 5m，山东 4m）

河段	地点分类	1950.7~2003.10 总淤积量（亿 t）	大于等于某粒径级的百分数（%）							
			0.005mm	0.01mm	0.025mm	0.05mm	0.10mm	0.25mm	0.5mm	1.0mm
铁谢	主槽	-1.32	98.4	97.1	94.2	89.0	77.6	44.1	13.0	2.2
—	滩地	8.79	94.0	88.4	74.2	48.7	24.2	14.0	5.0	0
花园口	全断面	7.47	93.3	86.8	70.7	41.5	14.8	8.7	3.5	0
桃花峪	主槽	1.50	99.5	98.9	97.5	92.4	70.3	20.5	1.2	0
—	滩地	0.76	97.3	94.5	83.9	49.9	11.2	0.2	0	0
花园口	全断面	2.26	98.8	97.4	93.0	78.2	50.5	13.7	0.8	0
花园口	主槽	5.68	98.6	97.5	95.4	88.2	64.0	15.6	1.1	0
—	滩地	11.52	94.6	89.2	74.8	43.3	10.6	0.3	0	0
夹河滩	全断面	17.20	95.9	91.9	81.6	58.1	28.2	5.4	0.4	0
夹河滩	主槽	6.64	98.5	97.1	93.9	82.3	49.2	7.1	0.2	0
—	滩地	15.35	91.2	82.5	62.2	30.3	4.8	0.2	0	0
高村	全断面	21.99	93.4	86.9	71.8	46.0	18.3	2.3	0.1	0
高村	主槽	2.72	98.1	96.2	91.7	77.7	42.3	3.1	0	0
—	滩地	15.69	97.0	92.6	76.6	40.1	9.7	2.3	0.4	0
孙口	全断面	18.41	97.2	93.2	78.8	45.6	14.5	2.4	0.4	0
孙口	主槽	3.58	97.5	95.1	89.5	74.4	37.4	2.0	0	0
—	滩地	3.76	97.2	93.6	80.0	51.2	21.0	2.2	0	0
艾山	全断面	7.34	97.4	94.3	84.6	62.5	29.0	2.1	0	0
铁谢	主槽	17.31	98.3	96.6	93.1	81.4	48.4	5.4	-1	0
—	滩地	55.12	94.4	88.5	72.1	40.1	11.6	3.2	1	0
艾山	全断面	72.42	95.3	90.4	77.1	50.0	20.4	3.7	1	0
桃花峪	主槽	20.1	98.4	96.8	93.5	82.7	51.9	9.1	0.5	0
—	滩地	47.1	94.5	88.6	71.8	38.7	9.3	1.1	0.1	0
艾山	全断面	67.2	95.7	91.1	78.3	51.9	22.0	3.5	0.2	0
艾山	主槽	3.12	98.5	96.8	94.1	86.6	46.5	1.4	0	0
—	滩地	2.71	98.9	97.6	89.0	54.2	16.2	2.1	0.2	0
泺口	全断面	5.83	98.7	97.2	91.7	71.5	32.4	1.7	0.1	0
泺口	主槽	4.03	98.4	96.7	94.2	83.4	38.2	0.4	0	0
—	滩地	5.02	97.6	95.1	85.5	50.2	9.57	0.8	0.2	0
利津	全断面	9.05	97.9	95.8	89.4	65.0	22.3	0.6	0.1	0
铁谢	主槽	24.46	98.3	96.7	93.4	82.4	46.5	4.1	-0.4	-0.1
—	滩地	62.84	94.9	89.4	73.9	41.5	11.6	2.9	0.8	0
利津	全断面	87.30	95.8	91.4	79.3	53.0	21.4	3.3	0.5	0

六、2004 年汛后滩槽淤积物粒径对比分析

2004 年黄河进行了第三次调水调沙试验，这次调水调沙试验分两个阶段，另加中间段，共冲走主槽泥沙 0.665 亿 t。下面利用 2004 年汛前和汛后河床钻孔资料对比分析第三次调水调沙前后淤积物粒径变化。

图 3-14 和图 3-15 分别是 2004 年汛前和汛后滩地及主槽淤积物粒径组成。从图中看出，滩地因取样位置的不固定，汛后淤积物比汛前淤积物稍粗，但主槽没有明显的粗化。

表 3-13 是 2004 年汛后滩槽淤积物级配组成。由表中看出，经过第三次调水调沙试验，下游主槽粗化不明显，主槽中 $d \geqslant 0.05$mm 和 $d \geqslant 0.10$mm 的泥沙所占百分数由汛前的 82.4%和 46.5%变为汛后的 82.1%和 46.9%，说明第三次调水调沙没有明显粗化现象，也表明下游河道已适应这种水流条件，要冲刷更多的粗泥沙必须加大下泄流量。

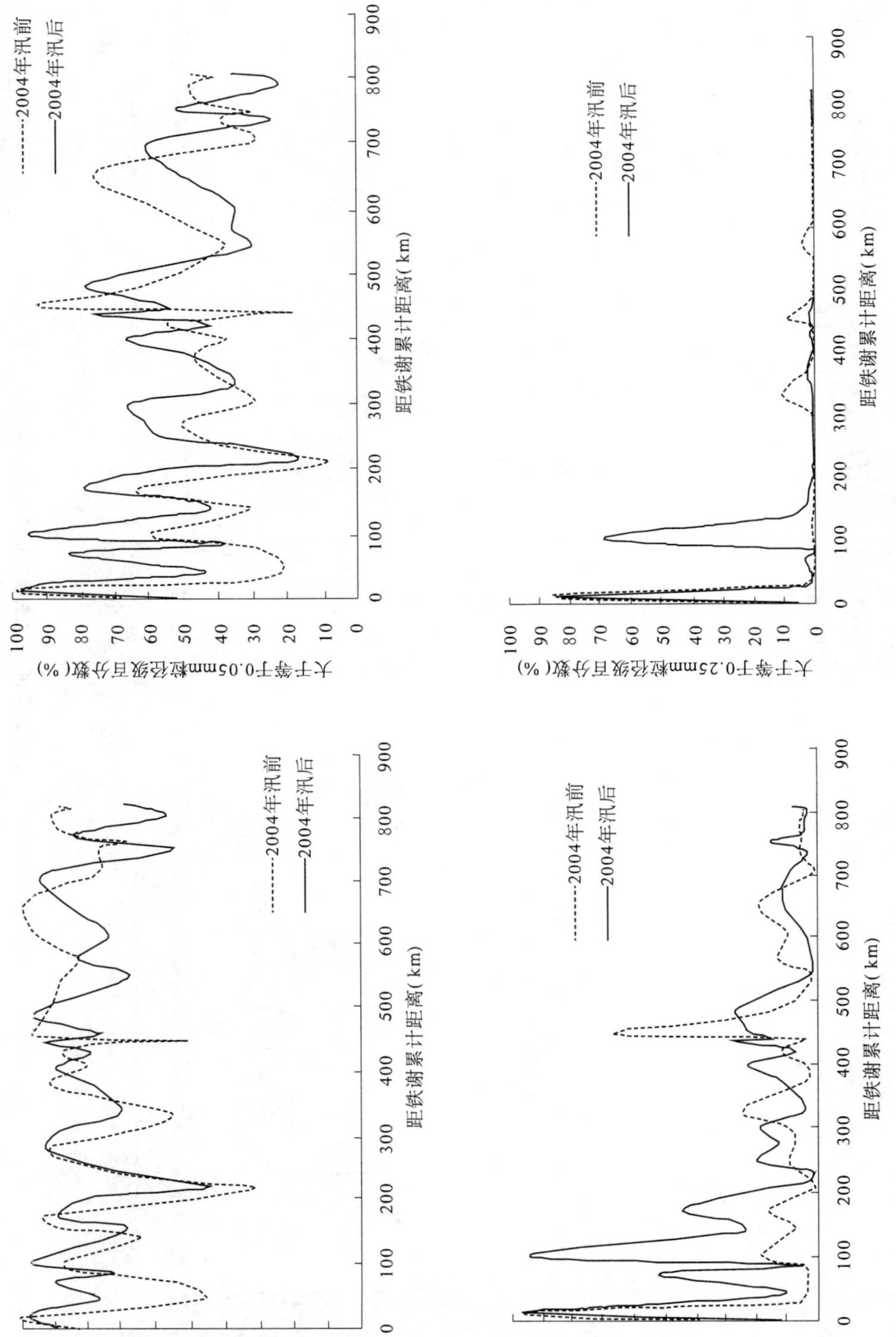

图 3-14　2004 年汛前和 2004 年汛后黄河下游滩地淤积物不同粒径百分含量对比

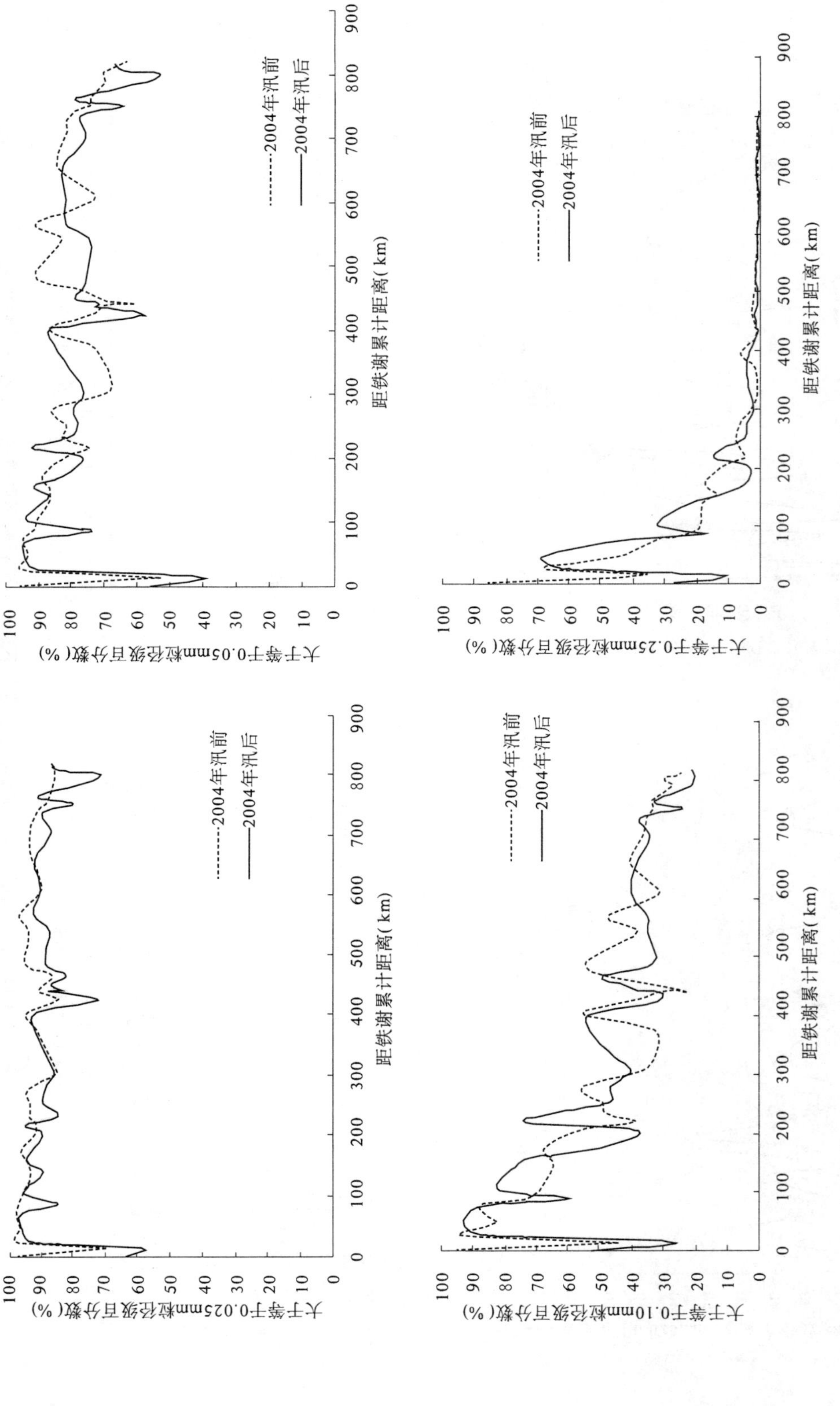

图 3-15　2004 年汛前和 2004 年汛后黄河下游主槽淤积物不同粒径百分含量对比

表 3-13　2004 年汛后铁谢至利津淤积物粒径组成分析

（主槽取样深度：河南 5m，山东 4m）

河段	地点分类	1950.7～2004.10 总淤积量（亿 t）	大于等于某粒径级的百分数（%）							
			0.005mm	0.01mm	0.025mm	0.05mm	0.10mm	0.25mm	0.5mm	1.0mm
铁谢	主槽	-1.76	93.9	90.8	85.0	78.6	69.9	38.2	7.3	0
—	滩地	8.79	97.3	95.2	88.7	70.3	45.4	23.1	4.4	0
花园口	全断面	7.02	98.1	96.4	89.6	68.2	39.2	19.3	3.7	0
桃花峪	主槽	1.50	96.8	95.0	91.1	85.0	70.9	24.9	2.0	0
—	滩地	0.76	96.9	94.4	85.1	66.7	50.5	34.8	3.8	0
花园口	全断面	2.26	96.8	94.8	89.1	78.8	64.0	28.2	2.6	0
花园口	主槽	5.07	97.7	96.3	93.5	87.4	63.5	14.6	0.8	0
—	滩地	11.52	95.9	92.6	81.9	64.8	42.1	17.0	1.7	0
夹河滩	全断面	16.59	96.5	93.8	85.5	71.7	48.6	16.3	1.4	0
夹河滩	主槽	6.25	96.4	94.4	90.6	82.8	53.4	7.5	0	0
—	滩地	15.32	91.3	86.0	72.1	43.7	12.1	0.5	0	0
高村	全断面	21.57	92.8	88.5	77.4	55.0	24.1	2.5	0	0
高村	主槽	2.65	96.7	94.7	90.7	82.7	47.8	3.0	0	0
—	滩地	15.69	95.8	92.8	84.0	55.3	14.1	0.5	0	0
孙口	全断面	18.34	95.9	93.1	85.0	59.3	19.0	0.9	0	0
孙口	主槽	3.51	94.5	91.4	85.5	75.4	40.7	1.3	0	0
—	滩地	3.76	96.1	93.5	85.9	59.9	19.0	0.6	0	0
艾山	全断面	7.27	95.3	92.5	85.7	67.4	29.5	1.0	0	0
铁谢	主槽	15.71	96.7	94.8	91.0	83.1	51.0	4.2	-0.6	0
—	滩地	55.08	94.8	91.3	81.1	56.8	24.7	7.6	1.1	0
艾山	全断面	70.79	95.3	92.1	83.3	62.6	30.6	6.8	0.7	0
桃花峪	主槽	19.0	96.5	94.5	90.5	82.8	54.4	9.0	0.4	0
—	滩地	47.0	94.4	90.6	79.8	54.4	21.3	5.1	0.5	0
艾山	全断面	66.0	95.0	91.7	82.8	62.6	30.8	6.2	0.5	0
艾山	主槽	2.97	95.6	93.2	88.9	78.2	37.8	0.9	0	0
—	滩地	2.71	95.4	92.5	82.1	48.0	10.4	0.0	0	0
泺口	全断面	5.68	95.5	92.9	85.7	63.8	24.7	0.5	0	0
泺口	主槽	3.85	96.7	94.9	91.5	81.1	36.9	0.5	0	0
—	滩地	5.02	94.2	90.8	78.6	41.8	5.90	0.1	0	0
利津	全断面	8.86	95.3	92.5	84.2	58.8	19.4	0.3	0	0
铁谢	主槽	22.53	96.6	94.6	90.8	82.1	46.9	3.1	0	0
—	滩地	62.81	94.8	91.3	81.0	55.2	22.6	6.6	0.9	0
利津	全断面	85.34	95.3	92.2	83.6	62.3	29.0	5.7	0.9	0

图 3-16 和图 3-17 分别是铁谢至利津和铁谢至艾山河道主槽淤积物中不同粒径百分含量随时间的变化情况，由图中看出，随着时间的推移，泥沙粗化变率逐渐变小，并趋于稳定，说明下游河道总体上适应了这种水流条件，若需冲刷更多的粗泥沙，必须加大泄量。但具体到各个断面(见图 3-18)，波动还是较大的。从图 3-19 看出，大多数断面同一粒径百分数在向某一数值收缩，这一现象还有待进一步深入研究。

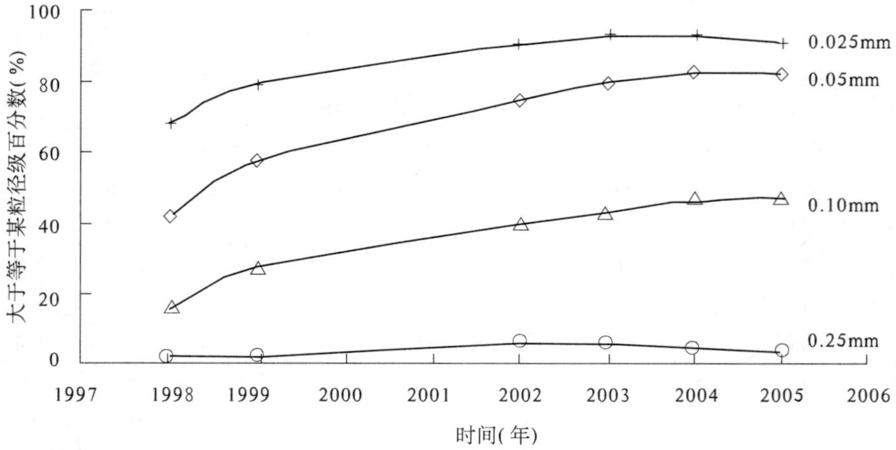

图 3-16　铁谢至利津河道主槽淤积物中各粒径百分数随时间变化

(注:2005 年为 2004 年汛后值，下图同)

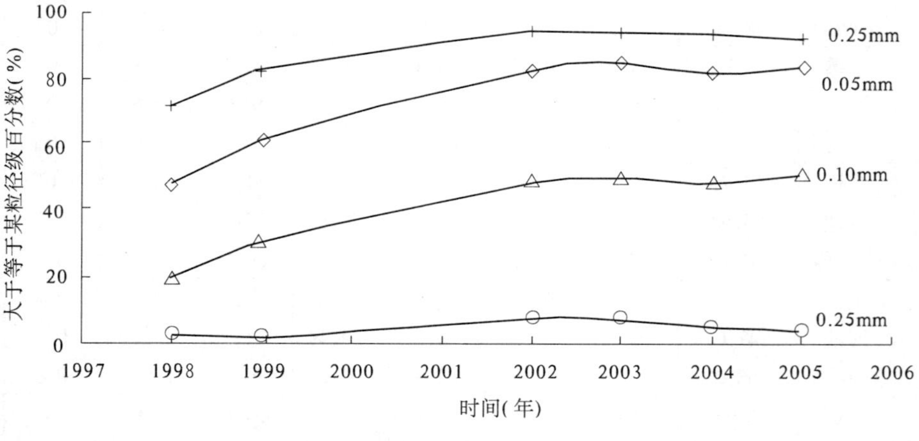

图 3-17　铁谢至艾山河道主槽淤积物中各粒径百分数随时间变化

七、三次调水调沙试验后河床淤积物粒径变化对比分析

2002 ~ 2004 年，黄河下游进行了三次规模宏大的调水调沙试验，2003 年还发生了大的秋汛，利用 2003 年、2004 年汛前和 2004 年汛后与 2002 年汛前比较，可以反映三次调水调沙试验和 2003 年秋汛后淤积物粒径变化情况。图 3-20 和图 3-21 是 2002 年、2003 年、2004 年汛前和 2004 汛后滩地及主槽淤积物不同粒径百分含量对比。由图中看出：

(1)由于滩地取样点的布设是视各年漫滩过水情况而定，取样点不固定，因而还无规律可寻。

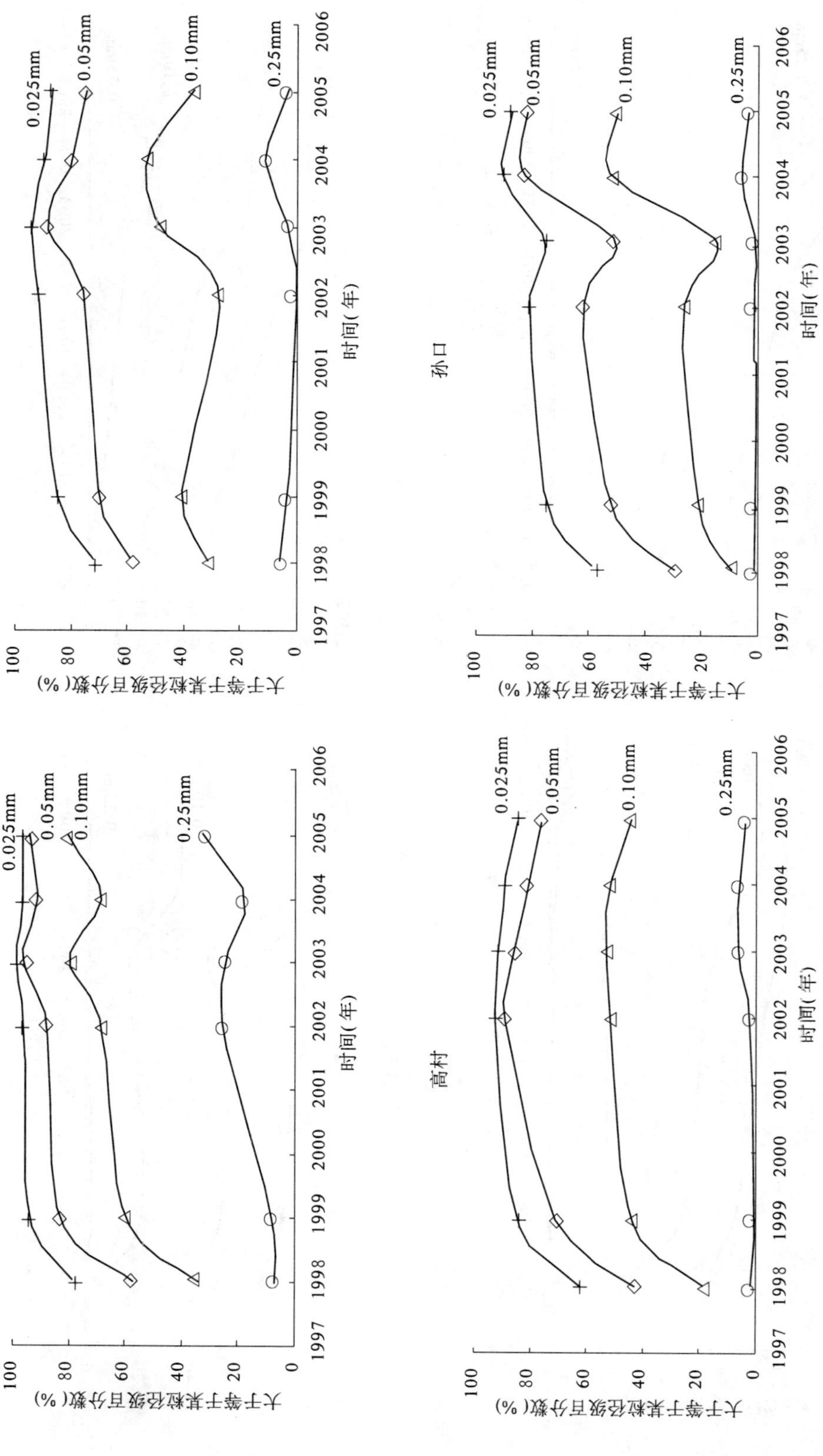

图 3-18　主槽淤积物中各粒径百分数随时间变化

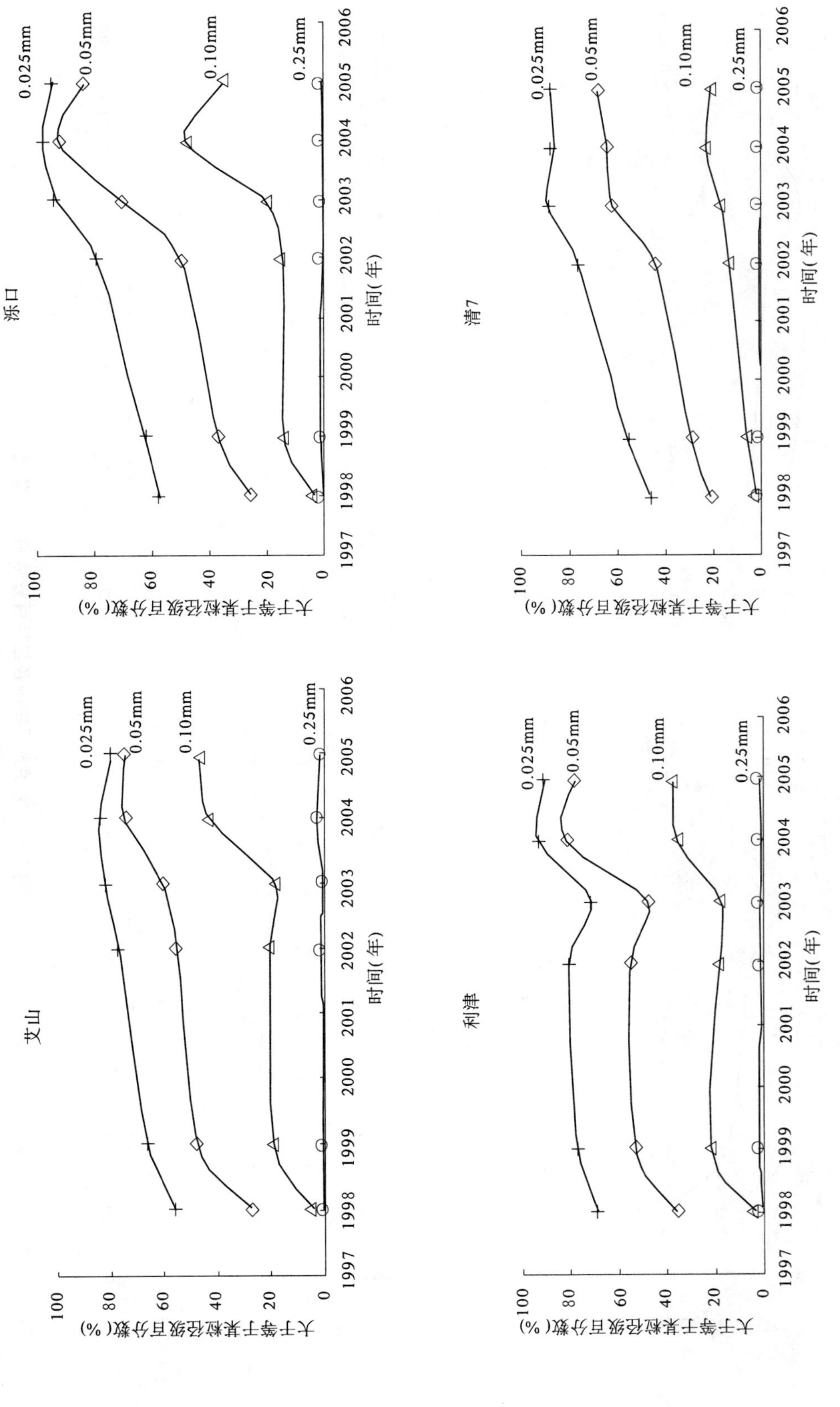
艾山
泺口
利津
清7
0.025mm
0.05mm
0.10mm
0.25mm
大于等于某粒径级百分数(%)
时间(年)
1997
1998
1999
2000
2001
2002
2003
2004
2005
2006
0
20
40
60
80
100

续图 3-18

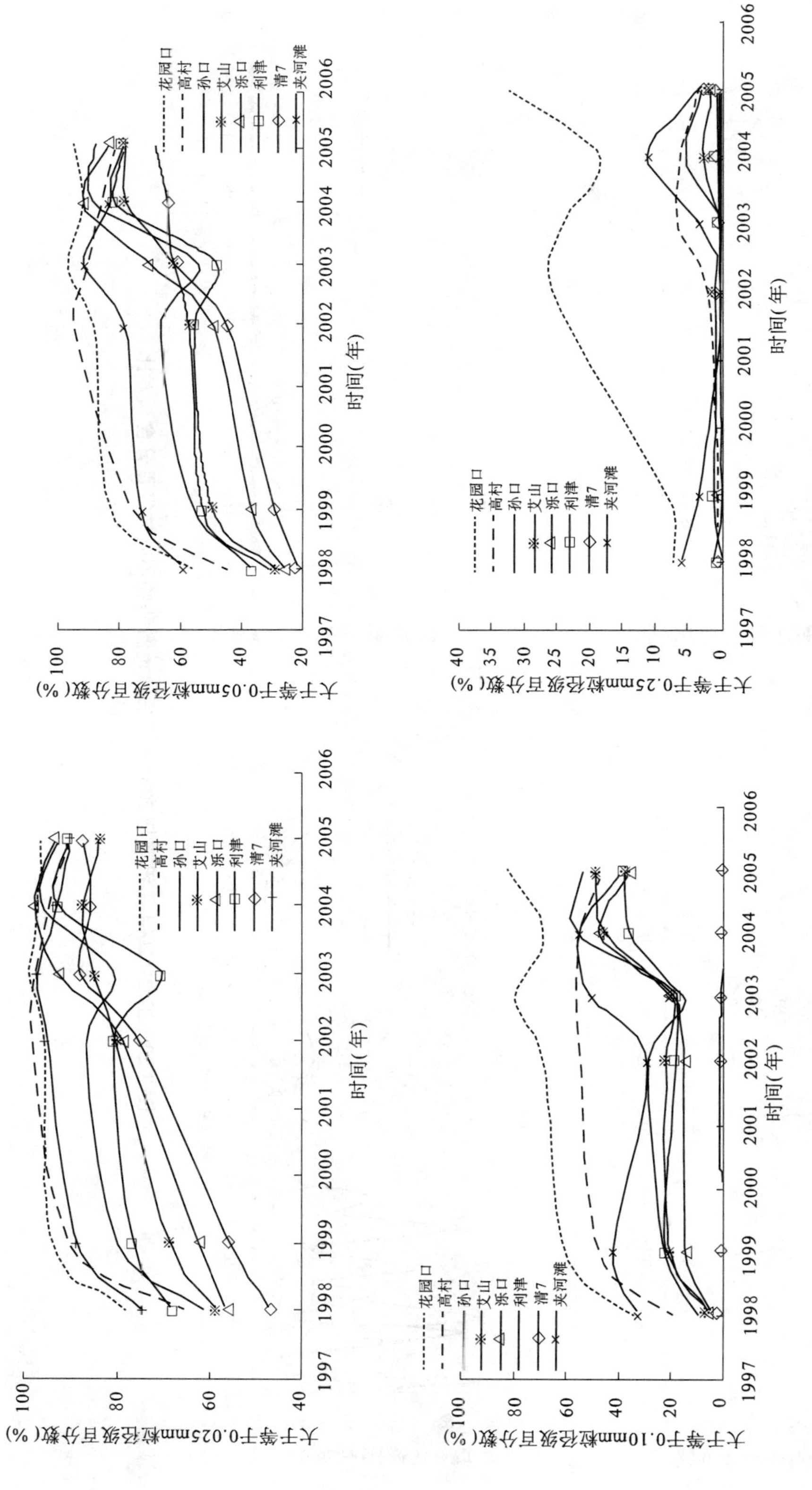

图 3-19　几个主要断面主槽淤积物中各粒径百分数随时间变化

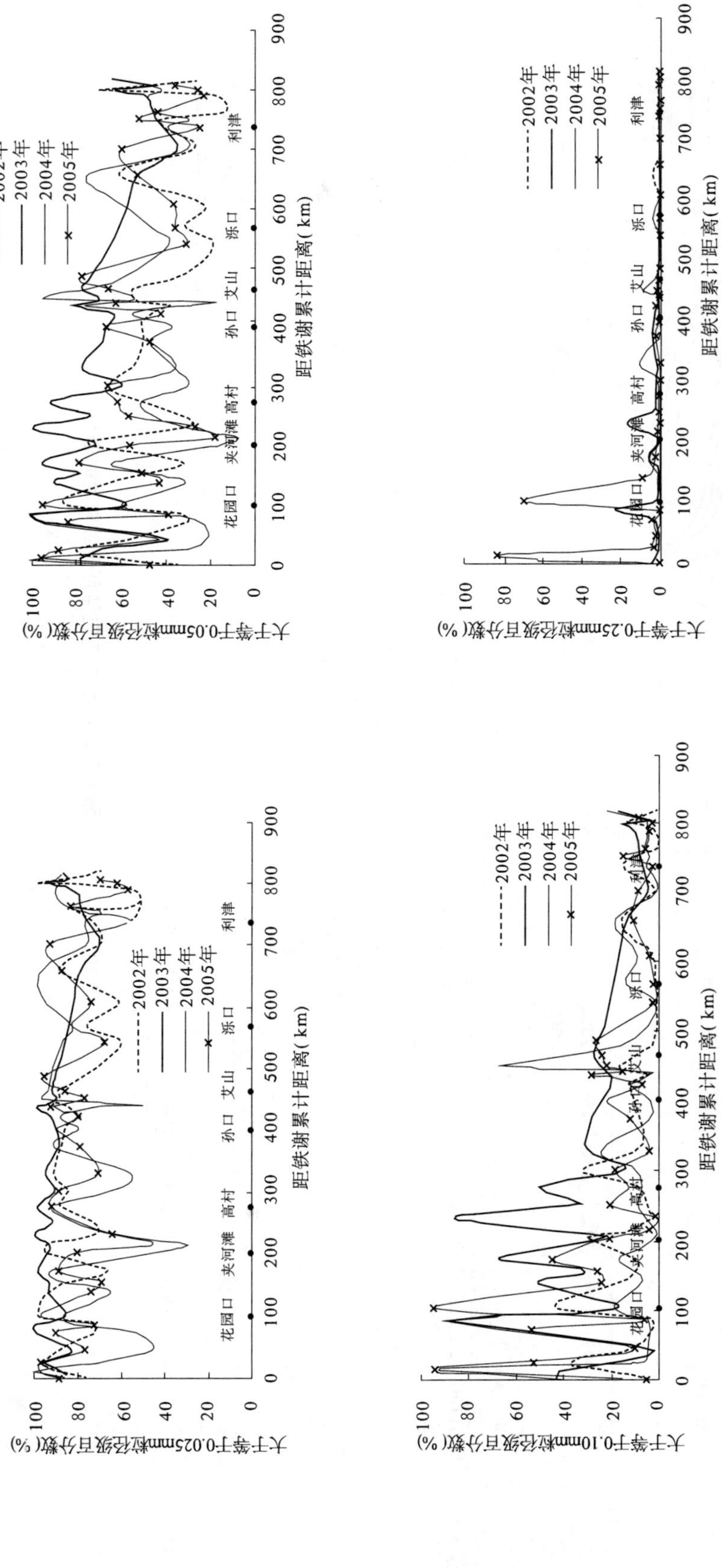

图 3-20 2002～2004 年汛前与 2004 年汛后滩地淤积物不同粒径百分含量对比

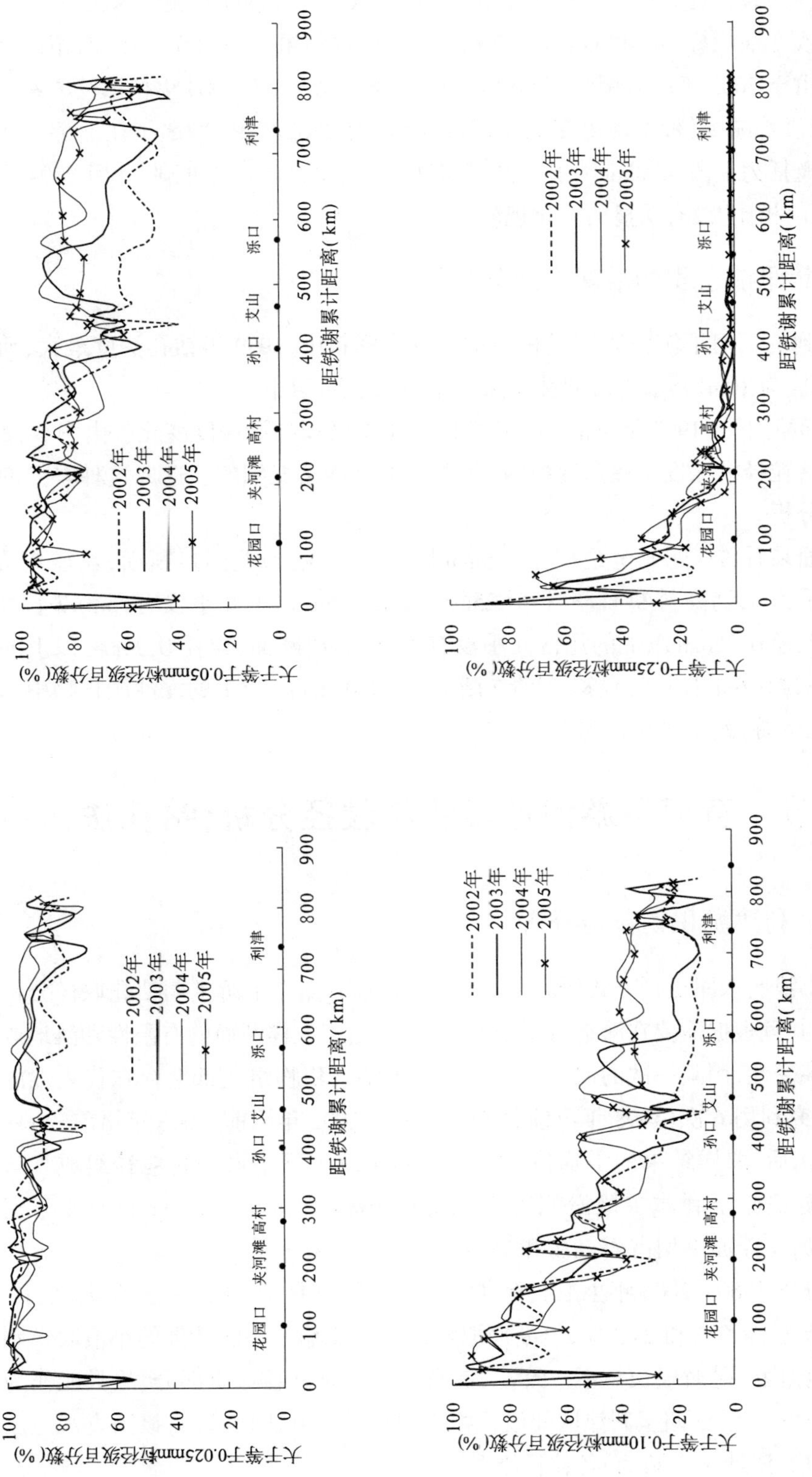

图 3-21　2002～2004 年汛前与 2004 年汛后主槽淤积物不同粒径百分含量对比

(2)从主槽淤积物对比看出,粒径大于 0.05mm 和大于 0.10mm 的泥沙,400km 以上没有明显的变粗或变细趋势,而 400km 以下 2003 年和 2004 年汛前与 2002 年汛前相比是逐年粗化。这是由于 2002 年调水调沙期间高村以下河段洪水漫滩,2003 年秋汛兰考蔡集生产堤溃决,下泄洪峰减少,带不动更多的粗泥沙所致,对 2002 年和 2003 年在下游主槽中的冲刷可初步概括为上段(400km 以上)为"剥层冲刷",下段为"分选冲刷"。但 2004 年汛后与 2004 年汛前相比,没有明显的粗化现象。

八、1999 年汛前淤积物沿深度变化分析

在所收集到的黄河下游河床质淤积物钻孔取样资料中,1999 年钻孔深度最大,河南段为 11m,山东段为 10m,其余年份的钻孔深度在 5m 或 5m 以下。

图 3-22 是黄河下游 1999 年汛前几个主要断面主槽淤积物沿深度变化。由图 3-22 看出,在高村以上,粒径沿深度是逐渐变粗的,艾山以下是逐渐变细的。造成这种差异的原因有待进一步分析。

从铁谢断面来看,7m 处就全是粒径 0.5mm 以上的粗泥沙;花园口断面,粒径 0.5mm 以上的泥沙几乎为 0;到高村断面,粒径 0.25mm 的泥沙 5m 以上几乎没有,5m 以下也不多;艾山断面,粒径 0.25mm 以上的泥沙几乎没有了;到利津断面,粒径 0.25mm 以上的泥沙 6m 以上几乎为 0,6m 以下也不多;到清 7 断面,粒径 0.25mm 以上的泥沙淤积物中基本为 0。说明越往下游,淤积物粒径越细。

第四节　黄河下游河道淤积物粒径分析(钻孔法)

一、铁谢至利津淤积物粒径分析

为了跟踪小浪底水库运行方式研究,从 1998 年汛前开始在下游主槽钻孔取样分析淤积物粒径组成,并且根据需要在滩地取了部分表层样,由于取样断面的有限性和滩地取样数以及位置的多变性,用某一次的取样成果来代表下游淤积物组成都会存在代表性的问题。因此,本研究利用 6 次(1998 年汛前、1999 年汛前、2002 年汛前、2003 年汛前、2004 年汛前和 2004 年汛后)取样结果的平均值(见表 3-14)来反映下游淤积物粒径组成。从表 3-14看出,在下游铁谢至利津主槽淤积物中,$d \geqslant 0.05$mm 和 $d \geqslant 0.10$mm 的泥沙分别占 67.1%和 33.5%,全断面平均占 48.8%和 18.7%。

输沙率法分析 1960～2003 年小浪底至利津区间淤积物中,$d \geqslant 0.05$mm 和 $d \geqslant 0.10$mm 泥沙所占百分数为 54.7%和 24.8%,全断面取样法结果比输沙率法计算的小浪底至利津区间结果小,其原因一是时段长短不一致,二是输沙率法只有悬移质部分,故只能作为参考。图 3-23 是黄河下游铁谢至利津区间淤积物不同粒径百分比柱状图,该图直观地反映了不同部位(主槽、滩地和全断面)各粒径级泥沙的组成。

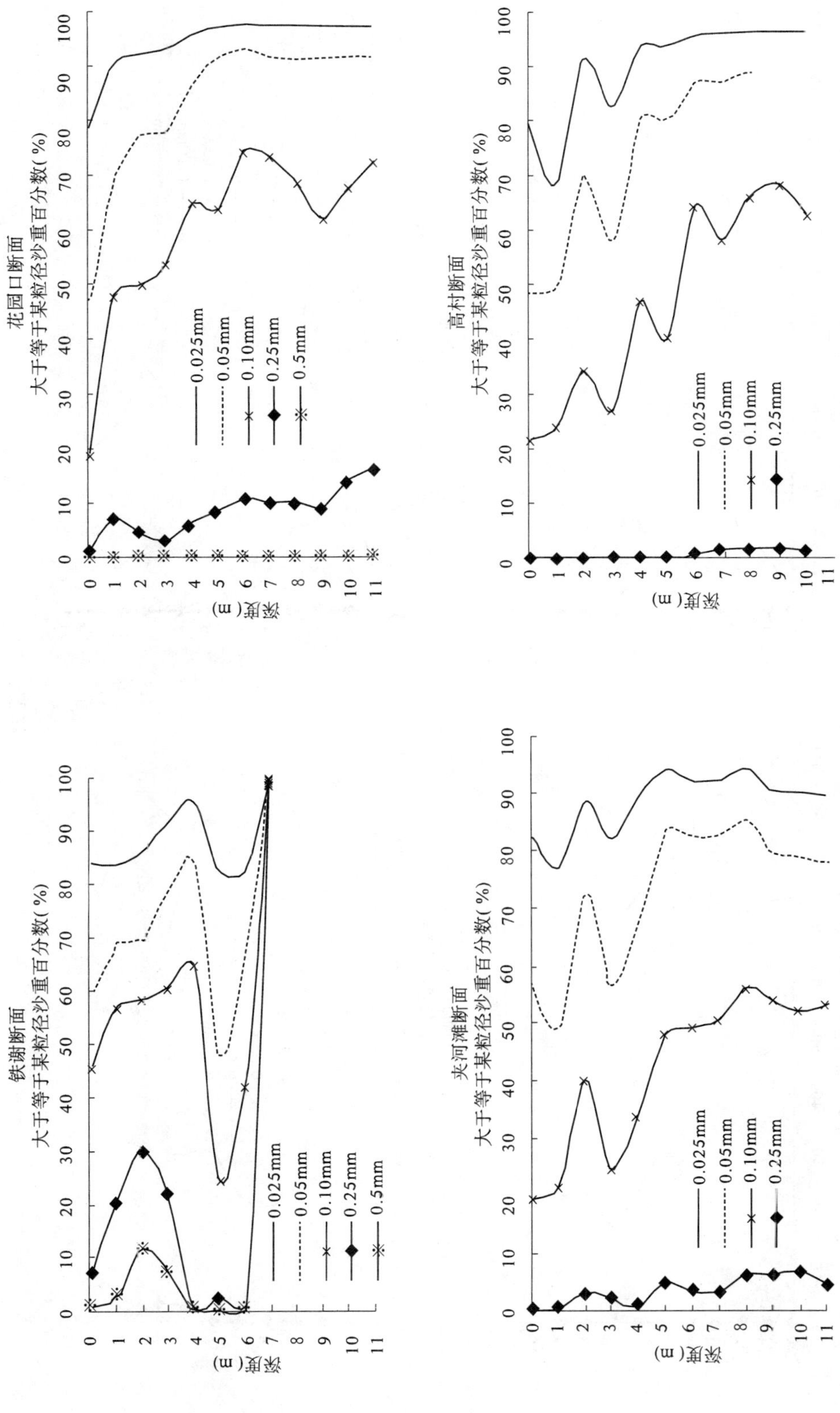

图 3-22　1999 年汛前黄河下游几个主要断面主槽淤积物沿深度变化

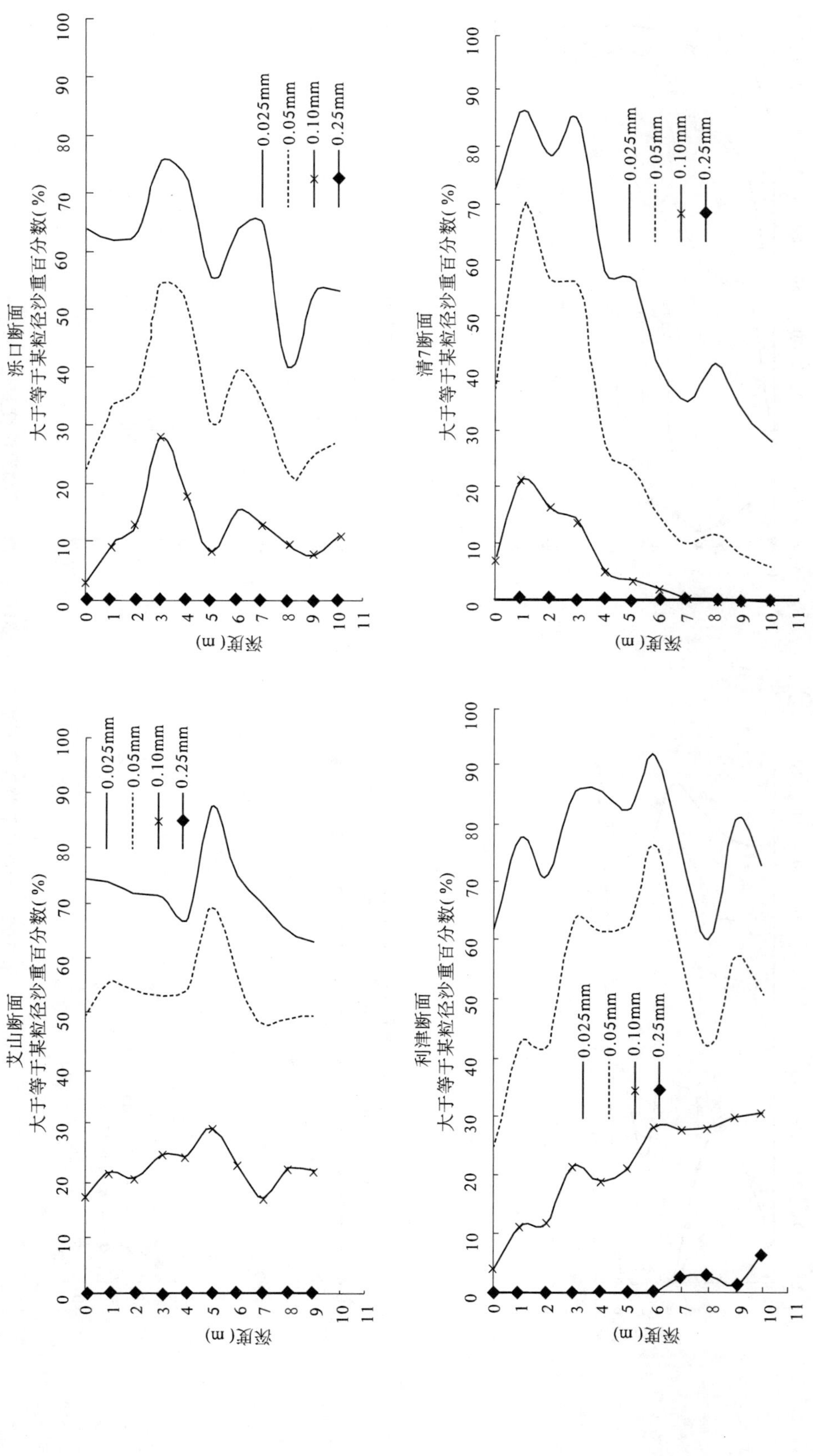
泺口断面
大于等于某粒径沙重百分数(%)
深度(m)
0.025mm
0.05mm
0.10mm
0.25mm
清7断面
大于等于某粒径沙重百分数(%)
深度(m)
0.025mm
0.05mm
0.10mm
0.25mm
艾山断面
大于等于某粒径沙重百分数(%)
深度(m)
0.025mm
0.05mm
0.10mm
0.25mm
利津断面
大于等于某粒径沙重百分数(%)
深度(m)
0.025mm
0.05mm
0.10mm
0.25mm

续图 3-22

表 3-14　铁谢至利津淤积物粒径组成分析

（1998、1999、2002、2003、2004 年汛前和 2004 年汛后 6 次平均）

河段	地点分类	1950.7～2004.10 总淤积量(亿 t)	大于等于某粒径级的百分数(%)							
			0.005mm	0.01mm	0.025mm	0.05mm	0.10mm	0.25mm	0.5mm	1.0mm
铁谢	主槽	－1.76	97.0	94.7	89.4	81.8	69.4	33.7	8.2	1.3
—	滩地	8.79	95.5	91.3	76.0	51.1	26.0	9.1	1.8	0
花园口	全断面	7.03	95.1	90.5	72.7	43.4	15.1	2.9	0.1	－0.3
桃花峪	主槽	1.50	98.4	97.2	92.7	84.2	66.0	19.3	1.3	0
—	滩地	0.76	95.8	91.8	75.4	49.3	23.1	7.0	0.6	0
花园口	全断面	2.26	97.5	95.4	86.9	72.5	51.7	15.2	1.1	0
花园口	主槽	5.07	97.9	96.4	91.7	80.8	54.7	11.9	0.6	0
—	滩地	11.52	95.4	91.2	75.0	46.7	18.4	3.6	0.4	0
夹河滩	全断面	16.59	96.2	92.8	80.1	57.1	29.5	6.2	0.4	0
夹河滩	主槽	6.25	97.1	95.0	89.1	78.0	46.0	5.2	0.1	0
—	滩地	15.32	93.5	88.0	68.8	37.9	8.5	0.4	0	0
高村	全断面	21.57	94.6	90.4	74.7	49.5	19.4	1.8	0	0
高村	主槽	2.65	96.8	94.3	86.4	70.9	35.3	2.0	0.1	0
—	滩地	15.69	95.1	90.9	74.2	42.7	11.2	0.9	0.2	0
孙口	全断面	18.34	95.4	91.4	75.9	46.7	14.7	1.0	0.1	0
孙口	主槽	3.51	91.6	82.6	66.0	46.6	17.2	0.6	0	0
—	滩地	3.76	86.4	75.0	56.6	33.6	10.0	0.6	0	0
艾山	全断面	7.27	88.9	88.1	61.1	39.9	13.5	0.6	0	0
铁谢	主槽	15.71	96.1	92.6	84.3	70.3	38.0	2.6	－0.7	－0.2
—	滩地	55.08	94.2	89.2	71.9	42.9	14.2	2.6	0.4	0
艾山	全断面	70.79	94.6	91.0	74.7	49.0	19.5	2.6	0.2	0
桃花峪	主槽	18.98	96.9	94.7	88.0	74.8	44.4	6.8	0.3	0
—	滩地	47.05	95.0	90.6	74.4	46.4	15.8	1.9	0.2	0
艾山	全断面	66.03	95.5	91.8	78.3	54.5	24.0	3.3	0.2	0
艾山	主槽	2.97	94.9	91.4	80.5	61.0	25.7	0.6	0	0
—	滩地	2.71	91.1	85.8	67.4	35.3	7.6	0.5	0	0
泺口	全断面	5.68	93.1	89.1	74.2	48.7	17.1	0.5	0	0
泺口	主槽	3.85	94.9	91.3	80.8	58.9	21.2	0.4	0.0	0
—	滩地	5.02	93.3	88.3	71.0	37.8	7.7	0.6	0.1	0
利津	全断面	8.87	94.0	89.1	75.3	47.0	13.5	0.5	0.1	0
铁谢	主槽	22.53	95.7	92.2	83.2	67.1	33.5	1.9	0	0
—	滩地	62.81	94.0	89.0	71.7	42.2	13.4	2.4	0.4	0
利津	全断面	85.34	94.5	89.8	74.7	48.8	18.7	2.3	0.1	0

注：2003 年滩地表层为汛后取样资料。

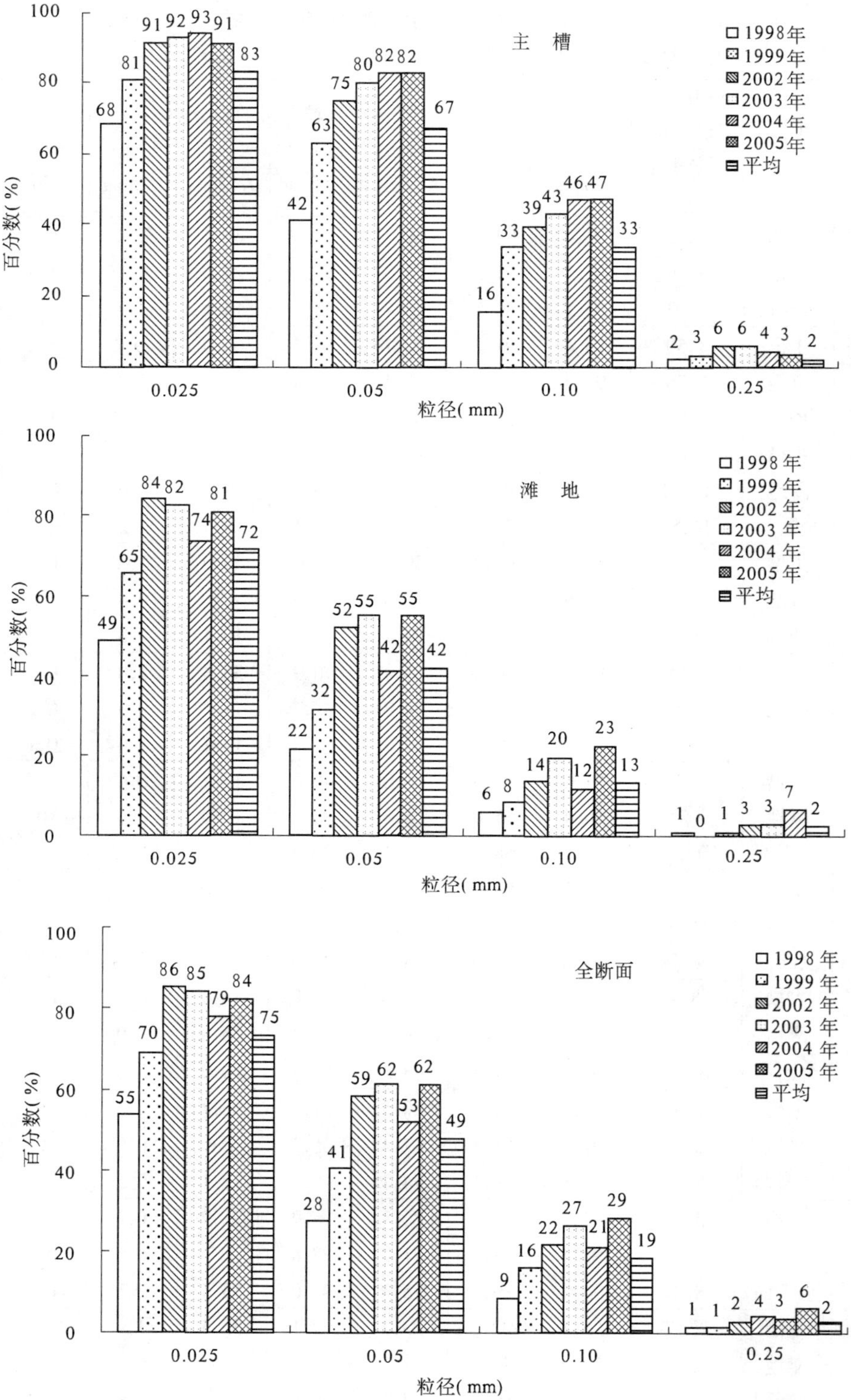

图 3-23　铁谢至利津主槽、滩地和全断面淤积物中不同粒径百分数柱状图

二、桃花峪至艾山淤积物粒径分析

桃花峪至艾山区间河长仅占下游河长的一半，从断面法分析资料看出，该河段淤积量占铁谢至利津区间的 77.4%，这一区间是黄河下游“豆腐腰”和“二级悬河”的所在地，研究这一河段的淤积物组成具有特殊意义。

前述的表 3-6 ~ 表 3-13 中有桃花峪至艾山区间淤积物粒径分析结果。从表 3-13 可以看出，桃花峪至艾山淤积物比铁谢至利津区间的粗，主要是艾山以下淤积物较细，该部分剔除后，其结果必然要粗一些。

同铁谢至利津区间一样，桃花峪至艾山河段，从 1998 年到 2004 年，随着时间的推移，主槽淤积物中的泥沙粒径也越来越粗。但随着时间的推移，淤积物变粗的增长率在逐渐变小（见图 3-24）。

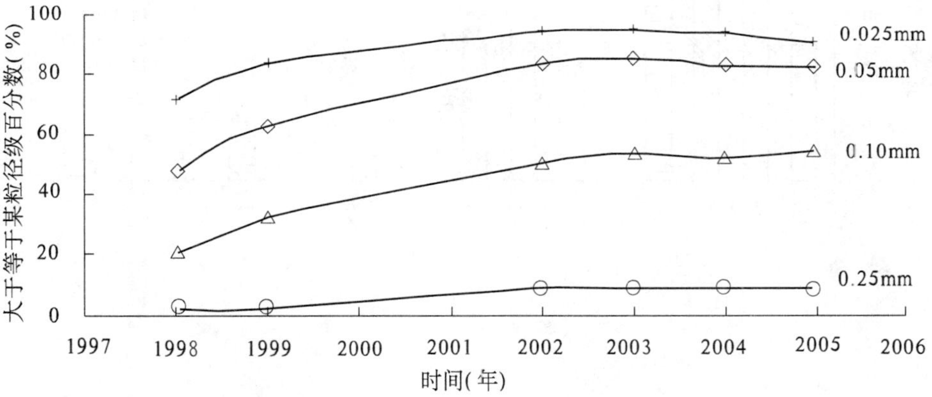

图 3-24　桃花峪至艾山区间主槽淤积物中各粒径百分数随时间变化

（注：2005 年为 2004 年汛后值）

从表 3-14 看出，桃花峪至艾山主槽淤积物中 $d \geqslant 0.05$mm 和 $d \geqslant 0.10$mm 的泥沙分别占 74.8% 和 44.4%，比铁谢至利津（67.1% 和 33.5%）大 7.7 个和 10.9 个百分点；桃花峪至艾山全断面淤积物中，$d \geqslant 0.05$mm 和 $d \geqslant 0.10$mm 的泥沙分别占 54.5% 和 24.0%，比铁谢至利津（48.8% 和 18.7%）大 5.7 个和 5.3 个百分点。图 3-25 是桃花峪至艾山区间淤积物不同粒径百分比柱状图，该图直观地反映了不同部位（主槽、滩地和全断面）各粒径级泥沙的组成，表明粒径越粗，淤积物中所占比重越小。

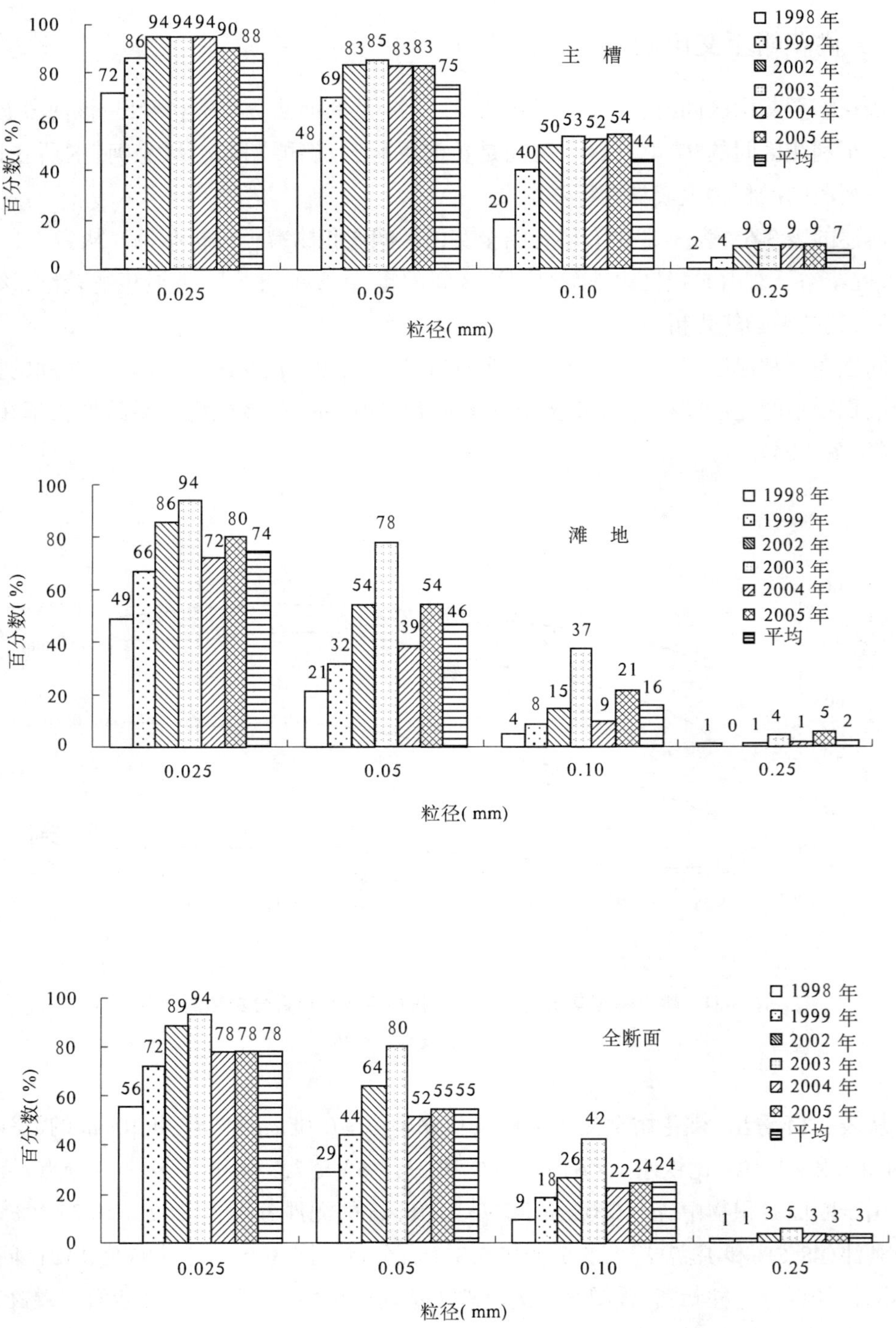

图 3-25　桃花峪至艾山主槽、滩地和全断面淤积物不同粒径百分数柱状图

第五节　不同时段黄河下游河道淤积物粒径组成分析

根据人类活动的影响，将下游河道淤积物粒径按 1960 年前（无三门峡水库影响）、1960～1999 年（无小浪底水库影响）和 1999 年后等几个时段分别进行分析。

一、三门峡水库运行前下游河道淤积物粒径组成计算

三门峡水库于 1960 年 9 月 15 日下闸蓄水，1960 年前基本上为天然状况。1960 年以后，由于三门峡水库的影响，一些粗颗粒泥沙淤积在了库区，使得下游淤积物细化。因此，有必要将有无三门峡水库影响的下游河道淤积物组成情况区别开来，可用 1999 年汛前深层钻孔资料进行分析。主要用了两种方法计算（两种计算方案），现分述如下。

（一）淤积物粒径组成计算（方案Ⅰ）

此方案主要采用河段平均扣除法。它是利用 1999 年汛前下游的深层钻孔资料，分河段扣除 1964 年以来的淤厚（见表 3-15），即为 1960 年以前的淤积物（因 1960 年 9 月至 1964 年 10 月三门峡蓄水拦沙，下泄清水，下游为全程冲刷），再利用各个河段滩槽级配和 1950～1960 年滩槽淤积量加权得到 1960 年前的淤积物粒径组成结果（见表 3-16）。

表 3-15　黄河下游 1964.11～1997.10 各河段深槽冲淤厚度

河段	间距（km）	平均槽宽（m）	冲淤面积（m^2）	冲淤量（亿 m^3）		冲淤厚度（m）
				梯形法	锥形法	
铁谢—花园口	111	1 829	3 747	4.155	4.143	2.05
花园口—夹河滩	108	2 325	7 004	7.556	7.421	3.01
夹河滩—高村	83	2 230	7 308	6.069	5.998	3.28
高村—孙口	128	1 039	3 952	5.071	5.033	3.80
孙口—艾山	63	735	2 657	1.67	1.659	3.62
艾山—泺口	105	533	2 431	2.55	2.535	4.56
泺口—利津	176	461	1 902	3.341	3.317	4.12
铁谢—利津	774	1 235	3 932	30.412	30.106	4.3

注：此表摘自龙毓骞等完成的《黄河下游断面法冲淤量分析与评价》，2004 年 4 月。

需要指出的是，1950 年黄河下游才开始有淤积大断面测量，此处假定 1960 年前与 1950～1960 年各河段淤积比例一致，故借用 1950～1960 年各河段淤积量来加权计算 1960 年前下游河段淤积物粒径组成。

从表 3-16 看出，1960 年前铁谢至利津河段主槽淤积物中，$d \geq 0.05$mm 和 $d \geq 0.10$mm 的泥沙占 77.8% 和 52.4%，比长系列的（67.1% 和 33.5%）粗，全断面 $d \geq 0.05$mm 和 $d \geq 0.10$mm 的泥沙占 49.7% 和 21.6%，与长系列的（48.8% 和 18.7%）相比粗得不多。

表 3-16 1960 年前铁谢至利津淤积物粒径组成分析

（方案Ⅰ，按河段平均扣除 1964 年后淤积层）

河段	地点分类	1950.7～1960.6 总淤积量（亿 t）	大于等于某粒径级的百分数（%）							
			0.005mm	0.01mm	0.025mm	0.05mm	0.10mm	0.25mm	0.5mm	1.0mm
铁谢	主槽	3.20	97.2	95.0	88.6	79.1	62.4	21.6	4.1	2.3
—	滩地	3.00	95.5	91.3	76.0	51.1	26.0	9.1	1.8	0.0
花园口	全断面	6.20	96.4	93.2	82.5	65.6	44.8	15.5	3.0	1.2
桃花峪	主槽	0.70	99.6	99.3	97.7	91.1	70.8	13.4	0.2	0.0
—	滩地	0.66	95.8	91.8	75.4	49.3	23.1	7.0	0.6	0.0
花园口	全断面	1.36	97.8	95.7	86.9	70.9	47.7	10.3	0.4	0.0
花园口	主槽	1.60	98.0	96.4	92.2	81.8	57.2	9.2	0.1	0.0
—	滩地	4.10	95.4	91.2	75.0	46.7	18.4	3.6	0.4	0.0
夹河滩	全断面	5.70	96.2	92.7	79.8	56.6	29.3	5.2	0.3	0.0
夹河滩	主槽	1.40	96.7	94.1	89.0	79.7	50.5	3.7	0.0	0.0
—	滩地	6.60	93.5	88.0	68.8	37.9	8.5	0.4	0.0	0.0
高村	全断面	8.00	94.1	89.1	72.4	45.2	15.8	1.0	0.0	0.0
高村	主槽	1.50	98.3	97.1	92.3	77.0	38.0	0.3	0.0	0.0
—	滩地	7.80	95.1	90.9	74.2	42.7	11.2	0.9	0.2	0.0
孙口	全断面	9.30	95.6	91.9	77.1	48.2	15.6	0.8	0.1	0.0
孙口	主槽	0.40	93.7	88.8	74.5	54.2	21.4	0.0	0.0	0.0
—	滩地	2.00	86.4	75.0	56.6	33.6	10.0	0.6	0.0	0.0
艾山	全断面	2.40	87.6	77.3	59.6	37.1	11.9	0.5	0.0	0.0
铁谢	主槽	8.10	97.3	95.2	89.4	78.1	52.8	11.1	1.7	0.9
—	滩地	23.50	94.0	88.9	71.6	42.3	13.5	2.3	0.3	0.0
艾山	全断面	31.60	94.9	90.5	76.1	51.5	23.6	4.5	0.7	0.2
桃花峪	主槽	5.60	97.6	95.8	90.9	79.2	49.6	5.3	0.1	0.0
—	滩地	21.16	93.9	88.6	71.0	41.3	12.0	1.4	0.2	0.0
艾山	全断面	26.76	94.7	90.1	75.2	49.3	19.9	2.2	0.1	0.0
艾山	主槽	0.10	92.1	85.5	68.5	49.7	20.3	0.0	0.0	0.0
—	滩地	1.90	91.1	85.8	67.4	35.3	7.6	0.5	0.0	0.0
泺口	全断面	2.00	91.2	85.8	67.5	36.0	8.3	0.5	0.0	0.0
泺口	主槽	0.00	91.6	84.7	66.6	45.8	16.7	0.4	0.0	0.0
—	滩地	2.50	93.3	88.3	71.0	37.8	7.7	0.6	0.1	0.0
利津	全断面	2.50	93.3	88.3	71.0	37.8	7.7	0.6	0.1	0.0
铁谢	主槽	8.20	97.2	95.1	89.1	77.8	52.4	10.9	1.6	0.9
—	滩地	27.90	93.8	88.6	71.2	41.5	12.6	2.0	0.3	0.0
利津	全断面	36.10	94.6	90.1	75.3	49.7	21.6	4.0	0.6	0.2

注：各河段滩地级配用表 3-13 成果。

1960 年前桃花峪至艾山主槽淤积物中，$d \geqslant 0.05$mm 和 $d \geqslant 0.10$mm 的泥沙占 79.2% 和 49.6%，$d \geqslant 0.05$mm 泥沙比例比相应时段铁谢至利津略高，$d \geqslant 0.10$mm 泥沙比例比相应时段铁谢至利津略低，全断面 $d \geqslant 0.05$mm 和 $d \geqslant 0.10$mm 的泥沙占 49.3% 和 19.9%，同样比长河段（49.7% 和 21.6%）略低，主要是桃花峪以上淤积了大量粗泥沙的缘故。

（二）淤积物粒径组成计算（方案Ⅱ）

方案Ⅱ采用逐个钻孔扣除法，如图 3-26 所示，用 1999 年汛前深层钻孔取样资料，逐孔判定 1964 年前（因 1960～1964 年下游全层冲刷）的淤积物埋深（见表 3-17），将 1964 年前各钻孔取样平均得到 1960 年前断面平均主槽粒径组成，再利用各河段滩槽级配和 1950～1960 年滩槽淤积量加权得到 1960 年前的淤积物粒径组成结果（见表 3-18）。

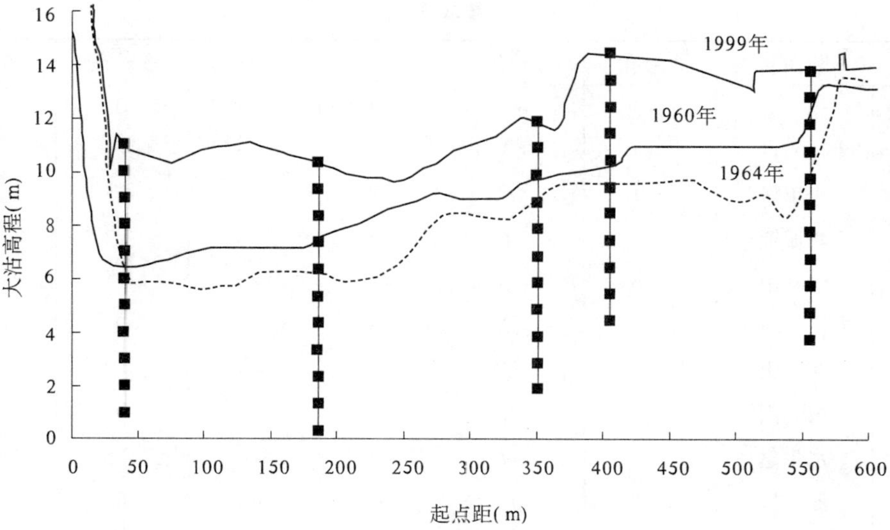

图 3-26　黄河下游利津断面 1960 年前后河床质取样位置判断分析

表 3-17　1964 年前后黄河下游河床质取样钻孔深度判别分析统计

(按 1999 年汛前钻孔资料:河南 11m,山东 10m)　(单位:m)

编号	断面名	1 号孔	2 号孔	3 号孔	4 号孔	5 号孔	6 号孔
1	铁　谢	0	0	0	0	0	—
2	花园镇	0	0	0	0	0	—
3	马峪沟	0	0	0	0	-2	—
4	伊洛河口	-1	-1	-2	-1	-4	—
5	官庄峪	-1	-1	0	-4	0	—
6	秦　厂	-3	-3	0	-2	-1	—
7	花园口	0	-2	-2	-3	-1	—
8	辛　寨	-2	-1	-2	-3	-3	—
9	韦　城	-1	0	0	0	-6	—
10	柳园口	-3	-3	-3	0	-3	—
11	夹河滩	-9	-1	0	0	-2	—
12	禅　房	-1	-2	-4	-4	-4	—
13	王高寨	-3	-3	-3	-3	-3	—
14	杨小寨	-5	-1	-2	0	-3	—
15	高　村	-1	0	0	0	0	—
16	苏泗庄	-1	-1	-6	-4	0	—
17	彭　楼	-5	-1	0	-1	-1	—

续表 3-17

编号	断面名	1 号孔	2 号孔	3 号孔	4 号孔	5 号孔	6 号孔
18	杨　集	-5	-5	-4	-4	0	—
19	孙　口	-4	-1	-3	-5	-1	—
20	十里堡	-1	0	-3	-2	-5	
21	陶城铺	-6	-6	-4	-4	-3	—
22	位　山	-6	-6	-5	-1	-1	—
23	王　坡	-1	-2	-3	0	0	—
24	艾　山	0	-5	-6	-7	-5	—
25	朱　圈	-1	-7	-3	-4	0	—
26	水牛赵	-7	-7	-6	-4	-5	-1
27	泺　口	-1	0	0	-1	0	—
28	刘家园	-1	-3	-3	-4	-4	—
29	杨　房	-4	-7	0	0	-2	—
30	道　旭	-1	-1	-1	-2	-2	—
31	利　津	-5	-4	-3	-4	-4	—

由表 3-18 看出，1960 年前铁谢至利津河段主槽淤积物中，$d \geq 0.05$mm 和 $d \geq 0.10$mm 的泥沙占 74.5% 和 48.9%，比河段平均扣除法（方案Ⅰ）计算结果稍小，但比长系列（67.1%和 33.5%）大，全断面 $d \geq 0.05$mm 和 $d \geq 0.10$mm 的泥沙占 49.0%和 20.8%，仍然比方案Ⅰ计算结果稍小。

（三）两种计算结果比较与讨论

对 1960 年前下游淤积物粒径组成分析进行了两种方案的计算，方案Ⅰ是河段平均扣除法，这种方案计算速度快，但较粗；方案Ⅱ虽然考虑了每个钻孔的具体情况，但由于下游的善淤善徙，今天的主槽有可能是 1964 年的滩地，表 3-17 中不同钻孔舍去层的参差就说明了这一点。由此看出：方案Ⅰ和方案Ⅱ均有不完善之处。因此，黄河下游 1960 年前主槽淤积物粒径组成计算结果宜采用两种方案的平均值较好（见表 3-19）。

铁谢至利津河段，1960 年前无三门峡水库影响情况下，总淤积量 36.1 亿 t，其中主槽淤积 8.2 亿 t。在主槽淤积物中，$d \geq 0.05$mm 和 $d \geq 0.10$mm 的泥沙分别为 6.24 亿 t 和 4.16 亿 t，分别占主槽总淤积量的 76.1% 和 50.7%，比长系列的（67.1% 和 33.5%）比例高。全断面中 $d \geq 0.05$mm 和 $d \geq 0.10$mm 的泥沙分别为 49.3%和 21.2%。

桃花峪至艾山河段淤积 26.8 亿 t，其中主槽淤积 5.6 亿 t。在主槽淤积物中，$d \geq 0.05$mm 和 $d \geq 0.10$mm 的泥沙分别为 4.32 亿 t 和 2.66 亿 t，分别占主槽总淤积量的 77.1%和 47.5%。全断面中 $d \geq 0.05$mm 和 $d \geq 0.10$mm 的泥沙分别为 48.6%和 19.5%，仍比长系列的比例高。

由表 3-19 看出，1960 年前铁谢至利津主槽淤积物中，$d \geq 0.05$mm 和 $d \geq 0.10$mm 的泥沙占 76.1%（3/4）和 50.7%（1/2）；桃花峪至艾山主槽淤积物中，$d \geq 0.05$mm 和 $d \geq$

0.10mm 的泥沙占 77.1%(3/4)和 47.5%(接近 1/2),说明在 1960 年前无三门峡水库影响的“自然”水沙情况下,下游主槽淤积物明显比长系列的粗。

表 3-18　1960 年前铁谢至利津淤积物粒径组成分析

(方案Ⅱ,按断面套绘逐孔扣除 1964 年后淤积层)

河段	地点分类	1950.7～1960.6 总淤积量(亿 t)	大于等于某粒径级的百分数(%)							
			0.005mm	0.01mm	0.025mm	0.05mm	0.10mm	0.25mm	0.5mm	1.0mm
铁谢	主槽	3.20	97.4	95.4	88.4	77.3	59.9	19.5	2.5	1.0
—	滩地	3.00	95.5	91.3	76.0	51.1	26.0	9.1	1.8	0.0
花园口	全断面	6.20	96.5	93.4	82.4	64.6	43.5	14.4	2.1	0.5
桃花峪	主槽	0.70	99.5	99.0	96.4	87.7	66.6	12.4	0.1	0.0
—	滩地	0.66	95.8	91.8	75.4	49.3	23.1	7.0	0.6	0.0
花园口	全断面	1.36	97.7	95.5	86.3	69.1	45.5	9.8	0.4	0.0
花园口	主槽	1.60	97.9	95.8	90.9	78.3	53.0	8.2	0.2	0.0
—	滩地	4.10	95.4	91.2	75.0	46.7	18.4	3.6	0.4	0.0
夹河滩	全断面	5.70	96.1	92.5	79.4	55.6	28.1	4.9	0.3	0.0
夹河滩	主槽	1.40	96.4	93.7	87.8	76.8	47.0	3.4	0.0	0.0
—	滩地	6.60	93.5	88.0	68.8	37.9	8.5	0.4	0.0	0.0
高村	全断面	8.00	94.0	89.0	72.2	44.7	15.2	1.0	0.0	0.0
高村	主槽	1.50	97.6	95.8	88.9	70.9	33.3	0.2	0.0	0.0
—	滩地	7.80	95.1	90.9	74.2	42.7	11.2	0.9	0.2	0.0
孙口	全断面	9.30	95.5	91.7	76.5	47.2	14.8	0.8	0.1	0.0
孙口	主槽	0.40	93.2	87.7	71.8	49.6	18.9	0.1	0.0	0.0
—	滩地	2.00	86.4	75.0	56.6	33.6	10.0	0.6	0.0	0.0
艾山	全断面	2.40	87.6	77.1	59.1	36.3	11.5	0.5	0.0	0.0
铁谢	主槽	8.10	97.2	94.9	88.1	74.8	49.3	9.9	1.0	0.4
—	滩地	23.50	94.0	88.9	71.6	42.3	13.5	2.3	0.3	0.0
艾山	全断面	31.60	94.8	90.4	75.8	50.7	22.7	4.2	0.5	0.1
桃花峪	主槽	5.60	97.3	95.1	88.9	75.1	45.5	4.8	0.1	0.0
—	滩地	21.16	93.9	88.6	71.0	41.3	12.0	1.4	0.2	0.0
艾山	全断面	26.76	94.6	90.0	74.8	48.4	19.0	2.1	0.1	0.0
艾山	主槽	0.10	91.3	83.6	63.8	43.6	16.6	0.0	0.0	0.0
—	滩地	1.90	91.1	85.8	67.4	35.3	7.6	0.5	0.0	0.0
泺口	全断面	2.00	91.1	85.7	67.2	35.7	8.1	0.5	0.0	0.0
泺口	主槽	0.00	92.4	86.0	68.3	46.0	16.5	0.4	0.0	0.0
—	滩地	2.50	93.3	88.3	71.0	37.8	7.7	0.6	0.1	0.0
利津	全断面	2.50	93.3	88.3	71.0	37.8	7.7	0.6	0.1	0.0
铁谢	主槽	8.20	97.1	94.7	87.8	74.5	48.9	9.8	1.0	0.4
—	滩地	27.90	93.8	88.6	71.2	41.5	12.6	2.0	0.3	0.0
利津	全断面	36.10	94.5	90.0	75.0	49.0	20.8	3.8	0.5	0.1

注:各河段滩地级配用表 3-14 成果。

表 3-19 1960 年前铁谢至利津淤积物粒径组成分析

（两种方案平均）

河段	地点分类	1950.7～1960.6总淤积量（亿 t）	大于等于某粒径级的百分数（%）							
			0.005mm	0.01mm	0.025mm	0.05mm	0.10mm	0.25mm	0.5mm	1.0mm
铁谢	主槽	3.2	97.3	95.2	88.5	78.2	61.1	20.5	3.3	1.6
—	滩地	3.0	95.5	91.3	76.0	51.1	26.0	9.1	1.8	0.0
花园口	全断面	6.2	96.4	93.3	82.5	65.1	44.1	15.0	2.6	0.8
桃花峪	主槽	0.7	99.5	99.1	97.1	89.4	68.7	12.9	0.1	0.0
—	滩地	0.7	95.8	91.8	75.4	49.3	23.1	7.0	0.6	0.0
花园口	全断面	1.4	97.7	95.6	86.6	70.0	46.6	10.0	0.4	0.0
花园口	主槽	1.6	98.0	96.1	91.5	80.1	55.1	8.7	0.2	0.0
—	滩地	4.1	95.4	91.2	75.0	46.7	18.4	3.6	0.4	0.0
夹河滩	全断面	5.7	96.1	92.6	79.6	56.1	28.7	5.1	0.3	0.0
夹河滩	主槽	1.4	96.6	93.9	88.4	78.2	48.7	3.5	0.0	0.0
—	滩地	6.6	93.5	88.0	68.8	37.9	8.5	0.4	0.0	0.0
高村	全断面	8.0	94.0	89.1	72.3	45.0	15.5	1.0	0.0	0.0
高村	主槽	1.5	98.0	96.5	90.6	73.9	35.7	0.3	0.0	0.0
—	滩地	7.8	95.1	90.9	74.2	42.7	11.2	0.9	0.2	0.0
孙口	全断面	9.3	95.6	91.8	76.8	47.7	15.2	0.8	0.1	0.0
孙口	主槽	0.4	93.5	88.2	73.2	51.9	20.2	0.1	0.0	0.0
—	滩地	2.0	86.4	75.0	56.6	33.6	10.0	0.6	0.0	0.0
艾山	全断面	2.4	87.6	77.2	59.3	36.7	11.7	0.5	0.0	0.0
铁谢	主槽	8.1	97.2	95.0	88.7	76.5	51.1	10.5	1.3	0.6
—	滩地	23.5	94.0	88.9	71.6	42.3	13.5	2.3	0.3	0.0
艾山	全断面	31.6	94.9	90.5	76.0	51.1	23.1	4.4	0.6	0.2
桃花峪	主槽	5.6	97.5	95.5	89.9	77.1	47.5	5.1	0.1	0.0
—	滩地	21.2	93.9	88.6	71.0	41.3	12.0	1.4	0.2	0.0
艾山	全断面	26.8	94.6	90.1	75.0	48.8	19.5	2.2	0.1	0.0
艾山	主槽	0.1	91.7	84.5	66.1	46.7	18.5	0.0	0.0	0.0
—	滩地	1.9	91.1	85.8	67.4	35.3	7.6	0.5	0.0	0.0
泺口	全断面	2.0	91.2	85.7	67.3	35.9	8.2	0.5	0.0	0.0
泺口	主槽	0.0	92.0	85.3	67.4	45.9	16.6	0.4	0.0	0.0
—	滩地	2.5	93.3	88.3	71.0	37.8	7.7	0.6	0.1	0.0
利津	全断面	2.5	93.3	88.3	71.0	37.8	7.7	0.6	0.1	0.0
铁谢	主槽	8.2	97.2	94.9	88.5	76.1	50.7	10.4	1.3	0.6
—	滩地	27.9	93.8	88.6	71.2	41.5	12.6	2.0	0.3	0.0
利津	全断面	36.1	94.5	90.0	75.1	49.3	21.2	3.9	0.5	0.1

二、三门峡水库运行后至小浪底水库运行前下游河道淤积物粒径组成分析

三门峡水库运行后，由于壅水和潼关高程的影响，一些粗泥沙首先淤在库区。据分析，三门峡库区潼关以上干流主槽淤积物中，$d \geqslant 0.05$mm 和 $d \geqslant 0.10$mm 的泥沙占 77.0% 和 47.1%，对下游淤积物组成必然有影响。仍然参照 1960 年前下游河道淤积物粒径组成分析方法，用 1999 年汛前深层钻孔资料进行分析。

（一）淤积物粒径组成计算（方案Ⅰ）

仍然是根据表 3-15 提供的 1964 年 11 月至 1997 年 10 月各河段深槽冲淤厚度，将 1999 年主槽深层钻孔资料对应淤积层颗粒分析资料分河段平均后，再利用各河段 1960 年 7 月至 1999 年 10 月滩槽淤积量加权计算。计算结果见表 3-20。由表 3-20 看出：1960 至

1999 年铁谢至利津主槽淤积物中，$d \geqslant 0.05$mm 和 $d \geqslant 0.10$mm 的泥沙占 51.9% 和 20.8%，明显比 1960 年前的淤积物细；桃花峪至艾山主槽淤积物中，$d \geqslant 0.05$mm 和 $d \geqslant 0.10$mm 的泥沙占 57.3% 和 27.8%，仍比 1960 年前的淤积物细得多。

表 3-20　1960～1999 年铁谢至利津淤积物粒径组成分析

（方案Ⅰ，按河段平均扣除 1964 年前淤积层）

河段	地点分类	1960.7～1999.10 总淤积量(亿 t)	大于等于某粒径级的百分数(%)							
			0.005mm	0.01mm	0.025mm	0.05mm	0.10mm	0.25mm	0.5mm	1.0mm
铁谢	主槽	-2.38	97.6	95.5	85.9	66.9	44.5	9.6	0.7	0
—	滩地	5.85	95.5	91.3	76.0	51.1	26.0	9.1	1.8	0
花园口	全断面	3.47	94.0	88.4	69.2	40.3	13.3	8.7	2.5	0
桃花峪	主槽	1.13	97.8	95.6	86.1	65.7	41.4	3.6	0	0
—	滩地	0.10	95.8	91.8	75.4	49.3	23.1	7.0	0.6	0
花园口	全断面	1.23	97.6	95.3	85.2	64.3	39.9	3.9	0.1	0
花园口	主槽	5.67	97.4	94.9	84.1	59.3	31.1	2.6	0.3	0
—	滩地	7.64	95.4	91.2	75.0	46.7	18.4	3.6	0.4	0
夹河滩	全断面	13.31	96.3	92.8	78.9	52.1	23.8	3.2	0.3	0
夹河滩	主槽	5.79	95.9	92.4	81.1	60.1	29.0	1.2	0	0
—	滩地	8.98	93.5	88.0	68.8	37.9	8.5	0.4	0	0
高村	全断面	14.77	94.4	89.7	73.6	46.6	16.5	0.7	0	0
高村	主槽	1.59	96.6	93.4	79.8	54.6	22.3	0	0	0
—	滩地	8.15	95.1	90.9	74.2	42.7	11.2	0.9	0.2	0
孙口	全断面	9.74	95.4	91.3	75.1	44.6	13.0	0.7	0.1	0
孙口	主槽	3.28	94.2	89.0	71.9	47.3	17.8	0.1	0	0
—	滩地	1.78	86.4	75.0	56.6	33.6	10.0	0.6	0	0
艾山	全断面	5.06	91.4	84.1	66.5	42.5	15.1	0.3	0	0
铁谢	主槽	13.95	95.9	92.2	79.2	55.0	23.8	0	0.0	0
—	滩地	32.40	94.3	89.4	72.2	43.3	14.8	2.9	0.4	0
艾山	全断面	46.35	94.8	90.2	74.3	46.8	17.5	2.0	0.3	0
桃花峪	主槽	17.45	96.2	92.8	80.5	57.3	27.8	1.5	0.1	0
—	滩地	26.65	94.1	89.0	71.4	41.7	12.3	1.5	0.2	0
艾山	全断面	44.10	94.9	90.5	75.0	47.8	18.4	1.5	0.1	0
艾山	主槽	3.22	93.5	87.4	69.4	48.0	18.1	0	0	0
—	滩地	0.80	91.1	85.8	67.4	35.3	7.6	0.5	0	0
泺口	全断面	4.02	93.0	87.1	69.0	45.5	16.0	0.1	0	0
泺口	主槽	4.46	94.4	89.2	72.5	45.1	13.2	0.1	0	0
—	滩地	2.55	93.3	88.3	71.0	37.8	7.7	0.6	0.1	0
利津	全断面	7.01	94.0	88.9	71.9	42.5	11.2	0.3	0.1	0
铁谢	主槽	21.64	95.2	90.8	76.3	51.9	20.8	0	0	0
—	滩地	35.75	94.2	89.2	72.1	42.8	14.1	2.7	0.4	0
利津	全断面	57.39	94.6	89.8	73.7	46.2	16.6	1.6	0.3	0

注：各河段滩地级配用表 3-14 成果。

(二)淤积物粒径组成计算(方案Ⅱ)

根据图 3-26,对 37 个断面各钻孔判定 1964 年后的淤积物,分别从钻孔、断面到河段平均,再利用各河段 1960 年 7 月至 1999 年 10 月滩槽淤积量加权计算。计算结果见表 3-21。由表 3-21 看出,铁谢至利津主槽淤积物中,$d \geqslant 0.05$mm 和 $d \geqslant 0.10$mm 的泥沙占 51.2%和 20.0%,仍然比 1960 年前的细;桃花峪至艾山主槽淤积物中,$d \geqslant 0.05$mm 和 $d \geqslant 0.10$mm 的泥沙占 55.4%和 26.6%,比长河段的粗,但比 1960 年前的细得多。

表 3-21 1960~1999 年铁谢至利津淤积物粒径组成分析

(方案Ⅱ,按断面套绘逐孔扣除 1964 年前淤积层)

河段	地点分类	1960.7~1999.10 总淤积量(亿 t)	大于等于某粒径级的百分数(%)							
			0.005mm	0.01mm	0.025mm	0.05mm	0.10mm	0.25mm	0.5mm	1.0mm
铁谢	主槽	-2.38	97.4	95.3	86.9	68.8	42.4	5.4	0.2	0
—	滩地	5.85	95.5	91.3	76.0	51.1	26.0	9.1	1.8	0
花园口	全断面	3.47	94.2	88.6	68.5	39.0	14.8	11.6	2.8	0
桃花峪	主槽	1.13	97.8	95.7	87.1	69.2	46.6	4.4	0	0
—	滩地	0.10	95.8	91.8	75.4	49.3	23.1	7.0	0.6	0
花园口	全断面	1.22	97.7	95.4	86.1	67.6	44.7	4.6	0.1	0
花园口	主槽	5.67	97.7	95.4	85.0	61.7	34.2	3.3	0	0
—	滩地	7.64	95.4	91.2	75.0	46.7	18.4	3.6	0.4	0
夹河滩	全断面	13.32	96.4	93.0	79.2	53.1	25.2	3.5	0.2	0
夹河滩	主槽	5.79	96.1	92.0	74.8	49.0	20.3	0.8	0	0
—	滩地	8.98	93.5	88.0	68.8	37.9	8.5	0.4	0	0
高村	全断面	14.76	94.5	89.6	71.2	42.3	13.1	0.6	0	0
高村	主槽	1.59	97.4	94.0	76.6	48.6	17.8	0.0	0.0	0
—	滩地	8.15	95.1	90.9	74.2	42.7	11.2	0.9	0.2	0
孙口	全断面	9.74	95.5	91.4	74.6	43.6	12.3	0.7	0.1	0
孙口	主槽	3.28	95.6	91.6	77.2	54.2	21.8	0.0	0	0
—	滩地	1.78	86.4	75.0	56.6	33.6	10.0	0.6	0	0
艾山	全断面	5.06	92.4	85.8	69.9	47.0	17.6	0.2	0	0
铁谢	主槽	13.95	96.6	92.9	77.6	52.0	22.3	0.8	0	0
—	滩地	32.40	94.3	89.4	72.2	43.3	14.8	2.9	0.4	0
艾山	全断面	46.35	95.0	90.5	73.9	45.9	17.0	2.2	0.3	0
桃花峪	主槽	17.45	96.8	93.4	79.5	55.4	26.6	1.6	0	0
—	滩地	26.65	94.1	89.0	71.4	41.7	12.3	1.5	0.2	0
艾山	全断面	44.10	95.1	90.7	74.6	47.1	18.0	1.6	0.1	0
艾山	主槽	3.22	95.8	91.9	78.4	55.1	20.6	0.0	0	0
—	滩地	0.80	91.1	85.8	67.4	35.3	7.6	0.5	0	0
泺口	全断面	4.02	94.9	90.7	76.2	51.2	18.0	0.1	0	0

续表 3-21

河段	地点分类	1960.7～1999.10总淤积量(亿 t)	大于等于某粒径级的百分数(%)							
			0.005mm	0.01mm	0.025mm	0.05mm	0.10mm	0.25mm	0.5mm	1.0mm
泺口	主槽	4.46	95.0	90.4	75.0	45.8	12.5	0.1	0	0
—	滩地	2.55	93.3	88.3	71.0	37.8	7.7	0.6	0.1	0
利津	全断面	7.01	94.4	89.6	73.6	42.9	10.8	0.3	0.1	0
铁谢	主槽	21.64	96.1	92.3	77.2	51.2	20.0	0.5	0	0
—	滩地	35.75	94.2	89.2	72.1	42.8	14.1	2.7	0.4	0
利津	全断面	57.39	94.9	90.4	74.0	45.9	16.3	1.9	0.3	0

注:各河段滩地级配用表 3-14 成果。

(三)结果比较与讨论

前面已讨论过两种计算方法均有缺陷,故采用两方案的平均值(见表 3-22)。1960～1999 年铁谢至利津共淤积泥沙 57.39 亿 t,其中主槽淤积 21.64 亿 t。在主槽淤积物中,$d \geqslant 0.05$mm 和 $d \geqslant 0.10$mm 的泥沙分别为 11.14 亿 t 和 4.41 亿 t,分别占主槽总淤积量的 51.5%和 20.4%,比 1960 年前的(76.1%和 50.7%)偏少 24.6 个和 30.3 个百分点;桃花峪至艾山主槽淤积物中,$d \geqslant 0.05$mm 和 $d \geqslant 0.10$mm 的泥沙占 56.3%和 27.2%,比 1960 年前的(77.1%和 47.5%)偏少 20.8 个和 20.3 个百分点。从主槽淤积物中 0.10mm 以上的粗泥沙来看,1960 年前是 1960 年后的 2.5 倍。这期间,三门峡库区干流潼关以上主槽淤积物中,$d \geqslant 0.05$mm 和 $d \geqslant 0.10$mm 的泥沙占 77%和 47.1%的结果表明,三门峡库区淤积了一些粗泥沙,对下游淤积物组成是有影响的。

表 3-22　1960～1999 年铁谢至利津淤积物粒径组成分析

(两种方案平均)

河段	地点分类	1960.7～1999.10总淤积量(亿 t)	大于等于某粒径级的百分数(%)							
			0.005mm	0.01mm	0.025mm	0.05mm	0.10mm	0.25mm	0.5mm	1.0mm
铁谢	主槽	-2.38	97.5	95.4	86.4	67.8	43.4	7.5	0.5	0
—	滩地	5.85	95.5	91.3	76.0	51.1	26.0	9.1	1.8	0
花园口	全断面	3.47	94.1	88.5	68.9	39.6	14.0	10.1	2.7	0
桃花峪	主槽	1.13	97.8	95.6	86.6	67.4	44.0	4.0	0.0	0
—	滩地	0.10	95.8	91.8	75.4	49.3	23.1	7.0	0.6	0
花园口	全断面	1.22	97.6	95.3	85.7	66.0	42.3	4.2	0.1	0
花园口	主槽	5.67	97.5	95.1	84.5	60.5	32.7	3.0	0.1	0
—	滩地	7.64	95.4	91.2	75.0	46.7	18.4	3.6	0.4	0
夹河滩	全断面	13.32	96.3	92.9	79.0	52.6	24.5	3.4	0.3	0
夹河滩	主槽	5.79	96.0	92.2	77.9	54.6	24.7	1.0	0.0	0
—	滩地	8.98	93.5	88.0	68.8	37.9	8.5	0.4	0.0	0
高村	全断面	14.76	94.5	89.7	72.4	44.4	14.8	0.7	0.0	0

续表 3-22

河段	地点分类	1960.7～1999.10 总淤积量（亿 t）	大于等于某粒径级的百分数（%）							
			0.005mm	0.01mm	0.025mm	0.05mm	0.10mm	0.25mm	0.5mm	1.0mm
高村	主槽	1.59	97.0	93.7	78.2	51.6	20.1	0.0	0.0	0
—	滩地	8.15	95.1	90.9	74.2	42.7	11.2	0.9	0.2	0
孙口	全断面	9.74	95.4	91.4	74.8	44.1	12.7	0.7	0.1	0
孙口	主槽	3.28	94.9	90.3	74.5	50.8	19.8	0.1	0.0	0
—	滩地	1.78	86.4	75.0	56.6	33.6	10.0	0.6	0.0	0
艾山	全断面	5.06	91.9	84.9	68.2	44.7	16.4	0.3	0.0	0
铁谢	主槽	13.95	96.2	92.6	78.4	53.5	23.1	0.4	0.0	0
—	滩地	32.40	94.3	89.4	72.2	43.3	14.8	2.9	0.4	0
艾山	全断面	46.35	94.9	90.3	74.1	46.4	17.3	2.1	0.3	0
桃花峪	主槽	17.45	96.5	93.1	80.0	56.3	27.2	1.6	0.0	0
—	滩地	26.65	94.1	89.0	71.4	41.7	12.3	1.5	0.2	0
艾山	全断面	44.10	95.0	90.6	74.8	47.5	18.2	1.5	0.1	0
艾山	主槽	3.22	94.7	89.7	73.9	51.6	19.3	0.0	0.0	0
—	滩地	0.80	91.1	85.8	67.4	35.3	7.6	0.5	0.0	0
泺口	全断面	4.02	94.0	88.9	72.6	48.3	17.0	0.1	0.0	0
泺口	主槽	4.46	94.7	89.8	73.7	45.5	12.9	0.1	0.0	0
—	滩地	2.55	93.3	88.3	71.0	37.8	7.7	0.6	0.1	0
利津	全断面	7.01	94.2	89.3	72.8	42.7	11.0	0.3	0.1	0
铁谢	主槽	21.64	95.7	91.6	76.8	51.5	20.4	0.3	0.0	0
—	滩地	35.75	94.2	89.2	72.1	42.8	14.1	2.7	0.4	0
利津	全断面	57.39	94.8	90.1	73.8	46.1	16.5	1.8	0.3	0

三、小浪底水库运行后下游河道淤积物粒径组成分析

小浪底水库于 1999 年 9 月 15 日下闸蓄水拦沙，此时下游河道受三门峡和小浪底水库的共同影响，除 2000 年为淤积外，其余各年均为冲刷。1999 年 10 月至 2004 年 10 月下游铁谢至利津河道冲刷泥沙约 8.15 亿 t，到 2004 年 10 月总淤积量约 85.34 亿 t（参见表 3-13）。其中，粒径大于 0.10mm 和大于 0.05mm 的泥沙占 62.3% 和 29.0%；主槽淤积物中粒径大于 0.10mm 和大于 0.05mm 的泥沙占 82.1% 和 46.9%。

桃花峪至艾山河段，到 2004 年 10 月累计淤积 66.0 亿 t，粒径大于 0.10mm 和大于 0.05mm 的泥沙占 62.6% 和 30.8%；主槽淤积物中粒径大于 0.10mm 和大于 0.05mm 的泥沙占 82.8% 和 54.4%，比全河段淤积物稍粗。

（一）2004 年汛后下游河床淤积物粒径组成分析

2004 年调水调沙后，下游进行了河床质钻孔取样，根据各河段滩槽颗粒分析资料和滩槽淤积量计算，在现有淤积物中各级泥沙淤积量见表 3-23。从表 3-23 看出，粒径越粗，绝对淤积量越少。

表 3-23 1950 年 7 月至 2004 年 10 月黄河下游铁谢至利津分级淤积量组成分析

(单位:亿 t)

河段	地点分类	1950.7~2004.10 总淤积量(亿 t)	大于等于某粒径级的百分数(%)							
			0.005mm	0.01mm	0.025mm	0.05mm	0.10mm	0.25mm	0.5mm	1.0mm
铁谢	主槽	-1.76	-1.66	-1.60	-1.50	-1.39	-1.23	-0.67	-0.13	0
—	滩地	8.79	8.55	8.37	7.79	6.18	3.99	2.03	0.39	0
花园口	全断面	7.03	6.89	6.77	6.29	4.79	2.76	1.36	0.26	0
桃花峪	主槽	1.50	1.45	1.43	1.37	1.28	1.06	0.37	0.03	0
—	滩地	0.76	0.73	0.71	0.64	0.50	0.38	0.26	0.03	0
花园口	全断面	2.26	2.18	2.14	2.01	1.78	1.44	0.64	0.06	0
花园口	主槽	5.07	4.95	4.89	4.74	4.43	3.22	0.74	0.04	0
—	滩地	11.52	11.05	10.67	9.43	7.47	4.85	1.96	0.20	0
夹河滩	全断面	16.59	16.00	15.56	14.18	11.90	8.07	2.70	0.24	0
夹河滩	主槽	6.25	6.03	5.90	5.66	5.18	3.34	0.47	0	0
—	滩地	15.32	13.99	13.18	11.04	6.70	1.85	0.07	0	0
高村	全断面	21.57	20.02	19.08	16.70	11.87	5.19	0.54	0	0
高村	主槽	2.65	2.56	2.51	2.40	2.19	1.27	0.08	0	0
—	滩地	15.69	15.03	14.56	13.18	8.68	2.22	0.09	0	0
孙口	全断面	18.34	17.59	17.06	15.58	10.86	3.48	0.16	0	0
孙口	主槽	3.51	3.32	3.21	3.00	2.65	1.43	0.05	0	0
—	滩地	3.76	3.62	3.52	3.23	2.25	0.72	0.02	0	0
艾山	全断面	7.27	6.93	6.73	6.23	4.90	2.14	0.07	0	0
铁谢	主槽	15.71	15.20	14.90	14.30	13.06	8.02	0.66	-0.09	0
—	滩地	55.08	52.23	50.30	44.68	31.27	13.62	4.17	0.59	0
艾山	全断面	70.79	67.43	65.20	58.98	44.33	21.64	4.83	0.51	0
桃花峪	主槽	19.0	18.31	17.92	17.17	15.72	10.32	1.71	0.07	0
—	滩地	47.0	44.42	42.64	37.53	25.60	10.01	2.40	0.23	0
艾山	全断面	66.0	62.72	60.57	54.70	41.32	20.33	4.11	0.30	0
艾山	主槽	2.97	2.84	2.77	2.64	2.32	1.12	0.03	0	0
—	滩地	2.71	2.58	2.50	2.22	1.30	0.28	0	0	0
泺口	全断面	5.68	5.43	5.28	4.87	3.62	1.40	0.03	0	0

续表 3-23

河段	地点分类	1950.7～2004.10总淤积量(亿 t)	大于等于某粒径级的百分数(%)							
			0.005mm	0.01mm	0.025mm	0.05mm	0.10mm	0.25mm	0.5mm	1.0mm
泺口	主槽	3.85	3.72	3.65	3.52	3.12	1.42	0.02	0	0
—	滩地	5.02	4.73	4.55	3.94	2.10	0.30	0.01	0	0
利津	全断面	8.86	8.45	8.20	7.46	5.22	1.72	0.02	0	0
铁谢	主槽	22.53	21.76	21.32	20.47	18.50	10.56	0.71	-0.09	0
—	滩地	62.81	59.54	57.36	50.84	34.67	14.20	4.17	0.59	0
利津	全断面	85.34	81.31	78.68	71.31	53.17	24.76	4.88	0.51	0

1950 年 7 月至 2004 年 10 月，铁谢至利津河段共淤积泥沙 85.34 亿 t，其中粒径大于 0.025mm、大于 0.05mm、大于 0.10mm 和大于 0.25mm 的泥沙分别为 60.85 亿 t(占 71.31%)、45.37 亿 t(占 53.17%)、21.13 亿 t(占 24.76%)和 4.16 亿 t(占 4.88%)，粒径 0.5mm 以上的泥沙很少，仅 0.43 亿 t；主槽中淤积泥沙 22.53 亿 t，占全断面淤积泥沙总量的 26.4%，其中粒径大于 0.025mm、大于 0.05mm、大于 0.10mm 和大于 0.25mm 的泥沙分别为 5.95 亿 t(占 20.47%)、4.17 亿 t(占 18.50%)、2.38 亿 t(占 10.56%)和 0.15 亿 t(占 0.71%)。总的看来，主槽淤积物远比滩地粗。

小浪底水库运行以来，特别是经过三次调水调沙试验，下游河道普遍冲刷，主槽淤积物进一步粗化。铁谢至利津河段主槽淤积物中粒径 0.10mm 以上的泥沙含量所占比例，2002～2004 年每年汛前分别为 39.3%、43.1%、46.5%，2004 年汛后为 46.9%，有向 50%靠近的趋势。

(二)小浪底水库运行后下游冲刷各级泥沙分析

小浪底水库运行后，下游河道除 2000 年有淤积外，其余各年均为冲刷，人们也比较关心冲走的泥沙组成情况。本次利用断面法计算的冲刷量乘以出口站同时段的悬移质级配进行了粗略估算。

小浪底水库运行后的 1999 年 10 月至 2004 年 10 月，铁谢至利津河段共冲走泥沙 8.16 亿 t。其中 2002～2004 年冲走的多达 7.83 亿 t。在冲走的 8.16 亿 t 泥沙中，主槽占 89.7%，这对扩大行洪断面十分有益。利用断面法计算的冲刷量乘以出口站同时段的悬移质级配粗略估算，冲走的泥沙中，粒径大于 0.025mm、大于 0.05mm 和大于 0.10mm 的泥沙分别为 3.87 亿 t、1.34 亿 t 和 0.15 亿 t，冲走的大部分是粒径小于 0.025mm 的细泥沙(约为 4.28 亿 t)，据表 3-24 计算而得。

(三)三次调水调沙冲走各级泥沙分析

2002～2004 年，黄河上进行了三次规模宏大的调水调沙试验。三次调水调沙小浪底至利津共冲刷泥沙 1.455 亿 t(第一次冲刷 0.334 亿 t，第二次冲刷 0.456 亿 t，第三次冲刷 0.665 亿 t)，利用冲刷量乘以利津水文站调水调沙期的悬沙级配简单估算，冲走的泥沙中粒径大于 0.025mm、大于 0.05mm 和大于 0.10mm 的泥沙分别为 0.74 亿 t、0.30 亿 t 和 0.05 亿 t。冲刷的泥沙中粒径大于 0.10mm 的泥沙占 3.6%，明显比 1999 年 10 月至 2004 年 10 月冲刷的粒径 0.10mm 的泥沙比例(1.9%)大，说明大流量可冲走更多的粗颗粒泥沙。

库区及下游河段不同时段来沙量、排沙量及淤积量见表 3-25。

表 3-24　黄河下游不同时段各粒径级泥沙淤积分析

时段	河段	地点分类	淤积量(亿 t)	淤积量(亿 t/a)	大于等于某粒径级淤积量(亿 t/a)				大于等于某粒径级淤积量占总淤积量的百分比(%)			
					0.025 mm	0.05 mm	0.10 mm	0.25 mm	0.025 mm	0.05 mm	0.10 mm	0.25 mm
1950.7 ~ 1960.10	铁谢 — 艾山	主槽	8.1	0.81	0.72	0.62	0.41	0.09	88.7	76.5	51.1	10.5
		滩地	23.5	2.35	1.69	0.95	0.28	0.03	71.9	40.6	12.0	1.4
		全断面	31.6	3.16	2.41	1.57	0.70	0.12	76.2	49.8	22.0	3.8
	桃花峪 — 艾山	主槽	5.6	0.56	0.50	0.43	0.27	0.03	89.9	77.1	47.5	5.1
		滩地	21.2	2.12	1.52	0.85	0.23	0.02	71.5	39.9	10.7	0.8
		全断面	26.8	2.68	2.02	1.28	0.49	0.05	75.3	47.7	18.4	1.7
	铁谢 — 利津	主槽	8.2	0.82	0.73	0.62	0.42	0.09	88.5	76.1	50.7	10.4
		滩地	27.9	2.79	2.01	1.11	0.32	0.04	71.9	39.8	11.3	1.3
		全断面	36.1	3.61	2.73	1.73	0.73	0.12	75.7	48.0	20.2	3.4
1960.10 ~ 1999.10	铁谢 — 艾山	主槽	13.95	0.36	0.28	0.19	0.08	0.00	78.4	53.5	23.1	0.4
		滩地	32.4	0.83	0.60	0.36	0.12	0.02	72.5	43.7	15.0	2.9
		全断面	46.35	1.19	0.88	0.55	0.21	0.03	74.3	46.6	17.4	2.1
	桃花峪 — 艾山	主槽	17.45	0.45	0.36	0.25	0.12	0.01	80.0	56.3	27.2	1.6
		滩地	26.65	0.68	0.49	0.29	0.09	0.01	71.7	42.1	12.6	1.5
		全断面	44.1	1.13	0.85	0.54	0.21	0.02	75.0	47.7	18.3	1.5
	铁谢 — 利津	主槽	21.64	0.55	0.43	0.29	0.11	0.00	76.8	51.5	20.4	0.3
		滩地	35.75	0.92	0.67	0.40	0.13	0.02	72.6	43.8	14.7	2.6
		全断面	57.39	1.47	1.09	0.69	0.25	0.03	74.2	46.7	16.9	1.7
1999.10 ~ 2004.10	铁谢 — 艾山	主槽	-6.34	-1.27	-0.57	-0.20	-0.03	0.00	45.0	15.9	2.0	0
		滩地	-0.82	-0.16	-0.07	-0.03	0.00	0.00	45.0	15.9	2.0	0
		全断面	-7.16	-1.43	-0.64	-0.23	-0.03	0.00	45.0	15.9	2.0	0
	桃花峪 — 艾山	主槽	-4.15	-0.83	-0.37	-0.13	-0.02	0.00	45.0	15.9	2.0	0
		滩地	-0.76	-0.15	-0.07	-0.02	0.00	0.00	45.0	15.9	2.0	0
		全断面	-4.91	-0.98	-0.44	-0.16	-0.02	0.00	45.0	15.9	2.0	0
	铁谢 — 利津	主槽	-7.31	-1.46	-0.69	-0.24	-0.03	0.00	47.5	16.4	1.9	0
		滩地	-0.85	-0.17	-0.08	-0.03	0.00	0.00	47.5	16.4	1.9	0
		全断面	-8.16	-1.63	-0.77	-0.27	-0.03	0.00	47.5	16.4	1.9	0
2001.10 ~ 2004.10	铁谢 — 艾山	主槽	-6.04	-2.01	-1.09	-0.40	-0.05	0.00	54.1	20.1	2.6	0
		滩地	-0.43	-0.14	-0.08	-0.03	0.00	0.00	54.1	20.1	2.6	0
		全断面	-6.47	-2.16	-1.17	-0.43	-0.06	0.00	54.1	20.1	2.6	0
	桃花峪 — 艾山	主槽	-4.22	-1.41	-0.76	-0.28	-0.04	0.00	54.1	20.1	2.6	0
		滩地	-0.43	-0.14	-0.08	-0.03	0.00	0.00	54.1	20.1	2.6	0
		全断面	-4.65	-1.55	-0.84	-0.31	-0.04	0.00	54.1	20.1	2.6	0
	铁谢 — 利津	主槽	-7.40	-2.47	-1.35	-0.50	-0.07	0.00	54.7	20.3	2.8	0
		滩地	-0.43	-0.14	-0.08	-0.03	0.00	0.00	54.7	20.3	2.8	0
		全断面	-7.83	-2.61	-1.43	-0.53	-0.07	0.00	54.7	20.3	2.8	0
三次调水调沙	铁谢 — 利津	主槽	-2.12	-2.12	-1.08	-0.44	-0.08	0.00	51.0	20.7	3.6	0
		滩地	0.67	0.67	0.55	0.37	0.13	0.02	82.3	54.7	19.5	3.0
		全断面	-1.46	-1.46	-0.74	-0.30	-0.05	0.00	51.0	20.7	3.6	0

注：①三次调水调沙分级淤积量为总量；②1999.10 ~ 2004.10 和 2001.10 ~ 2004.10 下游河道为冲刷，各河段分级冲刷量分别借用 2000 ~ 2003 年和 2002 ~ 2003 年相应出口站悬沙级配分解；③三次调水调沙分级冲刷量借用利津站调水调沙月的悬沙级配分解。

表 3-25　黄河中下游来沙、沉积与输沙情况

时段	河段	站(区)名	部位	大于等于某粒径级沙量(亿 t/a)					大于等于某粒径级沙重百分数(%)				备注
				全沙	0.025 mm	0.05 mm	0.10 mm	0.25 mm	0.025 mm	0.05 mm	0.10 mm	0.25 mm	
1950～1960	三门峡库区	“四站”来沙		16.99									下游河道淤积量为1950年7月至1960年10月
		三门峡输沙		16.77									
		“四站”—三门峡		0.22									
	下游河道	小黑武输沙		17.00									
		利津输沙		12.21									
		“三站”—利津		4.79									
		铁谢—艾山淤积量	主槽	0.81	0.72	0.62	0.41	0.09	88.7	76.5	51.1	10.5	
			滩地	2.35	1.69	0.95	0.28	0.03	71.9	40.6	12.0	1.4	
			全断面	3.16	2.41	1.57	0.70	0.12	76.2	49.8	22.0	3.8	
		桃花峪—艾山淤积量	主槽	0.56	0.50	0.43	0.27	0.03	89.9	77.1	47.5	5.1	
			滩地	2.12	1.52	0.85	0.23	0.02	71.5	39.9	10.7	0.8	
			全断面	2.68	2.02	1.28	0.49	0.05	75.3	47.7	18.4	1.7	
		铁谢—利津淤积量	主槽	0.82	0.73	0.62	0.42	0.09	88.5	76.1	50.7	10.4	
			滩地	2.79	2.01	1.11	0.32	0.04	71.9	39.8	11.3	1.3	
			全断面	3.61	2.73	1.73	0.73	0.12	75.7	48.0	20.2	3.4	
1961～1999	三门峡库区	“四站”来沙		11.89	5.84	2.63	0.66	0.17	49.1	22.1	5.5	1.5	下游河道淤积量为1960年10月至1999年10月平均值
		三门峡输沙		10.43	4.96	2.21	0.42	0.03	47.5	21.2	4.1	0.3	
		“四站”—三门峡		1.46	0.89	0.42	0.23	0.14					
		库区淤积量	主槽	0.95	0.82	0.62	0.35	0.08	85.8	65.8	36.6	8.1	
			滩地	1.64	1.16	0.62	0.26	0.06	70.6	37.7	15.8	3.4	
			全断面	2.59	1.97	1.24	0.61	0.13	76.2	48.0	23.4	5.1	
	下游河道	小黑武输沙		10.30	4.77	2.07	0.40	0.01	46.3	20.0	3.9	0.1	
		利津输沙		7.67	3.10	1.14	0.06	0.00	40.5	14.9	0.8	0.0	
		“三站”—利津		2.6	1.7	0.9	0.3	0.0					
		铁谢—艾山淤积量	主槽	0.36	0.28	0.19	0.08	0.00	78.4	53.5	23.1	0.4	
			滩地	0.83	0.60	0.36	0.12	0.02	72.5	43.7	15	2.9	
			全断面	1.19	0.88	0.55	0.21	0.03	74.3	46.6	17.4	2.1	
		桃花峪—艾山	主槽	0.45	0.36	0.25	0.12	0.01	80	56.3	27.2	1.6	
			滩地	0.68	0.49	0.29	0.09	0.01	71.7	42.1	12.6	1.5	
			全断面	1.13	0.85	0.54	0.21	0.02	75	47.7	18.3	1.5	
		铁谢—利津淤积量	主槽	0.55	0.43	0.29	0.11	0.00	76.8	51.5	20.4	0.3	
			滩地	0.92	0.67	0.40	0.13	0.02	72.6	43.8	14.7	2.6	
			全断面	1.47	1.09	0.69	0.25	0.03	74.2	46.7	16.9	1.7	

续表 3-25

时段	河段	站(区)名	部位	大于等于某粒径级沙量(亿 t/a)					大于等于某粒径级沙重百分数(%)				备注
				全沙	0.025 mm	0.05 mm	0.10 mm	0.25 mm	0.025 mm	0.05 mm	0.10 mm	0.25 mm	
2000 ~ 2004	三门峡库区	“四站”来沙		4.92	2.41	0.70	0.12	0.05	49.0	14.2	2.4	1.0	库区淤积量为2000年10月至2003年10月平均值,铁谢至利津淤积量为1999年10月至2004年10月断面法成果,分级冲刷量是用利津站2000年、2003平均悬沙级配分解得到
		三门峡输沙		4.70	2.56	0.78	0.09	0.01	54.5	16.6	2.0	0.2	
		“四站”—三门峡		0.22	-0.15	-0.08	0.02	0.04					
		库区淤积量	主槽	-0.02	-0.01	0.00	0.00	0.00	54.5	16.6	2.0	0.2	
			滩地	0.09	0.05	0.01	0.00	0.00	54.5	16.6	2.0	0.2	
			全断面	0.06	0.04	0.01	0.00	0.00					
	下游河道	小黑武输沙		0.60	0.09	0.02	0.00	0.00	15.1	3.6	0.8	0.0	
		利津输沙		1.16	0.64	0.23	0.03	0.00	54.7	20.1	2.6	0.0	
		“三站”—利津		-0.56	-0.55	-0.21	-0.03	0.00					
		铁谢—利津淤积量	主槽	-1.46	-0.80	-0.29	-0.04	0.00	54.7	20.1	2.6	0.0	
			滩地	-0.17	-0.09	-0.03	0.00	0.00	54.7	20.1	2.6	0.0	
			全断面	-1.63	-0.89	-0.33	-0.04	0.00					
2002 ~ 2004	三门峡库区	“四站”来沙		5.64	2.70	0.84	0.17	0.07	47.8	14.8	3.0	1.3	库区淤积量为2002年和2003年的平均值,铁谢至利津淤积量为2001年10月至2004年10月断面法成果,分级冲刷量是用利津站2002年、2003年平均悬沙级配分解得到
		三门峡输沙		6.14	3.28	1.08	0.16	0.01	53.3	17.6	2.7	0.1	
		“四站”—三门峡		-0.50	-0.58	-0.24	0.01	0.06					
		库区淤积量	主槽	-0.41	-0.22	-0.07	-0.01	0.0	53.3	17.6	2.7	0.1	
			滩地	-0.64	-0.34	-0.11	-0.02	0.0	53.3	17.6	2.7	0.1	
			全断面	-1.05	-0.56	-0.18	-0.03	0.00					
	下游河道	小黑武输沙		1.00	0.10	0.03	0.01	0.00	9.9	3.1	0.9	0.0	
		利津输沙		2.12	1.15	0.43	0.06	0.00	54.5	20.3	2.8	0.0	
		“三站”—利津		-1.12	-1.06	-0.40	-0.05	0.00					
		铁谢—利津淤积量	主槽	-2.47	-1.35	-0.50	-0.07	0.00	54.5	20.3	2.8	0.0	
			滩地	-0.14	-0.08	-0.03	0.00	0.00	54.5	20.3	2.8	0.0	
			全断面	-2.61	-1.42	-0.53	-0.07	0.00					
1950 ~ 2004	三门峡库区	“四站”来沙		11.18	5.50	2.43	0.60	0.16	49.2	21.8	5.4	1.4	“四站”来沙、三门峡输沙和库区淤积量为1960年至2003年平均值。小、黑、武和利津输沙为1950年至2003年,分级输沙量用1960年至2003年平均级配分解得到
		三门峡输沙		9.84	4.67	2.05	0.39	0.03	47.5	20.8	3.9	0.3	
		“四站”—三门峡		1.34	0.83	0.39	0.21	0.13					
		库区淤积量	主槽	0.58	0.54	0.50	0.38	0.2	93.8	86.0	66.2	37.7	
			滩地	1.00	0.88	0.71	0.38	0.2	88.1	70.6	37.6	16.1	
			全断面	1.58	1.42	1.21	0.76	0.38	90.2	76.3	48.0	24.0	
	下游河道	小黑武输沙		11.0	5.04	2.17	0.42	0.01	45.8	19.7	3.8	0.1	
		利津输沙		8.11	3.29	1.21	0.07	0.00	40.5	14.9	0.9	0.0	
		“三站”—利津		2.89	1.75	0.96	0.34	0.01					
		铁谢—艾山淤积量	主槽	0.29	0.25	0.20	0.11	0.01	84.3	70.3	38	2.6	
			滩地	1.02	0.73	0.44	0.14	0.03	71.9	42.9	14.2	2.6	
			全断面	1.31	0.98	0.64	0.26	0.03	74.7	49	19.5	2.6	
		桃花峪—艾山淤积量	主槽	0.35	0.31	0.26	0.16	0.02	88.0	74.8	44.4	6.8	
			滩地	0.87	0.65	0.40	0.14	0.02	74.4	46.4	15.8	1.9	
			全断面	1.22	0.96	0.67	0.29	0.04	78.3	54.5	24	3.3	
		铁谢—利津淤积量	主槽	0.42	0.35	0.28	0.14	0.01	83.2	67.1	33.5	1.9	
			滩地	1.16	0.83	0.49	0.16	0.03	71.7	42.2	13.4	2.4	
			全断面	1.58	1.18	0.77	0.30	0.04	74.7	48.8	18.7	2.3	

注:因洑头水文站是1963年、小浪底水文站是1964年开始有颗粒分析资料的,故1950~1960年未计算来沙、输沙和差值的分级输沙量。

第六节　黄河下游河道淤积物粒径分析(平衡法)

一、淤积物粒径组成

(一)小浪底至利津区间淤积量及其粒径组成

1. 淤积量分析

利用水文站悬移质输沙量,考虑区间灌溉引沙、淤背引沙等因素后,计算小浪底至利津区间不同时段淤积物各粒径级的淤积量,结果见表 3-26。可以看出,1960～2003 年实测悬移质全沙及 $d \geqslant 0.025$mm、$d \geqslant 0.05$mm、$d \geqslant 0.10$mm、$d \geqslant 0.25$mm 和 $d \geqslant 0.5$mm 泥沙的年均淤积量分别为 1.06 亿 t 、0.88 亿 t、0.58 亿 t、0.26 亿 t、0.01 亿 t 和 0。

图 3-27 给出了 1960～2003 年该区间不同粒径级的淤积量。由图可以看出,进入小浪底水库的泥沙,主要是粒径为 0.5mm 以下的泥沙。

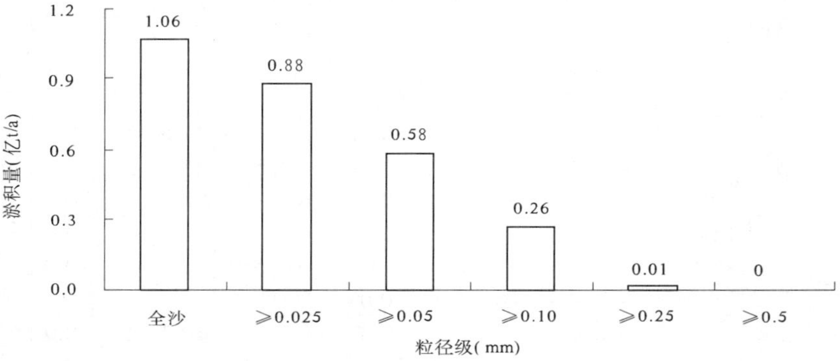

图 3-27　1960～2003 年小浪底—利津不同粒径级年淤积量

图 3-28 给出了 1960～2003 年该区间各年悬移质全沙量淤积柱状图。从图中看出,下游河道冲刷主要有三个时段,分别是 1961～1964 年三门峡水库蓄水拦沙运用期、1980～1984 年下游丰水少沙期和 2002～2003 年调水调沙及 2003 年秋汛期,其他年份全沙均为淤积状态。

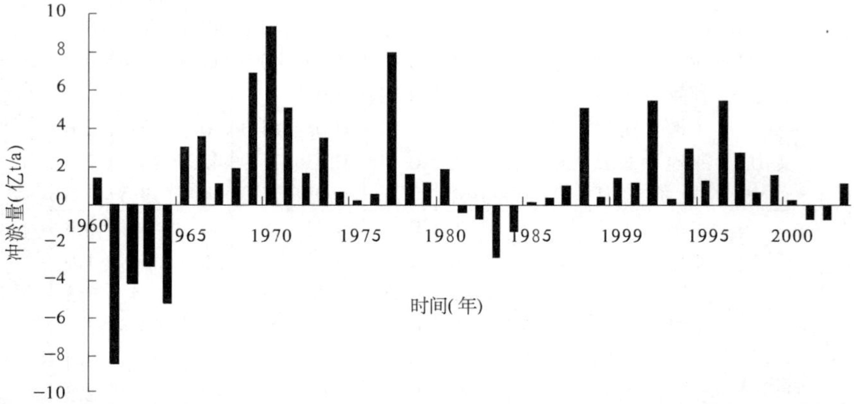

图 3-28　1960～2003 年小浪底—利津全沙年淤积量柱状图

表 3-26　小浪底至利津区间不同时段淤积物各粒径级淤积量及所占比例

项目	粒径级分组(mm)	1960~1969年	1970~1979年	1980~1989年	1990~1999年	1960~1999年	2000~2003年	1960~2003年	1961~1964年	1965~1973年	1974~2003年
小浪底水文站输沙量(亿t/a)	全沙	11.25	13.74	8.16	7.29	10.11	0.84	9.27	6.67	15.44	7.83
	≥0.025	4.47	6.33	3.98	3.90	4.67	0.06	4.25	1.67	7.16	3.80
	≥0.05	1.81	2.79	1.66	1.78	2.01	0.02	1.83	0.56	3.09	1.67
	≥0.10	0.36	0.70	0.26	0.22	0.38	0.004	0.35	0.07	0.71	0.29
	≥0.25	0.002	0.05	0.002	0.004	0.01	0	0.01	0.003	0.01	0.01
	≥0.5	0	0	0	0	0	0	0	0	0	0
利津水文站输沙量(亿t/a)	全沙	10.88	8.98	6.39	3.90	7.54	1.16	6.96	11.64	10.66	5.38
	≥0.025	3.96	3.66	3.01	1.56	3.05	0.64	2.83	3.90	4.06	2.38
	≥0.05	1.46	1.19	1.26	0.55	1.12	0.23	1.04	1.64	1.32	0.90
	≥0.10	0.17	0.05	0.02	0.02	0.06	0.031	0.06	0.26	0.09	0.03
	≥0.25	0.005	0	0	0	0.001	0	0.001	0.002	0.004	0
	≥0.5	0	0	0	0	0	0	0	0	0	0
小浪底至利津区间淤积量(亿t/a)	全沙	−0.28	3.18	0.37	2.30	1.39	−0.05	1.06	−5.18	4.01	1.00
	≥0.025	0.26	2.01	0.36	1.85	1.12	−1.52	0.88	−2.31	2.78	0.77
	≥0.05	0.26	1.35	0.16	1.04	0.70	−0.62	0.58	−1.11	1.64	0.51
	≥0.10	0.17	0.61	0.22	0.19	0.30	−0.10	0.26	−0.20	0.60	0.23
	≥0.25	−0.003	0.04	0.002	0.003	0.01	−0.001	0.01	0	0.01	0.01
	≥0.5	0	0	0	0	0	0	0	0	0	0
各粒径级沙量占全沙量的百分比(%)	全沙	100	100	100	100	100		100		100	100
	≥0.025	−90.7	63.4	97.3	80.4	80.55	全	82.7	全	69.5	77.1
	≥0.05	−92.3	42.6	43.3	45.0	50.50	程	54.7	程	41.0	51.3
	≥0.10	−61.2	19.3	59.9	8.4	21.59	冲	24.8	冲	15.0	23.2
	≥0.25	1.22	1.37	0.51	0.15	0.81	刷	1.0	刷	0.21	1.22
	≥0.5	0.002	0	0	0	0		0		0	0

三门峡水库不同运用时期该区间淤积物粒径组成见图 3-29。由图 3-28 和图 3-29 可以看出,1961 ~ 1964 年各粒径级淤积量均为负值,表明三门峡水库蓄水拦沙期下游河道处于冲刷状态。

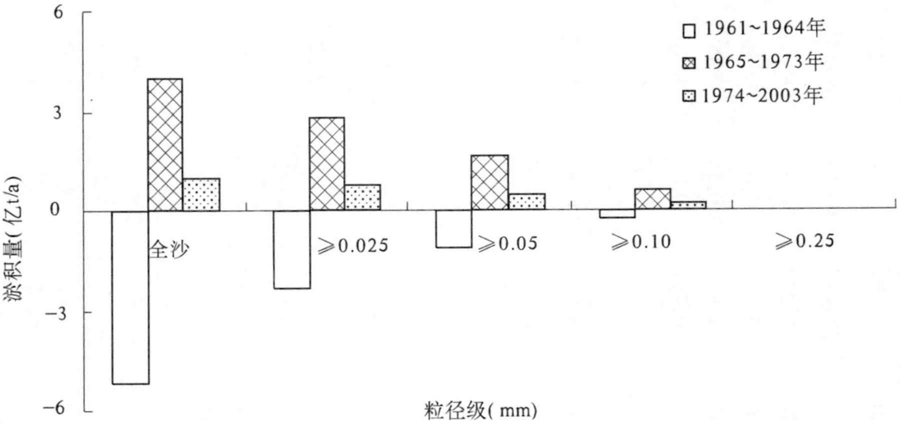

图 3-29 三门峡水库不同运用时期小浪底—利津淤积物不同粒径级年淤积量

应当说明,平衡法计算的冲淤量只是计算淤积物粒径组成的中间过程,各河段冲淤量以断面法计算结果为准。

2. *淤积物粒径组成分析*

从表 3-26 可以看出,1960 ~ 2003 年多年平均 $d \geqslant 0.025$mm、$d \geqslant 0.05$mm、$d \geqslant 0.10$mm、$d \geqslant 0.25$mm 和 $d \geqslant 0.5$mm 的泥沙在淤积物中分别占 82.7%、54.7%、24.8%、1.0% 和 0;1961 ~ 1964 年全程冲刷;1965 ~ 1973 年淤积物中相应粒径分别占 69.5%、41.0%、15.0%、0.21% 和 0;1974 ~ 2003 年淤积物中相应粒径分别占 77.1%、51.3%、23.2%、1.22% 和 0。

图 3-30 和图 3-31 给出了小浪底至利津区间 3 个时段的淤积物粒径组成。

综上所述,总的认识是,该区间各时段基本上是随着泥沙粒径的增大,其在淤积物中所占百分比逐渐变小。

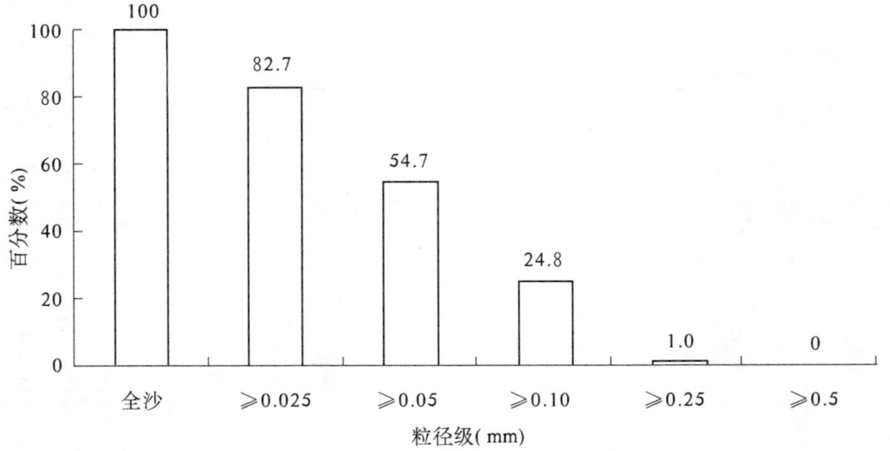

图 3-30 1960 ~ 2003 年小浪底—利津淤积物粒径组成

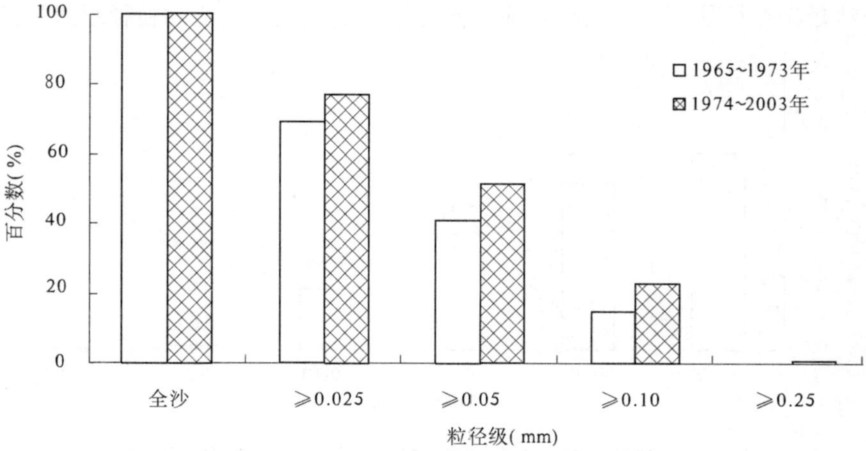

图 3-31　1965 ~ 1973 年和 1974 ~ 2003 年小浪底—利津淤积物粒径组成

下面三个时段中,即 1960 ~ 2003 年、1965 ~ 1973 年和 1974 ~ 2003 年,当 $d \geqslant 0.5$mm 时,百分比减小为 0,即这三个时段淤积物中基本上不存在 0.5mm 以上的粗泥沙。

1961 ~ 1964 年由于下游河道处于冲刷状态,冲淤量为负值,故不绘制淤积物粒径组成图。

(二)小浪底至艾山区间淤积量及其粒径组成

黄河下游河道形态是"上宽下窄",平衡法计算的小浪底至利津河道内淤积的泥沙 88%分布在艾山以上河段,且艾山以上河段悬河形势也最为严重。艾山以上河段发生洪水决口的几率较大,影响范围也较大。从发生洪水的几率分析,中常洪水发生的几率大,大洪水和特大洪水发生的几率小,而洪水愈大其挟沙能力愈强,反之愈弱,正是由于长期挟沙能力弱的中常洪水才造成艾山以上河段泥沙的严重淤积。

桃花峪为黄河中游和下游的分界线,但桃花峪无水文站。小浪底水文站在桃花峪上游约 110km 处,花园口水文站在桃花峪下游约 18km 处,从距离上讲,是应选花园口水文站资料来替代桃花峪的。但由于小浪底至花园口区间,支流伊洛河、沁河汇入黄河干流的基本为清水,1952 ~ 2002 年平均输沙量黑石关水文站为 0.133 1 亿 t、武陟水文站仅为 0.052 1亿 t;花园口水文站实测输沙量对于三门峡而言系统偏少 8.4%[20],居下游各水文站之首(见表 3-27)。

表 3-27　各水文站所测沙量对三门峡沙量的相对系统偏差

项目	小浪底	花园口	夹河滩	高村	孙口	艾山	泺口	利津
距三门峡距离(km)	132.8	260.8	366.2	449.4	580.9	644.0	751.8	925.9
对三门峡系统偏差(%)	-2	-8.4	-8.2	-6.8	-6.2	-5.2	-5.7	-3.6

因此,选取小浪底至艾山区间代替桃花峪至艾山区间,分析其淤积量及淤积物粒径组成。

1. *淤积量分析*

小浪底至艾山区间不同时段淤积量见表 3-28。由表 3-28 可以看出,1960 ~ 2003 年全沙及 $d \geqslant 0.025$mm, $d \geqslant 0.05$mm, $d \geqslant 0.10$mm, $d \geqslant 0.25$mm 和 $d \geqslant 0.5$mm 的泥沙年均淤积量分别为 0.80 亿 t、0.67 亿 t、0.46 亿 t、0.24 亿 t、0.008 亿 t 和 0。图 3-32 给出了 1960 ~ 2003 年该区间不同粒径级泥沙的年均淤积量。图 3-33 给出了 1960 ~ 2003 年小浪底至艾山区

间各年全沙量淤积柱状图。三门峡水库不同运用时期该区间淤积物粒径组成见图 3-34。

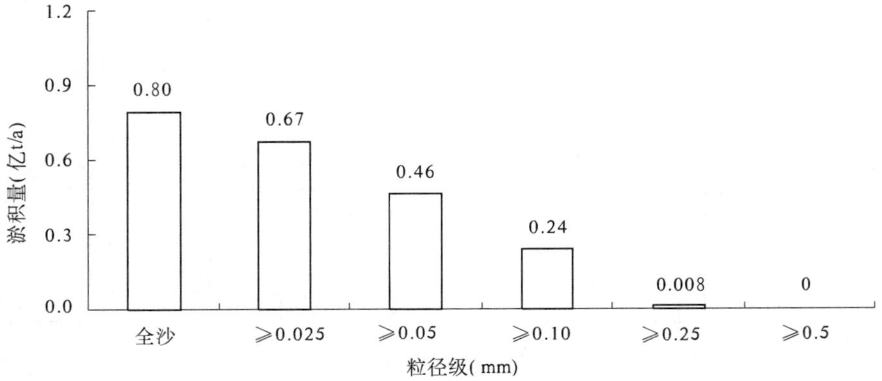

图 3-32　1960～2003 年小浪底—艾山不同粒径级年均淤积量

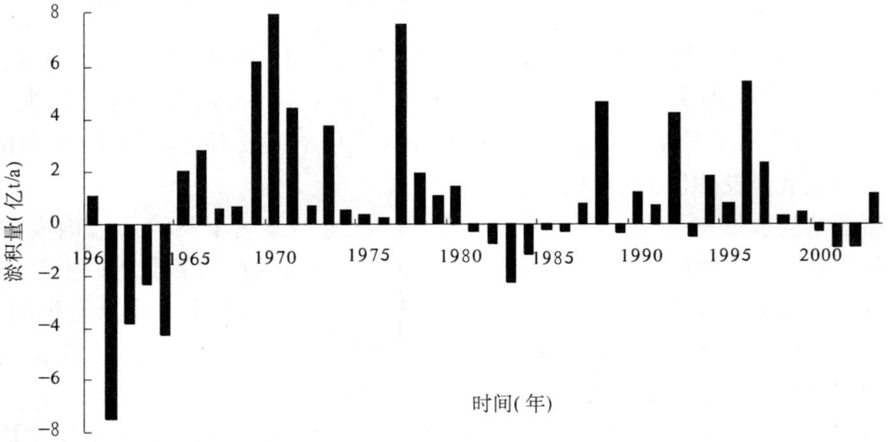

图 3-33　1960～2003 年小浪底—艾山全沙淤积量柱状图

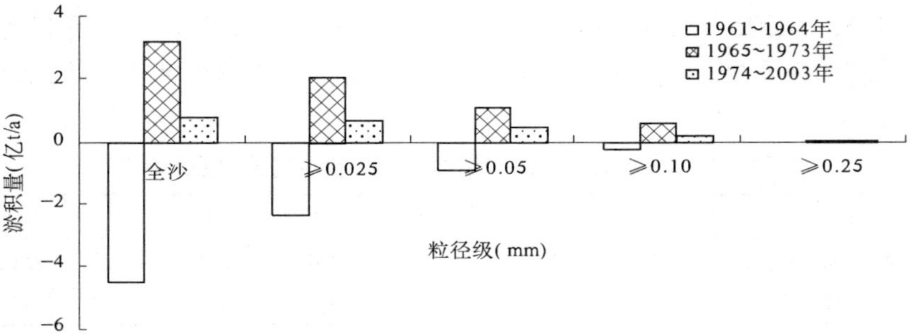

图 3-34　三门峡水库不同运用时期小浪底—艾山不同粒径级年淤积量

从图 3-33 和图 3-34 可以看出，1961～1964 年各粒径级泥沙淤积量均为负值，表明该时期(即三门峡水库蓄水拦沙期)小浪底至艾山段河道处于冲刷状态。

2. 淤积物粒径组成分析

从表 3-28 可以看出，1960～2003 年 $d \geqslant 0.025$mm，$d \geqslant 0.05$mm，$d \geqslant 0.10$mm，$d \geqslant 0.25$mm和 $d \geqslant 0.5$mm的泥沙在淤积物中分别占84.2%、57.8%、29.9%、1.04%和0；

表 3-28 小浪底至艾山区间不同时段淤积物各粒径级淤积量及所占比例

项目	粒径级分组(mm)	1960~1969年	1970~1979年	1980~1989年	1990~1999年	1960~1999年	2000~2003年	1960~2003年	1961~1964年	1965~1973年	1974~2003年
小浪底水文站输沙量(亿 t/a)	全沙	11.25	13.74	8.16	7.29	10.11	0.84	9.27	6.67	15.44	7.83
	≥0.025	4.47	6.33	3.98	3.90	4.67	0.06	4.25	1.67	7.16	3.80
	≥0.05	1.81	2.79	1.66	1.78	2.01	0.02	1.83	0.56	3.09	1.67
	≥0.10	0.36	0.70	0.26	0.22	0.38	0.004	0.35	0.07	0.71	0.29
	≥0.25	0.002	0.05	0.002	0.004	0.01	0	0.01	0.003	0.01	0.01
	≥0.5	0	0	0	0	0	0	0	0	0	0
艾山水文站输沙量(亿 t/a)	全沙	10.88	9.74	7.08	5.00	8.23	1.55	7.62	10.91	11.62	6.14
	≥0.025	3.96	4.33	3.20	2.29	3.54	0.87	3.30	3.95	4.88	2.80
	≥0.05	1.46	1.77	1.27	0.83	1.36	0.37	1.27	1.42	1.91	1.10
	≥0.10	0.17	0.13	0.07	0.04	0.11	0.06	0.10	0.28	0.14	0.07
	≥0.25	0.005	0.005	0	0	0.004	0	0.003	0.014	0.008	0.000 4
	≥0.5	0	0	0	0	0	0	0	0	0	0
小浪底至艾山区间淤积量(亿 t/a)	全沙	-0.46	2.82	0.18	1.65	1.05	-1.72	0.80	-4.43	3.20	0.97
	≥0.025	-0.10	1.50	0.39	1.32	0.78	-0.71	0.67	-2.35	2.02	0.72
	≥0.05	0.17	0.82	0.23	0.83	0.51	-0.25	0.46	-0.89	1.08	0.48
	≥0.10	0.16	0.53	0.17	0.18	0.26	-0.03	0.24	-0.22	0.55	0.21
	≥0.25	-0.008	0.039	0.002	0.003	0.009	-0.001	0.008	-0.012	0.005	0.012
	≥0.5	-0.001 5	0	0	0	0.00	0	-0.000 4	-0.003 9	0	0
各粒径级沙量占全沙量的百分比(%)	全沙	100	100	100	100	100	全程冲刷	100	全程冲刷	100	100
	≥0.025	21.8	53.2	209.6	79.6	73.9		84.2		63.1	93.1
	≥0.05	-38.2	29.2	124.2	50.3	49.0		57.8		33.7	61.8
	≥0.10	-34.1	18.8	94.5	10.6	24.7		29.9		17.2	27.9
	≥0.25	1.8	1.4	1.1	0.2	0.9		1.04		0.2	1.6
	≥0.5	0.3	0	0	0	0.0		0		0	0

1961～1964 年为全程冲刷；1965～1973 年相应粒径级泥沙在淤积物中分别占 63.1%、33.7%、17.2%、0.2%和 0；1974～2003 年相应粒径级泥沙在淤积物中分别占 93.1%、61.8%、27.9%、1.6%和 0。

综上所述，各时段基本上是随着泥沙粒径的增大，其在淤积物中所占的百分比逐渐减小。

图 3-35 和图 3-36 给出了小浪底至艾山区间三个时段的淤积物粒径组成。三个时段中，各年 $d \geqslant 0.5$mm 的泥沙基本为 0，表明淤积物中基本不存在粒径 0.5mm 以上的粗泥沙。

由于 1961～1964 年三门峡水库蓄水拦沙运用期，小浪底至艾山段河段处于冲刷状态，淤积量为负值，故不绘制淤积物粒径组成图。这也说明，1961～1964 年三门峡水库蓄水拦沙运用期，小浪底—艾山的结果与小浪底—利津的结果定性上是一致的。

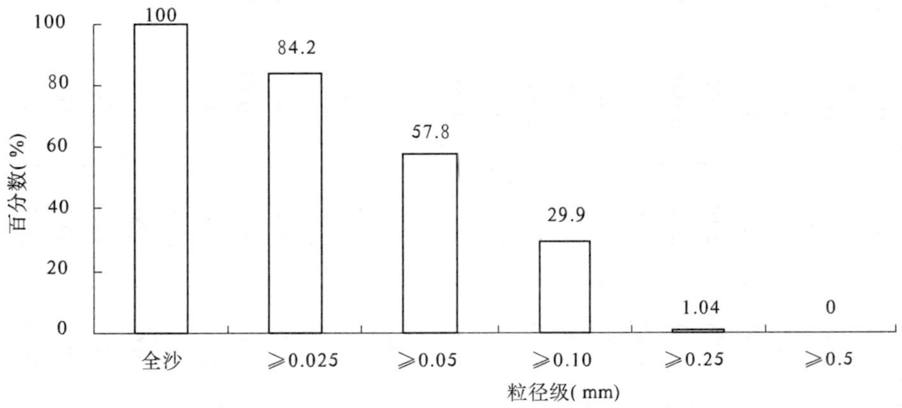

图 3-35　1960～2003 年小浪底—艾山淤积物粒径组成

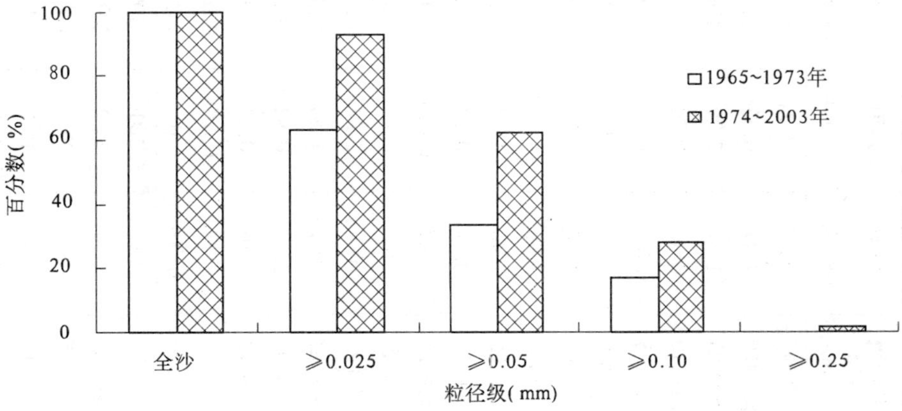

图 3-36　三门峡水库不同运用时期小浪底—艾山淤积物粒径组成

二、各级泥沙的淤积比

(一)小浪底至利津区间各级泥沙的淤积比

小浪底至利津区间不同时段各粒径级泥沙淤积比见表 3-29。从表 3-29 中可以看出，

表 3-29　小浪底至利津区间不同时段各粒径级泥沙淤积比

项目	粒径级(mm)	1960~1969年	1970~1979年	1980~1989年	1990~1999年	1960~1999年	2000~2003年	1960~2003年	1961~1964年	1965~1973年	1974~2003年
小浪底水文站各粒径级泥沙百分比(%)	<0.025	60.3	53.9	51.2	46.6	53.8	92.7	54.1	74.9	53.6	51.5
	<0.05	83.0	79.7	79.7	75.6	79.9	98.2	80.0	91.6	80.0	78.7
	<0.10	96.7	94.9	96.8	96.9	96.2	99.5	96.2	99.0	95.4	96.3
	<0.25	100	99.7	100	100	99.9	100	99.9	100	99.9	99.8
	<0.5	100	100	100	100	100	100	100	100	100	100
小浪底水文站输沙量(亿 t/a)	全沙	11.25	13.74	8.16	7.29	10.11	0.84	9.27	6.67	15.44	7.83
	≥0.025	4.47	6.33	3.98	3.90	4.67	0.06	4.25	1.67	7.16	3.80
	≥0.05	1.91	2.79	1.66	1.78	2.04	0.0153	1.85	0.56	3.09	1.67
	≥0.10	0.37	0.70	0.26	0.22	0.39	0.004	0.35	0.07	0.71	0.29
	≥0.25	0.002	0.05	0.002	0.004	0.013	0	0.01	0.003	0.01	0.01
	≥0.5	0	0	0	0	0	0	0	0	0	0
利津水文站各粒径级泥沙百分比(%)	<0.025	63.6	59.3	52.8	59.9	59.6	45.3	59.4	66.5	61.9	55.7
	<0.05	86.6	86.8	80.3	85.8	85.2	79.9	85.1	85.9	87.6	83.2
	<0.10	98.4	99.5	99.8	99.6	99.2	97.3	99.1	97.8	99.2	99.5
	<0.25	99.96	100	100	100	99.98	100	99.98	99.98	99.96	100
	<0.5	100	100	100	100	100	100	100	100	100	100
利津水文站输沙量(亿 t/a)	全沙	10.88	8.98	6.39	3.90	7.54	1.16	6.96	11.64	10.66	5.38
	≥0.025	3.96	3.66	3.01	1.56	3.05	0.64	2.83	3.90	4.06	2.38
	≥0.05	1.46	1.19	1.26	0.55	1.12	0.23	1.04	1.64	1.32	0.90
	≥0.10	0.17	0.05	0.01	0.02	0.06	0.03	0.06	0.26	0.09	0.03
	≥0.25	0.005	0	0	0	0.001	0	0.001	0.002	0.004	0
	≥0.5	0	0	0	0	0	0	0	0	0	0
小浪底至利津区间淤积比(%)	全沙	3.3	34.6	21.7	46.5	25.5	全程冲刷	24.9	全程冲刷	31.0	31.4
	≥0.025	11.5	42.2	24.3	59.9	34.7		33.5		43.4	37.3
	≥0.05	23.6	57.5	23.9	68.9	45.2		44.1		57.2	46.0
	≥0.10	54.1	93.1	94.5	92.2	83.8		83.1		87.7	90.7
	≥0.25	-169	100	100	100	91.0		91.0		67.8	100
	≥0.5	—	—	—	—	100		100		—	—

小浪底和利津站各年代级配是各年级配与输沙量加权计算所得。

1960～2003 年全沙及 $d \geq 0.025$mm、$d \geq 0.05$mm、$d \geq 0.10$mm、$d \geq 0.25$mm 和 $d \geq 0.5$mm 泥沙的淤积比分别为 24.9%、33.5%、44.1%、83.1%、91.0%和 100%。由此看出，随着泥沙粒径的变粗，淤积比逐渐增大。

1961～1964 年为全程冲刷；1965～1973 年全沙及 $d \geq 0.025$mm、$d \geq 0.05$mm、$d \geq 0.10$mm 和 $d \geq 0.25$mm 的淤积比分别为 31.0%、43.4%、57.2%、87.7%和 67.8%；1974～2003 年全沙及 $d \geq 0.025$mm、$d \geq 0.05$mm、$d \geq 0.10$mm 和 $d \geq 0.25$mm 的淤积比分别为 31.4%、37.3%、46.0%、90.7%和 100%。

1961～1964 年淤积比出现负值，主要是由于该时段三门峡水库为蓄水拦沙运用期，下游河道处于冲刷状态，小浪底年均输沙量为 6.67 亿 t，利津为 11.64 亿 t，利津大于小浪底，导致排沙比大于 100%，从而淤积比为负值。

图 3-37 和图 3-38 给出了 1960～2003 年和三门峡水库不同运用时期小浪底—利津区间各粒径的淤积比。总体上讲，泥沙粒径越粗，淤积比越大。

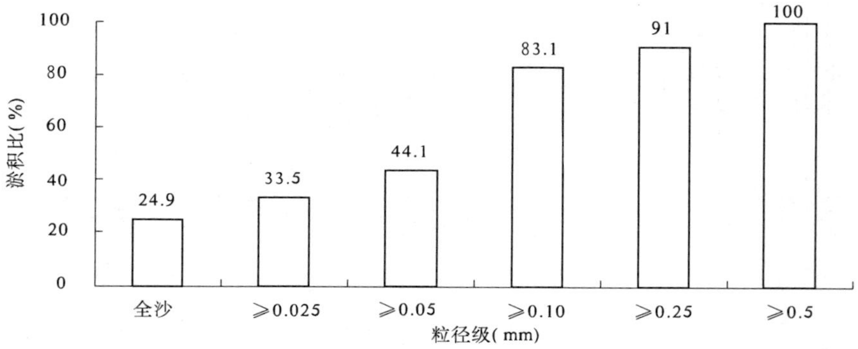

图 3-37　1960～2003 年小浪底—利津区间不同粒径级淤积比

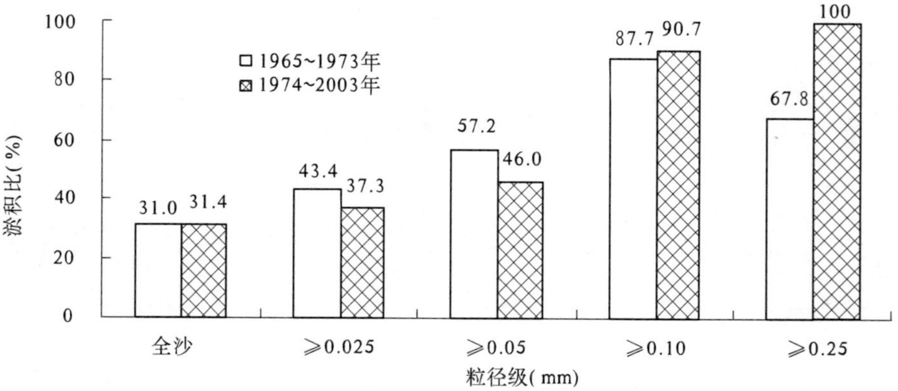

图 3-38　三门峡水库两个运用时期小浪底—利津区间不同粒径级淤积比

小浪底至利津区间 1960～2003 年全沙及 $d \geq 0.025$mm、$d \geq 0.05$mm、$d \geq 0.10$mm、$d \geq$

0.25mm 和 $d\geqslant0.5$mm 的排沙比分别为 75.1%、66.5%、55.9%、16.9%、9.0% 和 0，见图 3-39。其他时段排沙比见表3-29。总体上讲，泥沙粒径越粗，排沙比越小。

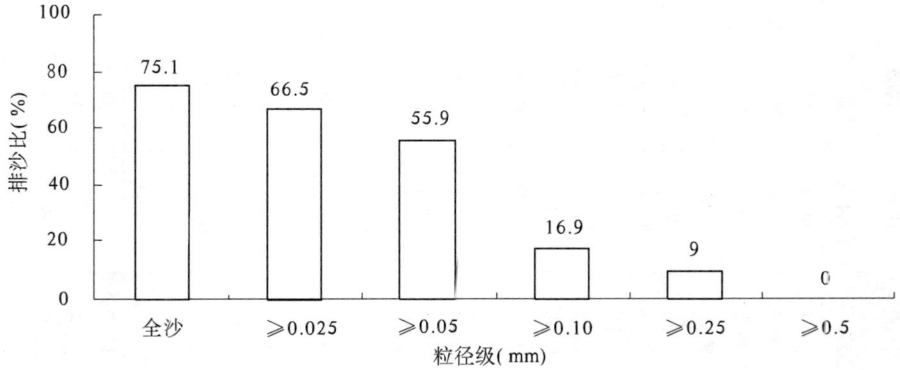

图 3-39　1960～2003 年小浪底—利津区间不同粒径级排沙比

(二)小浪底至艾山区间各级泥沙的淤积比

小浪底至艾山区间不同时段各粒径级泥沙淤积比见表 3-30。由表 3-30 可以看出，1960～2003 年全沙及 $d\geqslant0.025$mm、$d\geqslant0.05$mm、$d\geqslant0.10$mm 和 $d\geqslant0.25$mm 的泥沙淤积比分别为 17.7%、22.4%、31.0%、70.5% 和 73.1%；1961～1964 年为全程冲刷；1965～1973 年全沙及 $d\geqslant0.025$mm、$d\geqslant0.05$mm、$d\geqslant0.10$mm 和 $d\geqslant0.25$mm 的泥沙淤积比分别为 24.7%、31.8%、38.2%、80.2% 和 41.2%；1974～2003 年全沙及 $d\geqslant0.025$mm、$d\geqslant0.05$mm、$d\geqslant0.10$mm 和 $d\geqslant0.25$mm 的泥沙淤积比分别为 21.5%、26.2%、34.4%、75.2% 和 96.7%。

1961～1964 年各粒径淤积比均为负值，仍然是由于该时段三门峡水库为蓄水拦沙运用期，下游河道处于冲刷状态，小浪底和艾山年均输沙量分别为 6.7 亿 t 和 10.9 亿 t，艾山的输沙量大于小浪底的，导致排沙比大于 100%，从而淤积比为负值，故不绘制淤积比柱状图。

1965～1973 年 $d\geqslant0.25$mm 泥沙的淤积比小于 $d\geqslant0.10$mm 泥沙，主要是由于三方面因素所致。一是河段的冲淤调整影响，二是级配分析有一定的误差，三是各断面相对于三门峡系统偏小的数值波动较大。

图 3-40 和图 3-41 给出了 1960～2003 年和三门峡水库两个运用时期各粒径级的淤积比。总体上讲，泥沙粒径越粗，淤积比越大。另外，除了 $d\geqslant0.25$mm 的泥沙外，其余粒径级泥沙淤积量都是 1965～1973 年稍大于 1974～2002 年。这一结果与小浪底至利津区间的结果在定性上是一致的。

1960～2003 年全沙及 $d\geqslant0.025$mm、$d\geqslant0.05$mm、$d\geqslant0.10$mm 和 $d\geqslant0.25$mm 的排沙比分别为 82.3%、77.6%、69.0%、29.5% 和 26.9%(见图 3-42)。总体上讲，泥沙粒径越粗，排沙比越小。

表 3-30　小浪底至艾山区间不同时段各粒径级泥沙淤积比

项目	粒径级(mm)	1960~1969 年	1970~1979 年	1980~1989 年	1990~1999 年	1960~1999 年	2000~2003 年	1960~2003 年	1961~1964 年	1965~1973 年	1974~2003 年
小浪底水文站各粒径级泥沙百分比(%)	< 0.025	60.3	53.9	51.2	46.6	53.8	92.7	54.1	74.9	53.6	51.5
	< 0.05	83.0	79.7	79.7	75.6	79.9	98.2	80.0	91.6	80.0	78.7
	< 0.10	96.7	94.9	96.8	96.9	96.2	99.5	96.2	99.0	95.4	96.3
	< 0.25	100	99.7	100	100	99.9	100	99.9	100	99.9	99.8
	< 0.5	100	100	100	100	100	100	100	100	100	100
小浪底水文站输沙量(亿 t/a)	全沙	11.25	13.74	8.16	7.29	10.11	0.84	9.27	6.67	15.44	7.83
	≥0.025	4.47	6.33	3.98	3.90	4.67	0.06	4.25	1.67	7.16	3.80
	≥0.05	1.91	2.79	1.66	1.78	2.04	0.02	1.85	0.56	3.09	1.67
	≥0.10	0.37	0.70	0.26	0.22	0.39	0.004	0.35	0.07	0.71	0.29
	≥0.25	0.002	0.05	0.002	0.004	0.013	0	0.01	0.003	0.01	0.01
	≥0.5	0	0	0	0	0	0	0	0	0	0
艾山水文站各粒径级泥沙百分比(%)	< 0.025	61.0	55.5	54.7	54.3	57.0	44.0	56.8	63.8	58.0	54.4
	< 0.05	85.6	81.8	82.0	83.4	79.9	76.4	83.3	87.0	83.6	82.2
	< 0.10	98.3	98.6	99.0	99.2	96.2	95.9	98.6	97.4	98.8	98.8
	< 0.25	99.9	99.95	100	100	99.9	100	99.96	99.9	99.9	99.99
	< 0.5	100	100	100	100	100.0	100	100	100	100	100
艾山水文站输沙量(亿 t/a)	全沙	11.12	9.74	7.08	5.00	8.23	1.55	7.62	10.91	11.62	6.14
	≥0.025	4.34	4.33	3.20	2.29	4.67	0.87	3.30	3.95	4.88	2.80
	≥0.05	1.60	1.77	1.27	0.83	2.04	0.37	1.28	1.42	1.91	1.10
	≥0.10	0.19	0.13	0.07	0.04	0.39	0.06	0.10	0.28	0.14	0.07
	≥0.25	0.01	0.005	0	0	0.01	0	0.003	0.01	0.01	0.000 4
	≥0.5	0.002	0	0	0	0	0	0.000 4	0.004	0	0
小浪底至艾山区间淤积比(%)	全沙	1.2	29.2	13.3	31.5	18.6	全程冲刷	17.7	全程冲刷	24.7	21.5
	≥0.025	2.9	31.6	19.6	41.3	24.2		22.4		31.8	26.2
	≥0.05	16.3	36.5	23.1	53.5	32.8		31.0		38.2	34.4
	≥0.10	48.9	80.9	72.6	82.7	72.1		70.5		80.2	75.2
	≥0.25	-443.9	89.9	100	100	73.1		73.1		41.2	96.7
	≥0.5	—	—	—	—	—		—		—	—

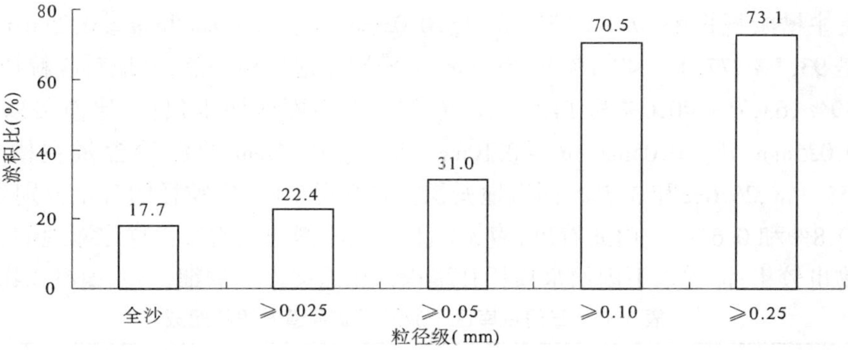

图 3-40　1960～2003 年小浪底—艾山区间不同粒径级淤积比

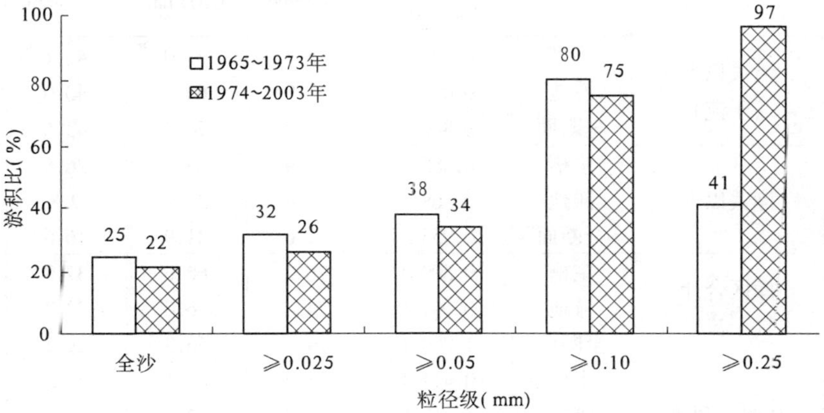

图 3-41　三门峡水库不同运用时期小浪底—艾山区间各粒径级淤积比

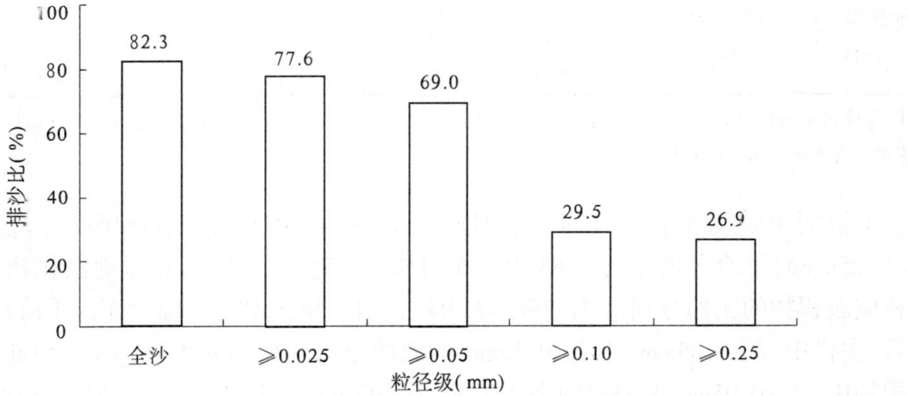

图 3-42　1960～2003 年小浪底—艾山区间不同粒径级排沙比

第七节　三门峡库区及下游河道淤积物粒径综合分析

一、三门峡库区及下游河道主槽淤积物粒径分析

主槽淤积物粒径分析，直接采用前面的有关计算成果。从表 3-31 看出，三门峡库区

潼关以上主槽淤积物中，$d \geq 0.025$mm、$d \geq 0.05$mm、$d \geq 0.10$mm 和 $d \geq 0.25$mm 的泥沙含量分别是 93.7%、77.0%、47.1%和 10.1%，主槽比滩地稍粗一点(滩地对应粒径的含量分别为 83.9%、63.7%、40.0%和 14.0%)。潼关以下因库区回水顶托，比潼关以上淤积物细，$d \geq 0.025$mm、$d \geq 0.05$mm、$d \geq 0.10$mm 和 $d \geq 0.25$mm 的泥沙含量主槽中分别为 77.9%、55.2%、26.6%和 3.7%，而滩地淤积物要细得多(对应粒径的含量分别为 67.4%、32.9%、9.8%和 0.6%)。由此看出，潼关以上因主流摆动主槽淤积物比滩地的稍粗，但滩地淤积物也较粗；潼关以下因回水顶托其淤积物比潼关以上的细，但滩地淤积物更细。

表 3-31　三门峡库区干流及下游河道淤积物组成

位置		部位	年平均淤积量(亿 t/a)	大于等于某粒径百分数(%)			
				0.025mm	0.05mm	0.10mm	0.25mm
三门峡库区	潼关以上(干流)	主槽	0.423 1	93.7	77.0	47.1	10.1
		滩地	0.423 1	83.9	63.7	40.0	14.0
		全断面	0.846 2	88.8	70.4	43.6	12.1
	潼关以下	主槽	0.385 9	77.9	55.2	26.6	3.7
		滩地	0.568 3	67.4	32.9	9.8	0.6
		全断面	0.954 2	71.6	41.9	16.6	1.9
	库区合计(干流)	主槽	0.809 0	86.2	66.6	37.3	7.0
		滩地	0.991 4	74.4	46.0	22.7	6.3
		全断面	1.800 4	79.7	55.3	29.3	6.6
下游河道	铁谢—利津	主槽	0.417 3	83.2	67.1	33.5	1.9
		滩地	1.163 1	71.7	42.2	13.4	2.4
		全断面	1.580 4	74.7	48.8	18.7	2.3
库区及下游河道	龙门—利津(干流)	主槽	1.226 2	85.2	66.8	36.0	5.3
		滩地	2.154 4	73.0	44.0	17.7	4.2
		全断面	3.380 6	77.4	52.2	24.3	4.6

注：①库区年淤积量为 1960 年 5 月至 2003 年 10 月的平均值，下游河道为 1950 年 7 月至 2004 年 10 月的平均值；②平均值中不含库区渭河、北洛河部分。

下游河道铁谢至利津区间主槽淤积物中，$d \geq 0.025$mm、$d \geq 0.05$mm、$d \geq 0.10$mm和$d \geq 0.25$mm的泥沙含量分别是 83.2%、67.1%、33.5%和 1.9%，比滩地淤积物粗得多(滩地相应淤积物的比例分别是 71.7%、42.2%、13.4%和 2.4%)。综合库区干流及下游河道来看，主槽中 $d \geq 0.05$mm 和 $d \geq 0.10$mm 的泥沙分别占 66.8%和 36.0%。由此看出，主槽淤积物中，$d \geq 0.05$mm 的泥沙约为 2/3，$d \geq 0.10$mm 的泥沙超过 1/3。但应看到，主槽的淤积量相对较少，如下游河道主槽淤积量仅占总淤积量的 26.4%；在水库回水区内是淤积一大片，冲刷一线，主槽淤积量更少，库区干流和下游河道的主槽淤积量占总淤积量的 36.3%，说明主槽淤积量有限，但主槽淤积带来的危害十分严重。

二、平衡法与取样法结果比较

(一)三门峡库区平衡法与淤积物取样法比较

根据前面分析，1960 年 5 月至 2003 年 10 月全库区共淤积泥沙 69.22 亿 m^3，其中潼关以上淤积量约占 59.6%，潼关以下约占 40.4%。在潼关以上，北干流淤积占 60.1%，渭河淤积占 32.7%，北洛河淤积占 7.2%。用各断面的淤积物取样颗分成果和淤积量加权平均，可计算出三门峡库区各河段的淤积物取样颗分成果(见表 2-12)。平衡法与取样法颗分成果比较见表 3-32。由此看出，两种方法的分析结果只是定性一致，定量上还是有较大差异的。

表 3-32　三门峡库区及下游河道两种方法淤积物粒径分析　(%)

河段	≥0.025mm		≥0.05mm		≥0.10mm		≥0.25mm	
	平衡法	取样法	平衡法	取样法	平衡法	取样法	平衡法	取样法
三门峡库区	61.1	75.4	28.6	49.8	15.9	25.9	9.7	7.0
小浪底—利津	82.7	74.7	54.7	48.8	24.8	18.7	1.0	2.3
“四站”—利津	70.8	75.1	40.4	49.3	19.9	22.7	5.8	4.9

注：平衡法系列为 1960 ~ 2003 年。

三门峡库区淤积物中，$d \geqslant 0.025$mm 的泥沙含量约占 61.1%(平衡法) ~ 75.4%(取样法)，$d \geqslant 0.05$mm 的泥沙含量约占 28.6%(平衡法) ~ 49.8%(取样法)，$d \geqslant 0.10$mm 的泥沙含量约占 15.9%(平衡法) ~ 25.9%(取样法)，$d \geqslant 0.25$mm 的泥沙含量约占 9.7%(平衡法) ~ 7.0%(取样法)。平衡法分析成果比取样法分析成果小，其原因一是由于平衡法考虑的范围比取样法的小，二是泥沙测验和颗粒分析均有一定误差。

(二)下游河道平衡法分析与取样法分析结果比较

从表 3-32 看出，小浪底至利津区间淤积物中，$d \geqslant 0.025$mm 的泥沙含量约占 82.7%(平衡法) ~ 74.7%(取样法)，$d \geqslant 0.05$mm 的泥沙含量约占 54.7%(平衡法) ~ 48.8%(取样法)，$d \geqslant 0.10$mm 的泥沙含量约占 24.8%(平衡法) ~ 18.7%(取样法)。由此看出，小浪底至利津区间两种方法计算的各粒径级含量百分数差别不是太大。

(三)库区及下游河道平衡法分析与取样法分析结果比较

库区及下游河道淤积物中，$d \geqslant 0.025$mm 的泥沙含量约占 70.8%(平衡法) ~ 75.1%(取样法)，$d \geqslant 0.05$mm 的泥沙含量约占 40.4%(平衡法) ~ 49.3%(取样法)，$d \geqslant 0.10$mm 的泥沙含量约占 19.9%(平衡法) ~ 22.7%(取样法)，$d \geqslant 0.25$mm 的泥沙含量约占 5.8%(平衡法) ~ 4.9%(取样法)。由于库区平衡法分析结果较取样法结果偏少较多，导致“四站”至利津区间淤积物分析结果平衡法也偏少。

第八节　粗泥沙集中来源区界定研究中粗泥沙界限的初选

从钻孔资料分析来看，下游河道主槽淤积物中，$d \geqslant 0.05$mm 和 $d \geqslant 0.10$mm 的泥沙分别占全沙的 2/3(67.1%)和 1/3(33.5%)。过去的研究中，依据黄河下游主槽淤积物中占多数的观点，确定黄河粗泥沙界限为 0.05mm。

但是，通过本次研究进一步发现：

(1)“自然”水沙情况下下游河道主槽淤积物中粒径 0.10mm 以上泥沙所占比重较高。

在1960年前(无三门峡水库影响)"自然"水沙情况下,下游河道主槽淤积物中,$d \geqslant$ 0.05mm和$d \geqslant$0.10mm的泥沙占3/4(76.1%)和1/2(50.7%)。并且,下游主槽淤积物在0.05mm以上的泥沙中,0.10mm以上的泥沙又占了2/3(66.6%)。

(2)粒径0.10mm以上泥沙淤积比较粒径0.05mm以上泥沙淤积比大许多。通过不同来源区洪水泥沙组成沿程变化分析发现(见表3-33),若洪水来自粗泥沙区,则三门峡、黑石关、武陟三水文站输沙量中,粒径大于0.10mm的泥沙占8.2%,到利津仅占0.2%,减少了97.6%,粒径0.05~0.10mm的泥沙,利津较"三站"减少63.3%,粒径0.025~0.05mm的泥沙仅减少25.2%,粒径小于0.025mm的泥沙反而增加70.8%,这足以看出粗泥沙集中来源区产生的粗泥沙,特别是粒径大于0.10mm以上的粗泥沙在下游的易淤程度最大。

表3-33　不同来源区洪水泥沙组成沿程变化[21]　(%)

洪水来源	水文站名	<0.025mm		0.025~0.05mm		0.05~0.10mm		>0.10mm	
		水文站悬移质	占"三站"比值	水文站悬移质	占"三站"比值	水文站悬移质	占"三站"比值	水文站悬移质	占"三站"比值
粗泥沙来源区	"三站"	42.1	100	25.4	100	24.3	100	8.2	100
	花园口	57.9	137.5	19.6	77.2	17.9	73.7	4.6	56.1
	高村	66.0	156.8	19.6	77.2	12.9	53.1	1.5	18.3
	艾山	68.1	161.8	19.1	75.2	12.0	49.4	0.8	9.8
	利津	71.9	170.8	19.0	74.8	8.9	36.7	0.2	2.4
细泥沙来源区	"三站"	55.2	100	25.8	100	16.8	100	2.2	100
	花园口	61.7	111.8	22.7	88.0	13.2	78.6	2.4	109.1
	高村	65.0	117.8	23.2	89.9	14.8	88.1	1.0	50.0
	艾山	61.0	110.5	23.1	89.5	10.7	63.7	1.2	54.5
	利津	61.7	111.8	24.5	95.0	13.2	78.6	0.6	27.3
少沙来源区	"三站"	49.0	100	28.2	100	19.2	100	3.6	100
	花园口	53.0	108.2	27.7	98.2	16.5	85.9	2.8	77.8
	高村	51.4	104.9	30.5	108.2	16.5	85.9	1.6	44.4
	艾山	48.9	120.2	31.0	109.9	19.0	98.9	1.1	30.6
	利津	49.4	100.8	31.7	112.4	18.4	95.8	0.5	13.9

注:①"三站"指三门峡、黑石关、武陟三站;②表中占"三站"百分比为本次添加。

通过对1960~2003年下游输沙率资料分析后发现,粒径0.10mm以上泥沙的淤积比(83.1%)较粒径0.05mm以上泥沙淤积比(44.1%)大39个百分点,说明下游是粗(泥)沙易淤,细(泥)沙可排。

(3)小浪底水库运用以来的实测资料表明粒径0.10mm以上的泥沙也难以冲刷。表3-34和图3-43表明:1960年前"自然"水沙情况下,铁谢—利津主槽淤积物中,粒径

0.10mm 以上的泥沙占 50.7%，1960～1999 年因各种因素的影响降为 20.4%，到 1998 年汛前不足 20%。但在小浪底水库运用初期，下泄大多为低含沙水流和细泥沙，特别是经过三次调水调沙试验，加剧了河道冲刷，主槽逐渐粗化，粒径 0.10mm 以上的泥沙含量逐渐向 50%靠近；今后小浪底以上来的洪水，虽都将经过水库调节，但根据三次调水调沙的结果来看，在小浪底水库拦沙库容未淤满之前，下游河道主槽淤积物中粒径 0.10mm 以上的泥沙也难以冲刷。

表 3-34　黄河下游主槽淤积物中粒径 0.10mm 以上泥沙含量变化分析

河　段	1950～1960 年	1960～1999 年	1950～2004 年	1998 年汛前	1999 年汛前	2002 年汛前	2003 年汛前	2004 年汛前	2004 年汛后
桃花峪—艾山(%)	47.5	27.2	44.4	20.0	32.1	49.9	53.2	51.9	54.4
铁谢—利津(%)	50.7	20.4	33.5	15.5	26.9	39.3	43.1	46.5	46.9
利津时段平均或前一年水量(亿 m^3)	445.1	309.8	322.3	18.6	106.2	46.5	41.9	192.7	198.8

注：取样深度为河南 5m、山东 4m。

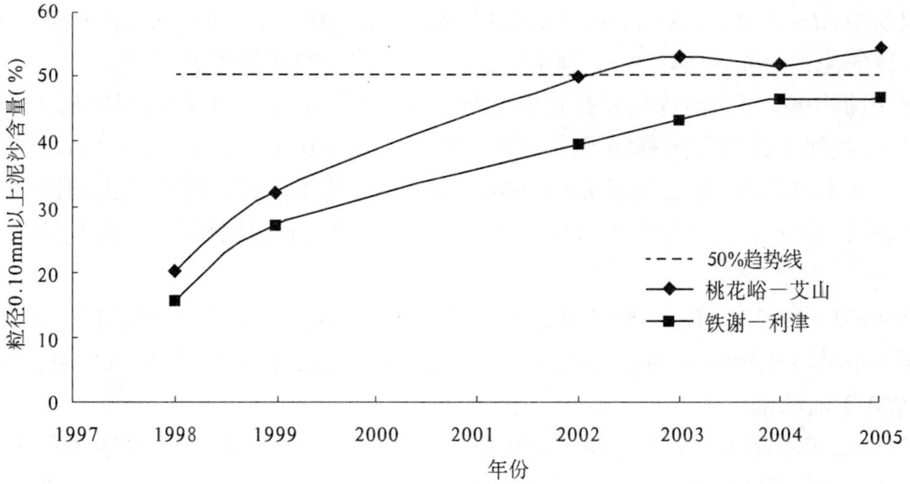

图 3-43　1998 年以来黄河下游主槽淤积物中粒径 0.10mm 以上泥沙含量变化

由上面的分析看出：在 1960 年前"自然"水沙情况下，下游河道主槽淤积物中粒径 0.10mm 以上的泥沙比重较高，是 1960 年后的 2.5 倍，且淤积比也较粒径 0.05mm 以上泥沙的淤积比大 39 个百分点，特别是粗泥沙区来的洪水中，粒径 0.10mm 以上的粗泥沙特别容易淤积；小浪底水库运用以来，特别是经过三次调水调沙的试验表明，粒径 0.10mm 以上的泥沙也难以冲刷。由此认为，应将粒径 0.10mm 作为中游粗泥沙集中来源区界定研究的关键指标；但是从淤积的绝对量上看，是粒径 0.05mm 的泥沙量较粒径 0.10mm 的大。因此，在中游粗泥沙集中来源区界定研究中的粗泥沙界限暂以粒径 0.10mm 为主、粒径 0.05mm 为辅同时进行。

第九节　小　结

(1)黄河下游河道淤积物的粗细变化主要受河道水流挟沙能力的影响。20 世纪 90 年代的严重断流,导致水流挟沙能力急剧下降,细泥沙也难冲刷入海,致使 1998 年汛前淤积物很细,主槽中 $d \geqslant 0.05$mm 和 $d \geqslant 0.10$mm 的泥沙含量所占比例为 41.6% 和 15.5%,仅为 2004 年汛后主槽淤积物相应值(82.1% 和 46.9%)的 1/2 和 1/3。

(2)由于三次调水调沙和 2003 年秋汛的冲刷作用,2004 年汛前使上段(距铁谢 400km)主槽出现"剥层冲刷",下段出现"分选冲刷",因而使下段主槽粗化现象比上段明显。2004 年汛后与汛前相比,主槽淤积物没有明显的粗化现象。

(3)从 1998 年汛前到 2004 年汛后,对下游河道冲刷而言,水流条件一年比一年好,因而使主槽淤积物粒径一年比一年粗。但随着时间的推移,变粗的速率迅速降低,说明河床适应了这种水流条件,要想进一步冲起较粗泥沙,必须加大河道流量。

(4)经 1998 ~ 2004 年 6 次钻孔取样资料分析平均,黄河下游铁谢至利津主槽淤积物中,$d \geqslant 0.05$mm 和 $d \geqslant 0.10$mm 的泥沙分别占 67.1% 和 33.5%;桃花峪至艾山主槽淤积物中相应粒径的泥沙分别占 74.8% 和 44.4%,比铁谢至利津河段的稍粗。铁谢至利津全断面淤积物中,$d \geqslant 0.05$mm 和 $d \geqslant 0.10$mm 的泥沙分别占 48.8% 和 18.7%;而桃花峪至艾山相应粒径的泥沙分别占 54.5% 和 24.0%,仍然比铁谢至利津河段的稍粗。

(5)根据 1999 年汛前深层钻孔资料分析,1960 年前在无三门峡水库影响的"自然"水沙情况下,黄河下游铁谢至利津河段主槽淤积物中,$d \geqslant 0.05$mm 和 $d \geqslant 0.10$mm 的泥沙分别占 76.1% 和 50.7%,明显比长系列(1960 ~ 2003 年)的粗。桃花峪至艾山河段主槽淤积物中,相应粒径的泥沙分别占 77.1% 和 47.5%,比铁谢至利津河段的稍细,也同样比长系列粗。

(6)1960 ~ 1999 年有三门峡水库影响时期,因三门峡水库拦截了部分粗泥沙,下游铁谢至利津主槽淤积物细化,$d \geqslant 0.05$mm 和 $d \geqslant 0.10$mm 的泥沙分别占 51.5% 和 20.4%,明显比 1960 年前的细。

(7)小浪底水库运行后的 1999 年 10 月至 2004 年 10 月,下游河道铁谢至利津区间冲刷了约 8.16 亿 t 泥沙,其中冲走的粒径大于 0.05mm 和大于 0.10mm 的泥沙分别约为 1.34 亿 t 和 0.15 亿 t。

(8)根据 2004 年 10 月断面法测量计算,1950 年 7 月至 2004 年 10 月下游铁谢至利津共淤积泥沙约 85.34 亿 t,其中粒径大于 0.05mm 和大于 0.10mm 的泥沙分别占 53.17% 和 24.76%,主槽中相应粒级的泥沙占 18.50% 和 10.56%,主槽中粗泥沙比重比滩地大许多。

(9)从输沙率平衡法分析看出,1960 ~ 2003 年小浪底至利津区间淤积物中,$d \geqslant 0.05$mm 和 $d \geqslant 0.10$mm 的泥沙占全沙的百分比分别为 54.7% 和 24.8%,表明泥沙粒径越粗,淤积物中所占比重越小。

(10)长系列 1960 ~ 2003 年,小浪底至利津区间全沙及 $d \geqslant 0.025$mm、$d \geqslant 0.05$mm、$d \geqslant 0.10$mm、$d \geqslant 0.25$mm 和 $d \geqslant 0.5$mm 的淤积比分别为 24.9%、33.5%、44.1%、83.1%、

91.0%和100%。表明泥沙粒径越粗,越容易淤积。

(11)根据1960年前无三门峡水库影响的"自然"水沙情况下,下游河道主槽淤积物中0.10mm以上的泥沙比重较高,是1960年后的2.5倍,且淤积比也较粒径0.05mm以上泥沙的淤积比大39个百分点,特别是粗泥沙区来的洪水中,粒径0.10mm以上的粗泥沙特别容易淤积;小浪底水库运用以来,特别是经过三次调水调沙试验表明,粒径0.10mm以上的泥沙也难以冲刷。由此认为应将0.10mm作为中游粗泥沙集中来源区界定研究的关键指标;但是从淤积的绝对量上看,是粒径0.05mm的较粒径0.10mm的大。因此,在中游粗泥沙集中来源区界定研究中,粗泥沙界限暂以粒径0.10mm为主、粒径0.05mm为辅同时进行。

第四章　基于自然地理背景的粗泥沙集中来源区宏观判析

黄委第二期水土保持科研基金项目(1996～2000年)“黄河中游多沙粗沙区区域界定及产输沙规律研究”,科学地界定了黄河中游多沙粗沙区的面积为7.86万km^2,黄委将该成果作为治黄基础数据进行了公告[22]。本次粗泥沙集中来源区界定研究是在以上成果基础上的进一步深化和细化,即在上述7.86万km^2范围内进一步圈定粗泥沙集中来源区。怎么圈定？实测的全沙和粗泥沙输沙模数固然是重要指标,但这是侵蚀的表象。那么,侵蚀强度差异的主因是什么？这就要从自然地理特征上进行分析。不同岩性、地貌、降水、植被等自然地理要素组成不同的侵蚀类型区域,其中必定有我们要寻找的粗泥沙集中来源区。因此,本章试图通过黄河中游自然地理背景的分析,对粗泥沙集中来源区区域进行宏观判断。

第一节　区域地质构造

区域地质是支撑侵蚀产沙各种影响因素的平台,是一种宏观尺度的地质背景,分析这种背景信息将有助于迅速辨析黄河中游地区在侵蚀产沙上的差异并解释其原因,从而为进一步确定粗泥沙集中来源区提供宏观的地质依据。

一、大地构造

大地构造是认识侵蚀的地质宏观背景的前提。多沙粗沙区(以下简称本区)主体位于华北台地次一级构造单元鄂尔多斯台地向斜之陕北台地凹中(见图4-1)。

鄂尔多斯台地向斜为一较稳定的中生代形成的内陆凹陷盆地。盆地中部出露中生界,边缘为古生界。为一大型的向斜构造,长轴走向近南北,两翼不对称,西翼倾角3°～10°,东翼宽缓,倾角1°左右(见图4-2和图4-3)。

台地向斜作面状整体抬升,年均上升速率为1mm,内部差异性构造运动很弱,只有轻微的波状褶曲和小断裂,缺少大型断裂和褶皱构造。次级褶皱多见短轴背斜、鼻状背斜等平缓的拱形隆起,断裂不发育,仅在北部府谷附近及南部绥德一带有规模小的正断层。区内未见火山活动和变质作用遗迹,符合典型台地向斜的一般发育特征。

区内岩层水平,两组垂直于层面的节理发育,将岩层切成菱形块体,为侵蚀创造了条件。台地向斜东临华北台地另一个次级构造单元——山西台地背斜。该背斜以发育古生代地层及不同地质时期的岩浆岩为特征,台地背斜西翼地处吕梁山脉,组成地层主要为二叠系的陆相碎屑岩,向西地层依次变新进入台地向斜。黄河峡谷及两岸支流沟谷展布三叠系,再向西,在各河流中上游展布侏罗系,至延安—榆林一线以西则为白垩系,逐渐到达向斜核部(见图4-4)。

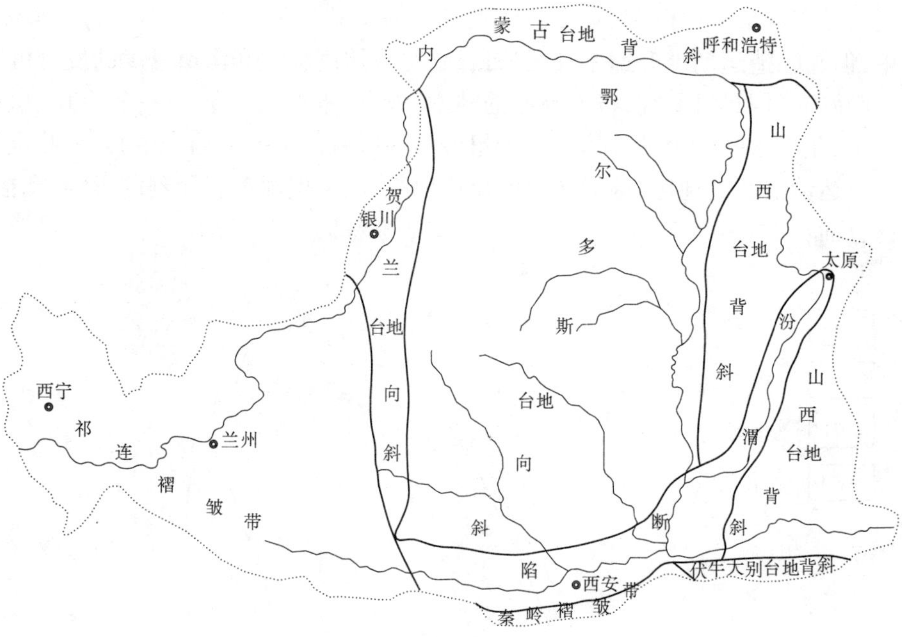

图 4-1　黄河中游大地构造图

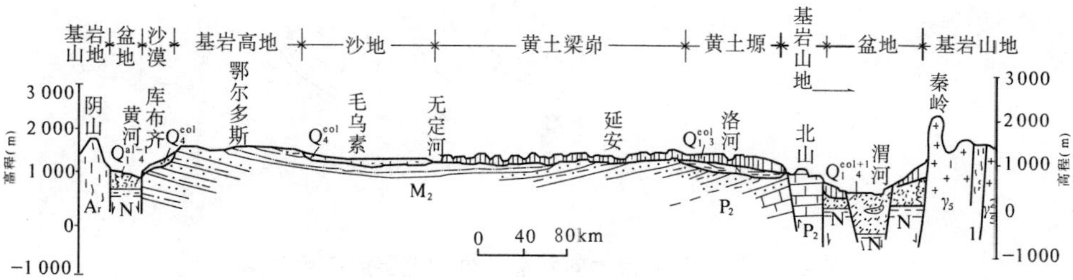

图 4-2　黄河中游 S—N 向构造剖面[23]

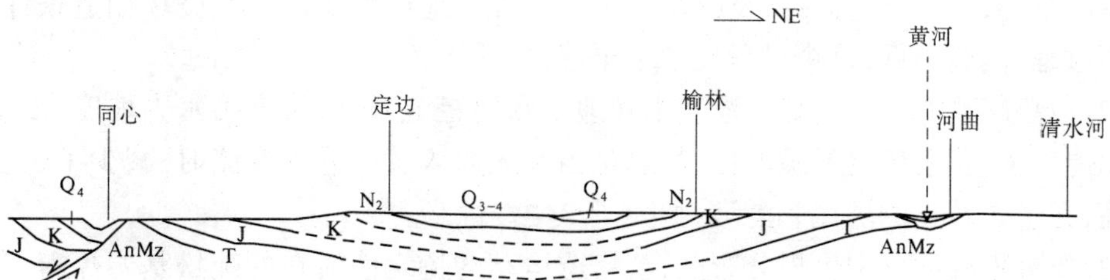

图 4-3　黄河中游 SW—NE 向构造剖面

二、新构造运动

新生代以来，本区继承晚白垩纪的上升形成大面积隆起区，地貌上表现为黄土高原。

正是构造运动引起地面的隆起，是侵蚀地貌发育的基础。前已述及，本区属于整体抬升，构造简单，但新构造运动上升速率较区外强烈(沟谷切割深度和沟壑密度的发育可以部分说明这一问题)。据景可研究，黄土高原的神木、府谷、准格尔一线是一个抬升中心，年抬升量达3mm，是全区平均值的3倍。多沙粗沙集中区就位于这一抬升中心，因此也是黄土高原新构造运动活跃的地区，这对区内的现代地貌、土壤侵蚀都有深刻的影响，概括而言，有以下三方面：

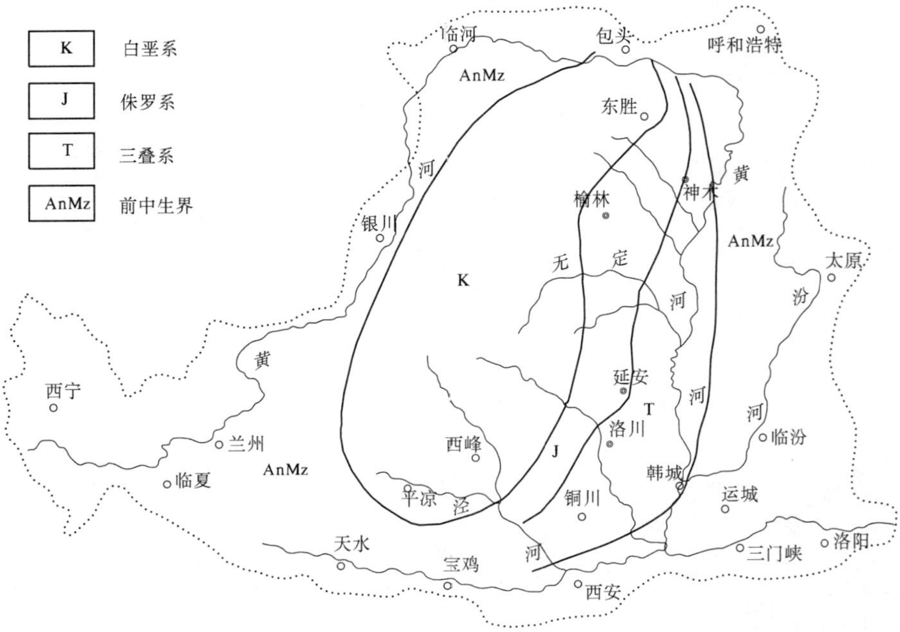

图 4-4　鄂尔多斯台地向斜前新生代地层展布示意图

(1)地壳持续地隆起将伴随着沟谷持续地下切，现代侵蚀沟谷发育，不断加大内部地势高差的分异，地形日趋破碎，反过来又为各种外力地质作用的剥蚀破坏创造条件，加速其破坏过程，削高填低，这个过程促使了土壤的大量流失。

(2)地势高差的增大改变了地表水和地下水的径流条件，加大了水力坡度，使水流势能和动能增加，黄土体更易被冲蚀，特别是当水流渗入黄土垂直裂缝时，减少了黄土之间的摩擦，促进了黄土的坍塌和滑坡，加大了土壤侵蚀量。

(3)新近界及部分中生界分布区，新构造运动的持续使潜在的疏松基岩裸露，为以红色泥岩、砂岩为主的基岩母体侵蚀的进行提供了条件。

图 4-5 为黄河中游流域地壳近代升降活动强度图，介于我国东西两大区域应力场接壤带的黄河中游，近代地质构造活动的差异性非常明显，隆起或上升带遭受侵蚀，沉降带接受堆积，因而侵蚀—搬运—沉积等地质作用在黄河中游是十分活跃的。由于上述地质作用往复进行，广大上升区土壤遭到侵蚀，尤其是高原的黄土侵蚀更为严重。产生大量的泥沙经千沟万壑流入黄河。而粗泥沙集中来源区就处于黄土、沙黄土和风沙极丰富的次强烈上升区。

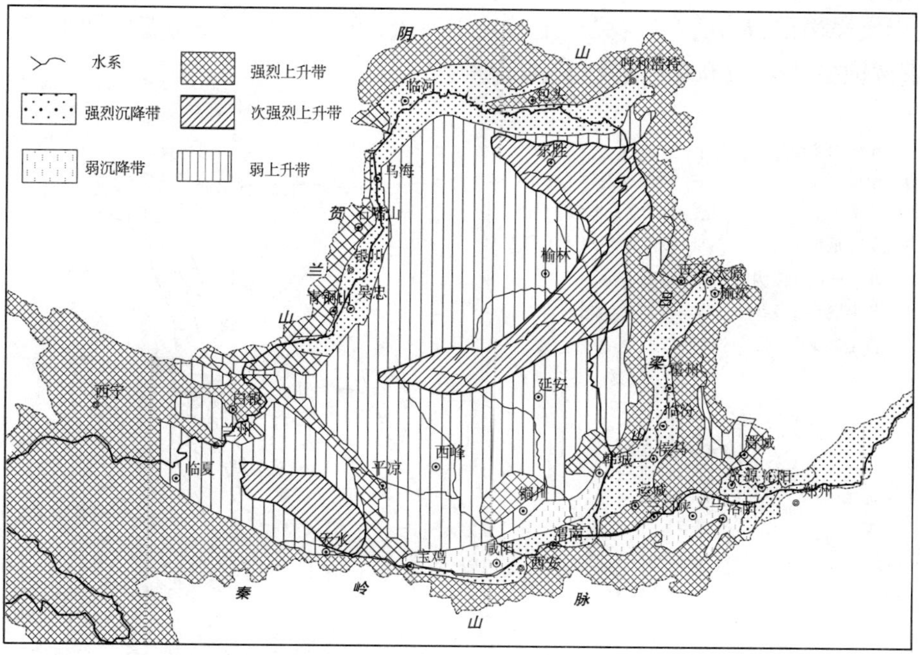

图 4-5　黄河中游流域地壳近代升降活动强度图[24]

第二节　地　貌

一、多沙粗沙区地貌类型

综观黄土高原地貌类型(见图 4-6),多沙粗沙区主要是以各种类型的黄土地貌为主,本文重点介绍以下黄土地貌。

(一)黄土峁状丘陵沟壑

位于陕西省境内,延安以北神木以南,包括孤山川、无定河的中下游,窟野河、秃尾河、佳芦河、清涧河下游。

地貌特点为梁峁起伏,地形破碎,梁短峁小,梁峁顶海拔 1 000 ~ 1 300m,由西北向东南递降,沟谷深切,相对切割深度 200 ~ 300m,沟壑密度 6 ~ 8km/km^2,梁峁坡坡度 10° ~ 25°,沟谷坡坡度多在 25° ~ 45°,地面覆盖物质主要由黄土、中生界砂岩、泥岩和新近纪三趾马红土组成,红土出露面积大。支流沟谷多切入基岩。

孤山川中下游到佳芦河下游是黄土高原土壤侵蚀最严重的地区,大多数地区土壤侵蚀模数在 25 000t/(km^2·a)以上,窟野河下游黄土产粗泥沙模数在 5 000t/(km^2·a)以上。无定河下游土壤侵蚀模数在 15 000t/(km^2·a)以上,粗泥沙模数 2 883t/(km^2·a),上述两个流域都是粗泥沙高产区。

(二)黄土梁峁丘陵沟壑

分布在区内无定河和北洛河上游及白于山一带。地势较高,海拔 1 400 ~ 1 600m,受白于山隆起影响，沟谷深切，相对切割深度 100～200m。虽为梁峁丘陵沟壑但以梁为主，多为长梁大峁沟壑，是在古基岩梁地上被黄土所覆，黄土厚 30～70m，坡面和重力侵蚀严重，土壤侵蚀模数为 12 000～18 000t/(km^2·a)。

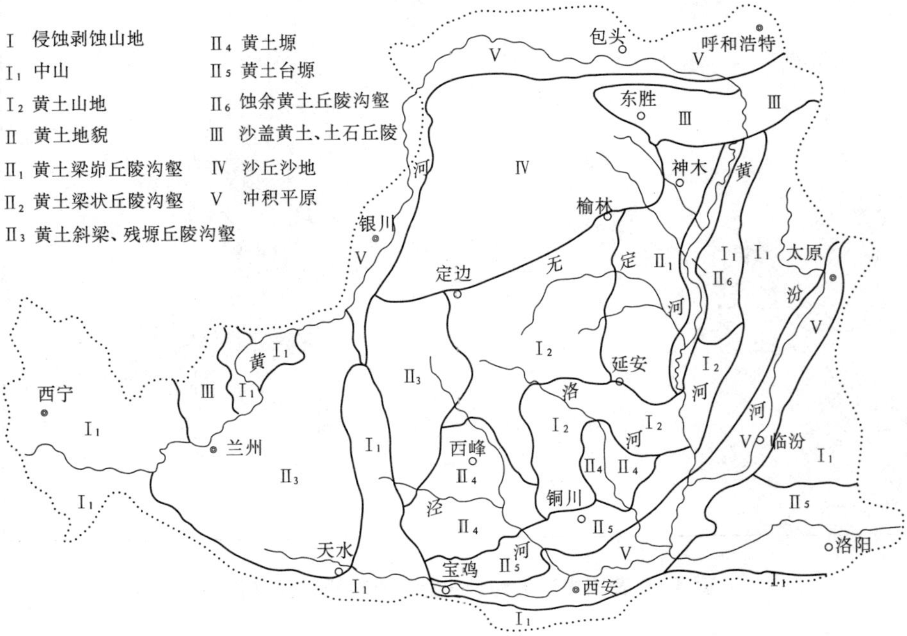

图 4-6　黄河中游地貌类型图

(三)蚀余黄土丘陵沟壑

位于晋陕黄河峡谷两岸。沟壑深切入基岩，受强烈侵蚀，沟谷坡基岩裸露，仅在基岩面上成帽状上覆有侵蚀残余的黄土，海拔 800～1 100m，此处黄河支流因强烈下切，形成深切峡谷，坡度达 35°～70°，谷地狭窄。沟壑密度为 5～6km/km^2。坡面侵蚀、沟蚀和边坡重力侵蚀活跃，崩塌、滑坡遍布，密度达 18.4 处/100km^2。

(四)沙盖黄土、土石丘陵

秃尾河上中游、佳芦河上游、无定河中游及窟野河支流牸牛川以东地区多为盖沙黄土梁、梁峁丘陵沟壑，沟壑密度在 3.5～5.8km/km^2 之间，相对高差 120～150m。牸牛川以西多为沙质波状高平原及固定和半固定沙丘沙地，内蒙古准格尔旗及东胜有沙盖土石丘陵和石质丘陵。地面组成物质为中生界砂页岩、沙黄土。皇甫川和窟野河之间为侵蚀中心土壤侵蚀模数在 20 000t/(km^2·a)以上。在陕蒙交界的皇甫川、清水河流域多见中生界砒砂岩侵蚀严重，土壤侵蚀模数 15 000～20 000t/(km^2·a)。

(五)黄土斜梁、残塬丘陵沟壑

区内的西南部陇东环县、华池和庆阳地区，为黄土梁塬沟壑和斜梁丘陵沟壑。环县县城北部和南部分布有大量的残塬，属黄土残塬丘陵沟壑，元城川流域以黄土峁状丘陵沟壑为主，其中分布有少量的黄土斜梁丘陵沟壑。区内沟壑密度 3.3～5.4km/km^2，相对高差为 130～150m。这一区域的地貌类型与上述地貌相比，侵蚀较弱。

综观黄土高原，地貌形态复杂多样，大致以延安为界，延安以南多为黄土塬、基岩山地，侵蚀较弱；延安以北则为黄土丘陵沟壑。在黄土丘陵沟壑区由南向北又依次是黄土梁状丘陵沟壑、黄土梁峁丘陵沟壑和土石丘陵。这种地貌具有沟壑密度大、坡度陡长、切割深的特点，形成黄土高原强烈产沙的地貌形态组合。

因此，应该在这一区间确定粗泥沙集中来源区。

二、地貌因子与侵蚀产沙的关系

对侵蚀影响大的地貌因子主要表现为沟壑密度、相对高差和坡度。现分别叙述如下。

（一）沟壑密度与侵蚀产沙的关系

黄土地貌的最大特点是地表破碎，其破碎程度可用沟壑密度来表示。图4-7表明黄土高原大部分地区的沟壑密度都在3～5km/km^2。区域分布特点是：六盘山以东的沟壑密度普遍大于以西地区；而且六盘山以东的沟壑密度由南向北，沟谷密度逐渐增大，由南部的2～3km/km^2，向北增加到5km/km^2，最大达到6km/km^{2}以上。从图4-7中还可看出：皇甫川至秃尾河各条支流以及无定河中下游地区沟壑密度4km/km^{2}以上，皇甫川、窟野河一带达6km/km^{2}左右。

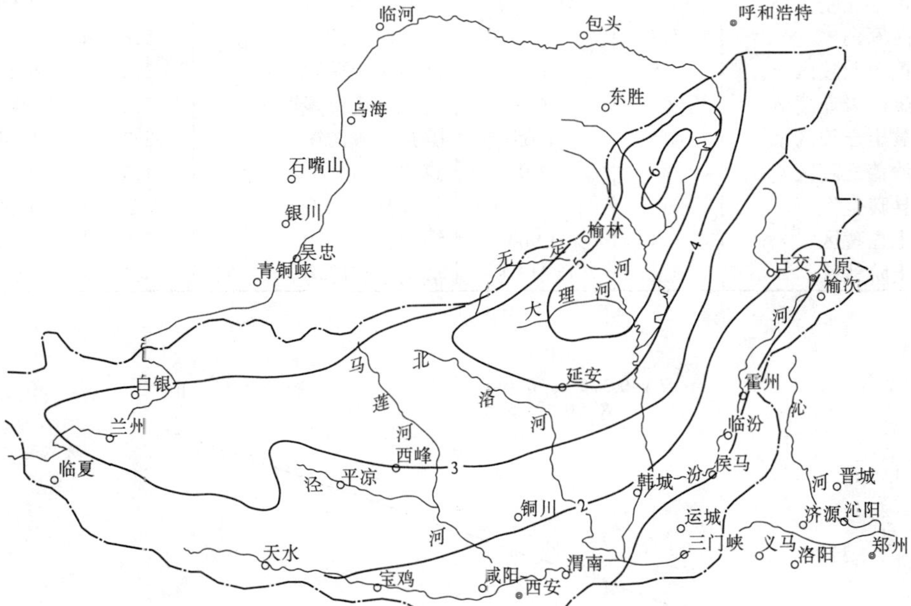

图4-7　黄土高原沟壑密度分布图[25]

一般而言，在晋西北和陕北黄土丘陵沟壑区，沟壑密度较大，一般为4～8km/km^2，地面相当破碎，年土壤侵蚀模数高达10 000～30 000t/km^2；陇中地区沟壑密度一般为2～4km/km^2，年土壤侵蚀模数多为3 000～8 000t/km^2；而陇东和陕北南部黄土塬区，沟壑密度相对较小，一般为1～3km/km^2。

沟壑密度的大小对土壤侵蚀有明显的影响。沟壑密度的大小直接决定着地面的破碎程度。沟壑密度越大，地面越破碎。破碎的地面必然起伏不平，多斜坡，因而使地面物质稳定性降低，易形成地表径流，加剧水土流失。根据甘枝茂对黄土高原不同地区沟壑密度与土壤侵蚀模数的分析,可以看出:土壤侵蚀强度与沟壑密度单因素有正相关关系(见表 4-1和图 4-8)。

表 4-1 黄土高原部分地区沟壑密度与侵蚀模数统计[26]

流域或地区名称	沟壑密度 (km/km²)	侵蚀模数 (万 t/(km²·a))	流域或地区名称	沟壑密度 (km/km²)	侵蚀模数 (万 t/(km²·a))
神木县黄河沿岸峡谷丘陵	6.5	2	中阳县黄土丘陵区	4.3	1.335
神木县东南黄土丘陵	8.5	3.4	延川、延长平梁沟壑区	4	0.7
米脂县	6	2	甘谷县	3.5	0.75
韭园沟	5.34	1.812	秦祁河	4	0.768
大理河	5.5	1.67	秦安县	3.5	0.8
子长县	5.5	1.55	固原县	2	0.4
白于山南侧河源区	5.5	1.75	定西县鹿马岔沟	1.93	0.438 4
安塞茶坊实验区	4.4	1.4	葫芦河	2.4	0.688 3
岔巴沟	6	1.6	平凉市纸坊沟	3.7	0.58
偏关县	4	1.5	园河	3.2	0.35
保德县	5.5	1.25	淳化县	2.7	0.4
方山县黄土丘陵区	3.8	0.774 9	西峰南小河沟	2.7	0.652 5
中阳县高家沟	5.2	1.58	隰县西埝沟	5.8	1.2
离石县黄土丘陵区	4.5	1.6	洛川黄土塬区	2.1	0.242 4
皇甫川砒砂岩丘陵区	6	1.9	宜川县黄土残塬区	3.2	0.25
皇甫川黄土丘陵区	4.5	1.65	隰县残塬沟壑	3.7	1.057 4
皇甫川沙盖丘陵区	3	0.9	淳化县	1.1	0.346
清水河县暖全沟	3	1	长武县	1.26	0.264 2
岚县黄土丘陵区	3.8	0.963	绥德县小石沟	5.5	1.99
岚县黄土阶地区	0.8	0.212 1	清涧县红旗沟	5.1	1.43

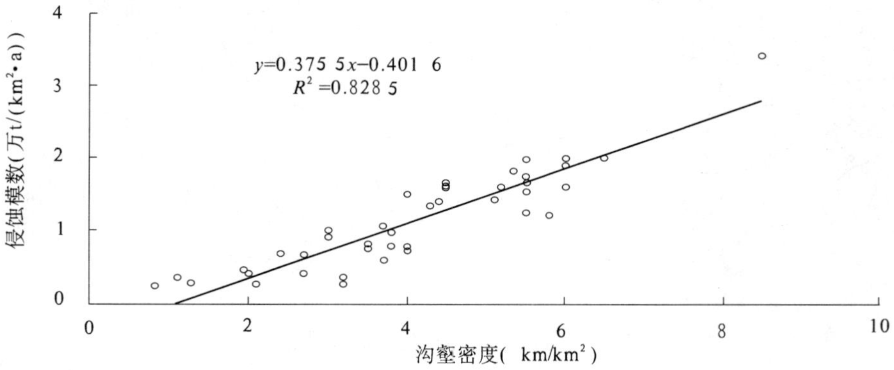

图 4-8 沟壑密度与土壤侵蚀模数关系图[26]

根据上述沟壑密度的统计,由西南向东北,可以作出黄河中游各地区相对的沟壑密度的空间分布图(见图 4-9)。

黄河中游的沟壑密度有明显的变化规律,由西向东逐渐增大,在黄河中游西部陇东地区仅为 3km/km² 左右,但是进入陕北后即呈增大的趋势,在神木附近最大达 7.5km/km²;同时,在陕北地区由南向北沟壑密度也在逐渐增大,在南部的台塬区,仅为 1 ~ 3km/km²,

向北则达到 5 ~ 6km/km²。另外，在晋陕峡谷段两侧的沟壑密度最大，一般都在 6km/km² 以上，成为黄土高原沟壑最发育的地区。

由图 4-9 可见，吴旗以西沟壑密度和晋西北沟壑密度均较小，为 3 ~ 4.4km/km²。

综上所述，沟壑密度大的地区集中在白于山以东，绥德、米脂、佳县、神木、府谷、准格尔旗和清水河一线，平均为 6.7 km/km²。

沟壑密度的高值区与粗泥沙高产沙区是相对应的。

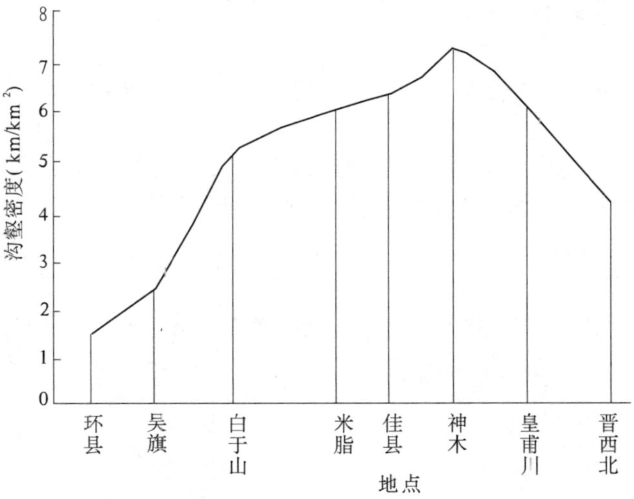

图 4-9　黄河中游各地沟壑密度变化示意(SW—NE)

(二)坡度与侵蚀产沙关系

坡度对侵蚀的影响很复杂，据景可研究，并不是简单的坡度愈陡，侵蚀就愈大，应该是有一定的条件，当降水或径流量相同时，坡度与侵蚀成正比，这是黄土高原土壤侵蚀的基本规律；但当坡度增加至一定程度时(一般认为大于 35°)，侵蚀量随坡度的增加反而减少，因此在一定范围内的坡度才更有利于侵蚀。蔡强国等研究了绥德和离石两地坡地上水流面蚀强度的临界坡度，得出 25° ~ 28°的结论，认为在此坡度以下，侵蚀与坡度为正相关。据此，我们对区内的梁峁坡地坡度进行统计，因目前治理上将 25°以上的坡地作为退耕还林的地方，数据多以此为统计源[27]，为了便于比较，取 25°坡面进行统计，得出坡度分布图，看出坡度多集中在 15° ~ 35°之间(见图 4-10)，可以认为在这一坡度区间最易产生侵蚀。具体位置在安塞、米脂、河曲一带。

(三)相对高差与侵蚀产沙的关系

本区地形相对高差一般都在 100m 以上，其中陕北白于山及周围黄土丘陵因地处强烈上升区，相对高差大。白于山海拔 1 500 ~ 1 800m，相对高差可达 300 ~ 400m。区内晋西河曲、保德、兴县、临县等黄河沿岸地区，陕北绥德、米脂、佳县、清涧、神木、府谷等地的黄土梁峁丘陵，峁丘顶面海拔 1 200 ~ 1 400m，在晋陕峡谷蚀余黄土丘陵区多为深切峡谷，上述地区相对切割深度多为 150 ~ 200m，而在陇东地区则相对高差为 130 ~ 150m。研究表明，高差并不总是与侵蚀成正比，如白于山周围的切割深度均大于梁峁

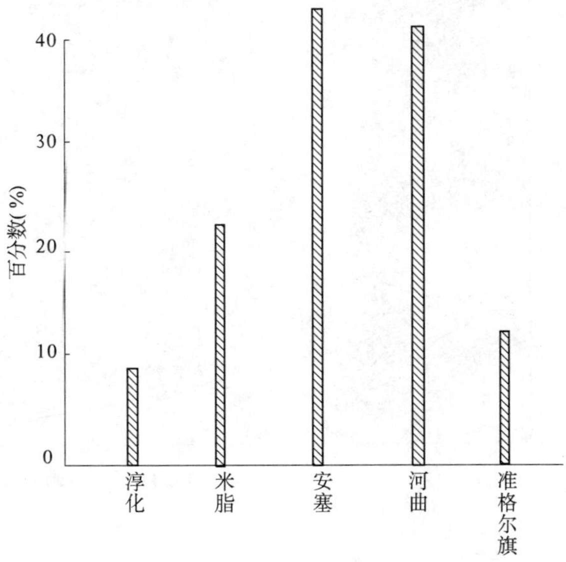

图 4-10　黄土高原 15° ~ 35°坡地占相应地貌面积的比例

区,但梁峁区的侵蚀最大,这是因为决定侵蚀的因素中还是沟壑密度的权重高,梁峁区地形的破碎程度远远超过黄土山地区,同时也说明侵蚀的强度是多方面原因所致,因此必须致力于追求一种综合性的侵蚀效应。

第三节　地层与产沙

黄河中游地区除局部见二叠系外,都属于中生代和新生代的地层,其中包括三叠系、侏罗系、白垩系、新近系上新统和第四系黄土(见图 4-11)。现由老至新分述如下。

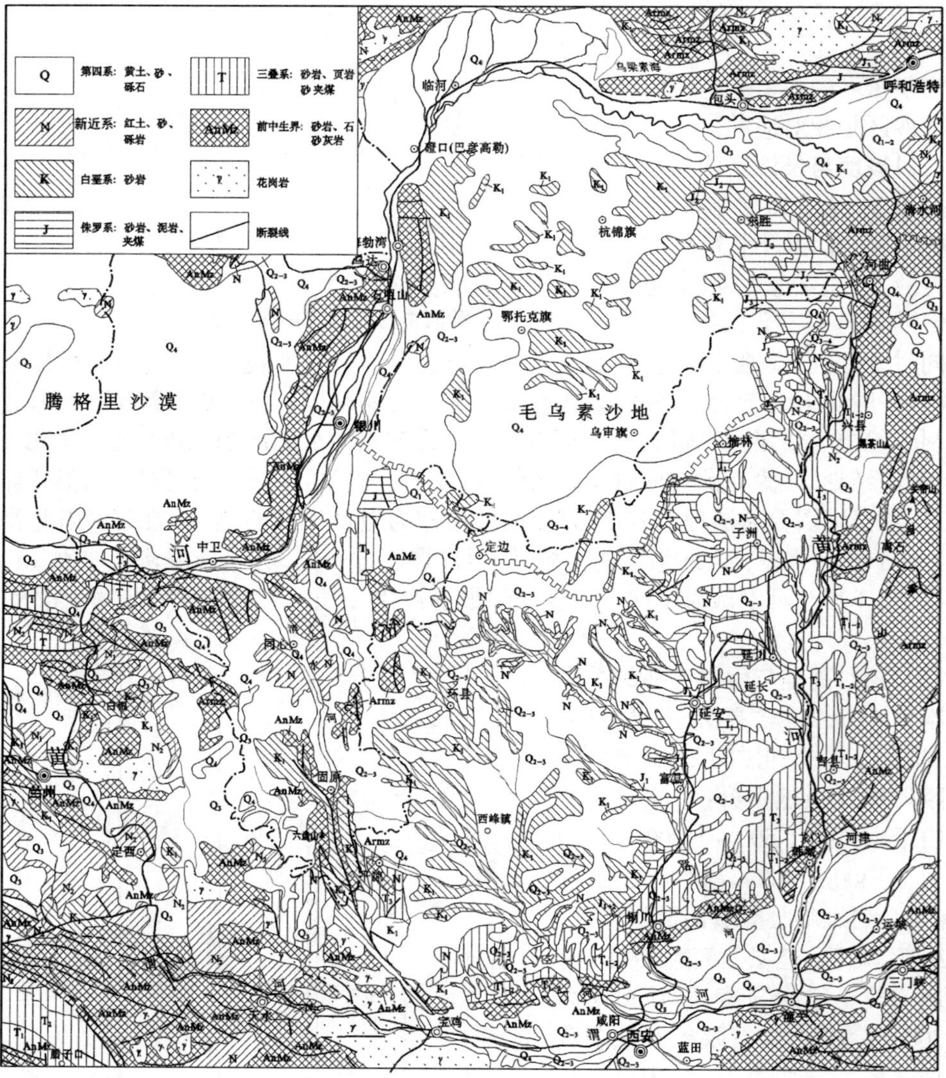

图 4-11　黄河中游地质图[28]

一、二叠系

在府谷、神木以北的晋陕峡谷有少量的二叠系分布,为河流相沉积,以中厚层砂岩、泥岩、页岩为主夹煤层，以钙质、泥质胶结为主，有大型交错层理，部分地层中的泥岩和页岩夹层很多，由于层间错动而引起塑性流变故遇水易软化或泥化，属于易侵蚀的砒砂岩。

二、三叠系

三叠系为内陆河湖相沉积，三叠系下统和尚沟组仅零星分布于吴堡以北的晋陕峡谷，是一套以湖泊相为主的棕红、橘红、紫红色泥岩，以富含钙质结核为特征，在吴堡、府谷一带夹有少量砂砾岩。

三叠系下统刘家沟组广泛出露在内蒙古准格尔旗和清水河县，形成土石质丘陵，岩性为浅粉红、灰白色砂岩、含砾砂岩、紫红色泥岩及粉砂质泥岩。

晋陕峡谷两岸及支流的下游沟谷则有三叠系中统纸坊组和铜川组呈长条状分布，岩性为紫灰、黄绿色、黄灰色块状细砂岩夹粉砂质泥岩，暗紫色粉砂质泥岩夹页岩，细砂岩，灰黑、灰绿色页岩，油页岩、泥质粉砂岩与粉砂质泥岩。中下统共同构成峡谷陡岸，即所谓黄土盖帽基岩穿裙。

三叠系中统二马营组见于准格尔以西，为灰绿、灰白色含砾砂岩，中细粒长石石英砂岩和暗紫红色粉砂质泥岩、泥质粉砂岩，泥岩中常含钙质结核及石膏结核。

由黄河向西，三叠系上统延长群广泛分布于各支流的中游沟谷，为灰色、灰绿色厚层块状中粗粒长石砂岩、粉砂岩、泥岩互层，含煤层煤线、炭质页岩、油页岩。区内岩性较区外粒度粗，长石含量高，颜色较浅，因而较之于区外易侵蚀，在无定河以南，主要在沟谷两岸及谷底出露。出露岩层层理厚 2m 左右，垂直节理发育，在两个岩层之间往往夹有一层厚 20 ~ 50cm 的软弱泥岩地层，属易侵蚀岩。由于上下岩层的风化差异，往往使上覆盖的砂岩失去支撑而悬空，由此，岩块沿着垂直节理发生块体崩塌，产生重力侵蚀。

三、侏罗系

侏罗系主要分布在窟野河的中上游、孤山川、皇甫川。其下统延安组见于北部牸牛川上游，为兰灰、浅灰色粉砂岩、粉沙质泥岩夹砂岩和煤层。侏罗系中统直罗组分布于区内清水川、孤山川、牸牛川和窟野河中游、秃尾河中游、无定河上游，岩性为灰白、灰黄、灰绿色中细粒砂岩、紫红色粉砂岩夹兰灰色泥岩和煤线。

四、白垩系

区内出露为白垩系下统，见于区内北端的内蒙古鄂尔多斯市周围，为伊金霍洛组的灰白、紫红色中细粒长石石英砂岩夹粉砂质泥岩，紫红黄绿色砾岩。

五、新近系

新近系上新统三趾马红土，在多沙粗沙集中区广泛分布，但除了皇甫川上游的纳林川连片出露外，在其他地区都是不连续分布，地层厚度由沟口向分水岭逐渐增厚。三趾马红土为红褐色、紫红色、淡红色的砂质黏土，含较多的钙结核，层状分布，红层出露厚度从几米到几十米不等，在沟谷内多半形成 30° ~ 45°的陡坡。

六、第四系黄土

黄土是多沙粗沙区的主要产沙地层之一，在多沙粗沙区黄土覆盖的面积约占到总面积的 80% 以上。根据沉积的时间序列，可以分为早更新世午城黄土(Q_1)、中更新世离石黄土(Q_2)和晚更新世的马兰黄土(Q_3)与现代黄土(Q_4)。在河龙区间的多沙粗沙区范围内,黄土堆积厚度由北向南增厚,从几十米到百米。

区内虽有多个产沙地层,但基岩地层均位于河流深切沟谷中,仅在北部有砒砂岩明显裸露,但面积有限。因此,从全区看黄土侵蚀是第一位的,黄土广泛分布在各地貌单元之上,其中又以晚更新世马兰黄土(新黄土)的侵蚀性最大。陕西省地矿局第二水文地质队对马兰黄土的物理力学性质进行了分析(表 4-2),总结出以下几点认识:

表 4-2　马兰黄土物理力学性质[25]

项目			第一带(砂黄土)	第二带(黄土)	第三带(细黄土)	资料来源
物质成分	粒度组成(%)	砂粒(0.25~0.05mm)	25~5	5 左右	5~0	据朱海之
		粗粉粒(0.05~0.01mm)	>50	>50	>50	
		细粉粒(0.01~0.004mm)	大部<20 少部 20~30	20 左右	>20	
		d_m(mm)	0.030~0.016	0.025~0.010	<0.015	
	易溶盐含量(%)		0.10~0.62	0.05~0.38	0.02~0.25	据刘东生等
微结构	粒间空隙率		4.95~6.15	4.95~2.74	<2.5	
	结构类型		接触式	接触式—基底式	基底式	据王水炎等
物理力学性质	相对密度		2.74	2.75	2.74	据陕西省水文地质二队
	天然干容重(g/cm³)		1.18~1.4	1.25	1.24	
	天然含水量(%)		3.6~7.0	16.7	17.0	
	天然孔隙率(%)		49.6~56.9	54.4	54.8	
	塑性指数		7.0~9.0	7.7	9.0	
	内摩擦角(°)		32.0	26.3	20	
	黏滞力(kg/cm³)		0.36	0.22	0.32	
	湿陷系数		0.011~0.059	0.009~0.072	0.005~0.076	
	渗透系数(m/s)		4.45×10^{-2}~3.3×10^{-4}	4.42×10^{-2}~6.65×10^{-4}	4.60×10^{-2}~2.26×10^{-4}	
	崩解量	%	100	100	100	
		时间(h:min、s)	0:2′30″~15′00″	0:0′45″~3′00″	0:0′35″~2′10″	
	试验地点		兰州	洛川	渭南	

(1)马兰黄土分布范围广,全部暴露于地表,直接遭受地表径流的冲蚀;

(2)结构特别疏松且多大孔隙,上部无荷载,压密度低;

(3)颗粒粗,有机质含量低,易溶盐含量高,无土壤结构,成壤程度低,水稳性差;

(4)天然含水量低,吸水性强,饱水后几十秒或数分钟全部崩解成粉末;

(5)直立裂隙及孔洞发育,导水性强,在动水压力作用下,易产生潜蚀性管涌;

(6)骨架颗粒含量高,胶结物含量低,而胶结物又以微粒石英和长石为主,固结性差。结构类型主要为接触胶结,连接力弱;

(7)总凝聚力小,抗剪强度低,浸水后在孔隙水压力作用下颗粒滑移迅速。

因此,黄土高原土壤侵蚀最为严重者为马兰黄土。老黄土及古黄土因埋藏较深,暴露于地表的范围小,其工程地质性质又优于马兰黄土,抗侵蚀能力较强。

在下面的讨论中,我们将主要以马兰黄土为对象,说明黄土性质与侵蚀产粗泥沙的关系及空间分布规律。

第四节　岩性与产粗泥沙的关系

一、基岩侵蚀与产粗泥沙的关系

(一)基岩侵蚀的地域差异

本区佳芦河以南,由于三叠纪地层伏于黄土地层之下,仅在河流深切沟谷两侧出露,虽属于易侵蚀岩,但结构微密,抗蚀能力比黄土强,因而侵蚀产沙作用不及黄土,且此处因黄土分布面积特大,故仍以黄土侵蚀产沙为最。但由于重力侵蚀较发育,侵蚀物常在河口堆积。

区内北部神木、府谷、准格尔、清水河一带,三叠系刘家沟组和二马营组大片裸露,岩性逐渐因风化和节理发育变得更为疏松。

佳芦河以北的基岩俗称砒砂岩,属于二叠纪到白垩纪地层,为陆相碎屑岩系,岩层厚度小,成岩程度低,且受强烈风化,岩性结构更为疏松,沙粒间胶结程度差,结构强度低,极易剥落、崩塌和遭受流水侵蚀。尤以三叠系和侏罗系为最,成为当地最重要的侵蚀物质,在孤山川、皇甫川、清水川一带基岩侵蚀产沙比例超过黄土。

从基岩地层展布及岩性特征分布规律看,由南向北基岩出露愈加明显,侵蚀性愈加增大。区内南部的黄土梁峁丘陵,基岩见于沟谷中,而在北部的晋陕蒙接壤处则基岩大面积裸露,由于结构疏松,因而极易风化为砒砂岩。北部的窟野河、孤山川、皇甫川流域所产粗泥沙主要来自于砒砂岩,粗泥沙的面积占70%,泥沙中大于0.05mm的粗泥沙就占到78%~84.7%(见表4-3和表4-4)。因此,砒砂岩是粗泥沙集中来源区北部(佳芦河流域以北)粗泥沙的主要来源母体。

表 4-3　基岩自然风化物级配[22]

地点	各粒径级百分含量(%)				岩性
	>0.10mm	0.10~0.05mm	0.05~0.01mm	<0.01mm	
神木(1)	43	16	35	6	砒砂岩
神木(2)	8.2	20.7	36	35.1	羊肝石
皇甫(1)	28.68	7.21	30.21	33.9	羊肝石
皇甫(2)	56.65	20.78	11.91	10.66	砒砂岩
清水河	48.2	15.5	32.3	4	砒砂岩
杏子河	53.57	39.4	6.94	0	砂岩
准格尔	20	28	36	16	羊肝石

注:据张胜利资料。

表 4-4　河龙区间流域产沙岩层粒度组成[29]

河流名称	岩石类型	产沙岩层各粒径级百分含量(%)					
		1.0~0.5 mm	0.5~0.25 mm	0.25~0.05 mm	0.05~0.025 mm	0.025~0.005 mm	<0.005 mm
孤山川	砒砂岩	5.7	11.2	67.4	5.9	5.1	4.7
	羊肝石	0.8	5.7	26.9	11.1	24.7	30.8
	红土	0	0.9	27.7	7.7	22.5	41.2
	老黄土	0.04	0.5	40.0	21.5	20.9	17.1
	新黄土	0.2	1.2	42.4	32.2	15.3	8.7
	风积沙	0.9	6.5	72.7	4.8	8.3	6.8
窟野河	砒砂岩	17.2	25.7	41.8	4.9	4.2	6.2
	羊肝石	2.8	5.4	29.3	15.3	23.5	23.7
	红土	0	0.1	16.1	13.4	22.7	47.7
	老黄土	0	0.1	34.8	29.7	18.9	16.5
	新黄土	1.1	3.1	53.8	19.6	12.6	9.8
	风积沙	1.8	8.5	70.9	0.2	13.1	5.5
秃尾河	前第三系		22.4	46.3	14.1	17.2	
	红土		0.2	37.4	28.6	33.8	
	黄土		0.4	52.2	23.4	24.0	
	风积沙		37.0	51.9	1.6	9.8	
大理河	砂岩	22.3		59.7	8.9	7.1	2.1
	砂页岩	25.5		32.8	14.1	12.2	15.4
	红土	0.4		21.4	15.2	24.6	38.4
	老黄土	0.7		29.5	30.6	24.4	14.8
	新黄土	0.8		40.7	34.1	16.8	7.6
延河	红砂岩	11.6		71.1	7.8	5.1	4.4
	砂岩夹页岩	30.0		27.1	12.3	16.3	14.3
	红土	0.3		24.7	10.6	23.7	40.7
	老黄土	0		29.1	26.8	26.2	17.9
	新黄土	0.5		35.1	37.2	19.1	8.1

注:秃尾河 0.025~0.005mm 中包含了 0.005mm 以下部分。

(二)黄河中游最低限度基岩产沙模数

录可、陈永宗和李风新等研究了基岩产沙模数,给出了黄河中游最低限度基岩产沙模数(见图 4-12)。从图 4-12 中看出:黄河中游基岩产沙大的地区主要在皇甫川至秃尾河各条支流、无定河中下游地区、延河、清涧河以及北洛河上游、马莲河流域,此范围正是黄河中游多沙粗沙区。同时,皇甫川整个流域、窟野河下游基岩产沙模数达 5 000t/(km^2·a)以上,为流域最大,说明易侵蚀岩(砒砂岩为主)产沙对粗泥沙集中来源区的作用应该是很大的。

综上分析,佳芦河以北的易侵蚀的砒砂岩分布广是多沙粗沙区北部产粗泥沙的主因之一,粗泥沙集中来源区应该与这种分布特征相呼应。

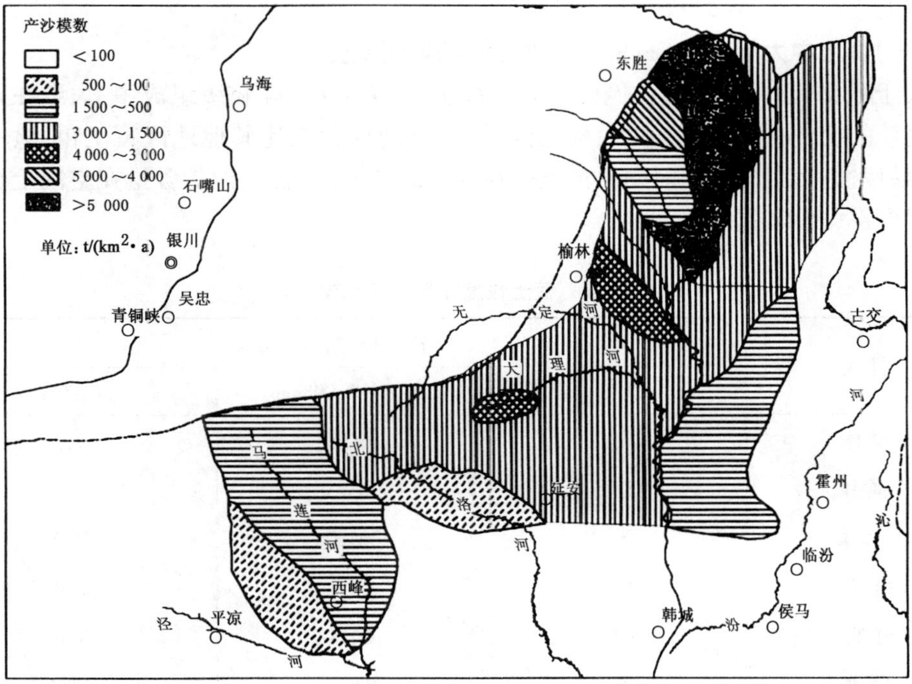

图 4-12　黄河中游最低限度基岩产沙模数图[30]

二、三趾马红土与产粗泥沙关系

三趾马红土是未成岩,很容易风化,尤其是受冷热变化作用的机械风化非常强烈。三趾马红土自然风化物的颗粒组成中,黏粒($d < 0.005$mm)含量比较大,$d > 0.05$mm 的砂粒的百分比也比较大(见表 4-5),在皇甫川可达 24.3%,在窟野河达 36.5%。由此可见,三趾马红土不仅是细泥沙的来源之一,也是粗泥沙的来源之一。

表 4-5　三趾马红土级配[30]

样点	各级粒度含量(%)		
	>0.05mm	0.05～0.005mm	<0.005mm
皇甫川	24.3	35.5	40.3
窟野河	36.5	31.2	32.3
散渡河	43.2	10.8	46.3

三、黄土与产粗泥沙的关系

黄土以粉砂为主,孔隙度大,富含碳酸盐。黄土遇水后,碳酸盐的溶解,加速了土体的崩解和湿陷,黄土的这一物理特性决定了它可蚀性大的特点。研究表明,区内黄土抗蚀性由南向北逐渐减弱,可以从以下几方面进一步阐述。

(一)黄土中大于 0.05mm 的粗泥沙比例的区域变化

大于 0.05mm 的粗泥沙比例由南向北增多(见表 4-6),在粒级组成中,大致在延安以北粗泥沙的比例在 18.7%～32.1%之间,因此该地区黄土比其他地区黄土粗,愈向北愈粗,愈易侵蚀。而且,不同时期的黄土中粒径>0.05mm 的粗泥沙的含量在空间上也是北部大于南部(表 4-7)。

表 4-6　黄土粒度比例的南北向变化

样点	各级粒度含量(%)		
	>0.05mm	0.05～0.005mm	<0.005mm
榆林	32.1	58.3	9.3
横山	23.5	68.3	8.3
米脂	26.8	64.0	9.2
绥德	25.9	64.1	9.8
子长	29.3	61.8	8.8
清涧	20.5	66.2	13.4
延安	18.7	62.3	18.5
宜川	19.0	66.6	15.5

注:据朱海之资料。

表 4-7　黄土高原不同地层地域>0.05mm 粒级含量百分数[30]　(%)

区域	新黄土	离石黄土上段	离石黄土下段	午城黄土
北部(定西—延安—离石一线以北)	13～23	9～28	5～27	7～25
中部(上线以南至汾渭盆地以北)	7～10	6～14	6～7	7～16
南部(汾渭盆地以南)	2	4	0	0

(二)黄土质地的水平分布

黄土高原黄土的质地在地域上呈现规律性变化,即大致从东南向西北逐渐变粗(如图4-13)。由图4-13可以看出:黄土高原从西北向东南顺序分布为沙壤带(沙黄土)、轻壤带、中壤带(典型黄土)和重壤带(黏黄土)。因此,不同地区因为黄土质地的差异,侵蚀也有差异,其中沙壤土最易侵蚀,且沙壤土中由于粗细颗粒的搭配,极易形成高含沙水流,区域分布上大致在环县—志丹—绥德—吴堡一线以北为沙黄土分布区,因而粗泥沙高产沙区也与之相伴。表4-8是不同地区马兰黄土的相对可蚀性对比(相对可蚀性即100mm径流深的土层侵蚀厚度),可知在榆林、靖边和绥德一带的沙黄土相对可蚀性大。

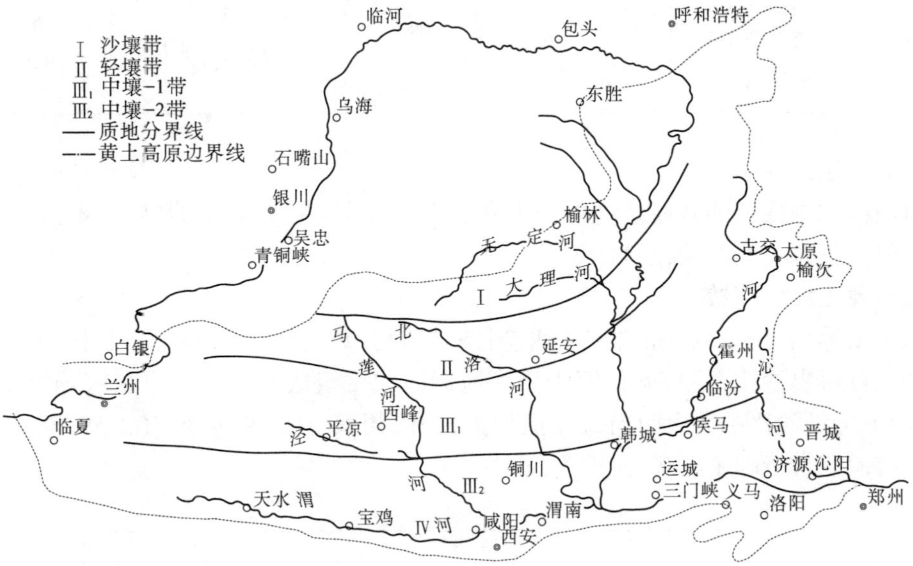

图4-13　黄土高原黄土质地分区图[30]

表4-8　不同地区马兰黄土的相对可蚀性[25]

地点	物质	侵蚀深度(mm)	相对可蚀性(mm/100mm)
榆林	沙黄土	5.69	27.55
靖边	沙黄土	0.91	24.81
绥德	沙黄土和黄土	3.44	10.80
延安	黄土	5.88	9.62
彬县	黏黄土	3.08	8.87

(三)黄土的崩解速度

黄土吸水后就可迅速分解为碎粒的性质即为崩解性,它可以反映黄土结构的稳定性。崩解性用单位体积的原状土在静水中完全崩解所需要的时间表示。就不同时代的黄土而言,马兰黄土的崩解速度较老黄土快,就马兰黄土崩解性而言,以绥德为界,北部的沙黄土较南部的黄土崩解速度快,因此本区黄土更易崩解侵蚀(见表4-9)。

表 4-9　黄土崩解速率比较(样本体积为 2cm×2cm×2cm)[30]

地点	黄土类型	崩解时间(s)	地点	黄土类型	崩解时间(s)
神木	马兰黄土 离石黄土 午城黄土	35 40 45	延安	马兰黄土 离石黄土	52 143
榆林	马兰黄土 离石黄土	21.4 49.9	洛川	黑垆土 马兰黄土	67 43
绥德	马兰黄土 离石黄土 午城黄土	70 76	铜川	马兰黄土 离石黄土	46 105

(四)黄土结构

由南向北为稳定的基底式结构－孔隙充填式结构－接触式支架结构,本区黄土为最不稳定的接触式支架结构,易被侵蚀。

(五)黄土沙比系数

陈永宗等用 $d>0.05$mm 颗粒所占全沙量的百分数与 $d<0.05$mm 颗粒占全沙量的百分数相比可得出沙比系数,此比值表示河流泥沙粒度组成特征。沙比系数等值线图(见图 4-14)上可见沙比系数由南向北比值增大,如绥德只有 1.09,皇甫川 2.58,说明粗颗粒泥沙由南向北含量越来越多,侵蚀愈强。

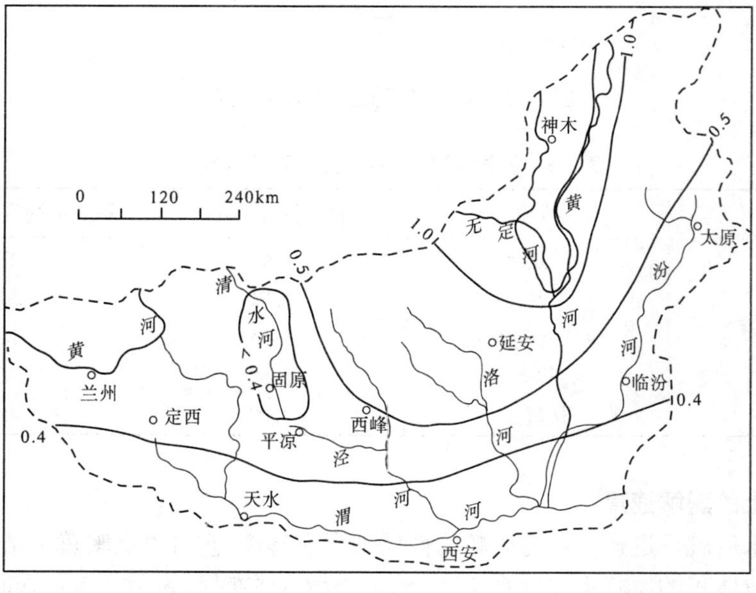

图 4-14　黄土高原沙比系数等值线图[25]

综上分析,多沙粗沙区广泛分布的黄土,特别是晚更新世马兰黄土是最主要的侵蚀产沙地层，其次是中更新世离石黄土。从马兰黄土中细沙与黏粒含量分布看，志丹—绥德—吴堡以北为沙黄土，粗泥沙含量 23.6% ~ 72.4%；此线以南为典型黄土，粗泥沙含量 11.1% ~ 31.5%。反映愈往北接近沙漠地区，黄土颗粒愈粗，胶结疏松，分散率高，土体在水中极易分散，迅速崩解。因此，同时代的黄土地层，在相同侵蚀条件下，北部比南部侵蚀产粗泥沙量要大。

因此，粗泥沙集中来源区选定时应该充分考虑黄土的这种经向变化规律。对多沙粗沙区的北部应多加重视。

四、风沙与产粗泥沙

区内北部窟野河和牸牛川之间及孤山川等流域有沙丘沙地成片分布，起风时可将沙丘中的细粒物质以飘尘形式吹扬输移，粗粒物质通过跃移和蠕动在背风处或河岸堆积形成新的沙丘，常可被流水冲蚀带走，成为河流粗泥沙的又一来源，但总量不大。

通过地质、地貌因素分析，应该在多沙粗沙区北中部来寻找粗泥沙集中来源区，并且新黄土和中生界砒砂岩是多沙粗沙区最主要的产沙地层，也是粗泥沙集中来源区的主要产沙地层。

第五节　侵蚀产沙营力对产沙的影响

从黄河中游侵蚀营力（主要指外营力）的空间分布规律（见图 4-15）看，黄河中游地区土壤侵蚀营力主要为以下三种。

一、风力侵蚀地区

该区大致从右玉、清水河、准格尔、神木、靖边沿长城一线以北的地区是风力侵蚀产沙类型区。冬春季多大风，地表松散，堆积物为风成沙，或者是基岩剥夷面，风力侵蚀产沙占主导地位。

二、风力—水力侵蚀交错区

风蚀类型区以南之神池、兴县、绥德、庆阳、固原、定西、东乡一线之间为风蚀水蚀类型区。这个区是黄河中游侵蚀产沙最为严重的地区，也是侵蚀产沙类型最为复杂的地区。冬、春季风力大，频次高，是风蚀的主要季节，而汛期则是水蚀的主要季节。此外，该区内地形破碎，坡谷陡峻，沟谷比降大，重力侵蚀也很活跃。黄河中游多沙粗沙区大部分就在该范围内，粗泥沙集中区也应位于该范围。

三、水力侵蚀区

该区在风蚀—水蚀类型区南线以南，是黄河中游的重点产沙区。

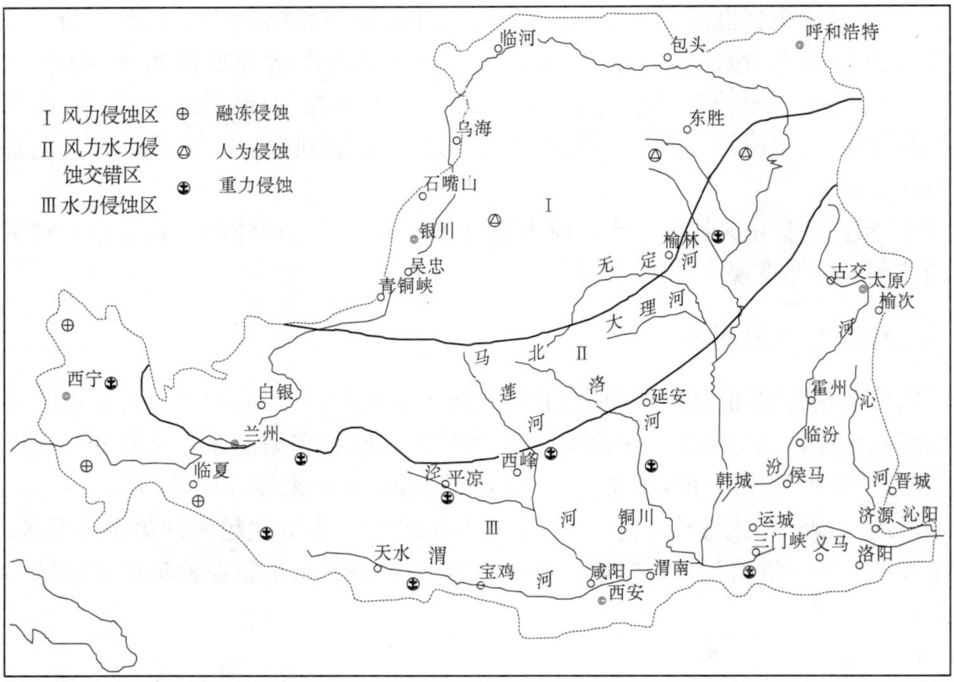

图 4-15　黄河中游侵蚀产沙营力分布略图[30]

第六节　植被盖度与产粗泥沙

黄河中游主要为半干旱森林草原、半干旱草原和干旱荒漠草原植被，因人为破坏目前仅在山地区有一些次生植被覆盖，沟谷有稀疏的草灌，大部分坡地曾被开垦为耕地，近年来实施黄土高原生态修复、退耕还林还草工程，坡面植被正在恢复，尤以延安市辖区各县恢复较好。

植被覆盖度是衡量植被多少的重要指标（用%表示），百分率愈高表示植被覆盖愈好。仅就植被而言，植被盖度愈大则侵蚀愈小。将黄土高原的植被盖度分为 6 级，即：Ⅰ级为 > 85%，Ⅱ级为 85% ~ 70%，Ⅲ级为 70% ~ 45%，Ⅳ级为 45% ~ 30%，Ⅴ级为 30% ~ 10%，Ⅵ级为 < 10%（裸露），其分布见图 4-16。

黄河中游地区植被及盖度情况可简述如下：汾渭等盆地及河谷地带和部分山区植被覆盖度较高，可达 70%以上；黄土台塬区植被中等，在 70% ~ 45%之间，为Ⅲ级；其余大部分地区植被较稀疏，植被盖度在 45%以下，吴旗—延安以北地区，植被盖度小于 30%。为Ⅳ ~ Ⅵ级。这里许多地区地表裸露，仅在荒坡、沟底有一些豆科、禾本科、藜科等草本植物和小灌木，乔木林稀少，除部分水土保持林外，仅有的也多是“小老头”树。在晋西北地区、内蒙古伊金霍洛旗和准格尔旗东南部，以及陕西北部等部分地区，植被盖度在 10%以下，为Ⅵ级，以耐旱的草本植物为主，在一些固定和半固定的沙丘沙地有大量的沙棘、沙柳，乔木稀少。在广大的黄土梁峁丘陵区，地表垦殖指数高，人为对植被破坏的影响还未全部消除，植被的复苏也需要一个过程，因此目前植被盖度仍在 45% ~ 30%（Ⅳ级）上徘徊。

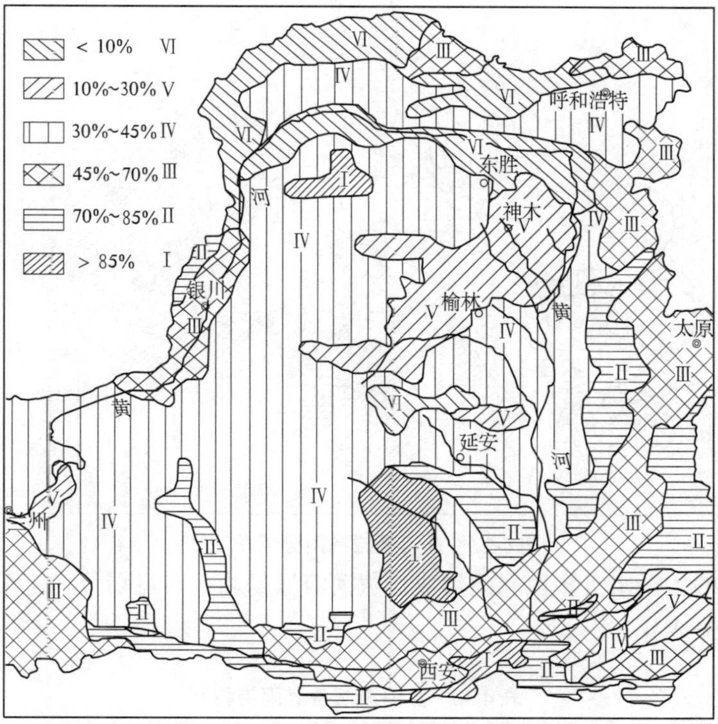

图 4-16　黄河中游植被盖度略图（据黄河上中游管理局遥感中心资料简化）

根据植被覆盖度的变化分析，多沙粗沙区内吴旗—延安以北地区的植被盖度很低，低覆被的植被为土壤侵蚀创造了条件，是导致多沙粗沙区内北部强烈侵蚀的主因之一，粗泥沙集中来源区应该在这一区域待选。

第七节　气象水文与产粗泥沙

一、降水特征

本区属于中温带半干旱气候区。这种气候的特点是降水量较小（一般为 400 ~ 600mm），但降水时间集中，年内季节分配极不均匀，以夏季最多，集中于 7 ~ 9 月，其中汛期降雨量可占全年降水量的 70% ~ 80%，并多以暴雨形式出现，而暴雨对侵蚀的影响最大，往往全年黄土高原的强烈侵蚀量就是由几次暴雨引起的。从图 4-17 可见，由河口镇—准格尔旗—榆林—吴旗—环县—天水一线东南为多暴雨带。降水的地理分布也有明显的规律，由东南向西北，由东向西，由南向北均呈减少之态。

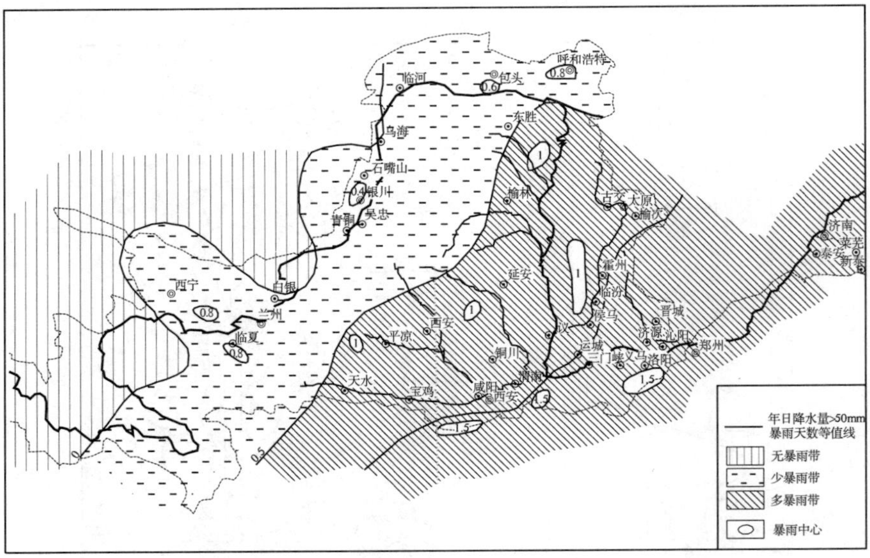

图 4-17　黄河流域暴雨分带略图❶

黄河中游的大洪水大多由暴雨形成。黄河流域暴雨分布可划分为三个带，见图 4-17，各带主要特征见表 4-10。

表 4-10　黄河流域各暴雨带特征

暴雨带名称		位置	每年日降水量 > 50mm 的天数	主要特征
暴雨带	多暴雨带	六盘山—呼和浩特市以东地区	> 0.5	多大面积日暴雨，暴雨强度大，持续时间长
	少暴雨带	六盘山—呼和浩特市与积石山南端至狼山地区	< 0.5	少大面积日暴雨，暴雨强度较大，持续时间较长
无暴雨带		积石山南端—狼山以西地区	0	暴雨出现机遇极少

注：大面积日暴雨是指 24 小时降水量大于 50mm，且暴雨笼罩面积大于 1 万 km^2。

可见，黄河流域河口镇以下的黄土高原多沙粗沙区均属于多暴雨区。粗泥沙集中来源区应该在这种多暴雨的气候背景下出现。

二、河流含沙量分析

图 4-18 为黄河流域 7～8 月平均含沙量分布图。河口镇至龙门区间 7～8 月平均含沙量为 300kg/m^3，从图 4-18 中看出，300kg/m^3 含沙量的区域大致分布在延河口以北至河口镇黄河干流两岸，北洛河上游刘家河以上，泾河庆阳、巴家嘴以上，渭河上游靠近祖厉河和清水河地区，以及河口镇以上的祖厉河和清水河的上游地区。通过含沙量分布图看出，粗泥沙集中来源区应处在高含沙区域内。

---

❶ 陕西省地质矿产局第二水文地质工程地质队，水土流失图说明书（黄河流域环境地质图系之八），1986 年 6 月。

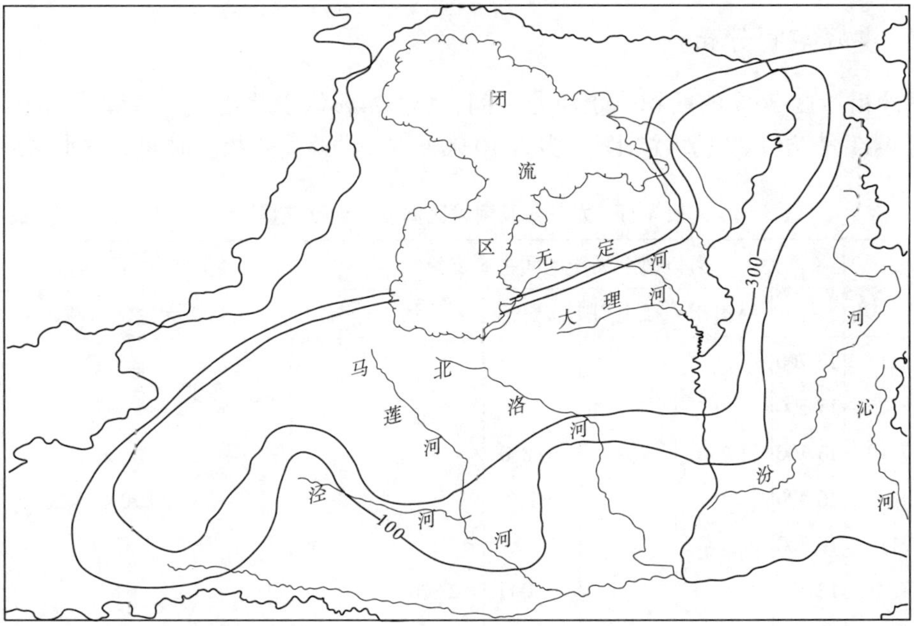

图 4-18　黄河流域 7～8 月平均含沙量分布图[22]（单位：kg/m³）

三、河流悬移质泥沙中数粒径分布

从图 4-19 看出，河流悬移质泥沙粒径由东南向西北逐渐变粗，皇甫川至秃尾河各条支流以及无定河中下游地区泥沙粒径较粗，粗泥沙集中来源区应与这种分布态势相关。

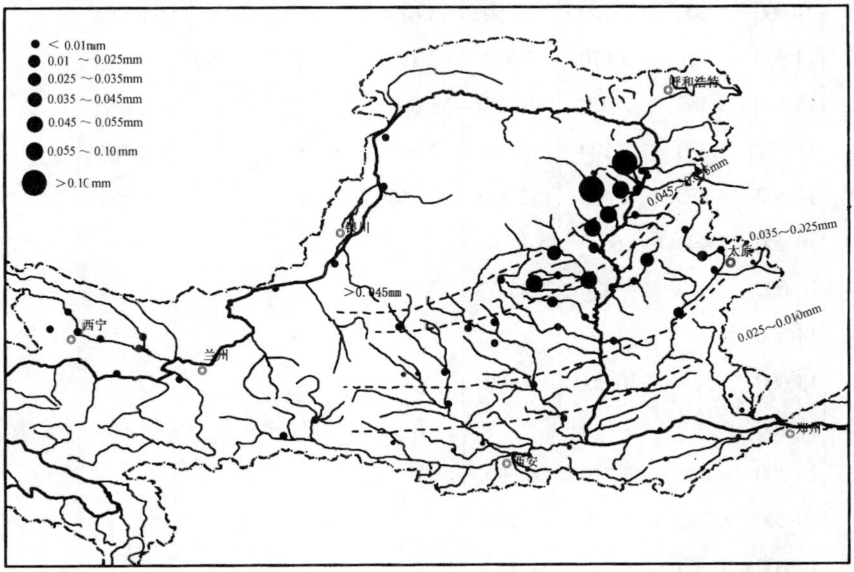

图 4-19　黄河流域河流悬移质泥沙中数粒径分布图[23]

四、洪峰空间分布

多沙粗沙区 76%的面积位于河龙区间，其余 24%位于北洛河上游和泾河上游马莲河。表 4-11 是龙门 27 场大洪水（大多为 10 000m^3/s）洪峰流量相应时间的洪水来源。

表 4-11　龙门站及河龙区间支流洪峰流量[31]　　（单位：m^3/s）

时间（年·月·日）	河口镇至吴堡区间主要支流						吴堡至龙门区间主要支流			
	龙门	皇甫川	孤山川	窟野河	秃尾河	佳芦河	三川河	无定河	清涧河	延河
1951.8.15	13 700									
1953.8.26	15 500									
1954.7.13	13 100	1 730		10 800						
1954.9.3	16 400			5 100				2 970		
1958.7.13	10 800			2 760		3 980				
1959.7.21	12 400			12 000	2 800					
1959.8.4	11 300	2 900		14 100						
1964.7.5	10 200							3 020	4 130	1 910
1964.8.13	17 300	1 000	3 990	4 100	2 090	1 870		950		
1966.7.29	10 100	1 620	1 190	8 380				1 500	4 110	
1966.8.16	9 260			6 230				2 290		
1967.8.6	15 300	2 650	5 670	6 630				2 320		
1967.8.11	21 000	1 300	2 140	4 250	3 670			1 130		
1967.8.25	14 900		3 670	3 370	2 170		2 750			
1967.9.2	14 500	2 160	2 070	6 500	1 000			1 630		
1970.8.2	13 800	1 550	2 700	4 450	3 500	5 770		1 760		
1971.7.26	14 300	4 950	2 430	13 500	2 760	1 400		1 700		
1972.7.20	10 900	8 400	668					970		
1976.8.3	10 600	2 270	2 330	14 000						
1977.7.6	14 500								4 320	9 050
1977.8.4	13 600		10 300	8 480						
1977.8.6	12 700							3 840	2 340	
1979.8.12	13 000	4 660	2 310	6 300						
1988.8.6	10 200	6 790	2 880	3 190			1 280			
1994.8.5	10 600	1 500		6 450						
1996.8.10	11 000	5 110	1 030	10 000		1 300		1 010		1 780
2003.7.31	7 230	6 660	2 920	2 200						

统计的洪水中只有1964年7月和1977年7月两场洪水主要由吴堡以下支流形成，其余均来源于河口镇至吴堡区间。说明河口镇至龙门区间的较大洪峰主要来自河口镇至吴堡区间，其中又以窟野河、孤山川及皇甫川三条支流洪水与龙门洪峰的相关程度较高，来流比例大。尤其是窟野河，最大洪峰流量达14 100m^3/s，在所统计的27场洪水中，最大洪峰流量占到龙门洪峰流量50%以上的就有10场，占洪水总场次的37%，而这10场又占到窟野河20场洪水的一半；有7次占到龙门洪峰流量的80%，有时窟野河单独来水就可以形成龙门最大洪峰，如1959、1971、1976、1996年等，说明窟野河是形成龙门大洪水最主要的来源。其次是皇甫川、孤山川、秃尾河和佳芦河。吴堡以下的无定河、清涧河、三川河及延河等四条支流洪峰流量一般较小，对组成龙门大洪峰的作用有限，更不可能单独形成大洪峰。

河口镇至吴堡区间的洪水又主要来源于右岸的皇甫川、孤山川、窟野河、秃尾河和佳芦河等五条支流（见表4-12），这五条支流的洪峰流量可占河口镇至吴堡区间洪峰流量的82.7%，洪量占67.0%，最大比重洪峰流量可达98.8%，洪量达92.3%。

表4-12　河龙区间历年最大洪水平均峰、量组成百分比[32]

河流名称	水文站名	平均值		最大值			
		洪峰（%）	洪量（%）	洪峰（%）	时间（年·月）	洪量（%）	时间（年·月）
窟野河	温家川	35.9	24.8	61.3	1971.7	62.8	1976.8
皇、孤、窟、秃、佳	皇、高、温、崖、申	68.2	43.9	90.0	1979.8	86.1	1979.9
黄河	河吴区间	82.7	67.0	98.8	1959.7	92.3	1976.8
无定河	白家川	5.1	11.2	13.0	1958.7	17.4	1959.7
黄河	吴龙区间	17.3	33.0	80.8	1977.7	74.2	1977.7
黄河	河龙区间	100	100				

注：河名：皇——皇甫川，孤——孤山川，窟——窟野河，秃——秃尾河，佳——佳芦河；站名：皇——皇甫，高——高家川，温——温家川，崖——高石崖，申——申家湾。

吴堡至龙门区间的来水比重较小，其峰、量所占龙门的比重分别只有17.3%和33.0%，但也有个别年份如1977年洪水，其峰、量所占龙门的比重分别高达76%和45%，说明该地区也有发生大洪水的机遇，但机遇较少。

从上述分析可知：

（1）龙门洪峰主要来自吴堡以上，吴堡洪峰主要来自河口镇至吴堡区间，河口镇至吴堡区间的洪水又主要来自右岸的五条支流（皇甫川、窟野河、孤山川、佳芦河和秃尾河）。

（2）龙门洪量也主要来自吴堡以上，但其中主要来自河口镇以上（龙羊峡和刘家峡水库运行前），河口镇至吴堡区间次之。

（3）一般情况下，龙门洪峰、洪量来自吴堡以上的占4/5（其中河口镇至吴堡区间占3/5），来自吴堡至龙门区间的不到1/5。

沙随水来，沙随水去。因此，从河口至龙门区间的洪水组成和来源判断，粗泥沙集中来源区应在河口镇至吴堡区间右岸几条较大支流的流域内。

五、河流输沙量区域差异

河口镇至龙门区间多年平均(1954～1969 年)输沙量占中游区输沙量的 61%，而河龙区间全沙、$d \geq 0.05$mm 和 $d \geq 0.10$mm 的沙量有 55.0%、57.2%和 66.7%来自河口镇至吴堡区间(见表 4-13)。而河口镇至吴堡区间的全沙、$d \geq 0.05$mm 和 $d \geq 0.10$mm 的沙量又有 48.7%、87.4%和 130.8%来自其右岸的五条支流(皇甫川、窟野河、孤山川、佳芦河和秃尾河)。因此，从河流输沙角度判断，粗泥沙集中来源区也应位于河口镇至吴堡区间右岸支流。

表 4-13　河龙区间输沙量分布统计(1954～1969 年)

河名	站名	年均输沙量(亿 t/a)			占河龙区间沙量(%)		
		全沙	≥0.05mm	≥0.10mm	全沙	≥0.05mm	≥0.10mm
黄河	河口镇	1.73	0.26	0.05			
	吴堡	7.46	2.13	0.66			
	龙门	12.14	3.52	0.97			
	河—吴	5.73	1.87	0.61	55.0	57.2	66.7
	吴—龙	4.68	1.39	0.31	45.0	42.8	33.3
	河—龙	10.41	3.26	0.92	100.0	100.0	100.0
河名	站名	年均输沙量(亿 t/a)			占河龙区间沙量(%)		
		全沙	≥0.05mm	≥0.10mm	全沙	≥0.05mm	≥0.10mm
皇甫川	皇甫	0.61	0.39	0.13	10.7	20.7	21.2
孤山川	高石崖	0.27	0.08	0.03	4.6	4.2	4.2
窟野河	温家川	1.32	0.80	0.41	23.0	43.1	67.0
秃尾河	高家川	0.30	0.19	0.12	5.3	10.1	19.3
佳芦河	申家湾	0.30	0.17	0.12	5.2	9.2	19.1
5 条河合计		2.79	1.63	0.80	48.7	87.4	130.8

注：①5 条河 $d \geq 0.10$mm 的沙量占吴堡至龙门区间同粒级沙量的 130.8%，表明粗泥沙在输送过程中有碰撞和进一步破碎情况；②河—吴表示河口镇至吴堡；吴—龙表示吴堡至龙门；河—龙表示河口镇至龙门。

第八节　前人对有关强烈侵蚀产沙区域的研究

一、多沙粗沙区界定研究中亚区划分确定的强烈侵蚀区

1996～2000 年，我们完成了黄河中游多沙粗沙区区域界定及产输沙规律研究，其中进

行了亚区划分[22]（见图 4-20）。

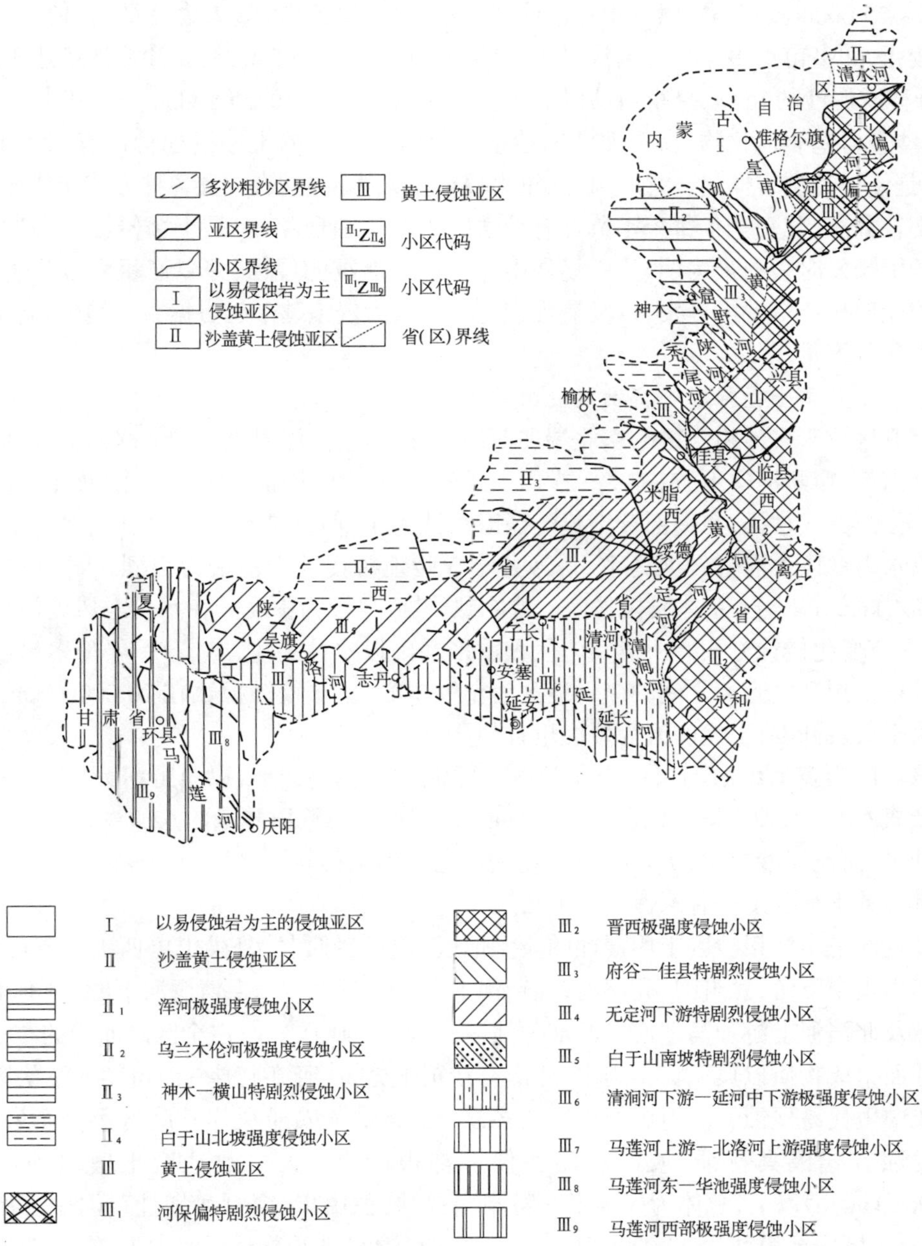

图 4-20　黄河中游多沙粗沙区亚区划分图

这是在综合考虑自然地理因素对土壤侵蚀的影响基础上进行的划分，其中划分出的若干极强度—特剧烈侵蚀亚区是科学的，也是符合实际的，这应该对本次确定的粗泥沙集中来源区有重要借鉴。为此，我们经综合后特列出这些地区。

Ⅰ　易侵蚀岩特剧烈侵蚀亚区

该亚区位于多沙粗沙区最北部，属风水混合侵蚀区，风蚀和水蚀都很强烈。冬春季以风蚀为主,风蚀模数达 1 500 ~ 7 500t/($km^2 \cdot a$)。夏、秋季以水蚀为主,水蚀输沙模数达到 15 000 ~ 25 000t/($km^2 \cdot a$),属特剧烈侵蚀区。本区以基岩产沙量大为特征,致使各河流悬移质较粗,如皇甫川多年平均输沙量 5 377 万 t,其中 $d \geqslant 0.05$mm 粗泥沙输沙量达 3 166 万 t,占悬移质泥沙的 61%,皇甫川站以上粗泥沙模数 6 440 ~ 10 270t/($km^2 \cdot a$),其中 1 225 万 t 粗泥沙来自基岩风化物,占粗泥沙输沙量的 39%。亚区的土壤侵蚀特征有三点值得重视:一是侵蚀类型多样化,水蚀、风蚀、重力侵蚀及人为侵蚀俱在,且各种方式交错叠加,时间上交替分布,几乎全年每个季节都有较强的土壤侵蚀现象;二是土壤侵蚀的突发性大,夏季暴雨频发时表现最为明显,一场暴雨即可造成严重的侵蚀,并以产粗泥沙为主;三是伴随着能源矿产资源的开发,以废渣堆积为主的人为侵蚀越来越占据重要地位,防治人为侵蚀的任务繁重。

Ⅱ　沙盖黄土极强度—特剧烈侵蚀亚区

该亚区位于多沙粗沙区的东北端和西部,包括内蒙古浑河流域的清水河县大部、和林格尔县南部,窟野河中下游、神木—横山一线的秃尾河上中游,佳芦河上游及无定河中游地区。侵蚀方式多样,在南部黄土丘陵区以水蚀为主,西北部沙丘沙地以风蚀为主,多数地区以水力—风力混合侵蚀为主,盖沙黄土丘陵地貌侵蚀产沙最为强烈,水蚀模数多在 10 000t/($km^2 \cdot a$)以上,总体属极强度—特剧烈侵蚀,风蚀为中度。在水力—风力混合侵蚀区,随季节变化侵蚀方式有所侧重,夏、秋季多暴雨以水蚀为主,冬、春季干冷多风以风蚀为主。皇甫川和窟野河之间的广大地区为侵蚀中心,土壤侵蚀模数在 20 000t/($km^2 \cdot a$)以上。由于煤炭开发,引发的人为侵蚀也日趋严重。

该亚区为黄河中游河口镇至龙门区间粗泥沙的主要产地,以窟野河为例,据 1966 ~ 1988 年资料统计,神木以上河段 $d \geqslant 0.05$mm 粗泥沙占悬移质沙量的 62.4%,近年来,由于煤炭开采,河流泥沙粗化,$d \geqslant 0.05$mm 粗泥沙已占到悬移质沙量的 76.3%。

Ⅲ　黄土极强度—特剧烈侵蚀亚区

该亚区是多沙粗沙区土壤侵蚀的典型地区,包括晋西北,吕梁山以西山西省境内,陕西的孤山川中下游,窟野河、秃尾河、佳芦河下游,无定河中下游,清涧河下游,延河中下游等流域及北洛河上游和马莲河以西部分地区,共计 5.80 万 km^2,占全区总面积的 73.7%。

地面组成物质以典型黄土为主,北部有沙黄土分布,河流上游一般可切入下伏第三纪红土或中生代易侵蚀岩。地貌类型复杂多样,沟壑纵横,黄土梁峁丘陵沟壑分布最广泛,水力侵蚀方式极具特征,坡面和沟谷侵蚀都很严重。大多数地区土壤侵蚀模数在 10 000t/($km^2 \cdot a$)以上,总体为极强度—特剧烈侵蚀,孤山川、窟野河和佳芦河中下游为侵蚀中心,土壤侵蚀模数达 20 000t/($km^2 \cdot a$)。晋西、清涧河下游至延河中下游、马莲河以西属极强度侵蚀。

该亚区为河龙区间粗泥沙的主要产区,产粗泥沙规律如下:

(1)黄河右岸比左岸产粗泥沙量大,晋西 $d \geqslant 0.05$mm 粗泥沙输沙模数在 2 000 ~ 4 000t/($km^2 \cdot a$)。右岸陕西一侧的窟野河下游和无定河下游是河口镇至龙门区间高集中产粗泥沙区,黄土产 $d \geqslant 0.05$mm 粗泥沙模数在 5 000t/($km^2 \cdot a$)以上,为多沙粗沙区侵蚀最为强烈的地区。

(2)产粗泥沙强度由南向北增大,无定河中游 $d \geqslant 0.05$mm 粗泥沙输沙模数为 4 000 ~

6 000t/(km²·a)，窟野河及孤山川中下游 $d \geqslant 0.05$mm 粗泥沙输沙模数为 6 000 ~ 8 000 t/(km²·a)。

粗泥沙集中区应在上述地区中进一步选定。

二、黄土高原土壤侵蚀图确定的强烈侵蚀区

1991 年完成的国家“七·五”科技攻关项目“黄土高原地区资源与环境遥感调查和系列制图研究”[33、34]，其中的黄土高原土壤侵蚀图对本区的侵蚀特征做了分析(见图 4-21)，有一些可资借鉴的认识。

图 4-21　黄河中游侵蚀模数简图

(1)侵蚀模数大于 5 000t/(km²·a)的地区基本上位于多沙粗沙区内，吴旗—延安以北和龙门以上的晋西、晋西北沿黄地区输沙模数达 10 000 ~ 20 000t/(km²·a)，其中，黄河以西的多沙粗沙区北部达 20 000t/(km²·a)以上。

(2)多沙粗沙区北部(大理河和无定河分水岭以北)，为风力—水力混合侵蚀带，地面物质以沙黄土为主，皇甫川、窟野河中上游以及内蒙古准格尔旗，有大面积中生代砂页岩和泥岩出露，风化强烈，是该地区重要的非黄土侵蚀地层，风力、水力两相营力的交替作用和地面物质的易侵蚀，形成区内的春、夏两个侵蚀高潮，使得这里成为黄土高原侵蚀最为剧烈的地区。

据此认为，粗泥沙集中来源区确定时应首先考虑黄河右岸大理河和无定河分水岭以北地区。

第九节 小 结

(1)区内侵蚀营力主要有风力、水力混合侵蚀和水力侵蚀。黄土梁峁丘陵沟壑区和盖沙黄土丘陵区沟壑密度大、地形破碎，植被盖度为Ⅵ级，小于10%，最易发生侵蚀。

(2)区内广布的马兰黄土粒度为沙黄土，结构为支架结构，崩解性大，且愈向北粒度愈粗，是区内最重要的侵蚀母体。

(3)区内的基岩以中生界碎屑岩为主，由南向北基岩出露渐多，在皇甫川、窟野河一带逐渐过渡为极易侵蚀的砒砂岩。基岩侵蚀非常强烈，其降雨径流侵蚀是黄土的4.4倍，重力侵蚀是黄土的100倍，成为区内又一重要的侵蚀母体，侵蚀产沙中的粗泥沙含量高。

(4)侵蚀模数的南北差异十分显著。北部大于南部，陕北、内蒙古大于晋西和陇东，以无定河以北地区的孤山川、皇甫川和秃尾河、佳芦河、窟野河中下游侵蚀最为强烈，其中近一半的面积侵蚀模数大于或等于20 000t/(km^2·a)。其次是无定河下游，清涧河和延河流域，侵蚀模数大于或等于10 000t/(km^2·a)的面积占流域面积的80%以上。延安、宜川一线以南，侵蚀模数多在5 000t/(km^2·a)以下。

(5)根据自然地理因素综合分析认为：多沙粗沙区内在吴旗—志丹—延安—延长以北，东胜—准格尔—清水河以南，吴旗—榆林—神木—大柳塔一线以东(风沙区以东)至晋西北黄河沿岸的范围是侵蚀最为严重的地区(见图4-22)，也是粗泥沙集中区的宏观待选范围，应在此范围内再进一步确定粗泥沙集中来源区。

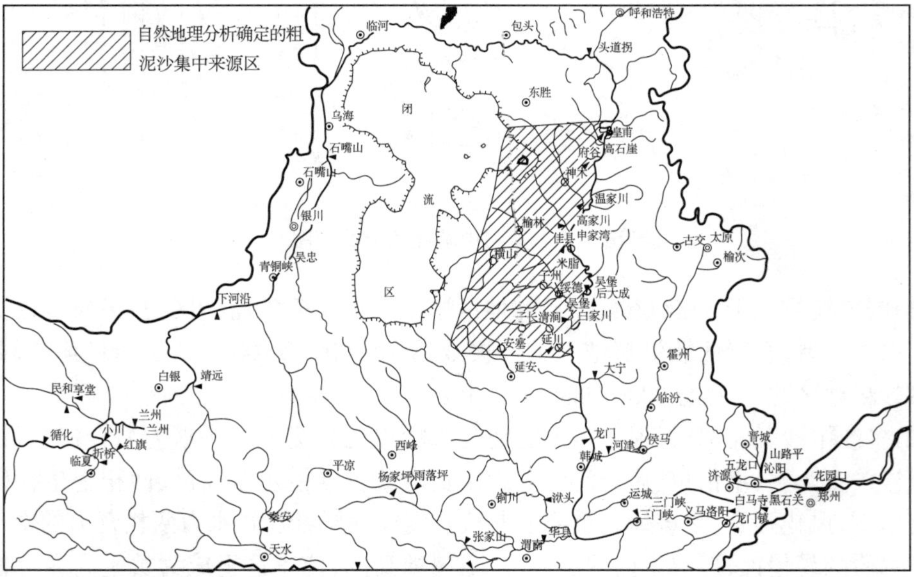

图4-22 基于自然地理背景的黄河中游粗泥沙集中来源区宏观判析结果

第五章　黄河中游严重水土流失区侵蚀土壤粒径分布研究

黄河中游严重水土流失区是黄河中游多沙粗沙区内一个特殊的区域，其表现一是区内所产泥沙较其他地区粗，二是该区粗泥沙模数较其他地区大。本项研究的主要目的就是寻找粗泥沙来源更加集中的区域。由于在一定的动力条件下，输沙粒径取决于侵蚀土壤粒径，因此为了寻找粗泥沙集中来源区和在粗泥沙集中来源区有针对性地确定重点治理支流，并能够反映出粗泥沙集中来源区内部侵蚀土壤粒径的差异，本次研究在黄河中游严重水土流失区及其周边布设适当数量的取样点，采集不同部位的土样进行粒度分析，研究其分布规律。

第一节　取样点的布设及取样方法

一、取样点的布设

以往的研究成果对黄河中游多沙粗沙区已有明确的认识，粗泥沙集中来源区也必定包含于其中。因此，本次研究借鉴以往成果，取样范围以粒径 0.05mm 为粗泥沙界限且粗泥沙模数大于 2 500t/(km^2·a)的黄河以西地区为主(面积约 5.82 万 km^2)，按照每 0.4°的经纬网交叉点布点，并在 $d \geqslant 0.05$mm 的粗泥沙模数大于 5 000t/(km^2·a)的范围内适当加密。基于此，取样布点方案的设计分两层：第一层，按经纬网交叉点布点；第二层，在 $d \geqslant$ 0.05mm 粗泥沙模数大于 5 000t/(km^2·a)的地区加密布点，布设了 51 个取样点。随着工作的深入，发现秃尾河下游也属于 $d \geqslant 0.05$mm 粗泥沙模数大于 5 000t/(km^2·a)的区域，秃尾河流域原来布设了一个点(18 号)，显然太少，第二次补充取样在秃尾河流域又增加了 5 个取样点，总共布设了 56 个采样点。具体取样点布设情况见图 5-1。

二、取样方法

根据图 5-1 所示取样范围，在每个取样点选取尽量靠近沟掌的淤地坝布点取样。由于部分坝地存在人工填土造地现象，为了保证所取样品能够真实代表侵蚀物情况，取样过程中进行了大量调查和实地查勘，在尽量靠近设计取样点的前提下，选取自然淤积而形成的坝地，分别对淤地坝控制范围内的坡面、易发生重力侵蚀部位和坝地淤积物取样。坡面取样按照能够代表淤地坝控制范围内多数土壤情况为原则，只取表层土；重力侵蚀和坝地取样采用钻孔方式分层取样，钻孔深度为 2.5m，每 0.5m 取一个样，其中坝地是沿中泓线(避开溢洪道)在坝前和坝尾分别钻孔取样。

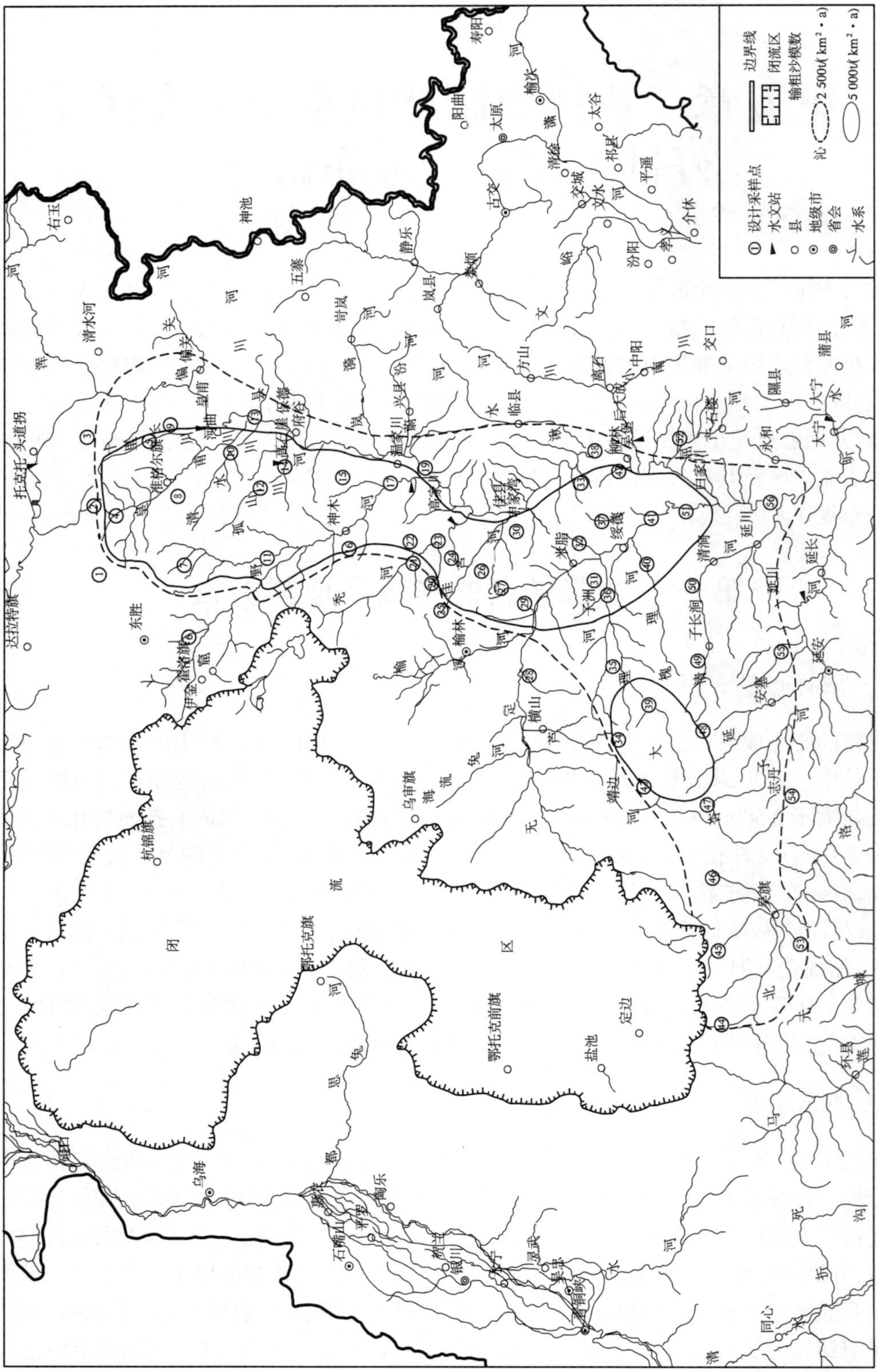

图 5-1 黄河中游粗泥沙集中来源区采样点设计图

第二节　侵蚀物粒径分析

一、样品颗分方法与侵蚀物粒径计算

根据钻探样品性质，首先经烘干、碾碎、蒸煮三个环节的预处理过程，使其样品达到完全分散，每个样品以 1.0mm 筛为分界，筛上部分用筛分析，筛下部分用激光粒度仪进行分析，然后进行全沙量计算。

坡面侵蚀土壤每个取样点只有一个样品，因此直接采用颗分结果。重力侵蚀和坝地淤积物均采用钻孔取样，每个钻孔取 5 个样品，其中重力侵蚀样级配为各钻孔平均值；淤地坝样级配为坝前、坝尾两个钻孔算术平均值。

二、侵蚀物粒径分布规律分析

根据取样点侵蚀物粒径分析计算成果，分别绘制了坡面、重力侵蚀和淤地坝土样的中数粒径（d_{50}）和平均粒径，$d \geqslant 0.025$mm、$d \geqslant 0.05$mm、$d \geqslant 0.10$mm 和 $d \geqslant 0.25$mm 等百分数等值线图。同时，根据第三章研究成果：在黄河中游粗泥沙集中来源区界定研究中的粗泥沙界限暂以粒径 0.10mm 为主、0.05mm 为辅同时进行。下面将以此对侵蚀物粒径分布规律进行分析，定性确定粗泥沙集中来源区的位置，并为遴选重点支流提供依据。

（一）坡面侵蚀土壤粒径分布

图 5-2 ~ 图 5-8 分别是坡面侵蚀土壤中数粒径（d_{50}）、平均粒径以及 $d \geqslant 0.025$mm、$d \geqslant 0.05$mm、$d \geqslant 0.10$mm、$d \geqslant 0.25$mm、$d \geqslant 0.5$mm 沙重百分数等值线图。由图 5-2 和图 5-3 可以看出：坡面侵蚀土壤中数粒径和平均粒径均以皇甫川流域最粗，并且由北向南一直到秃尾河下游的区域内中数粒径和平均粒径均大于 0.05mm，为一集中连片的粗泥沙范围；在无定河支流大理河与芦河之间有一土壤粒径相对较粗的区域，最大中数粒径和平均粒径均在 0.10mm 以上，但范围较小。由此可见，总的趋势是：在取样范围内坡面侵蚀土壤粒径由南向北逐渐变粗。由土壤粒径大于 0.10mm 沙重百分数变化趋势图（图 5-6）可知，由南向北逐渐变大，并且在大理河与芦河之间、秃尾河下游和窟野河中游到皇甫川流域为三个高值区。

（二）重力侵蚀物粒径分布

图 5-9 ~ 图 5-15 分别是重力侵蚀物中数粒径（d_{50}）、平均粒径以及 $d \geqslant 0.025$mm、$d \geqslant 0.05$mm、$d \geqslant 0.10$mm、$d \geqslant 0.25$mm、$d \geqslant 0.5$mm 沙重百分数等值线图。经分析可知，重力侵蚀物粒径变化总趋势与面蚀基本一致，即由南向北逐渐变粗。同时还发现：在佳芦河以南，即取样区南部较大范围内，重力侵蚀物粒径差别不大，平均粒径变化范围在 0.03 ~ 0.055mm 之间；北部由南向北逐渐变粗的趋势非常明显，而且变幅较大，其中以窟野河中游与皇甫川上游之间区域的最粗，平均粒径在 0.3mm 以上，最大值达到 1.3mm。

从重力侵蚀物粒径大于 0.10mm 沙重百分数变化趋势图来看（图 5-13），同样呈由南向北逐渐变大的趋势，与坡面侵蚀土壤粒径分布相比，高值区更加集中，粒径大于 0.10mm 的沙重达 50%以上的侵蚀土壤主要集中在窟野河中游到皇甫川干流纳林川的范围内，　而且皇甫川支流

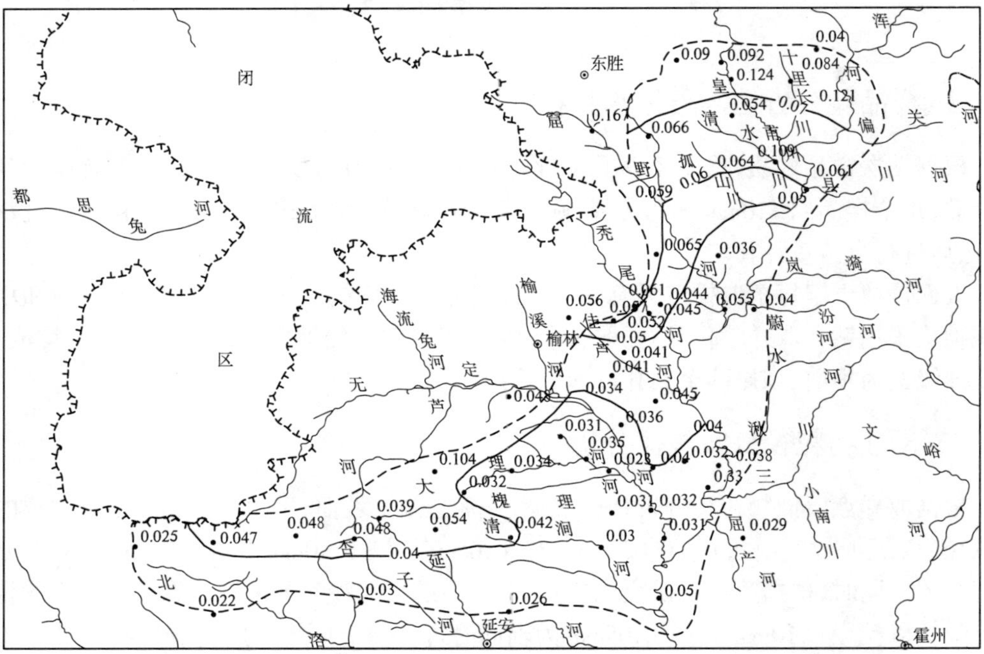

图 5-2　黄河中游严重水土流失区(面蚀)土壤颗粒中数粒径(mm)变化趋势

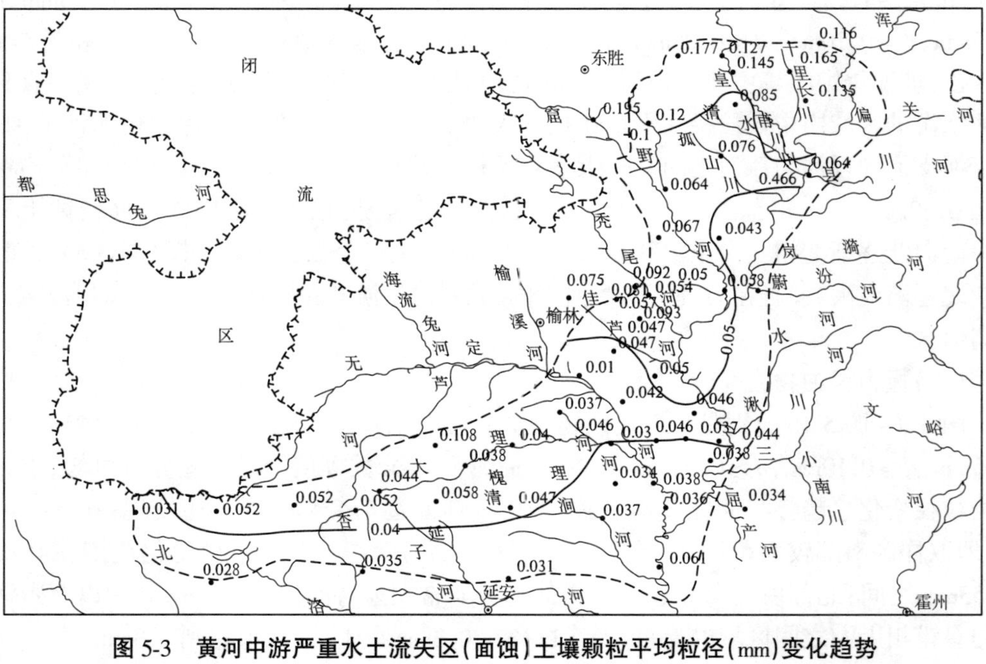

图 5-3　黄河中游严重水土流失区(面蚀)土壤颗粒平均粒径(mm)变化趋势

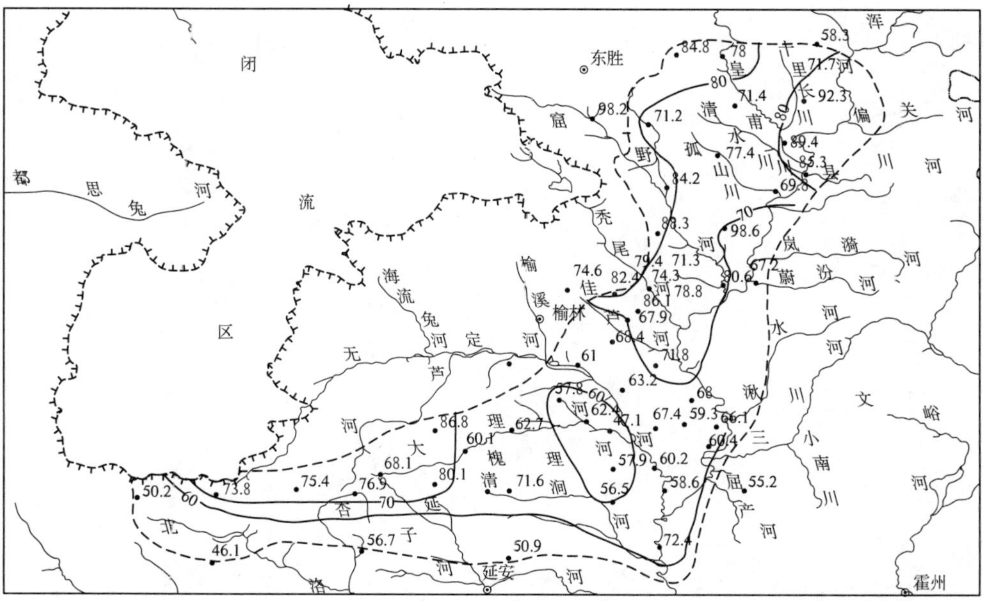

图 5-4 黄河中游严重水土流失区(面蚀)土壤粒径大于 0.025mm 沙重百分数变化趋势

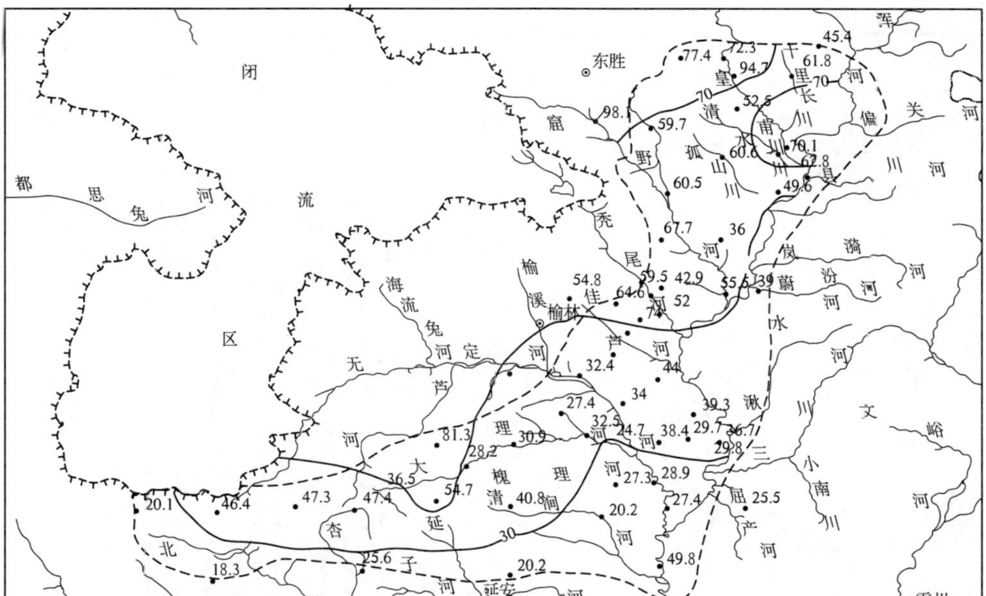

图 5-5 黄河中游严重水土流失区(面蚀)土壤粒径大于 0.05mm 沙重百分数变化趋势

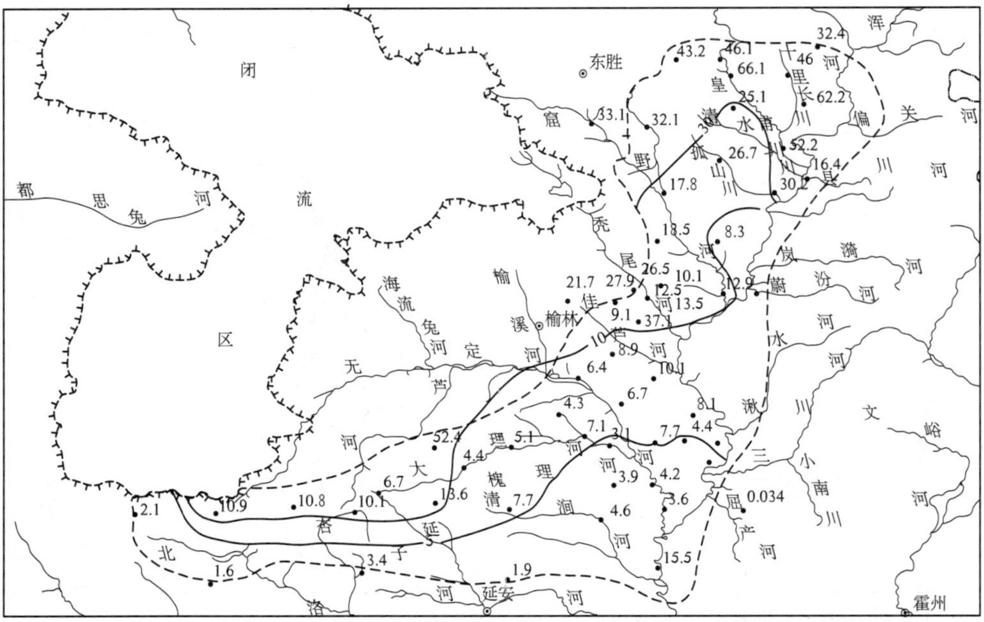

图 5-6　黄河中游严重水土流失区(面蚀)土壤粒径大于 0.10mm 沙重百分数变化趋势

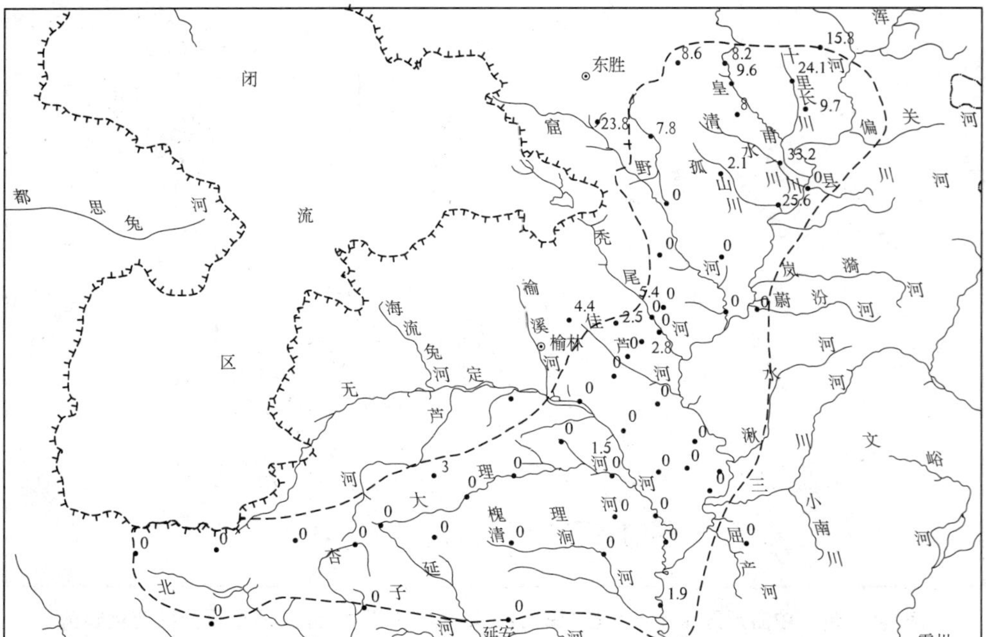

图 5-7　黄河中游严重水土流失区(面蚀)土壤粒径大于 0.25mm 沙重百分数变化趋势

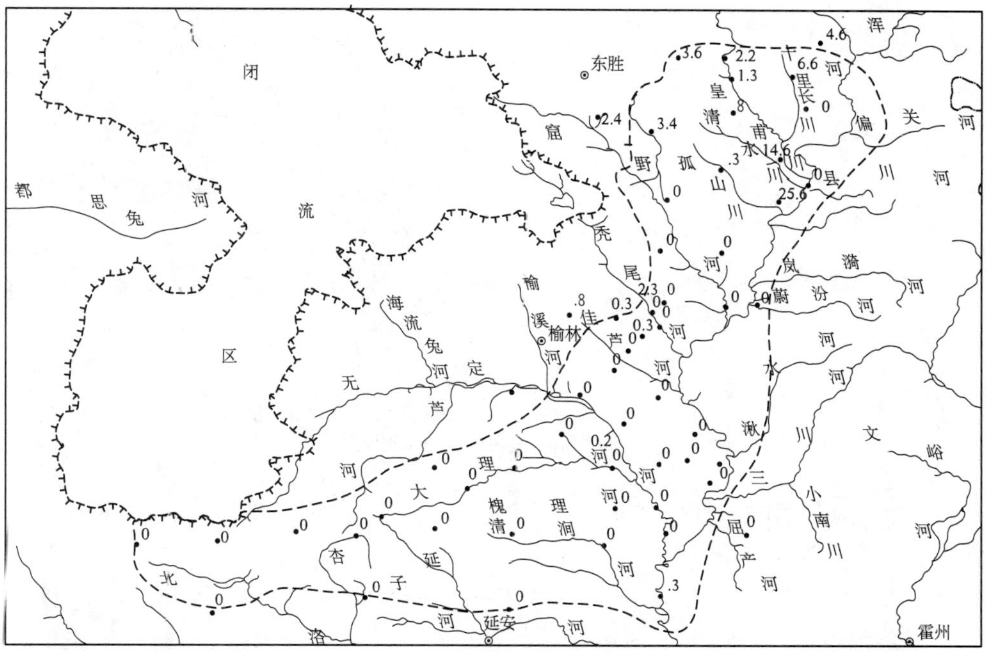

图 5-8　黄河中游严重水土流失区(面蚀)土壤粒径大于 0.5mm 沙重百分数变化趋势

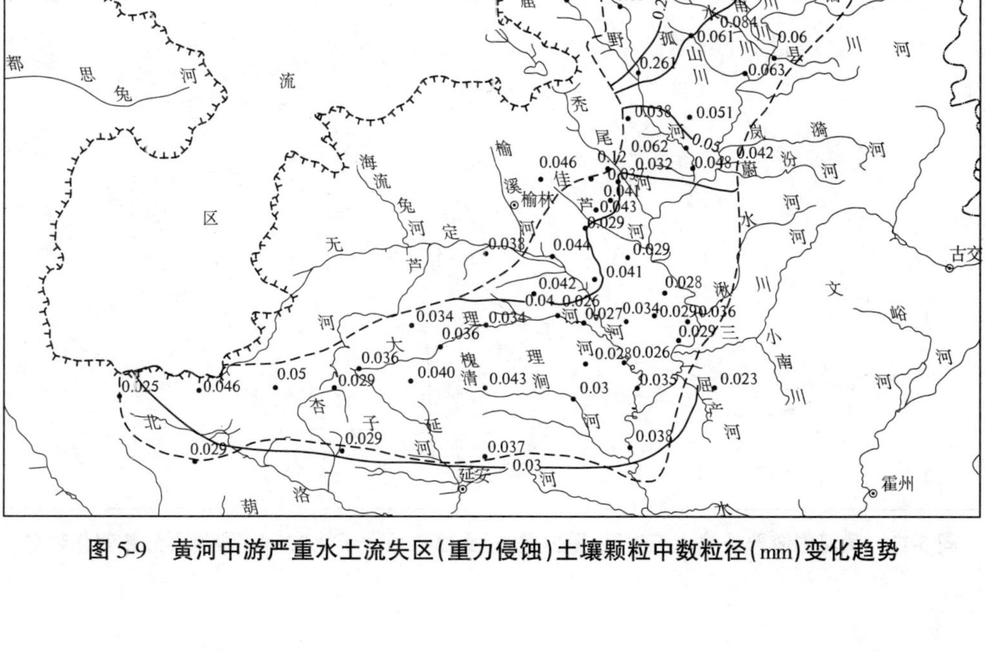

图 5-9　黄河中游严重水土流失区(重力侵蚀)土壤颗粒中数粒径(mm)变化趋势

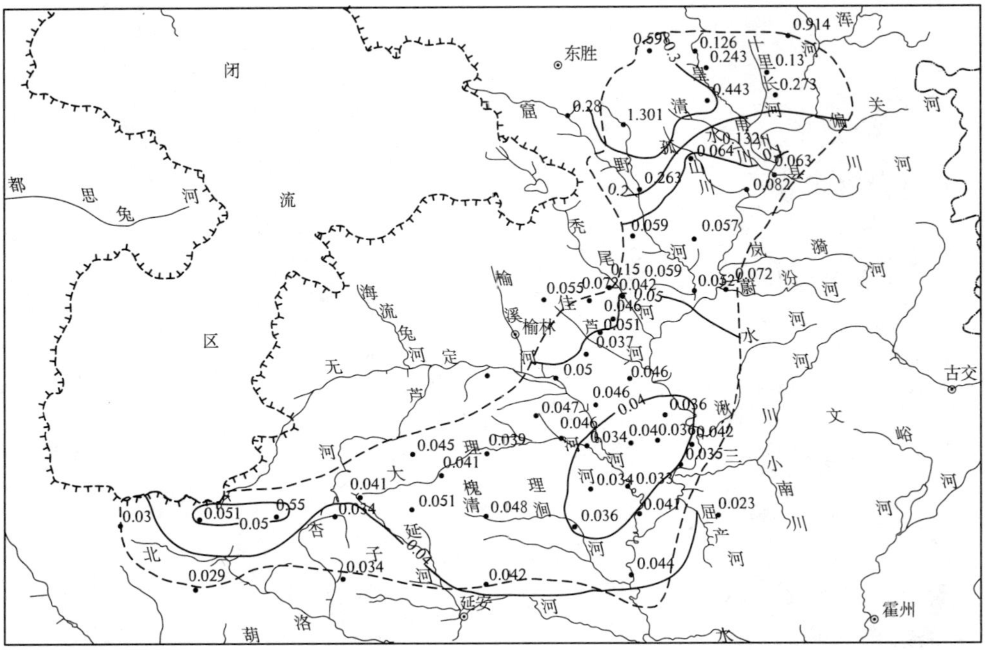

图 5-10　黄河中游严重水土流失区(重力侵蚀)土壤颗粒平均粒径(mm)变化趋势

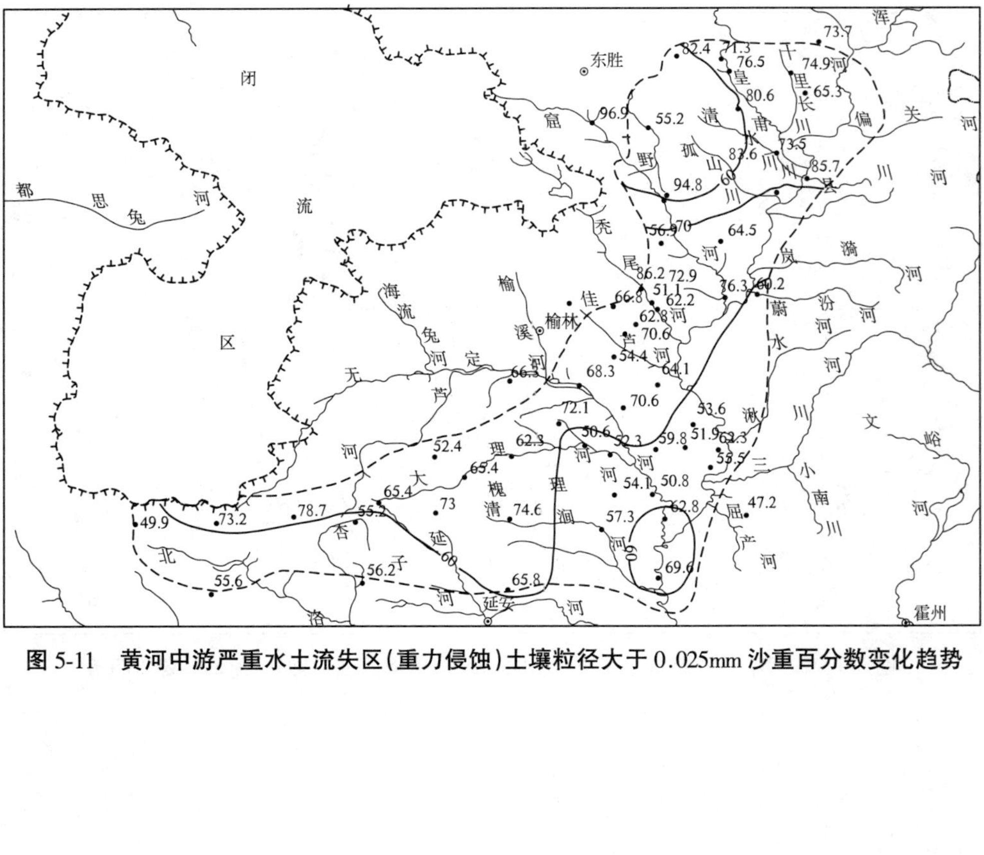

图 5-11　黄河中游严重水土流失区(重力侵蚀)土壤粒径大于 0.025mm 沙重百分数变化趋势

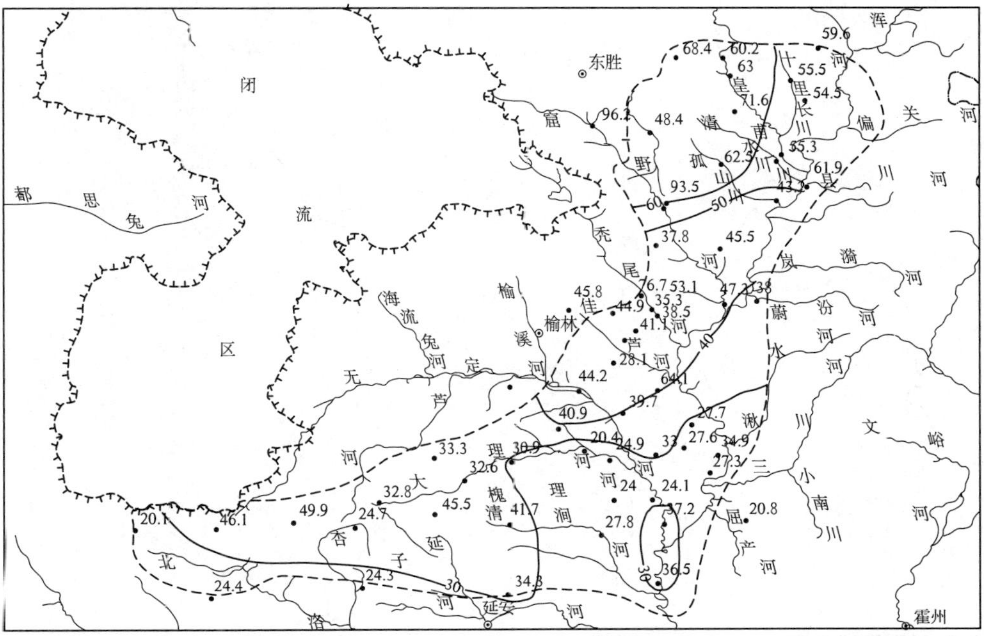

图 5-12　黄河中游严重水土流失区(重力侵蚀)土壤粒径大于 0.05mm 沙重百分数变化趋势

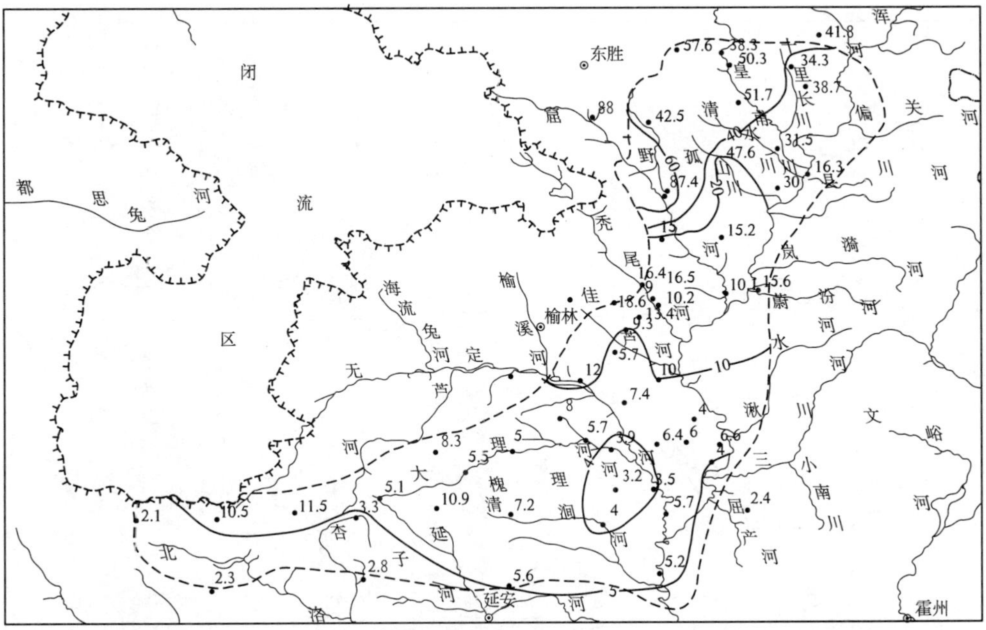

图 5-13　黄河中游严重水土流失区(重力侵蚀)土壤粒径大于 0.10mm 沙重百分数变化趋势

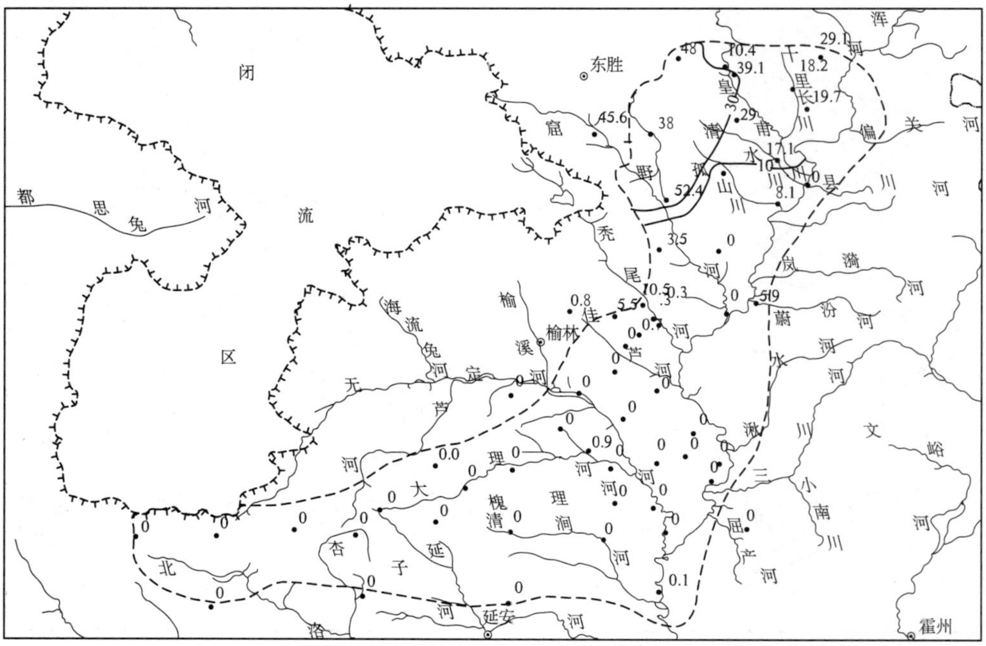

图 5-14　黄河中游严重水土流失区(重力侵蚀)土壤粒径大于 0.25mm 沙重百分数变化趋势

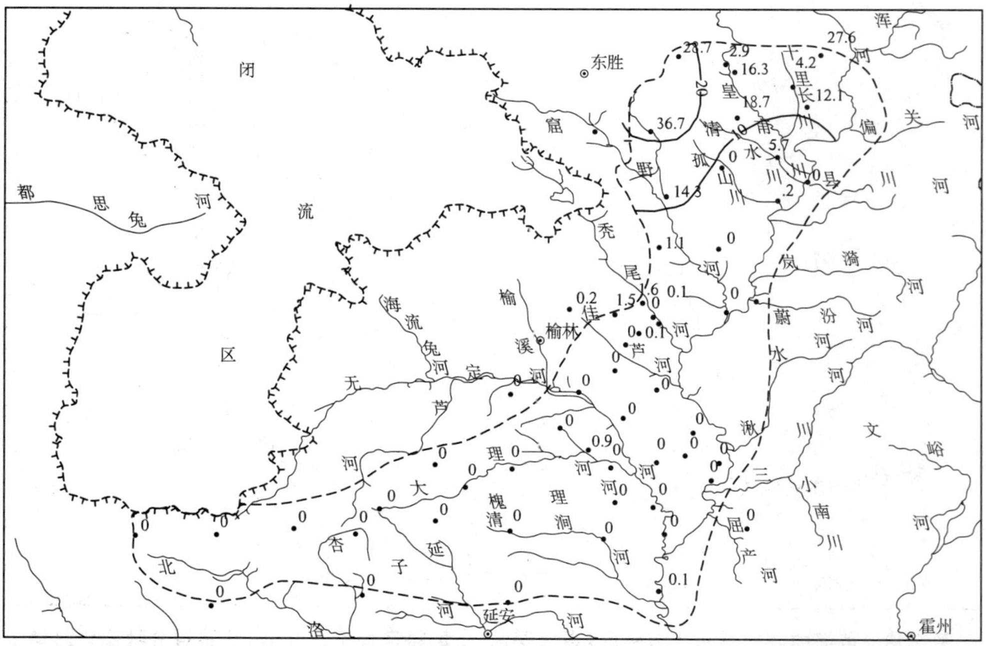

图 5-15　黄河中游严重水土流失区(重力侵蚀)土壤粒径大于 0.5mm 沙重百分数变化趋势

十里长川及其东北地区有变小的趋势,即在取样范围内北中部的重力侵蚀物粒径最粗。

（三）坝地淤积物粒径分布

影响土壤侵蚀和流失的因素很多,坡面侵蚀土壤和重力侵蚀物仅反映了流域易侵蚀物的客观存在情况,并不能完全代表进入下游沟道泥沙的粒径组成。淤地坝拦截的是多种因素共同作用下进入沟道的泥沙,坝地淤积物可以反映淤地坝控制范围内侵蚀产沙的综合情况。如果没有坝,这些泥沙将通过支流进入黄河。因此,以下对坝地淤积物粒径分布进行分析,以寻找粗泥沙产沙区。

根据坝地钻探取样分析,淤积物平均粒径在 0.05 ~ 0.71mm 之间,$d \geqslant 0.05$mm 的泥沙占 40% ~ 97%,$d \geqslant 0.10$mm 的泥沙占 10% ~ 85.6%。可见,不同位置的坝地其淤积物存在很大差异。

图 5-16 ~ 图 5-22 分别是坝地淤积物中数粒径(d_{50})、平均粒径以及 $d \geqslant 0.025$mm、$d \geqslant 0.05$mm、$d \geqslant 0.10$mm、$d \geqslant 0.25$mm、$d \geqslant 0.5$mm 沙重百分数等值线图。由坝地淤积物平均粒径变化趋势图(图 5-17)可以看出,坝地淤积物平均粒径同样呈由南向北逐渐变粗的趋势。具体分布规律是:秃尾河以南大部分区域平均粒径小于 0.10mm,其中,大理河上游及无定河下游分别有一小范围的相对粗泥沙区,平均粒径分别达到 0.14mm 和 0.08mm;秃尾河以北几乎所有区域平均粒径均大于 0.10mm,其中,窟野河支流牸牛川上游与皇甫川流域的纳林川及其之间区域的最粗,达 0.3mm 以上,最大为 0.71mm。同时,皇甫川支流十里长川及其以北因有大量黄土,因而出现变细的趋势。

根据第三章研究成果,$d \geqslant 0.10$mm 的泥沙在黄河下游的淤积比达 83.1%,对黄河的危害极大,依据“先粗后细”的治理策略,应作为优先治理的对象。由坝地淤积物粒径大于 0.10mm 沙重百分数变化趋势图(图 5-20)可以看出:10%等值线基本沿大理河自西南向东

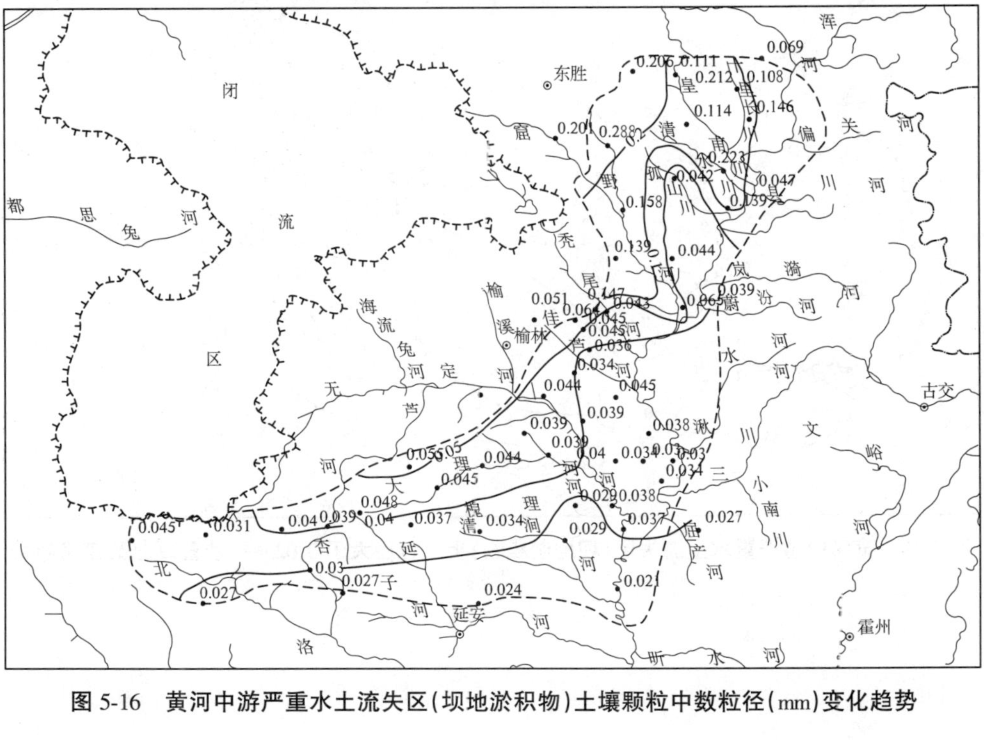

图 5-16　黄河中游严重水土流失区(坝地淤积物)土壤颗粒中数粒径(mm)变化趋势

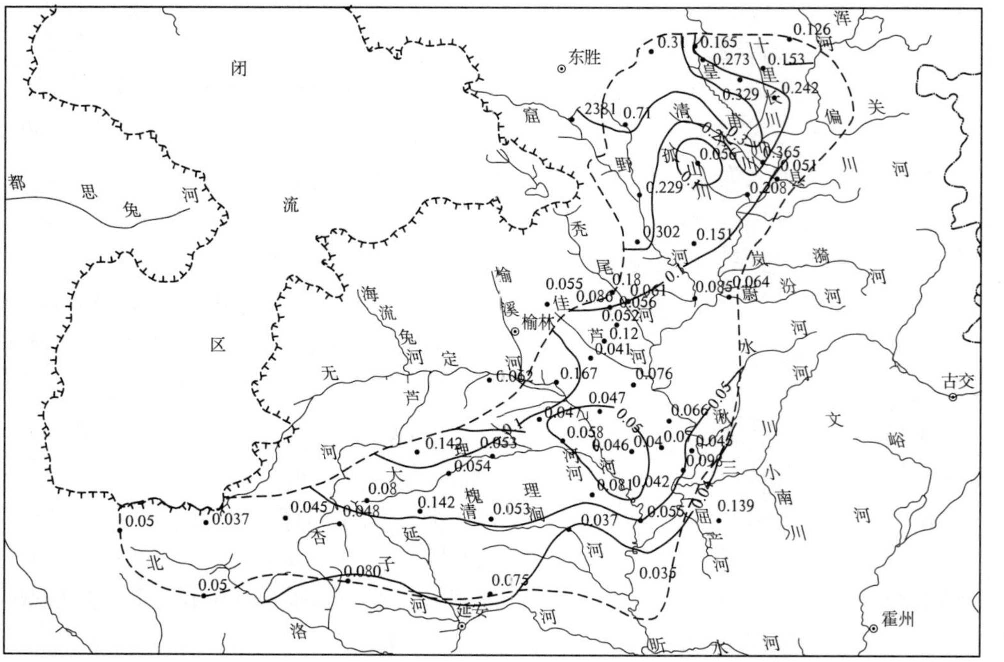

图 5-17　黄河中游严重水土流失区(坝地淤积物)土壤颗粒平均粒径(mm)变化趋势

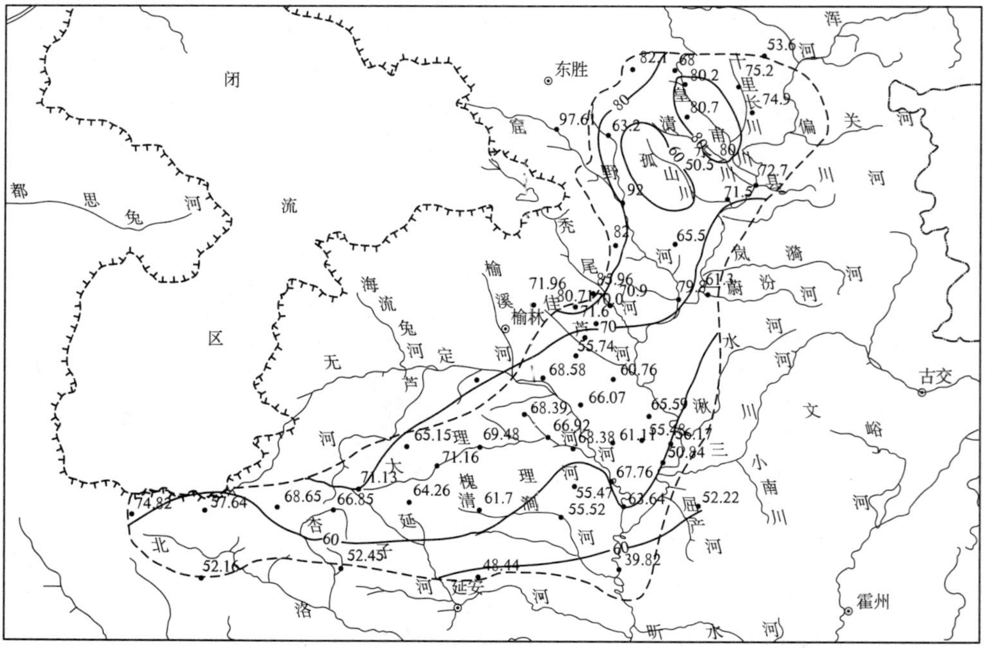

图 5-18　黄河中游严重水土流失区(坝地淤积物)土壤粒径大于 0.025mm 沙重百分数变化趋势

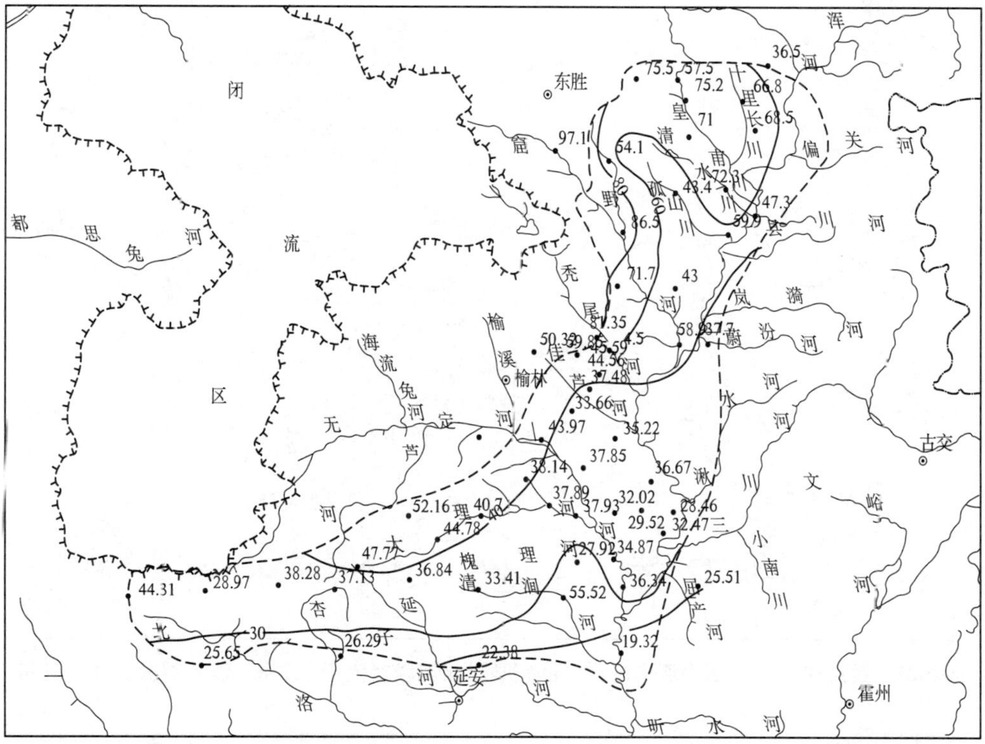

图 5-19　黄河中游严重水土流失区(坝地淤积物)土壤粒径大于 0.05mm 沙重百分数等值线

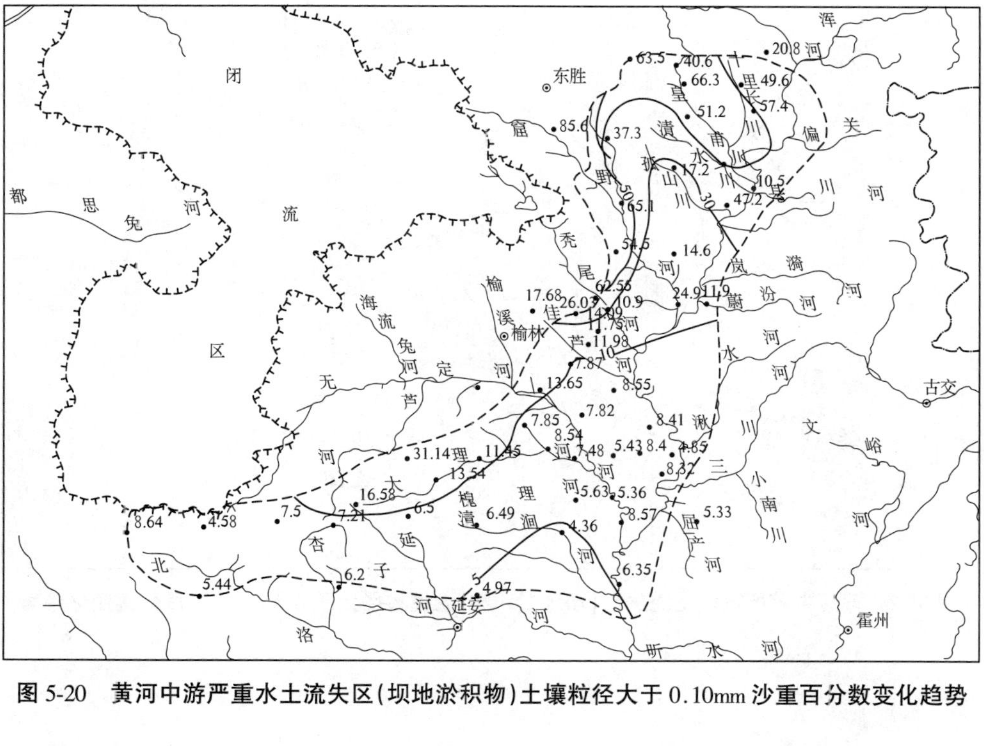

图 5-20　黄河中游严重水土流失区(坝地淤积物)土壤粒径大于 0.10mm 沙重百分数变化趋势

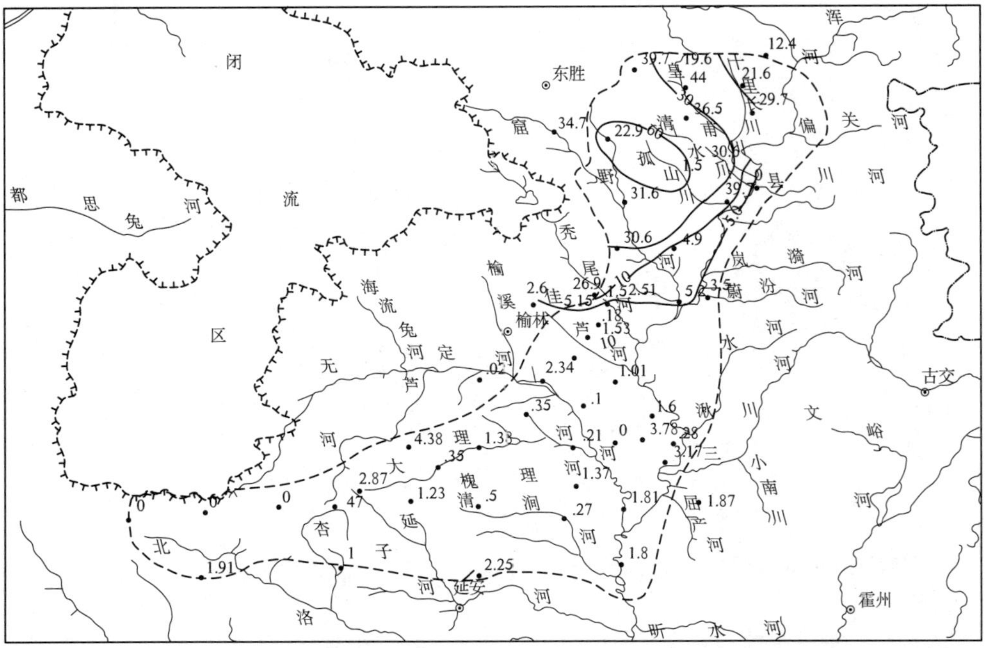

图 5-21 黄河中游严重水土流失区(坝地淤积物)土壤粒径大于 0.25mm 沙重百分数变化趋势

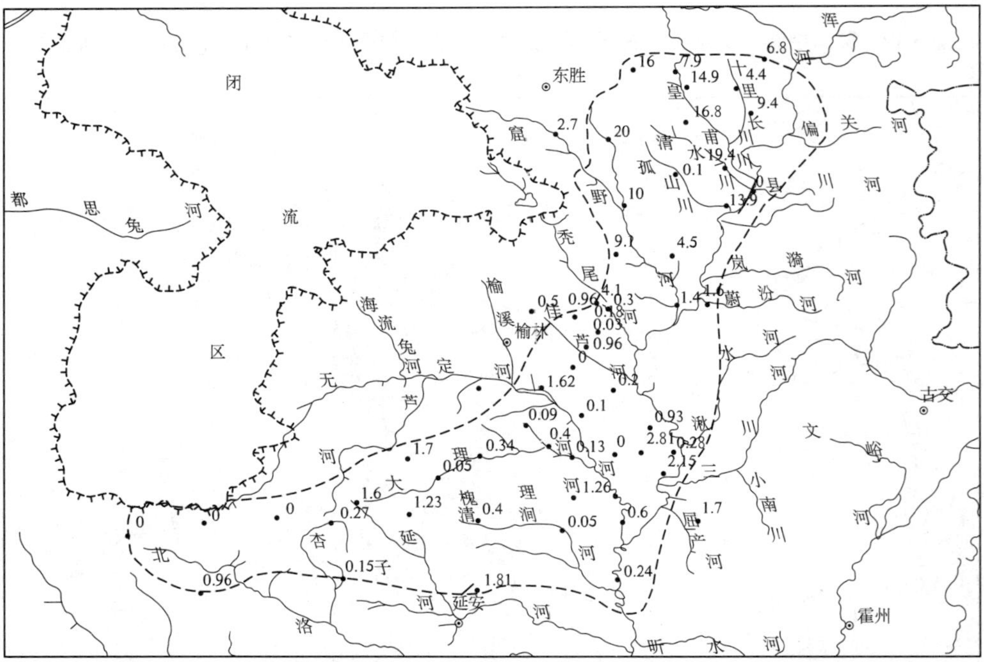

图 5-22 黄河中游严重水土流失区(坝地淤积物)土壤粒径大于 0.5mm 沙重百分数变化趋势

北到秃尾河入黄口，其南部小于 10%；其北部变化趋势为：大理河与芦河之间有一相对高值区，粒径大于 0.10mm 重量比为 31.1%，沿西南向东北方向到无定河干流变小，然后从秃尾河直到皇甫川逐渐增加，大于 50%的区域主要集中在窟野河和皇甫川，并成倒“U”字形，过了皇甫川支流十里长川又逐渐变小。

第三节 小 结

综合以上分析，可得如下结论：黄河中游粗泥沙产沙区主要集中在本次钻探范围内的北中部，总的趋势是由西南向东北逐渐变粗。这一结果与刘东生和马秀峰的由南向北逐渐变粗的结果(见图 5-23、图 5-24)是基本一致的。具体分布情况是：从佳芦河向东北到皇甫川为一连片的粗泥沙区，其中窟野河到皇甫川成倒“U”字形区域内泥沙粒径最粗，根据坝地钻探取样分析结果，其平均粒径大于 0.3mm，$d \geqslant 0.10$mm 的泥沙比例达 50%以上；在大理河上游一带有一面积相对较小的粗泥沙区，根据坝地钻探取样分析结果，最大平均粒径为 0.14mm，$d \geqslant 0.10$mm 的泥沙比例为 31.1%；无定河下游部分区域泥沙粒径较粗，但平均粒径和粗泥沙比例均小于上述两区，最大平均粒径为 0.08mm，$d \geqslant 0.10$mm 的泥沙比例在 10%以下。

钻探取样分析虽然不能定量确定产沙量，但其结果可定性确定粗泥沙区范围，为进一步寻找粗泥沙集中来源区奠定了可靠基础。

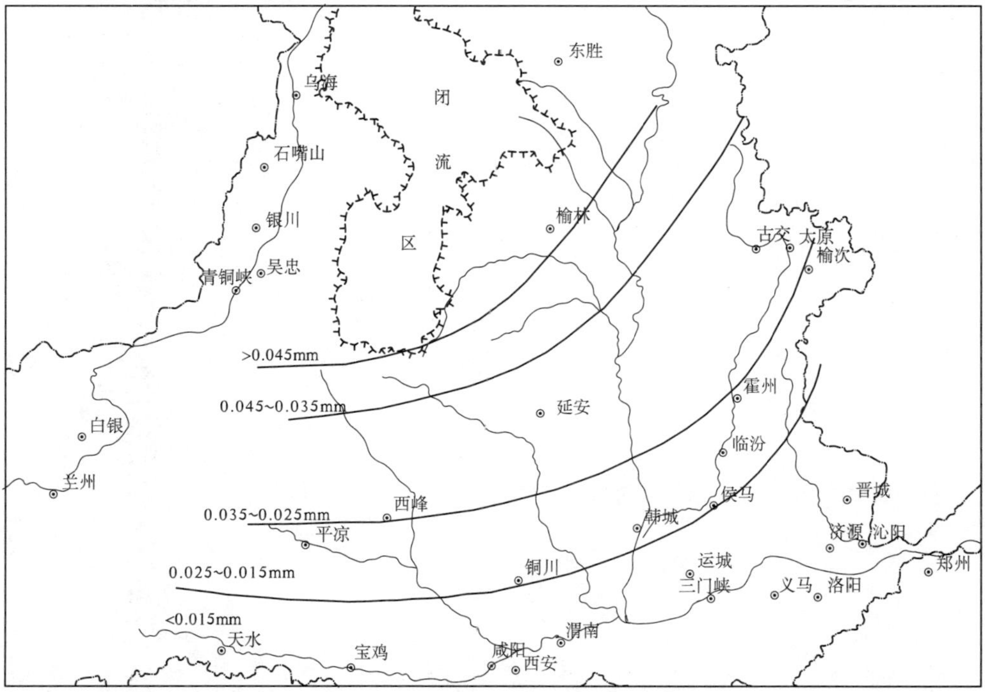

图 5-23 黄河中游新黄土颗粒中径变化[35]

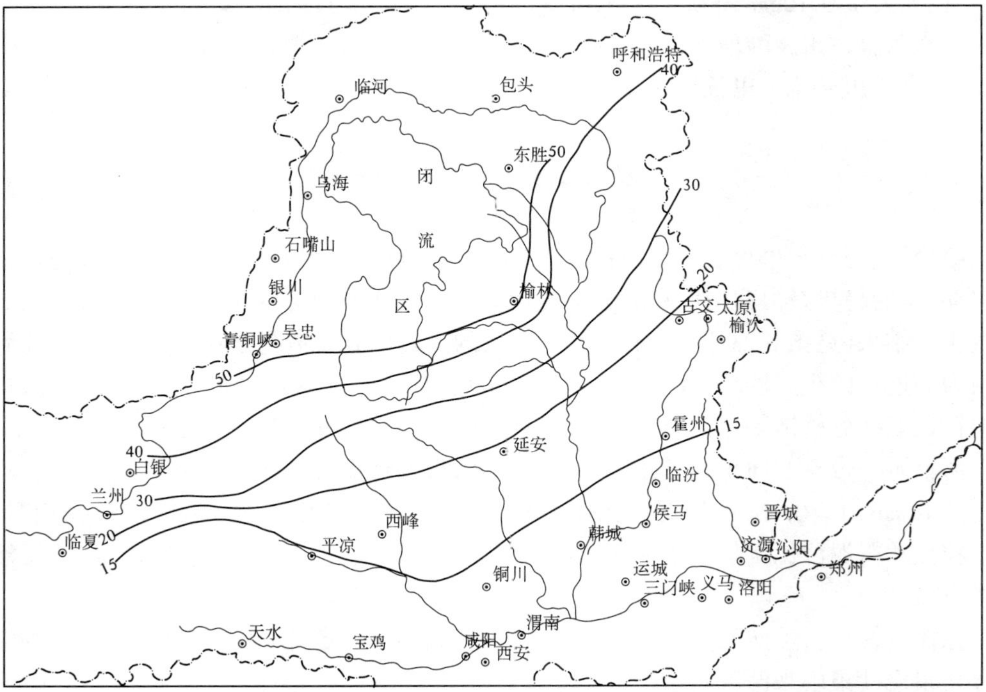

图 5-24　黄河中游原生黄土粒径大于 0.05mm 沙重百分数(%)等值线[36]

第六章　粗泥沙集中来源区界定研究

资料分析表明,从多年平均来看,三门峡库区干流及下游河道主槽淤积物中,$d \geqslant 0.05$mm 和 $d \geqslant 0.10$mm 的泥沙分别占 66.8%(约 2/3)和 36.0%(约 1/3);特别是 1960 年前无三门峡水库影响的"自然"水沙情况下,下游河道主槽淤积物中,$d \geqslant 0.05$mm 和 $d \geqslant 0.10$mm 的泥沙占 76.1%(3/4)和 50.7%(1/2);三门峡水库运行后,下游河道主槽淤积物中 $d \geqslant 0.05$mm 和 $d \geqslant 0.10$mm 的泥沙占 51.5%和 20.4%,其粗泥沙含量下降很多,这是由于三门峡水库以及中游水利、水土保持工程等的拦截作用所致。据分析,三门峡库区龙门到潼关全断面淤积物中 $d \geqslant 0.05$mm、$d \geqslant 0.10$mm 和 $d \geqslant 0.25$mm 的泥沙分别占 70.3%、43.6%和 12.1%。由此可见,粗泥沙对三门峡库区及下游河道主槽淤积危害最大。

黄河中游多沙粗沙区面积为 7.86 万 km^2,该面积仅占黄河中游区面积的 23%,可产生的泥沙达 11.82 亿 t,占黄河中游区输沙量的 69%;产生的 $d \geqslant 0.05$mm 和 $d \geqslant 0.10$mm 的粗泥沙量达 3.19 亿 t 和 0.89 亿 t,占黄河中游区相应粒级粗泥沙量的 77.2%和 82.4%。加强该区治理,是减少三门峡库区及下游河道主槽粗泥沙淤积的关键所在。

找到了 7.86 万 km^2 的多沙粗沙区,初步明确了黄土高原水土流失治理的重点。但要清醒地认识到,多沙粗沙区不仅是黄土高原水土流失最严重的地区,而且是黄土高原经济最落后、生态系统最为脆弱的地区,同时又是治理难度最大、需要治理投入最多的地区。鉴于当地的经济发展水平,在国家投入主导治理资金的情况下,地方提供配套治理投资的能力较弱,致使该地区治理的投入强度相对不足。由此看来,相对于国家的投入强度和当地的经济发展水平而言,7.86 万 km^2 的多沙粗沙区仍显偏大。并且,在 7.86 万 km^2 的多沙粗沙区内,粗泥沙产沙强度也十分不均,以 $d \geqslant 0.10$mm 的粗泥沙输沙模数为例,大的地区可达 10 000t/(km^2·a)以上,小的地区才 350t/(km^2·a)左右。因此,应在现有的 7.86 万 km^2 多沙粗沙区面积的基础上,进一步界定泥沙颗粒直径更大、侵蚀模数更大的水土流失区域,以便更加突出治理重点,一方面,缩小范围,便于集中治理;另一方面,又可使黄河干流三门峡、小浪底水库和黄河下游河道尽快见到中游拦减粗泥沙的效果。

本项目是在过去研究成果的基础上,通过对黄河中游多沙粗沙区中不同模数级粗泥沙分布及产沙量的分析,界定出黄河中游多沙粗沙区内粗泥沙集中来源区,为加快该区水土流失治理,减少入黄粗泥沙提供科学依据。可以说,黄河中游粗泥沙集中来源区界定研究是在黄河中游多沙粗沙区区域界定成果基础上的深化和细化,是在寻找重中之重。

"河床不抬高"是"维持黄河健康生命"的重要标志之一,减少入黄泥沙措施的建设是"维持黄河健康生命"的重要途径。找出粗泥沙相对集中的区域,按照"先粗后细"的治理策略,确定近期水土保持的重点治理范围。

第三章已论述过,黄河中游粗泥沙集中来源区界定研究中的粗泥沙界限暂以粒径 0.10mm 为主,0.05mm 为辅同时进行。

第一节　黄河中游输沙模数图的绘制

首先，将全沙和粗泥沙资料进行分析整理，使其同步；其次，分析黄河中游地貌类型分区；第三，进行全沙和不同粒径级粗泥沙模数等值线图的绘制，为粗泥沙集中来源区界定研究服务。本次水沙资料系列选用1954～1969年。

一、泥沙资料的整理分析

实测泥沙资料是分析流域产沙强度及粗泥沙集中来源区区域界定的主要依据之一。但是，由于流域内各水文站观测起始时间的不同步，泥沙资料系列参差不齐，加上人类活动等因素的影响，资料基础不一致，很难反映产沙的时空分布特性。按照本项目研究内容的要求，黄河中游泥沙资料存在两个问题：一是水库淤积问题；二是资料系列不同步的问题。本节资料处理也就在这两方面。根据研究的范围和资料情况，本次资料展延范围拟定在河口镇至龙门区间，北洛河洑头以上，泾河流域杨家坪、雨落坪以上，渭河流域武山、甘谷、秦安、千阳以上地区。

（一）全沙资料的整理分析

1. 关于水库淤积泥沙的处理

黄河中游区的大规模治理开发虽然是从20世纪70年代以后开始的，但某些支流的治理开发早在20世纪50、60年代就已起步，治理工程主要以水库、拦泥坝库为主。黄河中游以无定河丁家沟以上和泾河毛家河以上最为突出。截至1969年，无定河丁家沟以上已有水库20座，其中大型水库1座，中型水库8座，小(一)型水库11座。泾河毛家河以上有巴家嘴大型水库。根据对中游各支流1954～1969年水库修建和淤积情况统计分析发现，水库投入运行后的蓄水拦沙作用十分明显。例如泾河巴家嘴水文站，由于巴家嘴水库的修建，1962～1969年年均实测沙量为1 304万t，同期水库年平均淤积量为1 475万t，水库拦沙量和实测沙量相当。无定河上游从1959年开始就陆续有水库投入使用，横山以上中小型水库众多，至1969年，水库累计淤积泥沙已达4 784万m^3，若泥沙干容重按1.35 t/m^3计，约合6 458万t，年均淤积沙量为587万t，同期横山水文站年均实测沙量为1 936万t，水库年均淤积量占同期实测沙量的30.3%。横山、韩家峁至赵石窑区间，由于红柳河上游新桥大型水库的修建运用，水库年均淤积量与水文站实测年均沙量也较接近。因此，为了反映流域的实际产沙情况，水库淤积量不应忽视。由于无定河和泾河的水库淤积量比较大，本次水库的淤积量还原主要考虑这两条河。

2. 全沙资料系列的插补延长

根据以往研究成果，认为逐月进行插补计算效果较为理想。因此，本次资料系列展延以月为单位，5～10月逐月进行输沙量计算，1～4、11、12月由于沙量较小，按总量计算，最后合计得出年沙量，即

$$W_{s年} = W_{s5\sim10月} + W_{s(1\sim4、11、12)月} \tag{6-1}$$

$$W_{s5\sim10月} = W_{s5月} + W_{s6月} + W_{s7月} + W_{s8月} + W_{s9月} + W_{s10月} \tag{6-2}$$

输沙量的大小与流域的降雨时空分布及产、汇流有关。降雨是产流、产沙的直接原

因,径流是泥沙输送的主要动力因子。因此,输沙量系列的模拟因子主要是降雨和径流因子,建立降雨—输沙量或径流—输沙量相关关系,进行输沙量系列的展延。关于资料延伸插补的计算方法过去已做了大量的工作,如有降水指标法、多站多因子多元回归法、多站多因子逐步回归法、面平均多元逐步回归法、单站多因子逐步回归后加权平均法、径流量—含沙量间接求输沙量法等[26,37],在对比分析以上各种方法的基础上,我们选用了模拟精度较高概念比较清楚的方法进行定量模拟和系列展延。

1)日降水等值线图的绘制及合理性分析

由于流域降水是产流产沙的主要条件,因此建立降水—径流—输沙之间的相关关系,是径流、输沙资料插补延长较为切实可行的方法。由于 20 世纪 50、60 年代雨量站点较少,特别是 1966 年以前,不仅站点少,而且变动频繁,系列较短,场次暴雨资料难以得到。总结以往经验认为,利用日有效降水(一般认为是日降水量≥10mm 的降水)进行降水量与径流量或输沙量的相关分析,效果较为理想。

为了保证降水资料基础的一致性,拟采用等值线图法对所选站点日降水资料进行展延,并在此基础上进行泥沙资料的插补延长。由于年内产流产沙主要集中在 5~10 月,因此只对 5~10 月的降水资料进行处理。为此,点绘了 1954~1966 年 5~10 月日降水等值线图。点图标准是:当流域内有一个站日降水量≥10mm 时,就点绘一张等值线图。等值线勾绘要求是 5mm、10mm、20mm、30mm、40mm、60mm、80mm 等。由于雨量站多数是委托群众观测,加之以前执行规范不统一,要求标准不一致,质量及精度差异较大,1974 年以前,资料刊印均未作面上对照检查,直接刊印观测站整编成果。本次通过绘制等值线图,对降水资料进行了面上对照,并对不合理之处进行了修改。合理性检查中遇到的不合理现象有以下一些:

(1)周围站都降了大雨,而中间站没有降雨记录,这种情况我们视为漏测,根据周边雨量站资料对其进行插补。

(2)某日周围站都降了大雨,而本站却是前日或次日出现与周边相近的降雨,这种情况视为时间有误,将其前日或次日的雨量移至当日。

(3)流域内有部分气象站点,由于气象站日分界点是 20 时,而水文部门的日分界点是 8 时,因而有时气象站资料也会出现时间与水文部门资料不一致的现象,也应参照周围站进行更正。

(4)有些站点某几天只有总量,遇此情况,借用周围站本时段雨量的日程分配进行分解。

(5)可改可不改或依据站点太少时,一般不改。

根据所绘的近 3 000 张日降水等值线图,将所选的 254 个雨量站的降水资料全部插补到 1954 年,从而保证了降水资料的一致性。

2)径流量模拟方法

由于黄河中游水文站网是逐步发展起来的,径流和泥沙的观测基本上是同步的。用径流量与含沙量关系推求输沙量,也需要对径流量进行模拟。

径流量模拟采用月径流量与各站日降水量≥10mm 月累计雨量或与相应雨强乘积逐步回归方法,根据“八五”攻关项目的研究成果,径流量模拟采用多元复相关,由于模拟系列长度偏短，自变量个数偏多，如延河选了5个雨量站，每个月有10个自变量因子可供选择，在这些因子中，有的对自变量可能有显著影响，有的则影响很小。为了避免遗漏对自变量有显著影响的因子，所以在初选因子时，往往考虑的面较广，拟定的因子也比较多，然后在这许多因子中，选出对自变量影响最大的一些因子，这就是逐步回归分析的基本思路。它主要从两方面来考虑：一是通过初选的回归方程计算出拟合均方差 $S_{剩}$，$S_{剩}$越小，其不偏估计 $S_y^2(=S_{剩}^2/(N-m-1))$也较小。因此，要使回归方程预报精度较高，应要求 S_y 比较小；二是一个合理的回归方程应该只包含显著的因子。根据这一标准可知，虽然自变量增加，$S_{剩}$总是减小的，但由于 $N-m-1$ 变小，可以反使 S_y 变大。故最优回归方程，不一定是含自变量最多的方程。分析结果表明，在延河对某一个月，一般1～2个自变量即可满足 F 检验或 t 检验要求，其他河某月也有取4个自变量的，但很少。这说明一个流域内在某个月，有1～2个某种降雨因子基本上能反映流域内对径流的影响。计算模式如下：

$$W_i = a_1 P_{i1}(或\ P_{i1}^2/T_{i1}) + a_2 P_{i2}(或\ P_{i2}^2/T_{i2}) + \cdots + a_j P_{ij}(或\ P_{ij}^2/T_{ij}) + b_i \tag{6-3}$$

式中：W_i 为第 i 月径流量，亿 m^3；P_{ij}为第 i 月第 j 站月降水量，mm；T_{ij}为有效降雨日数，d；a_j 为第 j 站系数；b_i 为常数。

3)输沙量模拟方法

经分析认为，黄河中游大部分河流汛期径流量与输沙量关系比较密切，可用各月的含沙量与径流量建立关系求输沙量，其计算式为：

$$\rho = \rho_m[1 - e^{-k(W - W_0)}] \tag{6-4}$$

式中：ρ 为含沙量，kg/m^3；ρ_m 为实测最大含沙量，kg/m^3；W 为径流量，亿 m^3；W_0 为含沙量接近于零时的基流量，亿 m^3；k 为参数，由实际资料率定；e 为自然对数的底。

4)输沙量资料系列的展延

由于水文站的建立过程不同步，本次研究中有48个水文站的泥沙资料需要插补，其中插补时间最长的有12年(1954～1965年)。

根据以上模拟方法，将黄河中游主要水文站缺测年份的输沙量插补延长。全部插补站资料统计结果表明，水库淤积影响较小的水文站中，采用系列均值(插补延长后的系列)与实测均值(没有进行插补延长)相对差平均为7.9%，其中最大达到37.8%，超过10%的占26.2%，主要是水库影响(巴家嘴、横山和丁家沟等)或降雨影响(如沙圪堵、三关口和新庙等)。几个影响较大的水文站对照情况列于表6-1。由此可以看出，资料的插补延长是必要的。

(二)粗泥沙量资料的整理分析

1. 粗泥沙量的插补延长方法

1)直线回归

根据前面求得的全沙量系列资料，用不同粒径级的粗泥沙量分别与全沙量进行相关分析，建立直线回归方程进行粗泥沙量插补。

直线回归公式为：

$$y = a + bx \tag{6-5}$$

令全沙量系列为 x_i，某粒径级粗泥沙量系列为 y_i；采用直线回归方程插补粗泥沙量时，发现有些站全沙量与粗泥沙量在低值区不呈直线相关,当全沙量值较小时,插补出的粗泥沙量容易为负值,存在明显不合理现象。为了解决这一问题,对全沙量与粗泥沙量低值区采用二次抛物线进行处理。

表 6-1　插补延长后均值变化较大的几个主要水文站实测系列和采用系列输沙量均值对照

河名	站名	实测系列 (年)	实测系列均值 (万 t)	1954～1969 年均值 (万 t)	(采用－实测)/实测 (%)
皇甫川	沙圪堵	1960～1969	2 033	2 803	37.8
窟野河	新庙	1966～1969	1 849	1 469	－20.5
无定河	横山*	1957～1969	1 863	2 376	27.6
	丁家沟*	1959～1969	8 696	11 366	30.7
屈产河	裴沟	1962～1969	1 352	1 702	25.9
泾 河	姚新庄	1964～1969	2 661.9	3 132.6	17.7
	巴家嘴*	1954～1958 1962～1969	1 981.6	2 936.1	48.2
	三关口	1960 1966～1969	40.83	30.9	－24.3
北洛河	志丹	1965～1969	1 406.0	1 180.8	－16.0

注:带 * 者采用系列同时考虑了水库淤积量的还原。

2)二次抛物线回归

二次抛物线公式为:

$$y = a + bx + cx^2 \tag{6-6}$$

设全沙量为 x,某粒径级粗泥沙量为 y,当全沙量 $x=0$ 时, 粗泥沙量也应该为零,即 $y=0$,由公式(6-6)得 $a=0$,公式(6-6)可变为:

$$y = bx + cx^2 \tag{6-7}$$

2. 不同粒径级粗泥沙量插补计算

1)资料情况

本次粗泥沙量的计算及插补延长主要选了黄河干流及黄河中游多沙区内有颗分资料的 47 个测站进行计算。中游支流站插补至 1954 年,干流站根据有实测全沙量资料的年份大多插补至 1950 年。

2)插补前后粗泥沙量的比较

粗泥沙资料插补延长后使各站粗泥沙量资料起始年份同步,增强了不同测站之间粗泥沙量的可比性和时间系列的一致性,并向前延长了资料时间系列的分析空间。因插补前后资料时间系列的长短不同,所统计资料的年份不同,反映的流域下垫面的产沙情况也就不同,统计计算插补前后粗泥沙量的多年平均值,就会得出不同的计算结果。选皇甫、温家川、白家川、秦安 4 个水文站,对受人类活动影响较小的 1969 年以前实测与插补延长系列的各级粗泥沙量多年平均值进行对比分析(见表 6-2)看出,4 个水文站的插补、延长系列与实测系列的多年平均各粒径级沙量有一定变化,相对差值为 ±(3%～8%),说明粗泥沙量资料插补延长是必要的。粗泥沙量的插补延长不仅给不同年代粗泥沙模数图的绘制提供了可靠的数据，也为进一步分析不同年代、不同人类活动影响条件下、不同粒径级粗泥沙量的变化打下了基础。

表 6-2　不同粒径级粗泥沙量插补前后多年平均值比较　　（单位：万 t）

站名	分类	系列年份	各粒径沙量			
			全沙	$d \geqslant 0.025$mm	$d \geqslant 0.05$mm	$d \geqslant 0.10$mm
皇甫	实测系列均值	1957～1969	5 881	3 672	2 575	1 416
	插补延长系列均值	1954～1969	6 081	3 828	2 688	1 515
	插补后相对差（%）		3.4	4.2	4.4	6.9
温家川	实测系列均值	1958～1969	13 381	9 591	7 661	5 352
	插补延长系列均值	1954～1969	12 481	8 894	7 064	4 928
	插补后相对差（%）		-6.7	-7.3	-7.8	-7.9
白家川	实测系列均值	1962～1969	22 744	14 388	7 729	2 047
	插补延长系列均值	1954～1969	24 053	15 221	8 179	2 170
	插补后相对差（%）		5.8	5.8	5.8	6.0
秦安	实测系列均值	1957～1969	7 795	2 709	876	246
	插补延长系列均值	1954～1969	7 409	2 574	828	232
	插补后相对差（%）		-5.0	-5.0	-5.5	-5.7

注：插补后相对差 =［（插补延长系列泥沙量均值 - 实测系列泥沙量均值）/实测系列泥沙量均值］× 100%。

二、地貌分区图的绘制

输沙量的大小不仅与降雨条件有关，也与流域下垫面地质、地貌有关。若能较准确地绘制出流域不同地貌类型分区，将实测输沙量合理地分配到各地貌单元内，分别计算出输沙模数，并在分区模数图的基础上勾绘出输沙模数等值线图，这样就比较容易讨论其产沙分布规律。

黄土高原是一个以黄土地貌为主体的区域地貌单元。在地貌发育过程中，既有内营力作用的影响，也受强烈外营力的作用，并受地面物质组成、降雨、植被等因素的影响。流域地貌的不同类型及其组合与土壤侵蚀方式、分布及其强度有密切的关系。

（一）地貌类型分区的必要性

受现有水文站网的限制，一个水文站控制范围内往往包括若干个不同地貌单元，所得到的输沙模数是一个平均结果，无法直接应用，给资料移用造成了诸多困难。而且在气候因素相近的情况下，不同地貌单元的产沙模数差别很大。因此，需要对每个水文站控制范围内产沙模数差异较大的地貌单元进行分区，为绘制分区输沙模数图做准备工作。从这一角度出发，分区越细越好，同时，由于泥沙观测站网的有限性及控制区内地貌的复杂性，地貌分区也要适当，过多、过细将给求解输沙模数带来不可逾越的困难。

（二）地貌类型分区图的绘制

本次绘制地貌分区图以“七五”国家重点科技攻关项目（75 - 04 - 03 - 02）编制的《黄土高原地区侵蚀强度与侵蚀类型图》[39]（以下简称“侵蚀类型图”）为基础，以侵蚀类型图斑为基本单元进行区划。此图以 1∶50 万夏季 TM 影像为主要信息源，辅以部分 MSS 和 TLS 假彩色合成卫星影像及彩红外航片，将遥感方法与地学分析相结合，室内解译与野外调查相结合，定性研究与定量分析相结合编制而成，现已通过国家验收。

在“侵蚀类型图”的基础上，与《黄河流域片水资源评价》中“自然地理分区图”进行了比较，并参照以往有关黄土高原的论著，反复检查验证并作了部分修改。最后绘制出“黄河中游侵蚀地貌分区图”（见图 6-1）。该图共划分了以下 9 种地貌类型：土石山区、石山林区、黄土台塬阶地区、冲积平原区、黄土丘陵沟壑区、黄土高塬沟壑区、台状土石丘陵区、黄土丘陵林区、沙漠区。

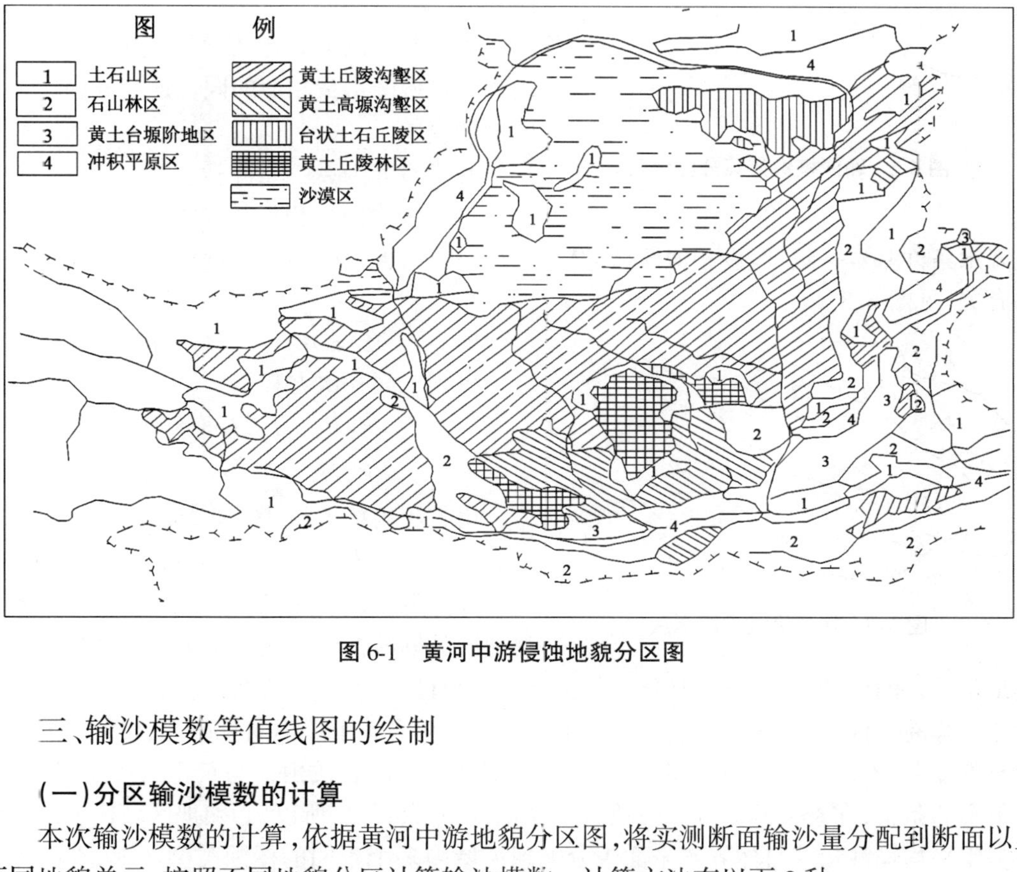

图 6-1　黄河中游侵蚀地貌分区图

三、输沙模数等值线图的绘制

（一）分区输沙模数的计算

本次输沙模数的计算，依据黄河中游地貌分区图，将实测断面输沙量分配到断面以上不同地貌单元，按照不同地貌分区计算输沙模数。计算方法有以下 3 种。

1. 类比法

基本假定及要求：

（1）相近的同一地貌分区由于降雨量基本一致，输沙模数应相同。

（2）由于沙量的年际变化要比水量大得多，所以计算区间输沙模数时，上、下断面系列应保持一致。

在某一控制站的集水面积内有 2 个以上的地貌分区时，对各个地貌分区的输沙模数用以下公式计算（见图 6-2）。设 $S_{总}$ 为某控制站的实测输沙量，S_i 为某地貌分区代表站的实测输沙量。

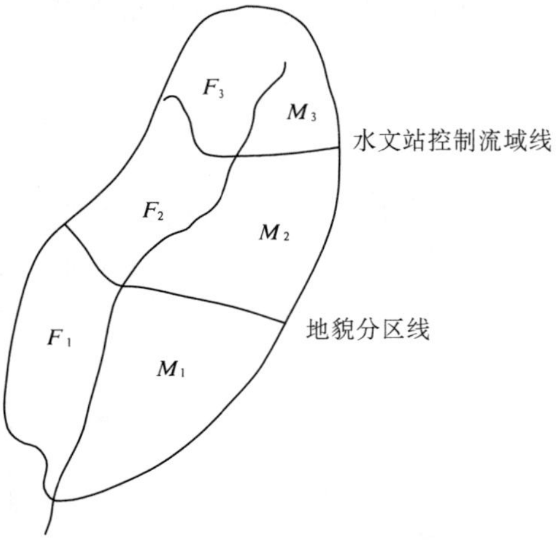

图 6-2　输沙模数计算分区示意

即　$S_总 = S_1 + S_2 + S_3$

$S_i = F_i \times M_i \quad M_2 = M_3$　（因同一地貌类型区）

$$S_3 = F_3 \times M_3$$

$$则\ M_1 = \frac{S_总 - S_2 - S_3}{F_1} = \frac{S_总 - M_3 \times (F_2 + F_3)}{F_1} \tag{6-8}$$

式中：S 为输沙量，万 t；F 为各计算区的面积，km^2，在地形图上量取；M 为输沙模数，万 $t/(km^2 \cdot a)$。

如控制站以上无地貌分区代表站时，可借用邻近流域降水量相似的同一地貌分区代表站的输沙模数。

2. 方程求解法

首先应找一个相近的同类型的相似流域，且降水条件基本一致，假设相似流域的输沙模数相等，各分区的输沙量只与本区面积的大小有关（见图 6-3）。

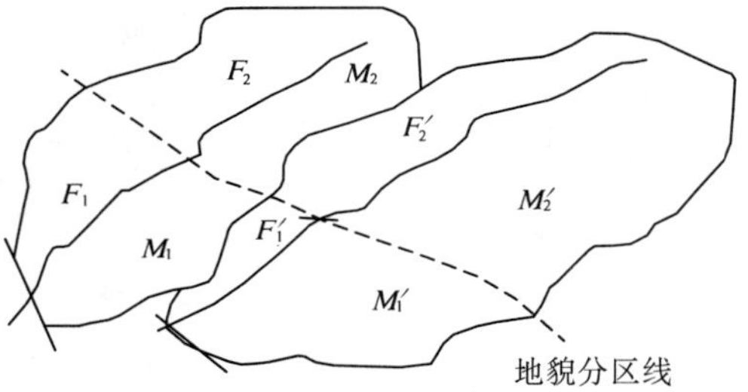

图 6-3　输沙模数求解示意

即：　$M_1 = M'_1 \qquad M_2 = M'_2$

可列二元一次方程组

$$\left.\begin{aligned} F_1 M_1 + F_2 M_2 = S \\ F'_1 M_1 + F'_2 M_2 = S' \end{aligned}\right\} \tag{6-9}$$

由方程组可解得 M_1 和 M_2。

3. 泥沙资料的地理内插方法

设立泥沙代表站的目的之一，是内插无资料地区的输沙模数。如果每个代表站控制的流域都是单一的侵蚀类型区，并且每个侵蚀类型区都设有代表站，那么绘制输沙模数分布图就比较容易。但是，大多数代表站控制的流域往往包含若干个不同类型区，如黄河流域地形条件复杂，不同自然景观之间变化陡然，特别是黄土区石质山地与黄土沟壑交界处，只是很窄的条带，在条带两侧输沙模数急剧变化，相差数百倍，所以，必须把区域代表站测得的多年平均输沙量按自然界本来面貌分配到流域内多个不同的侵蚀类型区上，求出各自的输沙模数。

泥沙资料与流量资料一样，在水文气象、地貌类型条件相似地区，不同测站的泥沙资料具有相似性和可比性，根据这些特点，可以约定如下：

(1)不同流域的同类型分区，在降水条件基本相似的情况下，有相同的多年平均输沙模数。

(2)任一测站所控制的流域包含的每一个分区，都是 m 个分区的一种，如果某测站所控制的流域内缺少若干个类型区，则相应的分区面积可以按零处理。

根据这两条约定，可把一个流域按照降水、产沙特性和地貌分为若干类型区，设某地区有 n 个水文站，其中第 i 个站的多年平均输沙量为 S_i（$i = 1, 2, \cdots, n$ 代表每个站的顺序编号)。该站所控制的流域内,又可划分成 m 个不同的地貌类型区,每一个分区面积为 F_{ij},其相应的输沙模数为 M_j($j=1,2,\cdots,m$ 是分区的顺序编号)。

根据以上两个假定,认为各侵蚀类型区产沙总量与河流悬移质输沙量处于"准"平衡状态,则可建立如下数学模型:

$$\left.\begin{aligned} M_1F_{11}+M_2F_{12}+\cdots+M_jF_{1j}+\cdots+M_mF_{1m}&=S_1\\ M_1F_{21}+M_2F_{22}+\cdots+M_jF_{2j}+\cdots+M_mF_{2m}&=S_2\\ \cdots\\ M_1F_{n1}+M_2F_{n2}+\cdots+M_jF_{nj}+\cdots+M_mF_{nm}&=S_n \end{aligned}\right\} \tag{6-10}$$

在方程组(6-10)中,未知量 M_j 共有 m 个,方程式共有 n 个,当 $n=m$ 时,方程组原则上可以求解,如推求输沙模数的第二种方法即是。但由于分区不合理,资料系列不同步等因素均可能使方程组无解或给出不合理的解。为了提高计算结果的可靠性,最好的办法是选用尽量多的测站,组成一个 $n>m$ 的方程组,借助于最小二乘法的原理,提高计算精度。

以上三种计算方法的主导思想是如何将实测的流域出口断面沙量,按照不同地貌类型的产沙情况合理地分配到流域面上。

(二)输沙模数等值线图的绘制

输沙模数等值线图是在分区输沙模数图基础上内插而成的,由于输沙模数的变幅很大,等值线图的绘制没有按照等间距要求绘制,只要满足粗泥沙集中来源区区域界定和分析泥沙的空间分布即可。

为了反映泥沙的分布情况,绘制了 1954～1969 年天然本底的全沙模数、$d\geqslant0.05$mm 和 $d\geqslant0.10$mm 泥沙的模数图(见图 6-4～图 6-6)。

即使在同一地貌分区内,由于降水、土壤结构、颗粒级配及植被疏密程度的影响,输沙模数也会有很大变化。如沿着泾河、北洛河、延河上游向东北延伸至窟野河、皇甫川流域呈现西南—东北的带状分布,输沙模数在 10 000t/(km²·a)以上,局部地区达 40 000 t/(km²·a)左右,是黄土高原水土流失最严重的地区。该区属黄土丘陵沟壑区,峁多梁少,峁圆梁短,沟深谷窄,土质疏松,粒径较粗,胶结力差,抗蚀抗冲性弱。而延河中下游以南,渭河以北的地区,黄土地形虽然也出现深沟狭谷,以及黄土质的陡崖峭壁,但沟壑之间残存着面积较大的塬面和长梁,输沙模数相对较小,一般在 5 000t/(km²·a)以下。

(三)输沙模数等值线的合理性分析

1. 控制水文站沙量平衡检查

因为输沙模数是依据该水文站多年平均实测输沙量($W_{s测}$)计算的,所以,在输沙模数等值线图上量算的输沙量($W_{s量}$)应等于 $W_{s测}$。以此对各时段输沙模数图作合理性检查,误差控制在 ±5%之内。表 6-3 是 1954～1969 年的沙量平衡统计结果。

2. 输沙模数与地貌分区的检查

输沙模数的大小与地貌类型分区是一致的,凡植被较好的石山林区,输沙模数都很小,基本上在 1 000t/(km²·a)以下。黄土丘陵沟壑区及黄土高塬沟壑区,输沙模数较大,一般在 5 000t/(km²·a)以上,局部达 40 000t/(km²·a)。

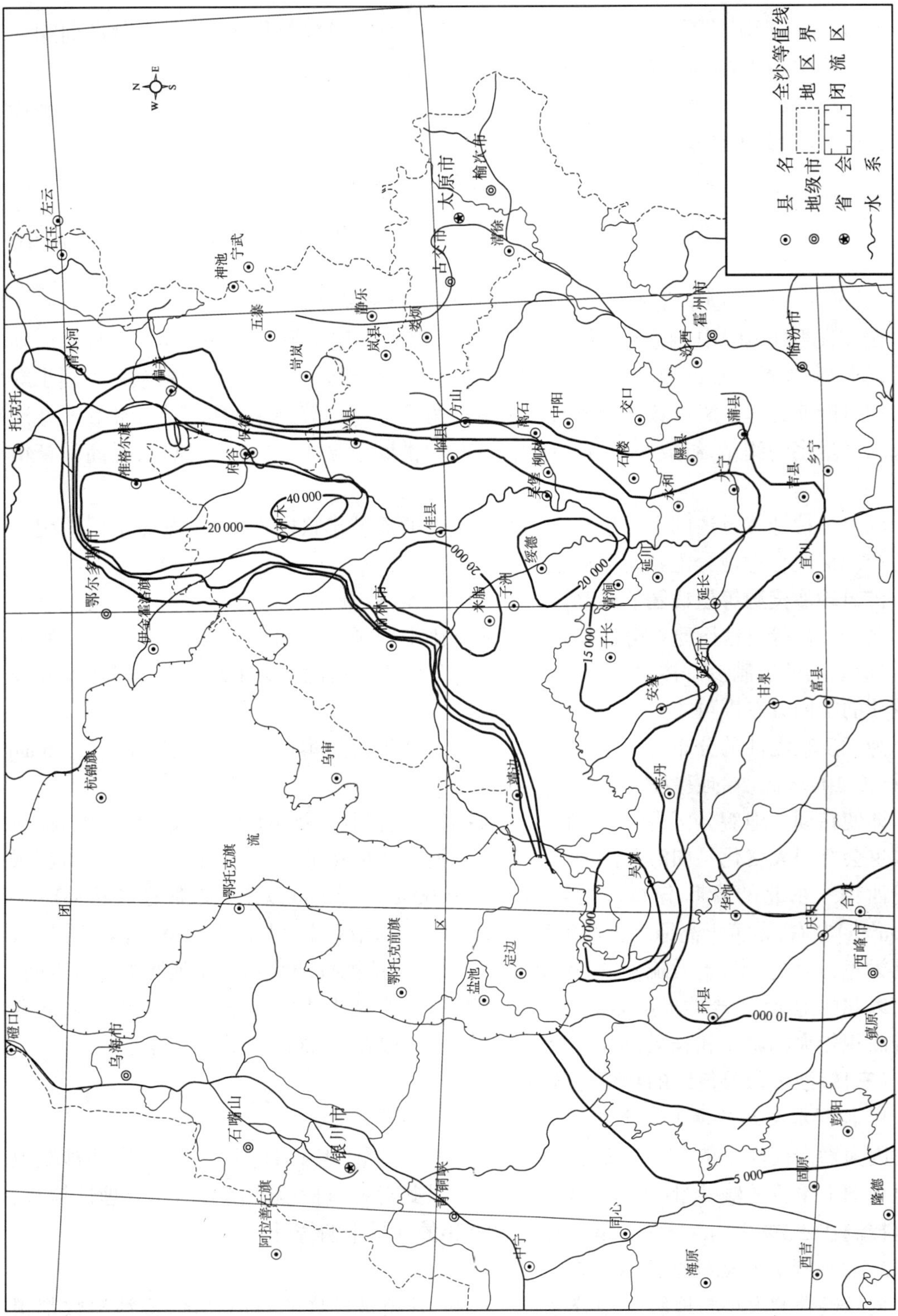

图 6-4　黄河中游多沙粗沙区 1954 ~ 1969 年全沙输沙模数等值线图　（单位：t/(km²·a)）

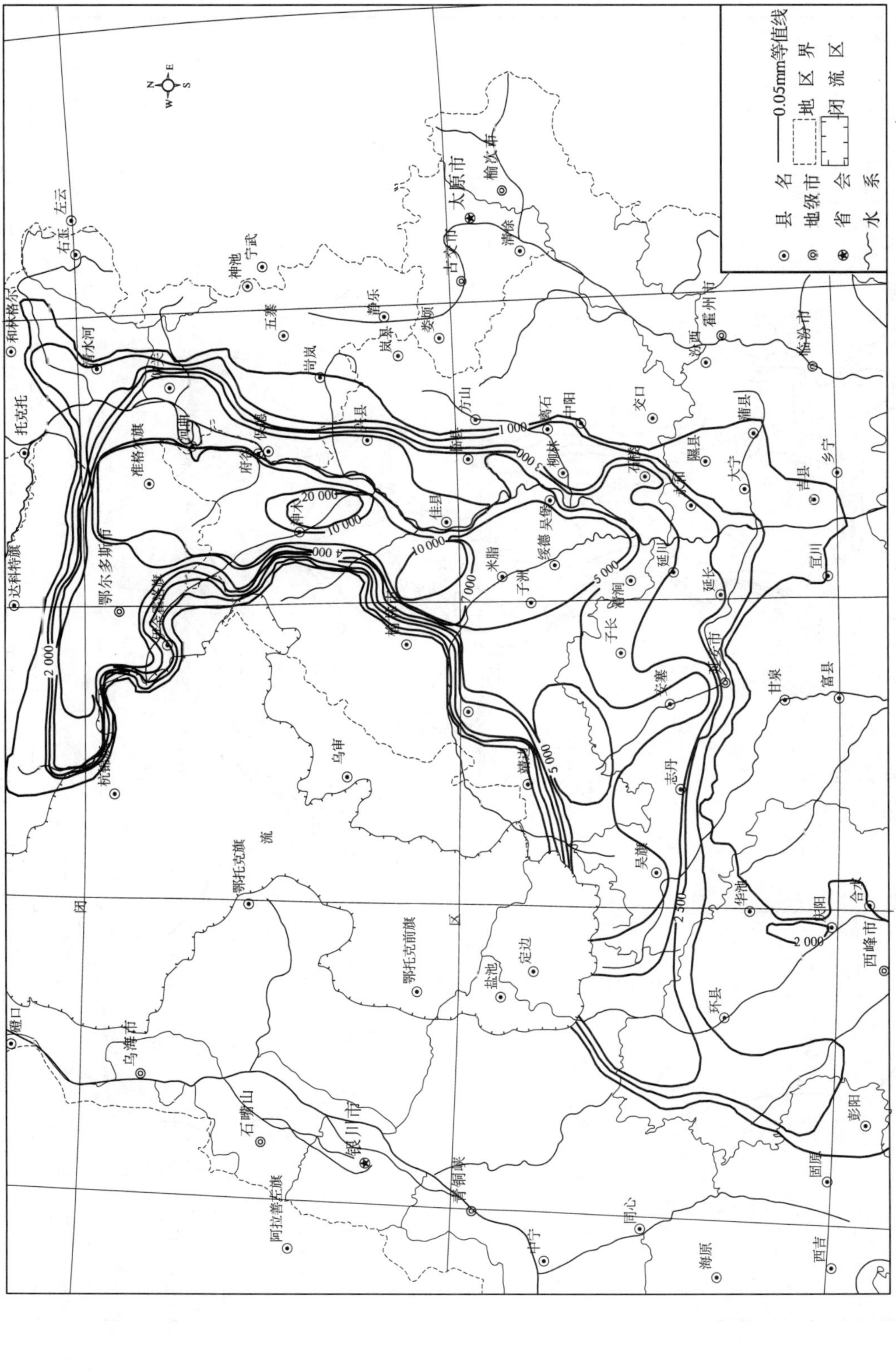

图 6-5　黄河中游多沙粗沙区 1954～1969 年 $d \geq 0.05$mm 粗泥沙输沙模数等值线图　（单位：t/(km²·a)）

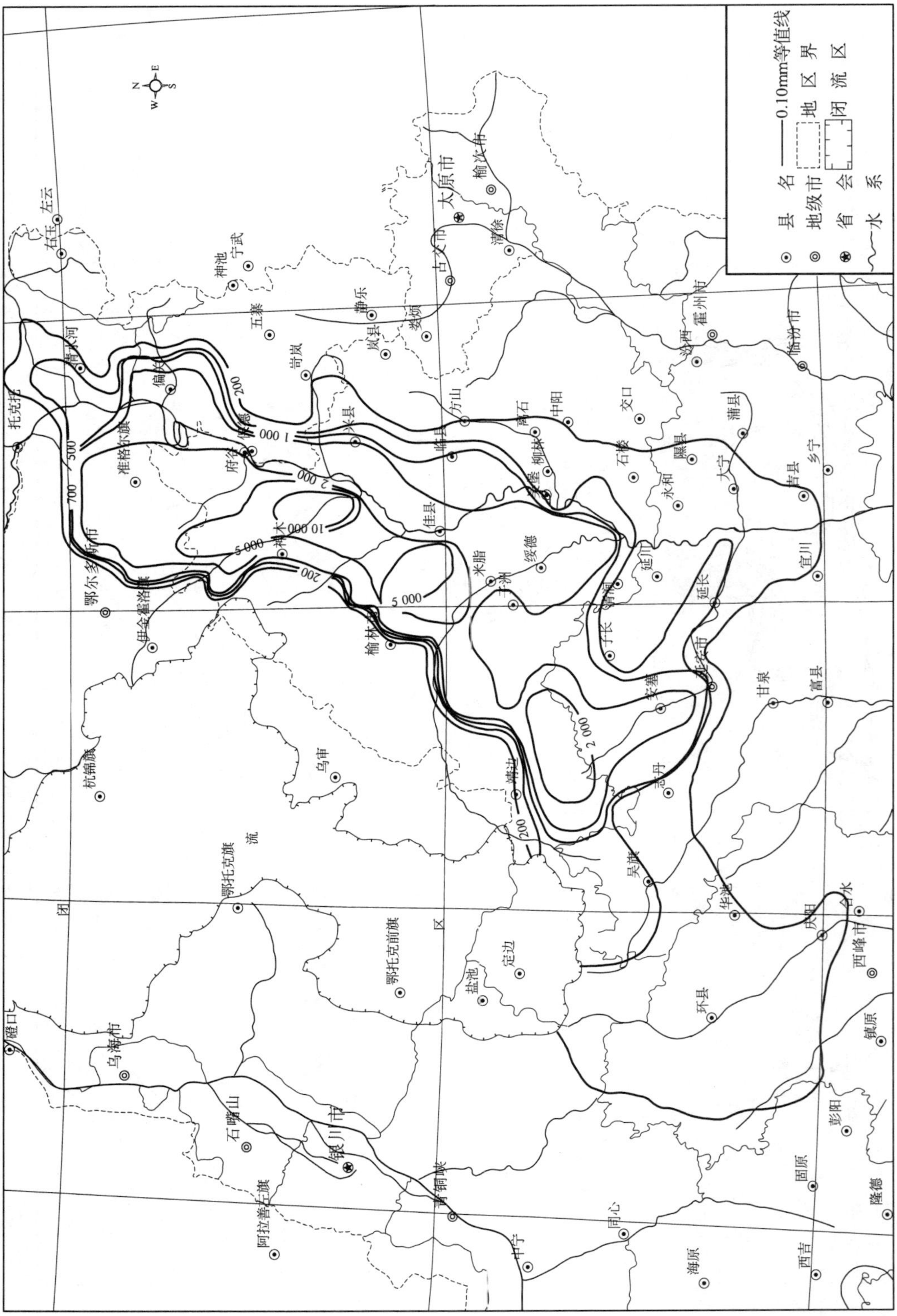

图 6-6 黄河中游多沙粗沙区 1954~1969 年 $d \geq 0.10$mm 粗泥沙输沙模数等值线图 （单位：t/(km²·a)）

表 6-3 1954 ~ 1969 年代表流域沙量平衡统计结果

河 名	站 名	$S_{实测}$(万 t)	$S_{量}$(万 t)	ΔS(万 t)	相对误差(%)
浑 河	放牛沟	2 408	2 486	-78	-3.2
偏关河	偏 关	2 063	2 072	-9	-0.44
朱家川	后会村	2 781	2 709	+72	+2.6
岚漪河	裴家川	1 665	1 609	+56	+3.4
湫水河	林家坪	2 873	2 919	-46	-1.6
三川河	后大成	3 463	3 295	+168	+4.8
屈产河	裴 沟	1 702	1 640	+62	+3.6
昕水河	大 宁	2 830	2 887	-57	-2.0
皇甫川	皇 甫	6 081	5 961	+120	+2.0
孤山川	高石崖	2 659	2 606	+53	+2.0
窟野河	温家川	12 481	12 232	+249	+2.0
秃尾河	高家川	2 841	2 734	+107	+3.8
佳芦河	申家湾	2 841	2 842	-1.0	-0.04
无定河	白家川	24 053	24 356	-303	-1.3
清涧河	延 川	4 657	4 868	-211	-4.5
延 河	甘谷驿	6 185	6 004	+181	+2.9
北洛河	刘家河	9 400	9 336	+64	+0.7
泾 河	景 村	34 347	35 714	-1 367	-4.0

注:①ΔS 是 $S_{实测} - S_{量}$;②相对误差是($\Delta S/S_{实测}$)×100%。

3. 粗泥沙模数图合理性检查

由于泥沙颗分站点较少,无法满足粗泥沙模数分区计算的要求,因此在绘制粗泥沙模数等值线图时,将各区域代表站及区间计算的各级粗泥沙模数点绘在流域中心处,以实测输沙模数为依据,参考黄河中游全沙输沙模数等值线图的分布趋势,并以此作为控制,即同一量级的粗泥沙模数必须小于相应全沙输沙模数等值线的数值。

第二节 界定指标的确定

黄河中游粗泥沙集中来源区的界定是在水文、气象、地质、地貌、沟壑密度和面上侵蚀物粒径分布宏观判析的基础上,进一步采用粗泥沙模数指标进行界定的。它是利用选定的粗泥沙输沙模数指标,在黄河中游多沙粗沙区内,将满足该指标的区域与其他区域进行分离的方法。它的工作基础是粗泥沙输沙模数等值线图。

输沙模数是单位面积上的年均输沙量,是流域内地形地貌、地面组成物质、气候、植被盖度以及人类活动影响对泥沙的综合结果和反映,所以将输沙模数作为划分标准。因为本课题的目的是要找出粗泥沙输沙最集中的区域,故将粗泥沙输沙模数作为界定粗泥沙集中来源区的指标。

由于黄河中游输沙模数变幅很大，小的才 1 000t/(km²·a)，大的高达 40 000 t/(km²·a)，故输沙漠数的分级不宜采用等差分级，一般采用倍数分级。

一、$d \geqslant 0.05$mm 粗泥沙输沙模数指标的确定

黄河中游多沙粗沙区是以黄河中游区平均全沙输沙模数(5 000t/(km²·a))和平均 $d \geqslant 0.05$mm粗泥沙输沙模数(1 300t/(km²·a))作为指标界定的，其面积为 7.86 万 km²。根据黄河中游输沙模数越大、分布面积越小的规律，将黄河中游多沙粗沙区区域界定中的 $d \geqslant 0.05$mm粗泥沙输沙模数指标(1 300t/(km²·a))成倍提高，企图以提高粗泥沙输沙模数指标的方法，寻找更集中的粗泥沙来源区。为了与我国已颁布的土壤侵蚀强度分级标准协调[40]，选择 $d \geqslant 0.05$mm 的粗泥沙输沙模数 ≥2 500t/(km²·a)、≥5 000t/(km²·a)和 ≥10 000t/(km²·a)作为寻找该粒径级粗泥沙集中来源区的指标。这里的输沙模数不是水文站以上的大平均，而是以各地貌单元为图斑，经联解方程，求解出各图斑的输沙模数后，再勾绘等值线的。

二、$d \geqslant 0.10$mm 粗泥沙输沙模数指标的确定

参照黄河中游多沙粗沙区界定指标选取的方法，以黄河中游区平均模数为指标，据此计算，黄河中游区 $d \geqslant 0.10$mm 平均粗泥沙输沙模数为 345t/(km²·a)(1.08 万 t/31.34 万 km²)，取整为 350t/(km²·a)。将该指标成倍提高，取粗泥沙输沙模数 ≥700t/(km²·a)、≥1 400t/(km²·a)、≥2 800t/(km²·a)和 ≥5 600t/(km²·a)作为寻找该粒径级粗泥沙集中来源区的指标。

第三节　不同输沙模数级粗泥沙区域分布及产沙量分析

根据前面确定的界定方法和指标，首先进行地貌类型分区和泥沙颗分资料的统一改正，求出各地貌单元的全沙输沙模数和粗泥沙输沙模数；其次根据分区输沙模数勾绘等值线图，并进行控制站沙量平衡及合理性审查；最后与卫星影像和地貌类型分区图进行对照、检查、修正，确定不同模数级的粗泥沙区域分布。黄河中游全沙输沙模数图、$d \geqslant 0.05$mm 粗泥沙输沙模数图和 $d \geqslant 0.10$mm 粗泥沙输沙模数图见图 6-4 ~ 图 6-6。

根据绘制出的全沙、$d \geqslant 0.05$mm 和 $d \geqslant 0.10$mm 输沙模数图，量算出某级输沙模数的面积及产沙量(见表 6-4)。

以大于某级输沙模数的来沙量占总沙量的百分比为纵坐标，横坐标为大于某级输沙模数累计面积，建立中游来沙分配图(见图 6-7)。为了反映不同粒径级泥沙输沙模数与产沙面积的变化关系，以不同粒径级泥沙大于某级输沙模数为纵坐标，横坐标为大于某级输沙模数的累计面积，绘制输沙模数与产沙面积的关系图(见图 6-8)。从图 6-8 可看出：输沙模数与产沙面积成反比关系，输沙模数越大，产沙面积越小。这也表明，黄河中游确实存在粗泥沙集中来源区。

表 6-4　黄河中游河口镇至龙门区间和华县、河津、洑头、黑石关、武陟以上输沙分布统计
(1954 ~ 1969 年同步系列分析)

分级泥沙	输沙模数分级(万 t/(km²·a))	分布面积(万 km²)	量算输沙量(亿 t/a)	修正输沙量(亿 t/a)	累计面积(万 km²)	累计输沙量(亿 t/a)	累计面积占总面积(%)	累计沙量占总沙量(%)
全沙输沙量	>4.0	0.10	0.41	0.38	0.10	0.38	0.33	2.20
	4.0 ~ 3.0	0.06	0.19	0.18	0.16	0.56	0.50	3.30
	3.0 ~ 2.0	1.28	3.21	2.92	1.44	3.48	4.60	20.4
	2.0 ~ 1.0	5.80	8.70	7.92	7.24	11.4	23.1	66.7
	1.0 ~ 0.5	3.81	2.86	2.60	11.05	14.0	35.3	82.0
	0.5 ~ 0.2	5.38	1.88	1.72	16.43	15.72	52.4	92.0
	<0.2	14.91	1.49	1.35	31.34	17.07	100	100
	合计	31.34	18.74	17.07	31.34	17.07		
$d \geqslant 0.025$mm 泥沙的输沙量	>2.5	0.13	0.33	0.30	0.13	0.30	0.41	3.4
	2.5 ~ 2.0	0.03	0.06	0.06	0.16	0.36	0.49	4.1
	2.0 ~ 1.5	0.14	0.25	0.50	0.30	0.86	0.95	9.7
	1.5 ~ 1.0	2.10	2.63	2.20	2.40	3.06	7.65	34.6
	1.0 ~ 0.5	3.10	2.33	2.30	5.50	5.36	17.5	60.6
	0.5 ~ 0.2	3.43	1.20	1.25	8.93	6.61	28.5	74.7
	<0.2	22.41	2.24	2.24	31.34	8.85	100	100.0
	合计	31.34	9.04	8.85	31.34	8.85		
$d \geqslant 0.05$mm 泥沙的输沙量	>2.0	0.06	0.13	0.13	0.06	0.13	0.2	3.1
	2.0 ~ 1.0	0.16	0.23	0.23	0.22	0.36	0.7	8.8
	1.0 ~ 0.7	0.82	0.70	0.67	1.04	1.03	3.3	25.0
	0.7 ~ 0.5	0.93	0.56	0.54	1.97	1.57	6.3	38.1
	0.5 ~ 0.4	1.63	0.73	0.68	3.60	2.25	11.5	54.6
	0.4 ~ 0.3	1.24	0.43	0.38	4.84	2.63	15.4	63.8
	0.3 ~ 0.25	1.00	0.28	0.20	5.84	2.83	18.6	68.6
	0.25 ~ 0.2	1.36	0.31	0.25	7.20	3.08	23.0	74.8
	0.2 ~ 0.1	2.63	0.40	0.39	9.83	3.47	31.4	84.2
	<0.1	21.50	0.76	0.65	31.33	4.12	100.0	100.0
	合计	31.33	4.53	4.12	31.33	4.12		
$d \geqslant 0.10$mm 泥沙的输沙量	>1.0	0.17	0.19	0.14	0.17	0.14	0.5	13.0
	1.0 ~ 0.7	0.04	0.04	0.03	0.21	0.17	0.7	15.7
	0.7 ~ 0.5	0.31	0.18	0.13	0.52	0.30	1.6	27.8
	0.5 ~ 0.28	0.72	0.28	0.21	0.24	0.51	3.9	47.2
	0.28 ~ 0.20	0.48	0.11	0.08	1.72	0.59	5.4	54.6
	0.20 ~ 0.14	0.17	0.03	0.02	1.89	0.61	6.0	56.5
	0.14 ~ 0.10	1.10	0.13	0.1	2.99	0.71	9.5	65.7
	0.10 ~ 0.07	1.02	0.09	0.06	4.01	0.77	12.8	71.3
	0.07 ~ 0.05	1.55	0.09	0.07	5.56	0.84	17.7	77.8
	0.05 ~ 0.035	1.11	0.05	0.03	6.67	0.87	21.2	80.6
	0.035 ~ 0.02	2.31	0.06	0.05	8.98	0.92	28.6	85.2
	<0.02	22.37	0.22	0.16	31.35	1.08	100.0	100.0
	合计	31.35	1.47	1.08	31.35	1.08		

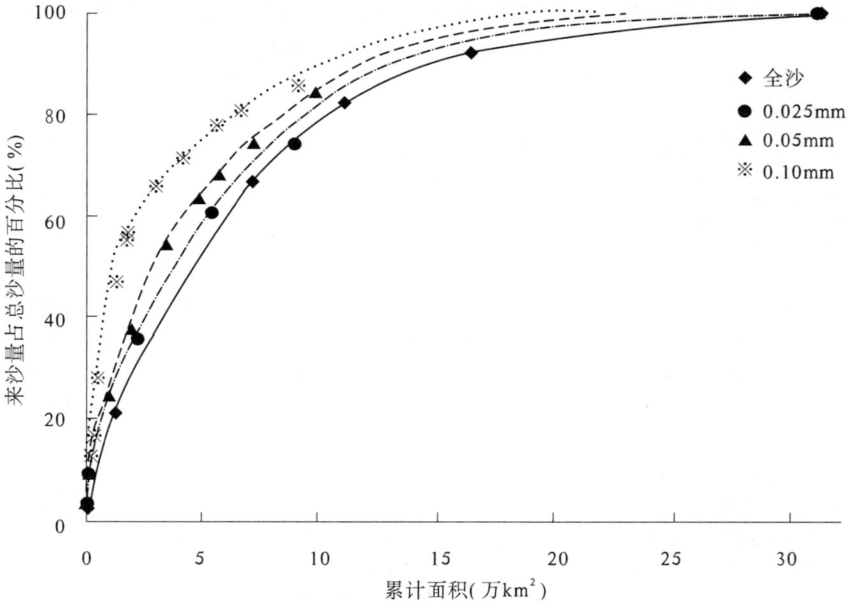

图 6-7　黄河中游来沙分配示意图

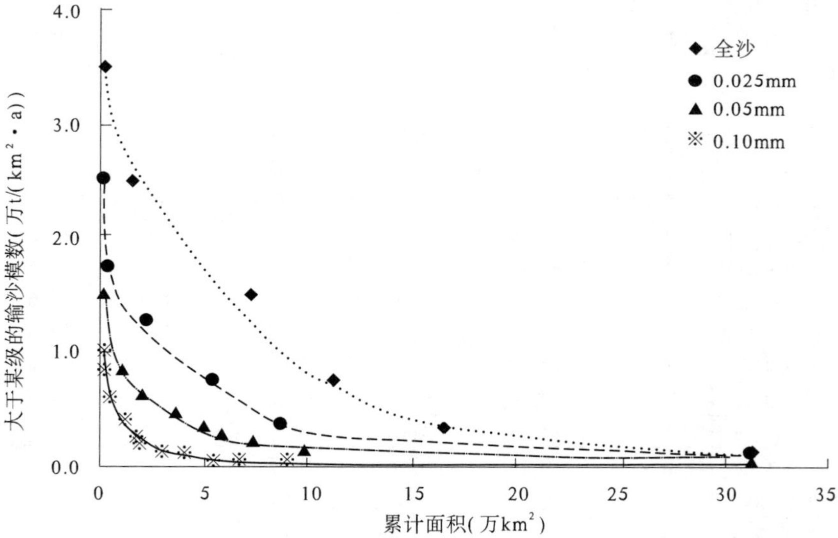

图 6-8　黄河中游不同粒径级大于某级的输沙模数与累计面积关系

一、$d \geq 0.10$mm 不同输沙模数级粗泥沙区域分布及产沙量分析

（一）$d \geq 0.10$mm 粗泥沙输沙模数≥350t/(km²·a)的区域分布及产沙量

黄河中游多沙粗沙区中，($d \geq 0.10$mm)粗泥沙输沙模数≥350t/(km²·a)的地区主要分布在河口镇至龙门区间及北洛河上游吴旗一带(见表 6-5 和图 6-9)，面积约 5.8 万 km²，占黄河中游多沙粗沙区面积的 73.8%。该区产生的全沙、$d \geq 0.05$mm 和 $d \geq 0.10$mm 的沙量分别为 9.43 亿 t、2.83 亿 t 和 0.84 亿 t(见表 6-6)，占黄河中游多沙粗沙区相应粒径级沙量的 79.8%、88.7%和 94.4%。

表 6-5　黄河中游多沙粗沙区 $d \geq 0.10$mm 粗泥沙输沙模数面积分布

区段		河名	流域面积（km²）	入黄控制站多年平均输沙量（万 t/a）	多沙粗沙区面积（km²）	$d \geq 0.10$mm 粗泥沙输沙模数面积分布									
						350t/(km²·a)		700t/(km²·a)		1 400t/(km²·a)		2 800t/(km²·a)		5 600t/(km²·a)	
						面积（km²）	占流域面积（%）	面积（km²）	占流域面积（%）	面积（km²）	占流域面积（%）	面积（km²）	占流域面积（%）	面积（km²）	占流域面积（%）
河口镇—龙门	已控区	浑河	5 533	2 408	1 127	1 053	19.0								
		皇甫川	3 246	6 081	3 246	3 246	100.0	3 234	99.6	3 195	98.4	2 841	87.5		
		清水川	883	1 921*	883	883	100.0	881	99.8	881	99.8	844	95.6		
		杨家川	1 002	197	745	457	45.6	199	19.9						
		偏关河	2 089	2 063	892	784	37.5	703	33.7						
		窟野河	8 706	12 481	5 456	4 496	51.6	4 228	48.6	4 001	46.0	3 498	40.2	1 730	19.9
		秃尾河	3 294	2 841	1 204	1 169	35.5	1 091	33.1	1 088	33.0	793	24.1		
		佳芦河	1 134	2 841	985	965	85.1	942	83.1	932	82.2	855	75.4		
		无定河	30 261	24 053	13 753	13 330	44.1	12 074	39.9	5 253	17.4	369	1.2		
		县川河	1 587	1 609*	1 108	810	51.0	621	39.1						
		朱家川	2 922	2 781	183	153	5.2	120	4.1						
		岚漪河	2 167	1 665	423	343	15.8	284	13.1						
		蔚汾河	1 478	1 490	810	639	43.2	351	23.7						
		石马川	243	487*	243	243	100.0	243	100.0	241	99.2	226	93.0	65	26.7
		孤山川	1 272	2 659	1 272	1 272	100.0	1 272	100.0	1268	99.7	1259	99.0	91	7.2
		清凉寺沟	286	410	286	286	100.0	256	89.5						
		湫水河	1 989	2 873	1 421	999	50.2	345	17.3						
		三川河	4 161	3 464	1 356	134	3.2								

续表 6-5

区段		河名	流域面积（km^2）	入黄控制站多年平均输沙量（万 t/a）	多沙粗沙区面积（km^2）	$d \geq 0.10$mm 粗泥沙输沙模数面积分布									
						350t/($km^2 \cdot a$)		700t/($km^2 \cdot a$)		1 400t/($km^2 \cdot a$)		2 800t/($km^2 \cdot a$)		5 600t/($km^2 \cdot a$)	
						面积（km^2）	占流域面积(%)	面积（km^2）	占流域面积(%)	面积（km^2）	占流域面积(%)	面积（km^2）	占流域面积(%)	面积（km^2）	占流域面积(%)
河口镇—龙门	已控区	屈产河	1 220	1 702	1 074	331	27.1								
		昕水河	4 326	2 830	720	22	0.5								
		乌龙河	377	206	377	377	100.0	377	100.0	101	26.8	12	3.2		
		清涧河	4 080	4 657	4 080	4 076	99.9	994	24.4	30	0.7				
		延河	7 687	6 185	6 685	5 715	74.3	3 556	46.3	235	3.0				
		小计	89 943	83 887	48 329	41 783	46.5	31 771	35.3	17 225	19.2	10 697	11.9	1 886	2.1
	未控区		21 657	15 630	11 570	11 916	55.0	7 650	35.3	1 583	7.3	1 009	4.7	172	0.8
	合计		111 600	99 517	59 899	53 699	48.1	39 421	35.3	18 807	16.9	11 706	10.5	2 058	1.8
龙门以下	北洛河（刘家河以上）		7 325	9 400	6 308	4 329	59.1	15	0.2						
	泾河	蒲河（巴家嘴以上）	3 522	2 936	925										
		马莲河（河口以上）	19 086	13 874	11 467	2	0.0								
		小计	22 608	16 810	12 392	2	0.0								
	合计		29 933	26 210	18 700	4 331	14.5	15	0.05						
中游合计			141 533	125 727	78 599	58 030	41.0	39 436	27.9	18 807	13.3	11 706	8.3	2 058	1.5

注：* 代表该支流没有控制站，全沙量、粗泥沙量是根据输沙模数等值线估算的。

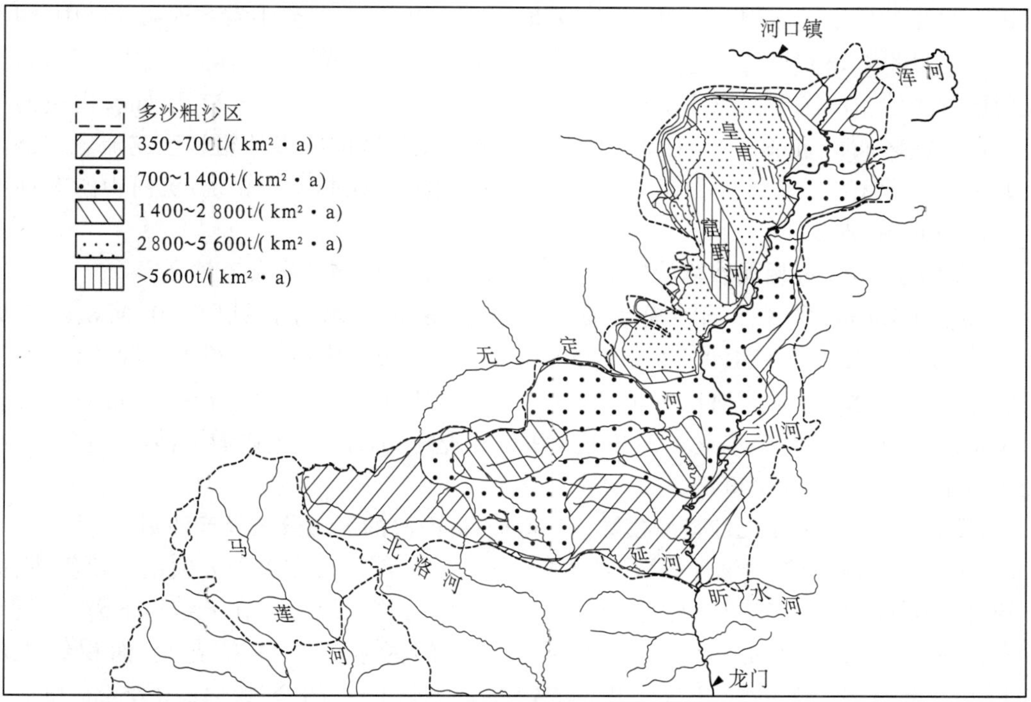

图 6-9　黄河中游 $d \geqslant 0.10$mm 粗泥沙不同输沙模数区域分布

表 6-6　黄河中游大于 0.10mm 粗泥沙集中来源区产沙量分析

项　目	粗泥沙输沙模数大于某级特征值				
	350 t/(km²·a)	700 t/(km²·a)	1 400 t/(km²·a)	2 800 t/(km²·a)	5 600 t/(km²·a)
面积(万 km²)	5.80	3.94	1.88	1.17	0.21
占多沙粗沙区面积的比率(%)	73.8	50.1	23.9	14.9	2.7
全沙量 (亿 t)	9.43	6.89	4.08	2.86	0.67
占多沙粗沙区全沙量的比率(%)	79.8	58.3	34.5	24.2	5.7
粒径大于 0.025mm 沙量 (亿 t)	5.47	4.20	2.52	1.77	0.55
占多沙粗沙区相应粒径沙量的比率(%)	87.9	67.5	40.5	28.5	8.8
占相应区域全沙量的比率(%)	58.0	61.0	61.8	61.9	82.1
粒径大于 0.05mm 粗泥沙量 (亿 t)	2.83	2.36	1.52	1.11	0.35
占多沙粗沙区相应粗泥沙量的比率(%)	88.7	74.0	47.6	34.8	11.0
占相应区域全沙量的比率(%)	30.0	34.3	37.3	38.8	52.2
粒径大于 0.10mm 粗泥沙量(亿 t)	0.84	0.76	0.61	0.49	0.16
占多沙粗沙区相应粗泥沙量的比率(%)	94.4	85.4	68.5	55.1	18.0
占相应区域全沙量的比率(%)	8.9	11.0	15.0	17.1	23.9

注:多沙粗沙区面积 7.86 万 km²,全沙输沙量 11.82 亿 t、粒径 0.025mm 级输沙量 6.22 亿 t,粒径 0.05mm 级输沙量 3.19 亿 t、粒径 0.10mm 级输沙量 0.89 亿 t。

由表 6-6 看出:随着粗泥沙模数指标的提高,各区域粗泥沙量占多沙粗沙区粗泥沙量的比率大于相应区域全沙量的比率,而相应区域全沙量的比率又大于其面积比率;且粗泥沙占全沙量的比重随面积的减少(集中)而增加。可以说,在黄河中游多沙粗沙区中,粗泥沙分布十分不均,相对集中,这为粗泥沙集中来源区的界定奠定了基础。其中,河口镇至龙门区间多沙粗沙区中粗泥沙输沙模数≥350t/(km^2·a)的面积约 5.37 万 km^2,占黄河中游多沙粗沙区面积的 68.3%,主要分布在河口镇至龙门区间的多沙粗沙区支流。北洛河上游吴旗一带粗泥沙输沙模数≥350t/(km^2·a)的面积约 0.43 万 km^2,占黄河中游多沙粗沙区面积的 5.5%。

(二) d≥0.10mm 粗泥沙输沙模数≥700t/(km^2·a)的区域分布及产沙量

(d≥0.10mm)粗泥沙输沙模数≥700t/(km^2·a)的区域分布见图 6-9,面积约 3.94 万 km^2,占黄河中游多沙粗沙区面积的 50.1%,主要分布在中游多沙粗沙区除浑河、三川河、屈产河、昕水河、马莲河以外的 20 条支流。该区产生的全沙、d≥0.05mm 和 d≥0.10mm 的沙量分别为 6.89 亿 t、2.36 亿 t 和 0.76 亿 t,分别占黄河中游多沙粗沙区相应粒径级沙量的 58.3%、74%和 85.4%。

(三) d≥0.10mm 粗泥沙输沙模数≥1 400t/(km^2·a)的区域分布及产沙量

(d≥0.10mm)粗泥沙输沙模数≥1 400t/(km^2·a)的区域分布见图 6-9,由三块组成,第一块分布在无定河支流芦河、大理河和延河上游地区,第二块分布在无定河下游,第三块分布在河口镇以南、无定河干流以北、黄河以西的区域。共 11 条支流,面积约 1.88 万 km^2,占黄河中游多沙粗沙区面积的 23.9%。该区产生的全沙、d≥0.05mm 和 d≥0.10mm 的沙量分别为 4.08 亿 t、1.52 亿 t 和 0.61 亿 t,占黄河中游多沙粗沙区相应粒径级沙量的 34.5%、47.6%和 68.5%。

(四) d≥0.10mm 粗泥沙输沙模数≥2 800t/(km^2·a)的区域分布及产沙量

(d≥0.10mm)粗泥沙输沙模数≥2 800t/(km^2·a)的区域分布见图 6-9,主要分布在皇甫川、清水川、石马川、孤山川、窟野河、秃尾河、佳芦河、无定河等 9 条支流,面积约 1.17 万 km^2,占黄河中游多沙粗沙区面积的 14.9%。该区产生的全沙、d≥0.05mm 和 d≥0.10mm 沙量为 2.86 亿 t、1.11 亿 t 和 0.49 亿 t,分别占黄河中游多沙粗沙区相应粒径级沙量的 24.2%、34.8%和 55.1%。

(五) d≥0.10mm 粗泥沙输沙模数≥5 600t/(km^2·a)的区域分布及产沙量

(d≥0.10mm)粗泥沙输沙模数≥5 600t/(km^2·a)的区域分布见图 6-9,主要分布在窟野河中下游以及石马川、孤山川一带,面积约 0.21 万 km^2,占黄河中游多沙粗沙区面积的 2.7%。该区产生的全沙、d≥0.05mm 和 d≥0.10mm 的沙量为 0.67 亿 t、0.35 亿 t 和 0.16 亿 t,分别占黄河中游多沙粗沙区相应粒径级沙量的 5.7%、11.0%和 18%。

二、d≥0.05mm 不同输沙模数级粗泥沙区域分布及产沙量分析

(一) d≥0.05mm 粗泥沙输沙模数≥2 500t/(km^2·a)的区域分布及产沙量

黄河中游多沙粗沙区中,(d≥0.05mm)粗泥沙输沙模数大于 2 500t/(km^2·a)的地区主要分布在河口镇至龙门区间及马莲河、北洛河上游吴旗一带(见表 6-7 和图 6-10),面积约 5.82 万 km^2,占黄河中游多沙粗沙区面积的 74%。该区产生的全沙、d≥0.05mm 和 d≥0.10mm 粗泥沙量分别为 9.46 亿 t、2.83 亿 t 和 0.79 亿 t(见表 6-8),占黄河中游多沙粗沙区相应粒径级沙量的 80%、88.7%和 88.8%。其中,河口镇至龙门区间多沙粗沙区中

($d \geqslant 0.05$mm)粗泥沙输沙模数大于 2 500t/(km^2·a)的面积约 5.03 万 km^2,占黄河中游多沙粗沙区面积的 64%。主要分布在河口镇至龙门区间除浑河、昕水河以外的多沙粗沙区支流。马莲河及北洛河上游吴旗一带($d \geqslant 0.05$mm)粗泥沙输沙模数≥2 500t/(km^2·a)的面积约 0.8 万 km^2,占黄河中游多沙粗沙区面积的 10.1%。

表 6-7　黄河中游多沙粗沙区 $d \geqslant 0.05$mm 粗泥沙输沙模数面积分布

区段		河名	流域面积(km^2)	入黄控制站多年平均		多沙粗沙区面积(km^2)	$d \geqslant 0.05$mm 粗泥沙输沙模数					
				全沙量(万 t/a)	粗泥沙量(万 t/a)		2 500t/(km^2·a)		5 000t/(km^2·a)		10 000t/(km^2·a)	
							面积(km^2)	占流域面积(%)	面积(km^2)	占流域面积(%)	面积(km^2)	占流域面积(%)
河口镇—龙门	已控区	浑河	5 533	2 408	530	1 127						
		皇甫川	3 246	6 081	1 976	3 246	3 246	100.0	2 847	87.7		
		清水川	883	1 921*	639*	883	883	100.0	841	95.2		
		杨家川	1 002	196.9	40	745	237	23.7				
		偏关河	2 089	2 063	336.9	892	518	24.8				
		窟野河	8 706	12 481	5 991	5 456	4 751	54.6	3 739	42.9	1 043	12.0
		秃尾河	3 294	2 841	1 776	1 204	1 158	35.2	800	24.3	15	0.4
		佳芦河	1 134	2 841	1 651	985	993	87.6	875	77.2	771	68.0
		无定河	30 261	24 053	7 962	13 753	13 153	43.5	6 715	22.2	45	0.1
		县川河	1 587	1 609*	236.5*	1 108	383	24.1				
		朱家川	2 922	2 781	648.9	183	144	4.9				
		岚漪河	2 167	1 665	258.9	423	339	15.6				
		蔚汾河	1 478	1 490	264.4	810	567	38.4				
		石马川	243	487*	118.2*	243	243	100.0	226	93.0	80	32.9
		孤山川	1 272	2 659	787	1 272	1 272	100.0	1259	99.0	13	1.0
		清凉寺沟	286	409.8	100.1	286	286	100.0				
		湫水河	1 989	2 873	767	1 421	995	50.0				
		三川河	4 161	3 464	672	1 356	66	1.6				
		屈产河	1 220	1 702	201.6	1 074	689	56.5				
		昕水河	4 326	2 830	354	720						
		乌龙河	377	205.9*	50.3*	377	377	100.0	368	97.6	55	14.6
		清涧河	4 080	4 657	1 271	4 080	4 067	99.7	21	0.5		
		延河	7 687	6 185	1 868	6 685	4 715	61.3	249	3.2		
		小计	89 943	83 887	27 505	48 329	39 082	43.5	17 940	19.9	2 022	2.2
	未控区		21 657	15 630	4 511	11 570	11 216	51.8	1 800	8.3	168	0.8
	合计		111 600	99 517	32 016	59 899	50 298	45.1	19 740	17.7	2 190	2.0
龙门以下	北洛河刘家河以上		7 325	9 400	1 805	6 308	4 456	60.8				
	泾河	蒲河(巴家嘴以上)	3 522	2 936	352	925						
		马莲河河口以上	19 086	13 874	2 636	11 467	3 494	18.3				
		小计	22 608	16 810	2 988	12 392	3 494	15.5				
	合计		29 933	26 210	4 793	18 700	7 950	26.6				
黄河中游地区	支流小计		119 876	110 097	32 298	67 029	47 032	39.2	17 940	15.0	2 022	1.7
	未控区小计		21 657	15 630	4 511	11 570	11 216	51.8	1 800	8.3	168	0.8
	合计		141 533	125 727	36 809	78 599	58 248	41.2	19 740	13.9	21 90	1.5

注: * 代表该支流没有控制站,全沙量、粗泥沙量是根据输沙模数等值线估算的。

表 6-8　黄河中游粒径大于 0.05mm 粗泥沙集中来源区产沙量分析

项 目	粗泥沙输沙模数大于某级特征值			
	1 300 t/(km²·a)	2 500 t/(km²·a)	5 000 t/(km²·a)	10 000 t/(km²·a)
面积（万 km²）	7.86	5.82	1.97	0.22
占多沙粗沙区面积的比率(%)	100.0	74.0	25.1	2.8
全沙量（亿 t）	11.82	9.46	4.21	0.7
占多沙粗沙区全沙量的比率(%)	100	80.0	35.6	5.9
粒径大于 0.025mm 沙量（亿 t）	6.22	5.48	2.60	0.57
占多沙粗沙区相应粒径沙量的比率(%)	100	88.1	41.8	9.2
占相应区域全沙量的比率(%)	52.6	57.9	61.8	81.4
粒径大于 0.05mm 粗泥沙量(亿 t)	3.19	2.83	1.57	0.36
占多沙粗沙区相应粗泥沙量的比率(%)	100	88.7	49.2	11.3
占相应区域全沙量的比率(%)	27.0	29.9	37.3	51.4
粒径大于 0.10mm 粗泥沙量(亿 t)	0.89	0.79	0.62	0.16
占多沙粗沙区相应粗泥沙量的比率(%)	100	88.8	69.7	18.0
占相应区域全沙量的比率(%)	7.5	8.4	14.7	22.9

(二) $d \geq 0.05$mm 粗泥沙输沙模数≥5 000t/(km²·a)的区域分布及产沙量

($d \geq 0.05$mm)粗泥沙输沙模数大于 5 000t/(km²·a)的区域分布见图 6-10,面积约 1.97 万 km²,占黄河中游多沙粗沙区面积的 25.1%。该区域由两大块组成,主要分布在河口镇

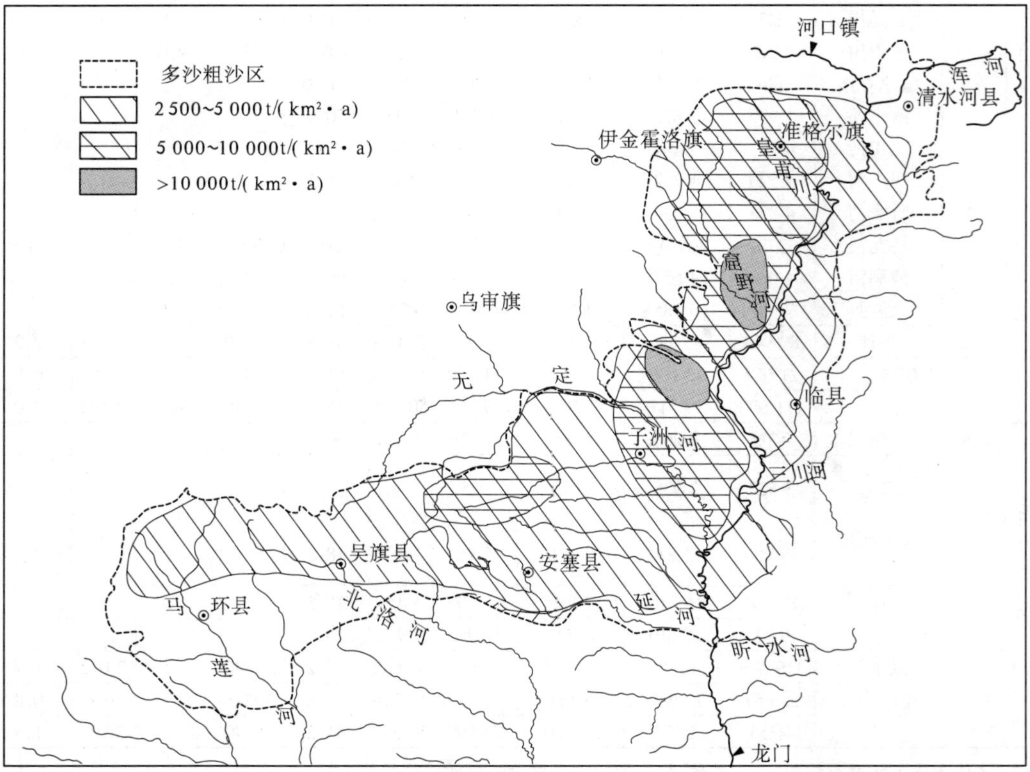

图 6-10　黄河中游 $d \geq 0.05$mm 不同粗泥沙输沙模数区域分布图

至龙门区间的皇甫川、清水川、窟野河等 11 条支流。该区产生的全沙、$d \geq 0.05$mm 和 $d \geq 0.10$mm 粗泥沙量分别为 4.21 亿 t、1.57 亿 t 和 0.62 亿 t，分别占黄河中游多沙粗沙区相应粒径级沙量的 35.6%、49.2% 和 69.7%。皇甫川、孤山川、窟野河、佳芦河四条支流 $d \geq 0.05$mm 粗泥沙输沙模数在 7 000t/(km^2·a) 以上，神木至温家川区间则高达 19 600t/(km^2·a)。

(三) $d \geq 0.05$mm 粗泥沙输沙模数 $\geq$ 10 000t/(km^2·a) 的区域分布及产沙量

($d \geq 0.05$mm) 粗泥沙输沙模数 $\geq$ 10 000t/(km^2·a) 的区域由两小块组成（见图 6-10），主要在窟野河的神木至温家川区间、佳芦河大部分，以及秃尾河、石马川、乌龙河的一小部分，面积约 0.22 万 km^2，占黄河中游多沙粗沙区面积的 2.8%。该区产生的全沙量、$d \geq 0.05$mm 和 $d \geq 0.10$mm 粗泥沙量为 0.70 亿 t、0.36 亿 t 和 0.16 亿 t，分别占黄河中游多沙粗沙区相应粒径级沙量的 5.9%、11.3% 和 18.0%。

第四节　不同输沙模数级粗泥沙来源区支流分布

一、$d \geq 0.10$mm 不同输沙模数级粗泥沙来源区支流分布

(一) $d \geq 0.10$mm 粗泥沙输沙模数 $\geq$ 350t/(km^2·a) 的支流

黄河中游多沙粗沙区中，$d \geq 0.10$mm 粗泥沙输沙模数 $\geq$ 350t/(km^2·a) 的支流有 25 条，面积约 4.61 万 km^2，占粗泥沙输沙模数 $\geq$ 350t/(km^2·a) 区域（5.8 万 km^2）的 79%，其中河口镇至龙门区间 23 条，龙门以下 2 条（马莲河和北洛河），见表 6-9。

表 6-9　黄河中游 $d \geq 0.10$mm 粗泥沙输沙模数 $\geq$ 350t/(km^2·a) 的支流分布

序号	河名	流域面积 (km^2)	多沙粗沙区面积 (km^2)	粗泥沙输沙模数 $\geq$ 350t/(km^2·a)	
				面积(km^2)	占流域面积(%)
1	浑　河	5 533	1 127	1 053	19.0
2	皇甫川	3 246	3 246	3 246	100.0
3	清水川	883	883	883	100.0
4	杨家川	1 002	745	457	45.6
5	偏关河	2 089	892	784	37.5
6	窟野河	8 706	5 456	4 496	51.6
7	秃尾河	3 294	1 204	1 169	35.5
8	佳芦河	1 134	985	965	85.1
9	无定河	30 261	13 753	13 330	44.1
10	县川河	1 587	1 108	810	51.0
11	朱家川	2 922	183	153	5.2
12	岚漪河	2 167	423	343	15.8
13	蔚汾河	1 478	810	639	43.2
14	石马川	243	243	243	100.0
15	孤山川	1 272	1 272	1 272	100.0
16	清凉寺沟	286	286	286	100.0
17	湫水河	1 989	1 421	999	50.2
18	三川河	4 161	1 356	134	3.2
19	屈产河	1 220	1 074	331	27.1

续表 6-9

序号	河名	流域面积（km^2）	多沙粗沙区面积（km^2）	粗泥沙输沙模数≥350t/（km^2·a）	
				面积（km^2）	占流域面积（%）
20	昕水河	4 326	720	22	0.5
21	乌龙河	377	377	377	100.0
22	清涧河	4 080	4 080	4 076	99.9
23	延　河	7 687	6 685	5 715	74.3
24	北洛河刘家河以上	7 325	6 308	4 329	59.1
25	马莲河河口以上	19 086	11 467	2	0.0
合计		116 354	66 104	46 114	39.6

由此看出：（$d \geq 0.10$mm）粗泥沙输沙模数≥350t/（km^2·a）的区域面积较大，涉及中游多沙粗沙区的 25 条支流。说明粗泥沙来源区相对分散。

（二）$d \geq 0.10$mm 粗泥沙输沙模数≥700 t/（km^2·a）的支流

黄河中游多沙粗沙区内部共有 20 条支流，（$d \geq 0.10$mm）粗泥沙输沙模数大于 700t/（km^2·a），面积约 3.18 万 km^2，占粗泥沙输沙模数≥700 t/（km^2·a）区域（3.94 万 km^2）的 81%，见表 6-10。

表 6-10　黄河中游 $d \geq 0.10$mm 粗泥沙输沙模数≥700t/（km^2·a）的支流分布

序号	河名	流域面积（km^2）	多沙粗沙区面积（km^2）	粗泥沙输沙模数≥350t/（km^2·a）	
				面 积（km^2）	占流域面积（%）
1	皇甫川	3 246	3 246	3 234	99.6
2	清水川	883	883	881	99.8
3	杨家川	1 002	745	199	19.9
4	偏关河	2 089	892	703	33.7
5	窟野河	8 706	5 456	4 228	48.6
6	秃尾河	3 294	1 204	1 091	33.1
7	佳芦河	1 134	985	942	83.1
8	无定河	30 261	13 753	12 074	39.9
9	县川河	1 587	1 108	621	39.1
10	朱家川	2 922	183	120	4.1
11	岚漪河	2 167	423	284	13.1
12	蔚汾河	1 478	810	351	23.7
13	石马川	243	243	243	100.0
14	孤山川	1 272	1 272	1 272	100.0
15	清凉寺沟	286	286	256	89.5
16	湫水河	1 989	1 421	345	17.3
17	乌龙河	377	377	377	100.0
18	清涧河	4 080	4 080	994	24.4
19	延　河	7 687	6 685	3 556	46.3
20	北洛河刘家河以上	7 325	6 308	15	0.2
合 计		82 028	50 360	31 786	38.8

由此看出,($d \geqslant 0.10$mm)粗泥沙输沙模数≥700t/(km²·a)的区域面积较大,涉及的支流多,与黄河中游多沙粗沙区的25条支流相比,只少5条。因此,粗泥沙来源区仍然比较分散。

(三)$d \geqslant 0.10$mm 粗泥沙输沙模数≥1 400 t/(km²·a)的支流

黄河中游多沙粗沙区内部共有11条支流($d \geqslant 0.10$mm)粗泥沙输沙模数≥1 400 t/(km²·a),面积约1.72万km²,占粗泥沙输沙模数大于1 400万t/(km²·a)区域(1.88万km²)的91%,见表6-11。

表6-11　黄河中游 $d \geqslant 0.10$mm 粗泥沙输沙模数≥1 400t/(km²·a)的支流分布

序号	河名	流域面积(km²)	多沙粗沙区面积(km²)	粗泥沙输沙模数≥1 400t/(km²·a)	
				面 积(km²)	占流域面积(%)
1	皇甫川	3 246	3 246	3 195	98.4
2	清水川	883	883	881	99.8
3	窟野河	8 706	5 456	4 001	46
4	秃尾河	3 294	1 204	1 088	33.0
5	佳芦河	1 134	985	932	82.2
6	无定河	30 261	13 753	5 253	17.4
7	石马川	243	243	241	99.2
8	孤山川	1 272	1 272	1 268	99.7
9	乌龙河	377	377	101	26.8
10	清涧河	4 080	4 080	30	0.7
11	延　河	7 687	6 685	235	3.0
合 计		61 183	38 184	17 225	28.2

由此看出:$d \geqslant 0.10$mm 粗泥沙输沙模数≥1 400t/(km²·a)的支流面积不大,仅占黄河中游多沙粗沙区面积的22%,涉及的支流只有11条,粗泥沙区相对集中。

(四)$d \geqslant 0.10$mm 粗泥沙输沙模数≥2 800t/(km²·a)的支流

从表6-12可知,($d \geqslant 0.10$mm)粗泥沙输沙模数≥2 800t/(km²·a)的支流主要有窟野

表6-12　黄河中游 $d \geqslant 0.10$mm 粗泥沙输沙模数≥2 800t/(km²·a)的支流分布

序号	河名	流域面积(km²)	多沙粗沙区面积(km²)	粗泥沙输沙模数≥2 800t/(km²·a)	
				面 积(km²)	占流域面积(%)
1	皇甫川	3 246	3 246	2 841	87.5
2	清水川	883	883	844	95.6
3	窟野河	8 706	5 456	3 498	40.2
4	秃尾河	3 294	1 204	793	24.1
5	佳芦河	1 134	985	855	75.4
6	无定河	30 261	13 753	369	1.2
7	石马川	243	243	226	93.0
8	孤山川	1 272	1 272	1 259	99.0
9	乌龙河	377	377	12	3.2
合 计		49 039	27 042	10 697	21.6

河、佳芦河、石马川、秃尾河、无定河等 9 条，面积约 1.07 万 km^2，占粗泥沙输沙模数≥2 800t/(km^2·a)区域(1.17 万 km^2)的 91%。

由此看出：(d≥0.10mm)粗泥沙模数≥2 800t/(km^2·a)的区域面积小，涉及的支流只有 9 条，面积更加集中。

(五) d≥0.10mm 粗泥沙输沙模数≥5 600t/(km^2·a)的支流

从表 6-13 可知：(d≥0.10mm)粗泥沙输沙模数≥5 600t/(km^2·a)的支流主要涉及窟野河、石马川、孤山川 3 条支流，面积约 0.19 万 km^2，占粗泥沙输沙模数≥5 600t/(km^2·a)区域(0.206 万 km^2)的 92%。

表 6-13　黄河中游 d≥0.10mm 粗泥沙输沙模数≥5 600t/(km^2·a)的支流分布

序号	河名	流域面积(km^2)	多沙粗沙区面积(km^2)	粗泥沙输沙模数≥5 600t/(km^2·a)	
				面 积(km^2)	占流域面积(%)
1	窟野河	8 706	5 456	1 730	19.9
2	石马川	243	243	65	26.7
3	孤山川	1 272	1 272	91	7.2
合 计		10 221	6 971	1 886	18.5

由此看出：(d≥0.10mm)粗泥沙输沙模数≥5 600t/(km^2·a)的区域面积太小，涉及的支流只有 3 条，面积相对较小，控制的粗泥沙也不多。

二、d≥0.05mm 不同输沙模数级粗泥沙来源区支流分布

黄河中游多沙粗沙区(d≥0.05mm)粗泥沙输沙模数≥2 500t/(km^2·a)的支流有 23 条，面积约 4.7 万 km^2，占粗泥沙输沙模数≥2 500t/(km^2·a)区域(5.82 万 km^2)的 81%，其中河口镇至龙门区间 21 条，龙门以下 2 条(马莲河和北洛河)，见表 6-7。

黄河中游多沙粗沙区内部共有 11 条支流(d≥0.05mm)粗泥沙输沙模数≥5 000t/(km^2·a)面积约 1.79 万 km^2，占中游粗泥沙输沙模数≥5 000t/(km^2·a)区域(1.97 万 km^2)的 91%。

按各支流内(d≥0.05mm)粗泥沙输沙模数≥5 000t/(km^2·a)的面积占流域面积的百分比排序，有孤山川、乌龙河、清水川、石马川、皇甫川、佳芦河等 6 条支流粗泥沙集中来源区的面积超过流域面积的 50%。

按各支流内(d≥0.05mm)粗泥沙输沙模数≥5 000t/(km^2·a)的面积大小排序，粗泥沙集中来源区面积超过 2 000km^2 的支流有 3 条，即无定河、窟野河、皇甫川。这几条支流在地面组成物质方面的共同特点是上游为风沙区、中下游为基岩和黄土区。风沙区和基岩区(特别是砒砂岩区)提供了较丰富的粗泥沙补给，而且这 3 条支流对黄河粗泥沙的贡献最大，尤以窟野河、皇甫川为甚。可见，窟野河、皇甫川、无定河 3 条支流是黄河中游粗泥沙的高产沙区。

(d≥0.05mm)粗泥沙输沙模数≥10 000t/(km^2·a)的支流主要有窟野河、佳芦河、乌龙河、石马川等 7 条支流，面积约 0.20 万 km^2，占粗泥沙输沙模数≥10 000t/(km^2·a)区域

(0.22 万 km^2)的 92%。

第五节　粗泥沙集中来源区的确定

根据第三章的分析,要求在黄河中游粗泥沙集中来源区界定研究中,将 $d \geqslant 0.10$mm 和 $d \geqslant 0.05$mm 两个粗泥沙界限同时开展研究。

按照 $d \geqslant 0.10$mm 粗泥沙输沙模数分别以 ≥350t/(km^2·a)、≥700t/(km^2·a)、≥1 400 t/(km^2·a)、≥2 800t/(km^2·a)和≥5 600t/(km^2·a)等指标搜索了各自的产沙区域,但粗泥沙集中来源区取哪一级模数对应的面积呢?这是下面将要讨论的问题。

图 6-11(a)是根据 $d \geqslant 0.10$mm 粗泥沙输沙模数等值线图绘制的累计输沙量与累计面积关系图,该图呈半"S"形,表明累计产沙量随累计面积的增加而增加,水文上洪峰流量、径流量等都有随面积的增加而增大的关系,且基本上呈幂函数关系。因此,对产沙量和面积可用数学表达式表示如下:

$$W_s = CF^m \tag{6-11}$$

式中:W_s 为大于 0.1mm 的累计输沙量;F 为累计面积;C 为系数;m 为指数。

对公式(6-11)求导,得

$$\frac{\mathrm{d}W_s}{\mathrm{d}F} = CmF^{m-1} \tag{6-12}$$

公式(6-12)中$\frac{\mathrm{d}W_s}{\mathrm{d}F}$表示的是输沙模数。

由图 6-11(b)可以看出,输沙模数与累计面积成反函数关系,在突变点 F_i 之内,输沙模数随面积增减而急剧变化;突变点 F_i 之后,输沙模数在低位变化。

对式(6-12)进一步求导,得

$$\frac{\mathrm{d}^2 W_s}{\mathrm{d}F^2} = Cm(m-1)F^{m-2} \tag{6-13}$$

公式(6-13)的物理意义是输沙模数随面积的增长率。由图 6-11(c)看出,在突变点 F_i 之内,输沙模数增长率变幅很大;突变点 F_i 之后,输沙模数增长率在接近 0 值状态下缓慢变化。

图 6-11(d)是图 6-11(c)的直框图显示,该图直观地表明在 1.88 万 km^2 之后,输沙模数增长率几乎不明显。

因此,以 $d \geqslant 0.10$mm 为粗泥沙界限确定的粗泥沙集中来源区的面积为 1.88 万 km^2。

用同样的方法,分析 $d \geqslant 0.05$mm 以上的粗泥沙集中来源区面积为 1.97 万 km^2(见图 6-12)。

从 $d \geqslant 0.10$mm 和 $d \geqslant 0.05$mm 所界定的粗泥沙集中来源区看,其核心区域基本重合,$d \geqslant 0.10$mm 和 $d \geqslant 0.05$mm 界定的粗泥沙集中来源区的面积分别为 1.88 万 km^2 和 1.97 万 km^2(见图 6-13),区内产生的全沙量分别为 4.08 亿 t 和 4.21 亿 t,产生的 $d \geqslant 0.05$mm 的粗泥沙量分别为 1.52 亿 t 和 1.57 亿 t,产生的 $d \geqslant 0.10$mm 的粗泥沙量分别为 0.61 亿 t 和 0.62 亿 t(见表 6-14)。

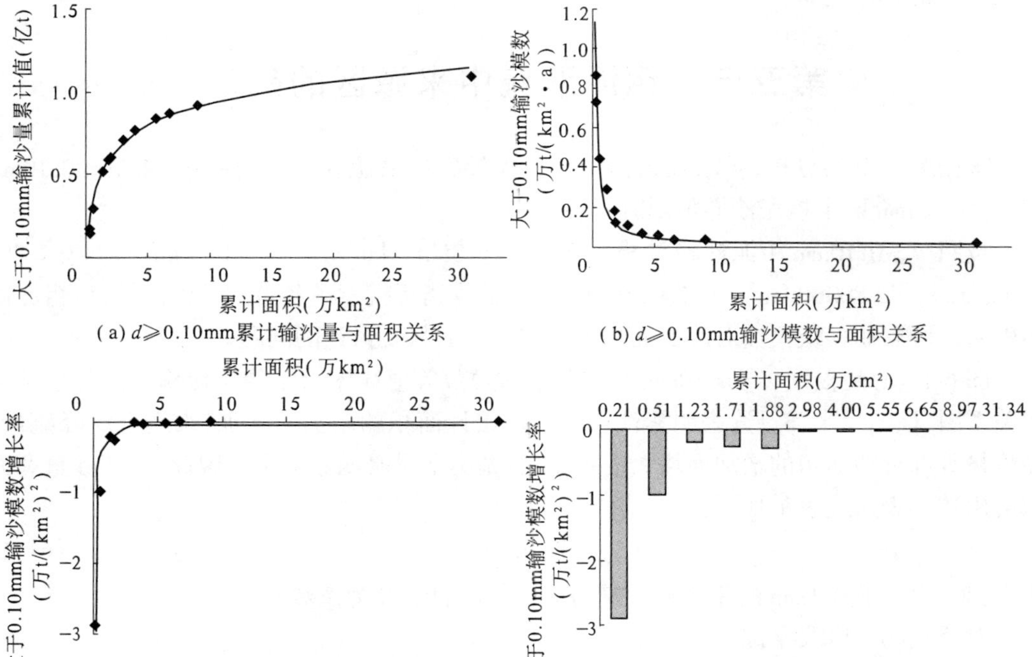

(a) $d \geqslant 0.10$mm累计输沙量与面积关系　　(b) $d \geqslant 0.10$mm输沙模数与面积关系

(c) $d \geqslant 0.10$mm输沙模数增长率与面积关系　　(d) $d \geqslant 0.10$mm输沙模数增长率与面积直框图

图 6-11　大于 0.10mm 粗泥沙集中来源区分析图

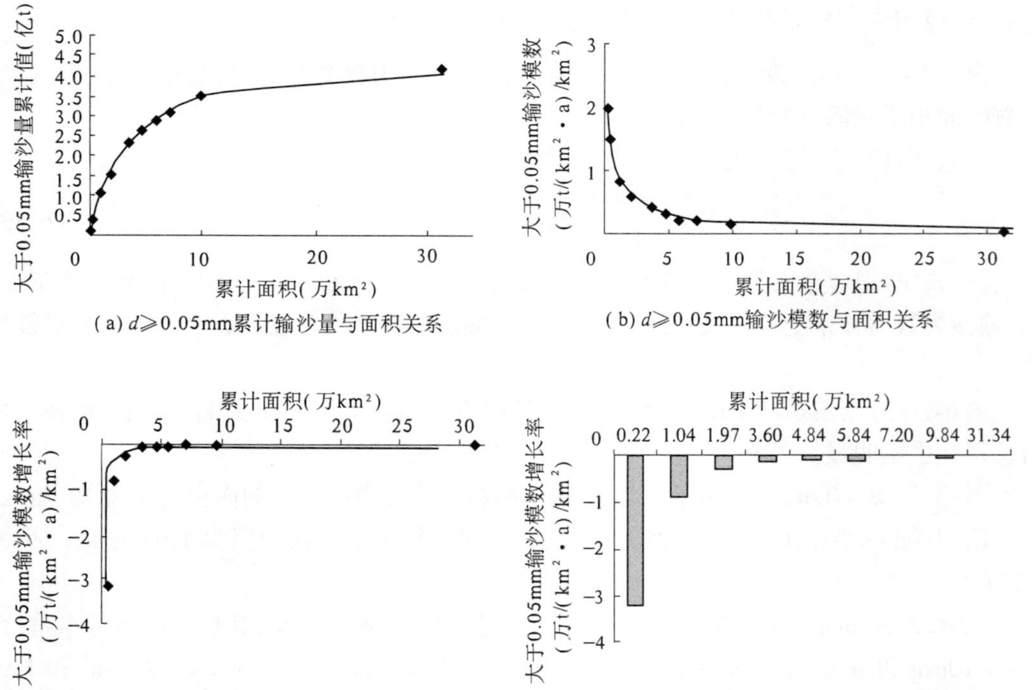

(a) $d \geqslant 0.05$mm累计输沙量与面积关系　　(b) $d \geqslant 0.05$mm输沙模数与面积关系

(c) $d \geqslant 0.05$mm输沙模数增长率与面积关系　　(d) $d \geqslant 0.05$mm输沙模数增长率与面积直框图

图 6-12　大于 0.05mm 粗泥沙集中来源区分析图

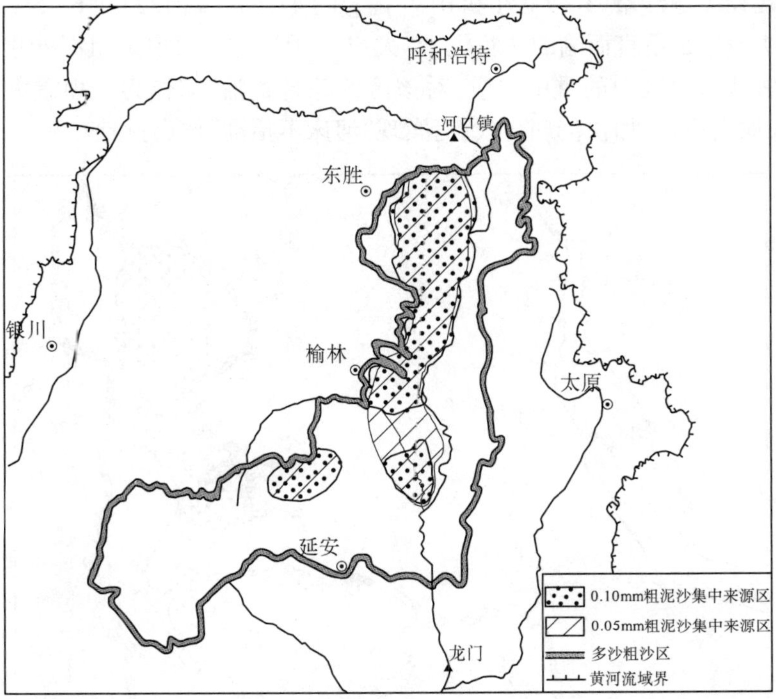

图 6-13　$d \geqslant 0.10$mm 和 $d \geqslant 0.05$mm 粗泥沙集中来源区重叠分析图

表 6-14　$d \geqslant 0.10$mm 和 $d \geqslant 0.05$mm 粗泥沙集中来源区特征值比较

项 目	面 积（万 km^2）	输沙量(亿 t)		
		全沙量	≥0.05mm	≥0.10mm
$d \geqslant 0.10$mm	1.88	4.08	1.52	0.61
$d \geqslant 0.05$mm	1.97	4.21	1.57	0.62

由此看出，$d \geqslant 0.10$mm 的粗泥沙集中来源区的面积比 $d \geqslant 0.05$mm 的粗泥沙集中来源区的面积小 900km^2，但产生的 $d \geqslant 0.10$mm 以上的粗泥沙量基本相同，所以选择面积小的为粗泥沙集中来源区。此处也表明，前面选择 $d \geqslant 0.10$mm 为粗泥沙集中来源区界定研究中的粗泥沙关键指标是合理的。因此，$d \geqslant 0.10$mm 以上粗泥沙集中来源区面积为 1.88 万 km^2。

1.88 万 km^2 的粗泥沙集中来源区是（$d \geqslant 0.10$mm）粗泥沙输沙模数≥1 400t/(km^2·a)的区域，在黄河中游呈一"品"字形分布，涉及三大片，最大的一片在皇甫川至佳芦河区间，第二片在无定河的芦河、大理河，延河和清涧河上游一带，第三片在无定河下游（见图 6-14）。涉及内蒙古、陕西两省（自治区），共 15 县（旗、区），具体支流及县名见表 6-15、表 6-16。

黄河中游粗泥沙集中来源区的面积仅占黄河中游多沙粗沙区面积（1.88/7.86）的 23.9%（约 1/4），可产生的泥沙达 4.08 亿 t，占多沙粗沙区产沙量的（4.08/11.82）34.5%（约 1/3），产生 $d \geqslant 0.05$mm 和 $d \geqslant 0.10$mm 的粗泥沙量高达 1.52 亿 t 和 0.61 亿 t，占多沙粗沙区相应粒径级输沙量(3.19 亿 t 和 0.89 亿 t)的 47.6%(约 1/2)和 68.5%(约 2/3)(见图 6-15),说明该区是不言而喻的产粗泥沙“大户”。因此,黄河中游粗泥沙集中来源区又是黄河中游多沙粗沙区中的重中之重,对该区的综合整治,应作为一项重大工程进行立项,以便国家加大投入,加快治理步伐,为实现“河床不抬高”作出贡献。

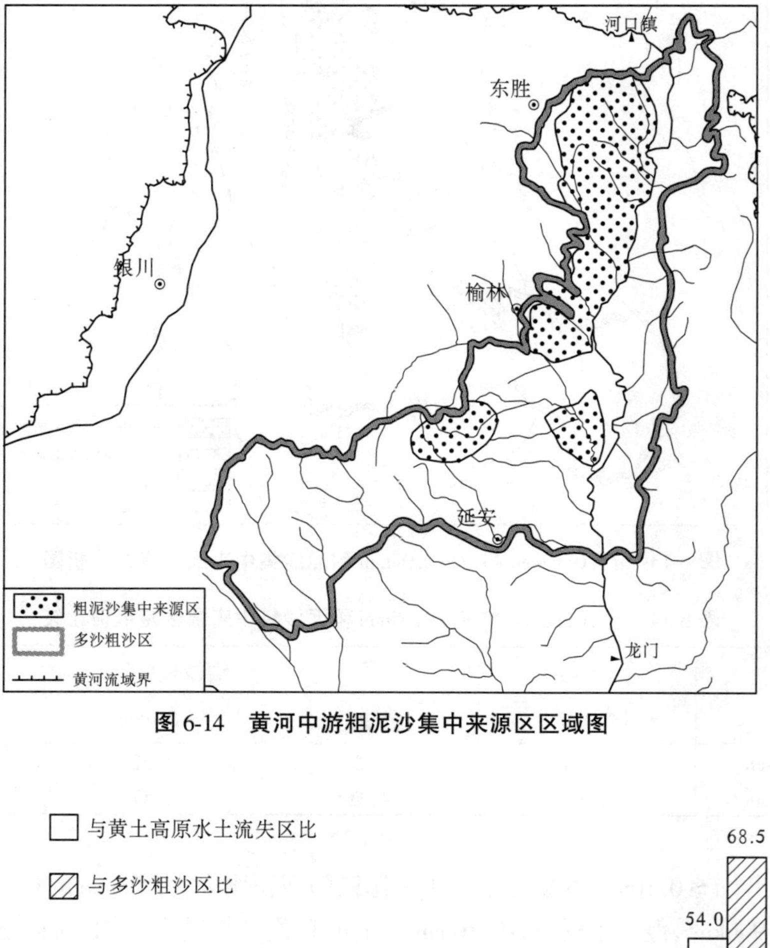

图 6-14　黄河中游粗泥沙集中来源区区域图

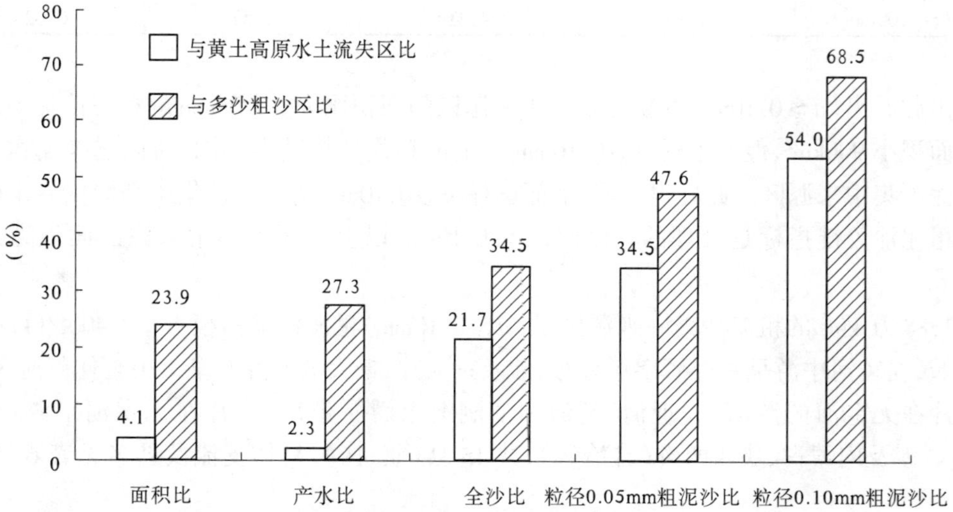

图 6-15　黄河中游粗泥沙集中来源区在黄河中游多沙粗沙区和黄土高原水土流失区中的产沙地位分析图

表 6-15　黄河中游粗泥沙集中来源区各支流分县面积统计表　（单位：km²）

编号	河名	流域面积	粗泥沙集中来源区面积	涉及县(市、旗)及其面积
1	皇甫川	3 246	3 195	达旗(4)、准旗(2 779)、府谷(412)
2	清水川	883	881	准旗(319)、府谷(562)
3	窟野河	8 706	4 001	准旗(841)、伊旗(352)、神木(2 341)、府谷(467)
4	秃尾河	3 294	1 088	神木(513)、榆阳区(351)、佳县(224)
5	佳芦河	1 134	932	榆阳区(130)、佳县(802)
6	无定河	30 261	5 253	安塞(162)、横山(431)、佳县(37)、靖边(1 354)、米脂(157)、清涧(728)、绥德(1 024)、榆阳区(678)、子长(285)、子洲(397)
7	石马川	243	241	神木(4)、府谷(237)
8	孤山川	1 272	1 268	准旗(256)、府谷(1 012)
9	乌龙河	377	101	佳县(81)、米脂(20)
10	清涧河	4 080	30	清涧(11)、子长(7)、安塞(12)
11	延　河	7 687	235	安塞(136)、靖边(99)
支流小计		49 416	17 225	
其他			1 578	
合计			18 803	

注：表中县(市、旗)后括号内数字为其面积；达旗指达拉特旗，准旗指准格尔旗，伊旗指伊金霍洛旗。

表 6-16　粗泥沙集中来源区各县所占面积及支流分配统计　（单位：km²）

省(区)	县(市、旗)	粗泥沙集中来源区面积	涉及支流及其面积
内蒙古	达拉特	37	皇甫川(4)、未控区(33)
	伊金霍洛	352	窟野河(352)
	准格尔	4 368	皇甫川(2 779)、清水川(319)、窟野河(841)、孤山川(256)、未控区(173)
陕西	安塞	310	无定河(162)、清涧河(12)、延河(136)
	府谷	3 096	皇甫川(412)、清水川(562)、窟野河(467)、石马川(237)、孤山川(1 012)、未控区(406)
	横山	431	无定河(431)
	佳县	1 372	秃尾河(224)、佳芦河(802)、无定河(37)、乌龙河(81)、未控区(228)
	靖边	1 453	无定河(1 354)、延河(99)
	米脂	177	无定河(157)、乌龙河(20)
	清涧	739	无定河(728)、清涧河(11)
	神木	3 581	窟野河(2 341)、秃尾河(513)、石马川(4)、未控区(723)
	绥德	1 039	无定河(1 024)、未控区(15)
	榆阳	1 159	秃尾河(351)、佳芦河(130)、无定河(678)
	子长	292	无定河(285)、清涧河(7)
	子洲	397	无定河(397)
合计		18 803	18 803

以上所确定的粗泥沙集中来源区的界限是一个宏观界限,其产粗泥沙的强度在区内大平均是超过粗泥沙集中来源区的指标值,但在局部也有产沙强度很小的地方,如道路、水域、峁顶或难侵蚀基岩出露部分;反之,区外也有局部侵蚀很大的地方,如易滑坡的黄土陡崖等,由于这些面积较小,或离大片的粗泥沙集中来源区较远,所以不再划分。

本项目界定的黄河中游粗泥沙集中来源区是一项科研成果,对于指导防治黄河中游水土流失、快速减少入黄粗泥沙、维持黄河健康生命、改善研究区域生态环境和发展农村经济具有重要的实践意义和应用价值,但在实际生产规划中,为便于管理,照顾到地区和流域的完整性,可以对界限做灵活调整。

本文所说的粗泥沙界限为0.10mm,仅适用于黄河中游粗泥沙集中来源区界定研究,对大家习惯的黄河下游分组泥沙研究的界限没有否定作用。

第六节　小　结

(1)多沙粗沙区中,$d \geqslant 0.10$mm 的粗泥沙输沙模数大于 350t/(km^2·a)、700t/(km^2·a)、1 400t/(km^2·a)、2 800t/(km^2·a)和 5 600t/(km^2·a)的粗泥沙来源区面积分别为5.8万km^2、3.94万km^2、1.88万km^2、1.17万km^{2}和0.21万km^2,占多沙粗沙区面积的73.8%、50.1%、23.9%、14.9%和2.7%;对应区域产生的全沙量分别为9.43亿t、6.89亿t、4.08亿t、2.86亿t和0.67亿t,占多沙粗沙区全沙量的79.8%、58.3%、34.5%、24.2%和5.7%;产生的$d \geqslant 0.10$mm粗泥沙量分别为0.84亿t、0.76亿t、0.61亿t、0.49亿t和0.16亿t,占多沙粗沙区相应粗沙量的94.4%、85.4%、68.5%、55.1%和18.0%,面积的减少速率大于泥沙的减少速率,说明粗泥沙来源十分集中。

(2)多沙粗沙区中,$d \geqslant 0.05$mm 的粗泥沙输沙模数大于 2 500t/(km^2·a)、5 000 t/(km^2·a)和 10 000t/(km^2·a)的粗泥沙来源区面积分别为5.82万km^2、1.97万km^{2}和0.22万km^2,占多沙粗沙区面积的74.0%、25.1%和2.8%;对应区域产生的全沙量分别为9.46亿t、4.21亿t和0.7亿t,占多沙粗沙区全沙量的80%、35.6%和5.9%;产生的0.05mm粗泥沙量分别为2.83亿t、1.57亿t和0.36亿t,占多沙粗沙区相应粗泥沙量的88.7%、49.2%和11.3%。

(3)从 $d \geqslant 0.10$mm 和 $d \geqslant 0.05$mm 所界定的粗泥沙集中来源区看:其核心区域基本重合,$d \geqslant 0.10$mm 和 $d \geqslant 0.05$mm 界定的粗泥沙集中来源区的面积分别为1.88万km^{2}和1.97万km^2,区内产生的全沙量分别为4.08亿t和4.21亿t,产生的 $d \geqslant 0.05$mm 的粗泥沙量分别为1.52亿t和1.57亿t,产生的 $d \geqslant 0.10$mm 的粗泥沙量分别为0.61亿t和0.62亿t。由此看出,$d \geqslant 0.10$mm 的粗泥沙集中来源区的面积比 $d \geqslant 0.05$mm 的粗泥沙集中来源区的面积小 900km^2,但产生的 $d \geqslant 0.10$mm 以上的粗泥沙量基本相同,所以选择面积小的为粗泥沙集中来源区。因此,$d \geqslant 0.10$mm 以上粗泥沙集中来源区面积为1.88万km^2。

(4)黄河中游粗泥沙集中来源区是 $d \geqslant 0.10$mm 粗泥沙输沙模数 $\geqslant$1 400t/(km^2·a)的区域,面积为1.88万km^2,在黄河中游呈一"品"字形分布,涉及三大片,最大的一片在皇甫川至佳芦河区间,第二片在无定河的芦河、大理河,延河和清涧河上游一带,第三片在是无定河下游。涉及内蒙古自治区和陕西省,共15县(市、旗)。

(5)粗泥沙集中来源区面积仅占黄河中游多沙粗沙区面积(7.86 万 km^2)的 23.9%(约 1/4),可产生的泥沙达 4.08 亿 t,占多沙粗沙区产沙量的(11.82 亿 t)34.5%(约 1/3),产生 $d \geqslant 0.05$mm 和 $d \geqslant 0.10$mm 的粗泥沙量高达 1.52 亿 t 和 0.61 亿 t,占多沙粗沙区相应粒径级输沙量(3.19 亿 t 和 0.89 亿 t)的 47.6%(约 1/2)和 68.5%(约 2/3),说明该区是不言而喻的产粗泥沙“大户”。

第七章　重点支流特性深化研究

重点支流特性深化研究，是通过来沙粒径、输沙模数、水土流失面积占流域面积的比例等指标遴选出需要重点治理的支流，然后对遴选出的支流特性及其水土保持现状进行分析。其研究目的是为水土保持规划和治理决策提供依据。

第一节　重点支流的遴选

前面已述及，在1960年前无三门峡水库影响的情况下，下游河道主槽淤积物中，$d \geqslant 0.05$mm和$d \geqslant 0.10$mm的粗泥沙占76.1%(3/4)和50.7%(1/2)，为了减轻下游河道主槽淤积，使“河床不抬高”，必须在黄河中游粗泥沙集中来源区中进一步寻找产粗泥沙集中的重点支流，以便于集中治理。支流的遴选主要依据三个方面：首先，追求“质”，它是根据水文站颗粒级配和黄河中游严重水土流失区面上取样级配，比较哪条支流来的泥沙粗，可用粒径0.10mm泥沙所占百分比来反映；其次，追求“量”，在粒径基本相当的情况下，比较粗泥沙输沙模数的大小，确定重点支流；第三，追求“大”，它是在“质”和“量”相当的情况下，再根据该支流粗泥沙集中来源区面积占流域面积的百分比，所占百分比大的确定为重点支流。

一、根据水文站实测泥沙颗分资料分析

表7-1和图7-1是粗泥沙集中来源区及部分邻近支流悬移质颗粒级配结果。将表7-1的数值用直框图形式显示，见图7-2和图7-3。由该两图看出，各支流入黄水文站实测悬移质平均粒径以及$d \geqslant 0.10$mm的百分数，由粗变细的河流依次是：皇甫川、窟野河、秃尾河、佳芦河、孤山川、无定河、延河、清涧河、北洛河和马莲河。除孤山川外，基本上反映了由北向南逐渐变细的趋势。

孤山川流域相对于窟野河和皇甫川而言，一是面积小，二是基本位于皇甫川和窟野河的下游黄土区，从地貌图上看，整个孤山川为黄土丘陵区，易侵蚀基岩少，风沙区影响也相对较小，虽然位置在皇甫川和窟野河中间，其悬移质粒径粗度排第五位是可以理解的，图5-6、图5-16和图5-20是黄河中游严重水土流失区坝地淤积物钻孔取样粒径空间分布成果，也表明存在孤山川泥沙粒径较细这一现象。

按水文站实测悬移质粒径粗细分析的重点支流的排序为：皇甫川、窟野河、秃尾河、佳芦河、孤山川、无定河、延河和清涧河。

二、根据坝地淤积物取样颗分资料分析

坝地淤积物是面蚀、重力侵蚀和本次取样未涉及到的各种侵蚀物的淤积结果，若没有拦泥坝，这些坝地淤积物将通过支流输入黄河。

表 7-1　典型支流水文站实测平均悬移质颗粒级配结果

河名	站名	大于某粒径沙重百分数(%)				平均粒径	中数粒径	按 $d\geq0.10$mm 泥沙
		0.05mm	0.10mm	0.25mm	0.50mm	(mm)	(mm)	所占百分数排序
皇甫川	皇　甫	50.4	36.2	21.1	9.4	0.146	0.050	1
孤山川	高石崖	38.1	14.2	3.5	0.9	0.056	0.035	5
窟野河	温家川	50.5	33.3	17.2	5.4	0.107	0.050	2
秃尾河	高家川	54.4	28.5	14.3	4.5	0.102	0.035	3
佳芦河	申家湾	37.2	15.1	7.1	2.4	0.082	0.037	4
无定河	白家川	32.8	8.3	2.3	0.5	0.048	0.034	6
清涧河	延　川	24.3	4.2	0.5	0.2	0.036	0.028	8
延　河	甘谷驿	27.8	7.6	2.4	0.6	0.045	0.031	7
北洛河	刘家河	24.5	3.9	1.6	0.4	0.042	0.027	9

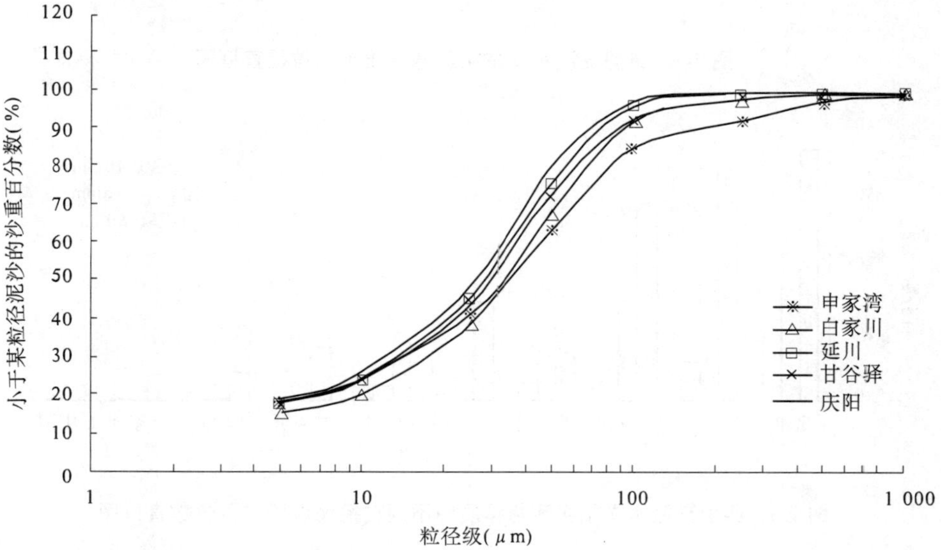

(a)

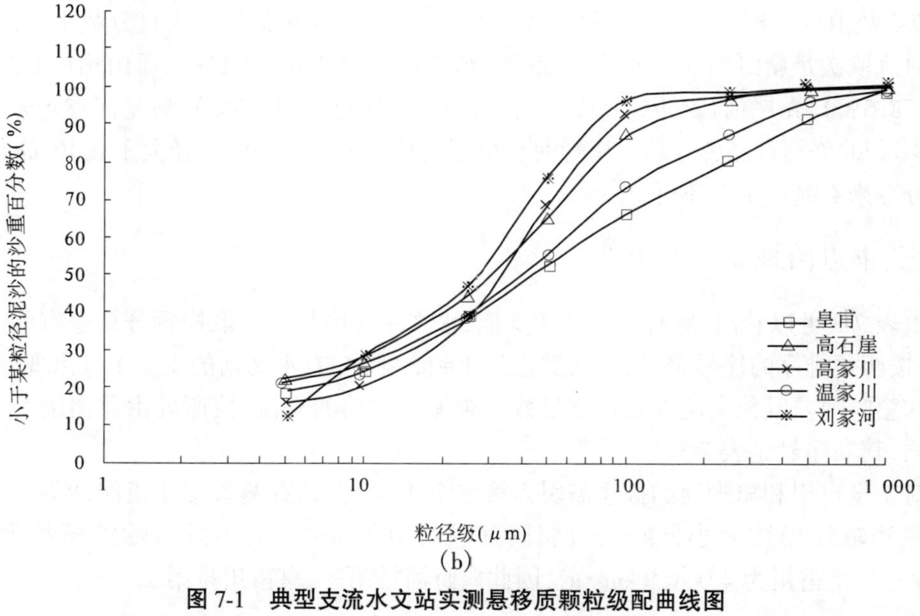

(b)

图 7-1　典型支流水文站实测悬移质颗粒级配曲线图

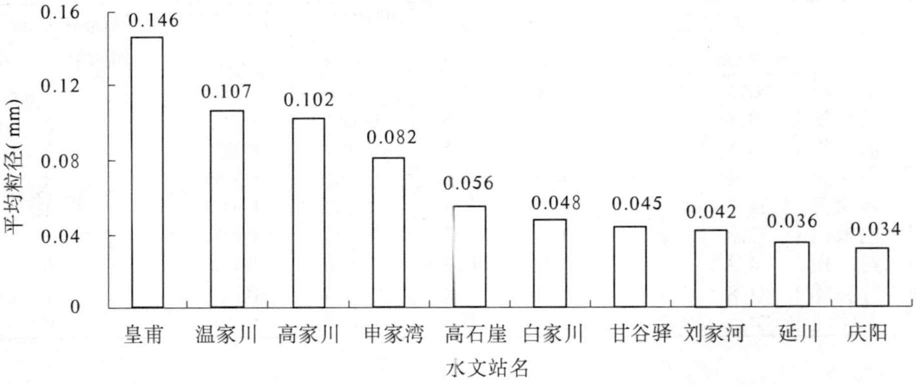

图 7-2 典型支流水文站实测悬移质平均粒径直框图

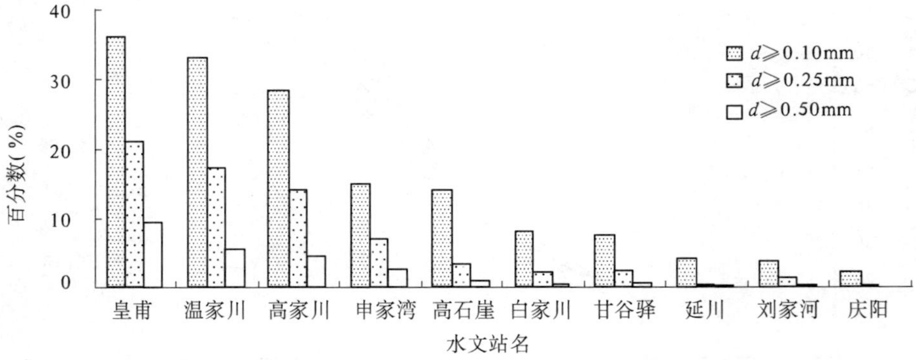

图 7-3 典型支流水文站实测悬移质中不同粒径泥沙所占百分数直框图

表 7-2 列出了黄河中游严重水土流失区坝地淤积物粒径特征值,图 7-4 和图 7-5 分别是表 7-2 数值的直框图显示。根据各支流粒径大于 0.10mm 泥沙所占百分数排序,由粗变细的河流依次是窟野河(47.0%)、皇甫川(46.5%)、清水川(40.1%)、孤山川(32.2%)、石马川(28.5%)、秃尾河(24.9%)、无定河(11.8%)、佳芦河(11.5%)、乌龙河(8.0%)、延河(6.7%)和北洛河(6.5%),其中窟野河和皇甫川从坝地淤积物中粒径大于 0.10mm 泥沙所占百分数来看基本上分不开。

三、重点治理支流的遴选

由表 7-3 可以看出,对有水文站的支流,水文站排序与面上取样颗分排序有些支流不一致,按两种排序的序号聚类,由聚类数从小到大排序,有水文站的支流 1 号出现两个(皇甫川和窟野河),其他支流未出现重号数。对无水文站的支流,按所处由北向南的位置顺序内插,其顺序号见表 7-3。

对于皇甫川和窟野河的排序需引入第二个因素,就是看两条支流粗泥沙集中来源区的粗泥沙输沙模数大小,经分析,窟野河粒径 0.10mm 以上粗泥沙输沙模数为 5 900 t/(km^2·a),皇甫川为 4 068t/(km^2·a),因此窟野河排第一,皇甫川排第二。

表 7-2　黄河中游严重水土流失区坝地淤积物粗泥沙含量分析

河名	粗泥沙特征指标					按 $d \geqslant 0.10$mm 泥沙所占百分数排序
	大于某粒径百分数(%)			平均粒径(mm)	中数粒径(mm)	
	0.05mm	0.10mm	0.25mm			
皇甫川	63.4	46.5	26.3	0.22	0.14	2
清水川	63.5	40.1	23.4	0.24	0.13	3
孤山川	51.7	32.2	16.1	0.17	0.09	4
石马川	50.0	28.5	15.0	0.15	0.08	5
窟野河	68.6	47.0	21.7	0.27	0.15	1
秃尾河	55.2	24.9	6.2	0.08	0.07	6
佳芦河	39.2	11.5	1.3	0.08	0.04	8
乌龙河	38.0	8.0	0.7	0.07	0.04	9
无定河	40.7	11.8	1.2	0.07	0.04	7
清涧河	26.5	5.7	0.9	0.04	0.03	12
延　河	30.7	6.7	1.2	0.08	0.03	10
北洛河	32.7	6.5	0.6	0.04	0.03	11

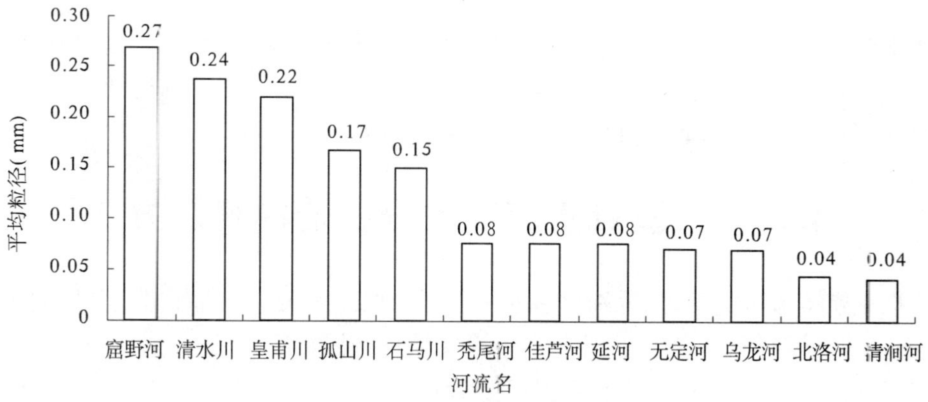

图 7-4　典型支流坝地淤积物平均粒径直框图

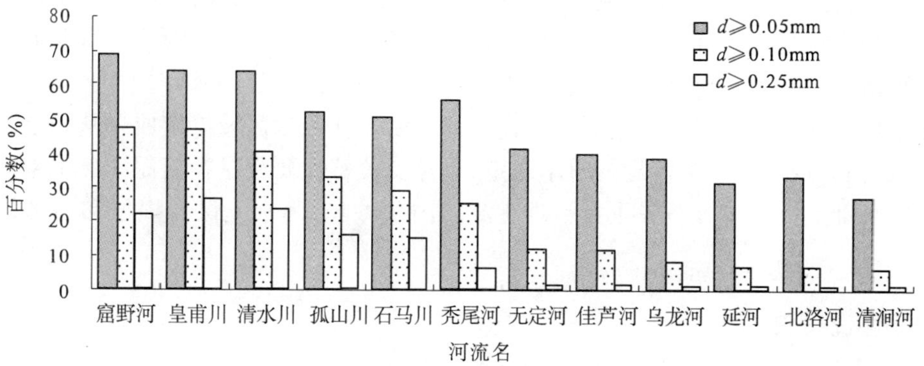

图 7-5　典型支流坝地淤积物不同粒径泥沙所占百分数直框图

表 7-3　重点支流排序分析

河名	按水文站资料排序	按坝地淤积物取样资料排序	排序聚类	有水文站排列名次	综合排序	考虑粗泥沙模数后的最终排序
皇甫川	1	2	3	1	1	2
清水川					3	3
孤山川	5	3	8	4	5	5
石马川					6	6
窟野河	2	1	3	1	1	1
秃尾河	3	4	7	3	4	4
佳芦河	4	6	10	5	7	7
乌龙河					8	8
无定河	6	5	11	6	9	9
清涧河	9	9	18	9	12	12
延　河	7	7	14	7	10	10
北洛河	8	8	16	8	11	11

按来沙粒径和粗泥沙输沙模数大小最后遴选的重点治理支流的顺序是:窟野河、皇甫川、清水川、秃尾河、孤山川、石马川、佳芦河、乌龙河、无定河。由于延河和清涧河面积的绝对值和相对值都很小,故不再列为重点治理支流。

第二节　重点支流特性分析的内容及方法

根据重点支流遴选结果,分别对多沙粗沙区内的窟野河、皇甫川、清水川、秃尾河、孤山川、石马川、佳芦河、乌龙河、无定河等 9 条支流进行深化研究。

重点支流特性的深化研究是应用遥感和地理信息系统软件,根据支流属性,在粗泥沙集中来源区界定成果基础上,提取各重点支流地貌特性(包括坡度和沟壑密度)、地表组成物特性(主要包括地表组成物质类别、土壤粒径、土壤抗冲性)、植被特性(主要指植被覆盖度)、土地利用特性、水土流失特点(主要指输沙模数和土壤侵蚀强度等级)和水土保持治理特性等指标信息,并进行对比分析,得出各重点支流特性内部的差异。

鉴于粗泥沙集中来源区界定研究是在黄河中游多沙粗沙区域界定成果基础上的深化和细化,是在寻找水土流失治理的重中之重,重点支流特性研究是在粗泥沙集中来源区界定成果的基础上进一步分析各重点治理支流的内部差异,为水土保持规划和治理提供科学依据。

一、地貌特性

(一)坡度

坡度指水平面与局部地表之间夹角的正切值,是高度变化的最大值比率,表示了地表面在该点的倾斜程度。坡度是最重要的地形因子之一，直接影响着地表的物质流和能量的再分配，影响着土壤的发育、植被的种类与分布，制约着土地利用的类型与方式。在其他条件相同的情况下，一定范围内（平均）坡度值越大，土壤侵蚀越剧烈。

以数字高程模型（DEM）数据为信息源，直接在地理信息系统（GIS）软件支持下提取坡度专题成果。坡度的计算通常在 3×3 的 DEM 栅格窗口中进行。DEM 数据的比例尺越小，提取的坡度值精度越低，平均坡度值越小。由于受信息源限制，各重点治理支流坡度专题基于 1∶50 000 比例尺的 DEM（栅格分辨率为 25m）在 GIS 软件支持下直接提取。

（二）沟壑密度

1. 概述

沟壑密度指在特定区域内，地表单位面积内沟壑的总长度。沟壑的形成过程是流域地貌演化的过程，也是土壤侵蚀过程。沟壑密度能从宏观上真实反映地形破碎程度和地面被径流切割的程度，是反映土壤受侵蚀程度的重要定量指标。沟壑密度值越大，地表与降雨、径流接触发生侵蚀的面积就越大，降雨径流的冲刷力和侵蚀力就越大，越易引发土壤侵蚀。即沟壑密度越大，土壤侵蚀越剧烈。流域内部沟壑密度的差异可以反映流域土壤侵蚀的差异。根据《水土保持综合治理规划通则》（GB/T15772—1995），沟壑密度应从 1∶10 000 ~ 1∶5 000 比例尺的地形图上求取，长度在 200m 以上的支沟都应量算。随着地理信息系统软件的应用，沟壑密度可在 GIS 软件支持下基于栅格 DEM 求取。根据数据源情况，本次研究沟壑密度的求取以 1∶50 000 比例尺的 DEM 为数据源，在 GIS 软件支持下完成。

2. 沟壑密度求取

（1）提取原理。利用 GIS 软件的空间分析功能，通过填充栅格 DEM 洼地、提取栅格 DEM 水流方向专题，并基于流向专题提取汇流量专题，然后统计大于某一汇流量值的栅格数量，并求得沟谷长度，除以研究区域面积即得沟壑密度值。沟壑密度专题提取的关键是确定多大的汇流量值确定为沟谷。

（2）汇流量值确定。选择陕北绥德韭园沟小流域（流域面积 70.66km^2，沟壑密度为 5.34km/km^2）进行典型区试验，结合 TM 卫星影像，基于 1∶50 000 比例尺 DEM 确定汇流量。

（3）沟壑密度专题提取。由于受信息源的限制，前人求取沟壑密度时多在 1∶50 000 比例尺的地形图上以 5km×5km 为计算单元求取，结合《水土保持综合治理规划通则》（GB/T 15772—1995）本次研究沟壑密度专题以 1∶50 000 比例尺的 DEM 为信息源，以 5km×5km 大小为计算单元进行求取。

3. 沟壑密度结果说明

依据上述方法求取了多沙粗沙区的沟壑密度专题，并进行了沟壑密度等值线勾绘（如图 7-6）。结果表明，除窟野河上游等风沙区和北洛河区域沟壑密度在 5km/km^2 以下外，多沙粗沙区其他区域沟壑密度基本在 5km/km^2 以上，其中皇甫川流域右岸、窟野河流域下游、多沙粗沙区佳芦河流域下游、多沙粗沙区无定河流域下游、大理河流域上游等区域沟壑密度较大，基本在 6km/km^2 左右。由于多沙粗沙区沟壑密度基本在 5km/km^2 ± 0.5 km/km^2，差异不很明显，所以，在进行各支流特性分析时，不再进行沟壑密度指标的分析。

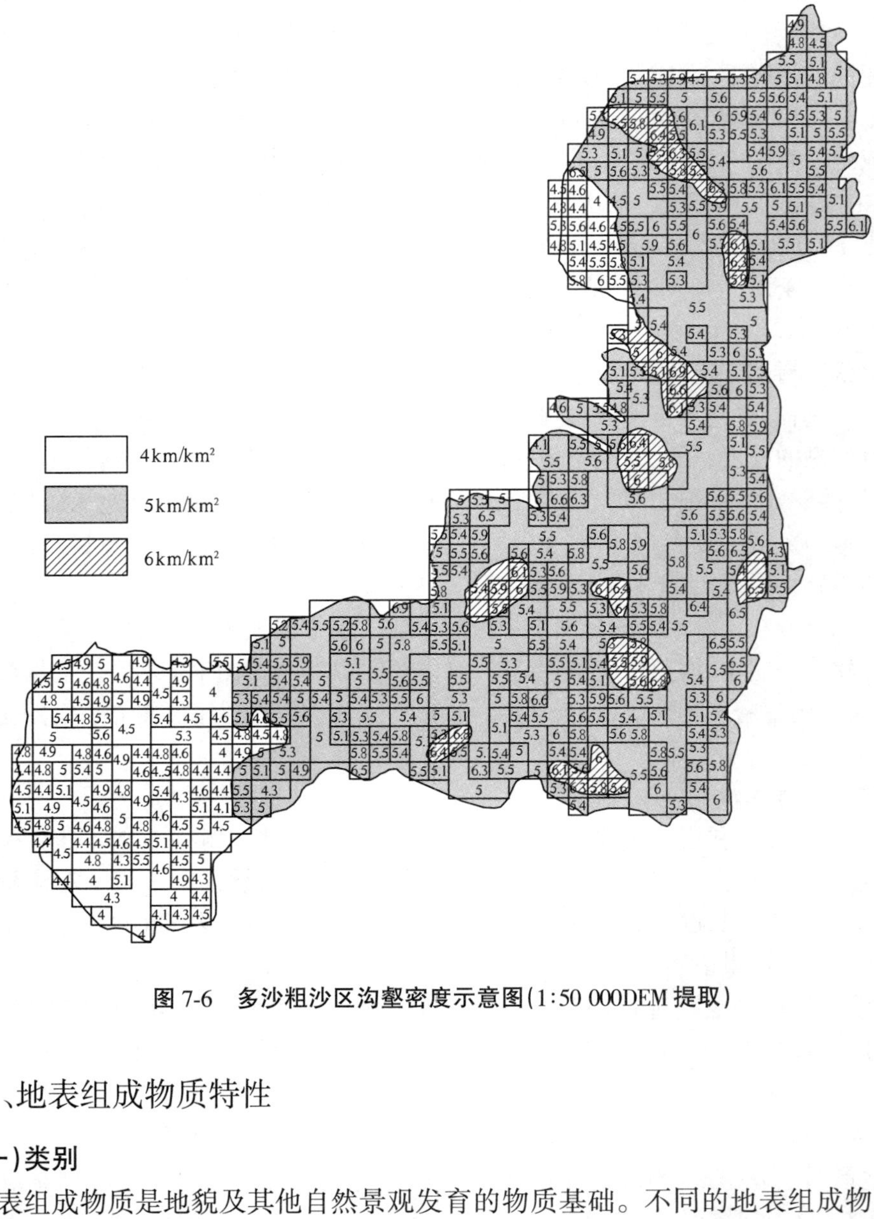

图 7-6　多沙粗沙区沟壑密度示意图(1∶50 000DEM 提取)

二、地表组成物质特性

(一)类别

地表组成物质是地貌及其他自然景观发育的物质基础。不同的地表组成物质,不仅影响到地貌形态的差异,而且直接影响到水土流失方式、强度和治理的方略。地表组成物质专题数据的获取主要以《黄河中游多沙粗沙区区域界定及产沙输沙规律研究》[22]成果为基本依据,利用 1997 年的 TM 卫星影像表现的地表信息进行细化,细化后的地表组成物质类别划分为黄土、础砂岩、基岩和沙盖黄土 4 种,其编码及含义见表 7-4。

(二)土壤粒径

重点支流土壤粒径特性分析在第五章第二节坝地淤积物钻孔取样颗分成果基础上,其中坝地淤积物钻孔取样颗分成果主要包括坝地淤积物土壤颗粒平均粒径变化趋势图、土壤粒径大于 0.05mm 和大于 0.10mm 沙重百分数变化趋势图,叠加重点支流流域界线得

表 7-4　地表组成物质编码及含义

编码	地表组成物质	含　义
1	黄 土	黄土高原黄土,其堆积厚度在各地相差很大,是主要产沙地层之一
2	砒砂岩	属中生代陆相碎屑岩,结构松散,极易风化,是粗泥沙的重要来源之一。为易侵蚀岩
3	基 岩	除砒砂岩以外的较坚硬的砂岩
4	沙盖黄土	沙盖黄土与黄土插花分布,为风蚀水蚀交错侵蚀区

到各重点支流坝地淤积物粒径分布情况,以寻找支流内部粗泥沙产沙区及土壤粒径差异,为重点支流水土保持规划和治理提供依据。

(三)抗冲性

抗冲性主要是用土壤抗冲刷系数表示。其含义为单位时间内流失 1g 土所需的水量,单位为 L·s/g。土壤抗冲性以县域为单元取平均值,数据来源于水利部、中国科学院水土保持研究所。土壤抗冲刷系数越小,越易受侵蚀。

三、植被特性

植被是绿色植物覆盖地表的总称,包括林草植被和作物植被两大类,这里主要指林草植被。植被覆盖度为一个植被因子的综合度量指标,指林草地上林草植株冠层或叶面在地面上的垂直投影面积占该林草标准地面积的比例。植被对水土流失有着固定土体的作用,有植被的土体不易被雨水冲刷。植被覆盖度越低,土壤越易受侵蚀。

植被覆盖度数据采用黄河流域水土保持遥感普查成果。根据《土壤侵蚀分类分级标准》(SL190—96),将植被覆盖度划分高、中高、中、中低、低和裸地等 6 级。水力侵蚀和风力侵蚀植被覆盖分级见表 7-5。

表 7-5　水力侵蚀和风力侵蚀植被覆盖度分级

覆盖度等级	编码	植被覆盖度(%)	
		水力侵蚀分级	风力侵蚀分级
高	1	>75	>70
中高	2	60~75	60~70
中	3	45~60	50~60
中低	4	30~45	30~50
低	5	10~30	10~30
裸地	6	<10	<10

四、土地利用特性

土地利用方式影响土壤侵蚀的强度,坡耕地是坡面产沙的重要区域。土地利用数据来源于 1995 年全国土地利用遥感普查成果，根据土地资源系统分类，结合研究区域实际土地利用结构及影响水土流失的主要因素，将土地利用划分为坡耕地、川台地、林地、草地（包括荒草地）、水域、城乡工矿居民用地、未利用地等七大类。

五、水土流失特点

（一）输沙模数

输沙模数数据来源于第六章第二节研究成果，包括全沙输沙模数和粗泥沙输沙模数数据，其中粗泥沙输沙模数包括 $d \geqslant 0.05$mm 和 $d \geqslant 0.10$mm 粗泥沙输沙模数。

（二）土壤侵蚀等级

土壤侵蚀等级直接反映了该区域的土壤侵蚀状况。根据现行的水利部行业标准——《土壤侵蚀分类分级标准》（SL190—96），土壤侵蚀划分为 6 级，土壤水力侵蚀分级标准和风力侵蚀分级标准见表 7-6。土壤侵蚀等级数据依据《土壤侵蚀分类分级标准》（SL190—96）判定得到。影响土壤侵蚀的主要因子包括侵蚀营力（土壤侵蚀类型）、地形（坡度）、植被（植被覆盖度）、土地利用方式和土壤（包括地表组成物质和土壤抗冲性）等。

表 7-6　土壤侵蚀强度分级标准

代码	侵蚀等级	水力侵蚀		风力侵蚀	
		平均侵蚀强度（t/（km²·a））	平均流失厚度（mm/a）	风蚀厚度（mm/a）	侵蚀模数（t/（km²·a））
1	微　度	< 1 000	< 0.74	< 2	< 200
2	轻　度	1 000 ~ 2 500	0.74 ~ 1.9	2 ~ 10	200 ~ 2 500
3	中　度	2 500 ~ 5 000	1.9 ~ 3.7	10 ~ 25	2 500 ~ 5 000
4	强　度	5 000 ~ 8 000	3.7 ~ 5.9	25 ~ 50	5 000 ~ 8 000
5	极强度	8 000 ~ 15 000	5.9 ~ 11.1	50 ~ 100	8 000 ~ 15 000
6	剧　烈	> 15 000	> 11.1	> 100	> 15 000

1. 数据来源及处理

（1）坡度。坡度专题数据从 DEM 数据直接提取。由于基于 1∶50 000 比例尺 DEM 提取的坡度较实际坡度小，因此需依据 1∶50 000 和 1∶10 000 比例尺 DEM 所提取的坡度关系对 1∶50 000 比例尺 DEM 所提取的坡度专题进行转换。为此，选择黄土丘陵沟壑区的绥德韭园沟进行试验。经试验，将 1∶50 000DEM 提取的坡度值乘以 1.40（即试验样区 1∶10 000 DEM 提取的坡度平均值除以样区 1∶50 000DEM 提取的坡度平均值），得到用于土壤侵蚀强度判定的坡度专题数据。坡度专题数据划分为 ≤5°、5° ~ 8°、8° ~ 15°、15° ~ 25°、25° ~ 35°、> 35°共 6 个坡度级。

（2）植被。植被覆盖度数据为黄河流域水土保持遥感普查项目成果，划分为高、中高、中、中低、低覆盖和裸地共 6 级。

（3）土地利用。土地利用方式数据为 1995 年全国土地利用遥感普查成果，划分为坡耕地等类型。

(4)地表组成物质。地表组成物质数据主要依据《黄河中游多沙粗沙区区域界定及产沙输沙规律研究》项目之专题《黄河中游多沙粗沙区亚区划分及治理开发方略研究》中的“黄河中游多沙粗沙区亚区划分结果”和“黄河流域水土保持遥感普查项目成果(依据 TM 卫星影像判定)”综合判定的,主要划分为黄土、础砂岩、基岩和沙盖黄土 4 种类型。土壤抗冲性即土壤抗冲刷系数来源于中国科学院水土保持研究所研究成果。

(5)土壤侵蚀类型。土壤侵蚀类型专题数据依据 TM 卫星影像并结合有关研究成果综合确定,划分为水力侵蚀和风力侵蚀两种,水力侵蚀区域主要是地表组成物质中的黄土、砒砂岩和基岩分布范围,风力侵蚀区域主要是地表组成物质中的沙盖黄土分布范围。

2. 土壤侵蚀强度等级判定

土壤侵蚀强度等级主要依据《土壤侵蚀分类分级标准》(SL190—96)(如表 7-7 和表 7-8)划分为 6 级,考虑侵蚀营力、坡度、植被覆盖度、土地利用方式、地表组成物质和土壤抗冲性等指标综合判定得到,并结合输沙模数等数据,将砒砂岩、沙黄土或土壤抗冲刷系数小于 0.025L·s/g 的区域土壤侵蚀强度等级在依据《土壤侵蚀分类分级标准》(SL190—96)判定结果的基础上总加剧一级。

表 7-7　水力侵蚀强度分级判定指标

<table>
<tr><th colspan="2" rowspan="2">地 类</th><th colspan="5">地面坡度</th></tr>
<tr><th>5° ~ 8°</th><th>8° ~ 15°</th><th>15° ~ 25°</th><th>25° ~ 35°</th><th>> 35°</th></tr>
<tr><td rowspan="4">非耕地林草覆盖度(%)</td><td>60 ~ 75</td><td>轻度</td><td>轻度</td><td>轻度</td><td>中度</td><td>中度</td></tr>
<tr><td>45 ~ 60</td><td>轻度</td><td>轻度</td><td>中度</td><td>中度</td><td>强度</td></tr>
<tr><td>30 ~ 45</td><td>轻度</td><td>中度</td><td>中度</td><td>强度</td><td>极强度</td></tr>
<tr><td>< 30</td><td>中度</td><td>中度</td><td rowspan="2">强度</td><td rowspan="2">极强度</td><td rowspan="2">剧烈</td></tr>
<tr><td colspan="2">坡耕地</td><td>轻度</td><td>中度</td></tr>
</table>

表 7-8　风力侵蚀强度分级判定指标

级 别	床 面 形 态 (地 表 形 态)	植被覆盖度(%)(非流沙面积)
微　度	固定沙丘,沙地和滩地	> 70
轻　度	固定沙丘,半固定沙丘,沙地	70 ~ 50
中　度	半固定沙丘,沙地	50 ~ 30
强　度	半固定沙丘,流动沙丘,沙地	30 ~ 10
极强度	流动沙丘,沙地	< 10
剧　烈	大片流动沙丘	< 10

六、水土保持治理特点

重点支流水土保持治理资料的主要依据 1998 年黄河上中游管理局汇编的《黄河流域

水土保持基本资料》,并收集、整理了1999~2003年地方上报数据和每年的水土保持工作总结报告、治沟骨干工程工作总结报告及水土保持示范区工程项目工作总结等资料,具体包括梯田、坝地、林地、草地等水土保持措施面积及密度。

上述资料的统计以县(旗、市)级行政区、示范区或流域为单元,对统计资料进行分析处理得到各重点支流、各县(旗、市)级行政区的水土保持治理数据。若收集到的数据完全位于相应重点支流内,则全部采用;若只有部分数据位于相应重点支流,则按面积比例进行换算得到支流内的水土保持治理的梯田、坝地和林草面积等数据。

七、治理顺序分析

以减少 $d \geqslant 0.10$mm 粗泥沙为主要目的,依据 $d \geqslant 0.10$mm 沙重百分数和输沙模数两项指标,分析各重点治理支流内部的治理顺序。粗泥沙模数大的先治理,若粗泥沙模数相同,则先治理0.10mm以上沙重百分数大的区域,并考虑全沙模数大小。实施治理时,应根据地貌、土壤、植被、土地利用等特性采用不同的治理方式,同时要综合考虑水土保持现状和治理难易程度以及当地的社会经济等条件。

第三节　重点支流特性分析

一、窟野河

(一)概况

窟野河发源于内蒙古自治区东胜区的巴定沟,流经伊金霍洛旗和陕西省的府谷县,于神木县沙峁头村注入黄河。干流长242km,流域面积8 706km^2(内蒙古自治区4 658km^2,陕西省4 048km^2)。上游叫乌兰木伦河,在神木县房子塔村与牸牛川汇流后称窟野河。流域地势西北高、东南低,海拔高程从1 635m降为885m。窟野河干流中上游和支流牸牛川的河谷,除转龙湾、古城壕有局部峡谷外,其余均较开阔,一般宽1~1.5km,个别河段宽达2~3km。河滩多为砂砾石,河道宽浅平坦,无明显的固定河槽。下游河谷狭窄,岩石裸露,多悬崖陡壁。主要支流有牸牛川、考考乌素沟等。

流域内地形以丘陵沟壑为主,地貌类型复杂多样,地形起伏较大。流域地质构造属于鄂尔多斯台向斜间歇性的缓慢抬升地区,是榆林凹陷与东胜区隆起的过渡带,同时也是毛乌素沙地、库布齐沙漠与黄土高原的过渡地区,总的地势西北向东南倾斜,与区内河流流向一致。经第三纪末以来的新构造运动塑造和长期的风力、水力切割,形成了流域西北部风沙丘陵、东北部砾质丘陵和南部黄土丘陵三大地貌类型,地表组成物质主要为黄土、础砂岩、沙盖黄土、砾石基岩。沙质丘陵区由于沙漠南移,地表植被破坏后形成流动和半固定沙丘,地形波状起伏,坡度较缓,砾质丘陵区白垩系砂砾岩出露,胶结程度差,拌有结核构造,易风化,粒径大于0.025mm的颗粒占95%,中游地区为侏罗系砂岩或页岩,岩石完整,风化不严重,粒径大于0.025mm的颗粒占89.4%,下游岩石出露100m以上,一般为三叠系灰绿色砂岩,风化较严重,粒径大于0.025mm的颗粒占84.7%。中上游河谷开阔,漫滩及一级阶地发育,滩面较平,下游地形破碎,坡陡沟深,呈深切峡谷。流域内岩石强度较低，易风化。基岩上部为红土、红色土与黄土。土层厚度自上游到下游递减，愈近黄河土层愈薄，沟谷切割愈深，基岩出露也愈多。乌兰木伦河两岸和牸牛川大柳塔以南属风沙区和干燥草原区，沙丘沙梁连绵，土地宽阔平缓，草滩海子较多，地下水较丰富。牸牛川大柳塔以北和窟野河中下游为黄土丘陵沟壑区，梁峁起伏，沟壑纵横。全流域风蚀、水蚀均较严重，是黄河中游粗颗粒泥沙的主要来源区之一。

流域地处内陆腹地，属干旱、半干旱大陆性季风气候。冬季严寒漫长，夏季炎热而短促，冬春干旱多风沙，秋季(7、8月份)暴雨集中。多年平均气温7.2℃，1月与7月气温相差32.8℃，极端最低气温 -32.6℃，极端最高气温39.0℃，昼夜温差大，≥10℃的积温2 540~3 350℃。无霜期135~174天，年日照总时数为2 740~3 150小时。多年平均水面蒸发量1 200~1 500mm。秋末、冬初盛行西北风，最大风速28.7m/s，年平均沙尘暴日数27天，最多达72天。严重的旱灾、风灾、洪灾等自然灾害，导致了该流域严重的水土流失和恶劣的生态环境。

流域径流洪水特征为年际、年内变化大，基流小；洪水突发性高，陡涨陡落。流域多年平均降水量386mm，最大年降水量670mm(1967年)，是最小年降水量118mm(1965年)的5.7倍7，汛期(6~9月)降水量占年降水量的78.7%，且多以暴雨形式出现。由于受地理条件和西风带、西太平洋副热带高压两大天气系统的影响，该流域是我国高强度暴雨多发地区之一，又是最大的暴雨中心，出现大于100mm日点雨量暴雨频次为0.35次/年，暴雨最明显的特征是历时短、覆盖面积小、强度大。总的来说，流域内降水量自南至北递减。输沙量年内分配较集中，年际变化大，输沙主要集中在汛期，汛期又集中在几场暴雨洪水。

流域土壤瘠薄，结构松散。各类型土壤差异明显，西北部乌兰木伦河、牸牛川两岸砾质区以栗钙土、粗骨土为主，沙质区则为风沙土；东南部黄土丘陵区主要是黄土性土壤及红土性土壤，梁峁顶多为绵沙土或黄绵土。

流域植被稀疏，抗水蚀、风蚀能力差，且由于开荒、开发建设等人类活动，局部植被遭到严重破坏。

全流域有33万多人口，农牧业人口占90%以上，人口密度为38人/km^2。上游地广人稀，属半农半牧区，牧业比重较大。中下游为农业区，粮食作物有谷子、高粱、玉米、马铃薯、豆类等。新中国成立以来，开展了水土保持工作，兴修水利，发展灌溉，有效地促进了农牧业生产的发展。

流域内矿产资源丰富，主要有煤炭、石英砂、石灰石、黄铁矿、铝钒土等。著名的神府东胜区煤田横跨流域中部，预测总储量近9 000亿t，为少有的特大煤田之一。流域的开发建设活动主要集中在神(木)府(谷)东胜矿区，位于流域中上游，矿点主要集中在窟野河一级支流乌兰木伦河两岸。

窟野河流域上游和中下游的右岸属于多沙粗沙区外，多沙粗沙区内窟野河面积5 371km^2，占窟野河全流域面积的61.7%，粗泥沙集中来源区窟野河流域沟壑密度为5.73km/km^2。$d \geqslant 0.05$mm且粗泥沙输沙模数在5 000t/(km^2·a)以上的面积为3 739km^2，占多沙粗沙区窟野河面积的69.6%，占窟野河全流域面积的42.9%；$d \geqslant 0.10$mm且粗泥沙输沙模数在1 400t/(km^2·a)以上的面积为4 001km^2，占多沙粗沙区窟野河面积的74.5%，占窟野河全流域面积的45.6%；$d \geqslant 0.10$mm且粗泥沙输沙模数在2 800t/(km^2·a)以上的面积为 3 498km^2,占多沙粗沙区窟野河面积的 65.1%,占窟野河全流域面积的 40.2%。

(二)地貌特性

分别以不同粒径不同粗泥沙输沙模数界线裁切得到多沙粗沙区窟野河流域不同粒径不同粗泥输沙模数下的坡度专题,统计得到窟野河流域不同粒径不同粗泥沙输沙模数下的各级坡度面积所占比例,结果见表 7-9。叠加 $d \geq 0.05$mm 且粗泥沙输沙模数分别为 1 300t/(km^2·a)、2 500t/(km^2·a)、5 000t/(km^2·a)和 $d \geq 0.10$mm 且粗泥沙输沙模数分别为 700t/(km^2·a)、1 400t/(km^2·a)、2 800t/(km^2·a)等值线的坡度专题图如图 7-7。

表 7-9　多沙粗沙区窟野河流域各级坡度面积比例统计

粒径(mm)	粗泥沙输沙模数(t/(km^2·a))	面积(km^2)	各级坡度面积所占百分数(%)						平均值(°)
			≤5°	5°~8°	8°~15°	15°~25°	25°~35°	>35°	
≥0.05	1 300	5 371	23.8	12.9	27.9	26.1	8.0	1.4	12.5
	2 500	4 751	17.8	11.2	29.1	30.2	10.0	1.7	13.4
	5 000	3 739	15.5	10.5	29.3	32.0	10.9	1.9	13.9
≥0.10	700	4 228	18.7	11.5	28.8	29.5	9.8	1.7	13.7
	1 400	4 001	17.0	11.1	29.1	30.7	10.3	1.8	14.1
	2 800	3 498	14.3	9.9	29.2	33.1	11.5	2.0	14.9

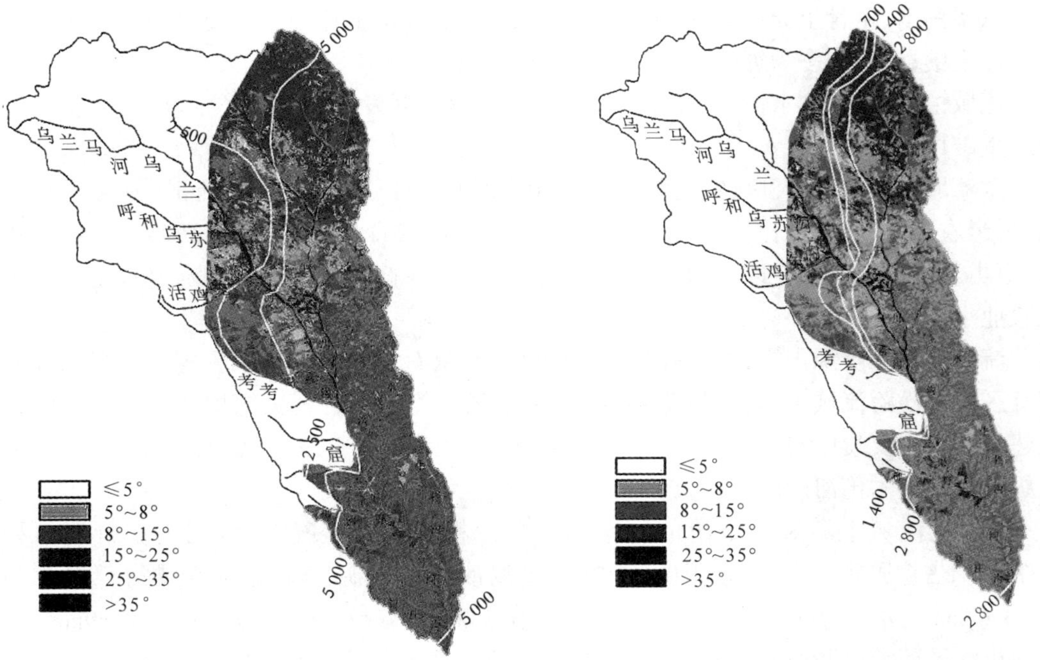

(a)叠加 $d \geq 0.05$mm 粗泥沙输沙模数等值线　　(b)叠加 $d \geq 0.10$mm 粗泥沙输沙模数等值线

图 7-7　多沙粗沙区窟野河坡度图

从表 7-9 可得出，基于 1∶50 000 比例尺 DEM 提取并统计得到的多沙粗沙区的窟野河流域坡度在相同粒径下平均坡度随粗泥沙输沙模数增加而增大，8°以下坡度随粗泥沙输沙模数增加所占百分比减少，8°以上坡度随粗泥沙输沙模数增加所占百分比增加，但增减幅度很小。原因是在相同粒径下，风沙区所占面积均随粗泥沙输沙模数增加逐渐减少。不同粒径不同粗泥沙输沙模数下各坡度级所占百分数以 15°～25°的最多，其次为 8°～15°的。按韭园沟试验样区坡度换算关系，多沙粗沙区窟野河 1∶10 000 比例尺平均坡度约为 20°。

多沙粗沙区窟野河流域坡度空间分布（见图 7-7）主要特点为：坡度从上游向下游增大，即 8°以下坡度主要分布于上游主沟道右岸、主沟道左岸至支流牸牛川区间，8°～15°坡度主要分布在牸牛川上游和牸牛川中游左岸，15°～25°坡度主要分布于窟野河中游左岸和下游上部区域，25°～35°坡度主要分布在流域下游下部及下游上部左岸。

（三）地表组成物质特性

1. 类别

分别以不同粒径不同粗泥沙输沙模数界线裁切多沙粗沙区地表组成物质专题图，得到多沙粗沙区窟野河流域不同粒径不同粗泥沙输沙模数下的地表组成物质专题，见图 7-8，并进行面积量算，统计得到不同粒径不同粗泥沙输沙模数下的地表组成物质面积及所占比率，结果见表 7-10。

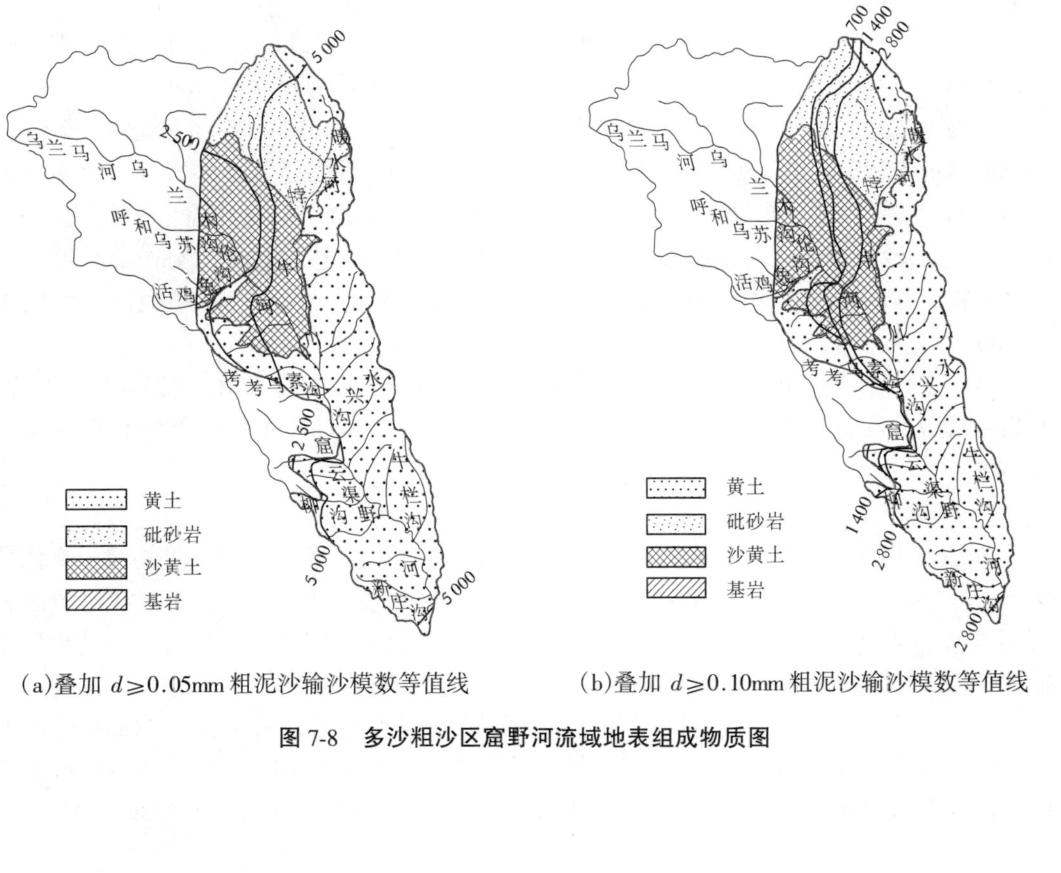

（a）叠加 $d \geqslant 0.05$mm 粗泥沙输沙模数等值线　　（b）叠加 $d \geqslant 0.10$mm 粗泥沙输沙模数等值线

图 7-8　多沙粗沙区窟野河流域地表组成物质图

表 7-10　多沙粗沙区窟野河地表组成物质面积比率统计

粒径(mm)	粗泥沙输沙模数(t/(km²·a))	面积(km²)	地表组成物质面积所占比率(%)			
			黄土	砒砂岩	沙盖黄土	基岩
≥0.05	1 300	5 371	53.3	15.8	26.6	4.3
	2 500	4 751	58.9	17.9	18.4	4.9
	5 000	3 739	66.2	14.2	13.4	6.2
	700	4 228	60.5	16.4	17.6	5.5
≥0.10	1 400	4 001	63.4	15.6	15.2	5.8
	2 800	3 498	69.3	14.3	9.8	6.6

从表 7-10 可得出,不同粒径不同粗泥沙输沙模数下多沙粗沙区窟野河流域地表组成物质均为黄土、砒砂岩、沙盖黄土和基岩,其中以黄土分布最多,在相同粒径不同粗泥沙输沙模数下地表组成物所占比率相差较大,原因是沙盖黄土所占面积随粗泥沙输沙模数增加逐渐减少。

当粒径在 0.05mm 以上时,黄土所占比率最大为 66.2%(粗泥沙输沙模数为 5 000 t/(km²·a)),最小为 53.3%(粗泥沙输沙模数为 1 300t/(km²·a));砒砂岩所占比例最大为 17.9%(粗泥沙输沙模数为 2 500t/(km²·a)),最小为 14.2%(粗泥沙输沙模数为 5 000t/(km²·a));沙盖黄土所占比例最大为 26.6%(粗泥沙输沙模数为1 300t/(km²·a)),最小为 13.4%(粗泥沙输沙模数为 5 000t/(km²·a));基岩所占比例最大为 6.2%(粗泥沙输沙模数为 5 000t/(km²·a)),最小为 4.3%(粗泥沙输沙模数为1 300t/(km²·a))。

当粒径在 0.10mm 以上时,黄土所占比率最大为 69.3%(粗泥沙输沙模数为 2 800t/(km²·a)),最小为 60.5%(粗泥沙输沙模数为700t/(km²·a));砒砂岩所占比率最大为 16.4%(粗泥沙输沙模数为 700t/(km²·a)),最小为 14.3%(粗泥沙输沙模数为 2 800 t/(km²·a));沙盖黄土所占比率最大为 17.6%(粗泥沙输沙模数为700t/(km²·a)),最小为 9.8%(粗泥沙输沙模数为2 800t/(km²·a));基岩所占比率最大为 6.6%(粗泥沙输沙模数为2 800t/(km²·a)),最小为 5.5%(粗泥沙输沙模数为700t/(km²·a))。

从图 7-8 可看出,黄土分布在流域中游和下游,砒砂岩主要分布在支流牸牛川上游,基岩主要分布在流域下游主河道,沙盖黄土主要分布在支流乌兰木伦河下游和牸牛川下游右岸。

2. 粒径

分别以不同粒径不同粗泥沙输沙模数界线裁切坝地淤积物土壤颗粒平均粒径变化趋势图、土壤粒径大于 0.05mm 和大于 0.10mm 沙重百分数变化趋势图,得到多沙粗沙区窟野河流域土壤粒径变化趋势图,见图 7-9 ~ 图 7-11,并进行面积量算,统计得到不同粗泥沙输沙模数下不同土壤粒径沙重百分数面积所占比率(见表 7-11 ~ 表 7-13)。

多沙粗沙区窟野河流域不同粗泥沙输沙模数土壤平均粒径最大为 0.71mm,最小为 0.085mm,流域从上游到下游平均粒径递减;平均粒径大于 0.30mm 的面积,约占多沙粗沙区窟野河流域面积的 20%,主要分布在支流牸牛川上游,该区域为砒砂岩分布区域;平均粒径在 0.20～0.30mm 的面积约占多沙粗沙区窟野河流域面积的 37%，主要分布在流域中游；平均粒径在 0.10～0.20mm 的面积约占多沙粗沙区窟野河流域面积的 32%，主要分布在流域神木县以下；土壤平均粒径在 0.05～0.10mm 的面积约占多沙粗沙区窟野河流域面积的 12%，分布在流域沟口。

从表 7-12 和图 7-10 可看出，多沙粗沙区窟野河流域不同粗泥沙输沙模数土壤粒径大于 0.05mm 沙重百分数面积所占比例相差较大，粗泥沙输沙模数 1 300t/(km^2·a)、2 500 t/(km^2·a) 和5 000t/(km^2·a)时，沙重百分数大于 80%的面积分别占多沙粗沙区窟野河流域面积的 40.1%、32.3%和 18.9%，相同粒径下沙重百分数大于 80%的面积随粗泥沙输沙模数增加而减少，

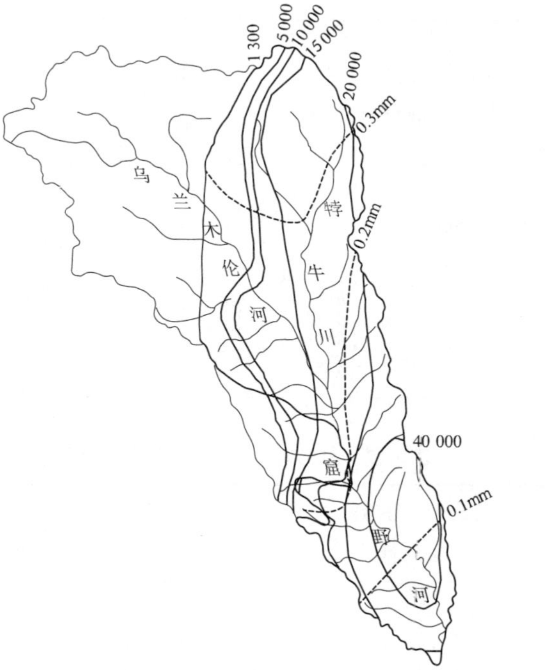

图 7-9 多沙粗沙区窟野河土壤颗粒平均粒径变化趋势图
(叠加全沙输沙模数等值线，t/(km^2·a))

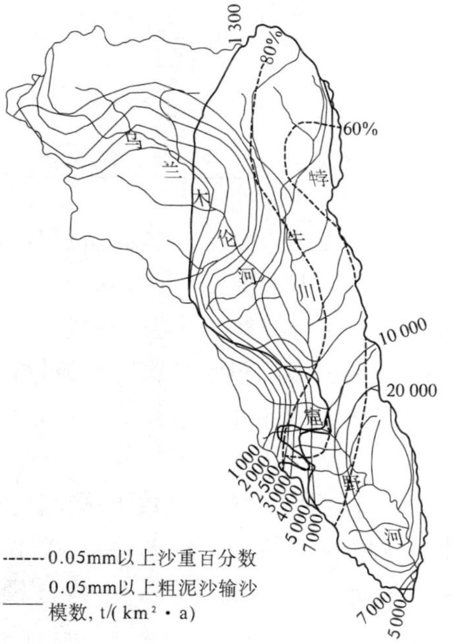

(叠加 $d \geqslant 0.05$mm 粗泥沙输沙模数等值线)
图 7-10 多沙粗沙区窟野河 0.05mm 以上沙重百分数变化趋势图

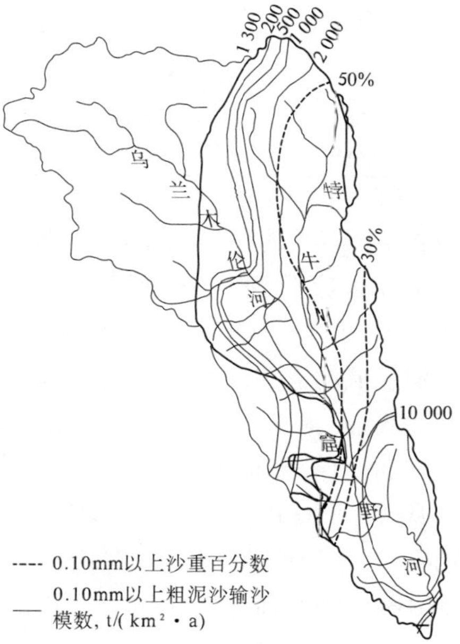

(叠加 $d \geqslant 0.10$mm 粗泥沙输沙模数等值线)
图 7-11 多沙粗沙区窟野河 0.10mm 以上沙重百分数变化趋势图

表 7-11 多沙粗沙区窟野河流域土壤平均粒径面积比率统计

粗泥沙输沙模数 (t/(km²·a))		面积 (km²)	土壤平均粒径面积所占比率(%)				
			<0.05 mm	0.05~0.10 mm	0.10~0.20 mm	0.20~0.30 mm	>0.30 mm
$d \geq 0.05$mm	1 300	5 371	—	9.8	25.7	42.7	21.9
	2 500	4 751	—	11.1	29.0	37.5	22.4
	5 000	3 739	—	13.6	35.6	35.5	15.4
$d \geq 0.10$mm	700	4 228	—	12.4	32.1	35.1	20.4
	1 400	4 001	—	13.1	33.9	34.2	18.8
	2 800	3 498	—	14.6	38.0	32.5	15.0

表 7-12 多沙粗沙区窟野河流域土壤粒径大于 0.05mm 沙重百分数面积比率统计

粗泥沙输沙模数 (t/km²·a)	面积 (km²)	不同沙重百分数面积所占比率(%)				
		<30%	30%~40%	40%~60%	60%~80%	>80%
1 300	5 371	—	—	25.5	34.4	40.1
2 500	4 751	—	—	28.8	38.9	32.3
5 000	3 739	—	—	36.2	44.9	18.9

表 7-13 多沙粗沙区窟野河流域土壤粒径大于 0.10mm 沙重百分数面积比率统计

粗泥沙输沙模数 (t/km²·a)	面积 (km²)	不同沙重百分数面积所占比率(%)				
		<5%	5%~10%	10%~30%	30%~50%	>50%
700	4 228	—	—	32.7	36.1	31.3
1 400	4 001	—	—	34.5	38.1	27.3
2 800	3 498	—	—	39.0	41.9	19.1

分布在支流乌兰木伦河两岸及支流牸牛川上游；沙重百分数在60%~80%的面积分别占多沙粗沙区窟野河流域面积的 34.4%、38.9% 和 44.9%，相同粒径下沙重百分数在60%~80%的面积随粗泥沙输沙模数增加而增加，分布在支流牸牛川上游和中游右岸及窟野河流域的下游；沙重百分数在 40%~60%的面积分别占多沙粗沙区窟野河流域面积的 25.5%、28.8%和 36.2%，相同粒径下沙重百分数在 40%~60%的面积随粗泥沙输沙模数增加而增加，分布在流域的下游。

从表 7-13 和图 7-11 看出，多沙粗沙区窟野河流域不同粗泥沙输沙模数土壤粒径大于0.10mm 沙重百分数面积所占比例相差较大，粗泥沙输沙模数为 700t/(km²·a)、1 400 t/(km²·a)和 2 800t/(km²·a)时，沙重百分数大于 50%的面积，分别约占多沙粗沙区窟野河流域面积的 31.3%、27.3%和 19.1%，分布在支流乌兰木伦河两岸及牸牛川上游右岸西北部；沙重百分数在 30%~50%的面积，分别占多沙粗沙区窟野河流域面积的 36.1%、38.1%和 41.9%，分布在支流牸牛川上游和中游右岸及窟野河流域下游；沙重百分数在10%~30%的面积，分别占流域面积的 32.7%、34.5%和 39.0%，分布在流域的下游。

3. 土壤抗冲性

分别以不同粒径不同粗泥沙输沙模数界线裁切黄河中游地区土壤抗冲性专题图，得到多沙粗沙区窟野河流域不同粒径不同粗泥沙输沙模数下的土壤抗冲性专题（见图 7-12），并进行面积量算，统计得到各县面积所占比率（见表 7-14）。

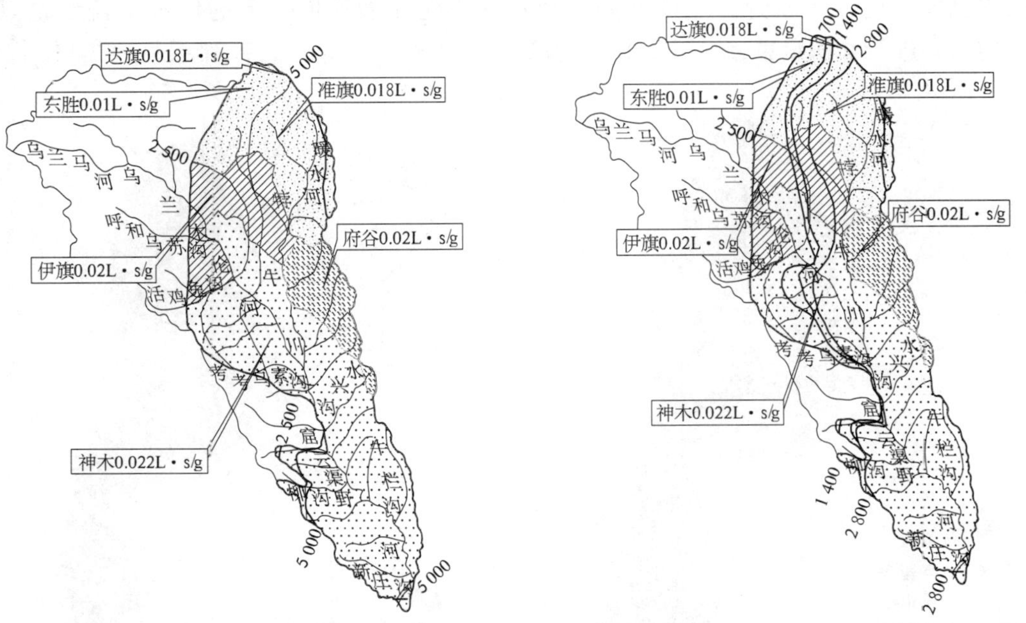

(a)叠加 $d \geqslant 0.05$mm 粗泥沙输沙模数等值线　(b)叠加 $d \geqslant 0.10$mm 粗泥沙输沙模数等值线

图 7-12　多沙粗沙区窟野河流域土壤抗冲性图

（注：达旗指达拉特旗，伊旗指伊金霍洛旗，准旗指准格尔旗）

表 7-14　多沙粗沙区窟野河流域各县土壤抗冲性和面积比率统计

粒径 (mm)	粗泥沙输沙模数 (t/(km²·a))	面积 (km²)	各县(旗)土壤抗冲性(L·s/g)及面积比率(%)							
			伊金霍洛旗		准格尔旗		神木县		府谷县	
			面积百分数	土壤抗冲性	面积百分数	土壤抗冲性	面积百分数	土壤抗冲性	面积百分数	土壤抗冲性
≥0.05	1 300	5 371	16.6	0.02	19.1	0.018	55.6	0.022	8.7	0.02
	2 500	4 751	10.2	0.02	21.5	0.018	58.4	0.022	9.9	0.02
	5 000	3 739	6.5	0.02	19.9	0.018	61.1	0.022	12.5	0.02
≥0.10	700	4 228	9.9	0.02	21.1	0.018	57.9	0.022	11.1	0.02
	1 400	4 001	8.8	0.02	21	0.018	58.5	0.022	11.7	0.02
	2 800	3 498	5.3	0.02	20.3	0.018	61	0.022	13.4	0.02

从表 7-14 和图 7-12 可看出，多沙粗沙区窟野河流域上游比下游易侵蚀，涉及准格尔旗（以下简称准旗）、伊金霍洛旗（以下简称伊旗）、神木县和府谷县 4 个县（旗），其中准旗土壤抗冲性为 0.018L·s/g，面积约占 20%，分布在流域上游；伊旗、府谷土壤抗冲性为 0.020L·s/g，伊旗面积约占 9%，分布在牸牛川中游右岸，府谷县面积约占 12%，分布在支

流牸牛川与孤山川接壤区；神木县抗冲性为 0.022L·s/g，约占 59%，分布在流域的中游和下游。

(四)植被特性

分别以不同粒径不同粗泥沙输沙模数界线裁切黄河流域遥感普查项目植被覆盖专题图，得到多沙粗沙区窟野河流域不同粒径不同粗泥沙输沙模数下的植被覆盖专题，见图 7-13，并进行面积量算，统计得到各级植被覆盖面积及其所占比率，结果见表 7-15。

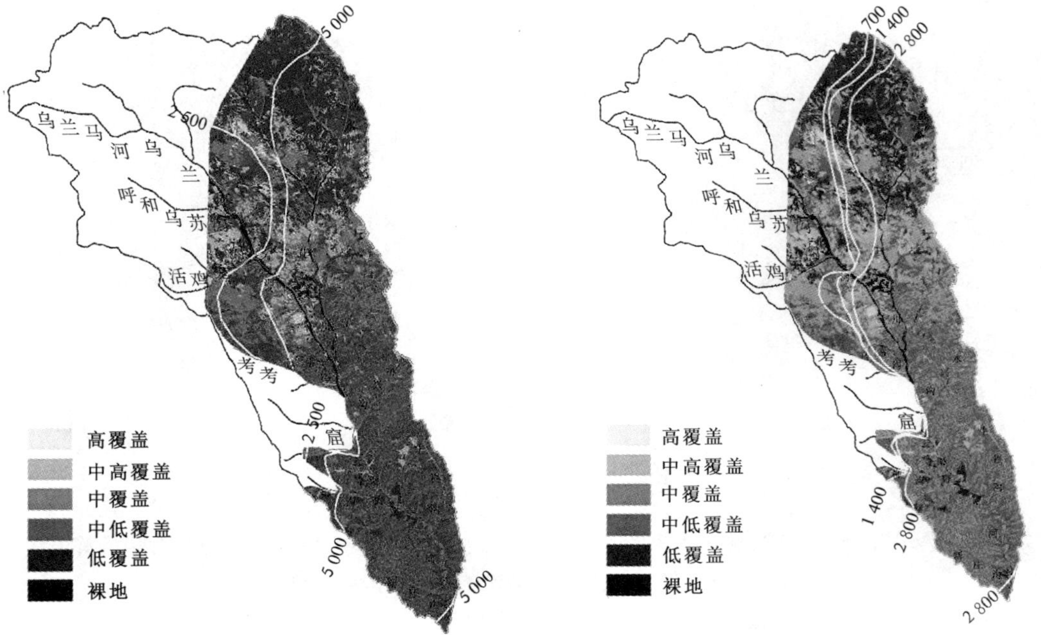

(a)叠加 $d \geq 0.05$mm 粗泥沙输沙模数等值线　　(b)叠加 $d \geq 0.10$mm 粗泥沙输沙模数等值线

图 7-13　多沙粗沙区窟野河流域植被覆盖度图

表 7-15　多沙粗沙区窟野河流域各级植被覆盖面积比率统计

粒径 (mm)	粗泥沙输沙模数 (t/(km²·a))	面积 (km²)	各级植被覆盖面积所占比率(%)					
			高覆盖	中高覆盖	中覆盖	中低覆盖	低覆盖	裸地
≥0.05	1 300	5 371	0.0	1.8	9.5	29.1	39.0	20.7
	2 500	4 751	0.1	1.2	8.4	29.4	40.1	20.8
	5 000	3 739	0.0	0.8	8.9	30.0	43.3	17.1
≥0.10	700	4 228	0.0	1.2	8.7	29.4	41.4	19.3
	1 400	4 001	0.0	1.1	8.7	29.4	42.2	18.6
	2 800	3 498	0.0	0.7	7.7	30.2	44.7	16.7

从图 7-13 和表 7-15 可看出，不同粒径不同粗泥沙输沙模数下多沙粗沙区窟野河流域以中低覆盖以下面积最多，约占 90%，其中裸地面积约占 19%，基本分布在支流牸牛川上游；低覆盖面积约占 42%，基本分布在流域下游；中低覆盖面积约占 30%，基本分布在流域中游和下游；中覆盖以上面积约占 10%，主要分布在支流乌兰木伦河中游风沙区。总

体植被覆盖从高到低依次为中游、下游和上游，且左岸植被覆盖度低一些。

（五）土地利用特性

分别以不同粒径不同粗泥沙输沙模数界线裁切全国土地利用遥感普查成果，得到多沙粗沙区窟野河流域不同粒径不同粗泥沙输沙模数下的土地利用专题，见图 7-14，并进行面积量算，统计得到各类土地利用面积及所占比率，结果见表 7-16。

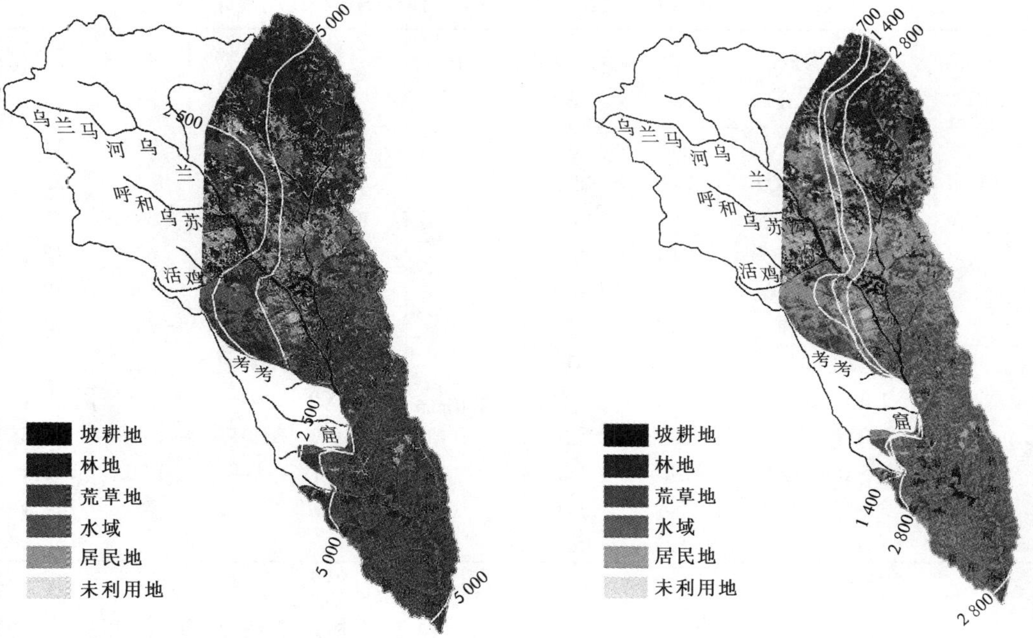

（a）叠加 $d \geqslant 0.05$mm 粗泥沙输沙模数等值线　　（b）叠加 $d \geqslant 0.10$mm 粗泥沙输沙模数等值线

图 7-14　多沙粗沙区窟野河流域土地利用图

表 7-16　多沙粗沙区窟野河流域各类土地利用面积比率统计

粒径（mm）	粗泥沙输沙模数（t/（km^2·a））	面积（km^2）	各类土地利用方式的面积所占比率（%）						
			川台地	坡耕地	林地	荒草地	水域	居民用地	未利用土地
≥0.05	1 300	5 371	5.3	21.0	5.1	62.2	2.6	0.5	3.3
	2 500	4 751	5.5	23.0	5.0	61.8	2.5	0.4	1.8
	5 000	3 739	5.1	23.8	5.3	61.6	2.5	0.2	1.6
≥0.10	700	4 228	5.2	22.4	5.2	62.3	2.5	0.4	2.0
	1 400	4 001	5.1	22.7	5.3	62.0	2.5	0.4	2.0
	2 800	3 498	4.8	24.0	4.2	62.7	2.5	0.2	1.5

表 7-16 和图 7-14 表明，多沙粗沙区窟野河流域不同粒径不同粗泥沙输沙模数下以荒草地和坡耕地居多，所占比率分别约为 62% 和 22%，坡耕地分布在流域下游左岸和中游，荒草地基本分布在流域的下游右岸和支流牸牛川上游左岸；川台地约占 5%，主要分布在流域主沟道；林地约占 5%，零星分布；水域和居民用地约占 3%，未利用地约占 2%。

(六)水土流失特点

1. 输沙模数

分别依据全沙输沙模数等值线、$d \geqslant 0.05$mm 和 $d \geqslant 0.10$mm 粗泥沙输沙模数等值线统计得到多沙粗沙区窟野河流域不同输沙模数下的面积比率,如表 7-17。多沙粗沙区窟野河流域输沙模数等值线见图 7-15 ~ 图 7-17。

表 7-17　多沙粗沙区窟野河流域不同输沙模数面积比例统计

粒径(mm)	输沙模数(t/(km²·a))	面积(km²)	百分比(%)	粒径(mm)	输沙模数(t/(km²·a))	面积(km²)	百分比(%)
全沙	< 5 000	0	0	≥0.05mm	5 000 ~ 7 000	763	14.2
	5 000 ~ 10 000	1 009	18.8		7 000 ~ 10 000	1 729	32.2
	10 000 ~ 15 000	747	13.9		10 000 ~ 20 000	397	7.4
	15 000 ~ 20 000	2 073	38.6		> 20 000	650	12.1
	20 000 ~ 40 000	897	16.7	≥0.10mm	< 200	576	10.7
	> 40 000	645	12		200 ~ 500	231	4.3
≥0.05mm	< 1 000	0	0		500 ~ 1 000	247	4.6
	1 000 ~ 2 000	302	5.6		1 000 ~ 2 000	918	17.1
	2 000 ~ 2 500	317	5.9		2 000 ~ 5 000	1 439	26.8
	2 500 ~ 3 000	177	3.3		5 000 ~ 10 000	1 203	22.4
	3 000 ~ 4 000	209	3.9		> 10 000	757	14.1
	4 000 ~ 5 000	827	15.4				

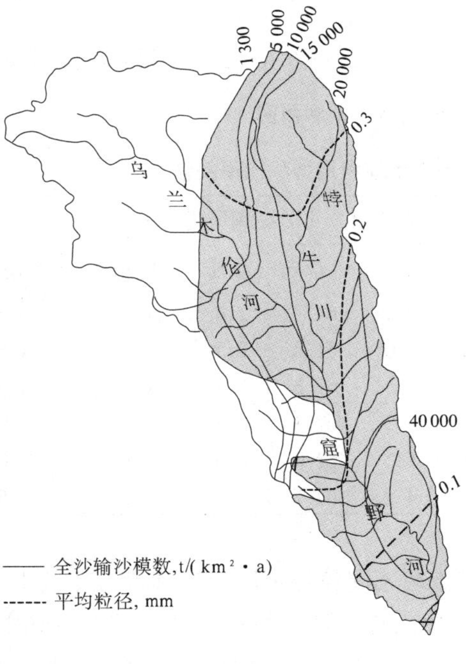

图 7-15　多沙粗沙区窟野河全沙模数等值线图

表 7-17 和图 7-15 表明,多沙粗沙区窟野河流域全沙输沙模数以 15 000 ~ 20 000 t/(km²·a)的面积居多,占多沙粗沙区窟野河流域面积的 38.6%,其次为 20 000 ~ 40 000t/(km²·a)的面积,占 16.7%。空间分布上,全沙输沙模数从流域上游向下游、从西部向东部逐渐增大,全沙输沙模数 10 000t/(km²·a)等值线基本与 5 000 t/(km²·a)平行,15 000 t/(km²·a)全沙输沙模数等值线向东基本移出风沙区,主要分布于流域中游主沟道右岸,15 000 ~ 20 000 t/(km²·a)全沙输沙模数的面积主要分布于流域上游左岸分水岭和流域中游左岸,20 000 ~ 40 000t/(km²·a)全沙输沙模数的面积主要分布于流域的下游左岸。

表 7-17 和图 7-16 表明,多沙粗沙区窟野河流域粒径0.05mm 以上的粗泥沙输沙

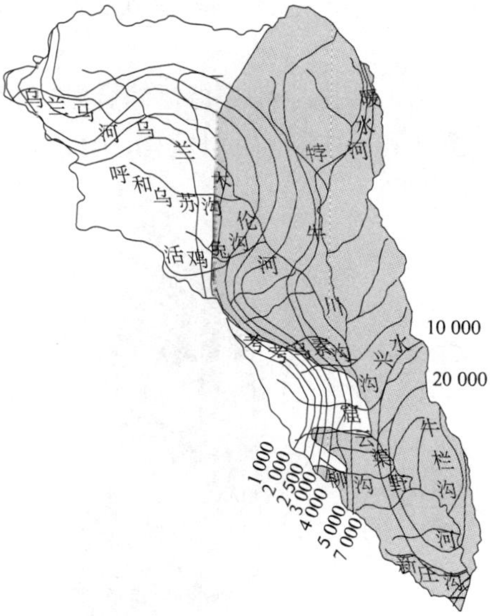

图 7-16　多沙粗沙区窟野河流域 $d \geqslant 0.05$mm 粗泥沙输沙模数等值线图

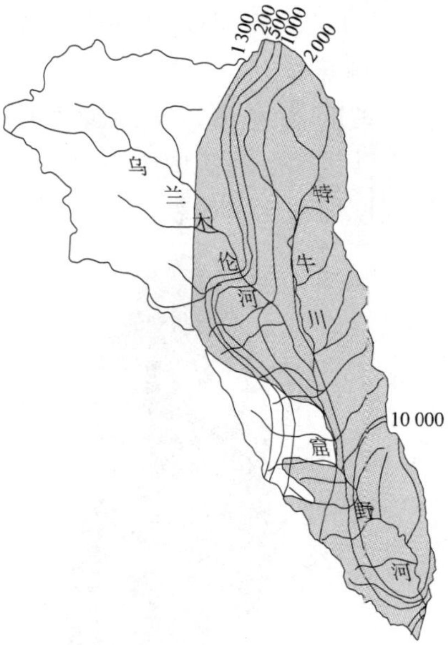

图 7-17　多沙粗沙区窟野河流域 $d \geqslant 0.10$mm 粗泥沙输沙模数等值线图

模数以 7 000 ~ 10 000t/(km^2·a)的面积居多，占多沙粗沙区窟野河流域面积的 32.2%，其次为 4 000 ~ 5 000t/(km^2·a)、5 000 ~ 7 000t/(km^2·a)和 20 000t/(km^2·a)以上的面积，分别占 15.4%、14.2%和 12.1%，10 000 ~ 20 000t/(km^2·a)粗泥沙输沙模数的面积占多沙粗沙区窟野河面积的 7.4%；粗泥沙输沙模数在 5 000t/(km^2·a)以上的面积为 3 739km^2，占多沙粗沙区窟野河面积的 69.6%。空间分布上，0.05mm 以上粒径的粗泥沙输沙模数从流域上游向下游、从西部向东部逐渐增大，其中粗泥沙输沙模数在5 000t/(km^2·a)以下的主要分布在流域上游风沙区，粗泥沙输沙模数在 5 000t/(km^2·a)以上的面积占多沙粗沙区窟野河面积的 69.6%，占窟野河流域总面积的 42.9%；粗泥沙输沙模数在 5 000 ~ 10 000t/(km^2·a)的面积主要分布在流域上游左岸分水岭、中游左岸以及下游右岸分水岭，粗泥沙输沙模数在 10 000t/(km^2·a)以上的面积主要分布在流域下游右岸。

表 7-17 和图 7-17 表明，多沙粗沙区窟野河流域粒径 0.10mm 以上的粗泥沙输沙模数以 2 000 ~ 5 000t/(km^2·a)的面积居多，占多沙粗沙区窟野河流域面积的 26.8%，其次为5 000 ~ 10 000t/(km^2·a)、1 000 ~ 2 000t/(km^2·a)和 10 000t/(km^2·a)以上的面积，分别占 22.4%、17.1%和 14.1%；粗泥沙输沙模数在 1 400t/(km^2·a)以上的面积为 4 001km^2，占多沙粗沙区窟野河面积的 74.5%，占窟野河流域总面积的 46%；粗泥沙输沙模数在 2 800t/(km^2·a)以上的面积为 3 498km^2，占多沙粗沙区窟野河面积的 65.1%，占窟野河流域总面积的 40.2%。空间分布上，0.10mm 以上粒径的粗泥沙输沙模数从流域上游向下游、从西部向东部逐渐增大；其中粗泥沙输沙模数在 1 400t/(km^2·a)以下的面积主要分布在流域上游风沙区；2 800t/(km^2·a)粗泥沙输沙模数等值线范围基本与 1 400t/(km^2·a)粗泥沙输沙模数等值线平行，但面积较粗泥沙输沙模数在 1 400t/(km^2·a)以上的面积减少约 500km^2，主要在流域上游的风沙区；粗泥沙输沙模数在 1 400t/(km^2·a)和 2 800t/(km^2·a)以上的面积主要分布在流域上游左岸分水岭、中游左岸以及下游；粗泥沙输沙模数在 5 000t/(km^2·a)以上的面积主要分布在流

域中、下游的左岸；粗泥沙输沙模数在 10 000t/(km²·a)以上的面积主要分布在流域下游左岸。

2. 侵蚀等级

依据坡度、植被覆盖度、土地利用、土壤侵蚀类型和土壤抗冲性等指标综合判定得到多沙粗泥沙区窟野河流域土壤侵蚀等级专题图，如图 7-18，并进行面积量算，统计得到各级侵蚀强度面积比率如表 7-18。

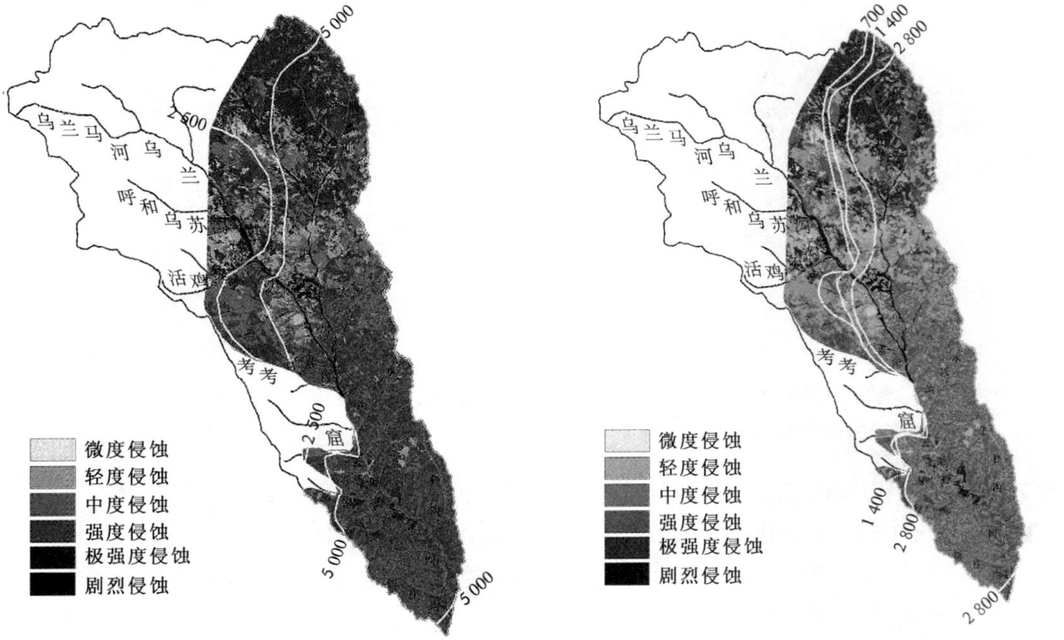

(a)叠加 $d \geqslant 0.05$mm 粗泥沙输沙模数等值线　　(b)叠加 $d \geqslant 0.10$mm 粗泥沙输沙模数等值线

图 7-18　多沙粗泥沙区窟野河流域土壤侵蚀图

表 7-18　多沙粗沙区窟野河流域各级侵蚀强度面积比率统计

粒径 (mm)	粗泥沙输沙模数 (t/(km²·a))	面积 (km²)	各级侵蚀强度面积所占比率(%)					
			微度	轻度	中度	强度	极强度	剧烈
≥0.05	1 300	5 371	0	6.9	15.8	29.0	26.6	21.7
	2 500	4 751	0	7.6	14.0	29.5	26.4	22.6
	5 000	3 739	0	6.8	14.5	27.5	26.0	25.2
≥0.10	700	4 228	0	7.3	14.4	28.6	26.0	23.7
	1 400	4 001	0	7.2	14.5	28.1	25.7	24.6
	2 800	3 498	0	7.0	13.6	27.2	26.1	26.1

从表 7-18 和图 7-18 可看出，不同粒径不同粗泥沙输沙模数下窟野河流域土壤侵蚀等级在强度以上的面积占 77%以上，其中强度侵蚀面积约占 28%，极强度侵蚀面积约占 26%，剧烈侵蚀面积约占 21%以上；土壤侵蚀等级为轻度的面积约占 7% 、中度侵蚀面积约占 14%；且在相同粒径下，土壤侵蚀随粗泥沙输沙模数增大而加剧。空间分布上，土壤侵蚀强度从上游向下游加剧，即流域下游侵蚀最剧烈，中游次之，上游侵蚀相对较弱，即轻度侵蚀主要分布在沟道，中度侵蚀主要分布在流域下游主沟道的不易侵蚀岩地区和流域中游主沟道两侧，强度和极强度侵蚀主要分布在流域上游左岸和中游右岸，剧烈侵蚀主要

分布于流域中游左岸和下游右岸。

多沙粗沙区窟野河流域水土流失严重，尤其人为侵蚀非常严重，全沙输沙模数大于 15 000t/(km²·a)的面积，约占流域面积的69.2%，其中流域中游左岸和下游右岸土壤侵蚀最严重。流域内侵蚀类型总体表现以水蚀为主，水蚀和风蚀复合侵蚀并存；泥沙主要来自支流牸牛川上游地区，粗粒径泥沙含量高。

(七)水土保持治理特点

以多沙粗沙区界线裁切得到多沙粗沙区窟野河流域各县(旗)的梯田、坝地和林草面积及其密度数据，见表7-19。

表7-19　多沙粗沙区窟野河流域水土保持措施面积统计

县(旗)名	涉及面积(km²)	梯田面积(km²)	梯田密度(%)	坝地面积(km²)	坝地密度(%)	林草面积(km²)	林草密度(%)
伊旗	788	1.7	0.2	0.4	0.1	87.9	11.2
准旗	1 024	4.9	0.5	1.8	0.2	131.8	12.9
神木	2 984	29.5	1.0	13.2	0.4	479.3	16.1
府谷	469	20.7	4.4	4.9	1.1	106.1	22.6
合计	5 265	56.8	1.1	20.3	0.4	805.1	15.3

从表7-19可看出，多沙粗沙区窟野河流域涉及伊旗、准旗、神木县、府谷县4个县(旗)，各县(旗)水土保持措施中林草密度最大，坝地密度最小；从空间分布看，从北向南，梯田、坝地和林草密度均逐渐增大。

(八)治理顺序

在多沙粗沙区窟野河流域 $d \geqslant 0.10$mm 粗泥沙输沙模数等值线图上分别叠加土壤粒径大于0.10mm沙重百分数变化趋势线和全沙输沙模数等值线(见图7-19)，从图7-19看出，流域从上游向下游 $d \geqslant 0.10$mm 粗泥沙输沙模数增大，而0.10mm以上粒径沙重百分数却递减，从减少0.10mm以上的粗泥沙目的出发，应优先治理流域下游0.10mm以上粒径粗泥沙输沙模数最大的区域，然后治理流域中下游，再治理流域上游左岸区域，最后治理其余区域。

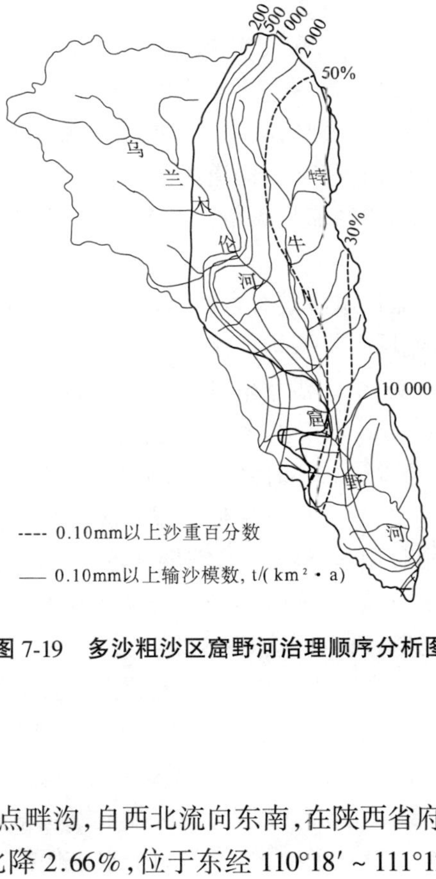

图7-19　多沙粗沙区窟野河治理顺序分析图

二、皇甫川

(一)概况

皇甫川流域发源于内蒙古自治区准格尔旗的点畔沟，自西北流向东南，在陕西省府谷县下川口村注入黄河。干流长137km，河道平均比降2.66%，位于东经110°18′～111°12′，北纬 39°12′～39°54′，总面积 3 246km^2，涉及内蒙古准格尔旗及陕西省府谷县的 17 个乡（镇），流域总人口 10.37 万，其中农业人口 8.6 万，农业人口密度 26.6 人/km^2，人口多集中在干流和一级支流的河谷川台地区。

流域位于毛乌素沙地向黄土高原的过渡地区，海拔高程一般在 1 000～1 400m 之间，属黄土丘陵沟壑区。河谷川台和丘陵沟壑为基本地貌类型，其中丘陵地貌分为黄土丘陵、砂质丘陵、砾质丘陵三个亚地貌类型。红色和青色易侵蚀岩分布最广，岩质松软，极易风化形成泻溜，尤其是粉砂质页岩，手捏即碎，遇水迅速崩解，也称为砒砂岩。河床覆盖层为中细砂，二级阶地上部为松散的亚砂土，中部为河流冲积、洪积砂砾石层，下部则为砂岩和粉砂岩互层，夹有砂质和泥质页岩。

皇甫川干流河谷宽一般为 1～3km，河道弯曲，川地交错分布于两岸，高出河床 5～10m。西半部及十里长川以东地区黄土覆盖厚度达 100m 左右，残留有较宽的梁峁，地面坡度在 6°以下，除部分被开垦为耕地外，多为天然草场。上游纳林川与十里长川之间，由于长期开荒及过度放牧，天然植被遭到破坏，表土沙化。纳林川西岸虎石沟以北地区，地形破碎，黄土覆盖较薄，有的表土已全部流失，砂岩裸露，风化强烈。

流域内风大沙多，干旱少雨，多年平均降水量自西北向东南由 375mm 增大到 453.5mm，汛期（6～9 月）平均降水量 250.5～311.1mm，最大年降水量 636.5mm，最小年降水量 142.5mm，汛期降水量占全年降水量的 63%～69%，且降雨多以暴雨形式为主，暴雨历时短，强度大，雨区集中，突发性强，暴雨中心多出现在西北部。汛期径流量占全年径流量的 82.6%，最大实测洪峰流量 11 600m^3/s，最小实测洪峰流量 162m^3/s，洪水峰量高、历时短，暴涨暴落。多年平均径流量 15360 万 m^3，径流深 48.0mm。每年 80%～90%的洪水发生在 7～8 月，其中 2/3 的洪水集中在 7 月下旬至 8 月上旬之间。流域降水相对较少，汛期降雨又集中，沟道拦蓄工程较少，所以水资源利用率低，局部地方人畜饮水还相当困难。河川径流显著特点是年际、年内分配差异大，洪枯水量悬殊，用水期供需矛盾特别突出。

流域水沙具有含沙量高、年际年内分配不匀、粗泥沙比重大等特点。据多年实测资料，流域多年平均径流量 1.536 亿 m^3，多年平均输沙量 5 050 万 t，汛期输沙量占全年输沙量的 98.8%，洪水输沙量占全年输沙量的 98.6%，多年平均含沙量 315kg/m^3，最高含沙量达 1 570kg/m^3，洪水期平均含沙量 560kg/m^3，是黄河粗泥沙的主要来源地之一。

流域属大陆性气候。年平均气温自西北向东南由 6℃增大到 9.1℃，流域内极端最高气温 38.3℃，极端最低气温 -30.9℃，日照时数 2 895～3 117 小时，年蒸发量 2 100mm，平均相对湿度 54%，无霜期 145～177 天。年平均风速自西北向东南由 2.5m/s 减少到 1.5m/s，最大风速 17.2m/s，全年 6 级风的日数 26 天，沙暴日数 5～10 天。冬季多北风和西北风，风力可达 6～8 级。

新中国成立初期，该流域为半农半牧区，以后随着人口的增加，耕地面积不断扩大，成为以农业生产为主的区域。粮食作物以糜子、谷子、马铃薯、莜麦为主。由于干旱、沙化、水土流失严重和耕作管理粗放，土地贫瘠，草场退化，农牧业生产水平很低，但生产潜力较大。新中国成立以来，国家很重视皇甫川流域的治理，早在 20 世纪 50 年代初，内蒙古自治区就设立了纳林、伏路两个水土保持试验站，70 年代将皇甫川列为黄河的重点治理支流，1982 年又列为全国八大水土流失重点治理区之一。多年来，根据流域自然、经济特点，按照“农田下川，林草上山”的方向，开展了流域治理。

皇甫川全流域均位于多沙粗沙区，流域沟壑密度为 5.7km/km^2。$d \geqslant 0.05$mm 且粗泥沙输沙模数在 5 000t/(km^2·a) 以上的面积为 2 847km^2，占皇甫川全流域面积的 87.7%。$d \geqslant 0.10$mm 且粗泥沙输沙模数在 1 400t/(km^2·a) 以上的面积为 3 195km^2，占皇甫川全流域面积的 98.4%；$d \geqslant 0.10$mm 且粗泥沙输沙模数在 2 800t/(km^2·a) 以上的面积为 2 841km^2，占皇甫川全流域面积的 87.5%。

(二)地貌特性

分别以不同粒径不同粗泥沙输沙模数界线裁切得到皇甫川流域不同粒径不同粗泥沙输沙模数下的坡度专题（见图 7-20），并进行面积量算，统计得到各级坡度所占比率，结果见表 7-20。

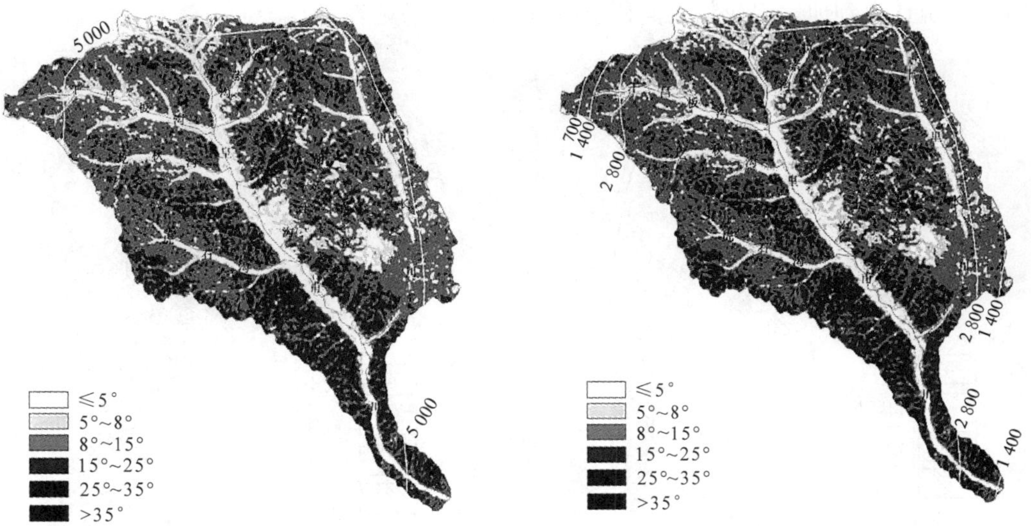

(a)叠加 $d \geqslant 0.05$mm 粗泥沙输沙模数等值线　　(b)叠加 $d \geqslant 0.10$mm 粗泥沙输沙模数等值线

图 7-20　皇甫川流域坡度图

表 7-20　皇甫川流域各级坡度面积比率统计

粒径 (mm)	粗泥沙输沙模数 (t/(km^2·a))	面积 (km^2)	各级坡度面积所占比率(%)						平均坡度值(°)
			≤5°	5°~8°	8°~15°	15°~25°	25°~35°	>35°	
≥0.05	1 300	3 246	19.3	13.0	30.4	29.2	7.3	0.8	12.8
	2 500	3 246	19.4	13.1	30.3	29.1	7.4	0.8	12.8
	5 000	2 847	19.5	12.7	29.6	29.6	7.7	0.8	12.8
≥0.10	700	3 234	19.3	13.0	30.4	29.2	7.3	0.8	12.8
	1 400	3 195	19.3	13.0	30.3	29.2	7.4	0.8	12.9
	2 800	2 841	19.5	12.7	29.6	29.6	7.7	0.8	13.0

表 7-20 表明，基于 1∶50 000 比例尺 DEM 提取并统计得到的皇甫川流域不同粒径不同粗泥沙输沙模数界线下各级坡度所占百分数及平均坡度值很接近，表现为 8°以下坡度的面积约占 32%，8°～25°坡度级的面积约占 60%，平均坡度值约为 13°（按韭园沟试验样区换算到 1∶10 000 比例尺下，平均坡度值约为 18°）。

皇甫川流域坡度空间分布（见图 7-20）特点为：坡度从流域上游向下游逐渐增大，具体表现为 5°以下坡度主要分布于皇甫川流域沟道内，5°～8°坡度主要分布于流域上、中游盖沙区，8°～15°坡度主要分布于流域上游及其支流十里长川，15°～25°坡度主要分布在流域下游和中游沟道两侧，25°以上坡度主要分布在流域下游。

（三）地表组成物质特性

1. 类别

分别以不同粒径不同粗泥沙输沙模数界线裁切多沙粗沙区地表组成物质专题图，得到皇甫川流域不同粒径不同粗泥沙输沙模数下的地表组成物质专题，见图 7-21，并进行面积量算，统计得到地表组成物质面积及所占比率，结果见表 7-21。

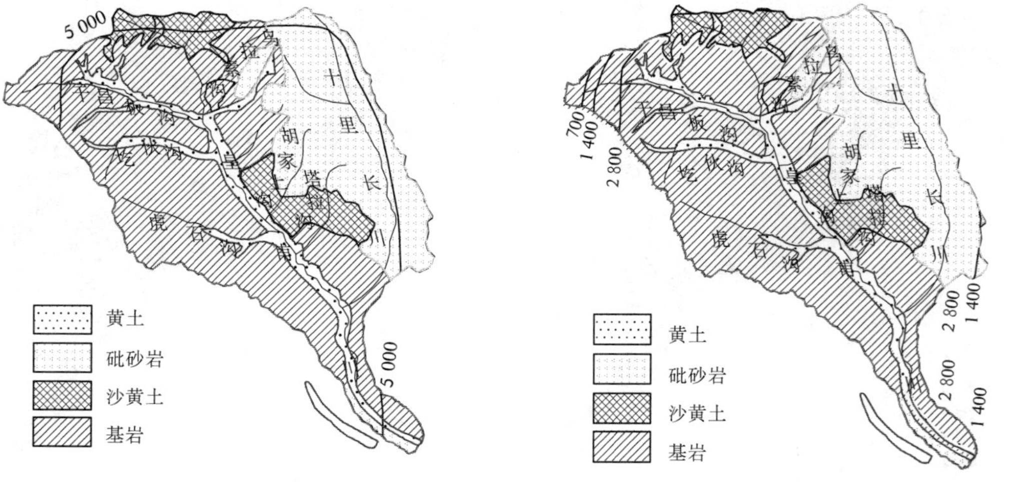

（a）叠加 $d \geqslant 0.05$mm 粗泥沙输沙模数等值线　　（b）叠加 $d \geqslant 0.10$mm 粗泥沙输沙模数等值线

图 7-21　皇甫川流域地表组成物质图

表 7-21　皇甫川流域地表组成物质面积比率统计

粒径（mm）	粗泥沙输沙模数（t/(km²·a)）	面积（km²）	地表组成物质面积所占比率（%）			
			黄土	砒砂岩	沙盖黄土	基岩
≥0.05	1 300	3 246	39.6	51.3	9.1	0
	2 500	3 246	39.6	51.3	9.1	0
	5 000	2 847	37.9	54.1	8.1	0
≥0.10	700	3 234	39.7	51.2	9.1	0
	1 400	3 195	39.9	51.1	9.0	0
	2 800	2 841	37.9	54.1	8.1	0

从表 7-21 可看出，不同粒径不同粗泥沙输沙模数界线下皇甫川流域地表组成物质主

要为黄土、砒砂岩和沙盖黄土，其中砒砂岩和黄土较多，砒砂岩面积所占比率约为 51%，黄土面积所占比率约为 40%，沙盖黄土面积所占比率约为 9%。

从图 7-21 可看出，黄土主要分布在流域右岸一级支流十里长川两岸和主河道两边的川台地及下游右岸，黄土以粉沙为主，孔隙度大；砒砂岩主要分布在干流纳林川两岸及下游左岸，其特点是胶结程度差，伴有结核构造，易风化；沙盖黄土主要分布在流域上游和纳林川左岸下游及十里长川的下游，形成流动和半固定沙丘。

2. 粒径

分别以不同粒径不同粗泥沙输沙模数界线裁切坝地淤积物土壤颗粒平均粒径变化趋势图、土壤粒径大于 0.05mm 和大于 0.10mm 沙重百分数变化趋势图，得到皇甫川流域土壤粒径变化趋势图，见图 7-22 ~ 图 7-24。并进行面积量算，统计得到不同粗泥沙输沙模数下不同土壤粒径沙重百分数面积所占比例，见表 7-22 ~ 表 7-24。

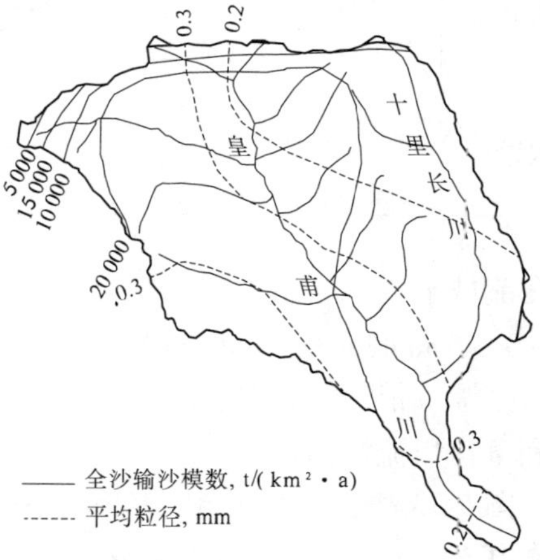

图 7-22　皇甫川流域平均粒径变化趋势图（叠加全沙输沙模数线）

从图 7-22 和表 7-22 可看出，该流域不同粗泥沙输沙模数下土壤平均粒径全部大于 0.10mm，其中最大为 0.329mm，最小为 0.153mm，流域从上游到下游平均粒径递减；平均粒径大于 0.30mm 的面积，约占 41%，

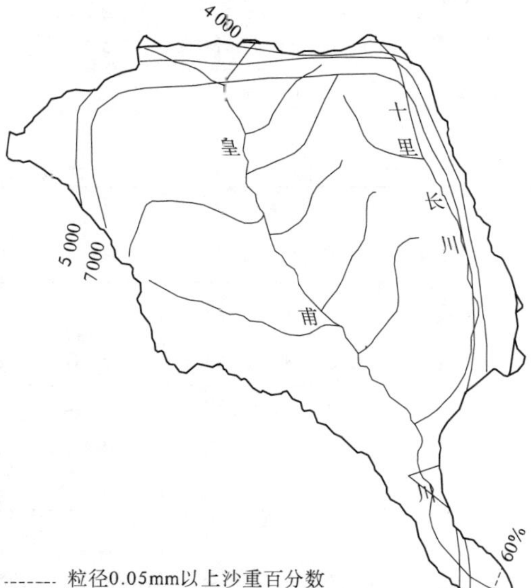

图 7-23　皇甫川粒径 0.05mm 以上沙重百分数变化趋势图（叠加 $d \geqslant 0.05$mm 粗泥沙输沙模数等值线）

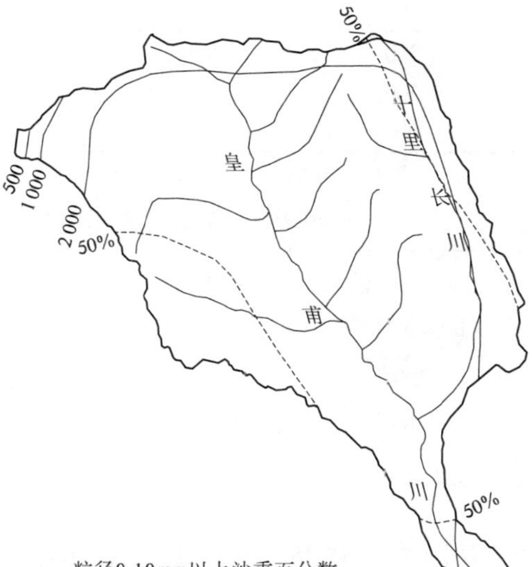

图 7-24　皇甫川粒径 0.10mm 以上沙重百分数变化趋势图（叠加 $d \geqslant 0.10$mm 粗泥沙输沙模数等值线）

表 7-22 皇甫川流域土壤平均粒径面积比率统计

粗泥沙输沙模数	(t/(km²·a))	面积(km²)	土壤平均粒径面积所占比率(%)				
			<0.05 mm	0.05~0.10 mm	0.10~0.20 mm	0.20~0.30 mm	>0.30 mm
$d \geq 0.05$mm	1 300	3 246	—	—	24.7	34.2	41.2
	2 500	3 246	—	—	24.7	34.2	41.2
	5 000	2 847	—	—	21.9	35.1	43.0
$d \geq 0.10$mm	700	3 234	—	—	24.7	34.3	40.9
	1 400	3 195	—	—	24.9	34.5	40.7
	2 800	2 841	—	—	22.0	35.1	43.0

分布在流域干流纳林川右岸及流域下游主河道两岸，主要为砒砂岩分布区；平均粒径在0.20~0.30mm的面积，约占34%，分布在流域干流纳林川左岸及流域下游和中游右岸与清水川接壤一带；平均粒径在0.10~0.20mm的面积，约占25%，分布在支流十里长川中上游和皇甫川流域沟口。

从图7-23和表7-23看出，该流域不同粗泥沙输沙模数下泥沙粒径0.05mm以上沙重百分数基本在60%~80%，占流域面积的99.5%（当粗泥沙输沙模数为5 000t/km² 时占流域面积的100%）；沙重百分数在40%~60%的面积只占流域面积的0.5%，主要分布在流域沟口。

表 7-23 皇甫川流域粒径0.05mm以上沙重百分数面积比率统计

粗泥沙输沙模数(t/(km²·a))	面积(km²)	不同沙重百分数面积所占比率(%)				
		<30%	30%~40%	40%~60%	60%~80%	>80%
1 300	3 246	—	—	0.5	99.5	—
2 500	3 246	—	—	0.5	99.5	—
5 000	2 847	—	—	—	100	—

表 7-24 皇甫川流域粒径0.10mm以上沙重百分数面积比率统计

粗泥沙输沙模数(t/(km²·a))	面积(km²)	不同沙重百分数面积所占比率(%)				
		<5%	5%~10%	10%~30%	30%~50%	>50%
700	3 246	—	—	—	17.59	82.41
1 400	3 246	—	—	—	17.62	82.38
2 800	2 847	—	—	—	15.03	84.97

从图7-24和表7-24看出，皇甫川流域不同粗泥沙输沙模数泥沙粒径0.10mm以上沙重百分数基本上是大于50%的，面积约占流域面积的82%（当粗泥沙输沙模数为2 800 t/(km²·a)时占85.0%）；泥沙粒径0.10mm以上沙重百分数在30%~50%的面积只占18%（当粗泥沙输沙模数为2 800t/(km²·a)时占15.0%），分布在流域沟口和流域中游与清水川接壤一带，以及十里长川左岸分水岭。

3．土壤抗冲性

分别以不同粒径不同粗泥沙输沙模数界线裁切黄河中游地区土壤抗冲性专题图，得到皇甫川流域不同粒径不同粗泥沙输沙模数下的土壤抗冲性专题（见图 7-25）。并进行面积量算，统计得到皇甫川流域不同粒径不同粗泥沙输沙模数下的土壤抗冲性和行政县面积所占比率（见表 7-25）。

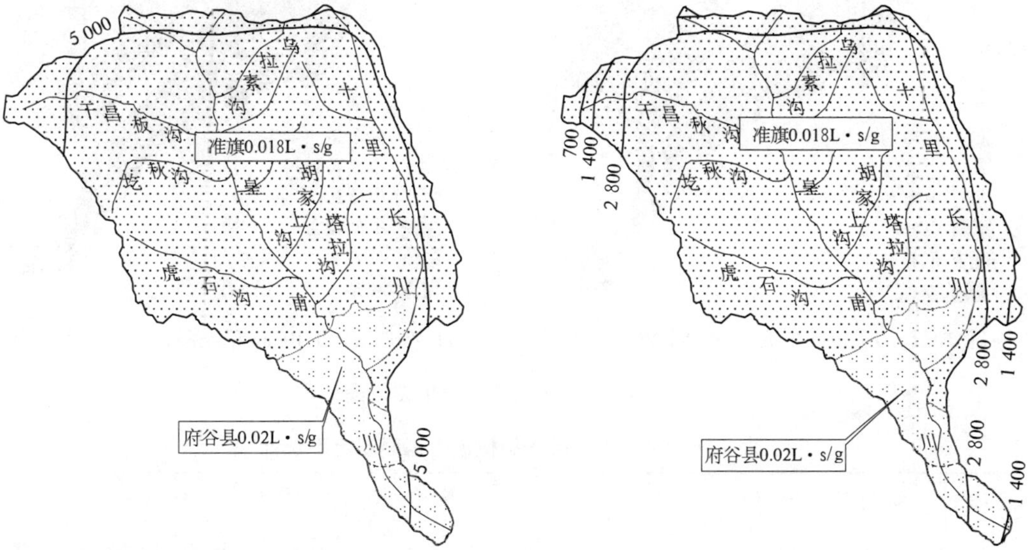

（a）叠加 $d \geqslant 0.05$mm 粗泥沙输沙模数等值线　　（b）叠加 $d \geqslant 0.10$mm 粗泥沙输沙模数等值线

图 7-25　皇甫川流域土壤抗冲性图

表 7-25　皇甫川流域各县（旗）土壤抗冲性及面积比率统计

粒径 (mm)	粗泥沙输沙模数 (t/(km²·a))	面积 (km²)	准旗		府谷县	
			面积比(%)	土壤抗冲性	面积比(%)	土壤抗冲性
≥0.05	1 300	3 246	86.3	0.018	12.7	0.02
	2 500	3 246	86.3	0.018	12.7	0.02
	5 000	2 847	87.5	0.018	12.5	0.02
≥0.10	700	3 234	86.6	0.018	12.8	0.02
	1 400	3 195	87	0.018	12.9	0.02
	2 800	2 841	87.5	0.018	12.5	0.02

从图 7-25 和表 7-25 可以看出，皇甫川流域上游比下游易侵蚀，流域涉及准旗和府谷县，其中准旗土壤抗冲性为 0.018L·s/g，面积占 87%；府谷县土壤抗冲性为 0.02L·s/g，面积占 13%，其分布在流域的下游。

（四）植被特性

分别以不同粒径不同粗泥沙输沙模数界线裁切黄河流域遥感普查项目植被覆盖专题图，得到皇甫川流域不同粒径不同粗泥沙输沙模数下的植被覆盖专题，见图 7-26。并统计得到各级植被覆盖面积及其所占比率，结果见表 7-26。

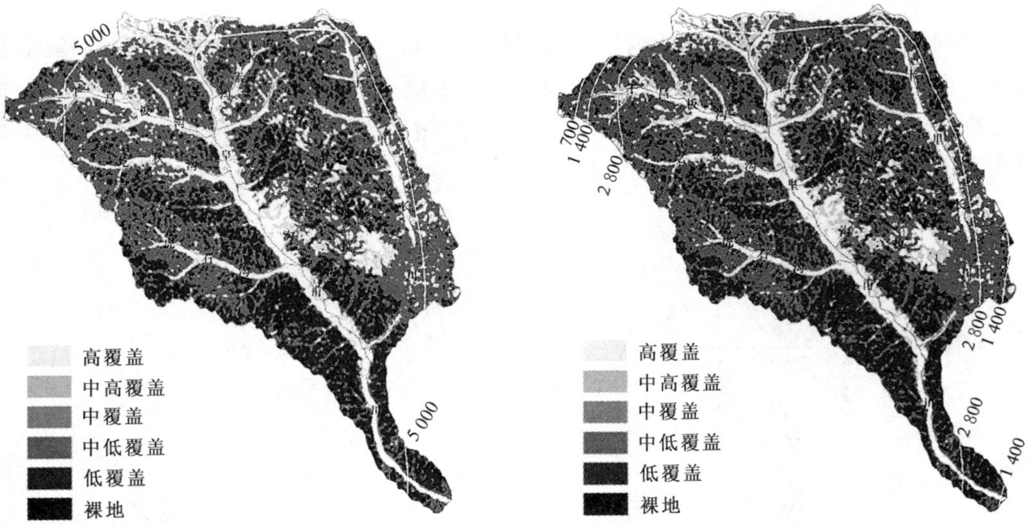

(a)叠加 $d \geqslant 0.05$mm 粗泥沙输沙模数等值线　　(b)叠加 $d \geqslant 0.10$mm 粗泥沙输沙模数等值线

图 7-26　皇甫川流域植被覆盖图

表 7-26　皇甫川流域各级植被覆盖面积比率统计

粒径(mm)	粗泥沙输沙模数(t/(km²·a))	面积(km²)	各级植被覆盖面积所占比率(%)					
			高覆盖	中高覆盖	中覆盖	中低覆盖	低覆盖	裸地
≥0.05	1 300	3 246	0.1	4.6	7.8	22.7	19.7	45.1
	2 500	3 246	0.1	4.6	7.8	22.7	19.7	45.1
	5 000	2 847	0.1	4.8	8.2	21.7	19.3	45.9
≥0.10	700	3 234	0.1	4.6	7.8	22.8	19.8	44.9
	1 400	3 195	0.1	4.7	7.9	22.8	19.9	44.6
	2 800	2 841	0.1	4.8	8.2	21.7	19.3	45.9

从图 7-26 和表 7-26 可看出,不同粒径不同粗泥沙输沙模数下皇甫川流域均以中低覆盖以下面积居多,约占流域面积的 87%,其中裸地面积约占流域面积的 45%,分布在流域干流纳林川两岸;低覆盖面积约占流域面积的 20%,基本分布在流域上游右岸、中游和下游;中低覆盖面积约占流域面积的 22%,基本分布在流域上游左岸、中游及十里长川左右岸。中覆盖以上面积约占流域面积的 13%,分布在支流十里长川和流域上游发源区,其中中覆盖面积占流域面积的 8%,中高覆盖面积占流域面积的 4%。总体上流域右岸植被覆盖度低一些。

(五)土地利用特性

分别以不同粒径不同粗泥沙输沙模数界线裁切全国土地利用遥感普查成果,得到皇甫川流域不同粒径不同粗泥沙输沙模数下的土地利用专题,见图 7-27,并进行面积量算,统计得到皇甫川流域各类土地利用面积及其所占比率,结果见表 7-27。

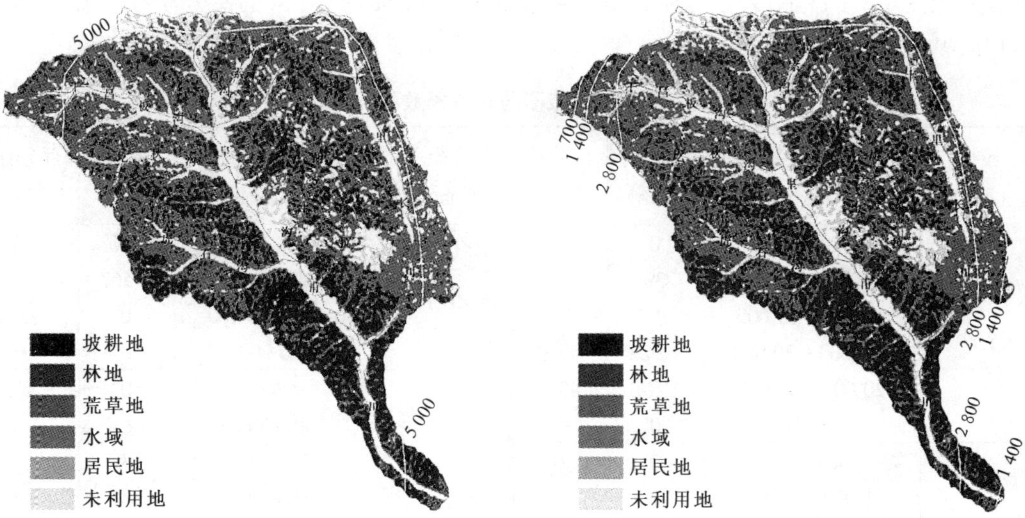

（a）叠加 $d \geqslant 0.05$mm 粗泥沙输沙模数等值线　　（b）叠加 $d \geqslant 0.10$mm 粗泥沙输沙模数等值线

图 7-27　皇甫川流域土地利用图

表 7-27　皇甫川流域各类土地利用面积比率统计

粒径（mm）	粗泥沙输沙模数（t/(km^2·a)）	面积（km^2）	各类土地利用面积所占比率（%）						
			川台地	坡耕地	林地	草地	水域	居民用地	未利用土地
≥0.05	1 300	3 246	8.19	13.02	4.01	4.57	2.09	0.63	67.49
	2 500	3 246	8.19	13.02	4.01	4.57	2.09	0.63	67.49
	5 000	2 847	8.93	12.21	3.95	4.15	2.24	0.69	67.83
≥0.10	700	3 234	8.17	12.95	4.03	4.59	2.10	0.63	67.53
	1 400	3 195	8.17	12.95	4.08	4.54	2.11	0.64	67.51
	2 800	2 841	8.94	12.17	3.93	4.14	2.25	0.70	67.87

从图 7-27 和表 7-27 看出，皇甫川流域不同粒径不同粗泥沙输沙模数以未利用地和坡耕地居多，所占流域面积比例分别约为 67% 和 13%。未利用地主要分布在流域干流纳林川两岸，属砒砂岩分布区；坡耕地主要分布在一级支流十里长川和流域下游。林地约占流域面积的 4%，草地约占流域面积的 5%，水域和居民用地约占流域面积的 3%。

（六）水土流失特点

1. 输沙模数

分别依据全沙输沙模数等值线、$d \geqslant 0.05$mm 和 $d \geqslant 0.10$mm 粗泥沙输沙模数等值线统计，得到皇甫川流域不同输沙模数下的面积比率如表 7-28，皇甫川流域输沙模数等值线图如图 7-28 ~ 图 7-30。

表 7-26 和图 7-28 表明，该流域全沙输沙模数大部在 15 000t/(km^2·a)以上，约占流域面积的 95.6%，其中全沙模数在 15 000 ~ 20 000t/(km^2·a)和 20 000 ~ 40 000t/(km^2·a)的面积分别占流域面积的 46.9% 和 48.6%。空间分布上，全沙输沙模数在 20 000 ~ 40 000 t/(km^2·a)的面积主要分布在流域上、中游右岸和流域上游主沟道左岸，该区域主要为砒

砂岩分布区域;全沙输沙模数为 15 000 ~ 20 000t/(km^2·a)的面积主要分布在支流十里长川和流域下游。

表 7-28　皇甫川流域不同输沙模数面积比率统计

粒径(mm)	输沙模数(t/(km^2·a))	面积(km^2)	百分比(%)	粒径(mm)	输沙模数(t/(km^2·a))	面积(km^2)	百分比(%)
全沙	< 5 000	0	0	≥0.05mm	5 000 ~ 7 000	286	8.8
	5 000 ~ 10 000	39	1.2		7 000 ~ 10 000	2 567	79.1
	10 000 ~ 15 000	107	3.3		10 000 ~ 20 000	0	0
	1 5 000 ~ 20 000	1 522	46.9		> 20 000	0	0
	20 000 ~ 40 000	1 578	48.6	≥0.10mm	< 200	0	0
	> 40 000	0	0		200 ~ 500	6	0.2
≥0.05mm	< 1 000	0	0		500 ~ 1 000	19	0.6
	1 000 ~ 2 000	0	0		1 000 ~ 2 000	549	16.9
	2 000 ~ 2 500	0	0		2 000 ~ 5 000	2 672	82.3
	2 500 ~ 3 000	3	0.1		5 000 ~ 10 000	0	0
	3 000 ~ 4 000	26	0.8		> 10 000	0	0
	4 000 ~ 5 000	364	11.2				

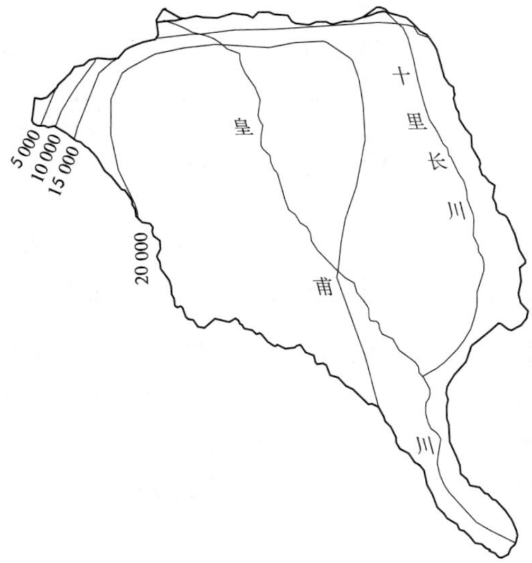

图 7-28　皇甫川流域全沙输沙模数等值线图

表 7-28 和图 7-29 表明,该流域粒径 0.05mm 以上的粗泥沙输沙模数大部分在 7 000 ~ 10 000t/(km^2·a)的面积,占流域面积的 79.1%;4 000 ~ 5 000t/(km^2·a)和 5 000 ~ 7 000t/(km^2·a)的面积,分别占流域面积的 11.3%和 8.8%。空间分布上,从流域边缘至流域中心,粗泥沙输沙模数从 4 000t/(km^2·a)向 7 000t/(km^2·a)以上过渡,即除流域边缘地带(占流域面积的 20.9%)0.05mm 以上粒径的粗泥沙输沙模数小于 7 000t/(km^2·a)外,流域 79.1%的区域 0.05mm 以上粒径的粗泥沙输沙模数均为 7 000 ~ 10 000t/(km^2·a)。流域 87.7% 的区域粗泥沙输沙模数在 5 000t/(km^2·a)以上。

表 7-28 和图 7-30 表明,皇甫川流域粒径 0.10mm 以上的粗泥沙输沙模数大部在 2 000 ~ 5 000t/(km^2·a)之间,其面积占流域面积的 82.3%;1 000 ~ 2 000t/(km^2·a)的面积,占流域面积的 16.9%。空间分布上,除流域边缘地带(占流域面积的 17.7%)0.10mm 以上的粗泥沙输沙模数小于 2 000t/(km^2·a)外,流域 82.3% 的区域泥沙粒径在 0.10mm 以上的粗泥沙输沙模数均为 2 000 ~ 5 000 t/(km^2·a)。粗泥沙输沙模数在 1 400t/(km^2·a)以上的面积占流域面积的 98.4%,粗泥沙

输沙模数在2 800t/(km^2·a)以上的面积占流域面积的 87.5%。

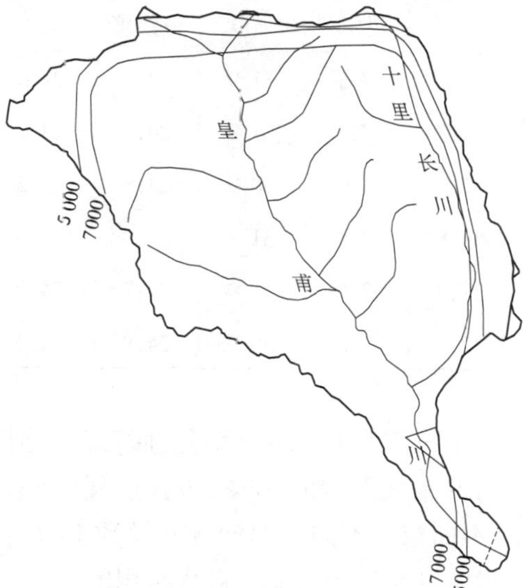

图 7-29 皇甫川 $d \geqslant 0.05$mm 粗泥沙输沙模数等值线图

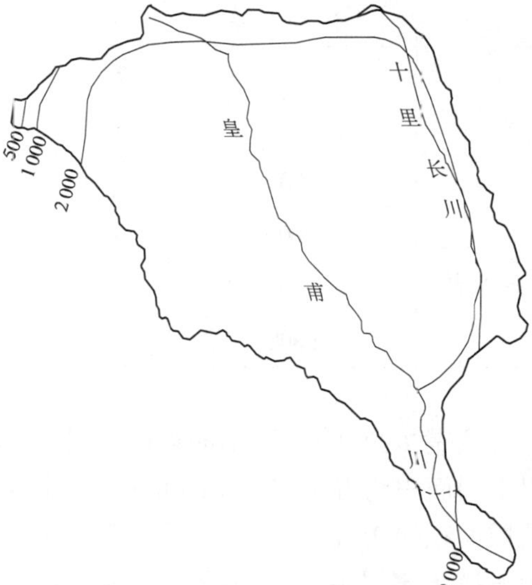

图 7-30 皇甫川 $d \geqslant 0.10$mm 粗泥沙输沙模数等值线图

2. 侵蚀等级

依据坡度、植被覆盖度、土地利用、土壤侵蚀类型和土壤抗冲性等指标综合判定,得到皇甫川流域土壤侵蚀等级专题图,如图 7-31,并进行面积量算,统计得到皇甫川流域不同粒径不同粗泥沙输沙模数下各级侵蚀强度面积比率见表 7-29。

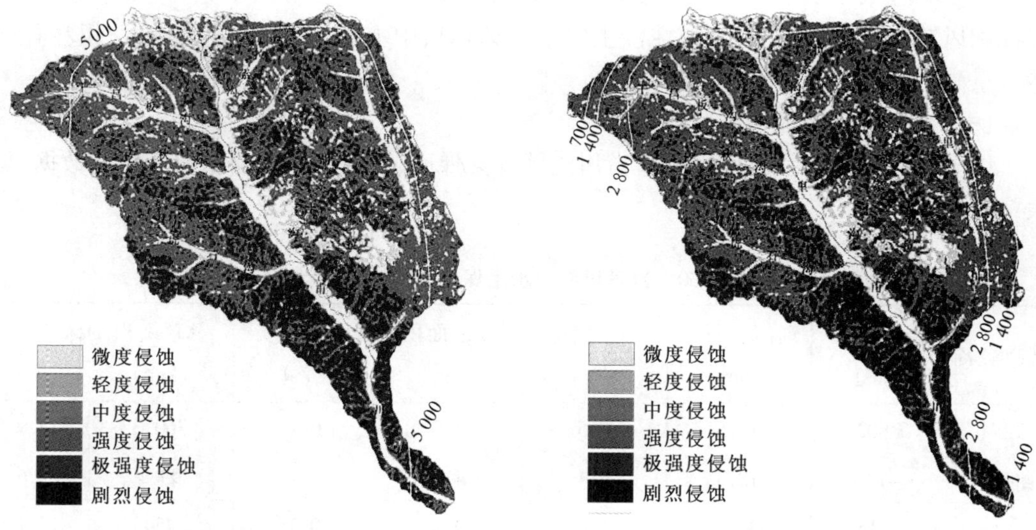

(a)叠加 $d \geqslant 0.05$mm 粗泥沙输沙模数线 (b)叠加 $d \geqslant 0.10$mm 粗泥沙输沙模数线

图 7-31 皇甫川流域土壤侵蚀图

表 7-29　皇甫川流域各级侵蚀强度面积比率统计

粒径(mm)	粗泥沙输沙模数(t/(km²·a))	面积(km²)	各级侵蚀强度面积所占比率(%)					
			微度	轻度	中度	强度	极强度	剧烈
≥0.05	1 300	3 246	0	11.7	7.5	31.9	24.9	24.0
	2 500	3 246	0	11.7	7.5	31.9	24.9	24.0
	5 000	2 847	0	12.4	7.6	30.9	24.8	24.2
≥0.10	700	3 234	0	11.8	7.5	31.9	24.8	24.0
	1 400	3 195	0	11.8	7.6	31.9	24.7	24.0
	2 800	2 841	0	12.4	7.6	30.9	24.8	24.2

从表 7-29 可得出，不同粒径不同粗泥沙输沙模数下皇甫川流域土壤侵蚀等级在强度以上的面积约占流域面积的 80%，其中强度侵蚀约占流域面积的 31%，极强度侵蚀约占流域面积的 25%，剧烈侵蚀约占流域面积的 24%；不同粒径不同粗泥沙输沙模数下，皇甫川流域土壤侵蚀等级为轻度的约占流域面积的 12%，中度侵蚀约占流域面积的 7.5%。空间分布上，支流十里长川土壤侵蚀强度较干流轻，干流上游侵蚀较下游轻，具体表现为：轻度以下侵蚀主要分布在沟道，强度侵蚀主要分布在支流十里长川、流域主沟道及主要支流两侧、流域上游部分地区，极强度侵蚀主要分布于流域上游右岸和流域中游左岸盖沙区，剧烈侵蚀主要分布于流域右岸和主沟道左岸附近。分布部位上，强度侵蚀主要分布于峁顶，极强度侵蚀主要分布于峁顶和沟道之间，剧烈侵蚀主要分布于沟坡。

皇甫川流域水土流失严重，流失面积约占 96.7%，全沙输沙模数基本在 15 000 t/(km²·a)以上，约占流域面积的 95.6%；流域侵蚀类型总体表现以水蚀为主，水蚀、重力侵蚀和风蚀复合侵蚀并存；流域泥沙主要来自纳林川中上游，基岩产沙比例大，粗粒径泥沙含量高。

(七)水土保持治理特性

以多沙粗沙区界线裁切得到皇甫川流域各县梯田、坝地和林草面积及其密度数据，见表 7-30。

表 7-30　皇甫川流域水土保持措施面积统计

县(旗)名	涉及面积(km²)	梯田面积(km²)	梯田密度(%)	坝地面积(km²)	坝地密度(%)	林草面积(km²)	林草密度(%)
准旗	2 802	13.5	0.5	4.8	0.2	360.6	12.9
府谷	413	18.3	4.4	4.4	1.1	93.4	22.6
合计	3 215	31.8	1.0	9.2	0.3	454	14.1

从表 7-30 可看出，多沙粗沙区皇甫川流域涉及准旗和府谷两个县(旗)，各县(旗)水土保持措施中林草密度最大，坝地密度最小；从空间分布看，从北向南，梯田、坝地和林草

密度均增大。

(八)治理顺序

在皇甫川流域 $d \geqslant 0.10$mm 粗泥沙输沙模数等值线图上分别叠加粒径大于 0.10mm 沙重百分数变化趋势线(见图 7-32),从图 7-32 看出,流域从上游向下游 0.10mm 以上粒径粗泥沙输沙模数增大,但流域 0.10mm 以上粒径沙重百分数在流域中游右岸和支流十里长川左岸较小,从减少 0.10mm 以上的粗泥沙目的出发,则应优先治理该流域及其支流十里长川右岸,然后治理十里长川左岸。

三、清水川

(一)概况

清水川流域发源于内蒙古自治区准格尔旗境内,在陕西省府谷县注入黄河,流域面积 881km²。全流域都在多沙粗沙区内,流域沟壑密度为 5.55km/km²,而且都在 $d \geqslant 0.10$mm 粗泥沙输沙模数为 1 400 t/(km²·a)的范围内。$d \geqslant 0.05$mm 粗泥沙输沙模数在 5 000t/km² 以上的面积为 841km²,占清水川全流域面积的 95.5%。$d \geqslant 0.10$mm 粗泥沙输沙模数在 2 800t/km² 以上的面积为844km²,占清水川全流域面积的 95.8%。

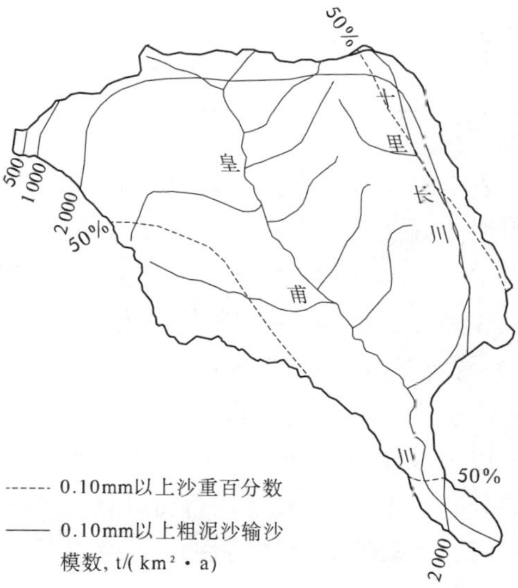

图 7-32　皇甫川流域治理顺序分析图

(二)地貌特性

分别以不同粒径不同粗泥沙输沙模数界线裁切,得到清水川流域不同粒径不同粗泥沙输沙模数下的坡度专题(见图 7-33),并进行面积量算,统计得到清水川流域不同粒径不同粗泥沙输沙模数下的各级坡度所占比率,结果见表 7-31。

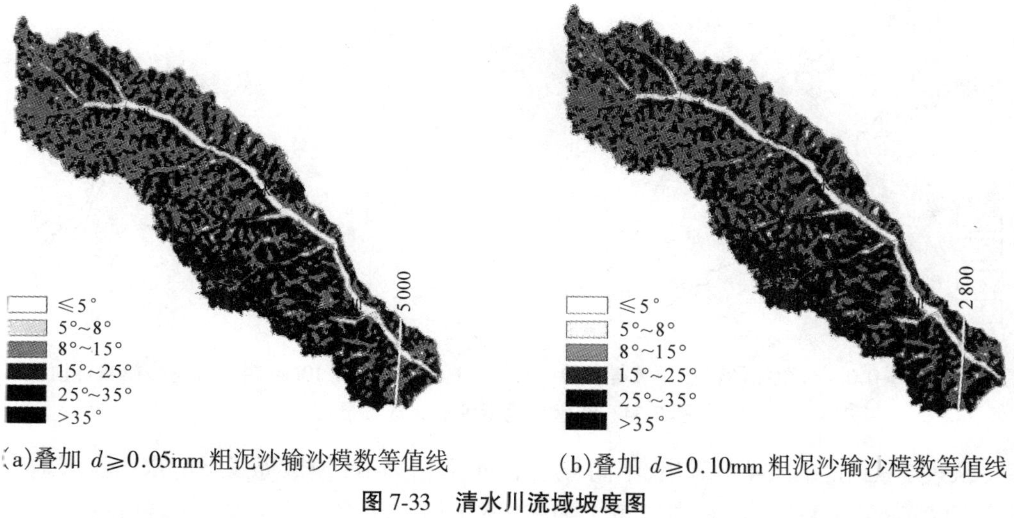

(a)叠加 $d \geqslant 0.05$mm 粗泥沙输沙模数等值线　　(b)叠加 $d \geqslant 0.10$mm 粗泥沙输沙模数等值线

图 7-33　清水川流域坡度图

表 7-31 清水川流域各级坡度面积比率统计

粒径(mm)	粗泥沙输沙模数(t/(km²·a))	面积(km²)	各级坡度面积比率(%)						平均坡度值(°)
			≤5°	5°~8°	8°~15°	15°~25°	25°~35°	>35°	
≥0.05	1 300	881	9.8	7.4	28.0	40.8	12.0	1.9	16.2
	2 500	881	9.8	7.4	28.0	40.8	12.0	1.9	16.2
	5 000	841	9.8	7.4	27.9	41.0	12.1	1.9	16.2
≥0.10	700	881	9.8	7.4	28.0	40.8	12.0	1.9	16.2
	1 400	881	9.8	7.4	28.0	40.8	12.0	1.9	16.2
	2 800	844	9.8	7.4	27.9	41.0	12.1	1.9	16.2

表 7-31 表明,基于 1:50 000 比例尺 DEM 提取并统计得到的清水川流域不同粒径不同粗泥沙输沙模数界线下各坡度级所占百分数及平均坡度值很接近,表现为 8°以下坡度约占 17%,8°~15°坡度级约占 28%,15°~25°坡度级约占 41%,25°~35°坡度级约占 12%,8°~25°坡度级约占 69%,平均坡度值约为 16°(按韭园沟试验样区换算到 1:10 000 比例尺下,平均坡度值约为 22.5°)。

清水川流域坡度空间分布(见图 7-33)特点为:坡度从流域上游向下游逐渐增大,具体为 8°以下坡度主要分布于流域沟道,8°~15°坡度主要分布在流域上游地区,15°~25°坡度主要分布在中、下游和上游部分地区,25°以上坡度主要分布于下游右岸。

(三)地表组成物质特性

1. 类别

分别以不同粒径不同粗泥沙输沙模数界线裁切多沙粗沙区地表组成物质专题图,得到清水川流域不同粒径不同粗泥沙输沙模数下的地表组成物质专题,见图 7-34,并进行面积量算,统计得到地表组成物质面积及所占比率,结果见表 7-32。

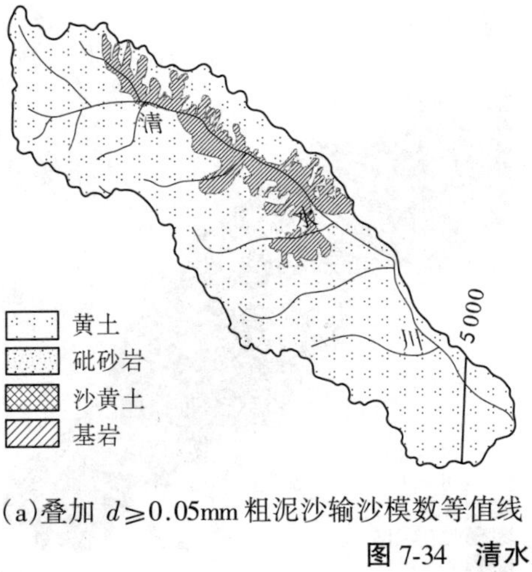

(a)叠加 $d \geqslant 0.05$mm 粗泥沙输沙模数等值线

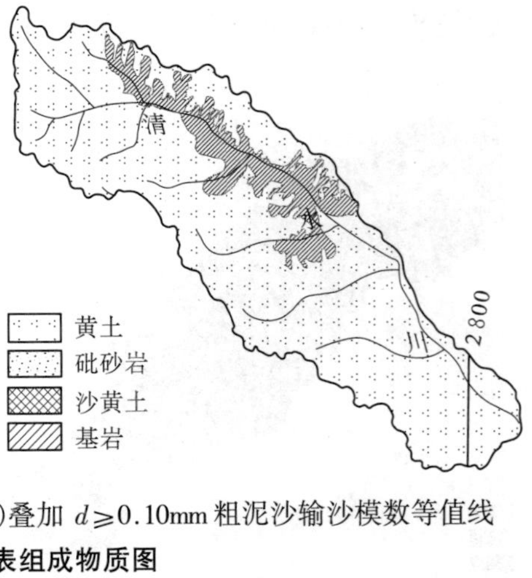

(b)叠加 $d \geqslant 0.10$mm 粗泥沙输沙模数等值线

图 7-34 清水川流域地表组成物质图

从表 7-32 和图 7-34 可看出,不同粒径不同粗泥沙输沙模数界线下清水川流域地表组成物质都为黄土和基岩,其中以黄土为主。黄土所占比率约为87%,基岩所占比率约为

表 7-32　清水川流域地表组成物质面积比率统计

粒径 (mm)	粗泥沙输沙模数 (t/(km²·a))	面积 (km²)	地表组成物质面积比率(%)			
			黄土	砒砂岩	沙盖黄土	基岩
≥0.05	1 300	881	87.7	12.2	—	0.0
	2 500	881	87.7	12.2	—	0.0
	5 000	841	87.2	12.8	—	0.0
≥0.10	700	881	87.7	12.2	—	0.0
	1 400	881	87.7	12.2	—	0.0
	2 800	844	87.2	12.8	—	0.0

12%，分布在清水川流域中上游左岸；基岩主要分布在流域主河道两岸，剩余区域为黄土。

2. 粒径

分别以不同粒径不同粗泥沙输沙模数界线裁切坝地淤积物土壤颗粒平均粒径变化趋势图、土壤粒径大于 0.05mm 和大于 0.10mm 沙重百分数变化趋势图，得到清水川流域土壤粒径变化趋势图，见图 7-35～图 7-37，并进行面积量算，统计得到不同粗泥沙输沙模数下不同土壤粒径沙重百分数面积所占比率，见表 7-33～表 7-35。

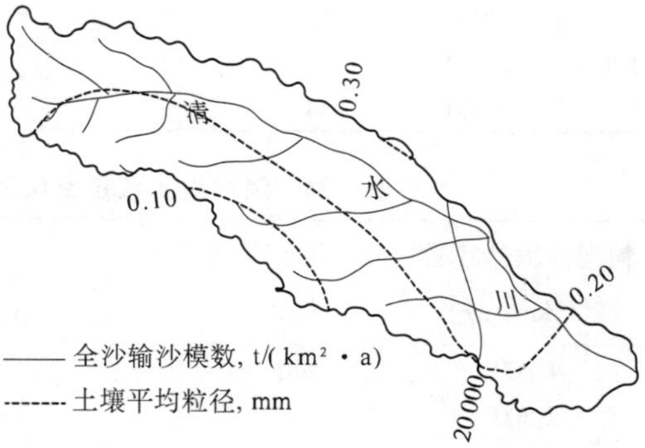

图 7-35　清水川流域平均粒径变化趋势图
(叠加全沙输沙模数线)

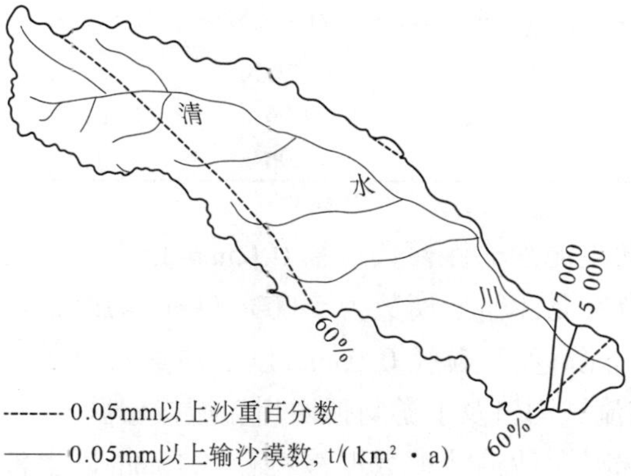

叠加 $d \geq 0.05$mm 粗泥沙输沙模数等值线

图 7-36　清水川 0.05mm 以上沙重百分数变化趋势图

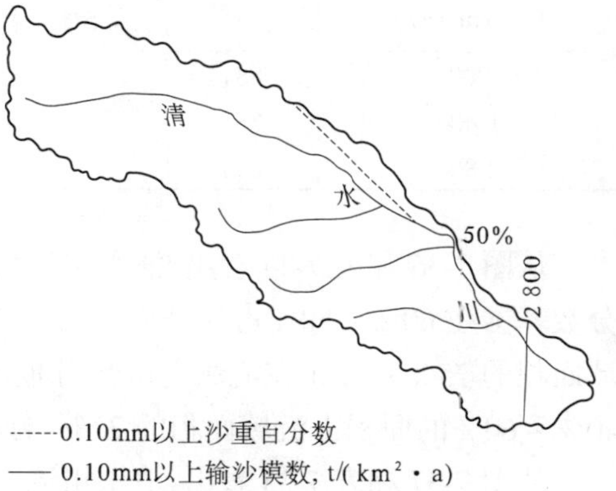

叠加 $d \geq 0.10$mm 粗泥沙输沙模数等值线

图 7-37　清水川 0.10mm 以上沙重百分数变化趋势图

从图 7-35 和表 7-33 看出，清水川流域不同粗泥沙输沙模数平均粒径大于 0.10mm，其中最大为 0.335mm，最小为 0.10mm；平均粒径大于 0.30mm 的面积约占 0.5%，分布在流域中游与皇甫川流域接壤区；平均粒径在 0.20 ~ 0.30mm 的面积约占 55%，分布在流域主沟道两岸及左岸；平均粒径在 0.10 ~ 0.20mm 的面积约占 40%，分布在流域右岸；平均粒径在 0.10mm 的面积约占 5%，分布在流域右岸中游与孤山川接壤区。

表 7-33　清水川流域土壤平均粒径面积比率统计

粒径(mm)	粗泥沙输沙模数(t/(km²·a))	面积(km²)	土壤平均粒径面积比率(%)					
			<0.05 mm	0.05 ~ 0.10 mm	0.10 mm	0.10 ~ 0.20 mm	0.20 ~ 0.30 mm	>0.30 mm
0.05mm	1 300	881	—	—	5.3	40.9	53.4	0.5
	2 500	881	—	—	5.3	40.9	53.4	0.5
	5 000	841	—	—	5.6	38.1	55.9	0.5
0.10mm	700	881	—	—	5.3	40.9	53.4	0.5
	1 400	881	—	—	5.3	40.9	53.4	0.5
	2 800	844	—	—	5.6	38.3	55.7	0.5

表 7-34　清水川流域粒径 0.05mm 以上沙重百分数面积比率

粗泥沙输沙模数[t/(km²·a)]	面积(km²)	不同沙重百分数面积所占比率(%)				
		<30%	30% ~ 40%	40% ~ 60%	60% ~ 80%	>80%
1 300	881	—	—	26.7	73.3	—
2 500	881	—	—	26.7	73.3	—
5 000	841	—	—	24.9	75.1	—

表 7-35　清水川流域粒径 0.10mm 以上沙重百分数面积比率

粗泥沙输沙模数(t/(km²·a))	面积(km²)	不同沙重百分数面积所占比率(%)				
		<5%	5% ~ 10%	10% ~ 30%	30% ~ 50%	>50%
700	881	—	—	—	96.6	3.4
1 400	881	—	—	—	96.6	3.4
2 800	844	—	—	—	96.5	3.5

从图 7-36 和表 7-34 看出，清水川流域不同粗泥沙输沙模数粒径 0.05mm 以上沙重百分数基本在 60% ~ 80% 占流域面积的 73%（当粗泥沙输沙模数为 5 000t/(km²·a)时占流域面积的 75%），分布在流域上游部分地区和下游；泥沙粒径 0.05mm 以上沙重百分数在 40% ~ 60% 的面积占流域面积的 27%，分布在流域沟口及上游与孤山川流域接壤区。

从图 7-37 和表 7-35 看出，清水川流域不同粗泥沙输沙模数泥沙粒径 0.10mm 以上沙重百分数基本在 30% ~ 50% 范围，约占流域面积的 97%；泥沙粒径 0.10mm 以上沙重百分数大于 50% 的面积只占流域面积的 3%，其分布在流域中游与皇甫川流域接壤区。

3. 土壤抗冲性

分别以不同粒径不同粗泥沙输沙模数界线裁切黄河中游地区土壤抗冲性专题图，得到清水川流域不同粒径不同粗泥沙输沙模数下的土壤抗冲性专题（见图 7-38），并进行面积量算，统计得到土壤抗冲性及行政县面积所占比率（见表 7-36）。

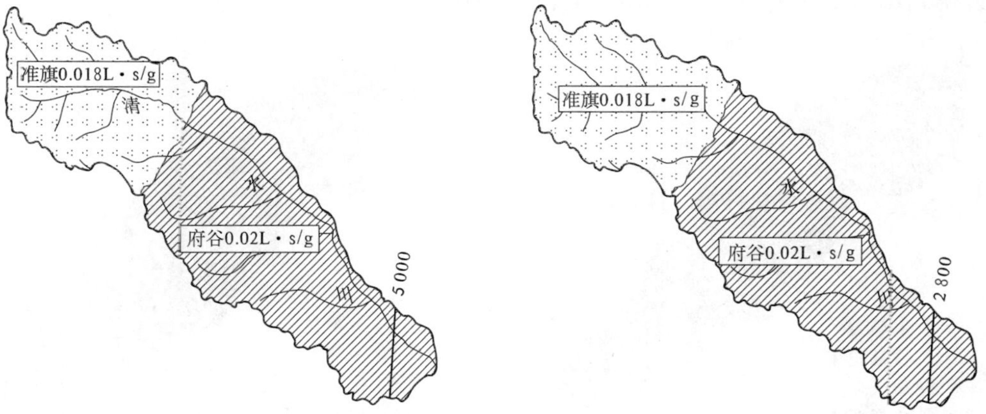

(a)叠加 $d\geqslant0.05$mm 粗泥沙输沙模数等值线　　(b)叠加 $d\geqslant0.10$mm 粗泥沙输沙模数等值线

图 7-38　清水川流域土壤抗冲性图

表 7-36　清水川流域各县土壤抗冲性和面积比率统计

粒径(mm)	粗泥沙输沙模数(t/(km²·a))	面积(km²)	准旗		府谷	
			面积比率(%)	土壤抗冲性(L·s/g)	面积比率(%)	土壤抗冲性(L·s/g)
≥0.05	1 300	881	36.1	0.018	63.9	0.020
	2 500	881	36.1	0.018	63.9	0.020
	5 000	841	37.8	0.018	62.2	0.020
≥0.10	700	881	36.1	0.018	63.9	0.020
	1 400	881	36.1	0.018	63.9	0.020
	2 800	844	37.7	0.018	62.3	0.020

从图 7-38 和表 7-36 可看出，清水川流域涉及准旗和府谷两个县(旗)，其中准旗土壤抗冲性为 0.018L·s/g，面积约占 36%，主要分布在流域上游；府谷县土壤抗冲性为 0.02 L·s/g，面积约占 64%，主要分布在流域的下游。

(四)植被特性

分别以不同粒径不同粗泥沙输沙模数界线裁切黄河流域遥感普查项目植被覆盖专题图，得到清水川流域不同粒径不同粗泥沙输沙模数下的植被覆盖专题(见图 7-39)，并进行面积量算，统计得到各级植被覆盖面积及其所占比率，结果如表 7-37。

从图 7-39 和表 7-37 可得出，不同粒径不同粗泥沙输沙模数下清水川流域以中低覆盖以下面积居多，约占流域面积的 95%，其中裸地约占流域面积的 12%，分布在流域中上游主河道两岸；低覆盖面积约占流域面积的 50%，基本分布在流域上游；中低覆盖面积约占流域面积的 33%，基本分布在流域下游。中覆盖以上面积占流域面积的 5%，其中中覆盖面积占流域面积的 4%，中高覆盖和高覆盖面积占流域面积的 1%；总体上流域左岸植被覆盖度比右岸低一些，下游植被覆盖度比上游低一些。

(五)土地利用特性

分别以不同粒径不同粗泥沙输沙模数界线裁切全国土地利用遥感普查成果，得到清水川流域不同粒径不同粗泥沙输沙模数下的土地利用专题，见图 7-40，并进行面积量算，统计得到不同土地利用方式面积所占比率,结果如表 7-38。

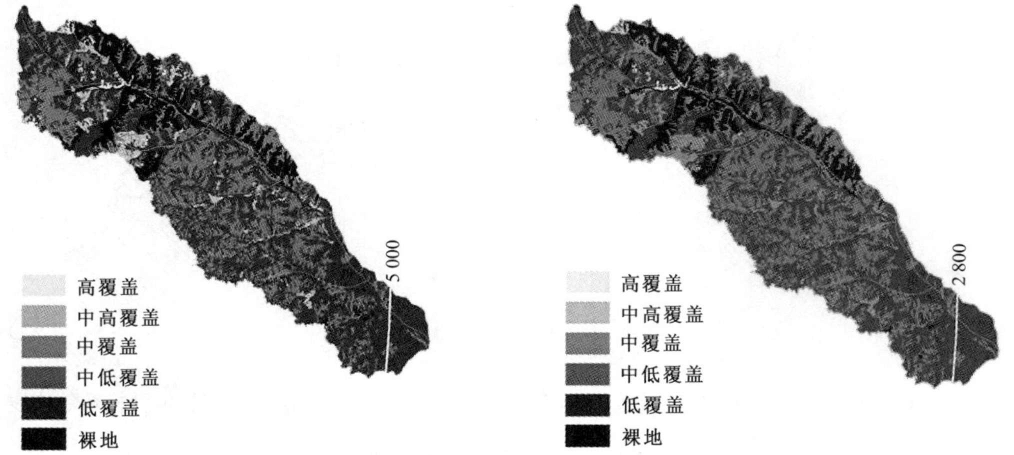

(a)叠加 $d \geqslant 0.05$mm 粗泥沙输沙模数等值线　　(b)叠加 $d \geqslant 0.10$mm 粗泥沙输沙模数等值线

图 7-39　清水川流域植被覆盖度图

表 7-37　清水川流域各级植被覆盖面积比率统计

粒径 (mm)	粗泥沙输沙模数 (t/(km²·a))	面积 (km²)	各级植被覆盖面积所占比率(%)					
			高覆盖	中高覆盖	中覆盖	中低覆盖	低覆盖	裸地
≥0.05	1 300	881	0.2	0.4	4.1	33.0	50.5	11.8
	2 500	881	0.2	0.4	4.1	33.0	50.5	11.8
	5 000	841	0.2	0.4	4.3	34.2	48.5	12.3
≥0.10	700	881	0.2	0.4	4.1	33.0	50.5	11.8
	1 400	881	0.2	0.4	4.1	33.0	50.5	11.8
	2 800	844	0.2	0.4	4.3	34.2	48.5	12.3

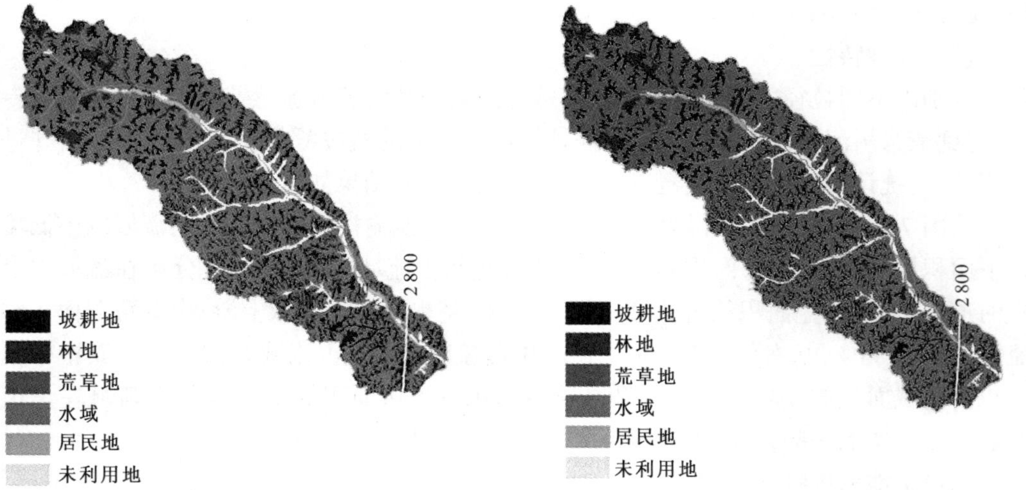

(a)叠加 $d \geqslant 0.05$mm 粗泥沙输沙模数等值线　　(b)叠加 $d \geqslant 0.10$mm 粗泥沙输沙模数等值线

图 7-40　清水川流域土地利用图

表 7-38　清水川流域各类土地利用面积比率统计

粒径(mm)	粗泥沙输沙模数(t/(km²·a))	面积(km²)	各类土地利用面积所占比率(%)						
			川台地	坡耕地	林地	荒草地	水域	居民用地	未利用土地
≥0.05	1 300	881	4.0	24.1	3.2	54.5	1.6	0.4	0
	2 500	881	4.0	24.1	3.2	54.5	1.6	0.4	0
	5 000	841	4.0	23.9	3.3	54.6	1.6	0.3	0
≥0.10	700	881	4.0	24.1	3.2	54.5	1.6	0.4	0
	1 400	881	4.0	24.1	3.2	54.5	1.6	0.4	0
	2 800	844	4.0	23.9	3.3	54.6	1.6	0.3	0

从图 7-40 和表 7-38 看出，清水川流域不同粗泥沙输沙模数下土地利用都以荒草地和坡耕地居多，所占比例分别约为 55% 和 24%，其中荒草地基本分布在流域的上游和下游，坡耕地插花分布在整个流域；川台地所占比例为 4%，分布在流域主沟道；林地所占比例为 3%，零星分布；水域和居民用地所占比例为 2%。

(六)水土流失特点

1. 输沙模数

分别依据全沙输沙模数等值线、粒径 $d \geqslant 0.05$mm 和 $d \geqslant 0.10$mm 粗泥沙输沙模数等值线统计得到清水川流域不同输沙模数下的面积比率如表 7-39，清水川流域输沙模数等值线图如图 7-41 ~ 图 7-43。

表 7-39　清水川流域不同输沙模数面积比率统计

粒径(mm)	输沙模数(t/(km²·a))	面积(km²)	百分比(%)	粒径(mm)	输沙模数(t/(km²·a))	面积(km²)	百分比(%)
全沙	<5 000	0	0	≥0.05mm	5 000 ~ 7 000	13	1.5
	5 000 ~ 10 000	0	0		7 000 ~ 10 000	831	94.3
	10 000 ~ 15 000	0	0		10 000 ~ 20 000	0	0
	15 000 ~ 20 000	172	19.5		>20 000	0	0
	20 000 ~ 40 000	709	80.5	≥0.10mm	<200	0	0
	>40 000	0	0		200 ~ 500	0	0
≥0.05mm	<1 000	0	0		500 ~ 1 000	0	0
	1 000 ~ 2 000	0	0		1 000 ~ 2 000	48	5.4
	2 000 ~ 2 500	0	0		2 000 ~ 5 000	833	94.56
	2 500 ~ 3 000	0	0		5 000 ~ 10 000	0	0
	3 000 ~ 4 000	0	0		>10 000	0	0
	4 000 ~ 5 000	37	4.2				

表 7-39 和图 7-41 表明，清水川流域全沙输沙模数基本在 20 000 ~ 40 000 t/(km^2·a)，其面积占流域面积的 80.5%，剩余区域全沙输沙模数为 15 000 ~ 20 000t/(km^2·a)。空间分布上，全沙输沙模数在 20 000 ~ 40 000t/(km^2·a)的范围主要分布在流域上游和中游，全沙输沙模数为 15 000 ~ 20 000t/(km^2·a)主要分布在流域下游。

表 7-39 和图 7-42 表明，清水川流域粒径 0.05mm 以上的粗泥沙输沙模数基本在 7 000 ~ 10 000 t/(km^2·a)，占流域面积的 94.3%。空间分布上，除流域下游入黄附近（占流域面积的 5.7%）粗泥沙输沙模数小于 7 000t/(km^2·a)外，流域 94.3% 的区域 0.05mm 以上粒径的粗泥沙输沙模数均为 7 000 ~ 10 000 t/(km^2·a)。流域 95.5% 的区域粗泥沙输沙模数在 5 000t/(km^2·a)以上。

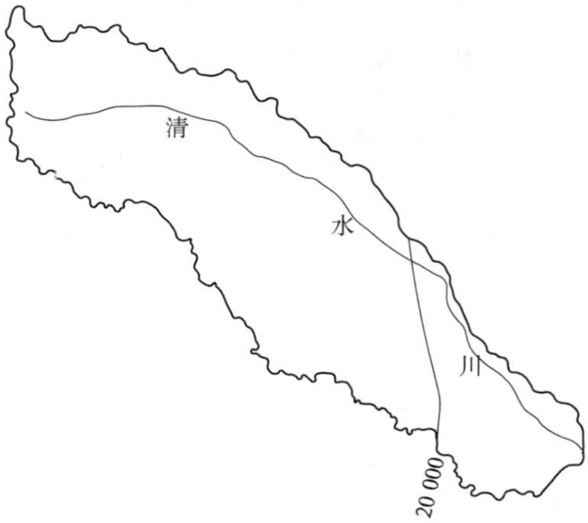

图 7-41 清水川流域全沙输沙模数等值线图

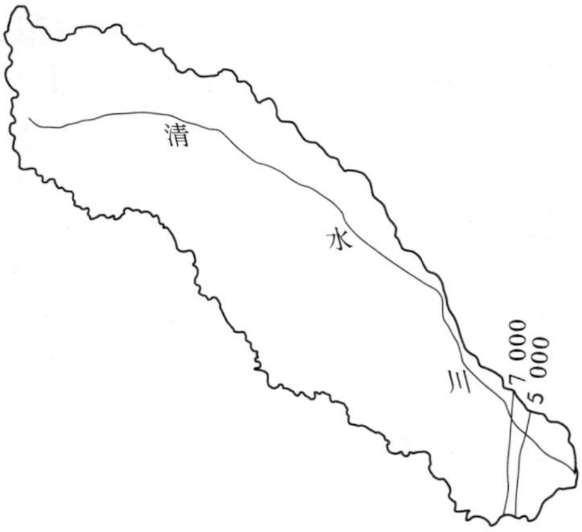

图 7-42 清水川流域 $d \geqslant 0.05$mm 粗泥沙输沙模数等值线图

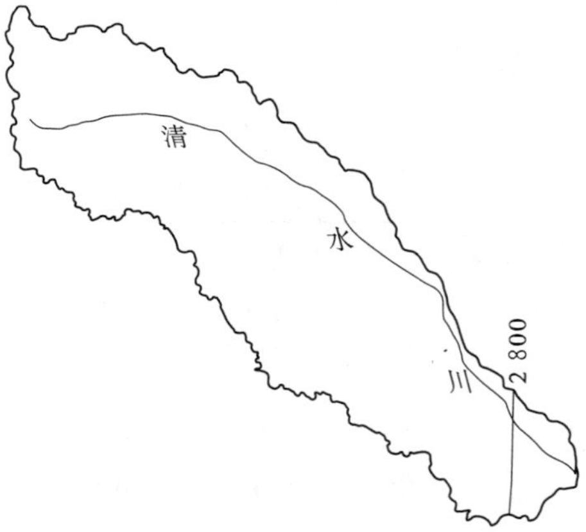

图 7-43 清水川流域 $d \geqslant 0.10$mm 粗泥沙输沙模数等值线图

表 7-39 和图 7-43 表明，清水川流域粒径 0.10mm 以上的粗泥沙输沙模数基本在 2 000 ~ 5 000t/(km^2·a)，占流域面积的 94.6%。空间分布上，除流域下游入黄附近（占流域面积的 5.4%）粗泥沙输沙模数为 1 000 ~ 2 000t/(km^2·a)外，流域 94.6% 的区域 0.10mm 以上粒径的粗泥沙输沙模数均为 2 000 ~ 5 000t/(km^2·a)。清水川流域粗泥沙输沙模数均在1 400t/(km^2·a)以上，粗泥沙输沙模数在 2 800t/(km^2·a)以上的面积占流域面积的 95.8%。

2. 侵蚀等级

依据坡度、植被覆盖度、土地利用、土壤侵蚀类型和土壤抗冲性等指标，综合判定得到清水川流域土壤侵蚀等级专题图，如图 7-44，并进行面积量算，统计得到清水川流域不同粒径不同粗泥沙输沙模数下各级侵蚀强度面积比率如表 7-40。

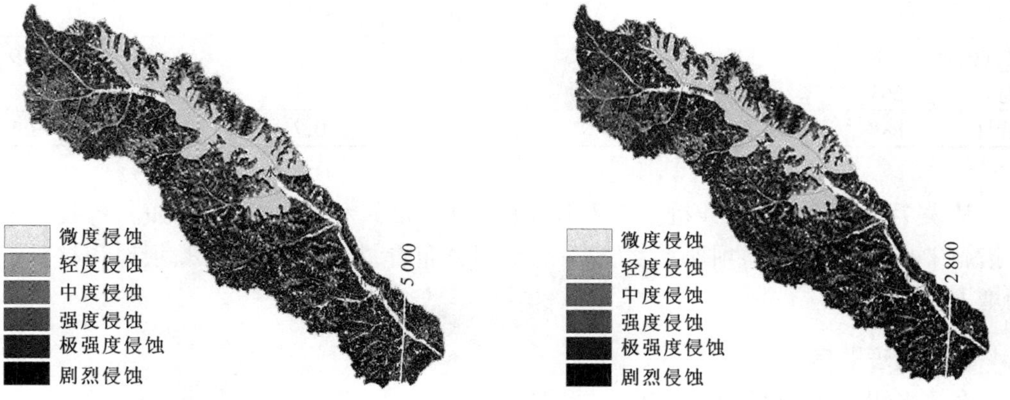

(a)叠加 $d \geqslant 0.05$mm 粗泥沙输沙模数线　　(b)叠加 $d \geqslant 0.10$mm 粗泥沙输沙模数线

图 7-44　清水川流域土壤侵蚀图

表 7-40　清水川流域各级侵蚀强度面积比率统计

粒径(mm)	粗泥沙输沙模数(t/(km²·a))	面积(km²)	各级侵蚀强度面积所占比率(%)					
			微度	轻度	中度	强度	极强度	剧烈
≥0.05	1 300	881	0	5.8	15.0	23.8	26.3	29.1
	2 500	881	0	5.8	15.0	23.8	26.3	29.1
	5 000	841	0	5.7	15.7	23.9	26.0	28.7
≥0.10	700	881	0	5.8	15.0	23.8	26.3	29.1
	1 400	881	0	5.8	15.0	23.8	26.3	29.1
	2 800	844	0	5.7	15.7	23.9	26.0	28.7

从表 7-40 和图 7-44 可看出，不同粒径不同粗泥沙输沙模数下清水川流域土壤侵蚀等级在强度以上面积约占流域面积的 79%，其中强度侵蚀约占流域面积的 24%，极强度侵蚀约占流域面积的 26%，剧烈侵蚀约占流域面积的 29%；不同粒径不同粗泥沙输沙模数下，清水川流域土壤侵蚀等级为轻度的约占流域面积的 6%，中度侵蚀的约占流域面积的 15%。空间分布上，土壤侵蚀从流域上游向下游加剧，具体表现为：轻度侵蚀主要分布在流域主沟道，中度侵蚀主要分布在流域中上游主沟道的不易侵蚀岩地区；强度、极强度和剧烈侵蚀在全流域均有分布，但在流域的上、中、下游地区强度、极强度、剧烈侵蚀所占比率分别相对较大。

清水川流域水土流失严重，流域侵蚀类型以水蚀为主，流失面积约占 97.7%，全沙输沙模数大于 20 000t/(km²·a)，占流域面积的 80.5%，土壤侵蚀从流域上游向下游加剧；粗粒径泥沙含量较高。

(七)水土保持治理特性

以多沙粗沙区界线裁切得到清水川流域各县梯田、坝地和林草面积及其密度数据，详见表 7-41。

表 7-41 清水川水土保持措施面积统计

县名	涉及面积(km^2)	梯田面积(km^2)	梯田密度(%)	坝地面积(km^2)	坝地密度(%)	林草面积(km^2)	林草密度(%)
准旗	318	1.5	0.5	0.5	0.2	40.9	12.9
府谷	563	24.9	4.4	5.9	1.1	127.3	22.6
合计	881	26.4	3.0	6.4	0.7	168.2	19.1

从表 7-41 可看出，多沙粗沙区清水川流域涉及准旗和府谷两个县(旗)，各县水土保持措施中林草密度最大，坝地密度最小；从空间分布看，从北向南，梯田、坝地和林草密度均增大。

(八)治理顺序

在清水川流域粒径 $d \geqslant 0.10$mm 粗泥沙输沙模数等值线图上叠加土壤粒径大于 0.10mm 沙重百分数变化趋势线，如图 7-45，从图 7-45 看出，流域从上游向下游粒径 $d \geqslant 0.10$mm粗泥沙输沙模数增大，但清水川流域 0.10mm 以上粒径沙重百分数在 50% 以上的仅占 3.4%，其余区域 0.10mm 以上粒径沙重百分数为 30% ~ 50%，从减少 0.10mm 以上的粗泥沙目的出发，则应优先治理清水川流域下游，然后治理清水川流域左岸，最后治理其余区域。

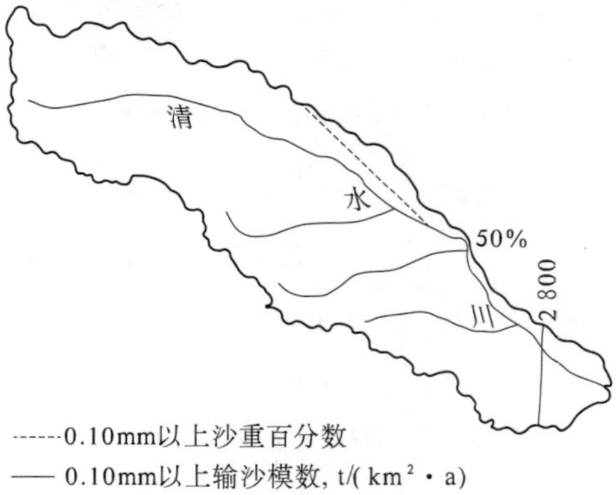

图 7-45 清水川流域治理顺序分析图

四、秃尾河

(一)概况

秃尾河流域位于黄土高原北部，地理坐标为东经 109°57′ ~ 110°31′，北纬 38°31′ ~ 39°01′之间，总面积 3 294km^2。流域干流发源于陕西省神木县瑶镇的宫泊海子，流经榆林市神木、榆阳、佳县三县(区)，在佳县武家峁汇入黄河，是黄河中游河口镇至龙门区间水土流失最严重的多沙粗沙支流之一。

流域主沟道长 139.6km，沟道平均比降 3.16%。地势西北高、东南低，海拔高程介于 738 ~ 1 266m之间，具有风沙区和黄土丘陵沟壑区第一副区的基本地形、地貌特征。共有支毛沟 200 多条，其中 30 ~ 50km 长支沟 2 条，10 ~ 30km 长支沟 15 条，5 ~ 10km 长支沟 16 条，1 ~ 5km长支沟 21 条，古今滩至凉水井区间分布支沟道占 50%左右，左岸密，右岸疏。

流域属于大陆性季风半干旱气候，冬季寒冷干燥，夏季高温炎热。年均降水量 394.5mm，年均蒸发量 1 500mm。流域内降雨集中在 6 ~ 9 月份，降雨量占全年降水的 76.98%，根据流域内多年气象资料统计，年最大降水量 672.2mm(1967 年)，最小降水量 137.5mm(1965 年)，降水分布总体趋势由西北向东南递增。年内最大降水月份一般出现在 8 月份,最小降水月份出现在 12 月份。多年平均气温 8.5℃,极端最高气温 38.9℃(1966 年 6 月 21 日,神木),极端最低气温 -32.7℃(1954 年 12 月 28 日,榆林),大于 10℃的积温为 3 797.7℃。每年八级以上的大风达 20 多天,多年平均风速 2~3.6m/s,瞬间最大风速可达 26m/s,多西北风,冬春季频繁出现大风和沙尘暴,是京津唐及华北地区沙尘暴的主要发源地之一。多年平均无霜期 167 天,年日照数 2 853h。流域主要自然灾害有沙尘暴、干旱、冰雹和霜冻等。

流域多年平均径流量 38 340 万 m^3,年际变率 0.76~1.33,径流量年内分配不均,最大月份是最小月份的 2.3 倍。该区的暴雨历时短、强度大、雨区集中,在高强度暴雨下导致超渗产流,加上坡陡沟深,支流密集,很容易形成洪峰尖瘦、暴涨暴落的突发性高含沙洪水,是黄河中游产沙、输沙模数比较高的区域,泥沙多,颗粒粗,是黄河粗泥沙的主要来源地之一。

流域上游属荒漠与沙生植被区,下游属于草原植被区。区域内植被稀少,天然植被以次生植被为主。流域西北部风沙区呈现荒漠草原为代表的景观,除流沙外,尚有河谷、黄土梁及无流滩地等,在流动沙丘区,水热、养分等条件较差,风沙流动,植被稀疏,主要沙生植物有沙竹、沙米、沙芥、沙蓬等;在半固定沙丘区,沙蒿、沙柳、沙棘、沙竹、油蒿等生长旺盛;河谷地带主要是农田、人工林及沼泽、草甸、库岸水生植物。

流域矿产资源主要有煤炭、石油、天然气、耐火土、陶土等,煤炭资源集中在神木县大保当乡境内。国家计委已批准的榆神矿区开发总体方案中的二期煤田便位于此,预计年产原煤 1 亿 t,该区煤质优良,是很好的环保型煤炭。同时,神木县锦界工业区正准备利用当地煤炭资源大力发展电力工业,在向外输出电力的同时,发展冶金等高耗能工业,重点建设 10 万 t 电解铝厂和 1 200t 金属钙厂。

流域涉及陕西省榆林市的神木县、榆阳区和佳县三个县(区)14 个乡(镇)320 个行政村,总人口 12.89 万人,农业人口 12.69 万人,总户数 3.48 万户,总劳动力 4.69 万个,人口密度 39.1 人/km^2。黄丘区人口 8.22 万人,农业人口 8.12 万人,人口密度为 61.1 人/km^2。流域内人口主要集中在黄丘区,人口密度相对较大。

秃尾河流域上游和中游主沟道两侧位于多沙粗沙区外,位于多沙粗沙区内的秃尾河面积 1 272km^2,占秃尾河全流域面积的 39.7%,粗泥沙集中来源区秃尾河沟壑密度为 5.63km/(km^2·a)。粒径 $d \geq 0.05$mm 的粗泥沙输沙模数在 5 000t/(km^2·a)以上的面积为 800km^2,占多沙粗沙区秃尾河面积的 62.9%,占秃尾河全流域总面积的 25.0%。粒径 $d \geq 0.10$mm粗泥沙输沙模数在 1 400t/(km^2·a)以上的面积为 1 088km^2,占多沙粗沙区秃尾河面积的 85.5%,占秃尾河全流域面积的 34.0%;粒径 $d \geq 0.10$mm 粗泥沙输沙模数在 2 800t/(km^2·a)以上的面积为 793km^2,占多沙粗沙区秃尾河面积的 62.3%,占秃尾河全流域面积的 24.8%。

(二)地貌特性

分别以不同粒径不同粗泥沙输沙模数界线裁切,得到多沙粗沙区秃尾河流域不同粒径不同粗泥沙输沙模数下的坡度专题(见图 7-46),并进行面积量算,统计得到多沙粗沙区秃尾河流域不同粒径不同粗泥沙输沙模数下的各级坡度所占比率,结果见表 7-42。

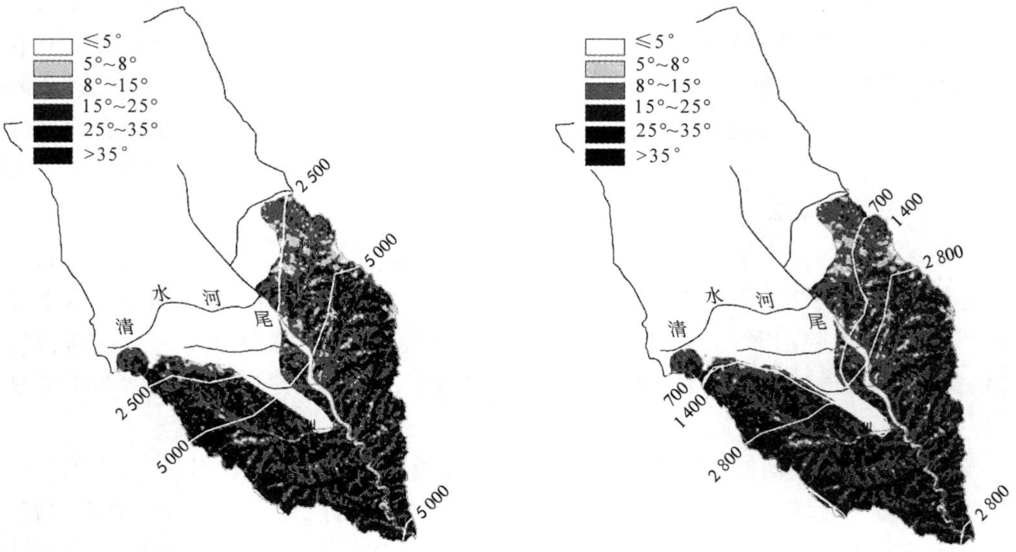

(a)叠加 $d \geqslant 0.05$mm 粗泥沙输沙模数等值线　　(b)叠加 $d \geqslant 0.10$mm 粗泥沙输沙模数等值线

图 7-46　多沙粗沙区秃尾河流域坡度图

表 7-42　多沙粗沙区秃尾河流域各级坡度面积比率统计

粒径（mm）	粗泥沙输沙模数（t/(km²·a)）	面积（km²）	各级坡度面积所占比率(%)						平均坡度值(°)
			≤5°	5°～8°	8°～15°	15°～25°	25°～35°	>35°	
≥0.05	1 300	1 272	12.1	9.4	28.9	34.8	12.9	2.0	15.5
	2 500	1 158	11.3	8.5	27.8	35.9	14.2	2.4	15.8
	5 000	800	10.6	7.9	27.0	36.5	15.2	2.7	16.1
≥0.10	700	1 091	11.1	8.5	27.9	36.2	14.1	2.3	16.1
	1 400	1 088	11.1	8.5	27.9	36.2	14.1	2.3	16.1
	2 800	793	10.7	7.9	27.0	36.6	15.2	2.7	16.5

表 7-42 表明，基于 1∶50 000 比例尺 DEM 提取并统计得到的多沙粗沙区秃尾河流域坡度在相同粒径下，平均坡度随粗泥沙输沙模数增加而增大，具体表现为 8°以下坡度随粗泥沙输沙模数增加所占百分比减少，8°以上坡度随粗泥沙输沙模数增加所占百分比增加，但增减幅度均很小。原因是在相同粒径下，风沙区所占面积均随粗泥沙输沙模数增加逐渐减少。不同粒径不同粗泥沙输沙模数下各坡度级所占百分比均以 15°～25°最多，约占多沙粗沙区秃尾河面积的 35%，其次为 8°～15°的坡度居多，约占 28%。按韭园沟试验样区坡度换算关系，多沙粗沙区秃尾河平均坡度约为 22°。

多沙粗沙区秃尾河流域坡度空间分布(图 7-46)主要特点为：8°以下坡度主要分布在沟道和峁顶，8°～15°坡度主要分布在中游左岸和流域的坡面上，15°～25°坡度主要分布在坡面和沟坡；25°以上坡度主要分布在沟道的沟坡。

（三）地表组成物质特性

1. 类别

分别以不同粒径不同粗泥沙输沙模数界线裁切多沙粗沙区地表组成物质专题图，得到多沙粗沙区秃尾河流域不同粒径不同粗泥沙输沙模数下的地表组成物质专题(见图 7-47),并进行面积量算,统计得到地表组成物质面积及所占比率,结果见表 7-43。

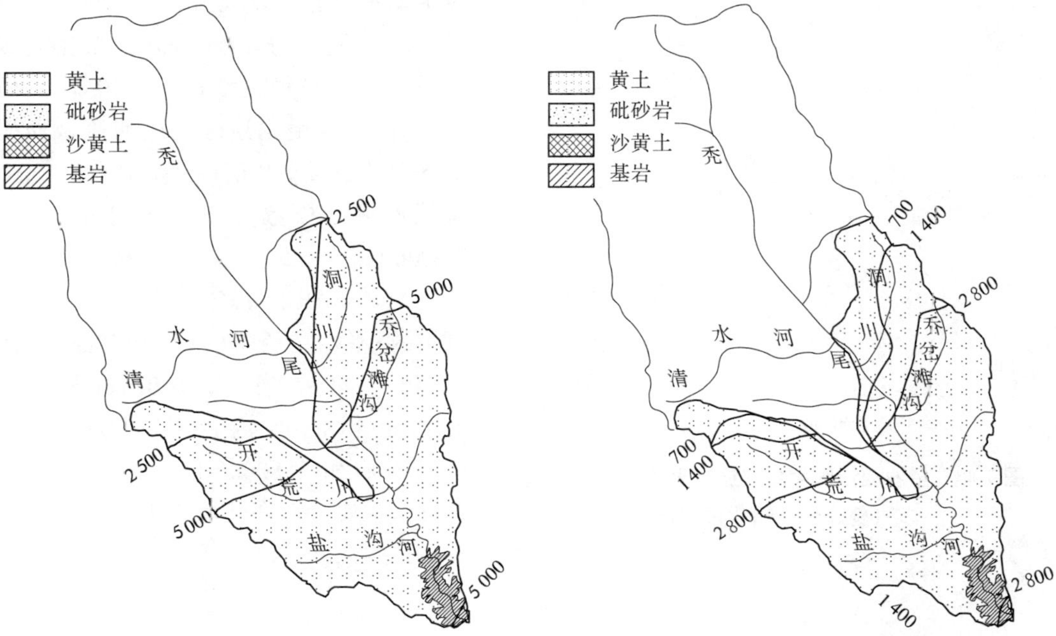

(a)叠加 $d \geqslant 0.05$mm 粗泥沙输沙模数等值线　　(b)叠加粒径 $d \geqslant 0.10$mm 粗泥沙输沙模数等值线

图 7-47　多沙粗沙区秃尾河流域地表组成物质图

表 7-43　多沙粗沙区秃尾河流域地表组成物质面积比率统计

粒径(mm)	粗泥沙输沙模数(t/(km²·a))	面积(km²)	不同地表组成物质面积所占比率(%)			
			黄土	础砂岩	沙盖黄土	基岩
≥0.05	1 300	1 272	97.4	0.0	0.0	2.6
	2 500	1 158	97.1	0.0	0.0	2.9
	5 000	800	96.4	0.0	0.0	3.6
≥0.10	700	1 091	96.9	0.0	0.0	3.1
	1 400	1 088	96.9	0.0	0.0	3.1
	2 800	793	96.3	0.0	0.0	3.7

从图 7-47 和表 7-43 可得出,不同粒径不同粗泥沙输沙模数界线下多沙粗沙区秃尾河流域地表组成物质都为黄土和基岩,其中以黄土为主,占多沙粗沙区秃尾河流域面积的97%,基岩仅占 3%,主要分布在多沙粗沙区秃尾河流域下游主河道。

2. 粒径

分别以不同粒径不同粗泥沙输沙模数界线裁切坝地淤积物土壤颗粒平均粒径变化趋势图、土壤粒径大于 0.05mm 和 0.10mm 沙重百分数变化趋势图,得到多沙粗沙区秃尾河流域土壤粒径变化趋势图,见图 7-48 ~ 图 7-50,并进行面积量算,统计得到不同粗泥沙输沙模数下不同土壤粒径沙重百分数面积所占比率,见表 7-44 ~ 表 7-46。

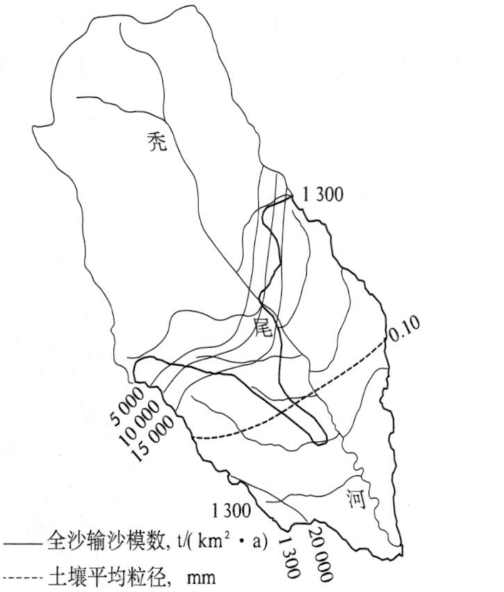

图 7-48　多沙粗沙区秃尾河流域平均粒径等值线图（叠加全沙输沙模数线）

从图 7-48 和表 7-44 看出，多沙粗泥沙区秃尾河流域不同粗泥沙输沙模数土壤平均粒径最大为 0.180mm（分布在流域中游），最小为 0.052mm（分布在流域下游）；平均粒径在 0.05～0.10mm 的面积，约占多沙粗泥沙区秃尾河流域面积的 56%（当 $d \geq 0.05$mm 和 $d \geq 0.10$mm 粗泥沙输沙模数为 5 000t/(km^2·a) 和 2 800t/(km^2·a) 时，约占多沙粗泥沙区秃尾河流域面积的 79%），主要分布在流域下游；平均粒径在 0.10～0.20mm 的面积，约占 44%（当 $d \geq 0.05$mm 和 $d \geq 0.10$mm 粗泥沙输沙模数为 5 000 t/(km^2·a) 和 2 800t/(km^2·a) 时，约占 21%），主要分布在流域中下游。

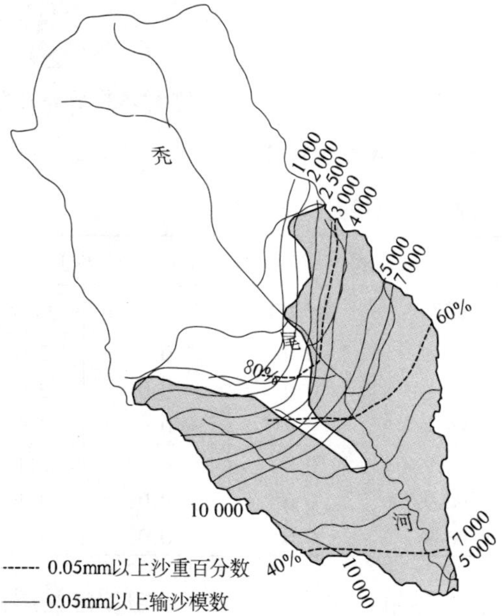

叠加 $d \geq 0.05$mm 粗泥沙输沙模数等值线

图 7-49　多沙粗沙区秃尾河流域 0.05mm 以上沙重百分数变化趋势图

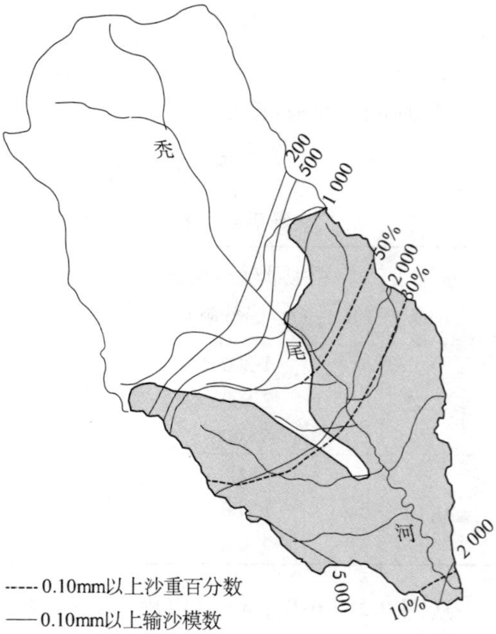

叠加 $d \geq 0.10$mm 粗泥沙输沙模数等值线

图 7-50　多沙粗沙区秃尾河流域 0.10mm 以上沙重百分数变化趋势图

从图 7-49 和表 7-45 看出，多沙粗泥沙区秃尾河流域不同粗泥沙输沙模数泥沙粒径 0.05mm 以上沙重百分数基本在 40%～60% 范围，约占多沙粗沙区秃尾河流域面积的 62%（$d \geq 0.05$mm 粗泥沙输沙模数为5 000t/(km^2·a) 时占 74%），分布在流域中游右岸及流域下游；泥沙粒径 0.05mm 以上沙重百分数在 60%～80% 的面积占 26%，（$d \geq 0.05$mm

粗泥沙输沙模数为 5 000t/(km^2·a)时占 18%)，分布在流域中下游左岸；泥沙粒径 0.05mm 以上沙重百分数在 30% ~ 40% 的面积占 6%（$d \geqslant$ 0.05mm 粗泥沙输沙模数为 5 000t/(km^2·a)时占 8%)，分布在流域沟口；泥沙粒径 0.05mm 以上沙重百分数大于 80% 的面积只占 5%（$d \geqslant$ 0.05mm 粗泥沙输沙模数为 5 000t/(km^2·a)时为零)，其分布在流域中游左岸。

从图 7-50 和表 7-46 看出，多沙粗沙区秃尾河流域不同粗泥沙输沙模数泥沙粒径 0.10mm 以上沙重百分数基本在 10% ~ 30% 范围，约占多沙粗沙区秃尾河流域面积的 63%(当粗泥沙输沙模数为 2 800t/(km^2·a)时占 86%)，分布在流域下游；泥沙粒径 0.10mm 以上沙重百分数在 30% ~ 50% 的面积占 30%(粗泥沙输沙模数为 2 800t/(km^2·a)时占 12%)，分布在流域中游；泥沙粒径 0.10mm 以上沙重百分数大于 50% 的面积占 5%，分布在流域中上游左岸；泥沙粒径 0.10mm 以上沙重百分数在 5% ~ 10% 的面积只占 2%(粗泥沙输沙模数为 2 800t/(km^2·a)时占 1.6%)，分布在流域沟口。

表 7-44　多沙粗泥沙区秃尾河流域土壤平均粒径面积比率统计

粒径 (mm)	粗泥沙输沙模数 (t/(km^2·a))	面积 (km^2)	土壤平均粒径面积所占比率(%)				
			< 0.05 mm	0.05 ~ 0.10 mm	0.10 ~ 0.20 mm	0.20 ~ 0.30 mm	> 0.30 mm
≥0.05	1 300	1 272	—	51.34	48.66	—	—
	2 500	1 158	—	56.39	43.61	—	—
	5 000	800	—	79.38	20.62	—	—
≥0.10	700	1 091	—	59.49	40.51	—	—
	1 400	1 088	—	59.74	40.26	—	—
	2 800	793	—	79.19	20.81	—	—

表 7-45　多沙粗沙区秃尾河流域粒径 0.05mm 以上沙重百分数面积比率统计

粗泥沙输沙模数 (t/(km^2·a))	面积 (km^2)	不同沙重百分数面积所占比率(%)				
		< 30%	30% ~ 40%	40% ~ 60%	60% ~ 80%	> 80%
1 300	1 272	—	5.5	62.3	24.7	7.6
2 500	1 158	—	6.0	62.1	27.1	4.8
5 000	800	—	8.0	74.0	18.0	—

表 7-46　多沙粗沙区秃尾河流域粒径 0.10mm 以上沙重百分数面积比率统计

粗泥沙输沙模数 (t/(km^2·a))	面积 (km^2)	不同沙重百分数面积所占比率(%)				
		< 5%	5% ~ 10%	10% ~ 30%	30% ~ 50%	> 50%
700	1 091	—	1.7	63.4	30.2	4.7
1 400	1 088	—	1.8	63.5	30.1	4.7
2 800	793	—	1.6	86.5	11.9	—

3. 土壤抗冲性

分别以不同粒径不同粗泥沙输沙模数界线裁切黄河中游地区土壤抗冲性专题图,得到多沙粗沙区秃尾河流域不同粒径不同粗泥沙输沙模数下的土壤抗冲性专题(见图 7-51),并进行面积量算,统计得到土壤抗冲性及行政县面积所占比率(见表 7-47)。

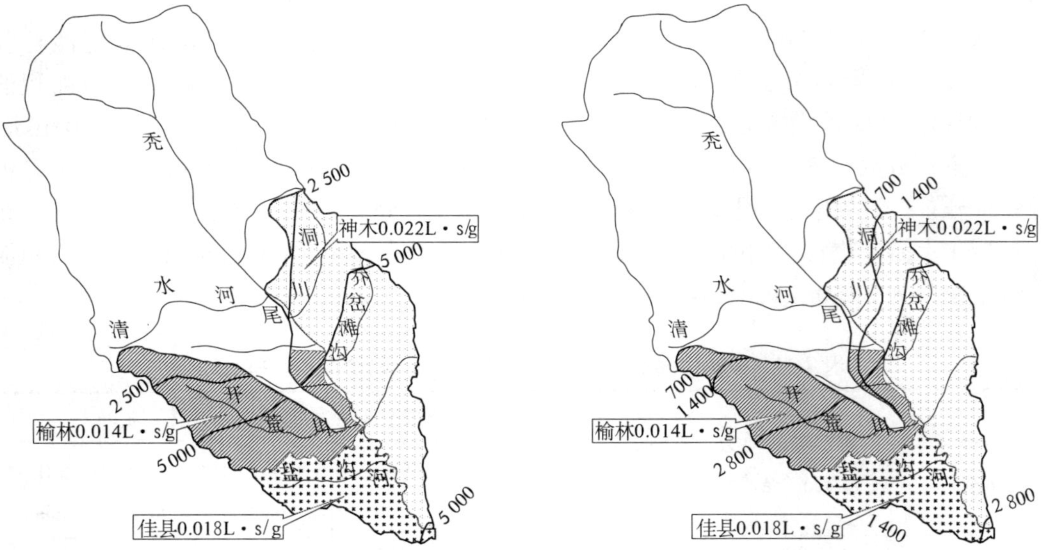

(a)叠加 $d \geqslant 0.05$mm 粗泥沙输沙模数等值线　　(b)叠加 $d \geqslant 0.10$mm 粗泥沙输沙模数等值线

图 7-51　多沙粗沙区秃尾河流域土壤抗冲性图

表 7-47　多沙粗沙区秃尾河流域各县土壤抗冲性和面积比率统计

粒径(mm)	粗泥沙输沙模数(t/(km^2·a))	面积(km^2)	神木县		榆阳区		佳县	
			面积比(%)	土壤抗冲性(L·s/g)	面积比(%)	土壤抗冲性(L·s/g)	面积比(%)	土壤抗冲性(L·s/g)
≥0.05	1 300	1 272	50.2	0.022	31.9	0.014	17.8	0.018
	2 500	1 158	51.6	0.022	28.8	0.014	19.6	0.018
	5 000	800	48.5	0.022	23.4	0.014	28.1	0.018
≥0.10	700	1 091	46.9	0.022	32.5	0.014	20.7	0.018
	1 400	1 088	47.0	0.022	32.4	0.014	20.7	0.018
	2 800	793	48.9	0.022	23.2	0.014	27.9	0.018

从图 7-51 和表 7-47 可得出,多沙粗沙区秃尾河流域右岸比左岸易侵蚀。流域涉及神木、榆阳区和佳县三个县(区),其中神木县土壤抗冲性为 0.022L·s/g,面积约占多沙粗沙区秃尾河流域面积的 49%,分布在流域左岸;榆阳区土壤抗冲性为 0.014L·s/g,面积约占 29%,分布在流域下游右岸;佳县土壤抗冲性 0.018L·s/g,面积约占 22%,分布在流域沟口右岸。

(四)植被特性

分别以不同粒径不同粗泥沙输沙模数界线裁切黄河流域遥感普查项目植被覆盖专题图,得到多沙粗沙区秃尾河流域不同粒径不同粗泥沙输沙模数下的植被覆盖专题(见

图 7-52)，并进行面积量算，统计得到各级植被覆盖面积及其所占比率，结果如表 7-48。

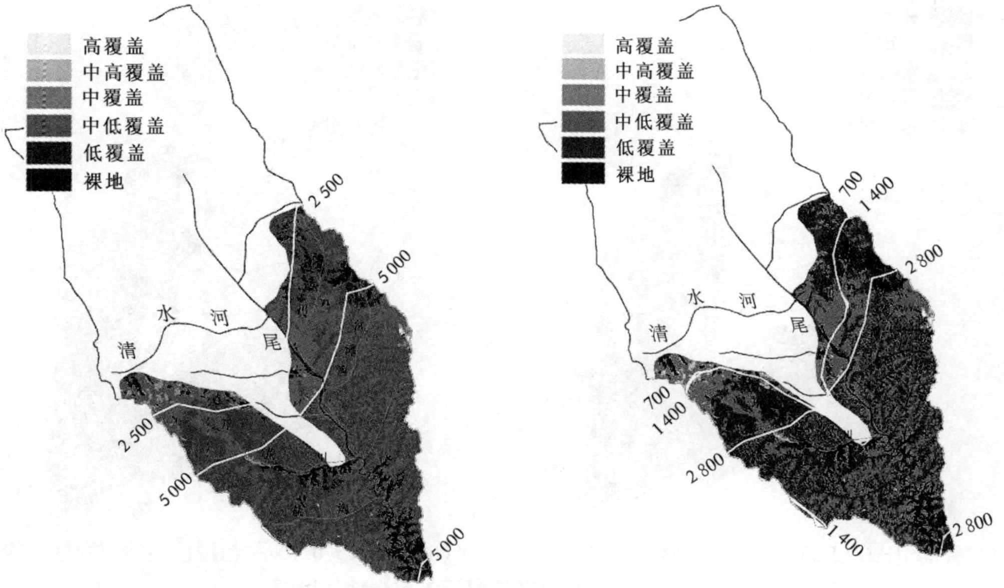

(a)叠加 $d \geqslant 0.05$mm 粗泥沙输沙模数等值线　　(b)叠加 $d \geqslant 0.10$mm 粗泥沙输沙模数等值线

图 7-52　多沙粗沙区秃尾河流域植被覆盖度图

表 7-48　多沙粗沙区秃尾河流域各级植被覆盖面积比率统计

粒径（mm）	粗泥沙输沙模数（t/(km²·a)）	面积（km²）	各级植被覆盖面积所占比率（%）					
			高覆盖	中高覆盖	中覆盖	中低覆盖	低覆盖	裸地
≥0.05	1 300	1 272	0	0.1	1.2	45.7	44.1	8.8
	2 500	1 158	0	0.1	0.6	44.9	45.9	8.5
	5 000	800	0	0.1	0.6	45.7	45.7	7.9
≥0.10	700	1 091	0	0.1	0.9	44.8	46.3	8.0
	1 400	1 088	0	0.1	0.8	44.7	46.4	8.0
	2 800	793	0	0.1	0.6	45.8	45.7	7.8

从图 7-52 和表 7-48 可看出，不同粒径不同粗泥沙输沙模数下多沙粗沙区秃尾河流域以中低覆盖以下面积居多，约占多沙粗沙区秃尾河流域面积的 99%，其中裸地面积约占 8%，主要分布在流域下游主河道；低覆盖面积约占 46%，插花分布在整个流域；中低覆盖面积约占 45%，插花分布在整个流域；中覆盖面积约占 1%，零星分布在流域内。

(五)土地利用特性

分别以不同粒径不同粗泥沙输沙模数界线裁切全国土地利用遥感普查成果，得到多沙粗沙区秃尾河流域不同粒径不同粗泥沙输沙模数下的土地利用专题，见图 7-53，并进行面积量算，统计得到各类土地利用面积及所占比率，结果见表 7-49。

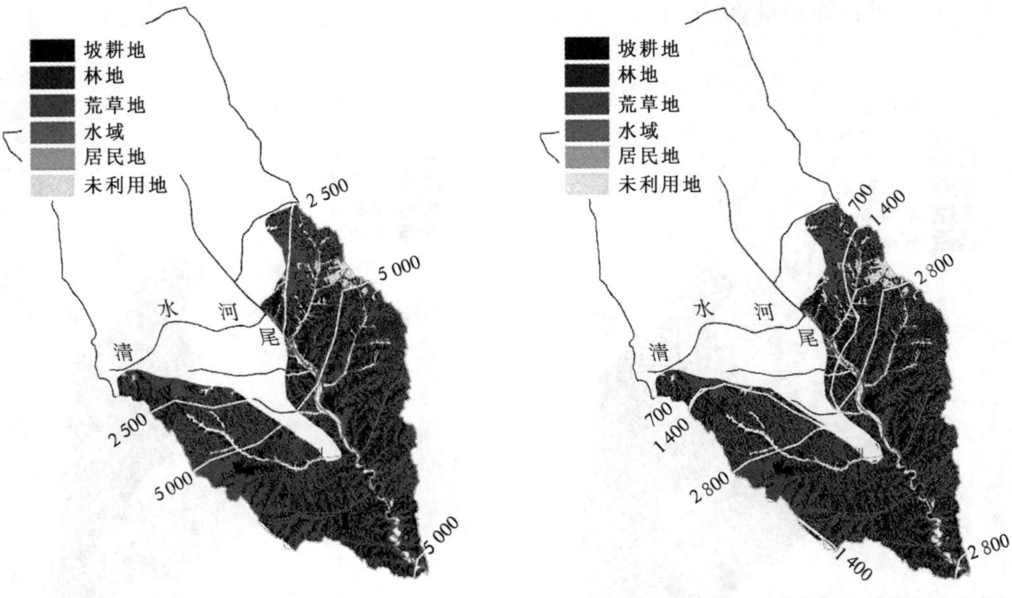

(a)叠加 $d \geqslant 0.05$mm 粗泥沙输沙模数等值线　　(b)叠加 $d \geqslant 0.10$mm 粗泥沙输沙模数等值线

图 7-53　多沙粗沙区秃尾河流域土地利用图

表 7-49　多沙粗沙区秃尾河流域土地利用面积比率统计

粒径(mm)	粗泥沙输沙模数(t/(km²·a))	面积(km²)	各类土地利用面积所占比率(%)						
			川台地	坡耕地	林地	荒草地	水域	居民用地	未利用土地
≥0.05	1 300	1 272	4.3	49.6	1.2	42.3	1.0	0.0	1.5
	2 500	1 158	4.5	50.4	1.2	41.5	1.0	0.0	1.5
	5 000	800	3.7	52.2	1.5	41.3	0.9	0.0	0.3
≥0.10	700	1 091	4.2	50.7	1.2	41.5	0.9	0.0	1.4
	1 400	1 088	4.2	50.7	1.2	41.6	0.9	0.0	1.5
	2 800	793	3.8	52.1	1.5	41.4	1.0	0.0	0.3

从图 7-53 和表 7-49 可看出，多沙粗沙区秃尾河流域不同粒径不同粗泥沙输沙模数下都以荒草地和坡耕地居多，占多沙粗沙区秃尾河流域面积比率分别约为 42% 和 50%，荒草地和坡耕地插花分布在多沙粗沙区秃尾河流域，其中坡耕地分布在流域峁边线以上较平缓地带；川台地占 4%，主要分布在流域主沟道；林地占 2%，水域和居民用地占 1%。

(六)水土流失特点

1. 输沙模数

分别依据全沙输沙模数等值线、粒径 $d \geqslant 0.05$mm 和 $d \geqslant 0.10$mm 粗泥沙输沙模数等值线统计，得到多沙粗沙区秃尾河流域不同输沙模数下的面积比率，如表 7-50 所示。多沙粗沙区秃尾河流域输沙模数等值线图如图 7-54 ~ 图 7-56。

表 7-50　多沙粗沙区秃尾河流域不同输沙模数面积比率统计

粒径 (mm)	输沙模数 (t/(km^2·a))	面积 (km^2)	比率 (%)	粒径 (mm)	输沙模数 (t/(km^2·a))	面积 (km^2)	比率 (%)
全沙	< 5 000	0	0	≥0.05mm	5 000 ~ 7 000	98	7.7
	5 000 ~ 10 000	41	3.2		7 000 ~ 10 000	684	53.8
	10 000 ~ 15 000	59	4.6		10 000 ~ 20 000	20	1.6
	15 000 ~ 20 000	1 172	92.2		> 20 000	0	0
	20 000 ~ 40 000	0	0	≥0.10mm	< 200	18	1.4
	> 40 000	0	0		200 ~ 500	9	0.7
≥0.05mm	< 1 000	0	0		500 ~ 1 000	22	1.7
	1 000 ~ 2 000	30	2.4		1 000 ~ 2 000	455	35.8
	2 000 ~ 2 500	84	6.6		2 000 ~ 5 000	750	59
	2 500 ~ 3 000	89	7		5 000 ~ 10 000	18	1.4
	3 000 ~ 4 000	107	8.4		> 10 000	0	0
	4 000 ~ 5 000	160	12.6				

表 7-50 和图 7-54 表明，多沙粗沙区秃尾河流域全沙输沙模数以 15 000 ~ 20 000 t/(km^2·a)居多，占多沙粗沙区秃尾河面积的 92.2%，占秃尾河全流域面积的 36.6%。空间分布上，全沙输沙模数从流域上游向下游逐渐增大，多沙粗沙区秃尾河流域中、下游全沙输沙模数基本在 10 000t/(km^2·a)以上（占多沙粗沙区秃尾河流域面积的 96.8%，占秃尾河全流域面积的 38.5%）。

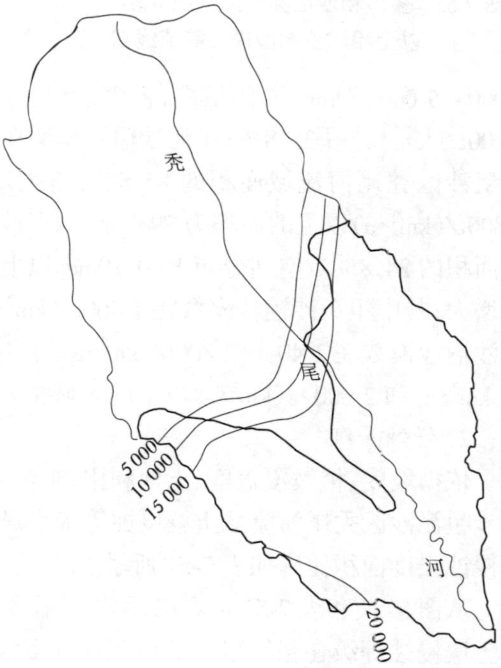

图 7-54　多沙粗沙区秃尾河流域全沙模数等值线图

表 7-50 和图 7-55 表明，多沙粗沙区秃尾河流域 0.05mm 以上的粗泥沙输沙模数以 7 000 ~ 10 000t/(km^2·a)居多，占多沙粗沙区秃尾河流域面积的 53.8%，其次为 4 000 ~ 5 000t/(km^2·a)、3 000 ~ 4 000 t/(km^2·a)和 5 000 ~ 7 000t/(km^2·a)，分别占 12.59%、8.4%和 7.7%；粗泥沙输沙模数在5 000t/(km^2·a)以上的面积为 800km^2，占多沙粗沙区秃尾河流域面积的 62.9%，占多沙粗沙区秃尾河流域总面积的 25%。空间分布上，0.05mm 以上粒径的粗泥沙输沙模数从流域上游向下游逐渐增大，其中粗泥沙输沙模数在 5 000t/(km^2·a)以下的主要分布在流域中游，粗泥沙输沙模数在5 000t/(km^2·a)以上的主要分布在流域下游。

表7-50和图7-56表明，多沙粗沙区秃尾河流域0.10mm以上的粗泥沙输沙模数以

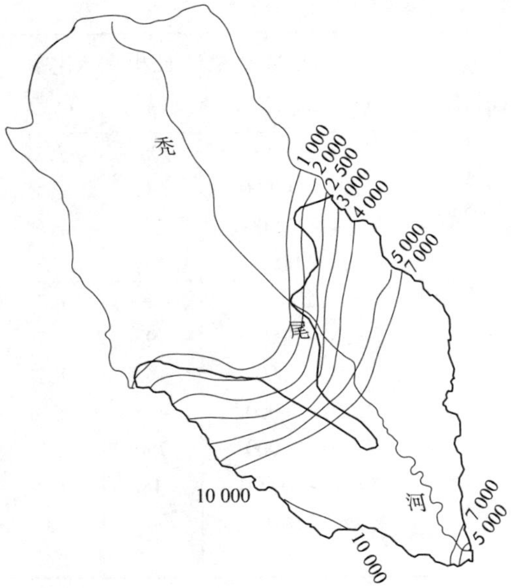

图 7-55　多沙粗沙区秃尾河流域 $d \geqslant 0.05$mm 以上粗泥沙输沙模数等值线图

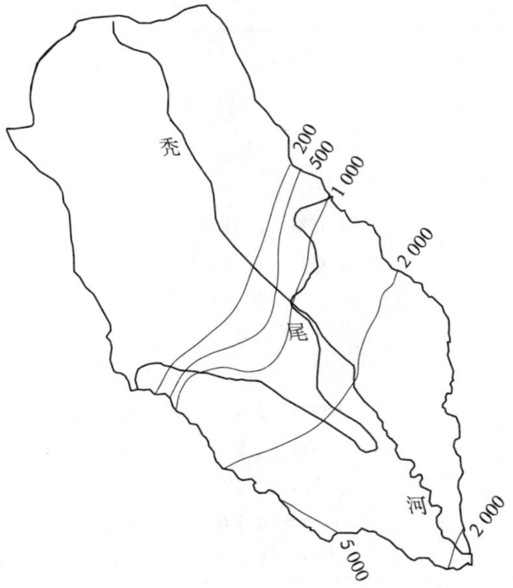

图 7-56　多沙粗沙区秃尾河流域 $d \geqslant 0.10$mm 以上粗泥沙输沙模数等值线图

2 000 ~ 5 000t/(km^2·a)的最多，占多沙粗沙区秃尾河流域面积的 59.0%，其次为 1 000 ~ 2 000t/(km^2·a)占 35.8%；粗泥沙输沙模数在 1 400t/(km^2·a)以上的面积为 1 088km^2，占多沙粗沙区秃尾河流域面积的 85.5%，占秃尾河全流域面积的 34%；粗泥沙输沙模数在 2 800t/(km^2·a)以上的面积为 793km^2，占多沙粗沙区秃尾河面积的 62.2%，占秃尾河全流域面积的 24.8%。空间分布上，0.10mm 以上粒径的粗泥沙输沙模数从流域上游向下游逐渐增大；其中粗泥沙输沙模数在 1 400t/(km^2·a)以下的区域主要分布在流域中游左岸；粗泥沙输沙模数在 1 400 ~ 2 800t/(km^2·a)的主要分布在流域中游；粗泥沙输沙模数在 2 800 t/(km^2·a)和 2 000 t/(km^2·a)以上的区域主要分布在流域下游。

2. 侵蚀等级

依据坡度、植被覆盖度、土地利用、土壤侵蚀类型和土壤抗冲性等指标，综合判定得到多沙粗泥沙区秃尾河流域土壤侵蚀等级专题图，如图 7-57，并进行面积量算，统计得到各级侵蚀强度面积比率如表 7-51 所示。

从图 7-57 和表 7-51 可看出，不同粒径不同粗泥沙输沙模数下多沙粗泥沙区秃尾河流域土壤侵蚀等级在强度以上的面积约占多沙粗泥沙区秃尾流域面积的 85%以上，其中强度侵蚀约占 24%，极强度侵蚀约占 27%，剧烈侵蚀约占 34%以上；不同粒径不同粗泥沙输沙模数下多沙粗沙区秃尾河流域土壤侵蚀等级为轻度和中度约占 7%；且在相同粒径下，土壤侵蚀随粗泥沙输沙模数增大而加剧。空间分布上，土壤侵蚀强度从中游向下游加剧，即流域下游侵蚀最剧烈，中游次之，具体表现为：轻度侵蚀主要分布在沟道；中度侵蚀主要分布在流域下游主沟道的不易侵蚀岩地区；强度侵蚀主要分布在流域中游，极强度侵蚀在中、下游均有分布，剧烈侵蚀主要分布于流域下游。分布部位上，强度和极强度侵蚀主要分布于坡面，剧烈侵蚀主要分布于沟坡。

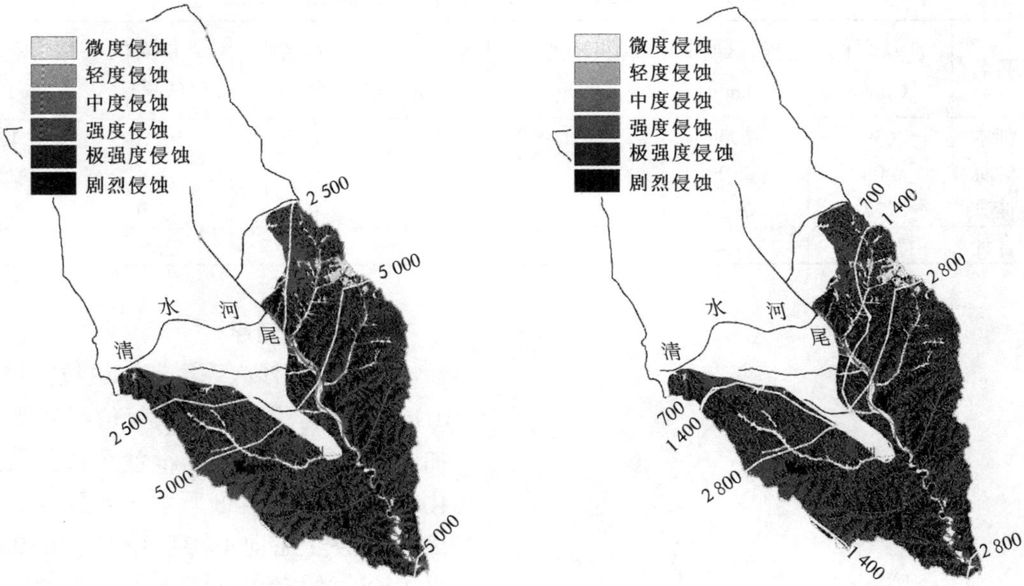

(a)叠加 $d \geqslant 0.05$mm 粗泥沙输沙模数线 (b)叠加 $d \geqslant 0.10$mm 粗泥沙输沙模数线

图 7-57 多沙粗泥沙区秃尾河流域土壤侵蚀图

表 7-51 多沙粗沙区秃尾河流域各级侵蚀强度面积比率统计

粒径 (mm)	粗泥沙输沙模数 (t/(km²·a))	面积 (km²)	各级侵蚀强度面积所占比率(%)					
			微度	轻度	中度	强度	极强度	剧烈
≥0.05	1 300	1 272	0	8.27	6.60	25.21	28.02	31.90
	2 500	1 158	0	7.99	6.59	24.25	28.03	33.14
	5 000	800	0	7.27	7.24	21.93	27.58	35.98
≥0.10	700	1 091	0	7.61	6.77	23.47	27.94	34.21
	1 400	1 088	0	7.62	6.77	23.46	27.94	34.21
	2 800	793	0	7.30	7.27	21.94	27.59	35.90

多沙粗沙区秃尾河流域水土流失严重,流失面积约占 96.7%,全沙输沙模数大于 15 000t/(km²·a)的面积约占 92.2%;侵蚀类型以水蚀为主,下游地区土壤侵蚀最严重;泥沙主要来自下游地区,粗粒径泥沙含量高。

(七)水土保持治理特性

以多沙粗沙区界线裁切得到多沙粗沙区秃尾河流域各县梯田、坝地和林草面积及其密度数据,见表 7-52。

从表 7-52 可看出,多沙粗沙区秃尾河流域涉及神木、榆阳区和佳县 3 个县(市),表现为林草密度最大,坝地密度最小;从空间分布看,多沙粗沙区秃尾河流域治理度分布上游稍低于中下游。

表 7-52　多沙粗沙区秃尾河流域水土保持措施面积统计

县名	涉及面积（km^2）	梯田面积（km^2）	梯田密度（%）	坝地面积（km^2）	坝地密度（%）	林草面积（km^2）	林草密度（%）
神木	639	6.3	1.0	2.8	0.4	102.6	16.1
榆林	406	1.9	0.5	0.6	0.1	41.4	10.2
佳县	227	7.2	3.2	0.8	0.3	12.9	5.7
合计	1 272	15.4	1.2	4.2	0.3	156.9	12.3

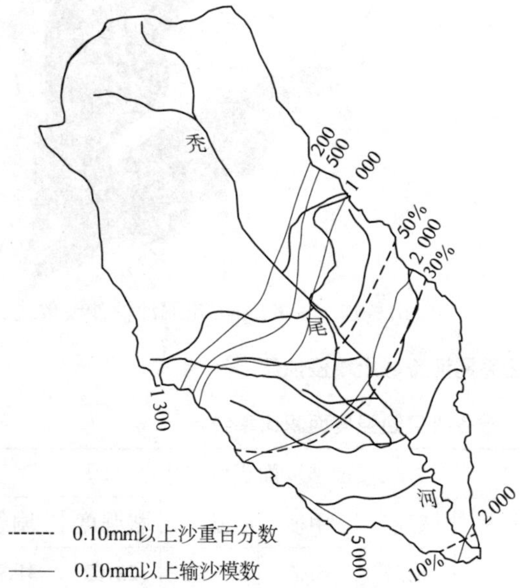

图 7-58　多沙粗沙区秃尾河流域治理顺序图

(八)治理顺序

在多沙粗沙区秃尾河流域粒径 $d \geqslant$ 0.10mm 粗泥沙输沙模数等值线图上叠加土壤粒径大于 0.10mm 沙重百分数变化趋势线，如图 7-58 所示。从图 7-58 看出，流域从上游向下游粒径 $d \geqslant 0.10$mm 粗泥沙输沙模数增大，但多沙粗沙区秃尾河流域 0.10mm 以上粒径沙重百分数从上游向下游递减，从减少 0.10mm 以上的粗泥沙目的出发，则多沙粗沙区秃尾河流域的治理应从下游向上游推进。

五、孤山川

(一)概况

孤山川流域位于东经 110°34′ ~ 111°04′，北纬 39°02′ ~ 39°26′之间，地处库布奇沙漠和黄土高原接壤地带，涉及陕西省府谷县、内蒙古自治区准格尔旗 12 个乡(镇)，145 个行政村，总人口 80 519 人，其中，农村人口 77 776 人，城镇人口 2 743 人，农村人口密度 63 人/ km^2。流域海拔高程 811.3 ~ 1 380m，总面积 1 272km^2，主河道长 79.4km，平均宽度 21.2m，平均比降 5.4‰。流域内沟壑纵横，支离破碎。流域地质构造属于祁、吕、贺山字型构造马蹄形盾地的东翼与新华夏系第三沉降带的复合体，是鄂尔多斯台地向斜与吕梁复背斜的交汇地带，构造作用微弱，褶皱断裂少见，裂隙不发育，第四系风成黄土广布流域上下，基岩主要出露在河谷两岸及支沟底部，岩石风化壳常成为粗颗粒泥沙的主要来源。

流域自然环境严酷，气候恶劣，风多且大，降水少而集中，干旱和洪水是农业生产的长期威胁。年均降水量 421.6mm，77.8% 以上的降雨集中在汛期 6 ~ 9 月份，最大年降水量为最小年降水量的 4.3 倍。暴雨历时短，强度大，雨区集中，多发突发性强，在高强度暴雨下导致超渗产流，加上坡陡沟深，支流密集，很容易形成洪峰尖瘦、暴涨暴落的突发性高含沙洪水。从年际变化分析，该流域属于典型的纬向型暴雨，雨区遍布全流域，暴雨中心雨量为 210mm，全流域平均雨量为 144mm，平均雨强 13.1mm/h。流域多年平均气温为

8.1℃,最高气温38.9℃,最低气温-24℃,多年平均日照时数2 900h。流域年均蒸发量1 200mm,干旱多风,年平均风速2.6m/s。

流域多年平均径流量为8 457万m^3,平均径流模数为6.7万$m^3/(km^2·a)$。径流年内分布不均匀,汛期径流量占70%,非汛期径流量占30%;径流量年际变化大。流域多年平均输沙量2 139万t,输沙模数1.69万$t/(km^2·a)$,洪水输沙量2 130万t,占全年输沙量的99.6%,泥沙粒径在0.05mm以上的粗泥沙输沙量879万t,占输沙量的41.1%。多年平均含沙量264kg/m^3,属高含沙水流。

流域主要土壤类型有黄土性土壤和风沙土两大类,其次还有轻垆土、黑垆土、淤土、潮土、紫色土等。黄土性土壤结构疏松,抗蚀力弱,透水性良好,易形成地表径流,但此土壤易于培肥,增加土壤有机质,合理利用土地,开发农林牧生产具有广阔的前景。流域植被稀少,天然植被主要有干草原植被、灌木植被、沙生植被和残存的天然次生林,人工乔灌植被主要有刺槐、杨树、柠条、沙棘等,且多小老头树。

孤山川全流域均位于多沙粗沙区,流域沟壑密度为5.58km/km^2。粒径$d \geqslant 0.05$mm的粗泥沙输沙模数在5 000$t/(km^2·a)$以上的面积为1 259km^2,占全流域面积的99.0%。粒径$d \geqslant 0.10$mm的粗泥沙输沙模数在1 400$t/(km^2·a)$以上的面积为1 268km^2,占全流域面积的99.7%;粒径$d \geqslant 0.10$mm的粗泥沙输沙模数在2 800$t/(km^2·a)$以上的面积为1 259km^2,占全流域面积的99.0%。

(二)地貌特性

分别以不同粒径不同粗泥沙输沙模数界线裁切得到孤山川流域不同粒径不同粗泥沙输沙模数下的坡度专题(见图7-59),并进行面积量算,统计得到孤山川流域各级坡度面积所占比率,结果见表7-53。

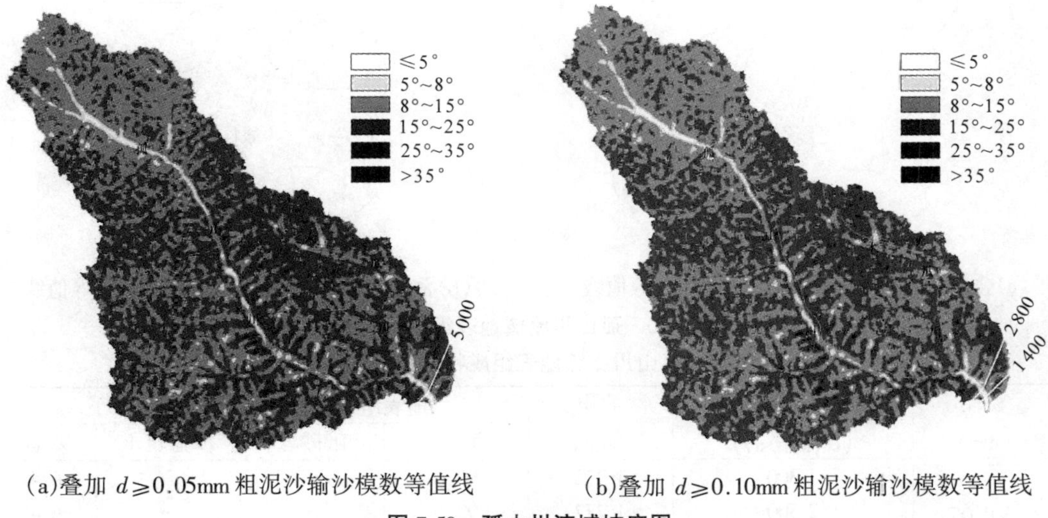

(a)叠加$d \geqslant 0.05$mm粗泥沙输沙模数等值线　　(b)叠加$d \geqslant 0.10$mm粗泥沙输沙模数等值线

图7-59　孤山川流域坡度图

表7-53表明,基于1:50 000比例尺DEM提取并统计得到的孤山川流域不同粒径不同粗泥沙输沙模数界线下各坡度级面积和平均坡度值均很接近,表现为8°以下面积约占16%,8°~15°坡度级面积约占27.5%,15°~25°坡度级面积约占39.5%,25°~35°坡度级面积约占14.5%,平均坡度值约为16.5°(按韭园沟试验样区换算到1:10 000比例尺下,平均

坡度值约为 23°)。

表 7-53 孤山川流域各级坡度面积比率统计

粒径(mm)	粗泥沙输沙模数(t/(km²·a))	面积(km²)	各级坡度面积所占比率(%)						平均坡度值(°)
			≤5°	5°~8°	8°~15°	15°~25°	25°~35°	>35°	
≥0.05	1 300	1 272	9.2	7.7	27.5	39.4	14.2	2.0	16.6
	2 500	1 272	9.2	7.7	27.5	39.4	14.2	2.0	16.6
	5 000	1259	9.1	7.7	27.4	39.5	14.3	2.0	16.6
≥0.10	700	1 272	9.2	7.7	27.5	39.4	14.2	2.0	16.6
	1 400	1 268	9.1	7.7	27.5	39.5	14.3	2.0	16.6
	2 800	1 259	9.1	7.7	27.4	39.5	14.3	2.0	16.6

孤山川流域坡度空间分布(见图 7-59)特点为:5°以下面积主要分布在孤山川流域沟道,8°~15°面积主要分布在上游地区、中游右岸和下游左岸,15°~25°坡地面积主要分布在中游地区、尤其是中游左岸和下游部分地区,25°以上坡地面积主要分布于流域的沟坡部位。

(三)地表组成物质特性

1. 类别

分别以不同粒径不同粗泥沙输沙模数界线裁切多沙粗沙区地表组成物质专题图,得到孤山川流域不同粒径不同粗泥沙输沙模数下的地表组成物质专题(见图 7-60),并进行面积量算,统计得到地表组成物质面积及所占比率,结果见表 7-54。

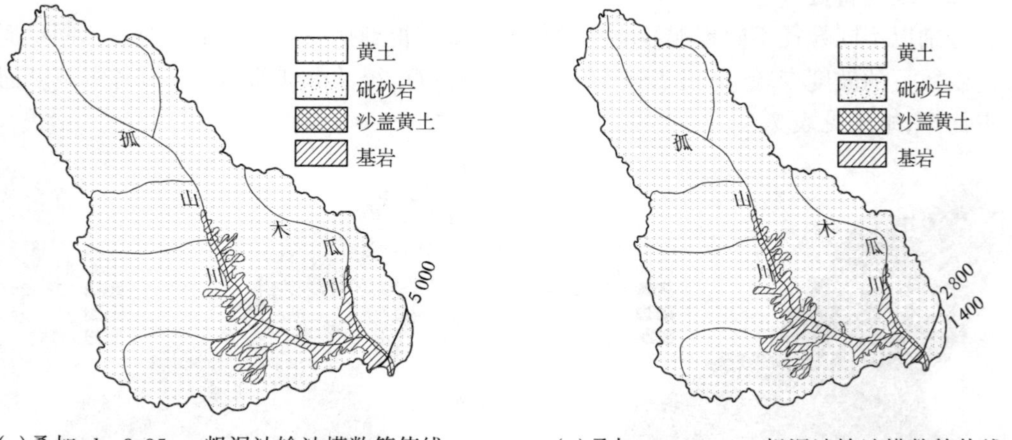

(a)叠加 $d \geqslant 0.05$mm 粗泥沙输沙模数等值线　　(b)叠加 $d \geqslant 0.10$mm 粗泥沙输沙模数等值线

图 7-60 孤山川流域地表组成物质图

表 7-54 孤山川流域地表组成物质面积比率统计

粒径(mm)	粗泥沙输沙模数(t/(km²·a))	面积(km²)	地表组成物质面积所占比率(%)			
			黄土	砒砂岩	沙盖黄土	基岩
≥0.05	1 300	1 272	93.6	—	—	6.4
	2 500	1 272	93.6	—	—	6.4
	5 000	1 259	93.6	—	—	6.4
≥0.10	700	1 272	93.6	—	—	6.4
	1 400	1 268	93.6	—	—	6.4
	2 800	1 259	93.6	—	—	6.4

从图 7-60 和表 7-54 可得出，不同粒径不同粗泥沙输沙模数界线下孤山川流域地表组成物质为黄土和基岩，其中以黄土为主，所占比例约为 94%，基岩所占比例约为 6%，主要分布在流域下游主河道。

2．粒径

分别以不同粒径不同粗泥沙输沙模数界线裁切坝地淤积物土壤颗粒平均粒径变化趋势图、土壤粒径大于 0.05mm 和 0.10mm 沙重百分数变化趋势图，得到孤山川流域土壤粒径变化趋势图，见图 7-61 ~ 图 7-63，并进行面积量算，统计得到不同粗泥沙输沙模数下不同土壤粒径沙重百分数面积所占比率，见表 7-55 ~ 表 7-57。

从表 7-55 和图 7-61 看出，孤山川流域不同粗泥沙输沙模数土壤平均粒径最大为 0.202mm，平均粒径在 0.20 ~ 0.30mm的面积约占流域面积的 2%，主要分布在流域源头与窟野河接壤处；平均粒径在 0.10 ~ 0.20mm 的面积约占沇域面积的 62%，主要分布在流域上游和下游；平均粒径小于 0.10mm 的面积约占流域面积的 36%，主要分布在流域中游。

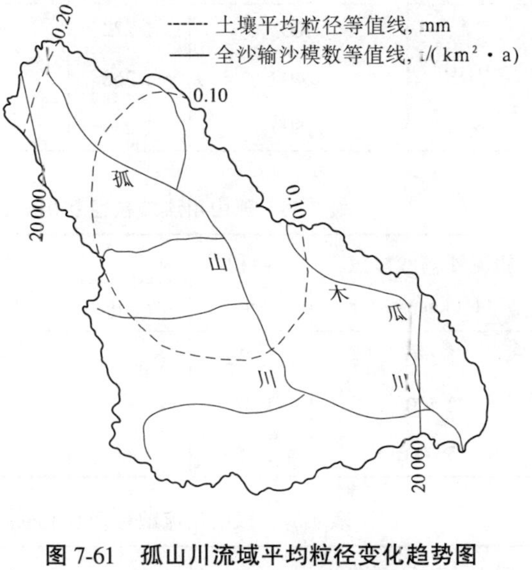

图 7-61　孤山川流域平均粒径变化趋势图
（叠加全沙输沙模数等值线）

从表 7-56 和图 7-62 看出，孤山川流域不同粗泥沙输沙模数泥沙粒径 0.05mm 以上沙重百分数基本在 40% ~ 60%范围，约占流域面积的 92%；泥沙粒径 0.05mm 以上沙重百分数在 60% ~ 80%的面积只占流域面积的 8%，其主要分布在支流木瓜川与清水川流域接壤处。

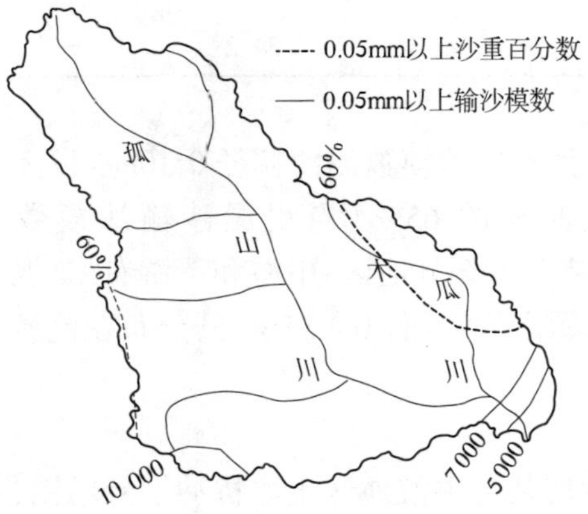

叠加 $d \geqslant 0.05$mm 粗泥沙输沙模数等值线

图 7-62　孤山川流域粒径 0.05mm 以上沙重百分数变化趋势图

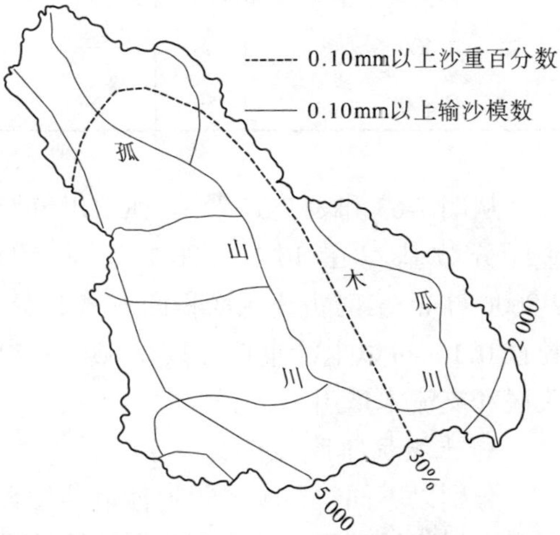

叠加 $d \geqslant 0.10$mm 粗泥沙输沙模数等值线

图 7-63　孤山川流域粒径 0.10mm 以上沙重百分数变化趋势图

表 7-55 孤山川流域土壤平均粒径面积比率统计

粒径（mm）	粗泥沙输沙模数（t/(km²·a)）	面积（km²）	土壤平均粒径面积所占比率(%)				
			>0.05 mm	0.05~0.10 mm	0.10~0.20 mm	0.20~0.30 mm	>0.30 mm
≥0.05	1 300	1 272	—	35.7	62.7	1.6	—
	2 500	1 272	—	35.7	62.7	1.6	—
	5 000	1 259	—	36.1	62.4	1.6	—
≥0.10	700	1 272	—	35.7	62.7	1.6	—
	1 400	1 268	—	35.8	62.6	1.6	—
	2 800	1 259	—	36.1	62.4	1.6	—

表 7-56 孤山川流域粒径 0.05mm 以上沙重百分数面积比率统计

粗泥沙输沙模数（t/(km²·a)）	面积（km²）	不同沙重百分数面积所占比率(%)				
		<30%	30%~40%	40%~60%	60%~80%	>80%
1 300	1 272	—	—	92.2	7.8	—
2 500	1 272	—	—	92.2	7.8	—
5 000	1 259	—	—	92.1	7.9	—

表 7-57 孤山川流域粒径 0.10mm 以上沙重百分数面积比率统计

粗泥沙输沙模数（t/(km²·a)）	面积（km²）	不同沙重百分数面积所占比率(%)				
		<5%	5%~10%	10%~30%	30%~50%	>50%
700	1 272	—	—	65.1	34.9	—
1 400	1 268	—	—	65.3	34.7	—
2 800	1 259	—	—	65.8	34.2	—

从图 7-63 和表 7-57 看出，孤山川流域不同粗泥沙输沙模数泥沙粒径 0.10mm 以上沙重百分数基本在 10%~30% 范围，约占流域面积的 65%（当粗泥沙输沙模数为 2 800t/(km²·a)时占流域面积的 66%），分布在流域上游部分地区、中游和下游右岸；泥沙粒径 0.10mm 以上沙重百分数在 30%~50% 的面积占流域面积的 35%，其分布在流域源头区和支流木瓜川。

3. 土壤抗冲性

分别以不同粒径不同粗泥沙输沙模数界线裁切黄河中游地区土壤抗冲性专题图，得到孤山川流域不同粒径不同粗泥沙输沙模数下的土壤抗冲性专题（见图 7-64），并进行面积量算，统计得到土壤抗冲性及行政县面积所占比率，见表 7-58。

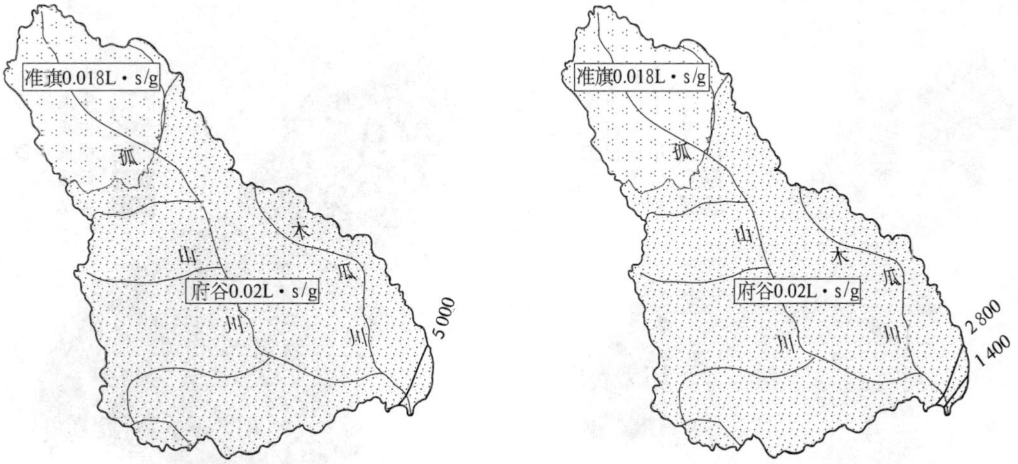

(a)叠加 $d \geq 0.05$mm 粗泥沙输沙模数等值线　　(b)叠加 $d \geq 0.10$mm 粗泥沙输沙模数等值线

图 7-64　孤山川流域土壤抗冲性图

表 7-58　孤山川流域各县土壤抗冲性和面积比率统计

粒径(mm)	粗泥沙输沙模数(t/(km²·a))	面积(km²)	准旗		府谷	
			面积比率(%)	土壤抗冲性(L·s/g)	面积比率(%)	土壤抗冲性(L·s/g)
≥0.05	1 300	881	20.2	0.018	79.8	0.020
	2 500	881	20.2	0.018	79.8	0.020
	5 000	841	20.4	0.018	79.6	0.020
≥0.10	700	881	20.2	0.018	79.8	0.020
	1 400	881	20.3	0.018	79.7	0.020
	2 800	844	20.4	0.018	79.6	0.020

从图 7-64 和表 7-58 可看出,孤山川流域上游比下游易侵蚀,该流域涉及准旗和府谷两个县(旗),其中准旗土壤抗冲性为 0.018L·s/g,不同粒径不同粗泥沙输沙模数约占流域面积的 20%,分布在流域上游;府谷县土壤抗冲性 0.02L·s/g,约占流域面积的 80%,分布在流域的中游和下游。

(四)植被特性

分别以不同粒径不同粗泥沙输沙模数界线裁切黄河流域遥感普查项目植被覆盖专题图,得到孤山川流域不同粒径不同粗泥沙输沙模数下的植被覆盖专题(见图 7-65),并进行面积量算,统计得到各级植被覆盖面积及其所占比率,结果如表 7-59。

从图 7-65 和表 7-59 可得出,不同粒径不同粗泥沙输沙模数下孤山川流域以中低覆盖以下面积居多,约占流域面积的 94%,其中裸地约占流域面积的 9%,主要分布在流域下游主河道两岸;低覆盖面积约占流域面积的 46%,主要分布在流域上游右岸和流域中下游左岸;中低覆盖面积约占流域面积的 39%,主要分布在流域中下游右岸及上游左岸;中覆盖以上面积占流域面积的 6%,其中中覆盖面积占流域面积的 5%,主要分布在流域上游右岸,中高覆盖面积占流域面积的 1%。

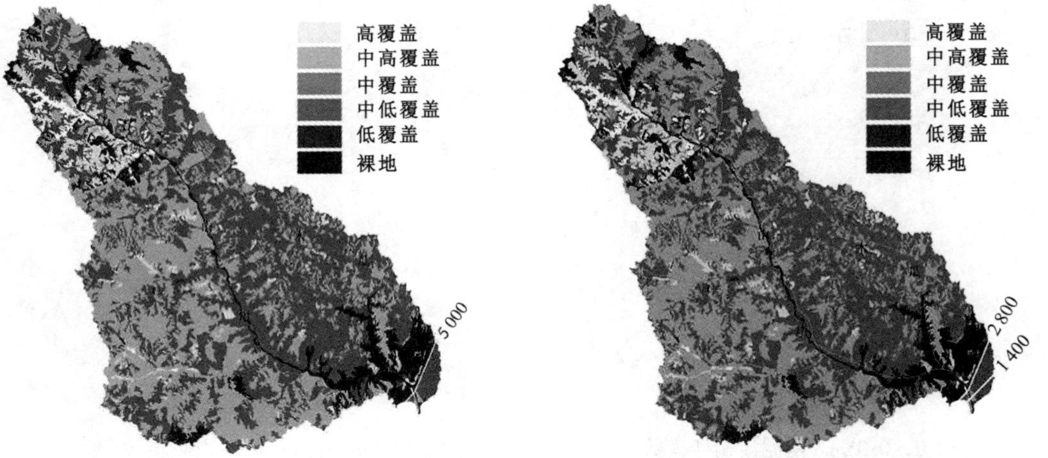

(a)叠加粒径 $d \geqslant 0.05$mm 粗泥沙输沙模数等值线　　(b)叠加粒径 $d \geqslant 0.10$mm 粗泥沙输沙模数等值线

图 7-65　孤山川流域植被覆盖度图

表 7-59　孤山川流域各级植被覆盖面积比率统计

粒径(mm)	粗泥沙输沙模数($t/(km^2 \cdot a)$)	面积(km^2)	各级植被覆盖面积所占比率(%)					
			高覆盖	中高覆盖	中覆盖	中低覆盖	低覆盖	裸地
≥0.05	1 300	1 272	0	1.2	4.7	39.3	46.2	8.7
	2 500	1 272	0	1.2	4.7	39.3	46.2	8.7
	5 000	1 259	0	1.2	4.7	39.6	45.8	8.7
≥0.10	700	1 272	0	1.2	4.7	39.3	46.2	8.7
	1 400	1 268	0	1.2	4.7	39.3	46.1	8.7
	2 800	1 259	0	1.2	4.7	39.6	45.8	8.7

(五)土地利用特性

分别以不同粒径不同粗泥沙输沙模数界线裁切全国土地利用遥感普查成果,得到孤山川流域不同粒径不同粗泥沙输沙模数下的土地利用专题(见图 7-66),并进行面积量算,统计得到各类土地利用面积及所占比率,结果见表 7-60。

从图 7-66 和表 7-60 可得出,孤山川流域不同粒径不同粗泥沙输沙模数下土地利用以荒草地和坡耕地居多,所占比率分别约为 64%和 26%,剩余为川台地占 5%,林地占 4%,水域和居民用地占 1%。流域主沟道宽阔,川台地分布在此;坡耕地和荒草地插花分布在整个流域,其中坡耕地在流域下游和中游较多;林地主要分布在流域上游。

(六)水土流失特点

1. 输沙模数

分别依据全沙输沙模数等值线、粒径 $d \geqslant 0.05$mm 和 $d \geqslant 0.10$mm 粗泥沙输沙模数等值线统计得到孤山川流域不同输沙模数下的面积比率见表 7-61,孤山川流域输沙模数等值线图如图 7-67 ~ 图 7-69。

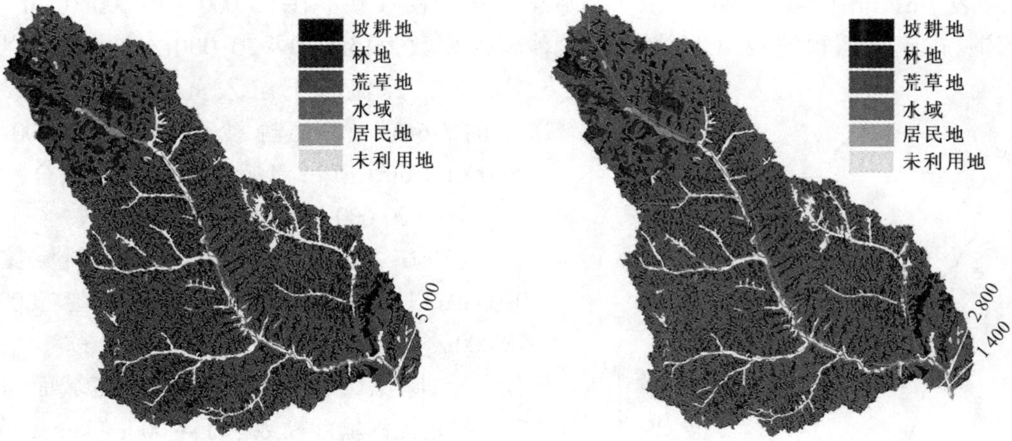

(a)叠加 $d\geqslant0.05$mm 粗泥沙输沙模数等值线　　(b)叠加 $d\geqslant0.10$mm 粗泥沙输沙模数等值线

图 7-66　孤山川流域土地利用图

表 7-60　孤山川流域各类土地利用面积比率统计

粒径(mm)	粗泥沙输沙模数(t/(km²·a))	面积(km²)	土地利用面积所占比率(%)						
			川台地	坡耕地	林地	荒草地	水域	居民用地	未利用土地
≥0.05	1 300	1 272	4.6	26.4	3.8	63.9	1.1	0.2	0.1
	2 500	1 272	4.6	26.4	3.8	63.9	1.1	0.2	0.1
	5 000	1 259	4.6	26.4	3.8	63.9	1.0	0.2	0.1
≥0.10	700	1 272	4.6	26.4	3.8	63.9	1.1	0.2	0.1
	1 400	1 268	4.6	26.4	3.8	63.9	1.0	0.2	0.1
	2 800	1 259	4.6	26.4	3.8	63.9	1.0	0.2	0.1

表 7-61　孤山川流域不同输沙模数面积比率统计

粒径(mm)	输沙模数(t/(km²·a))	面积(km²)	比率(%)	粒径(mm)	输沙模数(t/(km²·a))	面积(km²)	比率(%)
全沙	<5 000	0	0	≥0.05mm	5 000~7 000	19	1.5
	5 000~10 000	0	0		7 000~10 000	1 241	97.6
	10 000~15 000	0	0		10 000~20 000	0	0
	15 000~20 000	97	7.6		>20 000	0	0
	20 000~40 000	1 175	92.4	≥0.10mm	<200	0	0
	>40 000	0	0		200~500	0	0
≥0.05mm	<1 000	0	0		500~1 000	0	0
	1 000~2 000	0	0		1 000~2 000	23	1.8
	2 000~2 500	0	0		2 000~5 000	1 089	85.6
	2 500~3 000	0	0		5 000~10 000	160	12.6
	3 000~4 000	0	0		>10 000	0	0
	4 000~5 000	12	0.9				

表7-61和图7-67表明，孤山川流域全沙输沙模数基本在20 000～40 000t/(km²·a)范围，占流域面积的92.4%，剩余的全沙输沙模数为15 000～20 000t/(km²·a)。空间分布上，除流域下游入黄附近（占流域面积的7.6%）全沙输沙模数在15 000～20 000t/(km²·a)外，流域92.4%的区域全沙输沙模数为20 000～40 000t/(km²·a)。

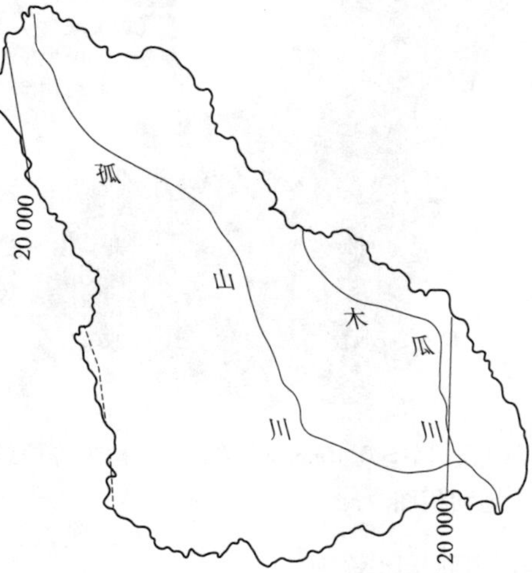

图7-67　孤山川流域全沙输沙模数等值线图

表7-61和图7-68表明，孤山川流域粒径0.05mm以上的粗泥沙输沙模数基本在7 000～10 000t/(km²·a)，占流域面积的97.6%。空间分布上，除流域下游入黄附近（占流域面积的2.4%）粗泥沙输沙模数小于7 000t/(km²·a)外，流域97.6%的区域0.05mm以上粒径的粗泥沙输沙模数均为7 000～10 000t/(km²·a)。流域99.1%的区域粗泥沙输沙模数在5 000t/(km²·a)以上。

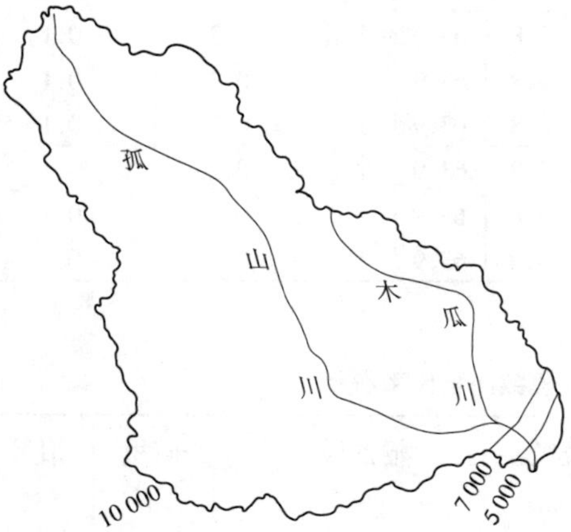

图7-68　孤山川流域粒径0.05mm以上粗泥沙输沙模数等值线图

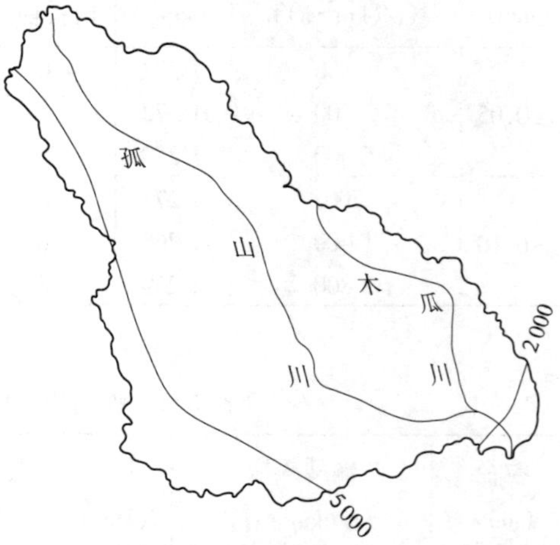

图7-69　孤山川流域粒径0.10mm以上粗泥沙输沙模数等值线图

表7-61和图7-69表明，孤山川流域0.10mm以上的粗泥沙输沙模数基本在2 000～5 000t/(km²·a)，占流域面积的85.6%；粗泥沙输沙模数在5 000～10 000t/(km²·a)的面积占12.6%。空间分布上，粗泥沙输沙模数为1 000～2 000t/(km²·a)的主要在流域下游入黄附近，粗泥沙输沙模数为5 000～10 000t/(km²·a)的主要分布在流域右岸分水岭附近。孤山川流域粗泥沙输沙模数在1 400t/(km²·a)以上占流域面积的99.7%，粗泥沙输沙模数在2 800t/(km²·a)以上占流域面积的99.0%。

2. 侵蚀等级

依据坡度、植被覆盖度、土地利用、土壤侵蚀类型和土壤抗冲性等指标综合判定，得到孤山川流域土壤侵蚀等级专题图(见图 7-70),并进行面积量算,统计得到各级侵蚀强度面积比率如表 7-62。

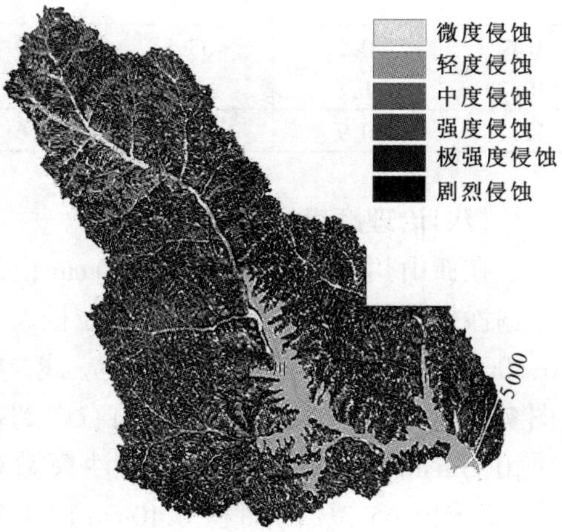

(a)叠加 $d \geqslant 0.05$mm 粗泥沙输沙模数等值线

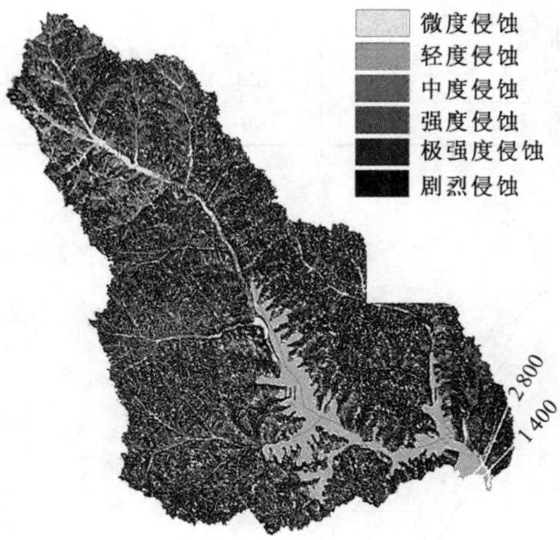

(b)叠加 $d \geqslant 0.10$mm 粗泥沙输沙模数等值线

图 7-70 孤山川流域土壤侵蚀图

表 7-62 孤山川流域各级侵蚀强度面积比率统计

流域面积(km²)	各级侵蚀强度面积所占比率(%)					
	微度	轻度	中度	强度	极强度	剧烈
1 272	0	5.8	10.2	26.2	27.2	30.5

表 7-62 表明,孤山川流域土壤侵蚀等级在强度以上的约占流域面积的 84%,其中强度侵蚀约占流域面积的 26%,极强度侵蚀约占流域面积的 27%,剧烈侵蚀约占流域面积的 30.5%;土壤侵蚀等级为轻度的约占流域面积的 6%,中度侵蚀的约占流域面积的 10%。空间分布上,从全流域看,除主沟道外,流域中、下游左岸土壤侵蚀最剧烈,流域上游地区土壤侵蚀较中、下游右岸地区侵蚀强度低;具体表现为:轻度侵蚀主要分布在流域主沟道,中度侵蚀主要分布在流域中下游主沟道不易侵蚀岩区,强度侵蚀主要分布在流域上游和中、下游右岸,极强度侵蚀全流域均有分布,剧烈侵蚀主要分布在流域中、下游左岸。

孤山川流域水土流失严重,流失面积约占 97.3%,全沙输沙模数大于20 000t/(km²·a)面积约占流域面积的 92.4%;流域侵蚀类型以水蚀为主,重力侵蚀和风力侵蚀也十分活跃,中游地区土壤侵蚀最严重;泥沙主要来自中游地区,粗粒径泥沙含量高。

(七)水土保持治理特性

以多沙粗沙区界线裁切得到孤山川流域各县梯田、坝地和林草面积及其密度数据,见表 7-63。

从表 7-63 可看出,孤山川流域涉及准旗和府谷两个县(旗),各县水土保持措施中林草密度最大,坝地密度最小;从空间分布看,流域治理度上游稍低于中下游。

表 7-63　多沙粗沙区孤山川流域水土保持措施面积统计

县(旗)名	涉及面积 (km^2)	梯田面积 (km^2)	梯田密度 (%)	坝地面积 (km^2)	坝地密度 (%)	林草面积 (km^2)	林草密度 (%)
准旗	257	1.2	0.5	0.4	0.2	33.1	12.9
府谷	1 015	44.9	4.4	10.7	1.1	229.5	22.6
合计	1 272	46.1	3.6	11.1	0.9	262.6	20.6

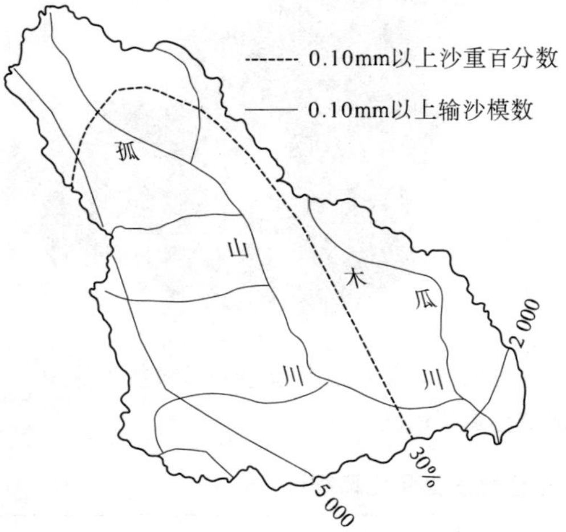

图 7-71　孤山川流域治理顺序分析图

(八)治理顺序

在孤山川流域粒径 $d \geqslant 0.10$mm 粗泥沙输沙模数等值线图上叠加土壤粒径大于 0.10mm 沙重百分数变化趋势线，如图 7-71。从图 7-71 看出，流域的右岸到左岸，0.10mm 以上粒径粗泥沙输沙模数减小，流域内 65.3% 的面积 0.10mm 以上粒径沙重百分数为 10%～30%，34.7% 的面积 0.10mm 以上粒径沙重百分数为 30%～50%，从减少 0.10mm 以上的粗泥沙为目的出发，则应先治理孤山川干流和支流木瓜川右岸，再治理支流木瓜川左岸，后治理其余区域。

六、石马川

(一)概况

石马川流域只涉及陕西省府谷县，流域面积 243km^2，全流域都位于多沙粗沙区，流域沟壑密度为 5.48km/km^2。粒径 $d \geqslant 0.05$mm 的粗泥沙输沙模数在 5 000t/(km^2·a)以上的面积为 226km^2，占流域总面积的 93.0%；粒径 $d \geqslant 0.10$mm 的粗泥沙输沙模数在 1 400 t/(km^2·a)以上的面积为 241km^2，占流域总面积的 99.2%；粒径 $d \geqslant 0.10$mm 的粗泥沙输沙模数在 2 800t/(km^2·a)以上的面积为 226km^2，占流域总面积的 93.0%。

(二)地貌特性

分别以不同粒径不同粗泥沙输沙模数界线裁切得到石马川流域不同粒径不同粗泥沙输沙模数下的坡度专题(见图 7-72)，并进行面积量算，统计得到石马川流域不同粒径不同粗泥沙输沙模数下的各级坡度所占比率，结果见表 7-64。

表 7-64 表明，基于 1∶50 000 比例尺 DEM 提取并统计得到的石马川流域不同粒径不同粗泥沙输沙模数界线下各坡度级所占百分数及平均坡度值很接近，表现为 8°以下坡度约占 15.5%，8°～15°坡度级约占 27.5%，15°～25°坡度级约占 38.5%，25°～35°坡度级约占 16%，平均坡度值约为 17°(按韭园沟试验样区换算到 1∶10 000 比例尺下，平均坡度值约为 24°)。

石马川流域坡度空间分布(见图 7-72)特点为：流域上游和下游坡度相对较中游大，具体表现为 8°以下坡度主要分布在沟道，8°～15°坡度主要分布在中游坡面，15°～25°和

25°～35°坡度在全流域均有分布，但在上游和下游分布相对集中。

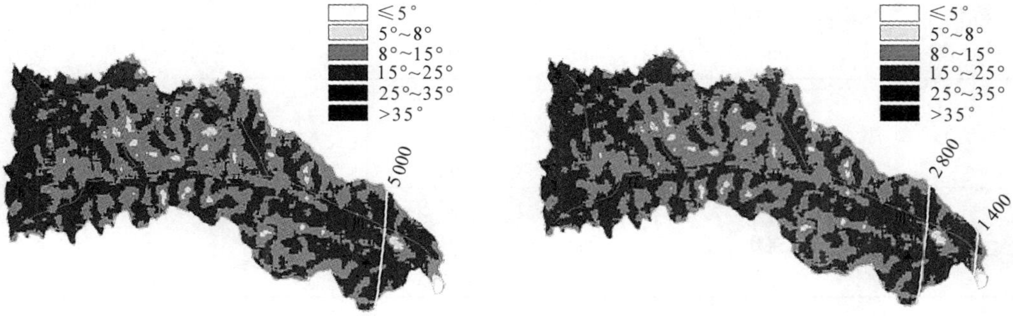

(a)叠加 $d\geqslant0.05$mm 粗泥沙输沙模数等值线　(b)叠加 $d\geqslant0.10$mm 粗泥沙输沙模数等值线

图 7-72　石马川流域坡度图

表 7-64　石马川流域各级坡度面积比率统计

粒径 (mm)	粗泥沙输沙模数 (t/(km²·a))	面积 (km²)	各级坡度面积所占比率(%)						平均坡度值(°)
			≤5°	5°～8°	8°～15°	15°～25°	25°～35°	>35°	
≥0.05	1 300	243	8.6	7.3	27.4	38.4	15.9	2.4	17.0
	2 500	243	8.6	7.3	27.4	38.4	15.9	2.4	17.0
	5 000	226	8.3	7.3	27.8	38.5	15.8	2.3	17.0
≥0.10	700	243	8.6	7.3	27.4	38.4	15.9	2.4	17.0
	1 400	241	8.3	7.2	27.5	38.6	15.9	2.4	17.0
	2 800	226	8.3	7.3	27.8	38.5	15.8	2.3	16.9

(三)地表组成物质特性

1. 类别

分别以不同粒径不同粗泥沙输沙模数界线裁切得到多沙粗沙区地表组成物质专题图，石马川流域不同粒径不同粗泥沙输沙模数下的地表组成物质专题(见图 7-73)，并进行面积量算，统计得到不同地表组成物质面积及所占比率，结果见表 7-65。

从图 7-73 和表 7-65 可得出，不同粒径不同粗泥沙输沙模数界线下石马川流域地表组成物质为黄土和基岩，其中以黄土为主，占流域面积的 94%；基岩仅占 6%，分布在流域下游主河道。

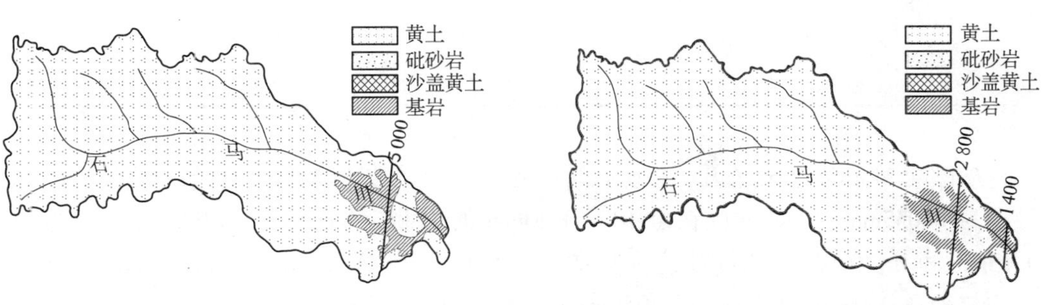

(a)叠加 $d\geqslant0.05$mm 粗泥沙输沙模数等值线　(b)叠加 $d\geqslant0.10$mm 粗泥沙输沙模数等值线

图 7-73　石马川流域地表组成物质图

表 7-65 石马川流域地表组成物质面积比率统计

粒径（mm）	粗泥沙输沙模数（t/(km²·a)）	面积（km²）	不同地表组成物质面积所占比率			
			黄土	砒砂岩	沙盖黄土	基岩
≥0.05	1 300	243	93.9	—	—	6.2
	2 500	243	93.9	—	—	6.2
	5 000	226	96.5	—	—	3.5
≥0.10	700	243	93.9	—	—	6.2
	1 400	241	94.0	—	—	6.0
	2 800	226	96.5	—	—	3.5

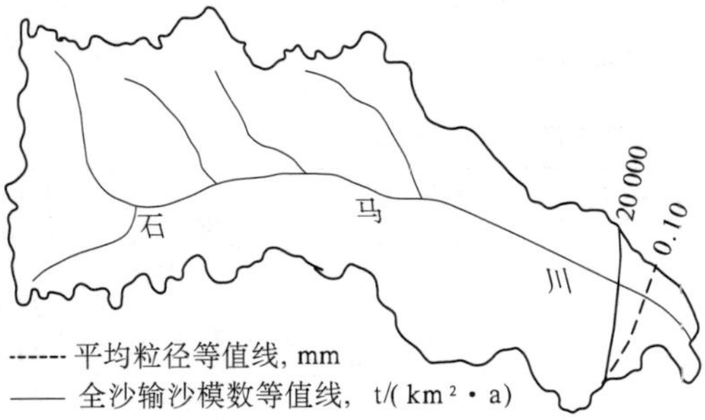

图 7-74 石马川流域平均粒径变化趋势图

2. 粒径

分别以不同粒径不同粗泥沙输沙模数界线裁切坝地淤积物土壤颗粒平均粒径变化趋势图、土壤粒径大于 0.05mm 和大于 0.10mm 沙重百分数变化趋势图，得到石马川流域土壤粒径变化趋势，见图 7-74，并进行面积量算，统计得到不同粗泥沙输沙模数下不同土壤粒径沙重百分数面积所占比率，见表 7-66。

表 7-66 石马川流域土壤平均粒径面积比率统计

粒径（mm）	粗泥沙输沙模数（t/(km²·a)）	面积（km²）	不同土壤平均粒径面积所占比率（%）				
			<0.05 mm	0.05~0.10 mm	0.10~0.20 mm	0.20~0.30 mm	>0.30 mm
≥0.05mm	1 300	243	—	3.7	96.3	—	—
	2 500	243	—	3.7	96.3	—	—
	5 000	226	—	0.0	100.0	—	—
≥0.10	700	243	—	3.7	96.3	—	—
	1 400	241	—	2.9	97.1	—	—
	2 800	226	—	0.0	100.0	—	—

从图 7-74 和表 7-66 看出，流域不同粗泥沙输沙模数土壤平均粒径最大为 0.151mm，最小为 0.055mm；平均粒径在 0.10 ~ 0.20mm 的面积，约占流域面积的 96%（当 $d\geqslant$ 0.10mm 和 $d\geqslant$0.05mm 粗泥沙输沙模数为 2 800t/(km²·a)和 5 000t/(km²·a)时占 100%）；平均粒径在 0.05 ~ 0.10mm 的面积约占 4%，分布在流域沟口。

石马川流域不同粗泥沙输沙模数土壤粒径 0.05mm 以上沙重百分数全部在 40% ~ 60%范围，土壤粒径 0.10mm 以上沙重百分数全部在 10% ~ 30%范围。

3. 土壤抗冲性

石马川流域只涉及到府谷县，其土壤抗冲性为 0.02L·s/g。

(四)植被特性

分别以不同粒径不同粗泥沙输沙模数界线裁切黄河流域遥感普查项目植被覆盖专题图，得到石马川流域不同粒径不同粗泥沙输沙模数下的植被覆盖专题(见图 7-75)，并进行面积量算，统计得到各级植被覆盖面积及其所占比率，结果如表 7-67。

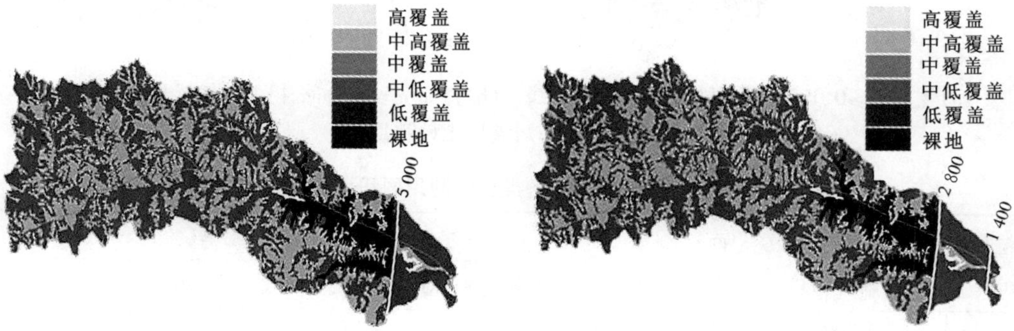

(a)叠加 $d \geqslant 0.05$mm 粗泥沙输沙模数等值线　　(b)叠加 $d \geqslant 0.10$mm 粗泥沙输沙模数等值线

图 7-75　石马川流域植被覆盖度图

表 7-67　石马川流域各级植被覆盖面积比率统计

粒径(mm)	粗泥沙输沙模数(t/(km²·a))	面积(km²)	各级植被覆盖面积所占比率(%)					
			高覆盖	中高覆盖	中覆盖	中低覆盖	低覆盖	裸地
≥0.05	1 300	243	0	0	0.7	35.2	56.4	7.7
	2 500	243	0	0	0.7	35.2	56.4	7.7
	5 000	226	0	0	0.4	37.1	54.2	8.3
≥0.10	700	243	0	0	0.7	35.2	56.4	7.7
	1 400	241	0	0	0.6	35.4	56.2	7.8
	2 800	226	0	0	0.4	37.1	54.2	8.3

从图 7-75 和表 7-67 看出，不同粒径不同粗泥沙输沙模数下，石马川流域以中低覆盖以下面积居多，约占流域面积的 99%，其中裸地面积约占流域面积的 8%，主要分布在流域下游主河道；低覆盖面积约占流域面积的 56%，中低覆盖面积约占流域面积的 35%，中低覆盖和低覆盖交接分布在整个流域，其中中低覆盖一般为坡耕地，分布在流域峁边线以上较平缓地带；中覆盖面积占流域面积的 1%。总体上流域下游植被覆盖度比上游植被覆盖度低。

(五)土地利用特性

分别以不同粒径不同粗泥沙输沙模数界线裁切全国土地利用遥感普查成果，得到石马川流域不同粒径不同粗泥沙输沙模数下的土地利用专题(见图 7-76)，并进行面积量算，统计得到各类土地利用面积及所占比率，结果见表 7-68。

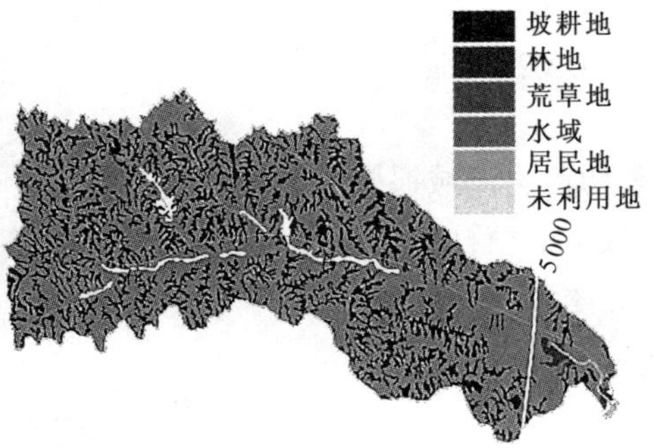

(a)叠加 $d\geqslant0.05$mm 粗泥沙输沙模数等值线

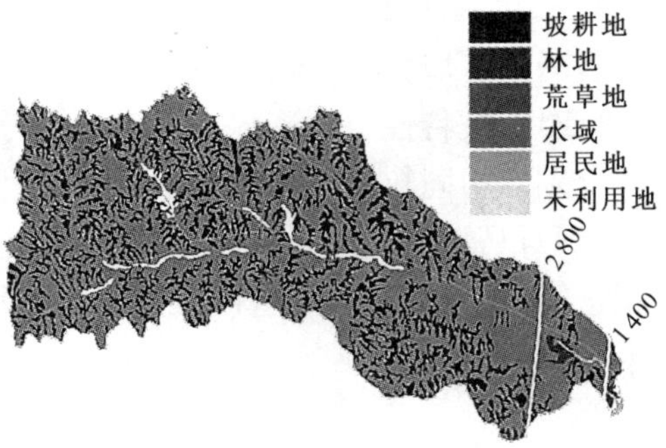

(b)叠加 $d\geqslant0.10$mm 粗泥沙输沙模数等值线

图 7-76 石马川流域土地利用图

表 7-68 石马川流域各类土地利用面积比率统计

粒径(mm)	粗泥沙输沙模数(t/(km²·a))	面积(km²)	各类土地利用面积所占比率(%)						
			川台地	坡耕地	林地	荒草地	水域	居民用地	未利用土地
≥0.05	1 300	243	1.5	29.3	0.7	67.0	0.3	0.1	1.1
	2 500	243	1.5	29.3	0.7	67.0	0.3	0.1	1.1
	5 000	226	1.6	30.5	0.1	67.1	0.1	0.1	0.8
≥0.10	700	243	1.5	29.3	0.7	67.0	0.3	0.1	1.1
	1 400	241	1.5	29.4	0.5	67.1	0.1	0.1	1.3
	2 800	226	1.6	30.5	0.0	67.1	0.1	0.1	0.8

从图 7-76 和表 7-68 可看出,石马川流域不同粗泥沙输沙模数土地利用均以荒草地和坡耕地居多,所占比率分别约为 67%和 29%,坡耕地和荒草地交叉分布在整个流域,其中坡耕地分布在流域峁边线以上较平缓地带;川台地所占比率为 2%,分布在主河道。

(六)水土流失特点

1. 输沙模数

分别依据全沙输沙模数等值线、粒径 $d\geqslant0.05$mm 和 $d\geqslant0.10$mm 粗泥沙输沙模数等值线统计得到石马川流域不同输沙模数下的面积比率,见表 7-69,石马川流域输沙模数等值线图如图 7-77 ~ 图 7-79。

表 7-69 和图 7-77 表明,石马川流域全沙输沙模数基本在 20 000 ~ 40 000t/(km²·a),占流域面积的 94.4%,其余的全沙输沙模数为 15 000 ~ 20 000t/(km²·a)。空间分布上,只有流域下游入黄附近全沙输沙模数在 15 000 ~ 20 000t/(km²·a)范围,其他区域全沙输沙模数基本为 20 000 ~ 40 000t/(km²·a)。

表 7-69 和图 7-78 表明,石马川流域 0.05mm 以上的粗泥沙输沙模数在 7 000 ~ 10 000 t/(km²·a)的面积占流域面积的 55.7%,在 10 000 ~ 20 000t/(km²·a)的面积占流域面积的 32.9%。空间分布上,粗泥沙输沙模数从下游向上游增大,即流域下游入黄附近(占流域面积的 11.4%)粗泥沙输沙模数小于 7 000t/(km²·a),流域中下游地区粗泥沙输沙模数为 7 000 ~ 10 000t/(km²·a),流域上游地区 0.05mm 以上粒径的粗泥沙输沙模数为 10 000 ~ 20 000t/(km²·a)。粗泥沙输沙模数在 5 000t/(km²·a)的面积占流域面积的 93.2%,主要分

布在除流域下游入黄附近以外的区域。

表 7-69　石马川流域不同输沙模数面积比率统计

粒径（mm）	输沙模数（t/（km²·a））	面积（km²）	面积比率（%）	粒径（mm）	输沙模数（t/（km²·a））	面积（km²）	面积比率（%）
全沙	< 5 000	0	0	≥0.05mm	5 000 ~ 7 000	11	4.6
	5 000 ~ 10 000	0	0		7 000 ~ 10 000	135	55.7
	10 000 ~ 15 000	0	0		10 000 ~ 20 000	80	32.9
	15 000 ~ 20 000	14	5.6		> 20 000	0	0
	20 000 ~ 40 000	229	94.4	≥0.10mm	< 200	0	0
	> 40 000	0	0		200 ~ 500	0	0
≥0.05mm	< 1 000	0	0		500 ~ 1 000	0	0
	1 000 ~ 2 000	0	0		1 000 ~ 2 000	26	10.7
	2 000 ~ 2 500	0	0		2 000 ~ 5 000	52	21.3
	2 500 ~ 3 000	0	0		5 000 ~ 10 000	165	68
	3 000 ~ 4 000	0	0		> 10 000	0	0
	4 000 ~ 5 000	17	6.8				

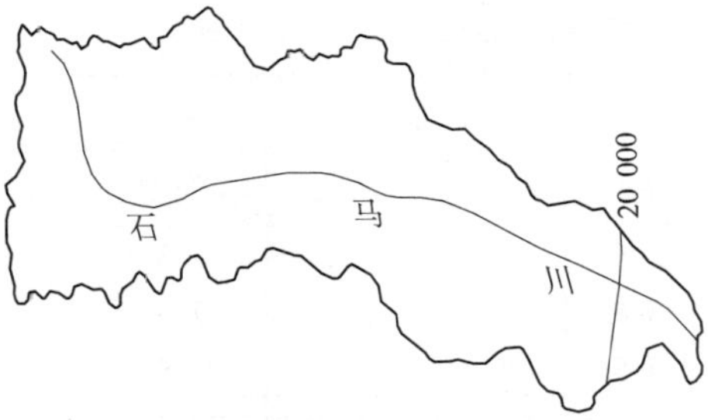

图 7-77　石马川流域全沙输沙模数等值线

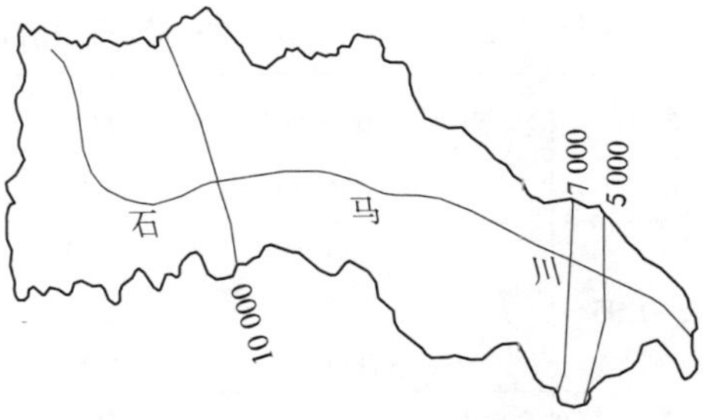

图 7-78　石马川流域 $d \geqslant 0.05$mm 粗泥沙输沙模数等值线图

表 7-69 和图 7-79 表明，石马川流域粒径 0.10mm 以上的粗泥沙输沙模数为 5 000 ~ 10 000t/(km²·a)的面积占流域面积的 68.0%，粗泥沙输沙模数在 2 000 ~ 5 000t/(km²·a) 的面积占流域面积的 21.3%，其余的为 1 000 ~ 2 000t/(km²·a)。空间分布上，粗泥沙输沙模数从下游向上游增大，即粗泥沙输沙模数为 1 000 ~ 2 000t/(km²·a)的面积主要在流域下游入黄附近，占流域面积的 10.1%；粗泥沙输沙模数为 2 000 ~ 5 000t/(km²·a)的面积主要分布在流域下游上部，粗泥沙输沙模数为 5 000 ~ 10 000t/(km²·a)的面积主要分布在流域上、中游地区。石马川流域粗泥沙输沙模数在 1 400t/(km²·a)以上的面积占流域面积的

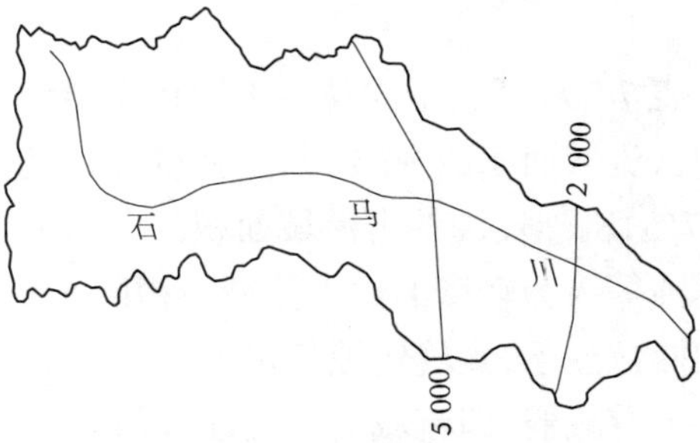

图 7-79　石马川流域 $d \geqslant 0.10$mm 粗泥沙输沙模数等值线图

99.2%；粗泥沙输沙模数在 2 800t/(km²·a)以上的面积占流域面积的 93.0%，分布在除下游入黄附近外的其他区域。

2. 侵蚀等级

依据坡度、植被覆盖度、土地利用、土壤侵蚀类型和土壤抗冲性等指标，综合判定得到石马川流域土壤侵蚀等级专题图(见图 7-80)，并进行面积量算，统计得到各级侵蚀强度面积比率见表 7-70。

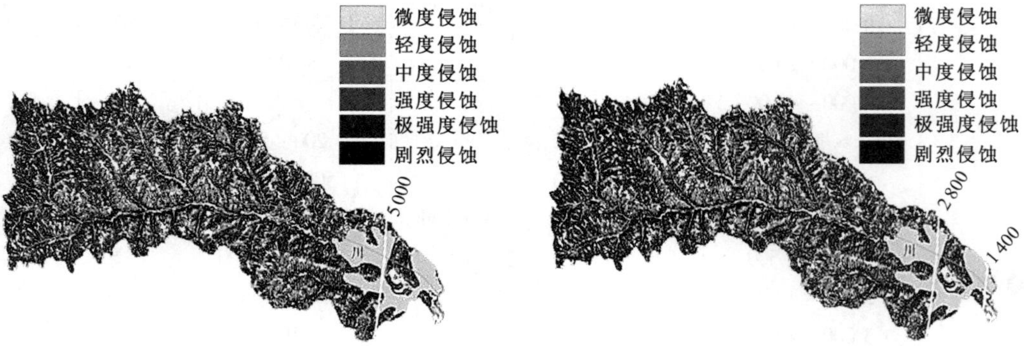

(a)叠加 $d \geqslant 0.05$mm 粗泥沙输沙模数线　　(b)叠加 $d \geqslant 0.10$mm 粗泥沙输沙模数线

图 7-80　石马川流域土壤侵蚀图

表 7-70　石马川流域各级侵蚀强度面积比率统计

粒径(mm)	粗泥沙输沙模数(t/(km²·a))	面积(km²)	各级侵蚀强度面积所占比率(%)					
			微度	轻度	中度	强度	极强度	剧烈
≥0.05	1 300	243	0	5.6	8.7	23.9	27.0	34.8
	2 500	243	0	5.6	8.7	23.9	27.0	34.8
	5 000	226	0	5.5	6.0	24.8	27.8	35.9
≥0.10	700	243	0	5.6	8.7	23.9	27.0	34.8
	1 400	241	0	5.5	8.5	23.9	27.1	35.1
	2 800	226	0	5.5	6.0	24.8	27.8	35.9

表 7-70 表明，不同粒径不同粗泥沙输沙模数下石马川流域土壤侵蚀等级在强度以上的约占流域面积的 86%，其中强度侵蚀约占流域面积的 24%，极强度侵蚀约占流域面积的 27%，剧烈侵蚀约占流域面积的 35%；不同粒径不同粗泥沙输沙模数下石马川流域土壤侵蚀等级为轻度的约占流域面积的 5.5%、中度侵蚀的约占流域面积的 6%～8.7%；且在相同粒径下，土壤侵蚀随粗泥沙输沙模数增大而加剧。空间分布上，土壤侵蚀强度从上游向下游减弱，即流域上游侵蚀最剧烈，中游次之，下游不易侵蚀岩侵蚀强度最低，具体表现为：中度侵蚀主要分布在流域下游主沟道的不易侵蚀岩地区，强度和极强度侵蚀主要分布在流域中游附近，剧烈侵蚀主要分布于流域上游以及中、下游的沟坡。

石马川流域水土流失严重，强度以上侵蚀面积占 86%，全沙输沙模数大于 20 000 t/(km²·a)面积约占流域面积的 94.4%；流域侵蚀类型以水蚀为主，上游地区土壤侵蚀最严重；泥沙主要来自上游地区。

(七)水土保持治理特性

以多沙粗沙区界线裁切得到石马川流域各县梯田、坝地和林草面积及其密度数据,见表7-71。

表 7-71　石马川流域水土保持措施面积统计

流域涉及的县	涉及面积(km^2)	梯田面积(km^2)	梯田密度(%)	坝地面积(km^2)	坝地密度(%)	林草面积(km^2)	林草密度(%)
府谷	243	10.7	4.4	2.6	1.1	55.0	22.6

从表7-71可看出,石马川流域涉及府谷县,水土保持措施中林草密度最大,坝地密度最小。

(八)治理顺序

在石马川流域粒径 $d \geq 0.10$mm 粗泥沙输沙模数等值线图上叠加土壤粒径大于0.10mm 沙重百分数变化趋势线,如图7-81。从图7-81看出,从流域上游到下游,0.10mm 以上粒径粗泥沙输沙模数减小,0.10mm 以上粒径沙重百分数全部在10%~30%,从减少0.10mm以上的粗泥沙目的出发,则应先治理上游,后治理下游。

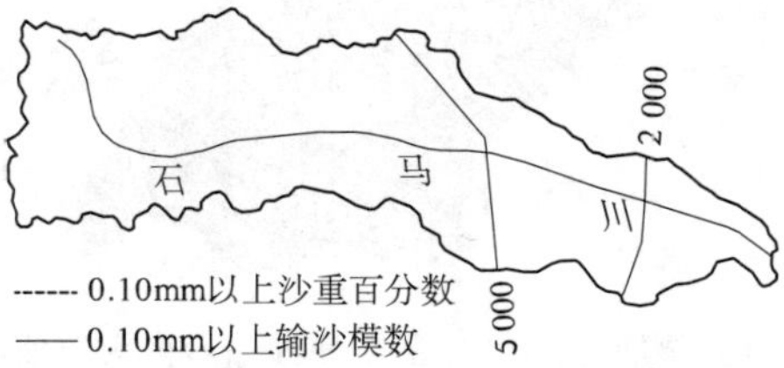

图 7-81　石马川流域治理顺序分析图

七、佳芦河

(一)流域概况

佳芦河流域发源于陕西省榆林市,在佳县注入黄河,流域面积1 138km^2。上中游主沟道附近的风沙区位于多沙粗沙区外,多沙粗沙区内佳芦河面积1 001km^2,占佳芦河全流域面积的88.0%,粗泥沙集中来源区沟壑密度为5.70km/km^2。粒径 $d \geq 0.05$mm 的粗泥沙输沙模数在5 000t/(km^2·a)以上的面积为875km^2,占多沙粗沙区佳芦河面积的79.4%,占佳芦河全流域面积的76.9%;粒径 $d \geq 0.10$mm 的粗泥沙输沙模数在1 400t/(km^2·a)以上的面积为932km^2,占多沙粗沙区佳芦河面积的93.1%,占佳芦河全流域面积的81.9%;粒径 $d \geq 0.10$mm 的粗泥沙输沙模数在2 800t/(km^2·a)以上的面积为855km^2,占多沙粗沙区佳芦河面积的85.4%,占佳芦河全流域面积的75.1%。

(二)地貌特性

分别以不同粒径不同粗泥沙输沙模数界线裁切得到多沙粗沙区佳芦河流域不同粒径不同粗泥沙输沙模数下的坡度专题(见图7-82),并进行面积量算,统计得到多沙粗沙区佳芦河流域不同粒径不同粗泥沙输沙模数下的各级坡度所占比率,结果见表7-72。

表7-72表明,基于1:50 000比例尺DEM提取并统计得到的多沙粗沙区佳芦河流域坡度在相同粒径下,平均坡度随粗泥沙输沙模数增加而增大,具体表现为25°以下坡度随粗泥沙输沙模数增加所占百分比减少,25°以上坡度随粗泥沙输沙模数增加所占百分比增加,但增减幅度均很小。原因是在相同粒径下,风沙区所占面积均随粗泥沙输沙模数增加

逐渐减少。不同粒径不同粗泥沙输沙模数下各坡度级所占百分比均以 15°～25°最多，约占多沙粗沙区佳芦河面积的 36%，其次为 8°～15°的坡度居多，约占 22%。按韭园沟试验样区坡度换算关系，多沙粗沙区佳芦河 1∶10 000 比例尺下平均坡度约为 26°。

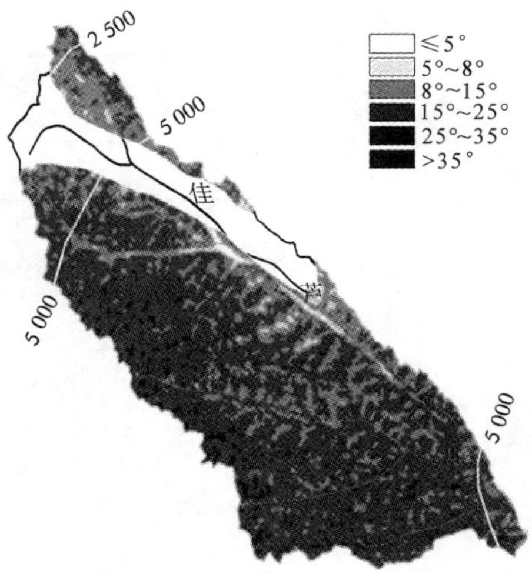

(a)叠加 $d \geqslant 0.05$mm 粗泥沙输沙模数等值线

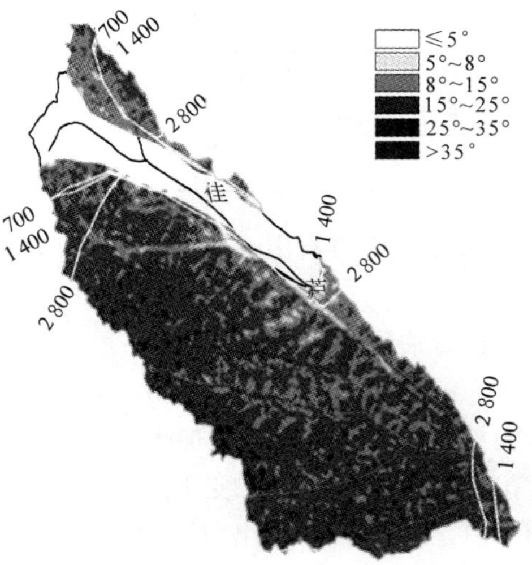

(b)叠加 $d \geqslant 0.10$mm 粗泥沙输沙模数等值线

图 7-82　多沙粗沙区佳芦河流域坡度图

表 7-72　多沙粗沙区佳芦河流域各级面积坡度比率统计

粒径(mm)	粗泥沙输沙模数(t/(km²·a))	面积(km²)	各级坡度面积所占比率(%)						平均坡度值(°)
			≤5°	5°～8°	8°～15°	15°～25°	25°～35°	>35°	
≥0.05	1 300	1 001	8.5	6.8	22.5	36.1	20.4	5.7	18.6
	2 500	993	8.5	6.8	22.4	36.1	20.5	5.7	18.6
	5 000	875	8.3	6.5	21.5	36.0	21.5	6.2	19.0
≥0.10	700	942	8.2	6.5	21.9	36.3	21.1	6.0	18.9
	1 400	932	8.2	6.5	21.8	36.4	21.2	6.0	18.9
	2 800	855	8.1	6.3	21.3	36.2	21.8	6.3	19.1

多沙粗沙区佳芦河流域坡度空间分布(见图 7-82)主要特点为：5°以下坡度主要分布于沟道和峁顶，8°～15°坡度主要分布在上、中游沟道两侧；由于多沙粗沙区佳芦河流域地形比较破碎，各级坡度在上、中、下游均有分布，但总的趋势是从上游向下游坡度增大。

(三)地表组成物质特性

1. 类别

分别以不同粒径不同粗泥沙输沙模数界线裁切多沙粗沙区地表组成物质专题图，得到多沙粗沙区佳芦河流域不同粒径不同粗泥沙输沙模数下的地表组成物质专题(见图 7-83)，并进行面积量算，统计得到地表组成物质面积及所占比率，结果见表 7-73。

从图 7-83 和表 7-73 可得出，不同粒径不同粗泥沙输沙模数界线下多沙粗沙区佳芦河流域地表组成物质为黄土和沙盖黄土，其中以黄土为主，约占流域面积的 99.6%，风沙土主要分布在流域中游左岸。

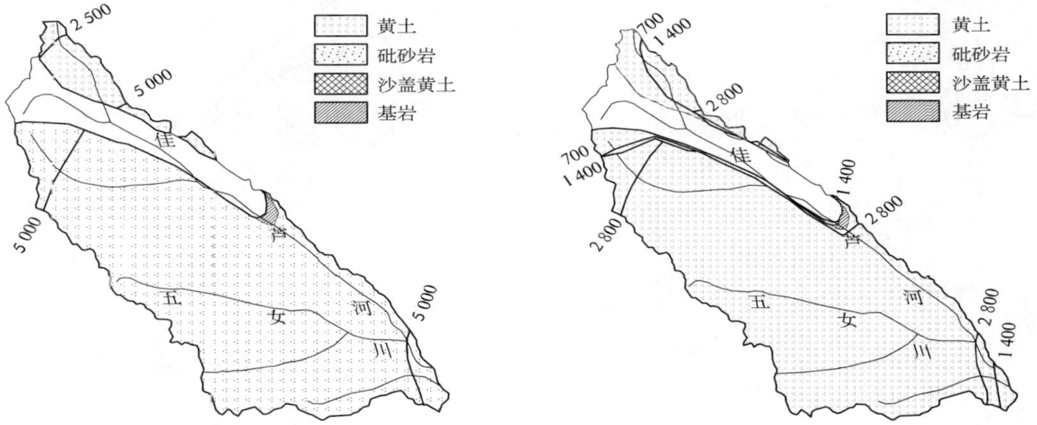

(a)叠加 $d \geqslant 0.05$mm 粗泥沙输沙模数等值线　(b)叠加 $d \geqslant 0.10$mm 粗泥沙输沙模数等值线

图 7-83　多沙粗沙区佳芦河流域地表组成物质图

表 7-73　多沙粗沙区佳芦河流域地表组成物质面积比率统计

粒径 (mm)	粗泥沙输沙模数 (t/(km²·a))	面积 (km²)	不同地表组成物质面积所占比率(%)			
			黄土	砒砂岩	沙盖黄土	基岩
≥0.05	1 300	1 001	99.6	—	0.4	—
	2 500	993	99.6	—	0.4	—
	5 000	875	99.5	—	0.5	—
≥0.10	700	942	99.6	—	0.3	—
	1 400	932	99.7	—	0.3	—
	2 800	855	100	—	—	—

2. 粒径

分别以不同粒径不同粗泥沙输沙模数界线裁切坝地淤积物土壤颗粒平均粒径变化趋势图、土壤粒径大于 0.05mm 和大于 0.10mm 沙重百分数变化趋势图，得到多沙粗沙区佳芦河流域土壤粒径变化趋势图(见图 7-84 和图 7-85)，并进行面积量算，统计得到不同粗泥沙输沙模数下不同土壤粒径沙重百分数面积所占比率，见表 7-74 和表 7-75。

多沙粗沙区佳芦河流域不同粗泥沙输沙模数土壤平均粒径最大为 0.076mm，最小为 0.066mm；平均粒径全部在 0.05～0.10mm 范围内。

从图 7-84 和表 7-74 看出，多沙粗沙区佳芦河流域不同粗泥沙输沙模数泥沙粒径 0.05mm 以上沙重百分数基本在 30%～40%范围，约占 65 %(粗泥沙输沙模数为 5 000 t/(km²·a)时占 71%)，分布在流域下游；泥沙粒径 0.05mm 以上沙重百分数在 40%～60%的面积占 35%(粗泥沙输沙模数为 5 000t/(km²·a)时占 29%)，分布在流域上游。

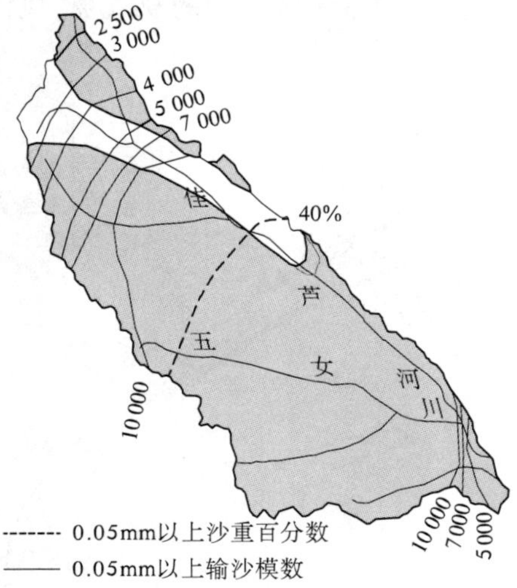

叠加 $d \geqslant 0.05$mm 粗泥沙输沙模数等值线

图 7-84　多沙粗沙区佳芦河流域粒径 0.05mm 以上沙重百分数变化趋势图

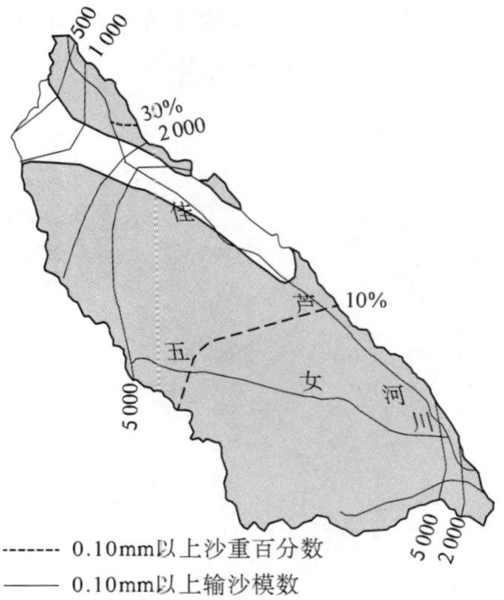

叠加 $d \geqslant 0.10$mm 粗泥沙输沙模数等值线

图 7-85　多沙粗沙区佳芦河流域粒径 0.10mm 以上沙重百分数变化趋势图

表 7-74　多沙粗沙区佳芦河流域粒径 0.05mm 以上沙重百分数面积比率统计

粗泥沙输沙模数 (t/(km²·a))	面积 (km²)	不同沙重百分数面积所占比率(%)				
		<30%	30%~40%	40%~60%	60%~80%	>80%
1 300	1 001	—	64.4	35.6	—	—
2 500	993	—	65.0	35.1	—	—
5 000	875	—	70.5	29.5	—	—

表 7-75　多沙粗沙区佳芦河流域粒径 0.10mm 以上沙重百分数面积比率统计

粗泥沙输沙模数 (t/(km²·a))	面积 (km²)	不同沙重百分数面积所占比率(%)				
		<5%	5%~10%	10%~30%	30%~50%	>50%
700	942	—	56.9	40.9	2.2	—
1 400	932	—	56.4	41.3	2.3	—
2 800	855	—	59.9	39.2	0.9	—

从图 7-85 和表 7-75 看出，多沙粗沙区佳芦河流域不同粗泥沙输沙模数泥沙粒径 0.10mm 以上沙重百分数在 5%～10%范围基本为一半，约占 57%（当粗泥沙输沙模数为 2 800t/(km²·a)时占 60%），分布在流域下游；泥沙粒径 0.10mm 以上沙重百分数在 10%～30%的面积占 41%（当粗泥沙输沙模数为 12 800t/(km²·a)时占 39%），分布在流域上游；沙重百分数在 30%～50%的面积只占 2%（当粗泥沙输沙模数为 2 800t/(km²·a)时占 1%），分布在流域上游与秃尾河流域接壤区。

3. 土壤抗冲性

分别以不同粒径不同粗泥沙输沙模数界线裁切黄河中游地区土壤抗冲性专题图，得到多沙粗沙区佳芦河流域不同粒径不同粗泥沙输沙模数下的土壤抗冲性专题（见

图 7-86)，并进行面积量算，统计得到土壤抗冲性及行政县面积所占比率，见表 7-76。

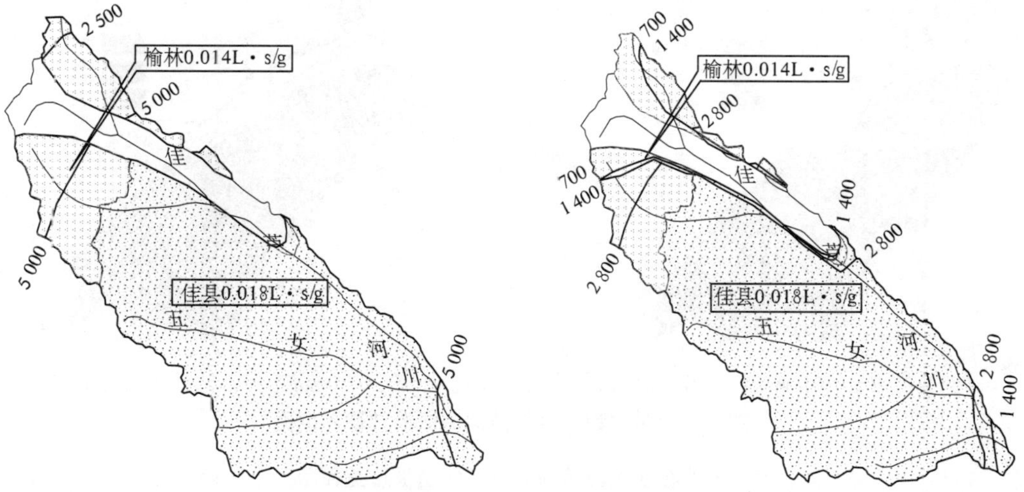

(a)叠加 $d \geqslant 0.05$mm 粗泥沙输沙模数等值线　(b)叠加 $d \geqslant 0.10$mm 粗泥沙输沙模数等值线

图 7-86　多沙粗沙区佳芦河流域土壤抗冲性图

表 7-76　多沙粗沙区佳芦河流域各县土壤抗冲性和面积比率统计

粒径(mm)	粗泥沙输沙模数 t/(km²·a)	面积(km²)	榆林		佳县	
			面积比率(%)	土壤抗冲性(L·s/g)	面积比率(%)	土壤抗冲性(L·s/g)
≥0.05	1 300	1 001	19.4	0.014	80.6	0.018
	2 500	993	18.7	0.014	81.3	0.018
	5 000	875	10.3	0.014	89.7	0.018
≥0.10	700	942	14.3	0.014	85.7	0.018
	1 400	932	14.7	0.014	85.3	0.018
	2 800	855	9.7	0.014	90.3	0.018

从图 7-86 和表 7-76 可看出，多沙粗沙区佳芦河流域上游比下游易侵蚀，该流域涉及榆阳区和佳县两个县(区)，其中榆阳区土壤抗冲性为 0.014L·s/g，不同粗泥沙输沙模数约占流域面积的 15%，分布在流域上游；佳县土壤抗冲性 0.018L·s/g，约占流域面积的 85%，分布在流域的下游。

(四)植被特性

分别以不同粒径不同粗泥沙输沙模数界线裁切黄河流域遥感普查项目植被覆盖专题图，得到多沙粗沙区佳芦河流域不同粒径不同粗泥沙输沙模数下的植被覆盖专题(见图 7-87)，并进行面积量算，统计得到各级植被覆盖面积及其所占比率，结果如表 7-77。

从图 7-87 和表 7-77 可看出，不同粒径不同粗泥沙输沙模数下多沙粗沙区佳芦河流域均以中低覆盖以下面积居多，约占 95%，其中裸地面积约占 1%，分布在流域下游主河道及上游风沙区；低覆盖面积约占 33%，基本分布在流域下游；中低覆盖面积约占 61%，基本分布在流域上游和下游；中覆盖以上面积约占 5%，其中中覆盖面积约占 4%，主要分布在流域上游右岸；中高覆盖和高覆盖面积占 1%。

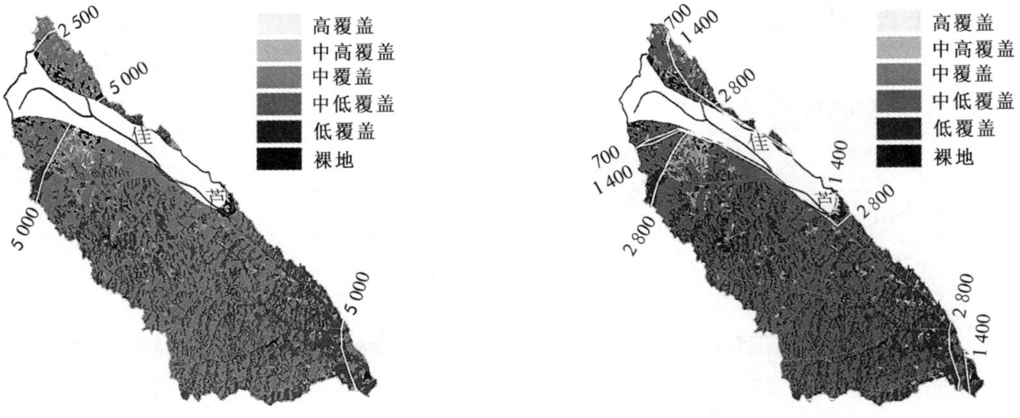

(a)叠加 $d \geqslant 0.05$mm 粗泥沙输沙模数等值线　(b)叠加 $d \geqslant 0.10$mm 粗泥沙输沙模数等值线

图 7-87　多沙粗沙区佳芦河流域植被覆盖度图

表 7-77　多沙粗沙区佳芦河流域各级植被覆盖面积比率统计

粒径(mm)	粗泥沙输沙模数(t/(km²·a))	面积(km²)	各级植被覆盖面积所占比率(%)					
			高覆盖	中高覆盖	中覆盖	中低覆盖	低覆盖	裸地
≥0.05	1 300	1 001	0.0	0.2	4.4	61.4	31.9	2.2
	2 500	993	0.0	0.2	4.2	61.3	32.1	2.1
	5 000	875	0.0	0.2	3.9	61.0	33.8	1.1
≥0.10	700	942	0.0	0.2	4.1	61.2	33.3	1.3
	1 400	932	0.0	0.2	4.0	61.5	33.3	1.0
	2 800	855	0.0	0.2	3.6	61.6	34.1	0.5

(五)土地利用特性

分别以不同粒径不同粗泥沙输沙模数界线裁切全国土地利用遥感普查成果,得到多沙粗沙区佳芦河流域不同粒径不同粗泥沙输沙模数下的土地利用专题(见图 7-88),并进行面积量算,统计得到各类土地利用面积所占比率,结果如表 7-78。

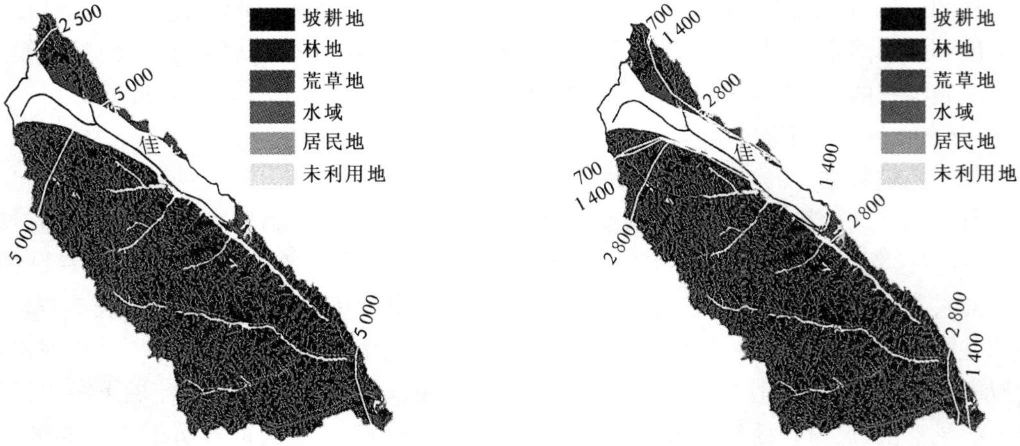

(a)叠加 $d \geqslant 0.05$mm 粗泥沙输沙模数等值线　(b)叠加 $d \geqslant 0.10$mm 粗泥沙输沙模数等值线

图 7-88　多沙粗沙区佳芦河流域土地利用图

表 7-78　多沙粗沙区佳芦河流域各类土地利用面积比率统计

粒径 (mm)	粗泥沙输沙模数 (t/(km²·a))	面积 (km²)	各类土地利用面积所占比率(%)						
			川台地	坡耕地	林地	荒草地	水域	居民用地	未利用土地
≥0.05	1 300	1 001	3.2	56.2	0.9	39.0	0.2	0.1	0.5
	2 500	993	3.2	56.3	0.9	38.9	0.2	0.1	0.5
	5 000	875	3.5	57.6	0.7	37.5	0.2	0.0	0.5
≥0.10	700	942	3.3	57.3	0.8	38.0	0.2	0.1	0.4
	1 400	932	3.2	57.6	0.7	37.9	0.2	0.0	0.4
	2 800	855	3.4	58.6	0.4	37.1	0.2	0.0	0.3

从图 7-88 和表 7-78 可看出，多沙粗沙区佳芦河流域不同粒径不同粗泥沙输沙模数下以荒草地和坡耕地居多，所占比率分别约为 38%和 57%，坡耕地和荒草地交叉分布在整个流域，其中坡耕地分布在流域峁边线以上较平缓地带；剩余川台地占 3%，林地约占 1%，水域和居民用地占 1%，其中川台地分布在流域主沟道。

(六)水土流失特点

1. 输沙模数

分别依据全沙输沙模数等值线、粒径 $d \geq 0.05$mm 和 $d \geq 0.10$mm 粗泥沙输沙模数等值线统计，得到多沙粗沙区佳芦河流域不同输沙模数下的面积比率如表 7-79，多沙粗沙区佳芦河流域输沙模数等值线图如图 7-89 ~ 图 7-91。

表 7-79　多沙粗沙区佳芦河流域不同输沙模数面积比率统计

粒径 (mm)	输沙模数 (t/(km²·a))	面积 (km²)	百分比 (%)	粒径 (mm)	输沙模数 (t/(km²·a))	面积 (km²)	百分比 (%)
全沙	<5 000	0	0	≥0.05mm	5 000 ~ 7 000	36	3.6
	5 000 ~ 10 000	9	0.9		7 000 ~ 10 000	64	6.4
	10 000 ~ 15 000	19	1.9		10 000 ~ 20 000	779	77.8
	15 000 ~ 20 000	146	14.6		>20 000	0	0
	20 000 ~ 40 000	827	82.6	≥0.10mm	<200	0	0
	>40 000	0	0		200 ~ 500	12	1.2
≥0.05mm	<1 000	0	0		500 ~ 1 000	15	1.5
	1 000 ~ 2 000	0	0		1 000 ~ 2 000	111	11.1
	2 000 ~ 2 500	8	0.8		2 000 ~ 5 000	92	9.2
	2 500 ~ 3 000	17	1.7		5 000 ~ 10 000	771	77
	3 000 ~ 4 000	30	3		>10 000	0	0
	4 000 ~ 5 000	67	6.7				

表7-79 和图 7-89 表明，多沙粗沙区佳芦河流域全沙输沙模数以 20 000 ~ 40 000 t/(km²·a)的面积居多，占多沙粗沙区佳芦河面积的 82.6%，占佳芦河全流域面积的 72.8%；15 000t/(km²·a)以上面积占多沙粗沙区佳芦河面积的 97.2%，占佳芦河全流域面积的 85.5%。空间分布上，全沙输沙模数从流域上游向下游逐渐增大，即除流域最上游左岸很小

一部分(占多沙粗沙区佳芦河面积的 2.8%)全沙输沙模数在 15 000t/(km²·a)以下外,上游大部分区域全沙输沙模数均在 15 000 ~ 20 000t/(km²·a)和 20 000t/(km²·a)以上;全沙输沙模数在 20 000 ~ 40 000t/(km²·a)的面积分布在流域的上游下部、中游和下游。

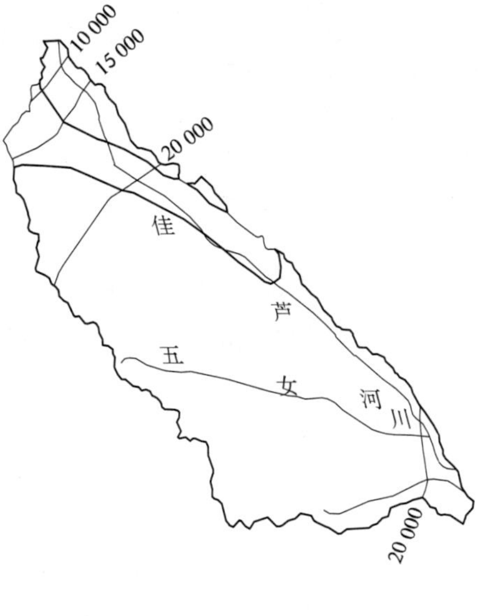

图 7-89　多沙粗沙区佳芦河流域全沙输沙模数等值线图

表 7-79 和图 7-90 表明,多沙粗沙区佳芦河流域 0.05mm 以上的粗泥沙输沙模数以 10 000 ~ 20 000t/(km²·a)的面积居多,占多沙粗沙区佳芦河面积的 77.8%,占多沙粗沙区佳芦河全流域面积的 68.5%;粗泥沙输沙模数在 5 000t/(km²·a)以上的面积为 875km²,占多沙粗沙区佳芦河面积的 87.4%,占多沙粗沙区佳芦河全流域面积的 77%。空间分布上,0.05mm 以上粒径的粗泥沙输沙模数从流域上游向下游逐渐增大,其中粗泥沙输沙模数在 5 000 t/(km²·a)以下的面积主要分布在流域上游的上部,粗泥沙输沙模数在 5 000 ~ 10 000t/(km²·a)的面积主要分布在流域上游中下部,粗泥沙输沙模数在 10 000 t/(km²·a)以上的面积主要分布在流域中游和下游。

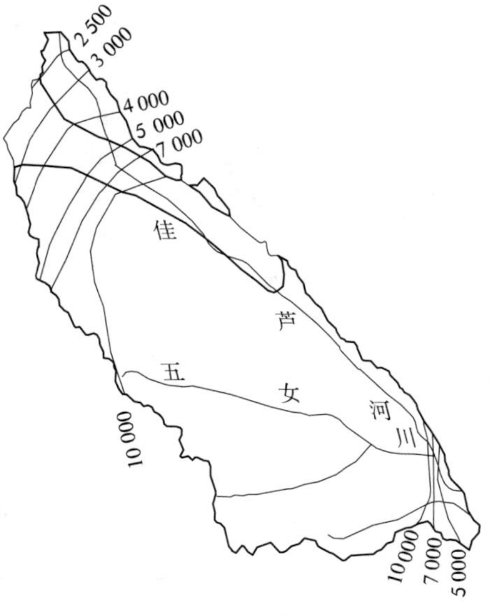

图 7-90　多沙粗沙区佳芦河流域 $d \geqslant 0.05$mm 粗泥沙输沙模数等值线图

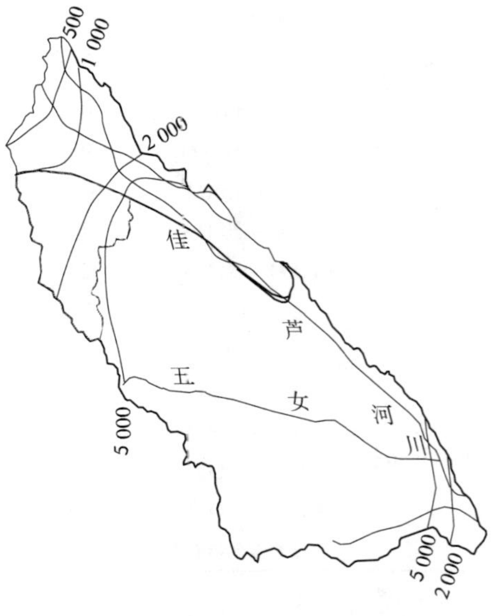

图 7-91　多沙粗沙区佳芦河流域 $d \geqslant 0.10$mm 粗泥沙输沙模数等值线图

表 7-79 和图 7-91 表明,多沙粗沙区佳芦河流域 0.10mm 以上的粗泥沙输沙模数以 5 000 ~ 10 000t/(km²·a)的面积最多,占多沙粗沙区佳芦河流域面积的 77.0%;粗泥沙输沙模

数在 1 400t/(km²·a)以上的面积为 932km²,占多沙粗沙区佳芦河面积的 93.1%,占多沙粗沙区佳芦河全流域面积的 81.9%;粗泥沙输沙模数在 2 800t/(km²·a)以上的面积为 855km²,占多沙粗沙区佳芦河面积的 85.4%,占多沙粗沙区佳芦河全流域面积的 75.2%。空间分布上,0.10mm 以上粒径的粗泥沙输沙模数从流域上游向下游逐渐增大,其中粗泥沙输沙模数在 1 400t/(km²·a)以下和 1 400 ~ 2 800t/(km²·a)的面积主要分布在流域上游上部,粗泥沙输沙模数在 2 800t/(km²·a)以上的面积主要分布在流域上游下部、中游和下游。

2. 侵蚀等级

依据坡度、植被覆盖度、土地利用、土壤侵蚀类型和土壤抗冲性等指标综合判定得到多沙粗沙区佳芦河流域土壤侵蚀等级专题图(见图 7-92),并进行面积量算,统计得到各级侵蚀强度面积比率,见表 7-80。

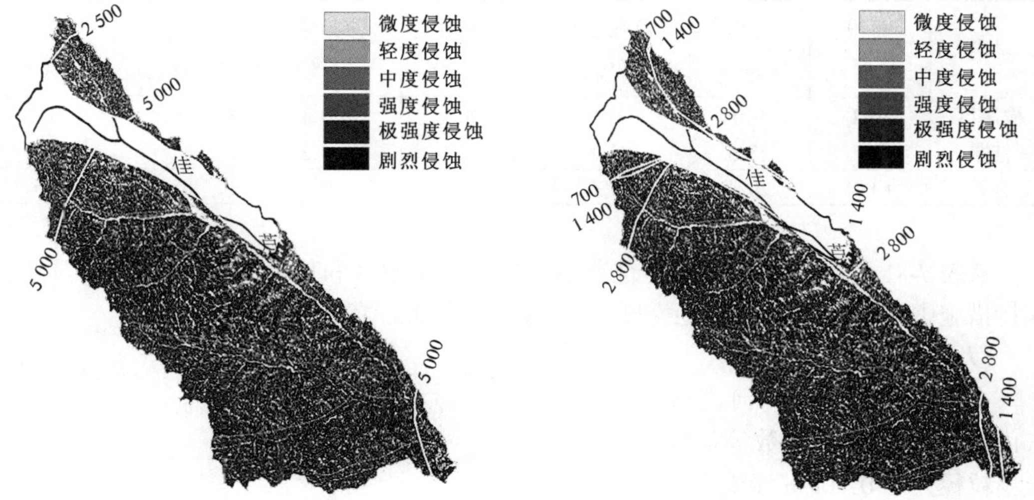

(a)叠加 $d \geqslant 0.05$mm 粗泥沙输沙模数线　　(b)叠加 $d \geqslant 0.10$mm 粗泥沙输沙模数线

图 7-92　多沙粗沙区佳芦河流域土壤侵蚀图

表 7-80　多沙粗沙区佳芦河流域各级侵蚀强度面积比率统计

粒径 (mm)	粗泥沙输沙模数 (t/(km²·a))	面积 (km²)	各级侵蚀强度面积所占比率(%)					
			微度	轻度	中度	强度	极强度	剧烈
≥0.05	1 300	1 001	0	5.8	3.8	21.0	25.4	44.0
	2 500	993	0	5.8	3.8	20.9	25.4	44.1
	5 000	875	0	5.7	3.7	19.6	25.1	45.9
≥ 0.10	700	942	0	5.7	3.6	20.1	25.4	45.3
	1 400	932	0	5.7	3.6	20.0	25.4	45.3
	2 800	855	0	5.7	3.5	19.4	25.1	46.2

图 7-92 和表 7-80 表明,不同粒径不同粗泥沙输沙模数下多沙粗泥沙区佳芦河流域土壤侵蚀等级在强度以上的约占多沙粗泥沙区佳芦流域面积的 89%以上,其中强度侵蚀约占 20%,极强度侵蚀约占流域面积的 25%,剧烈侵蚀约占流域面积的 44%以上;且在相同粒径下,土壤侵蚀随粗泥沙输沙模数增大而加剧。空间分布上,土壤侵蚀强度从上游向下

游加剧，即流域下游侵蚀最剧烈，上游侵蚀相对较轻。具体表现为：轻度以下侵蚀主要分布在沟道；强度、极强度和剧烈侵蚀在全流域均有分布，但上游强度侵蚀占优，下游剧烈侵蚀占优。

多沙粗沙区佳芦河流域水土流失严重，流失面积约占96.9%，全沙输沙模数大于20 000t/(km^2·a)面积约占流域面积的82.6%；侵蚀类型以水蚀为主，风力侵蚀也十分活跃，中下游地区土壤侵蚀最严重；泥沙主要来自中游地区，粗粒径泥沙含量高。

（七）水土保持治理特性

以多沙粗沙区界线裁切得到多沙粗沙区佳芦河流域各县梯田、坝地和林草面积及其密度数据，见表7-81。

表7-81　多沙粗沙区佳芦河流域水土保持措施面积统计

县名	面积(km^2)	梯田(km^2)	梯田密度(%)	坝地(km^2)	坝地密度(%)	林草(km^2)	林草密度(%)
榆阳区	194	0.9	0.5	0.3	0.1	19.8	10.2
佳县	807	25.5	3.2	2.7	0.3	45.7	5.7
合计	1 001	26.4	2.6	3	0.3	65.5	6.5

从表7-81可看出，多沙粗沙区佳芦河流域涉及榆阳区和佳县2个县(区)，各县水土保持措施中林草密度最大，坝地密度最小；流域治理度上游低于下游。

（八）治理顺序

在多沙粗沙区佳芦河流域粒径 $d \geq 0.10$mm 粗泥沙输沙模数等值线图上叠加土壤粒径大于0.10mm沙重百分数变化趋势线如图7-93。从图7-93看出，流域上游和沟口0.10mm以上粒径粗泥沙输沙模数小，流域中游和下游0.10mm以上粒径粗泥沙输沙模数较大，流域内41.3%的面积0.10mm以上粒径沙重百分数为10%～30%，56.4%的面积0.10mm以上粒径沙重百分数为5%～10%，从减少0.10mm以上的粗泥沙目的出发，则应先治理多沙粗沙区佳芦河流域中游，再治理下游，后治理上游。

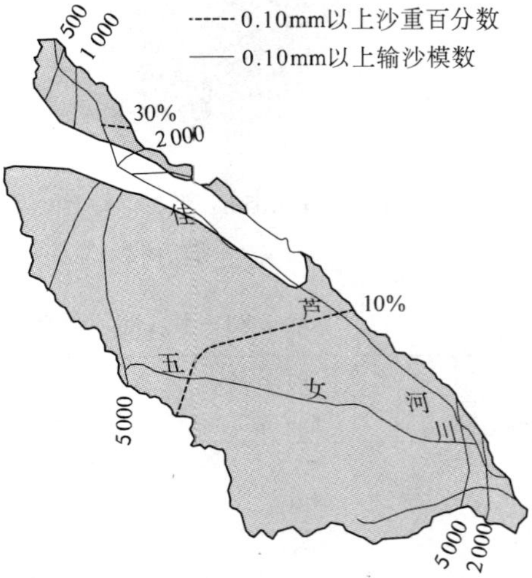

图7-93　多沙粗沙区佳芦河流域治理顺序分析图

八、乌龙河

（一）概况

乌龙河涉及陕西省米脂和佳县两个县，在佳县注入黄河，流域面积377km^2。乌龙河流域全部位于多沙粗沙区，沟壑密度为5.49km/km^2。粒径 $d \geq 0.05$mm 的粗泥沙输沙模数在 5 000t/(km²·a)以上的面积为 368km²，占乌龙河全流域面积的 97.6%。粒径 $d \geqslant$ 0.10mm 的粗泥沙输沙模数在 1 400t/(km²·a)以上的面积为 101km²，占乌龙河全流域面积的 26.8%；粒径 $d \geqslant 0.10$mm 的粗泥沙输沙模数在 2 800t/(km²·a)以上的面积为 12km²，占乌龙河全流域面积的 3.2%。

(二)地貌特性

分别以不同粒径不同粗泥沙输沙模数界线裁切，得到乌龙河流域不同粒径不同粗泥沙输沙模数下的坡度专题(如图 7-94)，并进行面积量算，统计得到乌龙河流域不同粒径不同粗泥沙输沙模数下的各级坡度所占比率，结果见表 7-82。

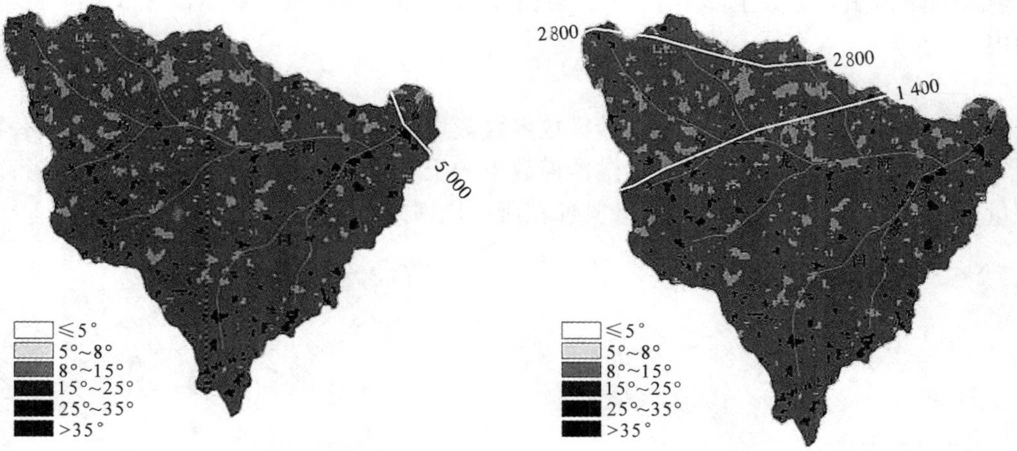

(a)叠加 $d \geqslant 0.05$mm 粗泥沙输沙模数等值线　(b)叠加 $d \geqslant 0.10$mm 粗泥沙输沙模数等值线

图 7-94　乌龙河流域坡度图

表 7-82　乌龙河流域各级坡度面积比率统计

粒径(mm)	粗泥沙输沙模数(t/(km²·a))	面积(km²)	各级坡度面积所占比率(%)						平均坡度值(°)
			≤5°	5°~8°	8°~15°	15°~25°	25°~35°	>35°	
≥0.05	1 300	377	5.1	4.7	18.6	40.6	25.4	5.7	20.4
	2 500	377	5.1	4.7	18.6	40.6	25.4	5.7	20.4
	5 000	368	5.1	4.7	18.6	40.6	25.5	5.6	20.4
≥0.10	700	377	5.1	4.7	18.6	40.6	25.4	5.7	20.4
	1 400	101	5.9	5.3	20.3	40.0	23.6	4.8	19.6
	2 800	12	5.8	5.2	21.2	40.8	22.3	4.7	19.4

表 7-82 表明，基于 1∶50 000 比例尺 DEM 提取并统计得到的多沙粗沙区的乌龙河流域平均坡度和各级坡度级所占比率相差很小，表现为 15°~25°坡度级的面积最多，约占乌龙河面积的 41%，其次为 25°~35°和 8°~15°的，分别约占 25%和 19%。按韭园沟试验样区坡度换算关系，乌龙河 1∶10 000 比例尺下平均坡度约为 28°。乌龙河流域坡度空间分布(见图 7-94)主要特点为：各级坡度在全流域分布没有明显的差异，8°以下坡度主要分布于

沟道和峁顶，8°～25°坡度主要分布在坡面，25°以上坡度主要分布在沟谷的坡面。

(三)地表组成物质特性

1. 类别

乌龙河流域不同粒径不同粗泥沙输沙模数下的地表组成物质全部为黄土。

2. 粒径

分别依据坝地淤积物土壤颗粒平均粒径变化趋势图、土壤粒径大于 0.05mm 和大于 0.10mm 沙重百分数变化趋势图，得到乌龙河流域不同粗泥沙输沙模数下土壤平均粒径最大为 0.076mm，最小为 0.066mm；流域土壤平均粒径全在 0.05～0.10mm 范围内；土壤粒径 $d \geqslant 0.05$mm 沙重百分数全部小于 30%；粒径 $d \geqslant 0.10$mm 沙重百分数全部在 5%～10%范围内。

3. 土壤抗冲性

分别以不同粒径不同粗泥沙输沙模数界线裁切黄河中游地区土壤抗冲性专题图，得到乌龙河流域不同粒径不同粗泥沙输沙模数下的土壤抗冲性专题(见图 7-95)，并进行面积量算，统计得到土壤抗冲性及行政县面积所占比率，见表 7-83。

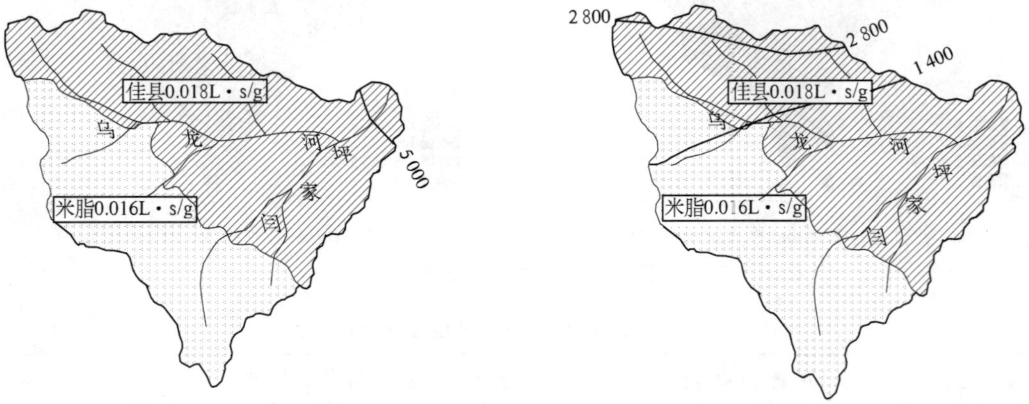

(a)叠加 $d \geqslant 0.05$mm 粗泥沙输沙模数等值线　(b)叠加 $d \geqslant 0.10$mm 粗泥沙输沙模数等值线

图 7-95　乌龙河流域土壤抗冲性图

表 7-83　乌龙河流域各县土壤抗冲性和面积比率统计

粒径(mm)	粗泥沙输沙模数 (t/(km²·a))	涉及流域面积 (km²)	佳县		米脂	
			面积比率 (%)	土壤抗冲性 (L·s/g)	面积比率 (%)	土壤抗冲性 (L·s/g)
≥0.05	1 300	377	61.0	0.055	39.0	0.016
	2 500	377	61.0	0.055	39.0	0.016
	5 000	368	60.1	0.055	40.0	0.016
≥0.10	700	377	61.0	0.055	39.0	0.016
	1 400	101	81.2	0.055	18.8	0.016
	2 800	14	100	0.055	0.0	0.016

从图 7-95 和表 7-83 可看出，乌龙河流域涉及佳县和米脂两个县，其中佳县土壤抗冲性为 0.055L·s/g，不同粒径不同粗泥沙输沙模数约占流域面积的 61%（当粗泥沙输沙模数为 1 400 t/(km²·a）和 2 800t/(km²·a)时占流域面积的 81%和 100%），分布在流域右岸；米脂县土壤抗冲性为 0.016L·s/g，约占流域面积的 38%（当粗泥沙输沙模数为 1 400 t/(km²·a)时占流域面积的 19%），分布在流域上游右岸。

（四）植被特性

分别以不同粒径不同粗泥沙输沙模数界线裁切黄河流域遥感普查项目植被覆盖专题图，得到乌龙河流域不同粒径不同粗泥沙输沙模数下的植被覆盖专题(见图 7-96)，并进行面积量算，统计得到各级植被覆盖面积及其所占比率，结果如表 7-84。

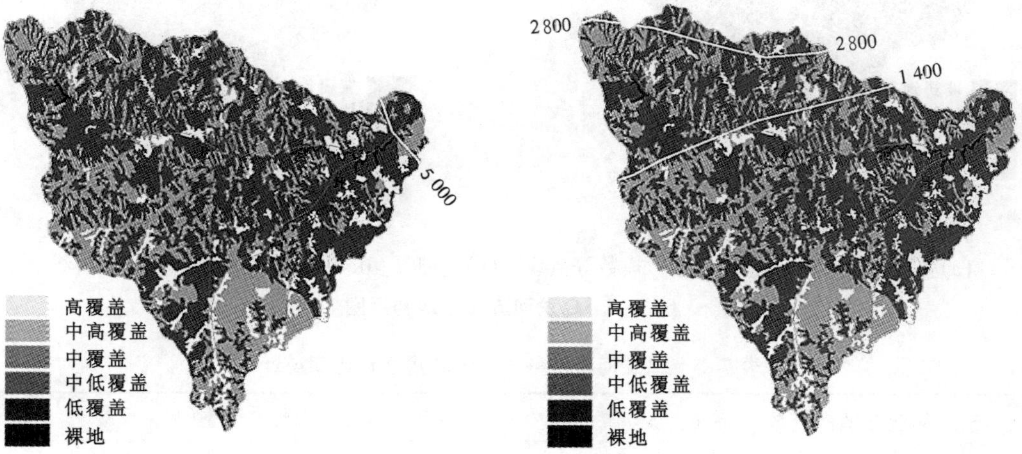

(a)叠加 $d \geqslant 0.05$mm 粗泥沙输沙模数等值线　(b)叠加 $d \geqslant 0.10$mm 粗泥沙输沙模数等值线

图 7-96　乌龙河流域植被覆盖度图

表 7-84　乌龙河流域各级植被覆盖面积比率统计

粒径(mm)	粗泥沙输沙模数(t/(km²·a))	面积(km²)	各级植被覆盖面积所占比率(%)					
			高覆盖	中高覆盖	中覆盖	中低覆盖	低覆盖	裸地
≥0.05	1 300	377	0	0	7.1	35.6	56.9	0.4
	2 500	377	0	0	7.1	35.6	56.9	0.4
	5 000	368	0	0	7.3	35.5	56.9	0.4
≥0.10	700	377	0	0	7.1	35.6	56.9	0.4
	1 400	101	0	0	3.1	35.2	61.4	0.3
	2 800	14	0	0	2.4	40.8	56.8	0.0

从表 7-84 和图 7-96 可看出，乌龙河流域不同粒径不同粗泥沙输沙模数下植被覆盖以中低覆盖以下面积居多，约占流域面积的 92%，其中裸地面积约占流域面积的 0.3%，低覆盖面积约占流域面积的 57%，基本分布在流域下游；中低覆盖面积约占流域面积的 35%，基本分布在流域上游和下游；中覆盖面积占流域面积的 7%，零星分布在全流域。

(五)土地利用特性

分别以不同粒径不同粗泥沙输沙模数界线裁切全国土地利用遥感普查成果,得到乌龙河流域不同粒径不同粗泥沙输沙模数下的土地利用专题(见图 7-97),并进行面积量算,统计得到土地利用面积所占比率,结果见表 7-85。

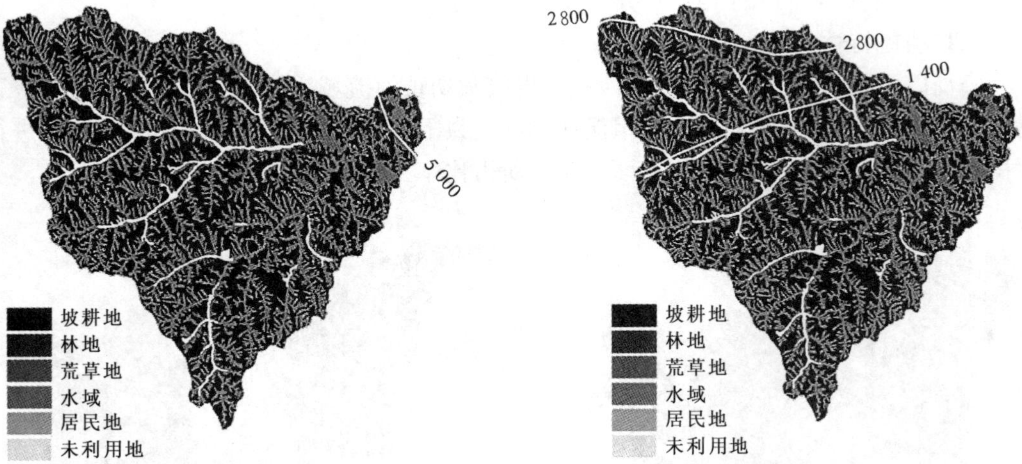

(a)叠加 $d\geqslant0.05$mm 粗泥沙输沙模数等值线　(b)叠加 $d\geqslant0.10$mm 粗泥沙输沙模数等值线

图 7-97　乌龙河流域土地利用图

表 7-85　乌龙河流域各类土地利用面积比率统计

粒径 (mm)	粗泥沙输沙模数 (t/(km²·a))	面积 (km²)	各类土地利用面积所占比率(%)						
			川台地	坡耕地	林地	荒草地	水域	居民用地	未利用土地
≥0.05	1 300	377	3.6	58.7	0.0	37.5	0.1	0.1	0.0
	2 500	377	3.6	58.7	0.0	37.5	0.1	0.1	0.0
	5 000	368	3.5	58.9	0.0	37.3	0.1	0.1	0.0
≥0.10	700	377	3.6	58.7	0.0	37.5	0.1	0.1	0.0
	1 400	101	3.0	61.1	0.0	35.5	0.4	0.0	0.0
	2 800	14	0.0	61.7	0.0	38.3	0.0	0.0	0.0

从表 7-83 和图 7-97 可看出,乌龙河流域不同粒径不同粗泥沙输沙模数下土地利用方式以坡耕地和荒草地居多,所占比率分别约为 59%和 37%,坡耕地和荒草地交叉分布在整个流域,其中坡耕地分布在流域峁边线以上较平缓地带;其他土地利用方式占 4%。

(六)水土流失特点

1. 输沙模数

分别依据全沙输沙模数等值线、粒径 $d\geqslant0.05$mm 和 $d\geqslant0.10$mm 粗泥沙输沙模数等值线统计,得到乌龙河流域不同输沙模数下的面积比率(见表 7-86),乌龙河流域输沙模数等值线图如图 7-98 ~ 图 7-100。

表 7-86　乌龙河流域不同输沙模数面积比率统计

粒径（mm）	输沙模数（t/(km²·a)）	面积（km²）	面积比率（%）	粒径（mm）	输沙模数（t/(km²·a)）	面积（km²）	面积比率（%）
全沙	< 5 000	0	0	≥0.05mm	5 000 ~ 7 000	265	70.4
	5 000 ~ 10 000	0	0		7 000 ~ 10 000	56	14.9
	10 000 ~ 15 000	0	0		10 000 ~ 20 000	50	13.2
	15 000 ~ 20 000	242	64.1		> 20 000	0	0
	20 000 ~ 40 000	135	35.9	≥0.10mm	< 200	0	0
	> 40 000	0	0		200 ~ 500	0	0
≥0.05mm	< 1 000	0	0		500 ~ 1 000	0	0
	1 000 ~ 2 000	0	0		1 000 ~ 2 000	227	60.3
	2 000 ~ 2 500	0	0		2 000 ~ 5 000	101	26.7
	2 500 ~ 3 000	0	0		5 000 ~ 10 000	49	13
	3 000 ~ 4 000	0	0		> 10 000	0	0
	4 000 ~ 5 000	6	1.5				

表 7-86 和图 7-98 表明，乌龙河流域全沙输沙模数以 15 000 ~ 20 000t/(km²·a)的面积最大，占乌龙河面积的 64.1%；其余的全沙输沙模数均为 20 000 ~ 40 000t/(km²·a)，占乌龙河面积的 35.9%。空间分布上，15 000 ~ 20 000t/(km²·a)分布在流域中、下游，20 000 ~ 40 000 t/(km²·a)的分布在流域的上游。

表 7-86 和图 7-99 表明，乌龙河流域粒径 0.05mm 以上的粗泥沙输沙模数以 5 000 ~ 7 000t/(km²·a)的面积最多，占流域面积的 70.4%；粗泥沙输沙模数在 5 000 t/(km²·a)以上的面积占流域面积的 98.5%。空间分布上，0.05mm 以上粒径的粗泥沙输沙模数从流域上游向下游逐渐减小，其中粗泥沙输沙模数在 5 000t/(km²·a)以下的面积主要分布在流域的下游河中游右岸，粗泥沙输沙模数在 5 000 ~ 7 000 t/(km²·a)的面积主要分布在流域中游左岸和上游主沟道两侧，粗泥沙输沙模数在 10 000t/(km²·a)以上的面积主要分布在流域上游左岸。

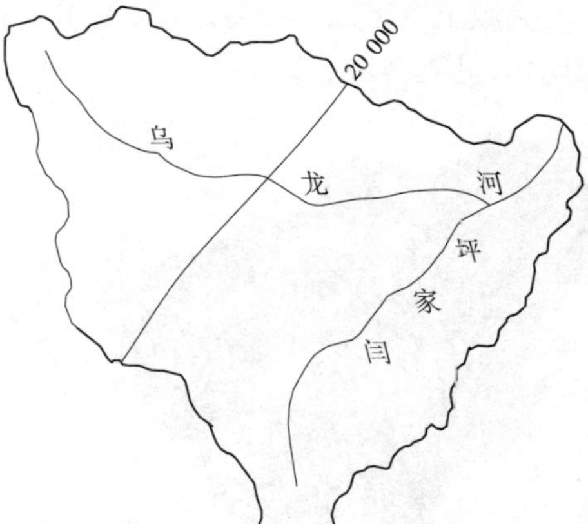

图 7-98　乌龙河流域全沙模数等值线图

表 7-86 和图 7-100 表明，乌龙河流域 0.10mm 以上的粗泥沙输沙模数以1 000 ~ 2 000 t/(km²·a)的最多，占流域面积的 60.3%；粗泥沙输沙模数在 1 400t/(km²·a)以上的面积为

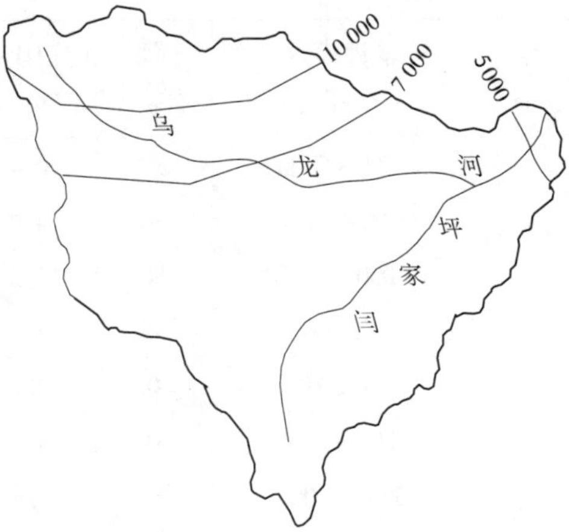

图 7-99　乌龙河流域 $d \geqslant 0.05$mm 粗泥沙输沙模数等值线图

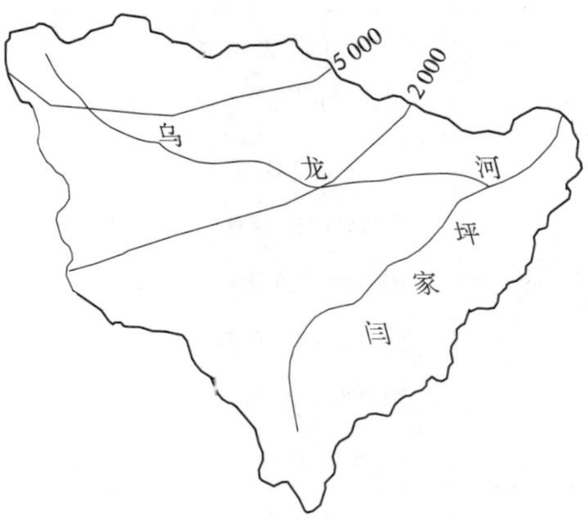

图 7-100　乌龙河流域 $d \geqslant 0.10$mm 粗泥沙输沙模数等值线图

101km^2,占流域面积的26.8%;粗泥沙输沙模数在2 800t/(km^2·a)以上的面积为12km^2,占流域面积的3.2%。空间分布上,0.10mm以上粒径的粗泥沙输沙模数从流域上游向下游逐渐减小,其中粗泥沙输沙模数在1 400t/(km^2·a)以下的面积主要分布在流域中游右岸河流域的下游,粗泥沙输沙模数在1 400～2 800t/(km^2·a)的面积主要分布在流域上游和中游左岸,粗泥沙输沙模数在2 800t/(km^2·a)以上的面积仅在流域上游左岸分水岭有分布。

2. 侵蚀等级

依据坡度、植被覆盖度、土地利用、土壤侵蚀类型和土壤抗冲性等指标综合判定,得到乌龙河流域土壤侵蚀等级专题图(见图7-101),并进行面积量算,统计得到各级侵蚀强度面积比率,见表7-87。

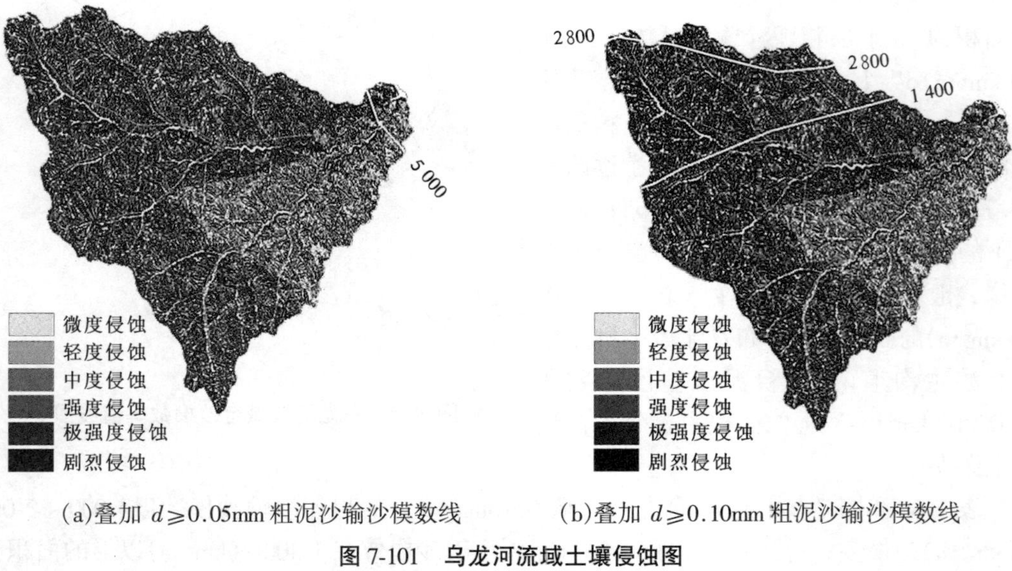

(a)叠加 $d \geqslant 0.05$mm 粗泥沙输沙模数线　　(b)叠加 $d \geqslant 0.10$mm 粗泥沙输沙模数线

图 7-101　乌龙河流域土壤侵蚀图

表 7-87　乌龙河流域各级侵蚀强度面积比率统计

粒径（mm）	粗泥沙输沙模数（t/(km²·a)）	面积（km²）	各级侵蚀强度面积所占比率（%）					
			微度	轻度	中度	强度	极强度	剧烈
≥0.05	1 300	377	0.6	3.3	5.0	17.4	26.2	47.4
	2 500	377	0.6	3.3	5.0	17.4	26.2	47.4
	5 000	368	0.6	3.2	4.9	17.3	26.2	47.8
≥ 0.10	700	377	0.6	3.3	5.0	17.4	26.2	47.4
	1 400	101	0.0	3.9	2.5	15.4	26.2	52.0
	2 800	14	0.0	4.3	2.3	15.6	27.7	50.1

从表 7-87 和图 7-101 可看出，大于 0.05mm 粒径不同粗泥沙输沙模数下各级侵蚀强度基本不变，强度以上侵蚀面积均约占 91%；大于 0.10mm 粒径不同粗泥沙输沙模数下强度以上侵蚀面积约占 90%。空间分布上，因乌龙河下游佳县境内土壤抗冲性较大，强度、极强度和剧烈侵蚀基本呈均匀分布；其他区域土壤侵蚀均以剧烈侵蚀为主，其间夹杂着极强度侵蚀和少量的强度侵蚀。

乌龙河流域水土流失严重，流失面积约占 99.4%，全沙输沙模数大于 15 000 t/(km²·a)的面积约占流域面积的 64.1%；流域侵蚀类型以水蚀为主，上游地区土壤侵蚀最严重；泥沙主要来自上游地区。

(七)水土保持治理特性

以多沙粗沙区乌龙河流域界线裁切，得到乌龙河流域各县梯田、坝地和林草面积及其密度数据，见表 7-88。

表 7-88　多沙粗沙区乌龙河水土保持措施面积统计

流域涉及的县	涉及面积（km²）	梯田面积（km²）	梯田密度（%）	坝地面积（km²）	坝地密度（%）	林草面积（km²）	林草密度（%）
佳县	230	7.3	3.2	0.8	0.3	13.0	5.7
米脂	147	20.6	14.0	1.9	1.3	39.9	27.1
合计	377	27.9	7.4	2.7	0.7	52.9	14.0

从表 7-88 可看出，乌龙河流域涉及佳县和米脂两个县，各县水土保持措施中林草密度最大，坝地密度最小，流域治理度左岸稍低于右岸。

(八)治理顺序

在乌龙河流域粒径 $d \geqslant 0.10$mm 粗泥沙输沙模数等值线图上分别叠加土壤粒径大于 0.10mm 沙重百分数变化趋势线，如图 7-102。从图 7-102 看出，流域源头区粗泥沙输沙模数比流域上游和下游大，流域泥沙粒径 0.10mm 以上沙重百分数全部在 5%～10%范围内，从减少 0.10mm 以上的

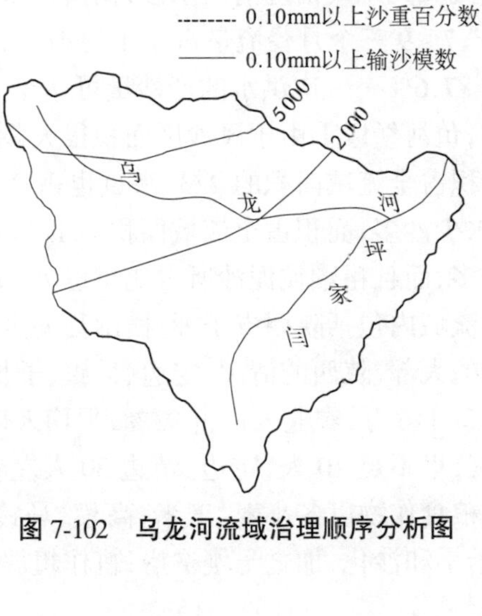

图 7-102　乌龙河流域治理顺序分析图

粗泥沙目的出发,则应先治理乌龙河源头,再治理上游,后治理下游。

九、无定河

(一)概况

无定河是黄河中游一条较大的多泥沙支流,发源于白于山北麓陕西省定边县境,流经内蒙古伊克昭盟和陕西榆林、延安地区,于清涧县河口村注入黄河。流域面积 30 261km^2,全长 491km,其中水土流失面积 23 137km^2。

按地貌特性及水土流失特点,流域内可分三大类型区:①河源梁埫区。面积3 454 km^2,占流域面积的 11.4%。梁峁埫地平坦,是农业生产基地。沟蚀严重,年侵蚀量 0.54 亿 t,占全河总量的 21.4%。②风沙区。位于流域北部和西北部,面积 16 446km^2,占流域面积的 54.3%。地面广覆第四系松散的沙土和沙质黄土,地形由流动、半固定、固定沙丘和滩地组成,水蚀轻微,风蚀剧烈,年侵蚀量 0.15 亿 t,占全河总量的 5.9%。③黄土丘陵沟壑区。位于中、下游地区,面积 10 361km^2,占流域面积的 34.3%。主要为峁状丘陵,沟壑纵横,地形破碎,林木稀少,植被很差,耕垦指数高达 60%,水土流失严重。年侵蚀量 1.83 亿 t,占全河总量的 72.71%,为泥沙的主要来源区。

流域干流河道分为三段:①从河源到鱼河堡为上游,河道长 291km,平均比降 2.8‰。②鱼河堡到崔家湾为中游,河道长 108km,平均比降 1.4‰。河道顺直开阔,谷底宽 300 ~ 2 000m,川地较多,人口密集,农业发达。较大支流有大理河、淮宁河等。③崔家湾到河口为下游,系峡谷河段,河道长 92km,平均比降 2‰。河道迂回曲折,落差大,谷底宽 100 ~ 300m。

流域属大陆性气候,冬春干寒,雨雪稀少;夏秋炎热,雨量较多。年平均气温 6 ~ 10℃,最高气温在 7 月份,可达 40.1℃。春季 3 ~ 5 月多大风,最大风力可达 11 级,全年大于 8 级的大风日数为 13 ~ 46 天。无霜期 160 ~ 185 天,最短的只有 125 天。年平均降水量 350 ~ 500mm,西北部少,东南部多,其中 60%以上的雨量集中在 7 ~ 9 三个月,且多暴雨,一次暴雨量可达全年降水量的 40%。流域内经常干旱,从 1951 ~ 1972 年的 22 年间,大旱年有 3 次,即 1955、1965 年和 1972 年。

流域大规模治理前的水沙,据川口水文站 1957 ~ 1967 年实测,平均年径流量为 15.35 亿 m^3,7 ~ 9 三个月径流量占全年的 41%;平均年输沙量为 2.17 亿 t,7 ~ 9 三个月沙量占全年的 87.6%。一次洪水的产沙量可达全年产沙量的 50%以上。水沙来源地区分配很不均匀,鱼河堡以上由于风沙区面积很大,水多沙少;干流赵石窑站与榆溪河榆林站以上,控制面积占全流域面积的 2/3,水量也占 2/3,而沙量只占 1/5;鱼河堡以下,全为丘陵沟壑区,水少沙多,面积占全流域面积的 1/3,水量也占 1/3,而沙量却占 4/5。无定河不仅输沙总量多,而且粗颗粒泥沙所占比重也大。

流域内包括陕西省子洲、横山县的全部,榆林、靖边、米脂、绥德以及内蒙古自治区乌审旗的大部,陕西的清涧、定边、吴旗、子长、安塞、神木及内蒙古鄂托克前旗的一小部分。总人口 146 万,农业人口占 93%,平均人口密度每平方公里 48 人,分布不均,伊克昭盟每平方公里不足 10 人,定边、靖边 30 人左右,绥德、米脂约 130 人,河川地区则在 200 人以上。粮食作物以冬小麦、玉米、高粱、马铃薯为主。流域内自然灾害频繁,主要是水土流失、干旱和沙化,加之土壤贫瘠,耕作粗放,致使粮食产量低而不稳,农业生产水平很低,是全国 12 片贫困地区之一。

无定河源头、中游和下游位于多沙粗沙区，多沙粗沙区内无定河面积 13 548km^2，占无定河全流域面积的 44.8%，粗泥沙集中来源区无定河沟壑密度为 5.71km/km^2。粒径 $d \geqslant$ 0.05mm 的粗泥沙输沙模数在 5 000t/(km^2·a)以上的面积为 6 715km^2，占多沙粗沙区无定河面积的 49.6%，占无定河全流域面积的 22.2%。粒径 $d \geqslant 0.10$mm 的粗泥沙输沙模数在 1 400t/(km^2·a)以上的面积为 5 253km^2，占多沙粗沙区无定河面积的 38.8%，占无定河全流域面积的 17.4%；粒径 $d \geqslant 0.10$mm 的粗泥沙输沙模数在 2 800t/(km^2·a)以上的面积为 369km^2，占多沙粗沙区无定河面积的 2.7%，占无定河全流域面积的 1.2%。

(二)地貌特性

分别以不同粒径不同粗泥沙输沙模数界线裁切，得到多沙粗沙区无定河流域不同粒径不同粗泥沙输沙模数下的坡度专题(见图 7-103)，并进行面积量算，统计得到多沙粗沙区无定河流域不同粒径不同粗泥沙输沙模数下的各级坡度所占比率，结果见表 7-89。

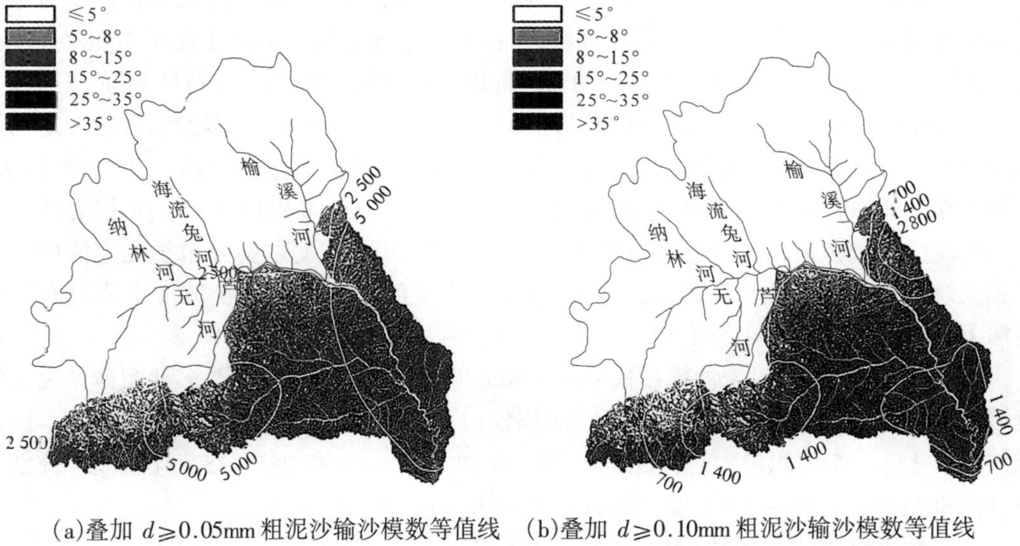

(a)叠加 $d \geqslant 0.05$mm 粗泥沙输沙模数等值线　(b)叠加 $d \geqslant 0.10$mm 粗泥沙输沙模数等值线

图 7-103　多沙粗沙区无定河流域坡度图

表 7-89　多沙粗沙区无定河流域各级坡度面积比率统计

粒径(mm)	粗泥沙输沙模数(t/(km^2·a))	面积(km^2)	各级坡度面积所占比率(%)						平均坡度值(°)
			≤5°	5°~8°	8°~15°	15°~25°	25°~35°	>35°	
≥0.05	1 300	13 548	10.1	6.1	18.8	33.6	23.9	7.4	19.5
	2 500	13 153	9.1	5.9	18.7	34.2	24.6	7.6	19.8
	5 000	6 715	8.2	5.2	17.5	35.1	26.2	7.8	20.4
≥0.10	700	12 074	8.5	5.7	18.4	34.5	25.1	7.8	20.1
	1 400	5 253	7.6	5.4	18.3	34.9	25.8	8.0	20.4
	2 800	369	8.2	7.5	24.7	35.6	18.9	5.1	18.1

0.05mm 以上粒径粗泥沙输沙模数为1 300t/(km^2·a)和 2 500t/(km^2·a)在多沙粗沙区无定河流域的范围基本相同，表现为 15°~25°坡度的面积所占比率最大(约占多沙粗沙区

无定河面积的 33.5%),其次为 25°~35°坡度级的面积所占比率居多(所占比率约为 24%);该范围 8°~35°坡度面积占多沙粗沙区无定河面积的 76%以上。空间分布上,15°以下坡度的面积主要分布在多沙粗沙区边缘和流域的沟道,15°~25°坡度级的面积主要分布在干流下游左岸和支流大理河左岸,25°~35°坡度级的面积主要分布在大理河下游右岸。

0.05mm 以上粒径粗泥沙输沙模数为 5 000t/(km^2·a)的范围涉及无定河下游及其支流大理河源头,面积是多沙粗沙区无定河流域面积的 49.6%。该范围坡度以 15°~25°坡度所占比率最大(占多沙粗沙区无定河面积的 35.1%),其次为 25°~35°和 8°~15°坡度所占面积较大,分别为 26.2%和 17.5%;该范围 8°~35°坡度面积占多沙粗沙区无定河面积的 78.8%。空间分布上,8°以下坡度主要分布在沟道,8°~15°坡度主要分布在大理河源头左岸,15°~25°坡度主要分布在流域下游左岸和大理河下游左岸以及大理河上游主沟道左侧。25°~35°坡度主要分布在大理河上游右岸和大理河下游右岸。

0.10mm 以上粒径粗泥沙输沙模数为 700t/(km^2·a)的范围基本与 0.05mm 以上粒径粗泥沙输沙模数为 2 500t/(km^2·a)的范围接近,区别在于无定河源头区不属于 700t/(km^2·a)的范围。其坡度级及分布特性基本与 0.05mm 以上粒径坡度及其分布特性相同。

0.10mm 以上粒径粗泥沙输沙模数为 1 400t/(km^2·a)的范围涉及多沙粗沙区无定河流域中游左岸、下游和无定河支流大理河上游 3 个区域。该范围坡度以 15°~25°面积最大,占该范围面积的 34.9%,其次分别为 25°~35°和 8°~15°面积居多,分别占 25.8%和 18.3%。空间分布上,8°以下坡度主要分布于沟道,8°~15°坡度主要分布于无定河中游左岸和大理河源头左岸,15°~25°坡度主要分布于无定河下游,25°~35°坡度主要分布于无定河下游右岸和大理河上游右岸。

0.10mm 以上粒径粗泥沙输沙模数为 2 800t/(km^2·a)的范围仅涉及多沙粗沙区无定河流域中游左岸分水岭部分区域,该区域面积仅占多沙粗沙区无定河面积的 2.7%。该区域坡度以 15°~25°面积最大,占 35.6%,其次分别为 8°~15°和 25°~35°面积居多,分别占 24.7%和 18.9%。15°~25°坡度主要分布于分水岭附近。

(三)地表组成物质特性

1. 类别

分别以不同粒径不同粗泥沙输沙模数界线裁切多沙粗沙区地表组成物质专题图,得到多沙粗沙区无定河流域不同粒径不同粗泥沙输沙模数下的地表组成物质专题(见图 7-104),并进行面积量算,统计得到地表组成物质面积所占比率,结果见表 7-90。

从图 7-104 和表 7-90 可得出,不同粒径不同粗泥沙输沙模数界线下多沙粗沙区无定河流域地表组成物质为黄土和沙盖黄土,其中以黄土为主,所占比率为 98%,沙盖黄土只占 2%,主要分布在流域源头和支流芦河上游左岸。

2. 粒径

分别以不同粒径不同粗泥沙输沙模数界线裁切坝地淤积物土壤颗粒平均粒径变化趋势图、土壤粒径大于 0.05mm 和大于 0.10mm 沙重百分数变化趋势图,得到多沙粗沙区无定河流域土壤粒径变化趋势图(如图 7-105~图 7-107),并进行面积量算,统计得到不同粗泥沙输沙模数下不同土壤粒径沙重百分数面积所占比率,见表 7-91~表 7-93。

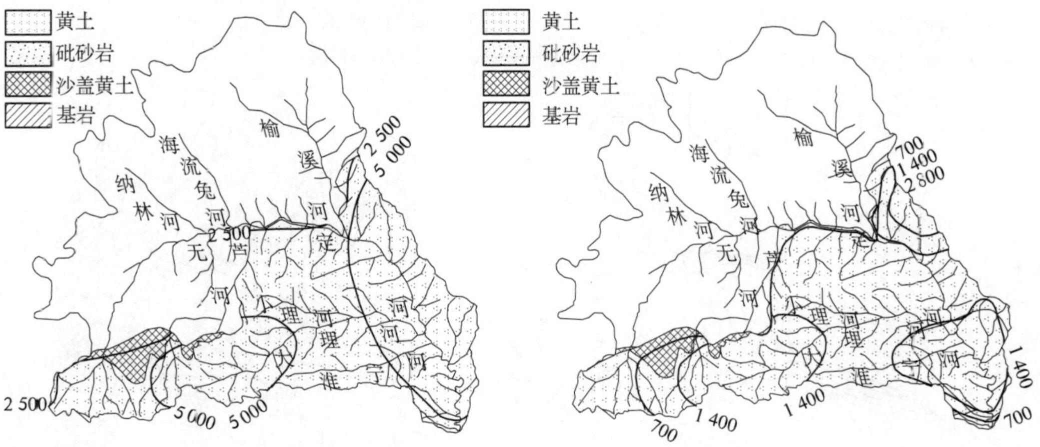

(a)叠加 $d \geqslant 0.05$mm 粗泥沙输沙模数等值线　　(b)叠加 $d \geqslant 0.10$mm 粗泥沙输沙模数等值线

图 7-104　多沙粗沙区无定河流域地表组成物质图

表 7-90　多沙粗沙区无定河流域地表组成物质面积比率统计

粒径 (mm)	粗泥沙输沙模数 (t/(km²·a))	面积 (km²)	地表组成物质面积所占比率(%)			
			黄土	砒砂岩	沙盖黄土	基岩
≥0.05	1 300	13 548	96.0	—	4.0	—
	2 500	13 153	97.1	—	2.9	—
	5 000	6 715	99.1	—	0.9	—
≥0.10	700	12 074	97.0	—	3.1	—
	1 400	5 253	98.9	—	1.1	—
	2 800	369	100.0	—	0.0	—

从表 7-91 和图 7-105 看出，多沙粗沙区无定河流域不同粗沙输沙模数下土壤平均粒径最大为 0.167mm，最小为 0.035mm；平均粒径在 0.04～0.05mm 的面积，当 $d \geqslant 0.05$mm 粗泥沙输沙模数为 1 300 t/(km²·a)和 2 500t/(km²·a)时约占 14%，输沙模数为5 000t/(km²·a)和 1 400t/(km²·a)时约占 5%；当 $d \geqslant 0.10$mm粗泥沙输沙模数为 700 t/(km²·a)时约占 8%，输沙模数为 2 800t/(km²·a)时为零，主要分布在流域上游和沟口。平均粒径为 0.05mm 的面积，当 $d \geqslant 0.05$mm粗泥沙输沙模数为 1 300t/(km²·a) 和 2 500t/(km²·a)时约占 14%，粗泥沙

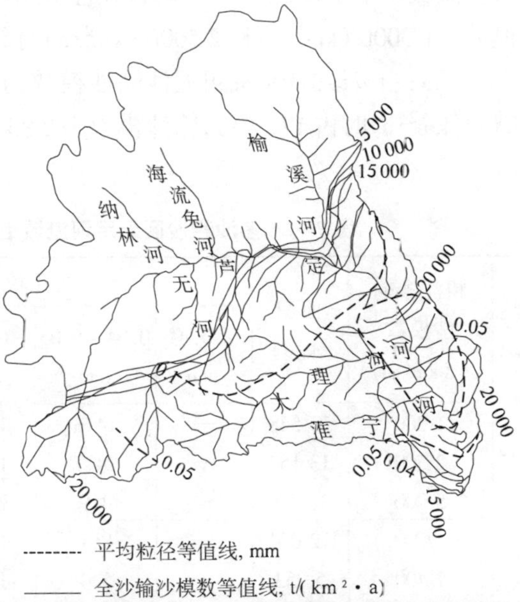

图 7-105　多沙粗沙区无定河流域平均粒径变化趋势图
（叠加全沙模数线）

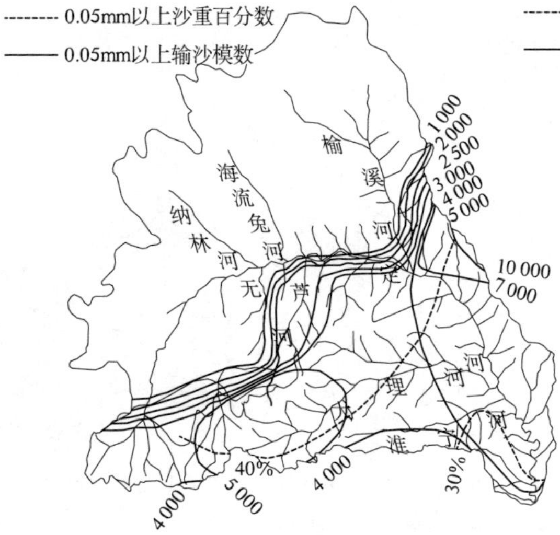

叠加 $d \geqslant 0.05$mm 粗泥沙输沙模数等值线

图 7-106 多沙粗沙区无定河流域土壤粒径 0.05mm 以上沙重百分数变化趋势图

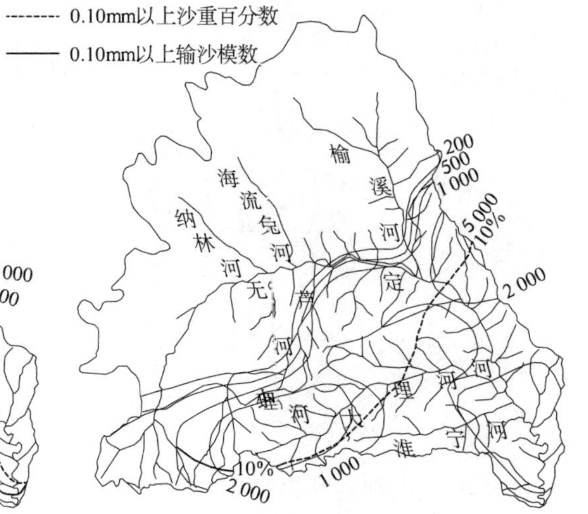

叠加 $d \geqslant 0.10$mm 粗泥沙输沙模数等值线

图 7-107 多沙粗沙区无定河流域土壤粒径 0.10mm 以上沙重百分数变化趋势图

输沙模数为 5 000t/(km^2·a) 时占 27.5%；粗泥沙输沙模数为 700t/(km^2·a) 和 1 400t/(km^2·a)时约占 15%，输沙模数为 2 800t/(km^2·a)时为零，主要分布在以支流大理河汇入点为中心的流域主河道两岸。平均粒径在 0.05～0.10mm 的面积，当 $d \geqslant 0.05$mm 粗泥沙输沙模数为 1 300t/(km^2·a) 和 2 500t/(km^2·a) 时约占 45%，输沙模数为 5 000t/(km^2·a)时约占 53.19%；当 $d \geqslant 0.10$mm 粗泥沙输沙模数为 700t/(km^2·a)时约占 49.53%，输沙模数为 1 400t/(km^2·a)时占 62%，输沙模数为 2 800t/(km^2·a)时占 36%，主要分布在流域中下游及源头。平均粒径在 0.10～0.20mm 的面积，当 $d \geqslant 0.05$mm 粗泥沙输沙模数为1 300t/(km^2·a)和 2 500t/(km^2·a)时约占 26%，输沙模数为 5 000t/(km^2·a)时约占 14.34%；当 $d \geqslant 0.10$mm 粗泥沙输沙模数为 700t/(km^2·a)时约占 27.07%，输沙模数为1 400t/(km^2·a)时占 17.29%，输沙模数为 2 800t/(km^2·a)时约占 63.96%，主要分布在流域中游。

表 7-91 多沙粗沙区无定河流域土壤平均粒径面积比率统计

粒径(mm)	粗泥沙输沙模数(t/(km^2·a))	面积(km^2)	土壤平均粒径面积所占比率(%)						
			<0.04 mm	0.04～0.05 mm	0.05 mm	0.05～0.10 mm	0.10 mm	0.10～0.20 mm	>0.20 mm
≥0.05	1 300	13 548	—	14.3	13.7	45.6	—	26.5	—
	2 500	13 153	—	14.7	14.1	45.2	—	26.1	—
	5 000	6 715	—	4.9	27.5	53.2	—	14.3	—
≥0.10	700	12 074	—	8.1	15.3	49.5	—	27.1	—
	1 400	5 253	—	5.4	15.3	62.0	—	17.3	—
	2 800	369	—	—	—	36.0	—	64.0	—

表 7-92　多沙粗沙区无定河流域粒径 0.05mm 以上沙重百分数面积比率统计

粗泥沙输沙模数（t/(km²·a)）	面积（km²）	不同沙重百分数面积所占比率(%)				
		<30%	30%~40%	40%~60%	60%~80%	>80%
1 300	13 548	5.2	49.7	45.1	—	—
2 500	13 153	5.3	50.8	43.9	—	—
5 000	6 715	6.8	56.8	36.4	—	—

表 7-93　多沙粗沙区无定河流域粒径 0.10mm 以上沙重百分数面积比率统计

粗泥沙输沙模数（t/(km²·a)）	面积（km²）	不同沙重百分数面积所占比率(%)				
		<5%	5%~10%	10%~30%	30%~50%	>50%
700	12 074	—	53.0	47.0	—	—
1 400	5 253	—	50.8	49.3	—	—
2 800	369	—	28.7	71.3	—	—

从表 7-92 和图 7-106 看出，多沙粗沙区无定河流域不同粗泥沙输沙模数泥沙粒径 0.05mm 以上沙重百分数在 30%~40%的面积约占 50%（输沙模数为 5 000t/(km²·a)时占 56.8%），分布在流域源头及下游；泥沙粒径在 0.05mm 以上沙重百分数在 40%~60%的面积约占 45%（粗泥沙输沙模数为 5 000t/(km²·a)时占 36.4%），分布在流域中游；泥沙粒径 0.05mm 以上沙重百分数小于 30%的面积只占 5%（粗泥沙输沙模数为 5 000t/(km²·a)时占 6.8%），分布在流域沟口。

从表 7-93 和图 7-107 看出，多沙粗沙区无定河流域不同粗泥沙输沙模数泥沙粒径 0.10mm 以上沙重百分数相差较大，沙重百分数在 5%~10%的面积，当粗泥沙输沙模数为 700t/(km²·a)和 1 400t/(km²·a)时约占 53.0%和 50.8%，粗泥沙输沙模数为 2 800 t/(km²·a)时占 28.7%，主要分布在流域源头及下游；沙重百分数在 10%~30%的面积，当粗泥沙输沙模数为 700t/(km²·a)和 1 400t/(km²·a)时约占 47.0%和 49.3%，粗泥沙输沙模数为2 800t/(km²·a)时占流域面积的 71.3%，分布在流域中游。

3. 土壤抗冲性

分别以不同粒径不同粗泥沙输沙模数界线裁切黄河中游地区土壤抗冲性专题图，得到多沙粗沙区无定河流域不同粒径不同粗泥沙输沙模数下的土壤抗冲性专题（见图 7-108），并进行面积量算，统计得到土壤抗冲性及行政县面积所占比率，见表 7-94。

从图 7-108 和表 7-94 可看出，多沙粗沙区无定河流域涉及 12 个县，其中榆阳区和靖边县土壤抗冲性为 0.014L·s/g，不同粒径不同粗泥沙输沙模数各县面积平均分别占 22%和 17%，榆阳区分布在流域中游左岸，靖边分布在流域上游与横山县接壤；绥德县土壤抗冲性为 0.048L·s/g，面积平均占 13%，分布在流域的下游主河道两岸；横山县土壤抗冲性为 0.022L·s/g，面积平均占 14%，分布在流域的中游主河道右岸；清涧县土壤抗冲性为 0.105L·s/g，面积平均占 8%，分布在流域的沟口右岸；米脂县土壤抗冲性为 0.016L·s/g，面积平均占 7%，分布在流域的中下游主河道两岸；子洲县土壤抗冲性为 0.025L·s/g，面

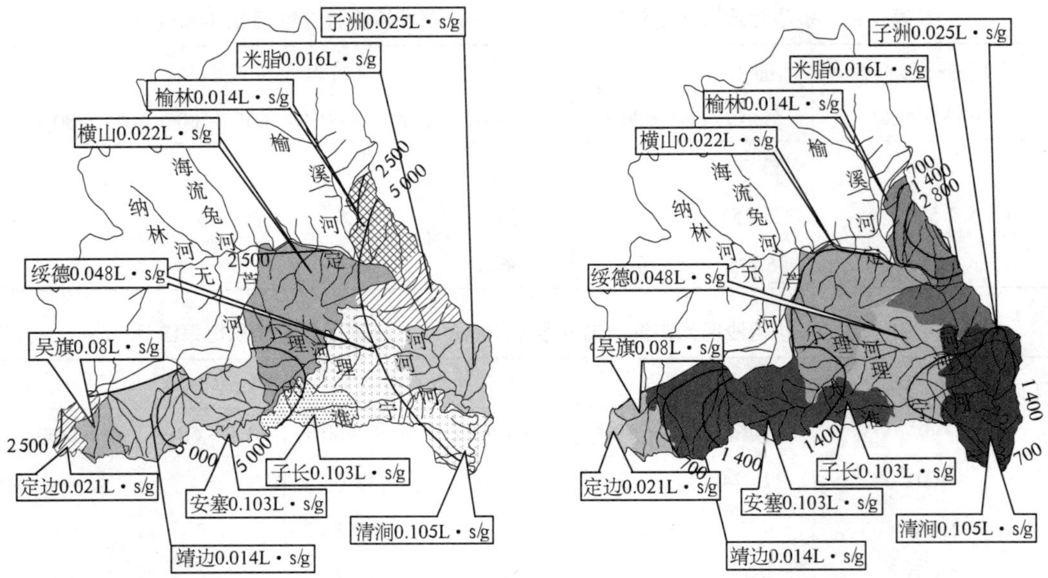

(a)叠加 $d \geqslant 0.05$mm 粗泥沙输沙模数等值线　(b)叠加 $d \geqslant 0.10$mm 粗泥沙输沙模数等值线

图 7-108　多沙粗沙区无定河流域土壤抗冲性图

积平均占 10%，分布在流域的下游与绥德县和米脂县接壤；其他五个县的面积平均占流域面积的 9%。

表 7-94　多沙粗沙区无定河流域各县土壤抗冲性和面积比率统计

粒径(mm)		≥0.05			≥0.10		
粗泥沙输沙模数(t/(km²·a))		1 300	2 500	5 000	700	1 400	2 800
涉及流域面积(km²)		13 548	13 153	6 715	12 074	5 253	369
绥德	面积比率(%)	10.79	11.12	21.77	12.11	19.46	0
	土壤抗冲性(L·s/g)	0.048	0.048	0.048	0.048	0.048	0.048
横山	面积比率(%)	21.52	21.67	8.56	22.88	8.2	0
	土壤抗冲性(L·s/g)	0.022	0.022	0.022	0.022	0.022	0.022
清涧	面积比率(%)	7.26	7.47	11.21	7.5	13.9	0
	土壤抗冲性(L·s/g)	0.105	0.105	0.105	0.105	0.105	0.105
米脂	面积比率(%)	6.83	7.04	13.63	7.67	2.68	2.17
	土壤抗冲性(L·s/g)	0.016	0.016	0.016	0.016	0.016	0.016
靖边	面积比率(%)	18.75	17.73	20.3	18.25	25.76	0
	土壤抗冲性(L·s/g)	0.014	0.014	0.014	0.014	0.014	0.014
榆阳区	面积比率(%)	7.21	6.78	9.43	6.82	13.61	89.97
	土壤抗冲性(L·s/g)	0.014	0.014	0.014	0.014	0.014	0.014

续表 7-94

粒径(mm)		≥0.05			≥0.10		
粗泥沙输沙模数(t/(km²·a))		1 300	2 500	5 000	700	1 400	2 800
涉及流域面积(km²)		13 548	13 153	6 715	12 074	5 253	369
子洲	面积比率(%)	14.87	15.31	8.14	16.68	7.31	0
	土壤抗冲性(L·s/g)	0.025	0.025	0.025	0.025	0.025	0.025
子长	面积比率(%)	5.71	5.88	4.1	6.29	5.43	0
	土壤抗冲性(L·s/g)	0.175	0.175	0.175	0.175	0.175	0.175
安塞	面积比率(%)	1.2	1.24	2.43	1.35	3.1	0
	土壤抗冲性(L·s/g)	0.103	0.103	0.103	0.103	0.103	0.103
定边	面积比率(%)	2.73	2.54	0	0.1	0	0
	土壤抗冲性(L·s/g)	0.021	0.021	0.021	0.021	0.021	0.021
吴旗	面积比率(%)	2.92	3	0	0.11	0	0
	土壤抗冲性(L·s/g)	0.08	0.08	0.08	0.08	0.08	0.08
佳县	面积比率(%)	0.21	0.22	0.43	0.24	0.55	7.86
	土壤抗冲性(L·s/g)	0.018	0.018	0.018	0.018	0.018	0.018

(四)植被特性

分别以不同粒径不同粗泥沙输沙模数界线裁切黄河流域遥感普查项目植被覆盖专题图,得到多沙粗沙区无定河流域不同粒径不同粗泥沙输沙模数下的植被覆盖专题(见图 7-109),并进行面积量算,统计得到各级植被覆盖面积所占比率,结果如表 7-95。

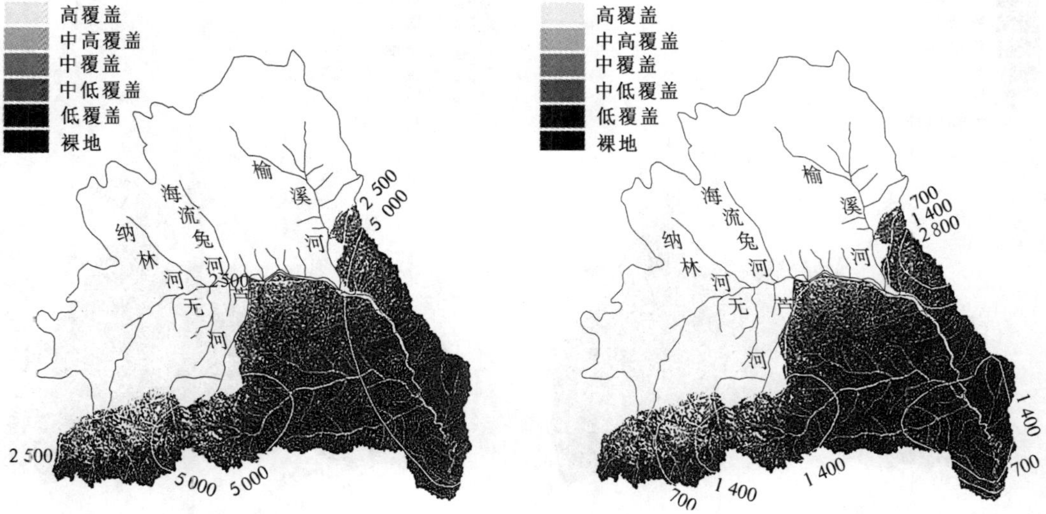

(a)叠加 $d\geq0.05$mm 粗泥沙输沙模数等值线　(b)叠加 $d\geq0.10$mm 粗泥沙输沙模数等值线

图 7-109　多沙粗沙区无定河流域植被覆盖度图

表 7-95　多沙粗沙区无定河流域各级植被覆盖面积比率统计

粒径（mm）	粗泥沙输沙模数（t/（km^2·a））	面积（km^2）	各级植被覆盖面积所占比率（%）					
			高覆盖	中高覆盖	中覆盖	中低覆盖	低覆盖	裸地
≥0.05	1 300	13 548	0.0	0.2	3.0	38.7	48.5	9.6
	2 500	13 153	0.0	0.2	3.1	38.2	48.8	9.7
	5 000	6 715	0.0	0.3	5.7	34.1	49.7	10.2
≥0.10	700	12 074	0.0	0.2	3.3	37.7	48.8	10.1
	1 400	5 253	0.0	0.4	4.8	34.0	48.0	12.8
	2 800	369	0.0	0.2	1.6	36.0	59.9	2.3

从图 7-109 和表 7-95 可看出，多沙粗沙区无定河流域不同粒径不同粗泥沙输沙模数下植被覆盖以中低覆盖以下面积居多，约占多沙粗沙区无定河流域面积的 94%，其中裸地面积约占多沙粗沙区无定河流域面积的 9%，主要分布在支流大理河源头与延河和清涧河接壤一带；低覆盖面积约占多沙粗沙区无定河流域面积的 48%，分布在流域中游；中低覆盖面积约占多沙粗沙区无定河流域面积的 34%，主要分布在支流芦河及流域下游；中覆盖面积约占多沙粗沙区无定河流域面积的 3%，主要分布在流域下游两岸及支流芦河源头。

（五）土地利用特性

分别以不同粒径不同粗泥沙输沙模数界线裁切全国土地利用遥感普查成果，得到多沙粗沙区无定河流域不同粒径不同粗泥沙输沙模数下的土地利用专题（见图 7-110），并进行面积量算，统计得到多沙粗沙区无定河流域不同粒径不同粗泥沙输沙模数下各类土地利用面积所占比率，结果见表 7-96。

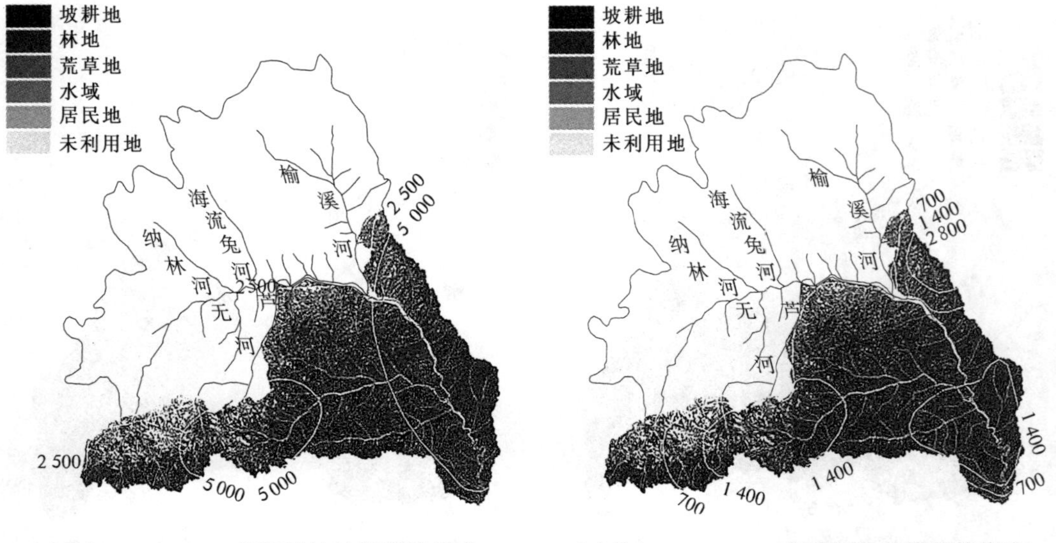

（a）叠加 $d \geqslant 0.05$mm 粗泥沙输沙模数等值线　　（b）叠加 $d \geqslant 0.10$mm 粗泥沙输沙模数等值线

图 7-110　多沙粗沙区无定河流域土地利用图

表 7-96 多沙粗沙区无定河流域各类土地利用面积比率统计

粒径(mm)	粗泥沙输沙模数(t/(km²·a))	面积(km²)	土地利用面积所占比率(%)						
			川台地	坡耕地	林地	荒草地	水域	居民用地	未利用土地
≥0.05	1 300	13 548	2.4	49.9	5.1	40.9	0.9	0.2	0.7
	2 500	13 153	2.2	50.1	5.1	41.0	0.9	0.2	0.4
	5 000	6 715	3.0	50.3	6.0	39.1	1.1	0.2	0.3
≥0.10	700	12 074	2.2	50.6	5.3	40.6	0.7	0.2	0.4
	1 400	5 253	1.9	49.4	6.9	40.9	0.6	0.1	0.2
	2 800	369	3.1	61.4	0.5	35.0	0.0	0.0	0.0

从表 7-96 和图 7-110 可看出，多沙粗沙区无定河流域不同粒径不同粗泥沙输沙模数都以荒草地和坡耕地居多，所占多沙粗沙区无定河流域面积比率约为 40% 和 50%，坡耕地和荒草地交叉分布在整个流域，其中坡耕地分布在流域峁边线以上较平缓地带；剩余川台地占多沙粗沙区无定河流域面积的 2%，林地占多沙粗沙区无定河流域面积的 5%，水域、居民用地和未利用土地占多沙粗沙区无定河流域面积的 2%，川台地分布在流域主沟道；林地主要分布在流域下游。

(六)水土流失特点

1. 输沙模数

分别依据全沙输沙模数等值线、粒径 $d \geqslant 0.05$mm 和 $d \geqslant 0.10$mm 粗泥沙输沙模数等值线统计得到多沙粗沙区无定河流域不同输沙模数下的面积比率如表 7-97，多沙粗沙区无定河流域输沙模数等值线图如图 7-111 ~ 图 7-113。

表 7-97 多沙粗沙区无定河流域不同输沙模数面积比率统计

粒径(mm)	输沙模数(t/(km²·a))	面积(km²)	面积比率(%)	粒径(mm)	输沙模数(t/(km²·a))	面积(km²)	面积比率(%)
全沙	< 5 000	0	0	≥0.05mm	5 000 ~ 7 000	6 056	44.7
	5 000 ~ 10 000	162	1.2		7 000 ~ 10 000	488	3.6
	10 000 ~ 15 000	474	3.5		10 000 ~ 20 000	41	0.3
	15 000 ~ 20 000	9 335	68.9		> 20 000	0	0.0
	20 000 ~ 40 000	3 577	26.4	≥0.10mm	< 200	81	0.6
	> 40 000	0	0.0		200 ~ 500	68	0.5
≥0.05mm	< 1 000	0	0.0		500 ~ 1 000	4 837	35.7
	1 000 ~ 2 000	108	0.8		1 000 ~ 2 000	6 097	45.0
	2 000 ~ 2 500	257	1.9		2 000 ~ 5 000	2 439	18.0
	2 500 ~ 3 000	569	4.2		5 000 ~ 10 000	41	0.3
	3 000 ~ 4 000	1 003	7.4		> 10 000	0	0.0
	4 000 ~ 5 000	5 026	37.1				

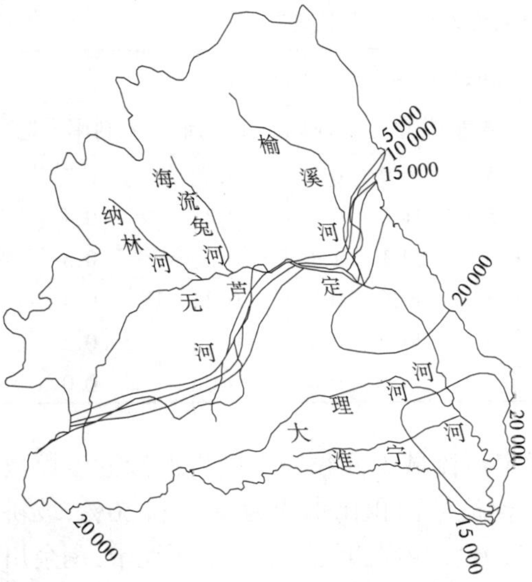

图 7-111　多沙粗沙区无定河流域全沙输沙模数等值线图

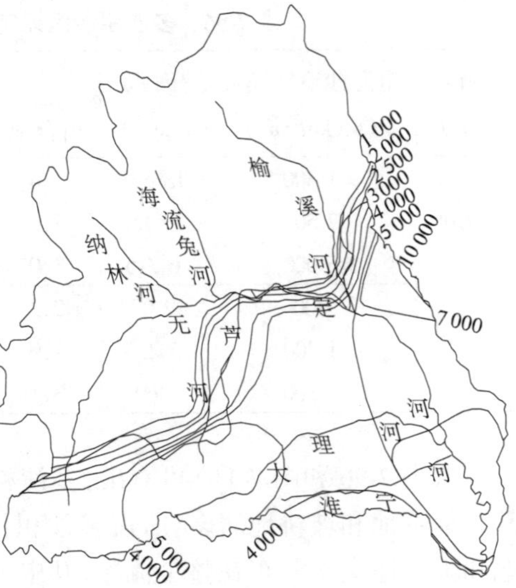

图 7-112　多沙粗沙区无定河流域 $d \geqslant 0.05$mm 粗泥沙输沙模数等值线图

表 7-97 和图 7-111 表明，多沙粗沙区无定河流域全沙输沙模数以 15 000 ~ 20 000t/(km^2·a)最多，占 68.9%，其次以 20 000 ~ 40 000t/(km^2·a)居多，占 26.4%，全沙输沙模数在 15 000 t/(km^2·a)以上的面积占多沙粗沙区无定河面积的 95.3%。空间分布上，全沙输沙模数在 15 000 t/(km^2·a)以下的面积主要分布在多沙粗沙区边缘地带，15 000 ~ 20 000t/(km^2·a)的面积主要分布在无定河源头、大理河和芦河流域的右岸，全沙输沙模数为 20 000 ~ 40 000t/(km^2·a)的面积主要分布在流域中游左岸和下游。

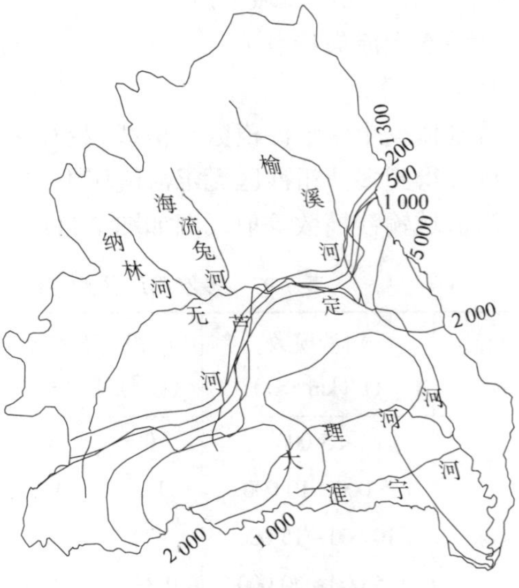

图 7-113　多沙粗沙区无定河流域 $d \geqslant 0.10$mm 粗泥沙输沙模数等值线图

表 7-97 和图 7-112 表明，多沙粗沙区无定河流域粒径 0.05mm 以上的粗泥沙输沙模数以 5 000 ~ 7 000t/(km^2·a)最多，占 44.7%，其次为粗泥沙输沙模数在 4 000 ~ 5 000 t/(km^2·a)的面积，占 37.1%。空间分布上，输沙模数为 4 000t/(km^2·a)的主要分布在多沙粗沙区边缘地带，输沙模数为4 000 ~ 5 000t/(km^2·a)的主要分布在无定河源头区、大理河中游和芦河下游右岸，输沙模数为 5 000 ~ 7 000t/(km^2·a)的主要分布在榆溪河注入无定河以下和大理河上游，7 000 ~ 10 000t/(km^2·a)的主要分布在榆溪河下游左岸。多沙粗沙区无定河流域 0.05mm 以上粒径粗泥沙输沙模数在 5 000t/(km^2·a)以上的面积，占多沙粗沙区无定河面积的 48.7%，占无定河全流域面积的 21.8%，主要分布在大理河—芦河源头和无定河下游。

表 7-97 和图 7-113 表明，多沙粗沙区无定河流域 0.10mm 以上的粗泥沙输沙模数以 1 000～2 000t/(km²·a)的面积最多，占 45.0%；粗泥沙输沙模数在 1 400t/(km²·a)以上的面积为5 253km²，占多沙粗沙区无定河面积的 38.8%，占无定河全流域面积的 17.4%；粗泥沙输沙模数在 2 800t/(km²·a)以上的面积为 369km²，占多沙粗沙区无定河面积的 2.7%，占无定河全流域面积的 1.2%。空间分布上，粗泥沙输沙模数在 1 400t/(km²·a)以上的面积主要分布在无定河流域源头、大理河中游及其下游左岸、芦河下游右岸和无定河中下游左岸，粗泥沙输沙模数在 2 800t/(km²·a)以上仅在榆溪河流域下游左岸分水岭分布。

2. 侵蚀等级

依据坡度、植被覆盖度、土地利用、土壤侵蚀类型和土壤抗冲性等指标综合判定，得到多沙粗泥沙区无定河流域土壤侵蚀等级专题图(见图 7-114)，并进行面积量算，统计得到各级侵蚀强度面积比率，见表 7-98。

表 7-98 和图 7-114 表明，大于 0.05mm 和大于 0.10mm 粒径不同粗泥沙输沙模数范围内，土壤侵蚀强度所占比率从大到小均表现为剧烈、极强度、强度，且强度以上面积均约占相应粗泥沙输沙模数下面积的 85%以上。

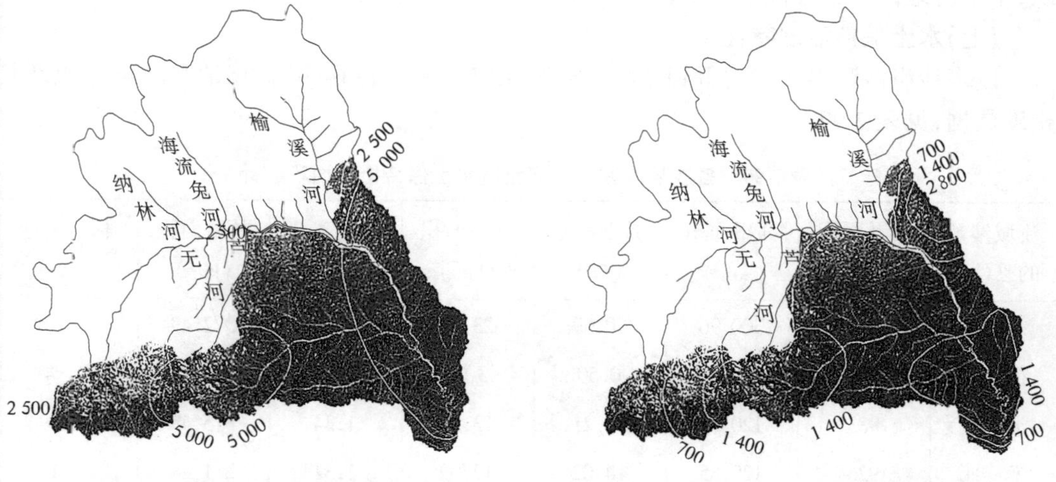

(a)叠加 $d \geq 0.05$mm 粗泥沙输沙模数等值线　　(b)叠加 $d \geq 0.10$mm 粗泥沙输沙模数等值线

图 7-114　多沙粗沙区无定河流域土壤侵蚀图

表 7-98　多沙粗沙区无定河流域各级侵蚀强度面积比率统计

粒径 (mm)	粗泥沙输沙模数 (t/(km²·a))	面积 (km²)	各级侵蚀强度面积所占比率(%)					
			微度	轻度	中度	强度	极强度	剧烈
≥0.05	1 300	13 548	1.89	4.94	7.35	20.39	27.03	38.40
	2 500	13 153	1.94	4.79	7.34	19.96	26.81	39.16
	5 000	6 715	1.95	4.77	7.74	19.07	26.28	40.19
≥0.10	700	12 074	1.79	4.43	7.12	19.71	27.03	39.92
	1 400	5 253	1.89	3.95	7.99	19.81	27.03	39.33
	2 800	369	0	5.35	3.46	19.29	27.26	44.64

0.05mm 以上粒径粗泥沙输沙模数为 1 300t/(km²·a)和 2 500t/(km²·a)及 0.10mm 以上粒径粗泥沙输沙模数为 700t/(km²·a)的土壤侵蚀强度，在多沙粗沙区无定河流域的空间分布基本相同，即轻度以下侵蚀基本分布在沟道和峁顶，中度侵蚀主要分布在流域下游和源头，强度、极强度侵蚀多分布在多沙粗沙区边缘和无定河源头和下游，剧烈侵蚀多分布在芦河—大理河源头、大理河中游和下游左岸、芦河右岸以及无定河中游左岸。

0.05mm 以上粒径粗泥沙输沙模数在 5 000t/(km²·a)以上的土壤侵蚀强度分布特点是：剧烈侵蚀主要分布在大理河—芦河源头和无定河中下游，强度、极强度侵蚀主要分布在无定河下游。

0.10mm 以上粒径粗泥沙输沙模数在 1 400t/(km²·a)以上的土壤侵蚀强度分布特点是：剧烈侵蚀主要分布在大理河—芦河源头和无定河中游左岸，强度、极强度侵蚀主要分布在无定河下游。

0.10mm 以上粒径粗泥沙输沙模数在 2 800t/(km²·a)以上的主要分布在榆溪河下游左岸分水岭，土壤侵蚀以剧烈侵蚀为主。

多沙粗沙区无定河流域水土流失严重，流失面积约占 98.1%，全沙输沙模数大于 15 000t/(km²·a)的面积占 95.3%；侵蚀类型以水蚀为主，重力侵蚀和风力侵蚀也十分活跃，中下游地区土壤侵蚀最严重；泥沙主要来自中下游地区。

(七)水土保持治理特性

以多沙粗沙区界线裁切得到多沙粗沙区无定河流域各县梯田、坝地和林草面积及其密度数据，见表 7-99。

表 7-99 多沙粗沙区无定河流域水土保持措施面积统计

流域涉及的县(区)	涉及面积(km²)	梯田面积(km²)	梯田密度(%)	坝地面积(km²)	坝地密度(%)	林草面积(km²)	林草密度(%)
绥　德	1 462	300.96	20.59	23.25	1.59	372.49	25.48
横　山	2 916	14.56	0.50	3.06	0.10	138.22	4.74
清　涧	983	120.04	12.21	13.21	1.34	315.49	32.09
米　脂	926	129.85	14.02	12.09	1.31	251.48	27.16
靖　边	2 540	48.37	1.90	9.67	0.38	570.66	22.47
榆阳区	977	4.63	0.47	1.37	0.14	99.50	10.18
子　洲	2 014	90.73	4.51	7.71	0.38	197.89	9.83
子　长	774	14.14	1.83	2.29	0.30	107.26	13.86
安　塞	163	1.91	1.17	0.32	0.20	33.23	20.38
合　计	12 755	725.19	5.7	72.97	0.6	2 086.22	16.4

从表 7-99 可看出，多沙粗沙区无定河流域涉及绥德、横山、清涧、米脂、靖边、榆阳区、子洲、子长、安塞、定边、佳县和吴旗12个县(区)(其中定边、佳县、吴旗3个县面积很

少,未考虑),各县水土保持措施中林草密度最大,坝地密度最小;从空间分布看,多沙粗沙区无定河流域治理度下游稍低于中游。

(八)治理顺序

在多沙粗沙区无定河流域粒径 $d \geq 0.10$mm粗泥沙输沙模数等值线图上分别叠加土壤粒径大于 0.10mm 沙重百分数变化趋势线如图 7-115。从图 7-115 看出,流域从上游到下游,泥沙粒径大于 0.10mm 的粗泥沙输沙模数递减,多沙粗沙区无定河流域内 50.8%的面积 0.10mm 以上粒径沙重百分数为 5% ~ 10%,49.3%的面积 0.10mm 以上粒径沙重百分数为 10% ~ 30%,从减少 0.10mm 以上的粗泥沙目的出发,则应先治理中游左岸,再治理下游,后治理其他区域。

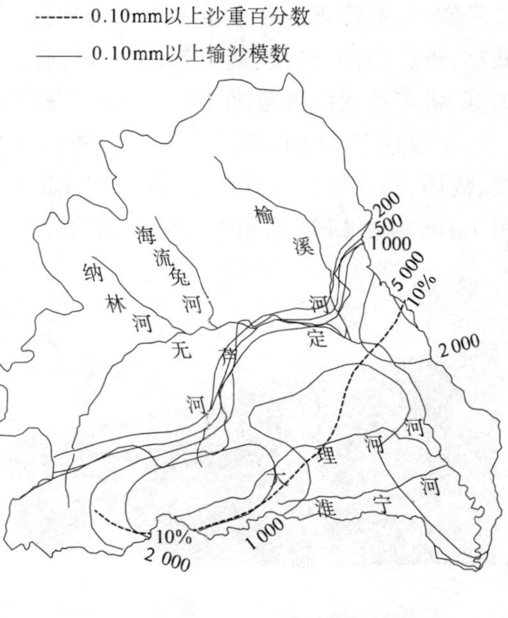

图 7-115　多沙粗沙区无定河流域治理顺序分析图

第四节　重点治理支流信息表现

通过信息表现,可让人从视觉角度直观了解到多沙粗沙区及各重点支流上、中、下游和左、右岸的地形、地貌、植被、土壤、水土流失等方面的差异,可为水土保持规划、治理工作提供直观的视觉效果。

一、表现内容

根据工作需要,结合数据源的特点和三维浏览软件的功能,主要从多沙粗沙区范围和重点治理支流进行 TM 卫星影像、植被覆盖度、土壤侵蚀强度三个方面的三维浏览。多沙粗沙区及重点支流的三维浏览分别以 1:250 000 比例尺的 DEM(栅格分辨率为 100m)和 1:50 000比例尺的 DEM(栅格分辨率为 25m)为基本地形数据,通过在地形数据上分别叠加 TM 卫星影像、植被覆盖度、土壤侵蚀强度数据和必要的属性数据,在三维浏览软件 IMAGIS 支持下,实现各专题信息任意角度和任意高度的实时飞行浏览,在准三维模式下直观再现各多沙粗沙区及重点支流上中下游、左右岸的地形、地貌、沟壑、植被覆盖、水系、土壤侵蚀等特点及其差异。植被覆盖、土壤侵蚀和 TM 卫星影像数据均来自于黄河流域水土保持遥感普查项目成果。

二、表现方法

主要在三维浏览软件 IMAGIS 支持下,通过构建三维场景的方式实现。

(一)资料收集与处理

从黄河流域水土保持遥感普查项目成果中分别提取多沙粗沙区及重点支流的 TM 卫

星影像、植被覆盖度和土壤侵蚀专题数据，并对 TM 卫星影像数据进行必要的合成、色彩调整、投影转换、拼接、裁切等处理，得到信息表现的原始素材。为便于三维场景的构建和浏览，将多沙粗沙区范围 TM 卫星影像展现的影像分辨率从 30m 抽稀到 50m。

地形数据(DEM)是三维展现的基本数据，为突出地形的差异，除对地形数据进行拼接、裁切、格式转换等处理外，还需对 DEM 高程进行必要的夸大(一般夸大到 2 ~ 3 倍)。图 7-116 为对 DEM 数据进行夸大前后的对比效果图。

图 7-116　DEM 数据夸大前后效果对比图

同时，为便于了解多沙粗沙区及重点支流的其他基本情况，还收集、整理了上述区域的水土保持措施、治理投资、水土保持分区、输沙模数、行政区划和社会经济等资料，并以属性表格的形式添加到所构建的三维场景中。

(二)三维模型的建立

为突出所关注的区域，可在三维场景中建立独立的具有标示地物、突出地物信息等作用的实物模型，同时，可在这些模型上实现有关属性信息的连接，通过点击实物模型可实现其有关属性的查询。三维模型建立的基本步骤如下：

(1)确定三维模型建立的准确地理位置及高程信息，裁切相应的 DEM 和 TM 数据。

(2)将裁切好的位置、范围完全一致的 DEM 和 TM 数据，导入 IMAGIS 三维建模软件，作为参考坐标和高程信息，开始模型的建立。

(3)在三维场景中添加模型，一般有地名地物标示牌和单独的实物模型两类。地名地物标示牌，只需要将其插入正确位置，设好各项参数就可以了；单独实物模型，需进行骨架的搭建、纹理的粘贴和参数的设立等。

(4)作为参考的 DEM 和 TM 数据可以删除，并将单独模型存储、导出。对于建立好的每一个模型，其位置、大小都是确定的，同时系统还会给每一个模型生成一个属性表，在属性表的属性框里可以联接所要展示或说明的模型的其他信息。

(5)将建立起来的若干个独立模型统一添加到一个 .3D 文件中，生成一个完整的模型文件。完整的模型文件除包括一个 .3D 外，还有一个 ACCESS 数据库表结构，这张表是模型与属性的连接文件，在生成三维场景时是必不可少的文件。

至此，三维模型建立完毕。

(三)三维场景的生成

利用 3Dbrowser 影像快速漫游软件来生成三维场景，其制作的基本步骤如下：

(1)新建场景，设定场景名称和路径。

(2)导入处理好的 DEM 数据。

(3)导入处理好的 TM 卫星影像数据(由于在原始数据处理时已经对 TM 和 DEM 数据的坐标系统和范围作了统一,如果两者的坐标系统不同,可以从外部文件引入地理信息)。

(4)指定输出的范围,一般系统会自动计算出全景的范围,如果需求不同,也可以人为的设定输出范围。

(5)导入建立好的三维模型:如果模型文件有若干个,可以全部添加进来。

(6)在三维场景中,给所建立的地名地物标示牌的每一个标示输入属性的联接。

至此,一个完整的三维场景生成完毕,在 3Dbrowser 软件支持下即可实现任意角度、任意高度的三维浏览和有关模型信息的查询。

三、场景展示

利用上述三维场景构建方法,分别构建了多沙粗沙区及重点支流的 TM 卫星影像、植被覆盖度和土壤侵蚀强度共 6 个三维场景文件。图 7-117 为多沙粗沙区黄河干流沿岸三维场景一个画面的示意图。

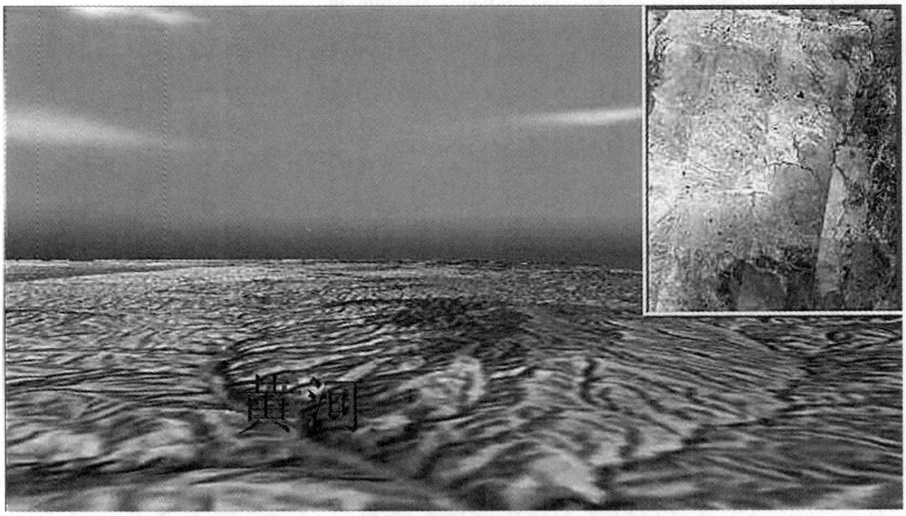

图 7-117 黄河干流沿岸三维场景示意图

第五节 小 结

(1)在粗泥沙集中来源区,以来沙粒径的差异、粗泥沙输沙模数的大小(在粒径差异不明显时)和粗泥沙集中来源区所在支流面积比(在前两个因素差异不明显时)等要素的比较,遴选出窟野河、皇甫川、清水川、秃尾河、孤山川、石马川、佳芦河、乌龙河和无定河 9 条重点治理支流。其中皇甫川、清水川、孤山川、石马川和乌龙河 5 条支流全部位于粗泥沙集中来源区,窟野河 61.7%的面积,秃尾河 39.7%的面积,佳芦河 88.0%的面积,无定河 44.8%的面积位于粗泥沙集中来源区。

(2)通过对粗泥沙集中来源区各支流入黄水文站实测悬移质平均粒径以及 $d \geqslant$

0.10mm 的百分数分析，基本上反映了 9 条重点治理支流由北向南逐渐变细的趋势。

（3）应用“3S”技术，对 9 条重点支流的地貌、土壤、植被、土地利用、土壤侵蚀和治理现状等水土流失特性进行了分析；并以减少 $d \geqslant 0.10$mm 粗泥沙为主要目的，依据 $d \geqslant 0.10$mm 沙重百分数和输沙模数两项指标，提出各重点治理支流内部的治理顺序；实施治理时应根据地貌、土壤、植被、土地利用等特性采用不同的治理方式。

（4）窟野河流域从上游向下游，$d \geqslant 0.10$mm 粗泥沙输沙模数增大，而 $d \geqslant 0.10$mm 粒径沙重百分数却递减，优先治理流域下游 $d \geqslant 0.10$mm 粗泥沙输沙模数最大的区域，然后治理流域中下游，再治理流域上游左岸区域，最后治理其余区域。

（5）皇甫川流域主干流从上游向下游，$d \geqslant 0.10$mm 粗泥沙输沙模数增大，$d \geqslant 0.10$mm 粒径沙重百分数在流域主干流中游右岸和支流十里长川左岸较小，应优先治理皇甫川流域干流及其支流十里长川右岸，然后治理十里长川左岸。

（6）清水川流域从上游向下游，$d \geqslant 0.10$mm 粗泥沙输沙模数增大，应优先治理流域下游，然后治理流域左岸，最后治理其余区域。

（7）秃尾河流域从上游向下游，$d \geqslant 0.10$mm 粗泥沙输沙模数增大，$d \geqslant 0.10$mm 粒径沙重百分数从上游向下游递减，治理应从下游向上游推进。

（8）孤山川流域从右岸到左岸，$d \geqslant 0.10$mm 粗泥沙输沙模数减小，应先治理干流和支流木瓜川右岸，再治理支流木瓜川左岸，后治理其余区域。

（9）石马川流域从上游到下游，$d \geqslant 0.10$mm 粗泥沙输沙模数减小，应先治理上游，后治理下游。

（10）佳芦河流域上游和沟口，$d \geqslant 0.10$mm 粗泥沙输沙模数小，流域中游和下游粗泥沙输沙模数较大，应先治理流域中游，再治理下游，后治理上游。

（11）乌龙河流域源头区，$d \geqslant 0.10$mm 粗泥沙输沙模数比流域上游和下游大，应先治理源头，再治理上游，后治理下游。

（12）无定河流域从上游到下游，$d \geqslant 0.10$mm 粗泥沙输沙模数递减，应先治理中游左岸，再治理下游，后治理其他区域。

（13）在三维浏览软件 IMAGIS 支持下，实现各专题信息任意角度和任意高度的实时飞行浏览，在准三维模式下直观再现多沙粗沙区及各重点治理支流上下游、左右岸的地貌、沟壑、植被覆盖、土壤侵蚀和水系等特点及其差异。

第八章　黄河中游多沙粗沙区治理分区研究

黄河中游 7.86 万 km^2 多沙粗沙区水土流失产生的泥沙是黄河下游河道淤积泥沙的主要来源,因此本区成为黄土高原水土保持生态建设的重点区[1]。然而,在 7.86 万 km^2 多沙粗沙区范围内,粗泥沙的产沙强度也十分不均,粒径 0.10mm 以上的粗泥沙输沙模数在高的地区达 10 000t/(km^2·a),低的地区才 350t/(km^2·a)左右。在治理上,如果维持当前的"广种薄收"治理模式,对下游河道的减淤效果就必然不明显。考虑到在多沙粗沙区内粗泥沙产沙强度仍有较大差异,必须将多沙粗沙区按照"先粗后细"的治理思路划为多个治理区,便于突出重点,这就是多沙粗沙区治理分区的目的。

黄河流域分区、分带、分片等研究内容丰富多彩,分区、分带、分片等各自的内涵虽不完全相同,但很大程度上都依赖于自然特性的显著差异,在这一点上又有很大的相似(近)性。本章在对已查阅到的历史上有关黄河流域分区(带、片)成果学习总结的基础上,对黄河中游多沙粗沙区进行治理分区划分,并对分区成果进行合理性论证。

第一节　历史上部分有关黄河流域(中游)分区(带、片)研究成果简述

黄河流域面积 75.24 万 km^2(不包括闭流区 4.23 万 km^2),南北跨 10 个纬度,东西跨 23 个经度,无论是南北还是东西方向,跨度都是比较大的。流域跨越了不同的气候带,水热条件、下垫面性质以及地表形态结构差异也很大。在实际工作中,为了使问题研究能简单一些,需对流域进行分区,使在同一区内的问题相对单一,容易研究。如流域上、中、下游的划分,流域地质构造划分,流域地貌结构划分,土壤侵蚀类型分区,水土保持分区等,现将我们查阅到的部分有关黄河流域(中游)分区(带、片)成果介绍如下。

一、以横向划分为主的分区(带、片)成果

(一)黄河流域大地构造单元划分[30]

黄河自西向东流经三个不同的大地构造单元。大致在龙羊峡以上是年轻的青藏断块,这是中生代以来发展起来的陆地,上新世末至第四纪隆升为世界屋脊。龙羊峡以下至六盘山为秦岭—祁连山褶皱带,这里是中生代构造活跃的地区,形成了一系列的断陷盆地。六盘山以东为华北地台(又名华北断块),见图 8-1。

(二)黄河流域地形地貌划分❶[41]

黄河流域三个大地构造单元和第四纪以来的新构造运动的特性,奠定了黄河流域地

❶ 黄河水利委员会水文局.黄河流域片水资源评价.1986 年 6 月

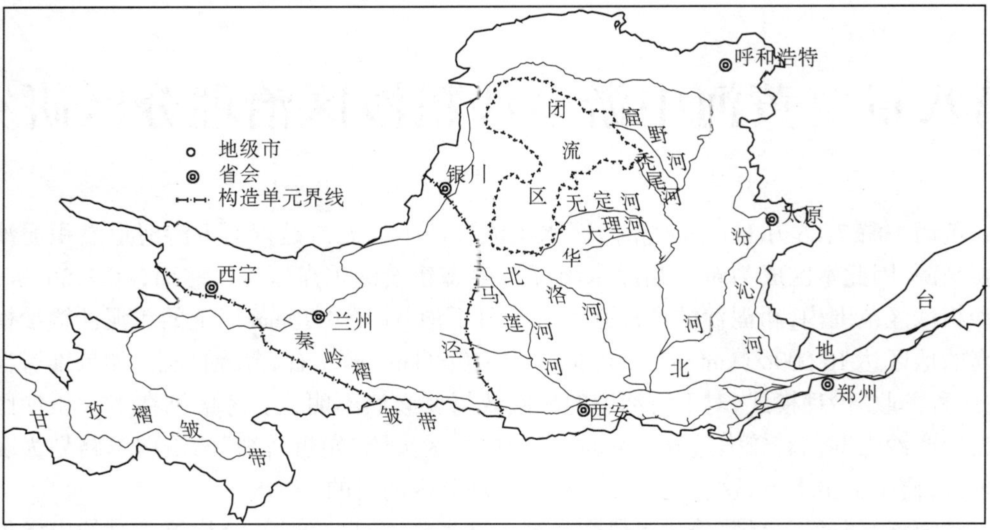

图 8-1　黄河流域地质构造单元界线图

貌的基本轮廓,黄河流域的地势自西向东逐级下降,可分为三级阶梯(见图 8-2)。最高一级阶梯是黄河上游所在的青藏高原,平均海拔 4 000m 以上,有一系列西北—东南向的山脉。河谷两岸的山脉海拔 5 500 ~ 6 000m,相对高度达 1 500 ~ 2 000m。阿尼玛卿山主峰玛卿岗日海拔 6 282m,是黄河流域的最高点。祁连山、积石山、昆仑山顶常年积雪,系冰川地貌。

黄河源区以及支流黑河、白河流域,由于地形相对低洼,排泄不畅,形成了大片的沼泽地貌。河源区湖泊众多,在夕阳照耀下犹如繁星闪耀,故有“星宿海”之称。其下游的鄂陵湖、扎陵湖面积 1 136.8km^2,为我国海拔最高的淡水外泄湖。

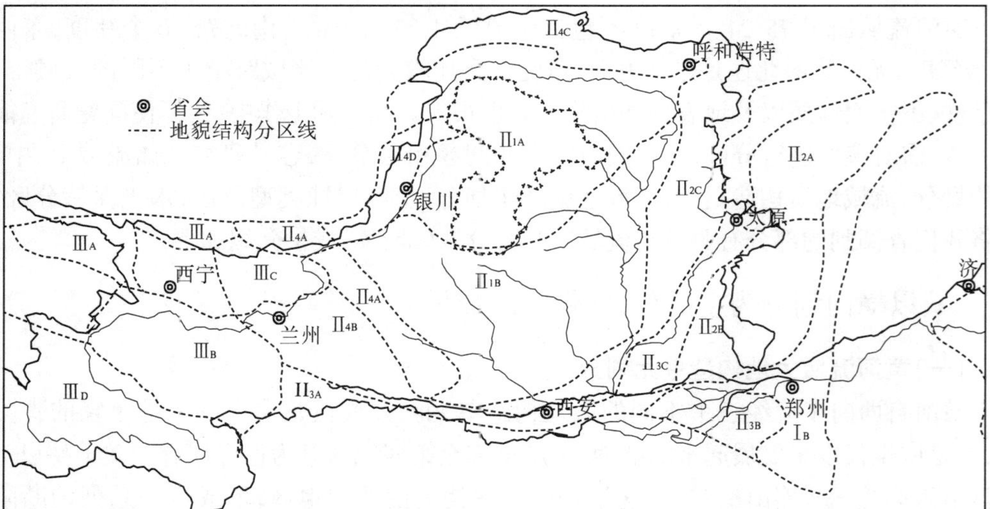

图 8-2　黄河流域地貌结构图[30]

Ⅰ东部平原山地:$Ⅰ_A$ 黄淮海平原;$Ⅰ_B$ 山前冲洪积扇平原;$Ⅰ_C$ 鲁中南低山;$Ⅰ_D$ 海积平原

Ⅱ中部低山与丘陵:$Ⅱ_{1A}$鄂尔多斯高原;$Ⅱ_{1B}$黄土高原与丘陵;$Ⅱ_{2A}$晋东北冀西中山;$Ⅱ_{2B}$晋东南中山;$Ⅱ_{2C}$晋西中山;$Ⅱ_{3A}$秦岭山地;$Ⅱ_{3B}$豫西低山丘陵;$Ⅱ_{3C}$汾渭盆地;$Ⅱ_{4A}$六盘山;$Ⅱ_{4B}$中山地与黄土丘陵;$Ⅱ_{4C}$阴山;$Ⅱ_{4D}$洪积扇

Ⅲ西部山地:$Ⅲ_A$ 祁连山;$Ⅲ_B$ 卡不卡平原与山地;$Ⅲ_C$ 湟水黄河谷地与山地;$Ⅲ_D$ 昆仑山地;$Ⅲ_E$ 柴达木谷地

第二阶梯大致以太行山为东界，海拔 1 000 ~ 2 000m。本阶梯内白于山以北属于内蒙古高原的一部分，包括黄河河套平原和鄂尔多斯高原两个自然地理区域。白于山以南为黄土高原和秦岭、六盘山、吕梁山、中条山、崤山、熊山、太行山等山地。

河套平原长达 750km，宽 50km 左右，渠道纵横，农田密布，是我国重要的粮食产地。

鄂尔多斯高原风沙地貌发育。库布齐沙漠逶迤于高原北缘，大部分由流沙或固定沙丘组戎。东南有毛乌素沙漠，沙丘多呈固定或半固定状态。

黄土高原北起长城，南界秦岭，西抵青海高原日月山，东至太行山脉，海拔一般为 800 ~ 2 000m，主要为近二百万年以来的风成堆积，厚度各地不一，由数十米到二三百米不等。依沉积的年代不同，分为午成黄土(Q_1)、离石黄土(Q_2)和全新世黄土(Q_4)。由于黄土的土质疏松，垂直节理发育，地面植被较差，经流水切割会形成特有的塬、梁、峁、沟等地貌形态，划分为以塬面为主的黄土高原台塬阶地区和以梁、峁为主的黄土高原丘陵沟壑区两个地貌单元。其水土流失严重，为黄河泥沙的主要来源地。

汾渭地堑地区，分布在山西的太原盆地，临汾、运城盆地和陕西关中盆地(又称关中平原)。太原盆地，临汾、运城盆地底部最宽处达 40km，由北部海拔 810m 逐渐降至南部的 330m，比周围山地低 500 ~ 1 000m。关中平原南临秦岭，北迄渭北高原南缘，西迄宝鸡，东至潼关，东西长约 360km，西部宽 10 ~ 20km，东部宽 50 ~ 80km，西部海拔 700 ~ 800m，东部最低处高程为 325m。由两侧向渭河依次分布着山前冲洪积平原、黄土台塬阶地和河谷阶地等。

秦岭山势巍峨壮丽，海拔 1 500 ~ 3 000m，主峰太白山海拔 3 767m。位于本流域的秦岭北坡山谷陡峻，河谷深切而短促。秦岭既是长江、黄河的分水岭，又是我国自然地理亚热带和暖温带的南北分界线。

崤、熊、太山地包括豫西山地和黄河以北的太行山地，大部分海拔在 1 000m 以上。伏牛山、嵩山为黄河与长江、淮河的分水岭。太行山脉耸峙在山西高原与华北平原之间，形成了华北地区一条重要的自然地理分界线。

太行山脉以东直至滨海属第三阶梯，由黄河下游冲积平原和鲁中山丘陵组成。黄河下游冲积平原自沁河口一带冲积扇的顶部海拔 100m 左右微向海洋倾斜。鲁中山地丘陵海拔 400 ~ 1 000m。

(三)黄河流域上、中、下游界线的划分[30]

世界上任何一条河流都可以根据其水流特性和边界条件的差异分成上、中、下各具特色的三个河段。但不同专业的学者划分上、中、下游的依据不尽相同，因而结果也不一致。至今黄河上、中、下游的界线至少有以下三种划分法。

第一，以地貌学家为代表，根据黄河流域河谷地貌特征，将黄河中、上游的界线划在青藏高原与黄土高原交界的龙羊峡；中游与下游的界线划在黄土高原与华北平原的交界带孟津[41]。

第二，以地质学家为代表，根据地质构造单元界线，将黄河上、中游的界线定在青铜峡，因为青铜峡是华北断块与西域陆块接壤处；中、下游的界线定在孟津。孟津不仅是地貌界线，也是地质构造界线[43]。

第三，以河流专家为代表，根据流域的水文泥沙特性，将黄河中、上游的界线定在河口镇(托克托),因为黄河泥沙的90%是来自河口镇以下,而55%的水量是来自河口镇以上,河口镇以上来水来沙比较稳定,河口镇以下变化大;中、下游的界线定在桃花峪[44]。

由此看出,三种划分的结果中、下游界线基本一致,上、中游差距较大。

二、以纵向划分为主的分区(带、片)成果

(一)黄河流域植被类型分带[45]

黄土高原的地理位置和自然条件决定了本区植被生存环境的复杂性和多样性。黄土高原的北部跨入内蒙古草原植被区,西北部进入蒙新荒漠区,南与亚热带常绿阔叶林区相邻,西部又向青藏高原过渡。因此,植被界的分布自东南向西北依次为森林、森林草原、典型草原、荒漠草原及草原化荒漠等植被地带。

(1)森林地带。本地带位于黄土高原地区的东南部及山西、河南、陕西、甘肃境内的局部山地,并在山地的中山或低山地带形成广阔的垂直带。此外,在黄土高原的南部,作为地带性植被类型也分布于山地坡脚的黄土丘陵和黄土沟壑中。

本区气候属暖温带半湿润性气候。地带性土壤为褐色土和黑垆土。带内主要以落叶阔叶林为主,同时还分布着一些针叶树种。灌木有荆条、黄刺玫、丁香、白刺花等。在林下和坡地上还分布有白羊草、野菊花、铁杆蒿、大油芒等组成的草甸草原以及局部地段上镶嵌分布的典型草原。

(2)森林草原地带。本地带位于黄土高原中部稍偏南地区,南与森林地带相连,北临典型草原区。区内主要包括北洛河、泾河中游和渭河的上游地区,吕梁山中段及子午岭和六盘山等。区内地貌为起伏的黄土丘陵和纵横交错的丘陵沟壑,海拔1 000~1 600m,为半湿润-半干旱气候,年均降水量450~550mm,年平均气温8~10℃,干燥度1.4~1.8。地带性土壤为黑垆土,山地天然次生林下土壤为灰褐土。区内植被人为破坏严重,生长稀疏。在中低山地局部还保存有极度残败的天然次生林,且大部分植被已旱化,植被类型已草原化。本区处于森林与典型草原间的过渡带,与森林带最大区别是草原植被占有较大优势。

(3)典型草原带。本地带位于黄土高原的中部稍偏北,南与森林草原地带相连,北与荒漠草原地带相接,主要包括无定河、泾河、清水河、祖厉河上游以及白于山、屈武山等地。区内气候为暖温带半干旱性气候,年平均气温8~9℃,年平均降水量300~450mm,地貌为缓坡梁状丘陵,地带性土壤为黑垆土和淡栗钙土。本区是以草原典型旱生植物为建群的植被类型,其中以禾草和菊科植物为主,也有少数的胡枝子属、百里香属和委陵菜属植物。

(4)荒漠草原地带。本地带位于黄土高原的西北部,东南与典型草原区相连,面积较小,气候属半干旱-干旱气候,年气温8~9℃,局部地段低于8℃,年降水量200~300mm,干燥度2.5~3.5,地带性土壤为棕钙土和灰钙土,是草原中较干旱的类型。建群种以禾草为主,其中也有一些蒿类植物和多刺的小灌木和小半灌木。由于生境的旱化,荒漠草原群落中经常伴生有荒漠成分。

(5)草原化荒漠地带。本地带位于黄土高原地区西北部的边缘地带,但在植被区划上均属荒漠草原区的一部分,主要包括内蒙古以西的河套平原、银川平原、清水河下游及甘肃的靖远至白银一带。本区气候干旱,年平均气温9~10℃,年降水量200mm左右,干燥

度大于 4.0，地带性土壤为漠钙土，是草原地带中最为干旱的类型。在植被群落组成中多以旱生和超旱生为主，如盐爪爪、合头草、短叶假木贼等(见图 8-3)。

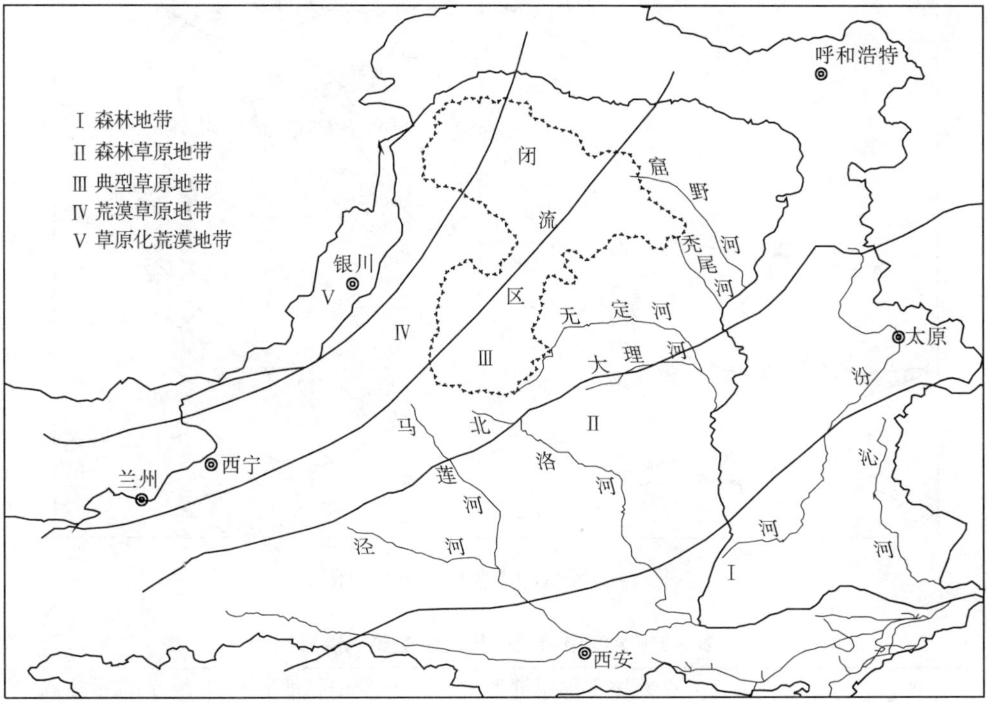

图 8-3　黄土高原地区植被地带

(二)黄河中游流域气候域划分[24]

黄河中游属温带大陆性气候，受季风环流控制，寒暑分明，夏短冬长；空气含湿量处于湿润与干燥之间，夏热湿润，冬寒晴燥。气候受山系和地势影响，有明显的分带性，呈北东—南西向展开。从东南至西北，差别甚大，根据主要气候要素的梯度变化，划分为三个气候域。

(1)东南部南温带半湿润气候域。所辖范围包括秦岭北坡、北山南坡、渭河谷地；太行山、吕梁山南段及其山间盆地。年均气温 8 ~ 14℃，年降水量 600 ~ 800mm，干燥度 1.0 ~ 1.3。

(2)中部中温带半干旱气候域。包括黄土高原绝大部分地区，如晋中、晋北、晋西、陕北、渭北、陇东及陇西等地域。年均气温 4 ~ 12℃，年降水量 400 ~ 600mm，干燥度为 1.3 ~ 2.0。

(3)西北部中温带干旱气候域。包括沙漠高原、宁南、陇西北部的黄土高原及其以北地带。年均气温 2 ~ 8℃，年降水量 150 ~ 400mm，干燥度 2.0 ~ 6.0。其变化规律由东南而西北，降水量递减，干燥度剧增，大陆性气候的表征特别明显。

关于各气候带的分布和主要气候指标见图 8-4 和表 8-1。

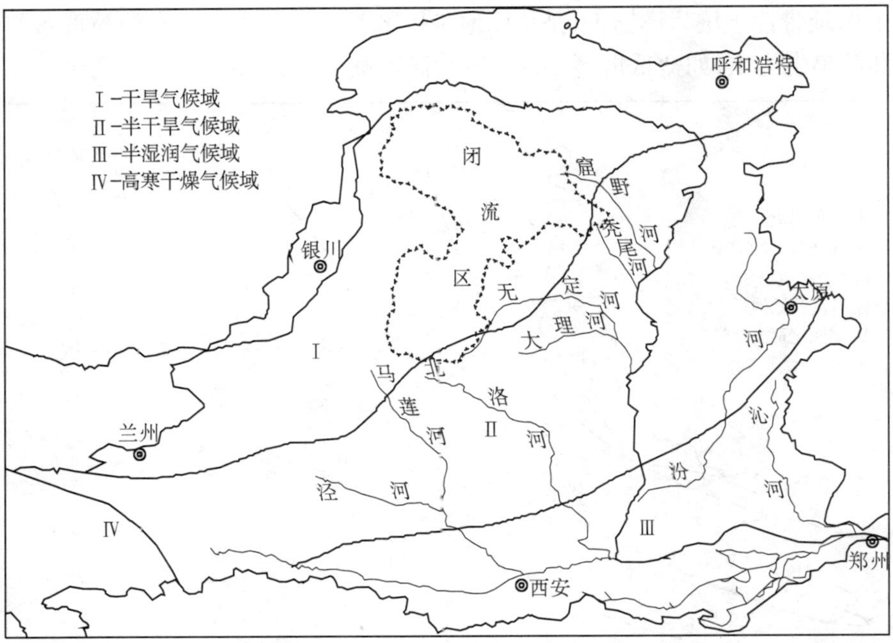

图 8-4　黄河中游气候域划分略图

表 8-1　黄河中游流域气候域主要气候指标

气候要素		东南部南温带半湿润气候域	中部中温带半干旱气候域	西北部中温带干旱气候域
气温(℃)	年平均	8 ~ 14	4 ~ 12	2 ~ 8
	1 月均温	－8 ~ 0	－16 ~ －4	－26 ~ －7
	7 月均温	22 ~ 26	18 ~ 22	18 ~ 26
	≥10 积温	3 000 ~ 4 500	2 500 ~ 4 000	1 000 ~ 3 500
年降水量(mm)		600 ~ 800	400 ~ 600	≤200 ~ 400
年相对湿度(%)		60 ~ 70	52 ~ 68	≤40 ~ 62
干燥度		1.00 ~ 1.30	1.30 ~ 2.00	2.00 ~ 6.00
无霜期(d)		180 ~ 220	140 ~ 200	110 ~ 180
年总辐射量(kJ/cm^2)		460 ~ 578	494 ~ 611	561 ~ 661
年日照时数		2 000 ~ 2 700	2 000 ~ 2 800	2 500 ~ 3 100

(三)黄土高原土壤侵蚀方式地带性分布[46]

土壤侵蚀方式,受自然因素和社会因素的制约,其中气候、地貌、地表组成物质及人为活动等,对土壤侵蚀方式起着直接控制作用。随着上述因素的变化,土壤侵蚀方式也必然要发生变化。黄土高原地区地貌、气候、地表组成物质的抗冲性、植被状况及人为活动的影响比较复杂,而且区域变化明显,因而导致了土壤侵蚀方式在地域分布上具有地带性(见图 8-5)。

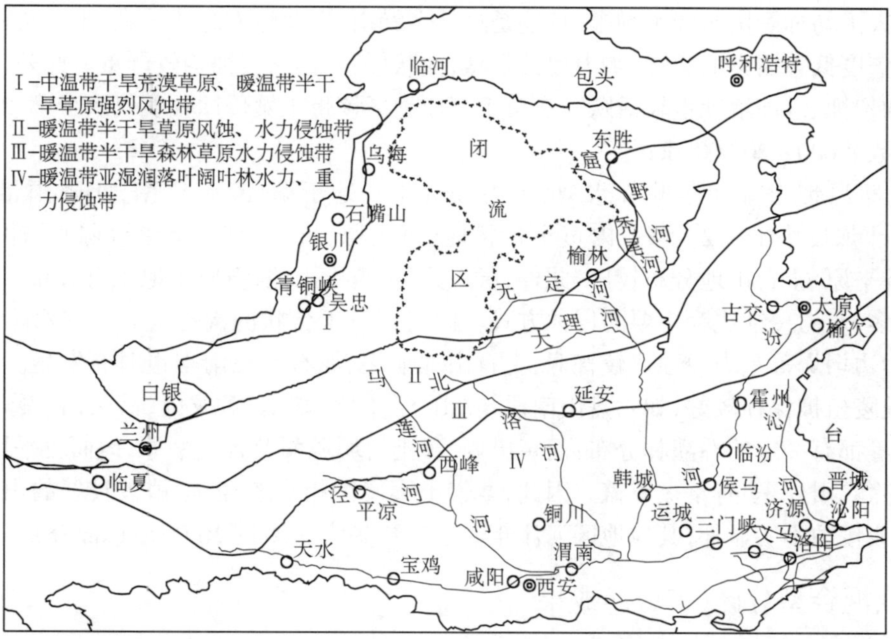

图 8-5　黄土高原土壤侵蚀方式地带性分布图

黄土高原地区东西长约 1 300km，南北宽约 800km，跨越不同的气候带，水热条件、下垫面性质及地表形态结构等影响侵蚀的自然环境因素存在着明显的地带性，因此土壤侵蚀方式也具有明显的地带性分异规律，自西北向东南可分为四个带。

(1)中温带干旱荒漠草原、暖温带半干旱草原强烈风蚀带。该带大体处于皋兰北—靖远—同心—定边—榆林—准格尔—和林格尔以北，即黄土高原地区的西北部。年均降水量在西部小于 300mm，东部基本上在 400mm 以下，年蒸发量 2 000mm 以上，干燥度大于 2。除灌溉农业区外，基本上是干旱荒漠草原，半干旱草原景观，沙丘沙地分布广泛。全年多风，尤其春季多大风和沙暴，年均大风日数 10 天以上，东胜、石嘴山等地年均大风日数达 50 ~ 60 天。强烈的风蚀成为塑造地面的主导营力，年风蚀模数达 5 000 ~ 10 000t/km^2。

(2)暖温带半干旱草原风蚀、水力侵蚀带。处于上述侵蚀带以南至永靖—定西—会宁—固原—环县—吴旗—绥德—临县—五寨—神地—朔县—恒山一线以北。年均降雨量在西部小于 400mm，东部陕蒙晋一带 400 ~ 450mm，年蒸发量 1 600 ~ 2 000mm，干燥度1.5 ~ 2.0，年均大风日数 5 ~ 10 天。地面形态有黄土梁峁、宽垌谷地、黄土残塬、土石山地、缓坡丘陵等，近风沙区有片沙覆盖。植被稀少，以干草原植被为主，绝大部分地面裸露。夏秋季多暴雨，水力侵蚀强烈；春季多大风，风蚀较强。此外，冻融侵蚀也较明显。该带是黄土高原地区土壤侵蚀最严重的地带，年水蚀模数 6 000 ~ 25 000t/(km^2·a)。

(3)暖温带半干旱森林草原水力侵蚀带。处于第二带以南，临夏—临洮—甘谷—隆德—镇原—庆阳—延安—永和—阳泉以北。年降水量 400 ~ 500mm，干旱度 1.5 ~ 1.2，地貌以黄土丘陵沟壑为主，西部陇中、宁南以梁状黄土丘陵或山地为主，东部晋西北、陕北为黄土梁峁沟壑，黄土分布广泛，厚 50 ~ 100m。属半干旱森林草原地带，但因长期人为破坏植被、垦荒种田，大部分地区目前植被较少，以草原植被为主，仅在山地或局部丘陵有次生梢林或人工幼林。由于降水增多,特别是夏秋多暴雨,以及地面起伏较大,土质疏松,加之植被覆盖度低等因素的影响,水力侵蚀强烈,面状侵蚀、沟状侵蚀均较严重。此外,重力侵蚀、动物侵蚀、潜蚀溶蚀也较活跃。在黄土高原地区该带土壤侵蚀程度仅次于第(2)带,年水蚀模数 8 000 ~ 20 000t/km^2。

(4)暖温带半湿润落叶林水力、重力侵蚀带。处于第(3)带以南,年降雨量 500 ~ 800mm,干燥度小于 1.2。该带内黄土台状地(黄土塬、黄土残塬、黄土台塬)及冲洪积平原、河谷平原、土石山地分布较广,此外,黄土丘陵、黄土山地、石质山地也有分布。因年降水量较多,水力侵蚀成为主要的侵蚀方式。同时在黄土台状的沟谷边和大河沿岸,崩塌、滑坡、岸边坍塌等重力侵蚀比较普遍,土石山地崩塌、泥石流在雨季也时有发生。但本带山地、丘陵植被保存较好,如六盘山南段、陇山、子午岭、崂山、黄龙山、吕梁山、秦岭、晋东南山地等都有一定的乔灌林分布;而黄土塬、黄土台塬塬面及各类平原,地面较平坦;丘陵沟壑区除农田外,多有草被覆盖。因此,本带土壤侵蚀相对较轻,除植被较好的山地为微度侵蚀或侵蚀不明显外,其他地区河流年输沙模数多为 5 000 ~ 10 000t/(km^2·a)。

三、混合型分区(带、片)成果

(一)黄河中游流域侵蚀区域图❶

早在 1954 年,黄秉维在《黄河综合利用规划技术经济报告》的“黄河中游流域土壤侵蚀区域图”编制中,首先以植被因素作为第一级分区前提,将黄河中游分为有完密植被区域和缺乏完密植被区域。然后再考虑地形、气候、土地利用等诸多因素,进行下一级分区。有完密植被区域主要包括青海、甘肃的高地草原区,黄河中游的黄土丘陵林区和石质山岭林区;缺乏完密植被区域又分为冲积平原区、石质山岭区、干燥草原区、风沙区、黄土阶地区、黄土高塬区和黄土丘陵区(包括 5 个副区),共 10 个二级区(见图 8-6)。

1954 年在“黄河规划技经报告”的水土保持规划中,中国科学院地理研究所黄秉维根据侵蚀形态、侵蚀强度和侵蚀因素,提出将黄河中游(龙羊峡—桃花峪)划分为 9 个土壤类型区,即:黄土高塬沟壑区、黄土丘陵沟壑区(又分为五个副区)、黄土阶地区、冲积平原区、高地草原区、干燥草原区、石质山岭区、风沙区、林区。粗泥沙集中来源区属于黄土丘陵沟壑区第一副区。

1983 年,国家计划委员会下达了关于编制《黄土高原水土保持专项治理规划》的任务,全国水土保持协调小组办公室组织黄河水利委员会等单位起草的《规划任务书》中基本确定采用黄秉维的分类,1986 年在研究修改规划时将原来的 9 个区作为二级区划,按照不同侵蚀强度将 9 个区合并为 3 个大区,即:严重流失区、局部流失区和轻微流失区,作为一级分区。粗泥沙集中来源区属于严重流失区。

1988 年,中国科学院地理研究所陈永宗等人综合分析了影响侵蚀的人为和自然因素,提出黄土高原现代侵蚀强度分区,分为 5 级,即:轻度侵蚀区、中度侵蚀区、强度侵蚀区、极强度侵蚀区和剧烈侵蚀区。在这些分区中,粗泥沙集中来源区属于极强度侵蚀区和剧烈侵蚀区。

50 多年来,该图在各项水土保持规划中广为应用,以后的研究者和应用者,根据最新

❶ 黄河规划委员会.黄河综合利用规划技术经济报告.1954 年 12 月

的影像资料进行过修正，但该图大的方面是合理的。

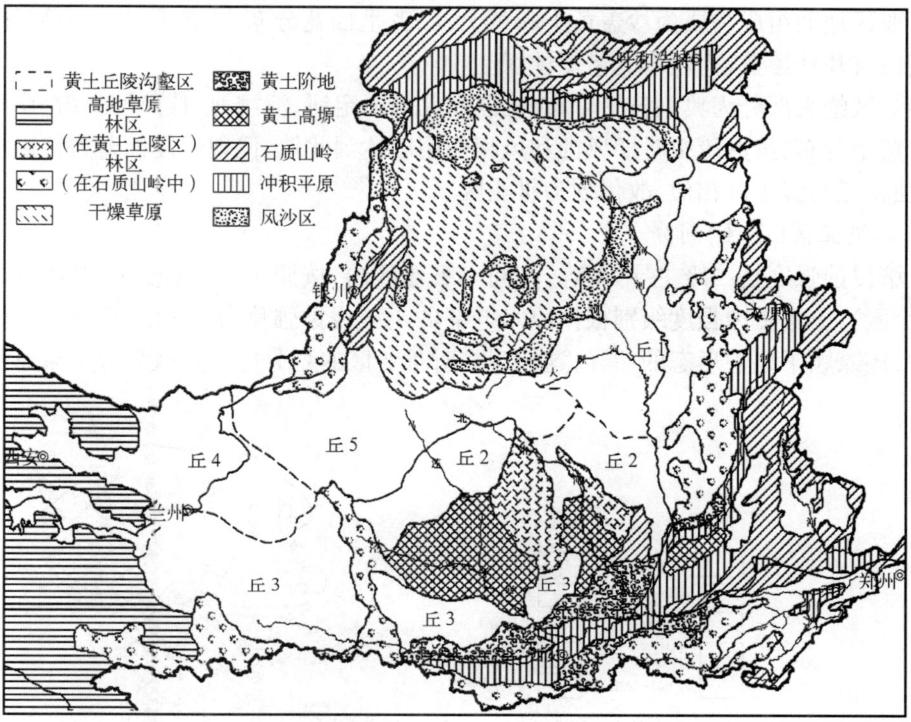

图 8-6　黄河中游流域土壤侵蚀区域图

(二)黄河中游多沙粗沙区亚区划分[47]

多沙粗沙区侵蚀环境各异，欲采取针对性措施进行治理，就应进行分区研究，这些各具特色的分区称为多沙粗沙区的亚区。

1999 年陕西师范大学甘枝茂、吴成基等，采用主导因素法，利用 1∶50 万卫星影像、1∶5 万彩红外图、1∶50 万黄土高原土壤侵蚀图、1∶50 万多沙粗沙区输沙模数图，对黄河中游多沙粗沙区进行了亚区划分。

1. 一级亚区划分

以地面组成物质为主进行一级亚区划分。因为不同的地面组成物质，直接影响到水土流失的方式、强度和治理方略，这是亚区划分的一级主导因素。按地面组成物质分为以易侵蚀岩为主的侵蚀亚区（Ⅰ）、沙盖黄土侵蚀亚区（Ⅱ）、黄土侵蚀亚区（Ⅲ）3 个一级亚区。

为区分出不同的地面组成物质，采用了以下方法：Ⅰ亚区以中生界的砒砂岩和页岩、第三系的三趾马红土、上古生界的砂岩在水平投影上的出露面积比例大于 70% 为界予以圈定，而把黄土出露面积大于 70% 的地区则划为Ⅲ亚区。Ⅱ亚区依据影像和野外考察资料勾绘边界，在影像上的特征明显：一是在黄土地貌上有片沙覆盖，风沙地貌和黄土地貌花插分布；二是在同样的地貌、地质、植被、气候等条件下，地貌形态不及其他亚区破碎，沟谷密度小；三是有风蚀地貌形态。

Ⅰ亚区地面组成物质是以上古生界疏松砂岩、中生界砒砂岩为主的易侵蚀岩类为主，其区界并非是砒砂岩的特定界，这是结合治理的可操作性原则而确定的。

Ⅱ亚区地面组成物质为沙盖黄土和黄土，二者呈插花分布，不能再进一步细分，其特点是区内有片沙覆盖，为风水交错侵蚀区。

Ⅲ亚区绝大部分为典型黄土分布，唯区内北部无定河、清涧河、佳芦河上游、窟野河下游有沙黄土分布，虽然历史时期风蚀和风积作用已达到此地，但现代侵蚀营力仍以水蚀为主，侵蚀特征与黄土区相似，故仍划为Ⅲ亚区。

2. 二级亚区（小区）划分

土壤侵蚀强度是二级主导因素。在同一级亚区内，按照土壤侵蚀强度再划分为二级亚区（小区），土壤侵蚀强度级别根据原水电部的土壤侵蚀强度分级标准确定。二级亚区划分中，还兼顾了地貌形态的差异，这体现在对Ⅲ亚区的划分中。亚区划分结果见图 8-7。

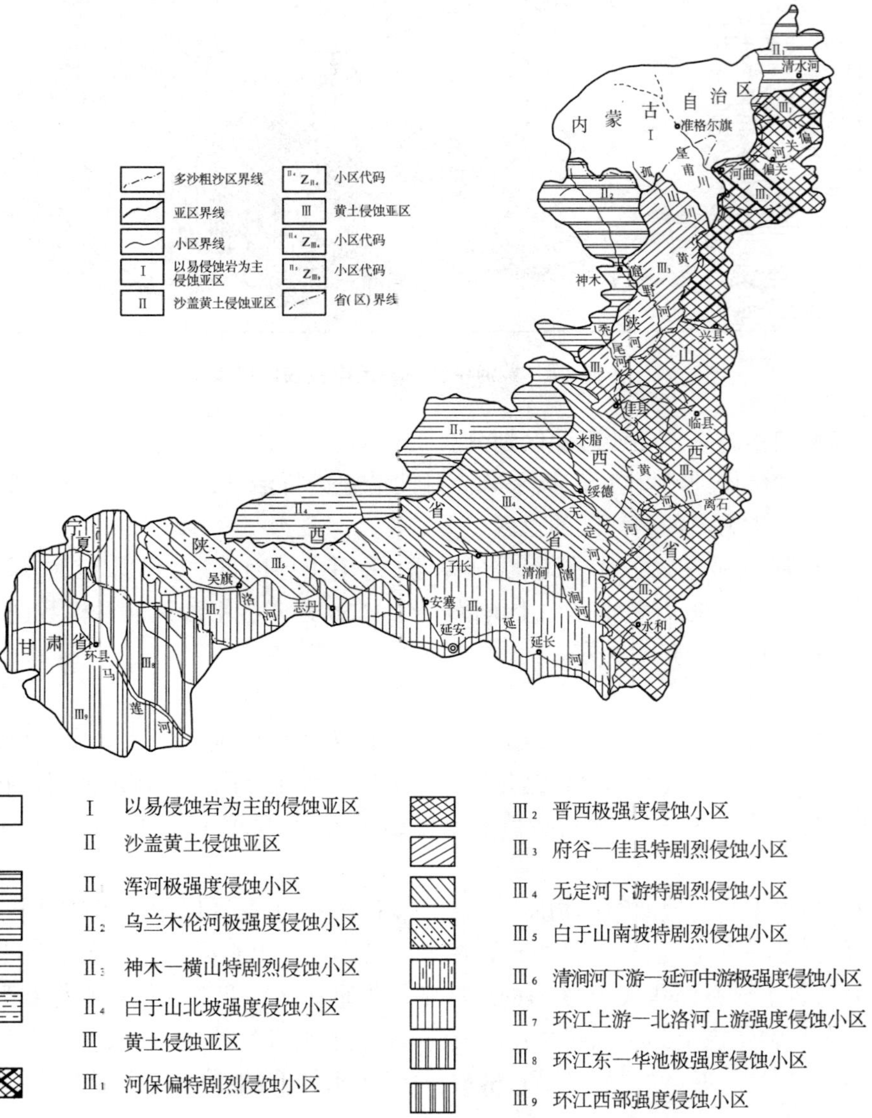

图 8-7　黄河中游多沙粗沙区亚区划分图

由于作者阅历有限，还有许多黄河流域（或中游、或黄土高原）的有关分区（带、片）的研究成果未纳入，但从以上所看到的有关分区（带、片）成果来看，大多是依据自然属性而划分的。

但是，从实现“河床不抬高”、快速减少入黄粗泥沙的角度出发，在黄河中游多沙粗沙区中按照“先粗后细”治理战略的分区成果还没有更深入的研究。

第二节　多沙粗沙区治理分区的划分

对黄河中游多沙粗沙区的进一步划分，过去曾进行过[47]，也与其他分区（带、片）类似，主要是依据下垫面的差异进行划分的。特别是一级亚区的划分，主要以地面组成物质为主，没有反映产粗泥沙的强度，该成果无法为中游多沙区的治理上实施“先粗后细”的战略部署服务。

一、分区原则

（一）快速减少黄河下游河槽粗泥沙淤积的原则

据钻孔资料分析，1960 年前无三门峡水库影响的“自然”水沙情况下，黄河下游河道主槽淤积物中，粒径 0.05mm 和 0.1mm 以上的粗泥沙占 76.1%（约 3/4）和 50.7%（约 1/2）；并且，下游主槽淤积物在粒径 0.05mm 以上的泥沙中，粒径 0.10mm 以上的泥沙又占了 66.6%（约 2/3），说明控制 0.10mm 以上的泥沙是实现河床不抬高的关键之一。

（二）治理面积相对较小，拦减粗泥沙量相对较多的原则

根据粗泥沙集中来源区界定研究成果分析，在 7.86 万 km^2 的多沙粗沙区中，粒径 0.10mm 以上的粗泥沙输沙模数 700t/(km^2·a) 和 1 400t/(km^2·a) 对应的区域，其面积分别是 3.94 万 km^2 和 1.88 万 km^2，分别占多沙粗沙区面积的 50.1% 和 23.9%，可各区域产生的 $d \geqslant 0.10$mm 的泥沙分别占多沙粗沙区中相应泥沙的 85.4% 和 68.5%，后者面积比前者少 26.2 个百分点，可后者产生的 $d \geqslant 0.10$mm 的粗泥沙仅少 16.9 个百分点，说明粗泥沙输沙模数越大，面积越小，产粗泥沙更集中。

（三）对入黄水资源影响较小的原则

治理水土流失必然要减少入黄沙量，但在该区进行不同程度治理，减少了入黄泥沙，也减轻了下游河道淤积，反过来可节约下游输沙用水。据分析，在同样减沙比例情况下，粗泥沙含量越高的地区，因当地治理拦沙而节约的下游输沙用水越多，对黄河水资源的影响越小；当地拦沙比例越高，下游节约的输沙用水与当地产水量的比值也越高。

（四）当地生态环境改善与下游河道减淤同步的原则

多沙粗沙区内主要包括三大地貌单元，易侵蚀基岩（俗称砒砂岩）地貌、盖沙地貌和黄土丘陵沟壑地貌。三种地貌上的自然景观、侵蚀强度、生态环境、土地承载能力等差异很大，往往当地生态环境最恶化（特指水土流失最严重）的地区（如砒砂岩区，供植物生长的黄土很薄）给下游河道淤积的“贡献”也最大，其社会生态环境承载力也最差。

二、分区指标

(一)粗泥沙界限的确定

本章是7.86万km^2的黄河中游多沙粗沙区治理分区划分研究,由前面的分析表明,在“自然”水沙情况下(无三门峡水库影响的1960年前),下游河道主槽淤积物中,粒径0.10mm以上的泥沙占一半;并且长系列分析粒径0.10mm以上泥沙淤积比较0.05mm以上泥沙淤积比高39个百分点;粗泥沙区来的洪水中,粒径0.10mm以上泥沙含量由“三站”(三门峡、黑石关、武陟水文站)的8.2%降为利津站的0.2%,削减率达97.6%;特别是经过三次调水调沙试验,下游主槽淤积物中,粒径0.10mm以上泥沙的含量又有向50%靠近的趋势,说明粒径0.10mm以上的泥沙难以冲刷的事实。因此,对7.86万km^2多沙粗沙区进行治理分区划分中,粗泥沙粒径指标仍采用0.10mm。

(二)粗泥沙输沙模数指标的确定

对7.86万km^2的治理分区,仍然采用粒径大于0.10mm的粗泥沙输沙模数作为分区指标。黄河中游河口镇至龙门、华县、河津、洑头、黑石关和武陟区间粒径大于0.10mm的平均输沙模数为345t/(km^2·a),取整为350t/(km^2·a),将该指标成倍提高,分别为700t/(km^2·a)、1 400t/(km^2·a)……

$d\geqslant0.10$mm的输沙模数在1 400t/(km^2·a)以上的区域是前面确定的粗泥沙集中来源区,其面积约占7.86万km^2多沙粗沙区的1/4;$d\geqslant0.10$mm的输沙模数在700t/(km^2·a)以上的区域,面积为3.94万km^2,基本上是7.86万km^2多沙粗沙区区域的一半;余下的多沙粗沙区$d\geqslant0.10$mm的输沙模数基本上在300~700t/(km^2·a)之间。因此,多沙粗沙区治理分区划分指标分别采用$d\geqslant0.10$mm的粗泥沙输沙模数1 400t/(km^2·a)和700t/(km^2·a)将7.86万km^2的多沙粗沙区分成了三个区域。

三、分区结果

根据前面的讨论,分别采用粒径大于0.10mm的粗泥沙输沙模数1 400t/(km^2·a)和700t/(km^2·a)将7.86万km^2的多沙粗沙区分为三区。三区的名称分别为治理一区(即粗泥沙集中来源区)、治理二区和治理三区,见图8-8。

(一)治理一区

治理一区是$d\geqslant0.10$mm的输沙模数大于1 400t/(km^2·a)的区域,也就是粗泥沙集中来源区,其面积为1.88万km^2,仅占多沙粗沙区面积(7.86万km^2)的23.9%(约1/4),但年均产生的全沙、$d\geqslant0.05$mm和$d\geqslant0.10$mm的粗泥沙分别为4.08亿t、1.52亿t和0.61亿t,分别占多沙粗沙区相应沙量(11.82亿t、3.19亿t和0.89亿t)的34.5%(约1/3)、47.6%(约1/2)和68.5%(约2/3)。说明该区域面积不大,却是名副其实的产粗泥沙“大户”,是减少入黄粗泥沙,实现“河床不抬高”应首先治理的区域。该区域中全沙、$d\geqslant0.05$mm和$d\geqslant0.1$mm的输沙模数分别为21 702t/(km^2·a)、8 085t/(km^2·a)和3 245t/(km^2·a),是三个区中各粒级产沙模数最高的地区。该区域涉及11条支流,15个县(市、旗)。

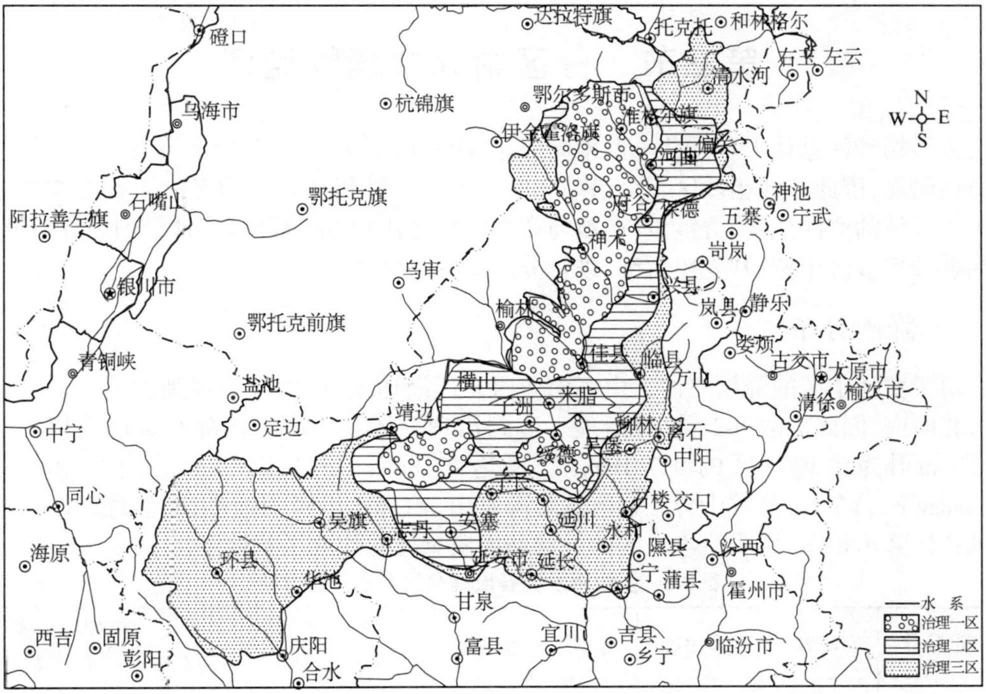

图 8-8　黄河中游多沙粗沙区及各治理分区位置图

(二)治理二区

治理二区是 $d \geqslant 0.1$mm 的输沙模数在 700 ~ 1 400t/(km^2·a)之间的区域,面积为 2.06 万 km^2,占多沙粗沙区面积的 26.2%,年均产生的全沙、$d \geqslant 0.05$mm 和 $d \geqslant 0.1$mm 以上的泥沙分别为 2.81 亿 t、0.84 亿 t 和 0.15 亿 t,分别占多沙粗沙区相应输沙量(11.82 亿 t、3.19亿 t 和 0.89 亿 t)的 23.8%、26.3%和 16.9%,该区域中全沙、$d \geqslant 0.05$mm 和 $d \geqslant 0.1$mm 的输沙模数分别为13 641t/(km^2·a),4 078t/(km^2·a)和 728t/(km^2·a),其产沙强度明显不如 1.88 万 km^2 的粗泥沙集中来源区高,该区域涉及 19 条支流、29 个县(市、旗)。

(三)治理三区

治理三区是多沙粗沙区减去前两个治理区的区域,面积为 3.92 万 km^2,占多沙粗沙区面积的 49.9%,年均产生的全沙、$d \geqslant 0.05$mm 和 $d \geqslant 0.10$mm 的泥沙分别为 4.93 亿 t、0.83 亿 t 和 0.13 亿 t,分别占多沙粗沙区相应沙量 11.82 亿 t、3.19 亿 t 和 0.89 亿 t 的 41.7%、26.0%和 14.6%。该区域中全沙、$d \geqslant 0.05$mm 和 $d \geqslant 0.10$mm 的输沙模数分别为 12 577t/(km^2·a)、2 117t/(km^2·a)和 332t/(km^2·a),其产沙强度又明显比治理二区低。该区域涉及 23 条支流、41 个县(市、旗)。

当多沙粗沙区的治理上了新台阶后,可将 7.86 万 ~ 19.1 万 $km^2$❶的多沙区作为治理四区,将 19.1 万 ~ 45.4 万 km^2 的黄土高原水土流失区(指侵蚀模数大于 1 000t/(km^2·a))作为治理五区。

❶　黄河上中游管理局.黄河流域多沙粗沙区水土保持规划.1992 年

第三节　分区结果合理性论证

多沙粗沙区总体上呈东北—西南向分布,南北跨了4个纬度,由于黄河中游气候南北分异性明显,因此多沙粗沙区三个治理分区中产水产沙特征也有明显的差异。本节主要从三个区域的产沙强度、含沙量(产沙与产水强度之比)和单位降水产沙量的分异特征,论证在多沙粗沙区中按照"先粗后细"进行分区划分结果的合理性。

一、降雨分布

由于黄河中游的降雨总体上由东南向西北逐渐递减,而治理一区到治理三区基本上是由北向南,因此由表8-2看出,治理一区到治理三区多年面平均降水量由治理一区的434.3mm升为治理三区的477.1mm,变幅达42.8mm。三个区的水面蒸发能力高达1 030mm(E_{601})左右,蒸发十分旺盛。从降雨看出,治理一区降雨最小,而治理三区与治理一区相比降水稍多,说明治理一区的气候环境质量比其他两区差得多。

表8-2　多沙粗沙区各治理分区产水产沙分析

项 目	内容	单 位	分类	治理一区	治理二区	治理三区	多沙粗沙区
区域情况	面 积	万 km^2		1.88	2.06	3.92	7.86
降水情况	年降水量	mm	降水深	434.3	467.7	477.1	464.4
		亿 m^3	总量	81.65	96.36	187.03	365.04
输沙量情况	年输沙量	亿 t	全沙	4.08	2.81	4.93	11.82
			≥0.05mm	1.52	0.84	0.83	3.19
			≥0.10mm	0.61	0.15	0.13	0.89
	输沙模数	t/(km^2·a)	全沙	21 699	13 641	12 577	15 038
			≥0.05mm	8 084	4 078	2 117	4 058
			≥0.10mm	3 244	728	332	1 132
水资源情况	年径流量	亿 m^3	地表水资源(含泥沙)	12.17	9.63	15.49	37.29
			地表水资源(不含泥沙)	10.66	8.59	13.66	32.91
			总水资源	12.33	11.09	16.49	39.91
	年径流模数	万 m^3/km^2	地表水资源(含泥沙)	6.47	4.68	3.95	4.74
			地表水资源(不含泥沙)	5.67	4.17	3.48	4.19
			总水资源	6.56	5.38	4.21	5.08
	径流系数		地表水资源(含泥沙)	14.9	10.0	8.3	10.2
			地表水资源(不含泥沙)	13.1	8.9	7.3	9.0
			总水资源	15.1	11.5	8.8	10.9
水沙评价	单位地表水含沙量	kg/m^3	全沙	335	292	318	317
			≥0.05mm	125	87	54	86
			≥0.10mm	50	16	8	24
	单位降水产沙强度	kg/m^3	全沙	50.0	29.2	26.4	32.4
			≥0.05mm	18.6	8.7	4.4	8.7
			≥0.10mm	7.5	1.6	0.7	2.4

注:系列为1954~1969年。

二、径流分布

多沙粗沙区北部大部分为砒砂岩区，沟壑密度大，坡度陡，与黄土相比下渗能力差，再加上降雨集中，多为高强度暴雨，因而治理一区多年平均径流系数和径流深(14.91%和64.7mm)大于治理二区(10.0%和46.8mm)，治理二区大于治理三区(8.3%和39.5mm)。在多沙粗沙区治理分区中，谁的地表径流产流系数高、径流量大，挟沙能力就强，冲刷作用也强，水土流失就严重。

三、泥沙分布

各区全沙、$d \geqslant 0.05$mm 和 $d \geqslant 0.10$mm 粗泥沙的产沙模数(强度)表明，治理一区大于治理二区，治理二区大于治理三区，从产沙模数的角度说明，前面的治理分区符合“先粗后细”治理战略的分区要求。

四、含沙量分布

含沙量反映了产沙与产水的强度比，这里产水用地表径流。表 8-2 中反映出治理一区全沙、$d \geqslant 0.05$mm 和 $d \geqslant 0.10$mm 的含沙量(335kg/m^3、125kg/m^3 和 50kg/m^3)大于治理二区(292kg/m^3、87kg/m^3 和 16kg/m^3)，治理二区 $d \geqslant 0.05$mm 和 $d \geqslant 0.10$mm 的含沙量大于治理三区相应含沙量(54kg/m^3 和 8kg/m^3)，这从含沙量分布角度也说明前面的治理分区符合“先粗后细”治理战略的分区要求。

其中全沙含沙量治理二区(291kg/m^3)略低于治理三区(318kg/m^3)，其主要原因：一是输沙模数治理二区(1.36 万 t/(km^2·a))比治理三区(1.26 万 t/(km^2·a))仅大 8%，而径流深治理二区(46.8mm)较治理三区(39.5mm)大 18%；二是治理分区的划分主要依据 $d \geqslant 0.10$mm 的粗泥沙输沙模数，没有照顾全沙所致。

五、单位降水产沙量分布

用各治理区的输沙量除以该区的降水总量，即为单位降水产沙量(kg/m^3)，这一特征值是将气候因素中的降水与下垫面的产沙量直接连接起来。从表 8-2 看，治理一区单位降水产生的全沙、$d \geqslant 0.05$mm 和 $d \geqslant 0.10$mm 的含沙量分别为 50.0kg/m^3、18.6kg/m^3 和 7.5kg/m^3，治理二区相应为 29.2kg/m^3、8.7kg/m^3 和 1.6kg/m^3，治理三区相应为 26.4kg/m^3、4.4kg/m^3 和 0.7kg/m^3，单位降水的各级泥沙产沙强度均反映出治理一区大于治理二区，治理二区大于治理三区。这从单位降水产沙量角度再一次说明前面的治理分区也符合“先粗后细”治理战略的分区要求。

第四节　小　结

(1)黄河流域(中游)分区(带、片)研究内容丰富多彩，但大多是依据自然属性而划分的；从实现“河床不抬高”、快速减少入黄粗泥沙的角度出发，在黄河中游多沙粗沙区按照“先粗后细”治理战略的分区成果还没有更深入的研究。

(2)对黄河中游多沙粗沙区的治理,按照“先粗后细”的战略部署,本着快速减少下游河床主槽粗泥沙淤积和治理面积相对较小、拦减粗泥沙量相对较多的原则,以粒径大于0.10mm为粗泥沙界限,用粗泥沙输沙模数1 400t/(km^2·a)和700t/(km^2·a),可将黄河中游多沙粗沙区的治理分为三个区域。

(3)治理一区为1.88万km^2的粗泥沙集中来源区,该区降水量虽然比治理二区和治理三区小,但产沙强度、特别是产粗泥沙强度以及水流含沙量和单位降水产沙强度均比二区和三区大,说明该区确实是当前向黄河输送粗泥沙的集中区,应当首先作为黄河“治沙”工程的重点区。

(4)治理二区为粒径0.10mm以上的粗泥沙输沙模数在700~1 400t/(km^2·a)之间的区域,面积为2.06万km^2,该区产沙模数、含沙量和单位降水产沙强度均处于治理一区和治理三区中间,当一区得到初步治理后应抓紧开展该区的治理。

(5)治理三区是多沙粗沙区减去前两个治理区域后剩余的区域,面积为3.92万km^2,该区的产沙模数、含沙量以及单位降水强度不如治理一区和治理二区大,但在黄河中游来说,仍是重点区,也应有计划地纳入规划及早安排治理。

第九章　多沙粗沙区各治理分区水资源量评价

黄河中游7.86万km^2的多沙粗沙区属于干旱与半干旱地区,降水稀少,河川径流含沙量大,是黄河下游淤积泥沙的主要来源区。2002年7月国务院批复的《黄河近期重点治理开发规划》明确指出要把7.86万km^2的黄河中游多沙粗沙区作为水土保持工作的重点,近期黄委党组提出对7.86万km^2的多沙粗沙区,要以"先粗后细、分期治理"的战略实施治理。按照这一思想,将对多沙粗沙区进行不同程度的分期治理。在实施了大规模的"治沙"措施后,该区的水资源将受何影响?要搞清楚这个问题,就必须弄清楚多沙粗沙区中各治理分区的水资源家底,为大规模治理后对黄河水资源的影响评估服务,这就是本次多沙粗沙区水资源评价的目的。

2004年,黄委水文局完成了黄河流域(片)及西北诸河第二次水资源评价工作,但因目的不完全一样,相对黄河中游多沙粗沙区,黄河流域片水资源评价太粗,黄河流域水资源评价是以地级市为基本单元,而多沙粗沙区则以县级行政区为基本单元。因此,在充分利用第二次水资源调查评价成果的基础上,以流域分区套县级行政分区进行评价,较第二次评价的计算单元更细。

黄河中游多沙粗沙区水资源量调查评价编制工作的依据主要有:①全国水资源综合规划工作大纲和技术细则;②黄河流域(片)水资源综合规划工作大纲和技术细则;③全国水资源调查评价技术细则;④全国地下水调查评价补充细则等。

黄河中游多沙粗沙区水资源量调查评价的时段是1956~2000年,主要内容包括降水、蒸发、地表水资源量、地下水资源量、水资源总量、泥沙以及多沙粗沙区治理对黄河水资源的影响评估等。

调查评价编制工作过程中,分析应用了502个雨量站、45个蒸发站、48个水文站共近2.7万站年资料和地下水动态观测资料等。

第一节　概　述

众所周知,黄土高原是世界上黄土分布最广、厚度最大的地方,也是水土流失最严重的地区,而黄河中游多沙粗沙区更是重中之重,该区面积7.86万km^2,可产生的泥沙占中游输沙量的69.2%,年均产生的粗泥沙量($d \geq 0.05mm$)占中游相应粒级总沙量的77.2%,说明黄河下游淤积泥沙主要来自7.86万km^2的多沙粗沙区。

一、自然地理概况

黄土高原在全国地貌格局中属于第二级阶梯,北起长城,南界秦岭,西抵青海高原,东至太行山脉,海拔 1 000 ~ 2 000m,深厚黄土、疏松土质、裸露地表、强烈侵蚀,形成了千沟万壑、支离破碎的地形地貌,是黄河流域泥沙主要来源地[26]。

黄河中游多沙粗沙区地貌主体是各种类型的黄土地貌,主要有:黄土峁状丘陵沟壑、黄土梁峁丘陵沟壑、土石丘陵和蚀余黄土丘陵沟壑。

二、土壤植被

(1)土壤。黄河中游多沙粗沙区土壤从西北向东南顺序分布为:沙壤带(沙黄土)、轻壤带、中壤带(典型黄土)及重壤带(黏黄土)[26]。

(2)植被。黄河中游多沙粗沙区原始植被已破坏殆尽,梁峁谷坡皆为次生的白羊草、茭蒿、长芒草和铁秆蒿等组成的杂草类草原[26]。

三、水文地质条件

水文地质条件即地下水补给、径流和排泄条件,它决定地下水形成、赋存、运动方式和地区分布规律。水文地质条件主要受地质构造、岩性、水文气象、地形地貌和古地理环境的控制和影响,人类活动也不同程度地改变水文地质条件[26]。

黄土高原地区主要为黄土孔隙裂隙水。黄土具有结构疏松、多孔隙、透水性好、垂直节理发育等,这些特殊的结构和水理性质,决定了该地区地下水的形成和赋存条件,即主要靠降水补给。由于黄土厚度由数十米到几百米,补给量小,蒸发强烈,地下水贫乏,只有在台塬、河谷和岩溶地貌等补给条件相对较好的地区,地下水才相对较丰富。

四、气候

本区干旱半干旱环境的明朗化是伴随着东亚季风的形成与加强而出现的。多沙粗沙区乃至整个黄土高原都处于东亚季风的后缘,是处于东亚季风向大陆季风的过渡带,因而也称之为大陆性季风气候[22]。

冬季,几乎全部在蒙古高压控制下,盛行偏北风。从 10 月以后高压逐渐增强,至 1 月最强,其后逐渐减弱。每当极地大陆气团向东南伸展之时,即出现强度不同的寒潮冷锋,气温骤降,在 24 小时内可降低 10℃以上。

春季,蒙古高压逐渐衰退,太平洋副高逐渐扩张,流域内出现频繁低压槽,冷锋经过频率很大,常有沙暴。

夏季,主要在大陆热低压的范围内,盛行偏南风,水汽含量丰沛,降雨量较多。

秋季,9 月以后,太平洋副高衰退,蒙古高压扩张,往往形成秋高气爽天气,降水量开始减少。

其水汽来源大致与黄河流域一致,盛夏暴雨期间的水汽来源主要有三个:一是主要来自印度洋孟加拉湾和南海北部湾的水汽,由四川盆地经嘉陵江河谷北上进入黄河流域内部,是对多沙粗沙区盛夏水汽影响最大的一条途径;二是由青藏高原上空的暖湿空气输送到黄河上游,主要是高层水汽的输送,对多沙粗沙区影响相对较小;三是受偏东气流影响,沿武汉至西安方向有一条自东南向西北的输送带,把华中、华北一带低层的水汽输送到黄河流域,输入层厚度随环流形势变化较大,这条输送带也是影响黄河中、下游特大暴雨产生的主要原因。

区内年平均温度随纬度增高而减少，流域内气温1月为最低(代表冬季)、7月为最高(代表夏季)。表9-1给出了代表站气温基本特征统计结果。

表9-1　黄河中游多沙粗沙区代表站气温统计

站名	平均气温(℃)			年极端最高气温	年极端最低气温
	1月	7月	年	(℃)	(℃)
延安	-6.4	22.9	9.4	39.7	-25.4
榆林	-7.8	20.0	8.1	38.6	-32.7
离石	-7.2	22.8	8.8	39.9	-30.5
东胜	-11.0	20.6	5.5	35.0	-29.8

五、河流水系

黄河中游多沙粗沙区有一级支流26条。表9-2给出了26条支流的基本特征值。

表9-2　黄河中游多沙粗沙区涉及支流把口站(1956~2000年)基本特征值

河名	控制站	流域面积(km^2)	多沙粗沙区面积(km^2)	干流长度(km)	多年平均降水量(mm)	多年平均径流量(亿m^3)	多年平均输沙量(万t)
浑　河	放牛沟	5 533	1 127	219.4	386.5	2.10	1 625
皇甫川	皇　甫	3 246	3 246	137	356.4	1.49	4 855
清水川	清　水	883	883	76.7	382.7	0.44	760
汤家川		1 002	745	69.5	408.8	0.19	130
偏关河	偏　关	2 089	892	128.5	414.5	0.42	1 321
窟野河	温家川	8 706	5 456	241.8	378.8	6.1	9 939
秃尾河	高家川	3 294	1 204	139.6	388.4	3.5	1 971
佳芦河	申家湾	1 134	985	92.5	390.1	0.6	1 454
无定河	白家川	30 261	13 753	491.2	405.6	11.7	11 980
县川河	旧　县	1 587	1 108	112.2	437.5	0.11	682
朱家川	桥　头	2 922	183	158.6	437.5	2.89	1 295
岚漪河	裴家川	2 167	423	119.2	448.1	0.89	1 170
蔚汾河	碧　村	1 478	810	81.8	475.5	0.52	799
石马川		243	243	42.9	400.4	0.19	321
孤山川	高石崖	1 272	1 272	79.4	391.5	0.78	2 042
清凉寺沟	杨家坡	286	286	45.7	425.9	0.12	281
湫水河	林家平	1 989	1 421	121.9	488.8	0.75	1 836
三川河	后大成	4 161	1 356	176.4	495.8	2.27	1 994
屈产河	裴　沟	1 220	1 074	78.3	501.2	0.33	882
昕水河	大　宁	4 326	720	138	498.3	1.37	1 674
乌龙河		377	377	38.9	404.9	0.17	136
清涧河	延　川	4 080	4 080	167.8	465.3	1.45	3 703
延　河	甘谷驿	7 687	6 685	284.3	481.3	2.15	4 712
北洛河	刘家河	7 325	6 308	187.4	392.4	2.57	7 432
蒲　河	巴家嘴	3 522	925	142.6	476.4	1.16	1 807
马莲河	庆　城	19 086	11 467	250.5	410.4	2.15	8 851
合计		119 876	67 029	3 822.1	428.6	46.41	73 652

注：无水文站河流，多年平均降水量、径流量、输沙量采用等值线量算的方法求得。

第二节　水资源分区

一、评价范围

本次评价范围为黄河中游多沙粗沙区，总面积 7.86 万 km^2，涉及内蒙古、陕西、山西、宁夏、甘肃 5 省(区)45 个县(市、旗)；在 7.86 万 km^2 内，按照三个治理分区评价，各治理分区名称及面积分别是：

(1)多沙粗沙区治理一区，面积为 1.88 万 km^2。

(2)多沙粗沙区治理二区，面积为 2.06 万 km^2。

(3)多沙粗沙区治理三区，面积为 3.92 万 km^2。

二、评价系列

此项工作是在黄河流域(片)第二次水资源评价基础上进行的，黄河流域(片)第二次水资源评价规定，1956～2000 年(45 年)同步期水文系列作为水资源评价的基本依据，故多沙粗沙区各治理分区水资源量评价亦按 1956～2000 年同步系列进行评价。

三、水资源分区计算单元的确定

水资源分区是水资源评价的重要基础。根据多沙粗沙区各治理分区的实际情况，按流域分区，在流域分区的基础上，套县级行政区进行评价。

治理一区计算面积为 18 803km^2，共有 11 条支流和 1 个未控区。该区位于黄河干流河口镇—吴堡区间右岸及无定河流域，占多沙粗沙区总面积的 23.9%。涉及内蒙古、陕西 2 省(区)15 个县(市、旗)；2 省(区)计算面积分别为 4 792km^2 和 14 011km^2，分别占多沙粗沙区总面积的 6.1%和 17.8%。治理一区面积统计见表 9-3。

治理二区计算面积 20 633km^2，共有 19 条支流和 1 个未控区。该区主要位于黄河干流河口镇—龙门区间，北洛河有一小部分也包括在内。该区占多沙粗沙区总面积的 26.2%。涉及内蒙古、陕西和山西 3 省(区)29 个县(市、旗)；3 省(区)计算面积分别为 1 475km^2、12 808km^2 和 6 350km^2，分别占多沙粗沙区总面积的 1.9%、16.3%和 8.1%。治理二区面积统计见表 9-4。

治理三区计算面积 39 163km^2，共有 23 条支流和 1 个未控区。该区主要包括黄河干流河口镇—龙门区间的支流以及龙门—三门峡区间的北洛河刘家河以上流域、泾河支流马莲河和蒲河，该区占多沙粗沙区总面积的 49.9%。涉及甘肃、宁夏、内蒙古、陕西和山西 5 省(区)41 个县(市、旗)；5 省(区)计算面积分别为 10 454km^2、415km^2、2 909km^2、16 729km^2和 8 656km^2，分别占多沙粗沙区总面积的 13.3%、0.5%、3.7%、21.3%和 11.0%。治理三区面积统计见表 9-5。

多沙粗沙区总面积 78 599km^2，共有 26 条支流和 1 个未控区。该区主要包括黄河干流河口镇—龙门区间的支流以及龙门—三门峡区间的北洛河刘家河以上流域、泾河支流马莲河和蒲河，涉及甘肃、宁夏、内蒙古、陕西和山西 5 省(区)45 个县(市、旗)；5 省(区)计算面积分别为 10 454km^2、415km^2、9 176km^2、43 548km^2 和 15 007km^2，分别占多沙粗沙区总面积的 13.3%、0.5%、11.7%、55.4%和 19.1%。多沙粗沙区分区面积统计见表 9-6。

表 9-3　多沙粗沙区治理一区面积统计

区段名	河名	流域面积（km^2）	分区面积（km^2）	省（区）	涉及县（市、旗、区）及面积（km^2）
已控区	皇甫川	3 246	3 195	内蒙古	达拉特旗（4）、准格尔旗（2 779）
				陕西	府谷（412）
	清水川	883	881	内蒙古	准格尔旗（296）
				陕西	府谷（585）
	窟野河	8 706	4 001	内蒙古	伊金霍洛旗（352）、准格尔旗（841）
				陕西	府谷（467）、神木（2 341）
	秃尾河	3 294	1 088	陕西	佳县（225）、神木（501）、榆阳区（362）
	佳芦河	1 134	932	陕西	佳县（802）、榆阳区（130）
	无定河	30 261	5 253	陕西	安塞（162）、横山（431）、佳县（36）、靖边（1 355）、米脂（157）、清涧（728）、绥德（1 024）、榆阳区（678）、子长（285）、子洲（397）
	石马川	243	241	陕西	神木（4）、府谷（237）
	孤山川	1 272	1 268	内蒙古	准格尔旗（314）
				陕西	府谷（954）
	乌龙河	377	101	陕西	佳县（81）、米脂（20）
	清涧河	4 080	30	陕西	清涧（11）、子长（7）、安塞（12）
	延　河	7 687	235	陕西	安塞（136）、靖边（99）
	已控区小计	61 183	17 225	内蒙古	4 586
				陕西	12 639
未控区	未控区		1 578	内蒙古	准格尔旗（206）
				陕西	府谷（406）、佳县（228）、神木（723）、绥德（15）
	未控区小计		1 578	内蒙古	206
				陕西	1 372
总计			18 803	内蒙古	4 792
				陕西	14 011

表 9-4　多沙粗沙区治理二区面积统计

区段名		河名	流域面积(km²)	分区面积(km²)	省(区)	涉及县(市、旗、区)及面积(km²)
河龙区间	已控区	皇甫川	3 246	39	内蒙古 陕西	达拉特旗(16)、准格尔旗(1) 府谷(22)
		杨家川	1 002	199	内蒙古	清水河(199)
		偏关河	2 089	703	内蒙古 山西	清水河(47) 偏关(656)
		窟野河	8 706	227	内蒙古 陕西	达拉特旗(30)、东胜区(24) 府谷(65)、神木(108)
		秃尾河	3 294	3	陕西	榆阳区(3)
		佳芦河	1 134	10	陕西	佳县(6)、榆阳区(4)
		无定河	30 261	6 821	陕西	横山(2 273)、靖边(835)、米脂(840)、清涧(172)、绥德(483)、吴旗(12)、榆阳区(91)、子长(482)、子洲(1 633)
		县川河	1 587	621	山西	河曲(291)、偏关(299)、神池(21)、五寨(10)
		朱家川	2 922	120	山西	保德(120)
		岚漪河	2 167	284	山西	保德(16)、兴县(268)
		蔚汾河	1 478	351	山西	兴县(351)
		石马川	243	2	陕西	府谷(2)
		孤山川	1 272	4	内蒙古	准格尔旗(4)
		清凉寺沟	286	256	山西	临县(256)
		湫水河	1 989	345	山西	离石区(6)、临县(334)、柳林(5)
		乌龙河	377	276	陕西	佳县(148)、米脂(128)
		清涧河	4 080	964	陕西	安塞(116)、宝塔区(2)、清涧(90)、子长(743)、子洲(13)
		延　河	7 687	3 321	陕西	安塞(1 978)、宝塔区(647)、靖边(137)、志丹(559)
		已控区小计	73 820	14 546	内蒙古 山西 陕西	321 2 633 11 592
	未控区	未控区		6 072	内蒙古 山西 陕西	清水河(151)、准格尔旗(1 003) 保德(538)、河曲(702)、临县(1 172)、柳林(31)、偏关(142)、兴县(1 132) 府谷(62)、佳县(218)、米脂(67)、清涧(213)、神木(10)、绥德(257)、吴堡(374)
		未控区小计		6 072	内蒙古 山西 陕西	1 154 3 717 1 201
	河龙区间合计			20 618	内蒙古 山西 陕西	1 475 6 350 12 793
龙门至三门峡区间	北洛河刘家河以上		3 522	15	陕西	靖边(15)
	龙三区间合计			15	陕西	15
总计				20 633	内蒙古 山西 陕西	1 475 6 350 12 808

表 9-5　多沙粗沙区治理三区面积统计

区段名		河名	流域面积(km²)	分区面积(km²)	省(区)	涉及县(市、旗、区)及面积(km²)
河龙区间	已控区	浑　河	5 533	1 127	内蒙古	和林格尔(246)、清水河(881)
		皇甫川	3 246	12	内蒙古	达拉特旗(12)
		清水川	883	2	内蒙古	准格尔旗(2)
		杨家川	1 002	546	内蒙古	清水河(546)
		偏关河	2 089	189	内蒙古 山西	清水河(66) 偏关(123)
		窟野河	8 706	1 228	内蒙古 陕西	达拉特旗(49)、东胜区(149)、伊金霍洛旗(302)、准格尔旗(219) 神木(509)
		秃尾河	3 294	113	陕西	佳县(2)、神木(98)、榆阳区(13)
		佳芦河	1 134	43	陕西	佳县(6)、榆阳区(37)
		无定河	30 261	1 679	陕西	定边(308)、横山(293)、佳县(40)、靖边(427)、清涧(131)、绥德(99)、吴旗(381)
		县川河	1 587	487	山西	河曲(143)、偏关(46)、神池(65)、五寨(233)
		朱家川	2 922	63	山西	保德(40)、五寨(23)
		岚漪河	2 167	139	山西	保德(51)、兴县(88)
		蔚汾河	1 478	459	山西	兴县(459)
		清凉寺沟	286	30	山西	临县(30)
		湫水河	1 989	1 076	山西	方山(26)、离石区(47)、临县(954)、柳林(16)、兴县(33)
		三川河	4 161	1 356	山西	方山(55)、离石区(457)、临县(2)、柳林(571)、中阳(271)
		屈产河	1 220	1 074	山西	柳林(114)、石楼(663)、中阳(297)
		昕水河	4 326	720	山西	大宁(490)、石楼(6)、隰县(180)、永和(44)
		清涧河	4 080	3 086	陕西	安塞(2)、清涧(426)、宝塔区(3)、延长(163)、延川(1 613)、子长(879)
		延　河	7 687	3 129	陕西	安塞(180)、靖边(135)、宝塔区(921)、延长(1 511)、延川(219)、志丹(154)、子长(9)
		已控区小计	88 051	16 558	内蒙古 山西 陕西	2 472 5 527 8 559
	未控区	未控区		3 920	内蒙古 山西 陕西	清水河(85)、准格尔旗(352) 大宁(141)、河曲(41)、离石区(2)、临县(80)、柳林(553)、石楼(955)、隰县(119)、永和(1 173)、中阳(65) 清涧(110)、吴堡(54)、延长(81)、延川(109)
		未控区小计		3 920	内蒙古 山西 陕西	437 3 129 354
	河龙区间合计			20 478	内蒙古 山西 陕西	2 909 8 656 8 913
龙门至三门峡区间	北洛河水系	刘家河以上	7 325	6 293	陕西	定边(1 327)、靖边(224)、吴旗(3 348)、志丹(1 394)
	泾河水系	蒲河巴家嘴以上	3 522	925	甘肃	环县(454)、庆城市(326)、镇原(145)
		马莲河庆城以上	19 086	11 467	陕西 甘肃 宁夏	定边(1 488)、吴旗(35) 华池(1 774)、环县(6 538)、庆城市(1 217) 盐池(415)
		小计		12 392	陕西 甘肃 宁夏	1 523 10 454 415
	龙三区间合计			18 685	陕西 甘肃 宁夏	7 816 1 0454 415
总计				39 163		内蒙古(2 909)、山西(8 656)、陕西(16 729)、甘肃(10 454)、宁夏(415)

表 9-6 多沙粗沙区分区面积统计

区段名		河名	流域面积(km²)	多沙粗沙区面积(km²)	省(区)	涉及县(市、旗、区)及面积(km²)
河龙区间	已控区	浑 河	5 533	1 127	内蒙古	和林格尔(246)、清水河(881)
		皇甫川	3 246	3 246	内蒙古 陕西	达拉特旗(32)、准格尔旗(2 780) 府谷(434)
		清水川	883	883	内蒙古 陕西	准格尔旗(298) 府谷(585)
		杨家川	1 002	745	内蒙古	清水河(745)
		偏关河	2 089	892	内蒙古 山西	清水河(113) 偏关(779)
		窟野河	8 706	5 456	内蒙古 陕西	达拉特旗(79)、东胜区(173)、伊金霍洛旗(654)、准格尔旗(1 060) 府谷(532)、神木(2 958)
		秃尾河	3 294	1 204	陕西	佳县(227)、神木(599)、榆阳区(378)
		佳芦河	1 134	985	陕西	佳县(814)、榆阳区(171)
		无定河	30 261	13 753	陕西	安塞(162)、定边(308)、横山(2 997)、佳县(76)、靖边(2 617)、米脂(997)、清涧(1 031)、绥德(1 606)、吴旗(393)、榆阳区(769)、子长(767)、子洲(2 030)
		县川河	1 587	1 108	山西	河曲(434)、偏关(345)、神池(86)、五寨(243)
		朱家川	2 922	183	山西	保德(160)、五寨(23)
		岚漪河	2 167	423	山西	保德(67)、兴县(356)
		蔚汾河	1 478	810	山西	兴县(810)
		石马川	243	243	陕西	府谷(239)、神木(4)
		孤山川	1 272	1 272	内蒙古 陕西	准格尔旗(318) 府谷(954)
		清凉寺沟	286	286	山西	临县(286)
		湫水河	1 989	1 421	山西	方山(25)、离石区(53)、临县(1 288)、柳林(21)、兴县(33)
		三川河	4 161	1 356	山西	方山(55)、离石区(457)、临县(2)、柳林(571)、中阳(271)
		屈产河	1 220	1 074	山西	柳林(114)、石楼(663)、中阳(297)
		昕水河	4 326	720	山西	大宁(490)、石楼(6)、隰县(180)、永和(44)
		乌龙河	377	377	陕西	佳县(229)、米脂(148)
		清涧河	4 080	4 080	陕西	安塞(130)、清涧(527)、宝塔区(5)、延长(163)、延川(1 613)、子长(1 629)、子洲(13)
		延 河	7 687	6 685	陕西	安塞(2 294)、靖边(371)、宝塔区(1568)、延长(1 511)、延川(219)、志丹(713)、子长(9)
		已控区小计	89 943	48 329	内蒙古 山西 陕西	8 015 8 160 32 154
	未控区	未控区		11 570	内蒙古 山西 陕西	清水河(236)、准格尔旗(1 561) 保德(538)、大宁(141)、河曲(743)、离石区(2)、临县(1 252)、柳林(584)、偏关(142)、石楼(955)、隰县(119)、兴县(1 132)、永和(1 173)、中阳(65) 府谷(468)、佳县(446)、米脂(67)、清涧(323)、神木(733)、绥德(272)、吴堡(428)、延长(81)、延川(109)
		未控区小计		11 570	内蒙古 山西 陕西	1 797 6 846 2 927
	河龙区间合计			59 899		内蒙古(9 812)、山西(15 006)、陕西(35 081)
龙门至三门峡区间	北洛河水系	刘家河以上	7 325	6 308	陕西	定边(1 327)、靖边(239)、吴旗(3 348)、志丹(1 394)
	泾河水系	蒲河巴家嘴以上	3 522	925	甘肃	环县(454)、庆城市(326)、镇原(145)
		马莲河庆城以上	19 086	11 467	陕西 甘肃 宁夏	定边(1 488)、吴旗(35) 华池(1 774)、环县(6 538)、庆城市(1 217) 盐池(415)
		合计		12 392	陕西 甘肃 宁夏	1 523 10 454 415
	龙三区间合计			18 700	陕西 甘肃 宁夏	7 831 10 454 415
小计				78 599		陕西(42 912)、山西(15 006)、内蒙古(9 812)、甘肃(10 454)、宁夏(415)

第三节　降水、蒸发

一、降水

(一)降水等值线图的绘制

1. 雨量站的选取

本次选用的雨量站点主要选取资料质量好、系列长、面上分布均匀且能反映地形变化影响的雨量站作为绘制等值线图的主要点据。本次评价是以流域分区套县级行政区来进行的,较以往的水资源评价更为详细,需要更多的雨量站来完成等值线图的绘制。为此,在降水量变化梯度较大区域尽可能多地选取雨量站点,在降水量变化梯度较小的范围内主要考虑站点的均匀性,故在多沙粗沙区雨量站点稀少的西北地区,增选一些资料系列较短的雨量站,分别采用相关、水文比拟等方法进行了插补处理后作为辅助点据。据统计,黄河流域第二次水资源评价在该区域选取455个雨量站点,本次在此基础上,又增加了部分站点,总共达到502个雨量站,见表9-7。

表9-7　多沙粗沙区降雨量等值线图绘制站点数目分布

三级区	降水站数	三级区	降水站数
河口镇至龙门左岸	88	北洛河洑头以上	18
吴堡以上右岸	72	泾河张家山以上	93
吴堡以下右岸	63	龙门至三门峡干流区间	47
汾河	121	总计	502

2. 降水等值线图的绘制

由于黄河流域第二次水资源评价要求降水等值线在降水量小于100mm时,以50mm为间距,大于100mm时,以100mm为间距,反映在多沙粗沙区内,等值线太稀,不能满足此次评价要求。为了能够满足多沙粗沙区降水量评价的要求,经过反复论证,以25mm间距作为此次降水量等值线图绘制的线距。在勾绘等值线时,既考虑了各雨量站的统计数据,又不能完全拘泥于个别点据,根据地理位置、地形、气候等自然因素以及雨量站的数据,综合考虑进行等值线的绘制。年降水量变差系数 C_v 等值线图绘制,是用来反映降水量多年变化在地区上的分布规律。

(二)降水量地区分布

多沙粗沙区降水受纬度、水汽来源以及地形变化的综合影响,降水在面上的变化比较复杂。其特点是:东南多雨,西北干旱,年降水量由东南向西北递减,东南和西北相差接近2倍,见图9-1。

从图9-1可以看出:多沙粗沙区多年平均降水量从东南部的500mm递减至西北部的300mm。靠近毛乌素沙漠、闭流区一带,降水量明显偏少,在300~400mm之间徘徊。靠近多沙粗沙区东南部的大宁、石楼和柳林等一带，多年平均降水量大于500mm以上，降水相对较丰。

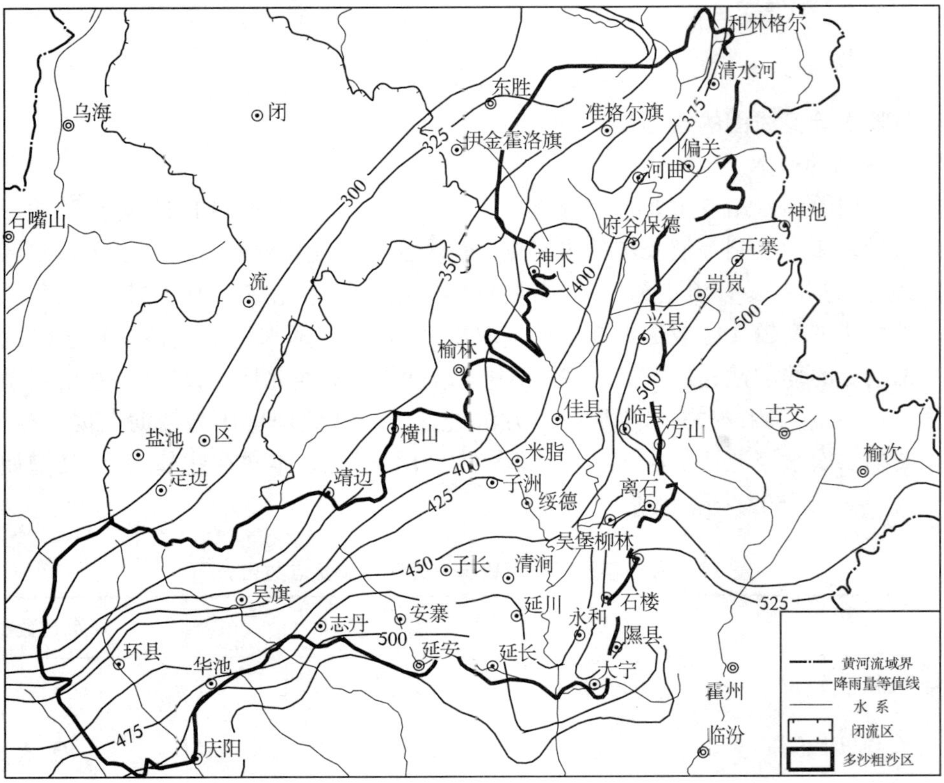

图9-1　多沙粗沙区1956~2000年多年平均降水量等值线图

400mm年降水量等值线（1956~2000年系列）自内蒙古和林格尔经清水河、准格尔、陕西府谷、神木、佳县、子洲、米脂、横山、靖边、吴旗以北，最后经甘肃环县绕出多沙粗沙区，因此将多沙粗沙区大致可划分为干旱区、半干旱区两大部分。

（三）降水量的年内分配

多沙粗沙区降水量的年内分配极不均匀。由表9-8可以看出，区内夏季降雨量最多，最大月降雨量出现在7、8月份，7~8月降雨量占到年降水量的50%左右；冬季降水量最少，最小月降水量出现在12月份。全年降水量主要集中在汛期，连续最大4个月降水量出现在6~9月份，占全年降水量的70%~80%。多沙粗沙区代表站降水量年内分配见图9-2，年均降水量变差系数C_v等值线见图9-3。

（四）降水量年际变化

1. 极值变化

用年降水量统计参数和极值年降水量的数字特征来反映降水量的年际变化，变差系数C_v愈大，降水量年际变化愈大；极值比愈大，显示降水量丰枯差异愈显著。

多沙粗沙区降水量年际变化悬殊，从表9-9看出：最大与最小年降水量的比值在2.6~10.6倍之间，大都在4倍以上；降水量愈少，年际变化愈大，极个别站在10倍以上，如宁夏盐池站最大比值为10.6,为多沙粗沙区之最。

表9-8　多沙粗沙区代表站月降水量分配

站名	各月及时段降水量占年降水量百分比(%)														
	1月	2月	3月	4月	5月	6月	7月	8月	9月	10月	11月	12月	7~8月	6~9月	全年
沙圪堵	0.8	0.9	2.8	4.4	7.4	11.2	25.8	26.7	13.2	4.6	1.5	0.5	52.6	77.0	100
高家堡	0.6	1.0	2.8	4.8	6.6	10.5	26.5	26.1	13.4	5.2	2.0	0.5	52.5	76.5	100
靖　边	0.7	1.1	3.0	5.7	9.3	12.0	19.4	25.5	13.8	6.8	2.2	0.5	44.9	70.8	100
化子坪	0.6	1.1	2.5	5.5	8.0	11.7	23.2	22.8	15.0	6.3	2.4	0.6	46.1	72.8	100
丁家沟	0.7	1.0	3.0	5.0	7.2	11.6	24.5	23.4	14.5	6.2	2.6	0.5	47.9	74.0	100
苦水掌	0.7	1.1	2.7	5.6	10.0	11.8	20.6	23.4	14.8	6.5	2.2	0.6	44.1	70.7	100
阳湾子	0.7	0.9	2.9	4.7	7.7	11.6	26.4	25.7	12.1	5.0	1.9	0.5	52.1	75.8	100
铁边城	0.7	1.2	2.8	5.1	8.9	12.5	20.8	24.9	14.2	6.3	2.0	0.5	45.7	72.4	100
后大成	0.7	1.1	2.8	5.2	7.6	10.5	24.7	23.2	13.9	6.8	2.9	0.5	47.9	72.4	100

表9-9　各地雨量站最大、最小年降水量比

站名	最大年		最小年		最大/最小
	降水量(mm)	出现年份	降水量(mm)	出现年份	
盐　池	555.3	1961	52.5	1980	10.6
铁边城	608.3	1964	170.6	1997	3.6
罕台庙	709.7	1961	140.5	1999	5.1
新　庙	676.8	1967	151.0	1965	4.5
王家砭	664.6	1970	137.3	1965	4.8
沙圪堵	636.2	1961	160.8	1965	4.0
马湖峪	738.9	1970	155.9	1965	4.7
阳湾子	618.8	1961	102.8	1962	6.0
靖　边	744.6	1964	205.0	1965	3.6
高家堡	798.7	1964	99.6	1965	8.0
高石崖	830.6	1967	205.6	1965	4.0
偏　关	695.5	1967	236.4	1965	2.9
吴　城	870.8	1964	186.6	1962	4.7
白家川	686.7	1977	264.2	1997	2.6
化子坪	920.8	1964	217.2	1997	4.2
裴　沟	779.6	1977	242.9	1965	3.2
葤原堡	801.0	1961	180.2	1980	4.4
暖　泉	737.0	1958	200.6	1962	3.7
兴　县	844.6	1964	181.1	1965	4.7
大　宁	811.7	1958	269.8	1965	3.0
毛家河	787.3	1966	273.0	1995	2.9

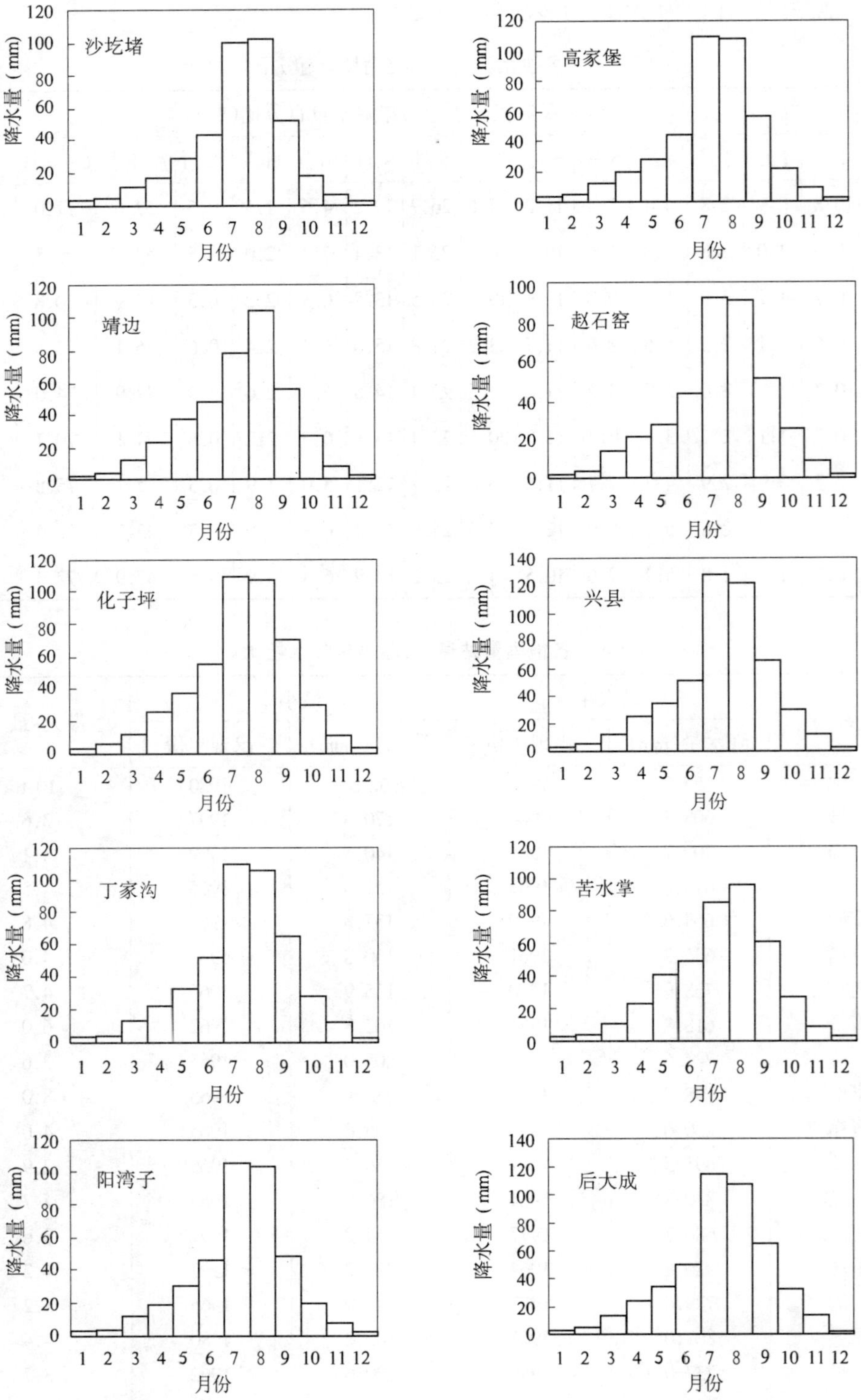

图 9-2　多沙粗沙区代表站降水量年内分配柱状图

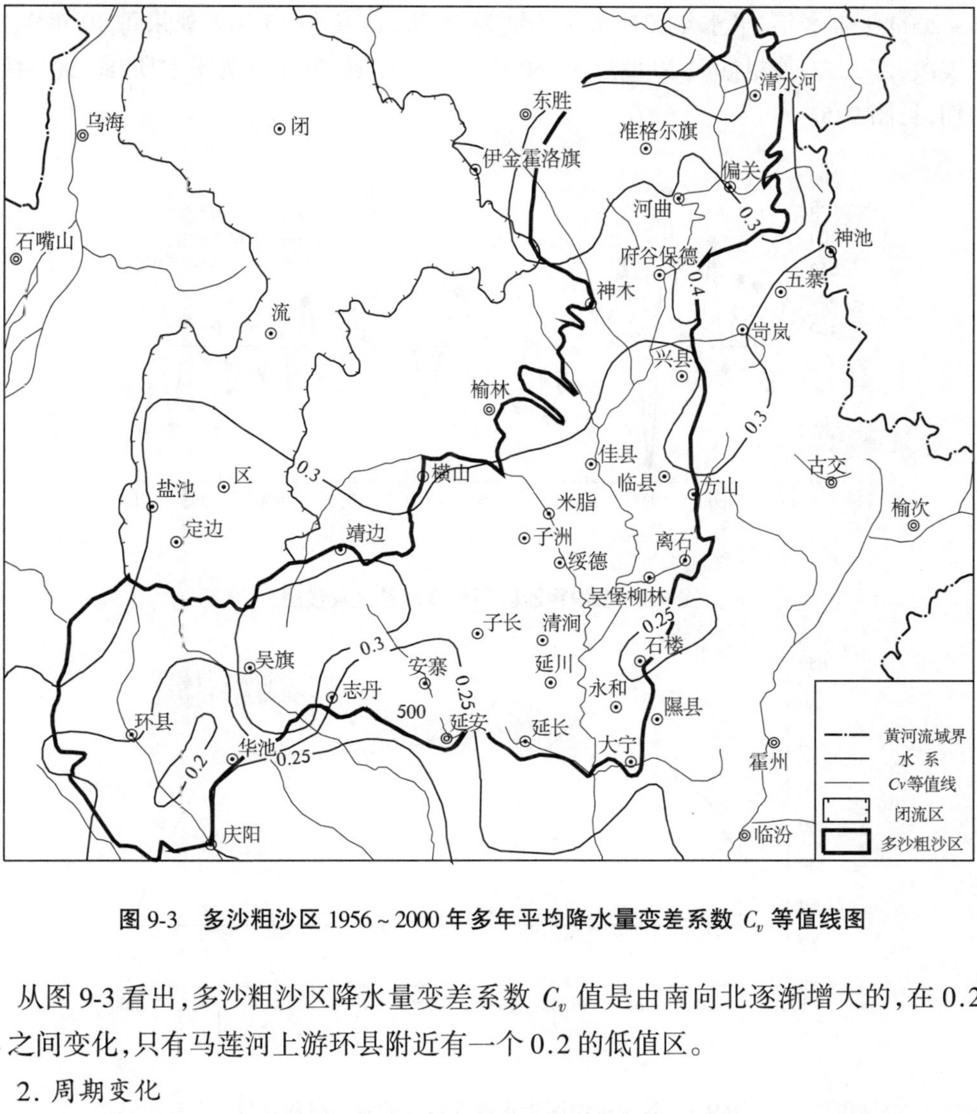

图 9-3　多沙粗沙区 1956～2000 年多年平均降水量变差系数 C_v 等值线图

从图 9-3 看出，多沙粗沙区降水量变差系数 C_v 值是由南向北逐渐增大的，在 0.25～0.4 之间变化，只有马莲河上游环县附近有一个 0.2 的低值区。

2. 周期变化

图 9-4 为多沙粗沙区历年降水变化过程线，从图中看出，多沙粗沙区降水年际变化大，1956～2000 年的 45 年间，1955 年大水之后，出现了 1956 年的干旱；1964 年特大水之后，出现了 1965 年的特大旱；1967 年的大水之后，出现了 1970～1972 年、1979～1984 年两个连续干旱期；1985 年降水偏丰后，出现 1986～1987 年和 1997～2000 年两个连续的干旱期，多沙粗沙区 1956～2000 年系列中年最大降水量为 677.6mm（1964 年），年最小降水量为 232.1mm（1965 年）。

降水量的差积曲线能较好地反映降水的年际间的丰、枯变化情况。当一段时间内差积曲线总的趋势是下降的，说明此时期处于枯水期；当一段时间内差积曲线总的趋势是上升的，说明此时期处于丰水期。差积曲线不同的形状反映了不同的降水周期。

为了对多沙粗沙区丰、平、枯年降水量进行统计分析，规定降水量频率在 $P < 37.5\%$ 为丰水年，在 $37.5\% \leqslant P \leqslant 62.5\%$ 为平水年，在 $P > 62.5\%$ 为枯水年。经统计，多沙粗沙区

1956～2000年丰水年、平水年和枯水年分别为16年、14年和15年。如果每10年作为一个代表段，那么，多沙粗沙区20世纪50、60年代为丰水期，70年代为平水期，80、90年代为枯水期，见图9-5。

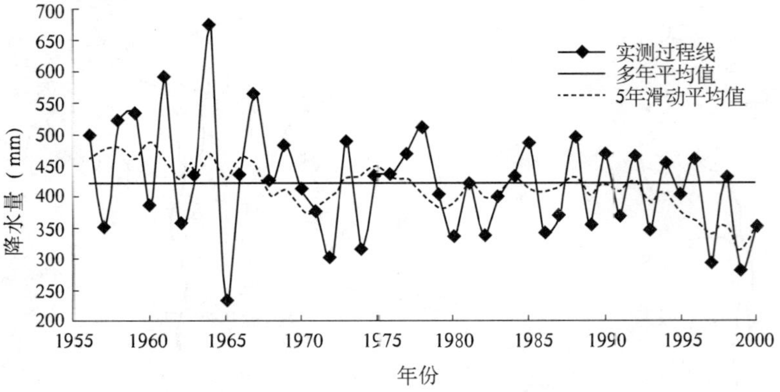

图9-4　多沙粗沙区历年降水量过程线图

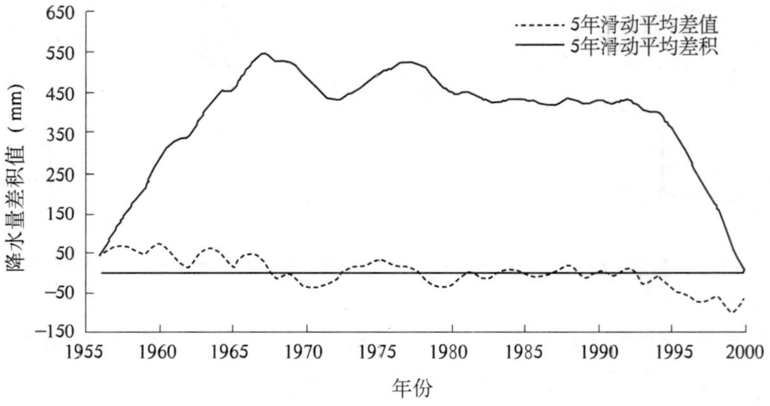

图9-5　多沙粗沙区降水量5年滑动平均差积曲线

从差积曲线可以看出，多沙粗沙区呈单峰型，反映了年降水量丰、枯交替周期较长，相对变化幅度较大的特点。1955～1967年为丰水期，1968～1972年为枯水期，1973～1977年为偏丰期，1978～1994年为平水期，1995～2000年为枯水期。

3. 降水量年代变化

图9-6为多沙粗沙区各治理分区降水量年代变化柱状图。各治理分区和全多沙粗沙区按流域、行政区分区的降水量统计，见表9-10～表9-17。

(1)治理一区降水量年代变化。从图9-6、表9-10和表9-11可以看出，治理一区1956～1969年、1970～1979年、1980～1989年、1990～2000年和1956～2000年多年平均降水量分别为434.3mm、392.4mm、356.6mm、369.0mm和391.7mm，表现为20世纪50、60年代降水量最大，70年代降水量次之，80年代降水量最少，90年代较80年代降水量有所增加。

(2)治理二区降水量年代变化。从图 9-6、表 9-12 和表 9-13 可以看出，治理二区 1956 ~ 1969 年、1970 ~ 1979 年、1980 ~ 1989 年、1990 ~ 2000 年和 1956 ~ 2000 年多年平均降水量分别为 467.7mm、416.7mm、409.1mm、397.4mm 和 426.2mm，表现为 20 世纪 50、60 年代降水量最大，70 年代降水量次之，80 年代与 70 年代基本持平，90 年代降水量最少。

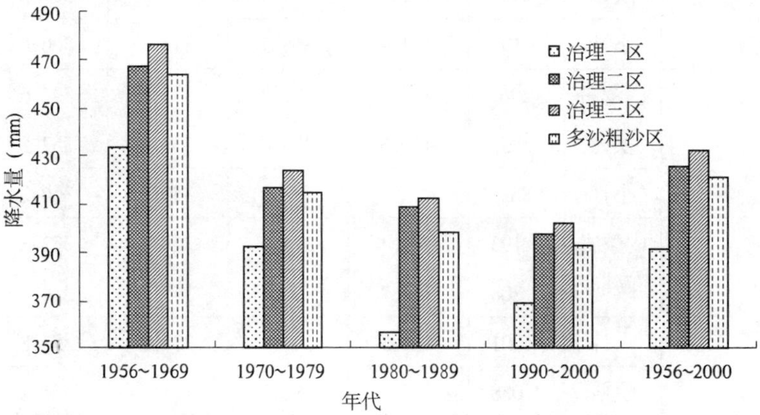

图 9-6　多沙粗沙区各治理分区降水量年代变化柱状图

(3)治理三区降水量年代变化。从图 9-6、表 9-14 和表 9-15 看出，治理三区 1956 ~ 1969 年、1970 ~ 1979 年、1980 ~ 1989 年、1990 ~ 2000 年和 1956 ~ 2000 年多年平均降水量分别为 477.1mm、424.4mm、412.5mm、401.8mm 和 432.6mm，表现为 20 世纪 50、60 年代降水量最大，70 年代降水量次之，80 年代与 70 年代基本持平，90 年代降水量最少。

(4)多沙粗沙区降水量年代变化。从表 9-16 和表 9-17 看出，多沙粗沙区 1956 ~ 1969 年、1970 ~ 1979 年、1980 ~ 1989 年、1990 ~ 2000 年和 1956 ~ 2000 年平均降水量分别为 464.4mm、414.7mm、398.3mm、392.8mm 和 421.2mm。从图 9-6 可以看出，20 世纪 50、60 年代降水量最大，70 年代以后各年代降水量逐渐减少。

从流域分区多年平均降水情况来看，屈产河平均降水量最大，为 501.2mm；降水量最小的是皇甫川，多年平均只有 356.4mm。

从行政分区来看：山西、甘肃和陕西降水较多，分别为 461.3mm、428.4mm 和 417.6mm；内蒙古和宁夏降水较少，分别为 368.5mm 和 319.7mm。

(五)分区降水量年际变化

从多年平均来看：治理三区降水量最大，为 432.6mm，治理二区次之，为 426.2 mm，治理一区最小，为 391.7mm(见表 9-18)。其主要原因：一是降水由南向北逐渐减少；二是地理位置的原因，愈靠北部降水量愈小。

从行政区来看：治理一区降水是陕西比内蒙古大；治理二区降水是山西最大，陕西次之，内蒙古最小；治理三区和多沙粗沙区是山西最大，甘肃省第二，以后依次是陕西、内蒙古、宁夏。

表 9-10　治理一区流域分区降水量统计

支流名称	省(区)	面积(km²)	时段年均降水量(mm)				
			1956 ~ 1969	1970 ~ 1979	1980 ~ 1989	1990 ~ 2000	1956 ~ 2000
皇甫川	内蒙古	2 783	370.8	363.6	309.6	362.6	353.6
	陕西	412	425.2	379.9	338.5	347.5	376.9
	小计	3 195	377.8	365.7	313.3	360.6	356.6
清水川	内蒙古	296	401.6	393.8	335.3	392.6	382.9
	陕西	585	431.6	385.6	343.6	352.8	382.6
	小计	881	421.5	388.3	340.8	366.2	382.7
窟野河	内蒙古	1 193	373.4	375.5	318.7	352.8	356.7
	陕西	2 808	457.7	398.4	345.1	354.3	394.2
	小计	4 001	432.5	391.6	337.2	353.8	383.0
秃尾河	陕西	1 088	448.2	382.2	351.4	351.7	388.4
佳芦河	陕西	932	441.3	401.6	350.2	351.5	390.3
无定河	陕西	5 253	458.5	401.9	402.1	390.9	416.9
石马川	陕西	241	452.1	403.6	359.5	369.1	400.4
孤山川	内蒙古	314	406.4	398.5	339.3	397.3	387.5
	陕西	954	443.3	396.0	352.9	362.3	392.9
	小计	1 268	434.1	396.6	349.5	371.0	391.6
乌龙河	陕西	101	449.7	408.0	358.3	353.8	396.7
清涧河	陕西	30	473.6	461.8	426.9	416.6	446.7
延　河	陕西	235	454.0	408.5	401.1	390.0	416.5
河龙区间已控区	内蒙古	4 586	375.9	371.1	315.7	364.3	358.6
	陕西	12 639	452.4	397.8	371.6	370.5	402.3
	小计	17 225	432.1	390.7	356.7	368.8	390.7
河龙区间未控区	内蒙古	206	389.7	382.1	325.4	381.0	371.6
	陕西	1 372	468.6	414.7	360.2	368.8	408.2
	小计	1 578	458.3	410.5	355.7	370.4	403.4
治理一区合计	内蒙古	4 792	376.5	371.5	316.1	365.1	359.2
	陕西	14 011	454.0	399.5	370.5	370.3	402.9
	小计	18 803	434.3	392.4	356.6	369.0	391.7

表 9-11　治理一区行政分区降水量统计

省(区)	省(旗、市、区)	面积(km²)	时段年均降水量(mm)				
			1956 ~ 1969	1970 ~ 1979	1980 ~ 1989	1990 ~ 2000	1956 ~ 2000
内蒙古	达　旗	4	336.2	317.3	270.2	316.4	312.5
	伊　旗	352	377.9	402.1	339.0	328.0	362.4
	准　旗	4 436	376.4	369.1	314.3	368.0	359.0
	小　计	4 792	376.5	371.5	316.1	365.1	359.2
陕　西	安　塞	310	460.8	442.0	415.3	400.1	431.7
	府　谷	3 061	441.9	394.7	351.7	361.1	391.6
	横　山	431	449.8	369.7	435.1	361.4	407.1
	佳　县	1 372	442.5	411.8	348.2	351.9	392.6
	靖　边	1 454	445.7	364.0	382.5	377.2	396.7
	米　脂	177	449.8	365.6	376.2	338.8	387.6
	清　涧	739	476.6	474.8	426.9	446.6	457.8
	神　木	3 569	463.0	401.0	345.4	354.5	396.6
	绥　德	1 039	474.0	433.1	410.4	415.5	436.5
	榆阳区	1 170	436.7	343.3	364.9	351.4	379.2
	子　长	292	470.0	455.4	428.3	379.5	435.4
	子　洲	397	483.7	420.8	431.5	410.6	440.3
	小　计	14 011	454.0	399.5	370.5	370.3	402.9
总　计		18 803	434.3	392.4	356.6	369.0	391.7

表 9-12　治理二区流域分区降水量统计

支流名称	省(区)	面积(km²)	时段年均降水量(mm)				
			1956～1969	1970～1979	1980～1989	1990～2000	1956～2000
皇甫川	内蒙古	17	338.3	320.0	272.5	319.1	314.9
	陕西	22	425.4	380.0	338.7	347.7	377.1
	小计	39	387.4	353.9	309.8	335.2	350.0
杨家川	内蒙古	199	420.3	400.9	402.4	410.1	409.5
偏关河	内蒙古	47	425.5	405.9	407.4	415.2	414.6
	山西	656	435.8	389.6	385.4	426.7	412.1
	小计	703	435.2	390.7	386.9	425.9	412.3
窟野河	内蒙古	54	352.3	348.4	299.8	295.0	325.8
	陕西	173	452.2	396.2	345.7	354.8	392.3
	小计	227	428.5	384.8	334.8	340.6	376.5
秃尾河	陕西	3	446.2	350.7	372.8	359.0	387.4
佳芦河	陕西	10	442.2	385.7	356.7	353.3	388.9
无定河	陕西	6 821	448.6	383.3	405.2	369.1	405.0
县川河	山西	621	487.5	421.2	402.6	420.1	437.4
朱家川	山西	120	490.2	424.3	412.6	405.1	437.5
岚漪河	山西	284	482.2	438.8	408.2	446.1	447.3
蔚汾河	山西	351	501.3	457.5	424.5	466.7	466.0
石马川	陕西	2	452.2	403.9	360.0	369.5	400.7
孤山川	内蒙古	4	406.4	398.5	339.3	397.3	387.5
清凉寺沟	山西	256	480.3	411.2	399.2	392.4	425.4
湫水河	山西	345	518.6	444.4	432.8	424.8	460.1
乌龙河	陕西	276	466.1	407.9	377.6	361.4	407.9
清涧河	陕西	964	483.3	468.1	439.0	399.8	449.7
延　河	陕西	3 321	514.4	474.7	464.4	434.3	474.9
河龙区间已控区	内蒙古	321	405.1	388.5	378.2	386.5	390.9
	山西	2 633	479.4	422.3	405.9	428.0	437.8
	陕西	11 592	470.8	417.3	423.2	389.9	428.6
	小计	14 546	470.9	417.6	419.1	396.7	429.4
河龙区间未控区	内蒙古	1 154	393.4	384.4	334.7	384.5	376.2
	山西	3 717	476.5	416.2	395.1	402.3	426.9
	陕西	1 201	474.8	440.1	403.6	402.6	433.6
	小计	6 072	460.4	414.9	385.3	399.0	418.6
河龙区间	内蒙古	1 475	395.9	385.3	344.2	385.0	379.4
	山西	6 350	477.7	418.7	399.6	413.0	431.4
	陕西	12 793	471.2	419.5	421.4	391.1	429.0
	小计	20 618	467.8	416.8	409.1	397.4	426.2
北洛河刘家河以上	陕西	15	412.3	356.5	366.9	402.8	387.5
治理二区合计	内蒙古	1 475	395.9	385.3	344.2	385.0	379.4
	山西	6 350	477.7	418.7	399.6	413.0	431.4
	陕西	12 808	471.1	419.4	421.3	391.1	429.0
	小计	20 633	467.7	416.7	409.1	397.4	426.2

表 9-13　治理二区行政分区降水量统计

省(区)	省(旗、市、区)	面积(km²)	时段年均降水量(mm)				
			1956～1969	1970～1979	1980～1989	1990～2000	1956～2000
内蒙古	清水河	397	410.0	391.1	392.6	400.1	399.5
	东胜区	24	367.1	382.4	332.6	263.5	337.5
	达　旗	46	339.0	319.9	272.4	318.9	315.0
	准　旗	1 008	393.7	386.1	328.7	384.9	375.4
	小　计	1 475	395.9	385.3	344.2	385.0	379.4
陕　西	府　谷	151	450.3	402.3	358.5	368.0	399.1
	神　木	118	461.3	399.6	344.2	353.3	395.2
	佳　县	372	460.9	428.9	362.6	366.5	408.9
	米　脂	1 035	467.6	380.1	391.1	352.2	403.0
	榆阳区	98	431.7	339.3	360.7	347.4	374.8
	横　山	2 273	418.5	344.0	404.9	336.3	378.8
	靖　边	987	434.3	355.0	372.9	368.3	386.9
	吴　旗	12	414.7	377.1	339.0	301.3	361.8
	子　洲	1 646	475.4	413.7	424.1	403.6	432.7
	吴　堡	374	479.9	442.2	414.1	398.9	437.1
	绥　德	740	470.9	430.3	407.7	412.8	433.6
	清　涧	475	480.0	478.2	430.0	449.8	461.1
	志　丹	559	508.0	462.2	464.5	400.0	461.7
	安　塞	2 094	506.8	486.1	456.8	440.0	474.7
	宝塔区	649	551.1	468.0	498.8	453.0	497.0
	子长县	1 225	479.5	464.5	436.9	387.2	444.2
	小　计	12 808	471.1	419.4	421.3	391.1	429.0
山　西	偏　关	1 097	443.3	396.2	392.0	433.9	419.2
	神　池	21	478.8	393.3	383.6	474.0	437.5
	五　寨	10	517.0	412.6	365.8	424.1	437.5
	河　曲	993	498.0	419.1	387.2	371.5	424.9
	保　德	674	490.2	424.3	412.5	405.0	437.5
	兴　县	1 751	475.0	433.4	402.2	442.2	441.6
	临　县	1 762	484.8	415.1	403.0	396.2	429.5
	离　石	6	489.7	411.7	486.7	452.0	462.5
	柳　林	36	499.0	463.7	445.1	421.2	460.2
	小　计	6 350	477.7	418.7	399.6	413.0	431.4
总　计		20 633	467.7	416.7	409.1	397.4	426.2

表 9-14 治理三区流域分区降水量统计

支流名称	省(区)	面积(km²)	时段年均降水量(mm)				
			1956 ~ 1969	1970 ~ 1979	1980 ~ 1989	1990 ~ 2000	1956 ~ 2000
浑　河	内蒙古	1 127	399.5	379.9	372.3	389.0	386.5
皇甫川	内蒙古	12	336.2	317.3	270.2	316.4	312.5
清水川	内蒙古	2	401.6	393.8	335.3	392.6	382.9
杨家川	内蒙古	546	419.3	400.0	401.5	409.2	408.6
偏关河	内蒙古	66	427.9	408.1	409.7	417.5	416.9
	山西	123	450.3	402.5	398.2	440.8	425.8
	小计	189	442.5	404.5	402.2	432.7	422.7
窟野河	内蒙古	719	367.6	377.2	321.2	321.7	348.2
	陕西	509	454.7	393.9	339.3	348.2	389.5
	小计	1 228	403.7	384.1	328.7	332.7	365.3
秃尾河	陕西	113	452.2	388.0	342.2	348.5	388.1
佳芦河	陕西	43	443.4	357.4	367.5	356.2	386.1
无定河	陕西	1 679	415.7	358.8	362.0	341.7	373.0
县川河	山西	487	505.7	415.8	382.1	421.4	437.6
朱家川	山西	63	500.0	420.0	395.5	412.0	437.5
岚漪河	山西	139	491.2	439.6	415.0	438.0	449.8
蔚汾河	山西	459	519.2	473.8	439.7	483.3	482.7
清凉寺沟	山西	30	485.4	415.6	403.4	396.6	430.0
湫水河	山西	1 076	559.3	479.3	469.8	462.8	498.1
三川河	山西	1 356	531.7	480.1	495.1	465.3	495.8
屈产河	山西	1 074	533.8	503.1	484.3	473.2	501.2
昕水河	山西	720	545.9	501.6	460.8	468.7	498.3
清涧河	陕西	3 086	516.2	461.4	461.8	428.2	470.4
延　河	陕西	3 129	548.1	466.2	489.7	449.7	492.9
河龙区间已控区	内蒙古	2 472	395.1	384.0	364.4	374.3	380.7
	山西	5 527	532.5	477.2	463.2	462.2	487.7
	陕西	8 559	503.3	437.5	443.1	412.9	453.2
	小计	16 558	496.9	442.8	438.0	423.6	453.9
河龙区间未控区	内蒙古	437	381.5	372.2	327.5	372.9	365.3
	山西	3 129	520.5	479.5	453.6	434.4	475.5
	陕西	354	506.3	454.0	448.5	432.4	463.8
	小计	3 920	503.8	465.3	439.1	427.3	462.1
河龙区间	内蒙古	2 909	393.0	382.2	358.8	374.1	378.4
	山西	8 656	528.2	478.1	459.8	452.1	483.3
	陕西	8 913	503.4	438.2	443.3	413.7	453.6
	小计	20 478	498.2	447.1	438.2	424.3	455.5
北洛河刘家河以上	陕西	6 293	443.6	394.2	376.2	340.2	392.4
蒲河巴家嘴以上	甘肃	925	528.7	471.9	449.0	438.8	476.4
马莲河庆城以上	甘肃	9 529	467.0	413.4	394.2	404.7	423.7
	宁夏	415	360.1	273.7	304.7	323.8	319.7
	陕西	1 523	395.5	324.0	338.9	333.3	351.8
	小计	11 467	453.6	396.5	383.6	392.3	410.4
泾河水系	甘肃	10 454	472.5	418.6	399.0	407.8	428.4
	宁夏	415	360.1	315.4	401.0	335.1	395.9
	陕西	1 523	395.5	1 248.0	413.6	1 227.3	436.6
	小计	12 392	459.2	402.1	388.5	395.8	379.8
龙三区间	甘肃	10 454	472.5	418.6	399.0	407.8	428.4
	宁夏	415	360.1	273.7	304.7	323.8	319.7
	陕西	7 816	434.2	380.5	369.0	338.9	384.5
	小计	18 685	454.0	399.4	384.4	377.1	384.0
治理三区	内蒙古	2 909	393.0	382.2	358.8	374.1	378.4
	山西	8 656	528.2	478.1	459.8	452.1	483.3
	陕西	16 729	471.1	411.2	408.6	378.7	421.3
	甘肃	10 454	472.5	418.6	399.0	407.8	428.4
	宁夏	415	360.1	273.7	304.7	323.8	319.7
	小计	39 163	477.1	424.4	412.5	401.8	432.6

表 9-15　治理三区行政分区降水量统计

省(区)	县(旗、市、区)	面积(km²)	时段年均降水量(mm)				
			1956～1969	1970～1979	1980～1989	1990～2000	1956～2000
甘　肃	环　县	6 992	455.2	403.2	368.9	379.6	406.0
	庆　阳	1 543	523.8	477.0	491.3	455.0	489.4
	华　池	1 774	488.0	421.9	434.3	476.7	458.6
	镇　原	145	566.0	495.0	439.6	418.0	486.0
	小　计	10 454	472.5	418.6	399.0	407.8	428.4
宁　夏	盐　池	415	360.1	273.7	304.7	323.8	319.7
	小　计	415	360.1	273.7	304.7	323.8	319.7
内蒙古	和林格尔	246	399.8	375.7	335.7	385.8	376.8
	清水河	1 578	406.3	387.5	389.0	396.4	395.9
	东　胜	149	367.1	382.4	332.6	263.5	337.5
	达　旗	61	347.7	328.2	279.4	327.2	323.2
	伊　旗	302	370.0	393.8	332.0	321.2	354.9
	准　旗	573	377.4	370.1	315.1	369.0	359.8
	小　计	2 909	393.0	382.2	358.8	374.1	378.4
陕　西	神　木	607	454.5	393.7	339.1	348.1	389.3
	佳　县	48	437.4	407.0	344.2	347.8	388.0
	子　长	888	492.5	477.2	448.8	397.7	456.2
	榆　林	50	443.9	348.9	370.9	357.2	385.4
	横　山	293	417.6	343.3	404.0	335.6	378.0
	靖　边	786	436.1	356.2	374.2	369.1	388.2
	定　边	3 123	393.9	321.7	338.0	333.3	350.6
	吴　旗	3 764	455.4	414.0	372.2	330.9	397.3
	吴　堡	54	484.2	446.1	417.7	402.4	441.0
	绥　德	99	470.0	429.5	406.9	412.1	432.8
	清　涧	667	481.1	479.3	430.9	450.8	462.1
	志　丹	1 548	450.0	409.4	411.5	354.3	409.1
	安　塞	182	511.5	490.6	461.0	444.1	479.2
	宝塔区	924	553.1	469.8	500.7	454.7	498.9
	延　川	1 941	535.3	448.4	474.7	436.9	478.5
	延　长	1 755	559.5	468.7	496.2	456.7	500.1
	小　计	16 729	471.1	411.2	408.6	378.7	421.3
山　西	偏　关	169	453.7	405.5	401.2	444.1	429.0
	神　池	65	478.8	393.3	383.6	474.0	437.5
	五　寨	256	517.0	412.6	365.8	424.1	437.5
	河　曲	184	508.7	428.1	395.5	379.5	434.0
	保　德	91	496.5	429.8	417.9	410.3	443.1
	兴　县	580	514.8	469.8	436.0	479.3	478.6
	临　县	1 066	556.1	476.1	462.2	454.4	492.6
	离　石	506	512.7	431.0	509.5	473.2	484.2
	方　山	81	547.9	441.8	489.1	509.2	501.8
	柳　林	1 254	528.6	491.3	471.6	446.2	487.5
	中　阳	633	545.6	528.0	502.7	465.2	512.5
	石　楼	1 624	506.5	472.6	457.6	460.7	476.9
	永　和	1 217	542.7	495.5	459.8	416.3	482.9
	大　宁	631	541.3	497.6	458.2	456.4	492.4
	隰　县	299	552.6	507.7	461.6	509.3	511.8
	小　计	8 656	528.2	478.1	459.8	452.1	483.3
总计		39 163	477.1	424.4	412.5	401.8	432.6

表 9-16　多沙粗沙区流域分区降水量统计

支流名称	省(区)	面积 (km²)	时段年均降水量(mm)				
			1956 ~ 1969	1970 ~ 1979	1980 ~ 1989	1990 ~ 2000	1956 ~ 2000
浑　河	内蒙古	1 127	399.6	379.9	372.3	389.0	386.5
皇甫川	内蒙古	2 812	370.5	363.2	309.2	362.1	353.2
	陕西	434	425.2	379.9	338.5	347.5	376.9
	小计	3 246	377.8	365.4	313.1	360.2	356.4
孤山川	内蒙古	318	406.4	398.5	339.3	397.3	387.5
	陕西	954	443.3	396.0	352.9	362.3	392.9
	小计	1 272	434.1	396.6	349.5	371.0	391.5
清水川	内蒙古	298	401.6	393.8	335.3	392.6	382.9
	陕西	585	431.6	385.6	343.6	352.8	382.6
	小计	883	421.5	388.4	340.8	366.2	382.7
杨家川	内蒙古	745	419.6	400.2	401.7	409.4	408.8
偏关河	内蒙古	113	426.9	407.2	408.8	416.6	416.0
	山西	779	438.1	391.6	387.5	428.9	414.3
	小计	892	436.7	393.6	390.2	427.3	414.5
窟野河	内蒙古	1 966	370.7	375.4	319.1	339.8	352.7
	陕西	3 490	457.0	397.6	344.3	353.4	393.4
	小计	5 456	425.9	389.6	335.2	348.5	378.8
秃尾河	陕西	1 204	448.6	382.6	350.6	351.4	388.4
佳芦河	陕西	985	441.4	399.5	351.1	351.7	390.1
无定河	陕西	13 753	448.4	387.4	398.7	374.1	405.6
县川河	山西	1 108	495.5	418.8	393.6	420.7	437.5
朱家川	山西	183	493.6	422.8	406.7	407.5	437.5
岚漪河	山西	423	485.2	439.0	410.5	443.4	448.1
蔚汾河	山西	810	511.4	466.7	433.1	476.1	475.5
清凉寺沟	山西	286	480.8	411.6	399.6	392.9	425.9
湫水河	山西	1 421	549.4	470.8	460.9	453.6	488.8
三川河	山西	1 356	531.7	480.1	495.1	465.3	495.8
石马川	陕西	243	452.1	403.6	359.5	369.1	400.4
乌龙河	陕西	377	461.7	407.9	372.5	359.4	404.9
屈产河	山西	1 074	533.8	503.1	484.3	473.2	501.2
昕水河	山西	720	545.9	501.6	460.8	468.7	498.3
清涧河	陕西	4 080	508.1	463.0	456.2	421.4	465.3
延　河	陕西	6 685	528.1	468.4	474.0	440.0	481.3

续表 9-16

支流名称	省(区)	面积(km^2)	时段年均降水量(mm)				
			1956 ~ 1969	1970 ~ 1979	1980 ~ 1989	1990 ~ 2000	1956 ~ 2000
河龙区间已控区	内蒙古	7 379	383.6	376.2	334.7	368.6	367.4
	山西	8 160	515.4	459.5	444.8	451.2	471.6
	陕西	32 790	472.2	415.1	408.5	388.4	424.9
	小计	48 329	466.0	416.6	403.4	396.0	424.0
河龙区间未控区	内蒙古	1 797	390.1	381.2	331.9	381.3	373.0
	山西	6 846	496.6	445.1	421.9	417.0	449.1
	陕西	2 927	475.7	429.9	388.7	390.4	425.3
	小计	11 570	474.8	431.3	399.5	404.7	431.3
河龙区间	内蒙古	9 176	384.9	377.1	334.2	371.1	368.5
	山西	15 006	506.8	452.9	434.3	435.6	461.3
	陕西	35 717	472.5	416.3	406.9	388.6	424.9
	小计	59 899	434.9	393.9	376.6	376.4	398.5
北洛河刘家河以上	陕西	6 308	443.6	394.1	376.2	340.4	392.4
蒲河巴家嘴以上	甘肃	925	528.7	471.9	449.0	438.8	476.4
马莲河庆城以上	甘肃	9 529	467.0	413.4	394.2	404.7	423.7
	宁夏	415	360.1	273.7	304.7	323.8	319.7
	陕西	1 523	395.5	324.0	338.9	333.3	351.8
	小计	11 467	453.6	396.5	383.6	392.3	410.4
泾河水系	甘肃	10 454	472.5	418.6	399.0	407.8	428.4
	宁夏	415	360.1	273.7	304.7	323.8	319.7
	陕西	1 523	395.5	324.0	338.9	333.3	351.8
	小计	12 392	459.2	402.1	388.5	395.8	415.3
龙三区间	甘肃	10 454	472.5	418.6	399.0	407.8	428.4
	宁夏	415	360.1	273.7	304.7	323.8	319.7
	陕西	7 831	395.5	324.0	338.9	333.3	351.8
	小计	18 700	437.7	375.8	371.8	374.7	393.9
多沙粗沙区	内蒙古	9 176	384.9	377.1	334.2	371.1	368.5
	山西	15 006	506.8	452.9	434.3	435.6	461.3
	陕西	43 548	465.6	409.9	400.1	379.7	417.6
	甘肃	10 454	472.5	418.6	399.0	407.8	428.4
	宁夏	415	360.1	273.7	304.7	323.8	319.7
	小计	78 599	464.4	414.7	398.3	392.8	421.2

表 9-17　多沙粗沙区行政分区降水量统计

省(区)	县(旗、市、区)	面积(km²)	时段年均降水量(mm)				
			1956～1969	1970～1979	1980～1989	1990～2000	1956～2000
甘　肃	环　县	6 992	455.2	403.2	368.9	379.6	406.0
	庆　阳	1 543	523.8	477.0	491.3	455.0	489.4
	华　池	1 774	488.0	421.9	434.3	476.7	458.6
	镇　原	145	566.0	495.0	439.6	418.0	486.0
	小　计	10 454	472.5	418.6	399.0	407.8	428.4
宁　夏	盐　池	415	360.1	273.7	304.7	323.8	319.7
	小　计	415	360.1	273.7	304.7	323.8	319.7
内蒙古	和林格尔	246	399.8	375.7	335.7	385.8	376.8
	清水河	1 975	407.0	388.2	389.7	397.2	396.6
	东胜区	173	367.1	382.4	332.6	263.5	337.5
	达　旗	111	343.7	324.3	276.2	323.4	319.4
	伊　旗	654	374.2	398.3	335.8	324.9	359.0
	准　旗	6 017	379.4	372.1	316.8	371.0	361.8
	小　计	9 176	384.9	377.1	334.2	371.1	368.5
陕　西	府　谷	3 212	442.2	395.1	352.1	361.4	392.0
	神　木	4 294	461.7	399.9	344.5	353.6	395.5
	佳　县	1 792	446.2	415.2	351.1	354.8	395.9
	米　脂	1 212	465.0	378.0	388.9	350.3	400.7
	子　长	2 405	483.2	468.1	440.3	390.1	447.5
	榆　林	1 318	436.6	343.2	364.8	351.3	379.1
	横　山	2 997	422.9	347.6	409.1	339.8	382.8
	靖　边	3 227	439.9	359.3	377.5	372.5	391.6
	定　边	3 123	393.9	321.7	338.0	333.3	350.6
	吴　旗	3 776	455.2	413.9	372.1	330.8	397.2
	子　洲	2 043	477.1	415.1	425.5	404.9	434.2
	吴　堡	428	480.5	442.7	414.5	399.4	437.6
	绥　德	1 878	472.5	431.8	409.1	414.3	435.1
	清　涧	1 881	479.0	477.2	429.1	448.9	460.2
	志　丹	2 107	465.4	423.4	425.6	366.4	423.0
	安　塞	2 586	501.6	481.1	452.1	435.5	469.9
	宝塔区	1 573	552.3	469.1	499.9	454.0	498.1
	延　川	1 941	535.3	448.4	474.7	436.9	478.5
	延　长	1 755	559.5	468.7	496.2	456.7	500.1
	小　计	43 548	465.6	409.9	400.1	379.7	417.6
山　西	偏　关	1 266	444.7	397.5	393.3	435.3	420.5
	神　池	86	478.8	393.3	383.6	474.0	437.5
	五　寨	266	517.0	412.6	365.8	424.1	437.5
	河　曲	1 177	499.7	420.5	388.5	372.7	426.3
	保　德	765	490.9	424.9	413.2	405.6	438.1
	兴　县	2 331	484.9	442.5	410.6	451.4	450.8
	临　县	2 828	511.7	438.1	425.3	418.1	453.3
	离　石	512	512.4	430.8	509.2	473.0	483.9
	方　山	81	547.9	441.8	489.1	509.2	501.8
	柳　林	1 290	527.8	490.5	470.9	445.5	486.8
	中　阳	633	545.6	528.0	502.7	465.2	512.5
	石　楼	1 624	506.5	472.6	457.6	460.7	476.9
	永　和	1 217	542.7	495.5	459.8	416.3	482.9
	大　宁	631	541.3	497.6	458.2	456.4	492.4
	隰　县	299	552.6	507.7	461.6	509.3	511.8
	小　计	15 006	506.8	452.9	434.3	435.6	461.3
总　计		78 599	464.4	414.7	398.3	392.8	421.2

表 9-18　各治理分区多年平均降水量统计

治理分区	省(区)	面积 (km^2)	年降水量 (mm)	年降水总量 (亿 m^3)
治理一区	内蒙古	4 792	359.2	17.2
	陕西	14 011	402.9	56.4
	小计	18 803	391.7	73.6
治理二区	内蒙古	1 475	379.4	5.6
	山西	6 350	431.4	27.4
	陕西	12 808	429.0	54.9
	小计	20 633	426.2	87.9
治理三区	内蒙古	2 909	378.4	11.0
	山西	8 656	483.3	41.8
	陕西	16 729	421.3	70.5
	甘肃	10 454	428.4	44.8
	宁夏	415	319.7	1.3
	小计	39 163	432.6	169.4
多沙粗沙区	内蒙古	9 176	368.5	33.8
	山西	15 006	461.3	69.2
	陕西	43 548	417.6	181.9
	甘肃	10 454	428.4	44.8
	宁夏	415	319.7	1.3
	合计	78 599	421.2	331.0

二、蒸发能力

(一)计算方法

蒸发是水循环中的重要环节之一,它的大小用蒸发能力来表示。蒸发能力是指充分供水条件下的水面蒸发量,一般通过水面蒸发量的观测来确定。蒸发是反映当地蒸发能力的指标,风速、气温、湿度、气压、辐射是影响水面蒸发的主要因素,可近似用 E_{601}型蒸发器观测的水面蒸发量代替。

黄河流域水面蒸发观测仪器主要有三种:E_{601}型蒸发器(简称 E_{601})、80cm 口径套盆式蒸发器(简称 Φ_{80})和 20cm 口径小型蒸发器(简称 Φ_{20})。E_{601}与 Φ_{80}多用于非冰期,而 Φ_{20}既适用于非冰期,也适用于冰期。20 世纪 80 年代以来,流域内大部分地区使用 E_{601}和 Φ_{20},在陕北和关中地区使用 Φ_{80}。与大水体($20m^2$ 大型蒸发池)的蒸发对比观测结果来看,一般 E_{601}的观测值与大水体的折算系数比较稳定。为了统一起见,水资源评价以 E_{601}型观测值为准,其他型号蒸发器的观测值均折算为 E_{601}型数据,多沙粗沙区蒸发折算系数见表 9-19。

表 9-19 多沙粗沙区蒸发折算系数地区分布

三级区	四级区	计算面积(万 km^2)	年折算系数
河口镇至龙门左岸	晋西北支流	2.425 5	0.62
	晋西支流	1.449 1	0.62
吴堡以上右岸	吴堡以下右岸	2.411 6	0.60
吴堡以下右岸	无定河	2.913 4	0.60
	陕北支流	1.927 7	0.60
北洛河 洑头以上	北洛河 洑头以上	2.515 0	0.61
泾河张家山以上	马莲河、蒲河、洪河	2.972 5	0.61

(二)地区分布

选取资料质量好、系列完整、面上分布均匀的蒸发站绘制 1980 ~ 2000 年水面蒸发等值线图。等值线线距为 100mm。多沙粗沙区选用了 76 个站(见图 9-7、表 9-20)。

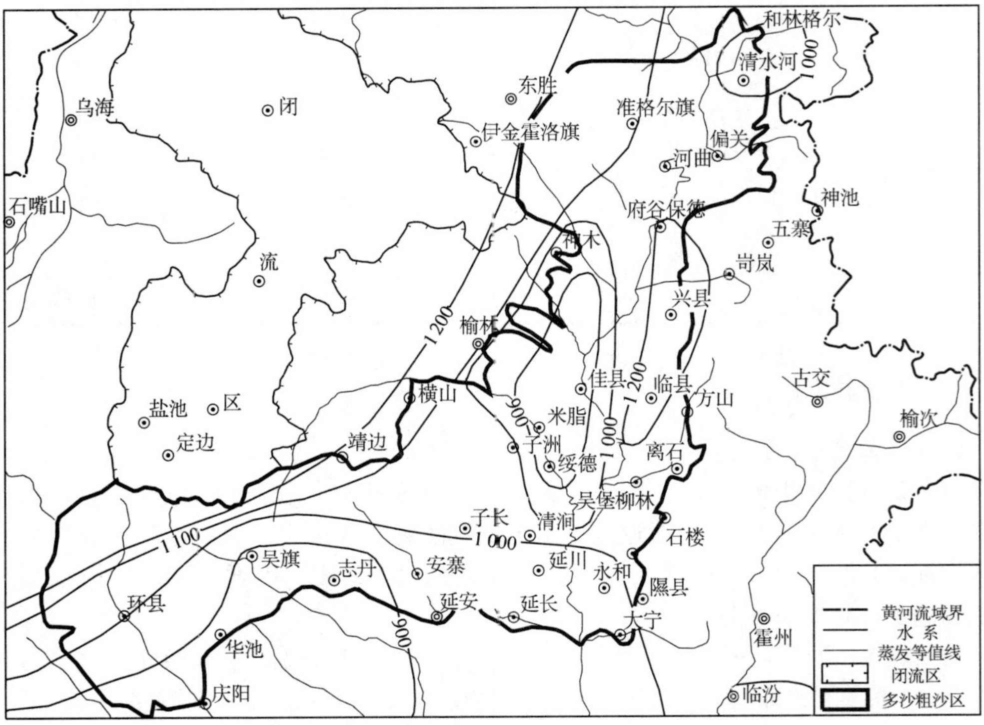

图 9-7 多沙粗沙区 1980 ~ 2000 年水面蒸发等值线图

由多沙粗沙区蒸发等值线图看出,多沙粗沙区水面蒸发量随地形、地理位置等变化明显,总的趋势是从东南向西北呈递增趋势。由图9-7可以看出多沙粗沙区水面蒸发量等

表 9-20　多沙粗沙区蒸发选用站统计

三级区	站数	三级区	站数
河口镇至龙门左岸	21	北洛河洑头以上	8
吴堡以上右岸	6	泾河张家山以上	23
吴堡以下右岸	18	总计	76

值线大都小于 1 200mm。从多沙粗沙区整体来看，表现为靠近甘肃环县、陕西定边和靖边，气候干燥、降雨量少，水面蒸发量大于 1 000mm，有的甚至超过 1 200mm；多沙粗沙区北部伊金霍洛旗、准格尔旗、河曲、保德一带，水面蒸发量大部分为 1 100mm 以上，部分区域达到 1 200mm；多沙粗沙区南部降水量相对较多，水面蒸发量小于 1 000mm，华池、吴旗以及志丹南部一带小于 900mm；多沙粗沙区的中部佳县、米脂、绥德一带水面蒸发量出现小于 900mm 的低值区。

治理一区水面蒸发量为 1 030mm，从行政分区来看，多年平均水面蒸发量差别较大，内蒙古为 1 126mm，陕西为 997mm，主要是陕西中部佳县、子洲和绥德一带有处于 900mm 的低值区，见表 9-21 和表9-22。

治理二区水面蒸发量为 1 028mm，从行政分区来看，内蒙古平均水面蒸发量为 1 062mm，山西为 1 074mm，陕西为 1 001mm，见表 9-23 和表9-24。

治理三区水面蒸发量为 1 022mm，从行政分区来看，宁夏为 1 300mm，内蒙古平均水面蒸发量为1 051mm，山西为 1 048mm，甘肃为 1 015mm，陕西为 1 001mm，见表 9-25 和表9-26。

多沙粗沙区水面蒸发量为 1 025mm，从行政分区来看，其中宁夏达到 1 300mm，为多沙粗沙区最大，其次是内蒙古，为 1 092mm，甘肃和山西分别为 1 015mm 和 1 059mm，陕西最小，平均水面蒸发量为 1 000mm，见表 9-27 和表 9-28。

由图 9-8 可以看出，水面蒸发量是治理一区大于治理二区，治理二区大于治理三区。其主要原因：一是多沙粗沙区水面蒸发量由东南向西北逐渐增加；二是各治理分区地理位置南北差异的原因，愈靠北部蒸发量愈大。

(三)年内年际变化

多沙粗沙区水面蒸发量的年内分配，随各月气温、湿度、风速而变化。全年最小月蒸发量一般出现在 1 月或 12 月，最大月蒸发量出现在 5、6、7 月份。5、6、7 月各月蒸发量占年总量的 15%左右，蒸发年内分配见表 9-29。

表 9-21　治理一区流域分区多年平均水面蒸发量统计

支流名称	省(区)	面积(km²)	年水面蒸发量(mm)	支流名称	省(区)	面积(km²)	年水面蒸发量(mm)
皇甫川	内蒙古	2 783	1 119	无定河	陕西	5 253	998
	陕西	412	1 050	石马川	陕西	241	1 051
	小计	3 195	1 110	乌龙河	陕西	101	900
清水川	内蒙古	296	1 142	清涧河	陕西	30	1 047
	陕西	585	1 050	延　河	陕西	235	1 050
	小计	881	1 081	河龙区间已控区	内蒙古	4 586	1 129
窟野河	内蒙古	1 193	1 149		陕西	12 639	998
	陕西	2 808	1 013		小计	17 225	1 033
	小计	4 001	1 053	河龙区间未控区	内蒙古	206	1 063
秃尾河	陕西	1 088	919		陕西	1 372	991
佳芦河	陕西	932	918		小计	1 578	1 000
孤山川	内蒙古	314	1 122	治理一区	内蒙古	4 792	1 126
	陕西	954	1 050		陕西	14 011	997
	小计	1 268	1 068		总计	18 803	1 030

表 9-22　治理一区行政分区多年平均水面蒸发量统计

省(区)	县(旗、市、区)	面积(km²)	年水面蒸发量(mm)	省(区)	县(旗、市、区)	面积(km²)	年水面蒸发量(mm)
内蒙古	达旗	4	1 150	陕西	米脂	177	901
	伊旗	352	1 150		清涧	739	958
	准旗	4 436	1 124		神木	3 569	981
	小计	4 792	1 126		绥德	1 039	922
陕西	安塞	310	1 050		榆阳区	1 170	941
	府谷	3 061	1 059		子长	292	1 050
	横山	431	1 050		子洲	397	1 039
	佳县	1 372	908		小计	14 011	997
	靖边	1 454	1 073	总 计		18 803	1 030

表 9-23　治理二区流域分区多年平均水面蒸发量统计

支流名称	省(区)	面积(km²)	年水面蒸发量(mm)	支流名称	省(区)	面积(km²)	年水面蒸发量(mm)
皇甫川	内蒙古	17	1 148	乌龙河	陕西	276	900
	陕西	22	1 050	清涧河	陕西	964	1 038
	小计	39	1 093	延河	陕西	3 321	952
杨家川	内蒙古	199	1 050	河龙区间已控区	内蒙古	321	1 073
偏关河	内蒙古	47	1 050		山西	2 633	1 103
	山西	656	1 050		陕西	11 592	1 005
	小计	703	1 050		小计	14 546	1 024
窑野河	内蒙古	54	1 150	河龙区间未控区	内蒙古	1 154	1 059
	陕西	173	1 040		山西	3 717	1 053
	小计	227	1 066		陕西	1 201	962
秃尾河	陕西	3	941		小计	6 072	1 036
佳芦河	陕西	10	927	河龙区间	内蒙古	1 475	1 062
无定河	陕西	6 821	1 029		山西	6 350	1 074
县川河	山西	621	1 050		陕西	12 793	1 001
朱家川	山西	120	1 179		小计	20 618	1 028
岚漪河	山西	284	1 167	北洛河刘家河以上	陕西	15	950
蔚汾河	山西	351	1 179	治理二区	内蒙古	1 475	1 062
石马川	陕西	2	1 050		山西	6 350	1 074
孤山川	内蒙古	4	1 122		陕西	12 808	1 001
清凉寺沟	山西	256	1 061		小计	20 633	1 028
湫水河	山西	345	1 173				

表 9-24　治理二区行政分区多年平均水面蒸发量统计

省(区)	县(旗、市、区)	面积(km²)	年水面蒸发量(mm)	省(区)	县(旗、市、区)	面积(km²)	年水面蒸发量(mm)
内蒙古	清水河	397	1 050	陕　西	志　丹	559	924
	东胜区	24	1 150		安　塞	2 094	961
	达　旗	46	1 150		宝塔区	649	950
	准　旗	1 008	1 061		子长县	1 225	1 043
	小　计	1 475	1 062		小　计	12 808	1 001
陕　西	府　谷	151	1 074	山　西	偏　关	1 097	1 050
	神　木	118	999		神　池	21	1 050
	佳　县	372	913		五　寨	10	1 050
	米　脂	1 035	920		河　曲	993	1 050
	榆阳区	98	939		保　德	674	1 156
	横　山	2 273	1 065		兴　县	1 751	1 091
	靖　边	987	1 071		临　县	1 762	1 054
	吴　旗	12	1 035		离　石	6	1 081
	子　洲	1 646	1 044		柳　林	36	1 050
	吴　堡	374	997		小　计	6 350	1 074
	绥　德	740	927	总计		20 633	1 028
	清　涧	475	981				

表 9-25　治理三区流域分区多年平均水面蒸发量统计

支流名称	省(区)	面积(km²)	年水面蒸发量(mm)
浑　河	内蒙古	1 127	1 008
皇甫川	内蒙古	12	1 150
清水川	内蒙古	2	1 039
杨家川	内蒙古	546	1 050
偏关河	山西	66	1 050
	山西	123	1 150
	小计	189	1 115
窑野河	内蒙古	719	1 113
	陕西	509	904
	小计	1 228	1 026
秃尾河	陕西	113	945
佳芦河	陕西	43	1 194
无定河	陕西	1 679	992
县川河	山西	487	1 050
朱家川	山西	63	1 135
岚漪河	山西	139	1 179
蔚汾河	山西	459	1 191
清凉寺沟	山西	30	1 069
湫水河	山西	1 076	1 155
三川河	山西	1 356	1 050
屈产河	山西	1 074	1 049
昕水河	山西	720	968
清涧河	陕西	3 086	986
延　河	陕西	3 129	950
河北区间已控区	内蒙古	2 472	1 049
	山西	5 527	1 078
	陕西	8 559	970
	小计	16 558	1 018

省(区)	县(旗、市、区)	面积(km²)	年水面蒸发量(mm)
河龙区间未控区	内蒙古	437	1 061
	山西	3 129	996
	陕西	354	972
	小计	3 920	1 001
河龙区间	内蒙古	2 909	1 051
	山西	8 656	1 048
	陕西	8 913	970
	小计	20 478	1 014
北洛河刘家河以上	陕西	6 293	992
蒲河巴家嘴以上	甘肃	925	912
马莲河庆城以上	甘肃	9 529	1 024
	宁夏	415	1 300
	陕西	1 523	1 217
	小计	11 467	1 060
泾河水系	甘肃	10 454	1 015
	宁夏	415	1 300
	陕西	1 523	1 217
	小计	12 392	1 049
龙三区间	甘肃	10 454	1 015
	宁夏	415	1 300
	陕西	7 816	1 036
	小计	18 685	1 030
治理三区	内蒙古	2 909	1 051
	山西	8 656	1 048
	陕西	16 729	1 001
	甘肃	10 454	1 015
	宁夏	415	1 300
	小计	39 163	1 022

表 9-26 治理三区行政分区多年平均水面蒸发量统计

省(区)	县(旗、市、区)	面积(km²)	年水面蒸发量(mm)	省(区)	县(旗、市、区)	面积(km²)	年水面蒸发量(mm)
甘 肃	环 县	6 992	1 063	陕 西	清 涧	667	1 013
	庆 阳	1 543	902		志 丹	1 548	902
	华 池	1 774	932		安 塞	182	955
	镇 原	145	900		宝塔区	924	950
	小 计	10 454	1 015		延 川	1 941	951
宁 夏	盐 池	415	1 300		延 长	1 755	950
	小 计	415	1 300		小 计	16 729	1 001
内蒙古	和林格尔	246	1 024	山 西	偏 关	169	1 123
	清水河	1 578	1 024		神 池	65	1 050
	东 胜	149	1 153		五 寨	256	1 050
	达 旗	61	1 150		河 曲	184	1 051
	伊 旗	302	1 152		保 德	91	1 187
	准 旗	573	1 049		兴 县	580	1 189
	小 计	2 909	1 051		临 县	1 066	1 149
陕 西	神 木	607	912		离 石	506	1 050
	佳 县	48	1 079		方 山	81	1 050
	子 长	888	1 035		柳 林	1 254	1 049
	榆 林	50	1 150		中 阳	633	1 050
	横 山	293	904		石 楼	1 624	1 026
	靖 边	786	938		永 和	1 217	952
	定 边	3 123	1 193		大 宁	631	950
	吴 旗	3 764	970		隰 县	299	1 029
	吴 堡	54	1 005		小 计	8 656	1 048
	绥 德	99	921	总计		39 163	1 022

表 9-27 多沙粗沙区流域分区多年平均水面蒸发量统计

支流名称	省(区)	面积 (km²)	年水面蒸发量(mm)
浑 河	内蒙古	1 127	1 008
皇甫川	内蒙古	2 812	1 119
	陕西	434	1 050
	小计	3 246	1 110
孤山川	内蒙古	318	1 122
	陕西	954	1 050
	小计	1 272	1 068
清水川	内蒙古	298	1 141
	陕西	585	1 050
	小计	883	1 081
杨家川	内蒙古	745	1 050
偏关河	内蒙古	113	1 050
	山西	779	1 066
	小计	892	1 064
窟野河	内蒙古	1 966	1 136
	陕西	3 490	998
	小计	5 456	1 048
秃尾河	陕西	1 204	922
佳芦河	陕西	985	930
无定河	陕西	13 753	1 013
县川河	山西	1 108	1 050
朱家川	山西	183	1 164
岚漪河	山西	423	1 170
蔚汾河	山西	810	1 186
清凉寺沟	山西	286	1 062
湫水河	山西	1 421	1 159
三川河	山西	1 356	1 050
石马川	陕西	243	1 051
乌龙河	陕西	377	900
屈产河	山西	1 074	1 049
昕水河	山西	720	968
清涧河	陕西	4 080	999
延 河	陕西	6 685	954

支流名称	省(区)	面积 (km²)	年水面蒸发量(mm)
河龙区间已控区	内蒙古	7 379	1 100
	山西	8 160	1 086
	陕西	32 790	993
	小计	48 329	1 025
河龙区间未控区	内蒙古	1 797	1 060
	山西	6 846	1 027
	陕西	2 927	977
	小计	11 570	1 019
河龙区间	内蒙古	9 176	1 092
	山西	15 006	1 059
	陕西	35 717	992
	小计	59 899	994
北洛河刘家河以上	陕西	6 308	992
蒲河巴家嘴以上	甘肃	925	912
马莲河庆城以上	甘肃	9 529	1 024
	宁夏	415	1 300
	陕西	1 523	1 217
	小计	11 467	1 060
泾河水系	甘肃	10 454	10 15
	宁夏	415	1 300
	陕西	1 523	1 217
	小计	12 392	1 049
龙三区间	甘肃	10 454	1 937
	宁夏	415	1 300
	陕西	7 831	1 217
	小计	18 700	4 454
多沙粗沙区	内蒙古	9 176	1 092
	山西	15 006	1 059
	陕西	43 548	1 000
	甘肃	10 454	1 015
	宁夏	415	1 300
	小计	78 599	1 025

表 9-28　多沙粗沙区行政分区多年平均水面蒸发量统计

省(区)	县(旗、市、区)	面积(km²)	年水面蒸发量(mm)
甘　肃	环　县	6 992	1 063
	庆　阳	1 543	902
	华　池	1 774	932
	镇　原	145	900
	小　计	10 454	1 015
宁　夏	盐　池	415	1 300
	小　计	415	1 300
内蒙古	和林格尔	246	1 024
	清水河	1 975	1 029
	东　胜	173	1 153
	达　旗	111	1 150
	伊　旗	654	1 151
	准　旗	6 017	1 106
	小　计	9 176	1 092
陕　西	府谷	3 212	1 059
	神　木	4 294	972
	佳　县	1 792	914
	米　脂	1 212	917
	子　长	2 405	1 041
	榆　林	1 318	949
	横　山	2 997	1 047
	靖　边	3 227	1 039
	定　边	3 123	1 193
	吴　旗	3 776	970
	子　洲	2 043	1 043
	吴　堡	428	998
	绥　德	1 878	924
	清　涧	1 881	983
	志　丹	2 107	908
	安　塞	2 586	971
	宝塔区	1 573	950
	延　川	1 941	951
	延　长	1 755	950
	小　计	43 548	1 000
山　西	偏　关	1 266	1 060
	神　池	86	1 050
	五　寨	266	1 050
	河　曲	1 177	1 050
	保　德	765	1 160
	兴　县	2 331	1 115
	临　县	2 828	1 090
	离　石	512	1 051
	方　山	81	1 050
	柳　林	1 290	1 049
	中　阳	633	1 050
	石　楼	1 624	1 026
	永　和	1 217	952
	大　宁	631	950
	隰　县	299	1 029
	小　计	15 006	1 059
总计		78 599	1 025

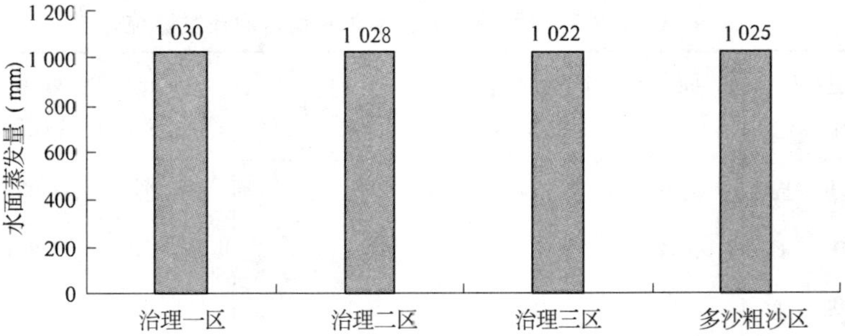

图 9-8　多沙粗沙区治理分区多年平均水面蒸发柱状图

表 9-29　多沙粗沙区代表站月水面蒸发量年内分配统计

站名	各月蒸发占年蒸发的百分比(%)												
	1月	2月	3月	4月	5月	6月	7月	8月	9月	10月	11月	12月	全年
清水河	1.7	2.6	6.1	11.9	16.1	15.7	13.5	10.9	9.0	6.6	3.9	2.0	100
准旗	1.6	2.5	6.0	12.0	16.7	15.9	14.3	11.2	8.8	6.2	3.2	1.7	100
府谷	1.9	3.2	6.7	11.6	15.3	16.4	14.1	11.0	8.3	6.0	3.4	2.0	100
兴县	2.0	3.0	6.4	11.9	15.9	15.5	13.1	10.5	8.9	6.8	3.8	2.1	100
隰县	2.3	3.3	6.3	11.7	15.3	15.1	13.6	11.3	8.6	6.4	3.8	2.3	100
绥德	1.3	2.5	5.9	12.5	16.2	15.5	14.4	12.5	9.2	6.1	2.6	1.3	100
赵石窑	2.1	3.4	7.4	12.3	15.2	14.4	13.8	10.9	8.4	6.1	3.8	2.2	100
延安(气象)	2.5	3.6	6.9	12.4	15.3	14.7	13.2	10.8	8.1	6.1	4.0	2.5	100
洑头	2.8	4.3	6.8	10.3	13.2	14.5	14.2	12.5	8.5	6.1	3.9	2.9	100

第四节　地表水资源量

地表水资源量是指河流、湖泊、冰川等地表水体中当地降水形成的可以逐年更新的动态水量，用天然河川径流量表示。

一、方法简介

（一）水文站点的选取及资料情况

黄河中游多沙粗沙区共涉及到 26 条支流，其中有水文站控制的 23 条，无水文站控制的 3 条，见表 9-30。

表 9-30　多沙粗沙区各支流控制水文站情况

支　流	水文站名	支　流	水文站名
浑　河	放牛沟	石马川	
皇甫川	皇　甫	孤山川	高石崖
清水川	清　水	清凉寺沟	杨家坡
杨家川		湫水河	林家平
偏关河	偏　关	三川河	后大成
窟野河	温家川	屈产河	裴　沟
秃尾河	高家川	昕水河	大　宁
佳芦河	申家湾	乌龙河	
无定河	白家川	清涧河	延　川
县川河	旧　县	延　河	甘谷驿
朱家川	桥　头	北洛河	刘家河
岚漪河	裴家川	蒲　河	巴家嘴
蔚汾河	碧　村	马莲河	雨落坪

(二)径流深等值线的处理

本次要求流域(支流)分区套县级行政分区进行水资源量评价,由于第二次黄河流域(片)水资源调查评价所作的径流深等值线相对比较稀疏,不能满足本项目研究的需要。为了方便计算流域分区套县级行政分区的水资源量,需对第二次黄河流域水资源评价的多沙粗沙区内的径流深等值线进行加密。加密的原则是:

(1)年径流深等值线线距为 50 ~ 100mm 者,加密为线距 25mm;径流深小于 50mm 者,线距分别为 5mm、10mm、25mm。

(2)在选用站网控制性较好、资料精度较高的地区,结合自然地理情况勾绘等值线;径流资料短缺或无资料的地区,可根据已有的有关研究成果,采用不同的方法估算径流深,参考降水量等值线的走势,大体确定等值线的分布和走向。

(3)根据水文站实测值进行年径流深等值线图的合理性检查。

(三)地表水资源量的计算

在 GIS 平台上,流域分区套县级行政分区面积上的地表径流量,是根据径流深等值线在 Arcgis 软件里量算出的,并分别计算出多沙粗沙区、治理一区到治理三区中流域及各行政分区的多年平均(1956 ~ 2000 年)地表水资源量。

(四)地表水资源量系列值的分配

由于推求出的地表水资源量为多年均值,需要对均值进行系列值的分配。分配按有水文站控制的支流,采用水文站系列资料的比例进行分配;无水文站控制的支流用第二次黄河流域(片)水资源调查评价的有关成果进行分配。

二、径流量分布特点

(一)径流深地区分布

多沙粗沙区主要分布在河口镇—龙门区间,且大多为黄土丘陵沟壑区,两岸主要支流 20 余条,呈羽毛状不对称分布。从径流深等值线图(见图 9-9)上看出,径流深分布总的趋势是自东部 50mm 向西逐渐递减到 10mm，向北递减到 25mm。

在治理一区内，径流深较大，尤其在佳芦河、秃尾河、窟野河、清水川和孤山川流域出现径流深高值区，径流深最大可达 150mm，而此地区正是粗泥沙集中来源区，这是由于该区下垫面大多为砒砂岩区，坡度陡，沟壑密度大，再加上暴雨集中，因而成为径流深高值区；同时，闭流区可能有部分地下水补给河流也有影响。在治理二区内径流深等值线变幅减小，平均在 25mm 左右，但靠近吕梁山区出现 50mm 的高值区，主要分布在三川河、屈产河、昕水河和湫水河的上游；在治理三区内，径流深基本在 25mm 左右，但在马莲河上游出现 10mm 的低值径流区。

(二)年径流系数及其变化特点

形成多沙粗沙区年径流空间分布不均匀的主要因素是降雨量的大小、地形地貌等因素。在相同的下垫面条件下，径流深随降水量的增加而增大；在同样的降水条件下，径流深随下垫面条件差异而增减。为反映不同地区产流条件的差别，通常用径流系数(α)来表达，即：

$$\alpha = R/P \tag{9-1}$$

式中：α 为径流系数；R 为年径流量，mm；P 为年降水量，mm。

多沙粗沙区年径流系数的地区分布基本与径流深分布相符，自西北的 0.2 逐渐向西南减少到 0.08 以下(见表 9-31)。在黄河以东的石质山岭区，由于入渗减少，径流系数大于 0.1，主要分布在晋西地区和晋西北地区。在吴堡以上右岸，由于是多暴雨区，又加上该地区砒砂岩较多，入渗能力差，所以该区径流系数大于 0.1，如皇甫川、窟野河和清水川等。

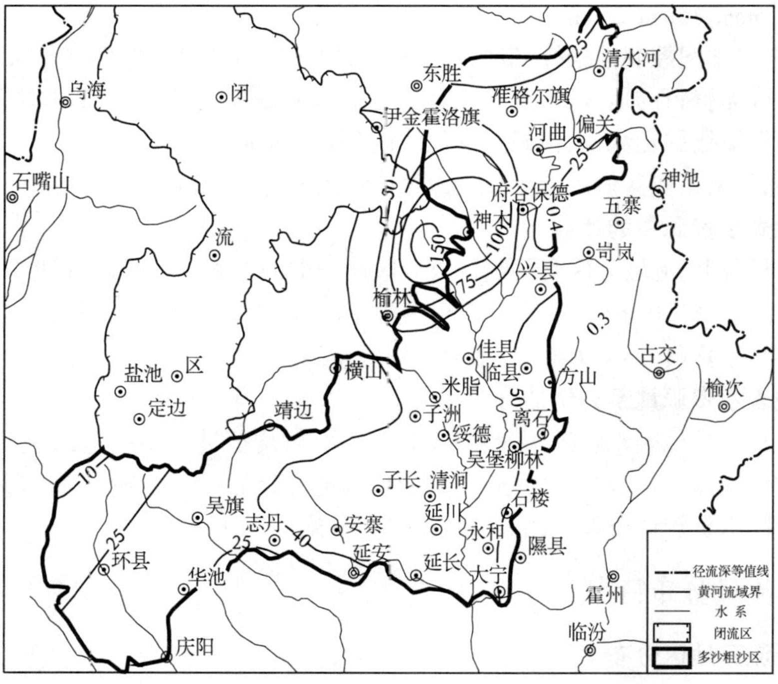

图 9-9　多沙粗沙区 1956～2000 年多年平均径流深等值线图

(三)地表径流的年内分配

多沙粗沙区下垫面大多是丘陵沟壑区,地表径流受降水的影响,多集中于汛期(6~9月),径流的产生主要由暴雨形成,洪水暴涨暴落,汛期过后,随着降水的减少而消退。冬季雨雪稀少,径流甚微,从表9-32中看出,6~9月份,皇甫川、窟野河、佳芦河、清涧河和延河等把口站多年平均汛期径流量占多年平均年径流量的比例均在55%以上,其中以皇甫川为最高,达到80.5%。无定河和秃尾河由于受风沙区的影响,年内分配相对平稳,非汛期径流量所占比重较大,如秃尾河高家川站多年平均非汛期径流占多年平均年径流量的比例为60.7%。

表9-31　多沙粗沙区各支流多年平均径流系数统计

河名	面积(km^2)	降雨量(mm)	年径流量(万 m^3)	径流深(mm)	径流系数
浑　河	1 127	387	2 818	25	0.06
皇甫川	3 246	356	12 199	38	0.11
清水川	883	383	4 415	50	0.13
杨家川	745	409	1 862	25	0.06
偏关河	892	414	2 230	25	0.06
窟野河	5 456	379	41 509	76	0.20
秃尾河	1 204	388	8 689	72	0.19
佳芦河	985	390	5 239	53	0.14
无定河	13 753	406	56 939	41	0.10
县川河	1 108	438	2 770	25	0.06
朱家川	183	438	641	35	0.08
岚漪河	423	448	2 115	50	0.11
蔚汾河	810	475	4 050	50	0.11
石马川	243	400	1 936	80	0.20
孤山川	1 272	392	7 018	55	0.14
清凉寺沟	286	426	1 144	40	0.09
湫水河	1 421	489	7 228	51	0.10
三川河	1 356	496	8 065	59	0.12
屈产河	1 074	501	3 427	32	0.06
昕水河	720	498	3 600	50	0.10
乌龙河	377	405	1 697	45	0.11
清涧河	4 080	465	14 280	35	0.08
延　河	6 685	481	20 787	31	0.06
北洛河	6 308	392	17 524	28	0.07
蒲　河	925	476	2 548	28	0.06
马莲河	11 467	411	28 045	24	0.06

表 9-32　各支流天然径流量年内分配各年代统计

河名	时段(年)	各月径流占年径流的百分比(%)													
		1月	2月	3月	4月	5月	6月	7月	8月	9月	10月	11月	12月	6~9月	7~8月
皇甫川	1956~1969	0.0	0.7	7.4	5.2	2.9	4.8	21.8	35.8	13.2	5.1	2.5	0.5	75.5	57.5
	1970~2000	0.0	0.2	5.6	3.4	2.0	4.7	30.9	39.4	8.8	3.2	1.7	0.2	83.8	70.2
	1956~2000	0.0	0.4	6.3	4.1	2.3	4.7	27.2	37.9	10.6	4.0	2.0	0.3	80.5	65.2
窟野河	1956~1969	1.6	2.5	11.3	5.5	3.0	2.9	17.2	31.0	10.3	7.0	5.1	2.6	61.5	48.2
	1970~2000	2.1	3.5	13.3	5.8	3.0	4.0	18.2	25.7	9.3	6.9	5.3	2.9	57.1	43.9
	1956~2000	1.9	3.2	12.6	5.7	3.0	3.6	17.8	27.6	9.6	6.9	5.3	2.8	58.7	45.4
秃尾河	1956~1969	5.6	6.4	9.5	7.5	6.4	5.7	11.7	15.6	9.2	8.6	7.4	6.3	42.2	27.3
	1970~2000	6.5	7.1	10.4	7.6	6.7	6.7	10.5	11.6	8.8	8.8	8.0	7.2	37.6	22.1
	1956~2000	6.2	6.9	10.1	7.6	6.6	6.4	10.9	13.0	9.0	8.7	7.8	6.9	39.3	23.9
佳芦河	1956~1969	2.1	3.5	8.8	5.8	4.8	4.0	21.8	25.1	9.7	6.5	4.8	3.1	60.6	46.9
	1970~2000	3.7	5.1	10.6	6.8	5.4	5.7	15.1	21.2	8.8	7.3	6.4	3.9	50.8	36.3
	1956~2000	3.0	4.4	9.8	6.4	5.2	5.0	18.0	22.8	9.2	6.9	5.7	3.6	55.0	40.8
无定河	1956~1969	4.4	6.4	11.3	6.6	5.5	4.7	13.9	16.9	9.9	8.4	6.9	5.2	45.3	30.8
	1970~2000	6.1	7.6	11.8	6.9	5.3	5.8	10.5	13.6	9.5	8.7	8.2	6.2	39.3	24.1
	1956~2000	5.5	7.2	11.6	6.8	5.4	5.4	11.8	14.8	9.6	8.6	7.7	5.8	41.5	26.5
清涧河	1956~1969	1.1	3.0	6.7	4.0	4.3	4.8	26.5	28.7	8.4	6.1	4.1	2.2	68.4	55.2
	1970~2000	2.5	3.8	6.4	4.1	4.4	6.9	22.4	24.3	11.1	6.7	4.4	2.9	64.8	46.8
	1956~2000	2.0	3.5	6.5	4.1	4.3	6.2	23.8	25.8	10.2	6.5	4.3	2.7	66.0	49.6
延　河	1956~1969	1.0	2.6	7.4	4.7	4.3	5.4	25.6	26.9	9.4	6.4	4.2	2.2	67.3	52.5
	1970~2000	2.1	4.1	8.5	5.2	4.3	5.9	22.0	23.4	10.9	5.9	4.7	3.0	62.3	45.4
	1956~2000	1.7	3.6	8.1	5.0	4.3	5.7	23.3	24.6	10.4	6.1	4.5	2.7	64.0	47.9

(四)地表径流量的多年变化

1. 极值变化

从表 9-33 可明显地看出：多沙粗沙区径流年际变化较降水更为剧烈，多沙粗沙区内多年平均地表径流量为 31.18 亿 m^3，而 1959 年最大地表径流量达 58.57 亿 m^3，为多年平均的 1.9 倍，1965 年最小地表径流量 15.28 亿 m^3，最大是最小的 3.8 倍。多沙粗沙区内各支流极值变化幅度剧烈，朱家川极值比最大达 93 倍，只有无定河、秃尾河受地下水补给的影响变化均匀，比值在 2.2 左右变化。总的趋势是流域面积小，年径流量也小，极值比就大；流域面积大，相对水量多，极值比就小。

表 9-33　多沙粗沙区各支流地表径流变差系数 C_v 值及最大值、最小值统计

河名	多年平均（万 m^3）	C_v	最大值		最小值		$W_{最大}/W_{最小}$
			年径流量（万 m^3）	出现年份	年径流量（万 m^3）	出现年份	
浑　河	2 818	0.51	7 070	1995	628	1986	11.3
皇甫川	12 195	0.66	35 893	1959	1 610	1999	22.3
清水川	4 415	0.42	10 231	1959	1 418	1965	7.2
杨家川	1 862	0.86	9 578	1967	384	1972	24.9
偏关河	2 230	0.95	10 280	1996	258	1986	39.8
窟野河	41 509	0.49	107 750	1959	6 383	1965	16.9
秃尾河	8 689	0.20	13 613	1967	5 612	2000	2.4
佳芦河	5 239	0.49	5 935	1956	1 729	2000	3.4
无定河	56 937	0.22	90 038	1964	40 657	1965	2.2
县川河	2 770	0.86	14 245	1967	571	1922	24.9
朱家川	641	1.27	4 836	1967	52	1972	93.0
岚漪河	2 115	0.77	8 024	1967	363	1984	22.1
蔚汾河	4 050	0.88	19 640	1967	482	1999	40.7
石马川	1 936	0.42	4 486	1959	622	1965	7.2
孤山川	7 018	0.70	23 728	1957	1 254	1965	18.9
清凉寺沟	1 144	0.54	2 652	1966	363	1988	7.3
湫水河	7 228	0.53	22 882	1967	2 006	1972	11.4
三川河	8 065	0.42	16 809	1964	3 212	1999	5.2
屈产河	3 427	1.62	26 339	1959	621	1986	42.4
昕水河	3 600	0.62	10 576	1958	724	1999	14.6
乌龙河	1 697	0.42	3 931	1959	545	1965	7.2
清涧河	14 280	0.37	29 389	1964	7 129	1957	4.1
延　河	20 787	0.32	45 513	1964	12 013	1974	3.8
北洛河	17 524	0.32	38 617	1964	8 571	1957	4.5
蒲　河	2 548	0.49	6 271	1964	971	2000	6.5
马莲河	28 045	0.35	59 199	1964	13 566	1972	4.4
多沙粗沙区	311 746	0.33	585 735	1959	152 806	1965	3.8

2. 变差系数

径流的多年变化，取决于补给来源的形式、下垫面的差异及流域面积的大小，通常以变差系数 C_v 值来表示。年径流 C_v 值大，表示年际变化亦大；反之，则较小。

多沙粗沙区年径流变差系数变化较大，从表 9-33 可以看出：流域面积越大，年径流变差系数 C_v 值的变化就小；流域面积越小，年径流变差系数 C_v 值的变化就大。如无定河，流域面积大，变差系数较小，C_v 值只有 0.2；而屈产河、朱家川流域面积较小，C_v 值在 1.0 以上，说明这两条支流径流量年际变化剧烈。

3. 周期性变化

图 9-10 给出了多沙粗沙区 1956～2000 年 5 年滑动平均过程线和滑动平均差积曲线。

从图中可以看出:1955～1967年为丰水期,1968～1972年为枯水期,1973～1977年为偏丰期,1978～1994年为平水期,1995～2000年为枯水期。

从四个年代均值看,50、60年代平均径流量较多年平均径流量偏多,70年代以后平均径流量呈减少趋势,其中以90年代平均径流量为最小。

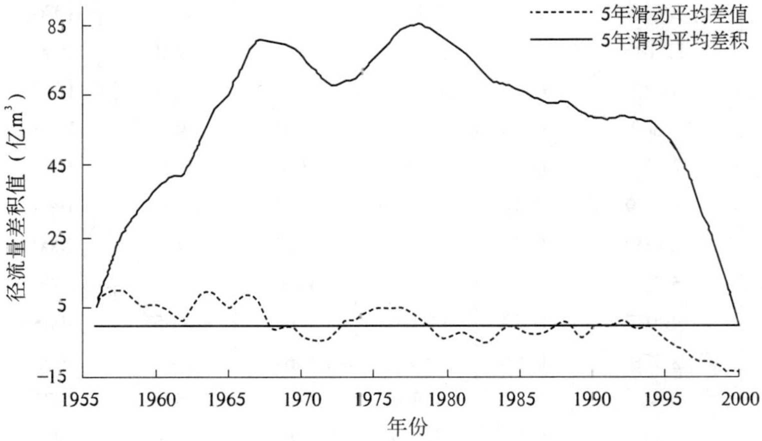

图9-10　多沙粗沙区1956～2000年地表水资源5年滑动平均差积曲线

三、各治理分区地表水资源量

多沙粗沙区年均地表水资源量为31.18亿m^3,其中治理一区为10.19亿m^3,治理二区为7.99亿m^3,治理三区为13.00亿m^3,表9-34给出了各治理区的地表水资源量及百分比。

表9-34　多沙粗沙区分期治理区年平均径流量

项目	治理一区	治理二区	治理三区	多沙粗沙区
面积(km^2)	18 803	20 633	39 163	78 599
面积比(%)	23.9	26.2	49.9	100.0
年降水量(mm)	391.7	426.2	432.6	421.2
年径流深(mm)	54.2	38.7	33.2	39.9
径流系数	0.203	0.091	0.077	0.095
年径流量(亿m^3)	10.19	7.99	13.00	31.18
占总径流量(%)	32.7	25.6	41.7	100.0

由上表看出,治理一区和治理二区的面积分别占多沙粗沙区的23.9%和26.2%,面积仅差2.3个百分点,但地表水资源量一区比二区高出7个百分点,说明各区产流不均。再从径流系数来看,治理一区的径流系数为0.203,二区为0.091,三区为0.077,多沙粗沙区为0.095,一区径流系数明显大于二区,这是由于治理一区所处的地方是暴雨多发区,又加上下垫面多是砒砂岩地区,与黄土区相比更利于产汇流,故形成相对径流深高值区,当然闭流区地下水的补给也可能是一个原因。

(一)各治理区内流域分区地表水水资源量

(1)治理一区多年平均地表水资源量为 10.19 亿 m^3,占多沙粗沙区地表水资源量的 32.7%。其中 1956～1969 年、1970～1979 年、1980～1989 年和 1990～2000 年不同时段的径流量分别为 12.17 亿 m^3、10.56 亿 m^3、9.39 亿 m^3 和 8.06 亿 m^3。流域分区不同年代地表水资源量见表 9-35。

表 9-35　治理一区流域分区地表水年资源量成果

支流名称	省(区)	面积(km^2)	年均地表水资源量(万 m^3)				
			1956～1969	1970～1979	1980～1989	1990～2000	1956～2000
皇甫川	内蒙古	2 783	12 732	11 837	8 659	5 887	9 955
	陕西	412	2 635	2 450	1 792	1 218	2 060
	小计	3 195	15 367	14 286	10 450	7 105	12 015
清水川	内蒙古	296	1 767	1 455	1 363	1 244	1 480
	陕西	585	3 492	2 875	2 694	2 458	2 925
	小计	881	5 259	4 330	4 057	3 702	4 405
窟野河	内蒙古	1 193	8 404	7 838	7 150	5 916.7	7 391.4
	陕西	2 808	28 609	26 683	24 339	20 142	25 162
	小计	4 001	37 013	34 521	31 488	26 058	32 554
秃尾河	陕西	1 088	9 013	8 139	7 256	6 792	7 886
佳芦河	陕西	932	6 704	5 155	3 911	3 235	4 891
无定河	陕西	5 253	25 975	21 984	20 901	19 352	22 341
石马川	陕西	241	2 299	1 893	1 774	1 619	1 926
孤山川	内蒙古	314	2 586	1 727	1 584	1 406	1 884
	陕西	954	7 014	4 683	4 297	3 814	5 110
	小计	1 268	9 600	6 410	5 881	5 220	6 994
乌龙河	陕西	101	543	447	419	382	455
清涧河	陕西	30	106	103	79	105	99
延河	陕西	235	1 053	884	896	887	940
河龙区间未控区	内蒙古	206	603	675	422	342	515
	陕西	1 372	8 188	6 746	6 315	5 767	6 860
	小计	1 578	8 791	7 420	6 737	6 110	7 375
河龙区间已控区	内蒙古	4 792	26 092	23 531	19 178	14 796	21 225
	陕西	12 433	86 839	74 622	67 936	59 661	73 280
	小计	17 225	112 931	98 153	87 113	74 457	94 505
治理一区合计	内蒙古	4 998	26 695	24 206	19 600	15 138	21 740
	陕西	13 805	95 027	81 368	74 250	65 428	80 139
	小计	18 803	121 722	105 574	93 850	80 566	101 880

从表 9-35 看出:窟野河多年平均径流量 3.26 亿 m^3 为最大,占总径流量的 32.0%,这是因为在治理一区内皇甫川、石马川、窟野河、孤山川等支流处在多暴雨区,又加上下垫面条件的影响,极易产流;其次是无定河,多年平均径流量为 2.23 亿 m^3,占总径流量的 21.9%;乌龙河和清涧河地表水资源量为最小,均为 455 万 m^3 和 99 万 m^3。从径流深来看,窟野河和石马川最大,年均为 81.4mm 和 79.9mm,最小为皇甫川和清涧河,年均分别

为 37.6mm 和 33.0mm(见表 9-36)。

表 9-36　治理一区不同时段各支流年径流特征　（单位:万 m³)

支流	面积(km²)	占总面积(%)	1956～1969 年	1970～1979 年	1930～1989 年	1990～2000 年	1956～2000 年	1956～2000	
								占总径流量(%)	年径流深(mm)
皇甫川	3 195	17.0	15 367	14 286	10 450	7 105	12 015	11.8	37.6
清水川	881	4.69	5 259	4 330	4 057	3 702	4 405	4.32	50.0
窟野河	4 001	21.3	37 013	34 521	31 488	26 058	32 554	32.0	81.4
秃尾河	1 088	5.79	9 013	8 139	7 256	6 792	7 886	7.74	72.5
佳芦河	932	4.96	6 704	5 155	3 911	3 235	4 891	4.80	52.5
无定河	5 253	27.9	25 975	21 984	20 901	19 352	22 341	21.9	42.5
石马川	241	1.28	2 299	1 893	1 774	1 619	1 926	1.89	79.9
孤山川	1 268	6.74	9 600	6 410	5 881	5 220	6 994	6.87	55.2
乌龙河	101	0.54	543	447	419	382	455	0.45	45.0
清涧河	30	0.16	106	103	79	105	99	0.1	33.0
延　河	235	1.25	1 053	884	896	887	940	0.92	40.0
未控区	1 578	8.39	8 791	7 420	6 737	6 110	7 375	7.24	46.7
总计	18 803		121 722	105 574	93 850	80 566	101 880	100	54.2

表 9-37　各治理区不同年代径流系数统计

时段(年)	项目	治理一区	治理二区	治理三区	多沙粗沙区
1956～1969	年降水量(mm)	434.3	467.7	477.1	464.4
	年径流量(万 m³)	121 722	96 310	154 893	372 925
	年径流深(mm)	64.7	46.7	39.6	47.4
	径流系数	0.149	0.100	0.083	0.102
1970～1979	年降水量(mm)	392.4	416.8	424.4	414.7
	年径流量(万 m³)	105 574	77 029	128 357	310 960
	年径流深(mm)	56.1	37.3	32.8	39.6
	径流系数	0.143	0.090	0.077	0.095
1980～1989	年降水量(mm)	356.6	409.1	412.5	398.3
	年径流量(万 m³)	93 850	68 215	115 329	277 394
	年径流深(mm)	49.9	33.1	29.4	35.3
	径流系数	0.140	0.081	0.071	0.089
1990～2000	年降水量(mm)	369	397.4	401.8	392.8
	年径流量(万 m³)	80 566	72 226	113 030	265 823
	年径流深(mm)	42.8	35.0	28.9	33.8
	径流系数	0.116	0.088	0.072	0.086
1956～2000	年降水量(mm)	391.7	426.2	432.6	421.2
	年径流量(万 m³)	101 880	79 895	129 971	311 746
	年径流深(mm)	54.2	38.7	33.2	39.7
	径流系数	0.138	0.091	0.077	0.094

据图 9-11,治理一区地表水资源量自 20 世纪 60 年代到 90 年代逐渐减少,60 和 70 年代地表水资源量大于平均值,到 80 和 90 年代逐渐小于平均值,20 世纪 60 ~ 90 年代和多年平均径流系数分别为 0.149、0.143、0.140、0.116 和 0.138(见表 9-37),这与年降水量随着时间的推移逐渐减少的变化规律基本一致。

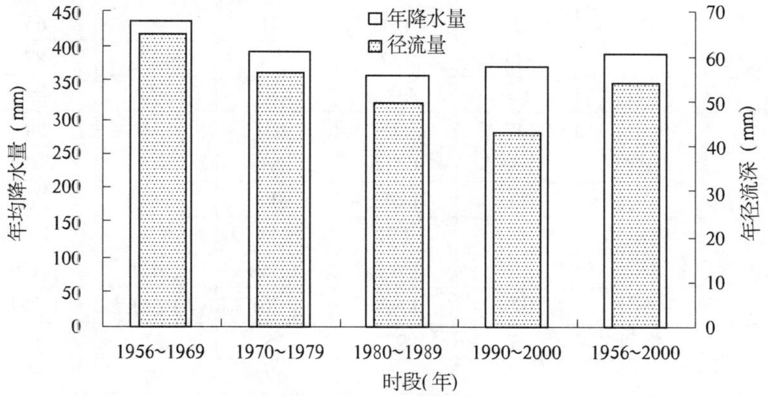

图 9-11　治理一区地表水资源量和降水量年代变化柱状图

(2)治理二区多年平均地表水资源量为 7.99 亿 m^3,占多沙粗沙区地表水资源量的 25.6%。其中 1956 ~ 1969 年、1970 ~ 1979 年、1980 ~ 1989 年和 1990 ~ 2000 年不同时段的径流量分别为 9.63 亿 m^3、7.70 亿 m^3、6.82 亿 m^3 和 7.22 亿 m^3。治理二区流域分区不同年代地表水资源量见表 9-38。

从表 9-38 可看出,在吴堡以上右岸内的流域即皇甫川、窟野河、秃尾河、佳芦河、孤山川,因在二区面积小,因而地表径流量明显减少。蔚汾河和岚漪河 20 世纪 80 年代到 90 年代地表径流量变化较大,并且岚漪河在 20 世纪 70 和 80 年代出现较明显的枯水年份,蔚汾河在 90 年代径流较枯。

按流域分区,无定河多年平均径流量 2.81 亿 m^3 为最大,占该区总径流量的 35.1%;其次是延河,多年平均径流量为 1.02 亿 m^3,占总径流量的 12.8%;石马川、秃尾河和孤山川地表水资源量为最小,分别为 10 万 m^3、24 万 m^3 和 24 万 m^3。从径流深来看,窟野河和秃尾河最大,分别为 70.7mm 和 80.0mm,最小为杨家川、偏关河和县川河,均为 25mm(见表 9-39)。

据图 9-12,20 世纪 60 年代地表水资源量最大,80 年代最小,70 ~ 90 年代地表水资源量都小于多年平均水资源量,20 世纪 60 ~ 90 年代多年平均径流系数分别为 0.100、0.090、0.081、0.088 和 0.091,见表 9-37,径流系数各年代变化基本上与降水量变化一致,所以在下垫面条件相同时,径流量基本上与该区各年代的降水量变化的趋势基本一致。

(3)治理三区多年平均地表水资源量为 13.0 亿 m^3,占多沙粗沙区地表水资源量的 41.7%。其中 1956 ~ 1969 年、1970 ~ 1979 年、1980 ~ 1989 年和 1990 ~ 2000 年不同时段的径流量分别为 15.49 亿 m^3、12.84 亿 m^3、11.53 亿 m^3 和 11.30 亿 m^3。治理三区流域分区不同年代地表水资源量见表 9-40。

表 9-38　治理二区流域分区地表水资源量成果

支流名称	省(区)	面积(km^2)	年均地表水资源量(万 m^3)				
			1956～1969	1970～1979	1980～1989	1990～2000	1956～2000
皇甫川	内蒙古	17	47	43	32	22	37
	陕西	22	141	131	96	65	110
	小计	39	187	174	127	87	147
杨家川	内蒙古	199	700	420	324	469	497
偏关河	内蒙古	47	112	63	39	246	117
	山西	656	1 560	881	545	3 428	1 640
	小计	703	1 672	944	584	3 673	1 757
窟野河	内蒙古	54	153	143	131	108	135
	陕西	173	1 670	1 558	1 421	1 176	1 469
	小计	227	1 824	1 701	1 551	1 284	1 604
秃尾河	陕西	3	27	25	22	21	24
佳芦河	陕西	10	62	47	36	30	45
无定河	陕西	6 821	32 643	27 628	26 266	24 320	28 077
县川河	山西	621	2 183	1 310	1 010	1 463	1 552
朱家川	山西	120	788	303	185	272	420
岚漪河	山西	284	1 709	912	806	2 073	1 420
蔚汾河	山西	351	2 944	1 966	1 061	681	1 755
石马川	陕西	2	12	10	9	8	10
孤山川	内蒙古	4	33	22	20	18	24
清凉寺沟	山西	256	1 435	1 010	670	833	1 024
湫水河	山西	345	2 104	1 708	1 620	1 378	1 731
乌龙河	陕西	276	1 483	1 221	1 144	1 044	1 242
清涧河	陕西	964	3 612	3 521	2 700	3 574	3 380
延　河	陕西	3 321	11 470	9 632	9 769	9 669	10 243
河龙区间未控区	内蒙古	1 154	3 390	3 629	2 380	2 025	2 885
	山西	3 717	21 210	15 098	12 706	14 380	16 293
	陕西	1 201	6 764	5 688	5 156	4 870	5 705
	小计	6 072	31 364	24 415	20 243	21 274	24 882
河龙区间已控区	内蒙古	321	1 044	691	545	862	810
	山西	2 633	12 722	8 091	5 898	10 128	9 542
	陕西	11 592	51 120	43 772	41 463	39 907	44 600
	小计	14 546	64 887	52 554	47 906	50 897	54 953
河龙区间	内蒙古	1 475	4 434	4 321	2 926	2 887	3 695
	山西	6 350	33 932	23 189	18 604	24 508	25 835
	陕西	12 793	57 884	49 460	46 619	44 776	50 305
	小计	20 618	96 251	76 969	68 149	72 171	79 835
北洛河刘家河以上	陕西	15	60	59	66	55	60
治理二区合计	内蒙古	1 475	4 434	4 321	2 926	2 887	3 695
	山西	6 350	33 932	23 189	18 604	24 508	25 835
	陕西	12 808	57 944	49 520	46 686	44 832	50 365
	小计	20 633	96 310	77 029	68 215	72 226	79 895

表 9-39　治理二区不同时段各支流年径流特征　　（单位:万 m³）

支流	面积（km²）	占总面积（%）	1956～1969	1970～1979	1980～1989	1990～2000	1956～2000	1956～2000 占总径流量（%）	1956～2000 年径流深（mm）
皇甫川	39	0.19	187	174	127	87	147	0.18	37.6
杨家川	199	0.97	700	420	324	469	497	0.62	25.0
偏关河	703	3.42	1 672	944	584	3 673	1 757	2.20	25.0
窟野河	227	1.10	1 824	1 701	1 551	1 284	1 604	2.01	70.7
秃尾河	3	0.01	27	25	22	21	24	0.03	80.0
佳芦河	10	0.05	62	47	36	30	45	0.06	45.0
无定河	6 821	33.2	32 643	27 628	26 266	24 320	28 077	35.1	41.2
县川河	621	3.02	2 183	1 310	1 010	1 463	1 552	1.94	25.0
朱家川	120	0.58	788	303	185	272	420	0.53	35.0
岚漪河	284	1.38	1 709	912	806	2 073	1 420	1.78	50.0
蔚汾河	351	1.71	2 944	1 966	1 061	681	1 755	2.20	50.0
石马川	2	0.01	12	10	9	8	10	0.01	50.0
孤山川	4	0.02	33	22	20	18	24	0.03	60.0
清凉寺沟	256	1.24	1 435	1 010	670	833	1 024	1.28	40.0
湫水河	345	1.68	2 104	1 708	1 620	1 378	1 731	2.17	50.2
乌龙河	276	1.34	1 483	1 221	1 144	1 044	1 242	1.55	45.0
清涧河	904	4.39	3 612	3 521	2 700	3 574	3 380	4.23	37.4
延　河	3 321	16.1	11 470	9 632	9 769	9 669	10 243	12.82	30.8
北洛河	15	0.07	60	59	66	55	60	0.08	40.0
未控区	6 072	29.5	31 364	24 415	20 243	21 274	24 882	31.1	41.0
总　计	20 573	100	96 310	77 029	68 215	72 226	79 895		38.8

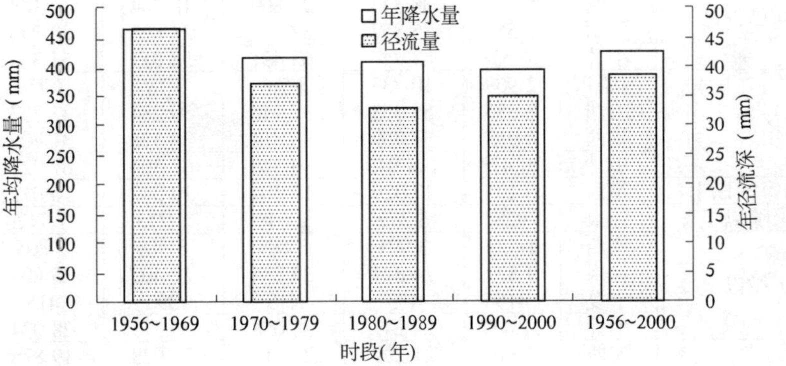

图 9-12　治理二区地表水资源量和降水量年代变化柱状图

据图 9-13 显示，20 世纪 60 年代降水偏丰，80 和 90 年代降水偏枯，90 年代相对 60 年代地表水资源量减少了 27%，相对 70 年代减少了 11.9%。1956～1969 年、1970～1979 年、1980～1989 年、1990～2000 年和 1956～2000 年径流系数分别为 0.083、0.077、0.071、0.072 和 0.077，年均降水量分别为 477.1mm、424.4mm、412.5mm、401.8mm 和 432.6mm（见表 9-37），

地表径流变化趋势与降水变化趋势基本一致。

表 9-40 治理三区流域分区地表水资源量成果

支流名称	省(区)	面积(km²)	年均地表水资源量(万 m³)				
			1956 ~ 1969	1970 ~ 1979	1980 ~ 1989	1990 ~ 2000	1956 ~ 2000
浑 河	内蒙古	1 127	3 726	2 711	1 765	2 716	2 818
皇甫川	内蒙古	12	48	45	33	22	38
清水川	内蒙古	2	12	10	9	8	10
杨家川	内蒙古	546	1 919	1 152	888	1 287	1 365
偏关河	内蒙古	66	157	89	55	345	165
	山西	123	293	165	102	643	307
	小计	189	449	254	157	988	472
窟野河	内蒙古	719	3 685	3 437	3 135	2 594	3 241
	陕西	509	4 674	4 359	3 976	3 290	4 110
	小计	1 228	8 358	7 796	7 111	5 885	7 351
秃尾河	陕西	113	890	804	717	671	779
佳芦河	陕西	43	415	319	242	200	303
无定河	陕西	1 679	7 581	6 416	6 100	5 648	6 520
县川河	山西	487	1 712	1 027	792	1 148	1 217
朱家川	山西	63	413	159	97	143	221
岚漪河	山西	139	836	447	394	1 014	695
蔚汾河	山西	459	3 850	2 571	1 388	890	2 295
清凉寺沟	山西	30	168	118	79	98	120
湫水河	山西	1 076	6 678	5 426	5 146	4 378	5 497
三川河	山西	1 356	10 905	8 444	6 515	5 515	8 065
屈产河	山西	1 074	8 037	1 726	1 109	1 215	3 427
昕水河	山西	720	5 451	3 716	2 582	2 064	3 600
清涧河	陕西	3 086	11 544	11 251	8 628	11 421	10 801
延 河	陕西	3 129	10 753	9 030	9 159	9 065	9 603
河龙区间未控区	内蒙古	437	1 286	1 347	904	786	1 093
	山西	3 129	18 010	13 946	12 080	10 649	13 990
	陕西	354	1 903	1 635	1 499	1 411	1 633
	小计	3 920	21 198	16 928	14 483	12 846	16 715
河龙区间已控区	内蒙古	2 472	9 547	7 442	5 885	6 972	7 636
	山西	5 527	38 343	23 800	18 204	17 108	25 445
	陕西	8 559	35 857	32 178	28 821	30 296	32 117
	小计	16 558	83 747	63 421	52 911	54 376	65 198
河龙区间	内蒙古	2 909	10 833	8 789	6 789	7 759	8 728
	山西	8 656	56 353	37 746	30 284	27 757	39 435
	陕西	8 913	37 759	33 814	30 321	31 706	33 750
	小计	20 478	104 945	80 348	67 394	67 222	81 913
北洛河刘家河以上	陕西	6 293	17 329	17 304	19 347	16 072	17 464
蒲河巴家嘴以上	甘肃	925	3 372	2 648	2 215	1 712	2 548
马莲河庆城以上	陕西	1 523	3 971	3 809	3 580	3 805	3 808
	甘肃	9 529	24 844	23 834	22 402	23 805	23 823
	宁夏	415	433	415	390	415	415
	小计	11 467	29 247	28 058	26 373	28 024	28 045
龙三区间	陕西	7 816	21 299	21 113	22 928	19 876	21 272
	甘肃	10 454	28 215	26 481	24 617	25 517	26 371
	宁夏	415	433	415	390	415	415
	小计	18 685	49 948	48 009	47 935	45 808	48 058
治理三区合计	内蒙古	2 909	10 833	8 789	6 789	7 759	8 728
	山西	8 656	56 353	37 746	30 284	27 757	39 435
	陕西	16 729	59 059	54 926	53 249	51 583	55 022
	甘肃	10 454	28 215	26 481	24 617	25 517	26 371
	宁夏	415	433	415	390	415	415
	小计	39 163	154 893	128 357	115 329	113 030	129 971

从表 9-41 可看出,北洛河各年代地表水资源量比较平稳,吴堡以上两岸的偏关河、朱家川、皇甫川和佳芦河因在三区的面积小,因而径流量明显减少。晋西支流和晋西北支流内的河流 20 世纪 80 年代普遍偏枯,如朱家川、岚漪河、清凉寺沟、县川河、偏关河、杨家川和屈产河等都是如此。

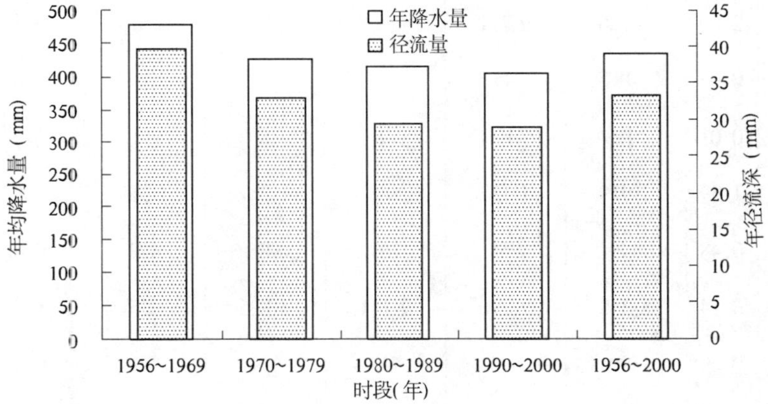

图 9-13　治理三区地表水资源量和降水量年代变化柱状图

从流域分区来看,多年平均地表水资源量最大是马莲河,为 2.8 亿 m³,其次为北洛河为 1.75 亿 m³,分别占该区地表水资源量的 21.6% 和 13.4%,最小是清水川和皇甫川,分别占该区地表水资源量的 0.01% 和 0.03%。径流深马莲河最小,为 24.5mm,佳芦河最大,为 70.4mm(见表 9-41)。

(4)多沙粗沙区多年平均地表水资源量为 31.18 亿 m³,其中 1956 ~ 1969 年、1970 ~ 1979 年、1980 ~ 1989 年和 1990 ~ 2000 年不同时段的年径流量分别为 37.29 亿 m³、31.10 亿 m³、27.74 亿 m³ 和 26.58 亿 m³。流域分区不同年代地表水资源量见表 9-42。

按流域分区来看,无定河多年平均径流量 5.69 亿 m³ 为最大,占总径流量的 18.2%,其次是窟野河多年平均径流量为 4.15 亿 m³,占总径流量的 13.3%。朱家川和清凉寺沟地表水资源量为最小,年均为 641 万 m³ 和 1 144 万 m³。从年径流深来看,窟野河和石马川最大,为 76.1mm 和 79.7mm,马莲河年径流深最小为 24.5mm(见表 9-43)。

据图 9-14,从多沙粗沙区 20 世纪 60 ~ 90 年代四个时段地表水资源量来看,随着时间的推移,年径流量明显有减少的趋势,到了 70 年代减到小于平均值。20 世纪 60 ~ 90 年代和多年平均的径流系数分别为 0.102、0.095、0.089、0.086 和 0.094,年均降水量分别为 464.4mm、414.7mm、398.3mm、392.8mm 和 421.2mm,见表 9-37,径流系数的变化趋势基本上与降水变化趋势一致。

(二)各治理区行政分区地表水资源量

(1)治理一区。陕西和内蒙古在治理一区内地表水年均资源量分别为 8.07 亿 m³ 和 2.12 亿 m³,分别占该区水资源量的 79.2% 和 20.8%,年径流深分别为 58.1mm 和 43.5mm,径流系数陕西为 0.144,内蒙古为 0.121。陕西地表水资源量明显丰富于内蒙古,见表 9-44 和表 9-45。

表 9-41 治理三区不同时段各支流年径流特征 （单位：万 m^3）

支流	面积（km^2）	占总面积（%）	1956～1969	1970～1979	1980～1989	1990～2000	1956～2000	1956～2000 占总径流量（%）	1956～2000 年径流深（mm）
浑　河	1 127	2.88	3 726	2 711	1 765	2 716	2 818	2.17	25.0
皇甫川	12	0.03	48	45	33	22	38	0.03	31.3
清水川	2	0.01	12	10	9	8	10	0.01	50.0
杨家川	546	1.39	1 919	1 152	888	1 287	1 365	1.05	25.0
偏关河	189	0.48	449	254	157	988	472	0.36	25.0
窟野河	1 228	3.14	8 358	7 796	7 111	5 885	7 351	5.66	59.9
秃尾河	113	0.29	890	804	717	671	779	0.60	68.9
佳芦河	43	0.11	415	319	242	200	303	0.23	70.4
无定河	1 679	4.29	7 581	6 416	6 100	5 648	6 520	5.02	38.8
县川河	487	1.24	1 712	1 027	792	1 148	1 217	0.94	25.0
朱家川	63	0.16	413	159	97	143	221	0.17	35.0
岚漪河	139	0.35	836	447	394	1 014	695	0.53	50.0
蔚汾河	459	1.17	3 850	2 571	1 388	890	2 295	1.77	50.0
清凉寺沟	30	0.08	168	118	79	98	120	0.09	40.0
湫水河	1 076	2.75	6 678	5 426	5 146	4 378	5 497	4.23	51.1
三川河	1 356	3.46	10 905	8 444	6 515	5 515	8 065	6.21	59.5
屈产河	1 074	2.74	8 037	1 726	1 109	1 215	3 427	2.64	31.9
昕水河	720	1.84	5 451	3 716	2 582	2 064	3 600	2.77	50.0
清涧河	3 086	7.88	11 544	11 251	8 628	11 421	10 801	8.31	35.0
延　河	3 129	7.99	10 753	9 030	9 159	9 065	9 603	7.39	30.7
北洛河	6 293	16.1	17 329	17 304	19 347	16 072	17 464	13.4	27.8
蒲　河	925	2.36	3 372	2 648	2 215	1 712	2 548	1.96	27.5
马莲河	11 467	29.3	29 247	28 058	26 373	28 024	28 045	21.6	24.5
未控区	3 920	10.0	21 198	16 928	14 483	12 846	16 715	12.9	42.6
总　计	39 163		154 893	128 357	115 329	113 030	129 971		33.2

表 9-42　多沙粗沙区流域分区地表水年均资源量成果

支流名称	省(区)	面积(km²)	年均地表水资源量(万 m³)				
			1956～1969	1970～1979	1980～1989	1990～2000	1956～2000
浑　河	内蒙古	1 127	3 726	2 711	1 765	2 716	2 818
皇甫川	内蒙古	2 812	12 827	11 925	8 723	5 931	10 029
	陕西	434	2 775	2 580	1 887	1 283	2 170
	小计	3 246	15 602	14 505	10 610	7 214	12 199
清水川	内蒙古	298	1 779	1 465	1 372	1 252	1 490
	陕西	585	3 492	2 875	2 694	2 458	2 925
	小计	883	5 271	4 340	4 066	3 710	4 415
杨家川	内蒙古	745	2 619	1 571	1 212	1 756	1 862
偏关河	内蒙古	113	269	152	94	590	282
	山西	779	1 853	1 046	647	4 070	1 947
	小计	892	2 121	1 198	741	4 661	2 230
窟野河	内蒙古	1 966	12 242	11 418	10 415	86 19	10 767
	陕西	3 490	34 953	32 599	29 736	24 608	30 742
	小计	5 456	47 195	44 017	40 151	33 227	41 509
秃尾河	陕西	1 204	9 931	8 968	7 995	7 484	8 689
佳芦河	陕西	985	7 180	5 522	4 189	3 464	5 239
无定河	陕西	13 753	66 198	56 029	53 267	49 319	56 939
县川河	山西	1 108	3 895	23 37	1 803	2 611	2 770
朱家川	山西	183	1 201	462	282	415	641
岚漪河	山西	423	2 545	1 359	1 200	3 087	2 115
蔚汾河	山西	810	6 794	4 538	2 449	1 571	4 050
石马川	陕西	243	2 311	1 903	1 783	1 627	1 936
孤山川	内蒙古	318	2 619	1 749	1 604	1 424	1 908
	陕西	954	7 014	4 683	4 297	3 814	5 110
	小计	1 272	9 633	6 432	5 901	5 238	7 018
清凉寺沟	山西	286	1 604	1 128	749	931	1 144
湫水河	山西	1 421	8 782	7 134	6 766	5 756	7 228
三川河	山西	1 356	10 905	8 444	6 515	5 515	8 065
屈产河	山西	1 074	8 037	1 726	1 109	1 215	3 427
昕水河	山西	720	5 451	3 716	2 582	2 064	3 600
乌龙河	陕西	377	2 025	1 668	1 563	1 426	1 697
清涧河	陕西	4 080	15 262	14 874	11 407	15 100	14 280
延　河	陕西	6 685	23 276	19 545	19 825	19 622	20 787
河龙区间未控区	内蒙古	1 797	5 279	5 650	3 707	3 154	4 493
	山西	6 846	39 220	29 043	24 786	25 028	30 282
	陕西	2 927	16 855	14 069	12 970	12 048	14 198
	小计	11 570	61 353	48 763	41 463	40 230	48 972
河龙区间已控区	内蒙古	7 379	36 080	30 990	25 185	22 288	29 157
	山西	8 160	51 066	31 891	24 102	27 236	34 988
	陕西	32 790	174 419	151 247	138 643	130 206	150 512
	小计	48 329	261 565	214 128	187 930	179 730	214 656
河龙区间	内蒙古	9 176	41 359	36 640	28 892	25 442	33 649
	山西	15 006	90 286	60 934	48 888	52 264	65 270
	陕西	35 717	191 274	165 317	151 613	142 253	164 709
	小计	59 899	322 918	262 891	229 393	219 959	263 628
北洛河刘家河以上	陕西	6 308	17 388	17 363	19 414	16 127	17 524
蒲河巴家嘴以上	甘肃	925	3 372	2 648	2 215	1 712	2 548
马莲河庆城以上	陕西	1 523	3 971	3 809	3 580	3 805	3 808
	甘肃	9 529	24 844	23 834	22 402	23 805	23 823
	宁夏	415	433	415	390	415	415
	小计	11 467	29 247	28 058	26 373	28 024	28 045
龙三区间	陕西	7 831	21 359	21 172	22 994	19 932	21 332
	甘肃	10 454	28 215	26 481	24 617	25 517	26 371
	宁夏	415	433	415	390	415	415
	小计	18 700	50 007	48 068	48 001	45 863	48 118
多沙粗沙区合计	内蒙古	9 176	41 359	36 640	28 892	25 442	33 649
	山西	15 006	90 286	60 934	48 888	52 264	65 270
	陕西	43 548	212 633	186 489	174 607	162 185	186 041
	甘肃	10 454	28 215	26 481	24 617	25 517	26 371
	宁夏	415	433	415	390	415	415
	小计	78 599	372 925	310 960	277 394	265 823	311 746

表 9-43　多沙粗沙区各支流年径流特征　(单位:万 m^3)

支流	面积(km^2)	占总面积(%)	1956 ~ 1969	1970 ~ 1979	1980 ~ 1989	1990 ~ 2000	1956 ~ 2000	1956 ~ 2000	
								占总径流量(%)	年径流深(mm)
浑　河	1 127	1.43	3 726	2 711	1 765	2 716	2 818	0.9	25.0
皇甫川	3 246	4.12	15 602	14 505	10 610	7 214	12 199	3.89	37.6
清水川	883	1.12	5 271	4 340	4 066	3 710	4 415	1.41	50.0
杨家川	745	0.94	2 619	1 571	1 212	1 756	1 862	0.59	25.0
偏关河	892	1.13	2 121	1 198	741	4 661	2 230	0.71	25.0
窟野河	5 456	6.94	47 195	44 017	40 151	33 227	41 509	13.3	76.1
秃尾河	1 204	1.53	9 931	8 968	7 995	7 484	8 689	2.77	72.2
佳芦河	985	1.25	7 180	5 522	4 189	3 464	5 239	1.67	53.2
无定河	13 753	17.5	66 198	56 029	53 267	49 319	56 939	18.2	41.4
县川河	1 108	1.41	3 895	2 337	1 803	2 611	2 770	0.88	25.0
朱家川	183	0.23	1 201	462	282	415	641	0.20	35.0
岚漪河	423	0.54	2 545	1 359	1 200	3 087	2 115	0.67	50.0
蔚汾河	810	1.03	6 794	4 538	2 449	1 571	4 050	1.29	50.0
石马川	243	0.31	2 311	1 903	1 783	1 627	1 936	0.61	79.7
孤山川	1 272	1.62	9 633	6 432	5 901	5 238	7 018	2.23	55.2
清凉寺沟	286	0.36	1 604	1 128	749	931	1 144	0.36	40.0
湫水河	1 421	1.80	8 782	7 134	6 766	5 756	7 228	2.30	50.9
三川河	1 356	1.72	10 905	8 444	6 515	5 515	8 065	2.52	59.5
屈产河	1 074	1.36	8 037	1 726	1 109	1 215	3 427	1.09	31.9
昕水河	720	0.92	5 451	3 716	2 582	2 064	3 600	1.15	50.0
乌龙河	377	0.48	2 025	1 668	1 563	1 426	1 697	0.54	45.0
清涧河	4 080	5.19	15 262	14 874	11 407	15 100	14 280	4.55	35.0
延　河	6 685	8.50	23 276	19 545	19 825	19 622	20 787	6.63	31.1
北洛河	6 308	8.02	17 388	17 363	19 414	16 127	17 524	5.59	27.8
蒲　河	925	1.17	3 372	2 648	2 215	1 712	2 548	0.81	27.5
马莲河	11 467	14.6	29 247	28 058	26 373	28 024	28 045	8.95	24.5
未控区	11 570	14.7	61 353	48 763	41 463	40 230	48 972	15.6	42.3
总　计	78 599		372 925	310 960	277 394	265 823	311 746		39.7

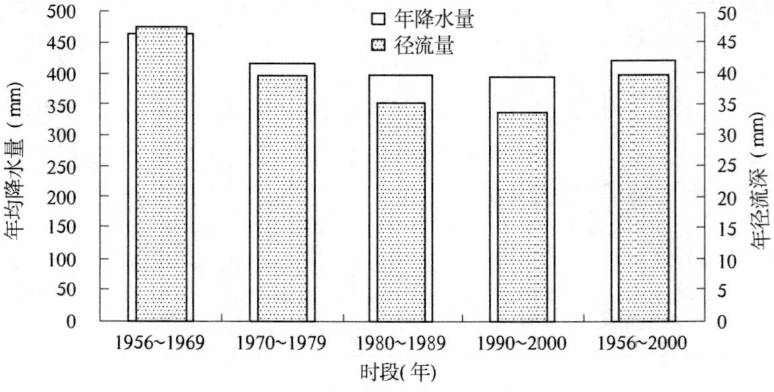

图 9-14　多沙粗沙区地表水资源量和降水量年代变化柱状图

表 9-44　治理一区行政分区地表水资源量成果

省(区)	县(旗、区、市)	面积(km^2)	年均地表水资源量(万 m^3)				
			1956 ~ 1969	1970 ~ 1979	1980 ~ 1989	1990 ~ 2000	1956 ~ 2000
内蒙古	达旗	4	13	12	9	6	10
	伊旗	352	3 261	3 041	2 774	2 296	2 868
	准旗	4 436	22 818	20 478	16 395	12 494	18 347
	小计	4 792	26 092	23 531	19 178	14 796	21 225
陕　西	府谷	3 061	22 731	18 426	16 560	14 241	18 328
	神木	3 569	32 483	29 691	27 092	23 081	28 366
	佳县	1 372	8 780	7 048	5 795	5 042	6 818
	米脂	177	929	784	744	688	796
	榆阳	1 170	8 065	6 920	6 224	5 720	6 828
	横山	431	2 004	1 696	1 613	1 493	1 724
	靖边	1 454	6 745	5 706	5 448	5 068	5 816
	子洲	397	1 846	1 563	1 486	1 375	1 588
	绥德	1 039	5 445	4 611	4 377	4 057	4 683
	清涧	739	3 850	3 264	3 095	2 878	3 314
	安塞	310	1 401	1 187	1 154	1 113	1 228
	子长	292	1 352	1 147	1 086	1 013	1 164
	小计	14 011	95 630	82 043	74 673	65 771	80 654
总计		18 803	121 722	105 574	93 850	80 566	101 880

(2)治理二区。该区分别包括陕西、山西和内蒙古三省(区),地表水年均资源量分别为 5.04 亿 m^3、2.58 亿 m^3 和 0.37 亿 m^3,分别占多沙粗沙区治理二区地表年均水资源量的 63.1%、32.3%和 4.6%。径流深山西(40.7mm)最大,其次是陕西(39.3mm),最后是内蒙古(25.1mm),见表 9-45 和表 9-46。

(3)治理三区。陕西、山西、甘肃、内蒙古和宁夏年均地表水资源量分别为 5.50 亿 m^3、3.94 亿 m^3、2.64 亿 m^3、0.87 亿 m^3 和 0.04 亿 m^3,分别占该区地表水资源量的 42.3%、30.3%、20.3%、6.7%和 0.3%。径流深从大到小依次为山西(45.6mm)、陕西(32.9mm)、内蒙古(30.0mm)、甘肃(25.2mm)和宁夏(10mm),见表 9-45 和表 9-47。

(4)多沙粗沙区。陕西、山西、内蒙古、甘肃和宁夏地表水资源量分别为 18.60 亿 m^3、6.53 亿 m^3、3.36 亿 m^3、2.64 亿 m^3 和 0.04 亿 m^3，分别占多沙粗沙区地表水资源量的 59.7%、20.9%、10.8%、8.5% 和 0.1%，径流深从大到小依次为山西(43.5mm)、陕西(42.7mm)、内蒙古(36.7mm)、甘肃(25.2mm)和宁夏(10mm)，见表 9-45 和表 9-48。

表 9-45 不同省区在各治理区径流系数

省(区)	项目	治理一区	治理二区	治理三区	多沙粗沙区
内蒙古	年降水量(mm)	359.2	379.4	378.4	368.5
	年径流量(万 m^3)	21 740	3 695	8 728	33 649
	年径流深(mm)	43.5	25.1	30.0	36.7
	径流系数	0.121	0.066	0.079	0.100
陕　西	年降水量(mm)	402.9	429.0	421.3	417.6
	年径流量(万 m^3)	80 139	50 365	55 022	186 041
	年径流深(mm)	58.1	39.3	32.9	42.7
	径流系数	0.144	0.092	0.078	0.102
山　西	年降水量(mm)		431.4	483.3	461.3
	年径流量(万 m^3)		25 835	39 435	65 270
	年径流深(mm)		40.7	45.6	43.5
	径流系数		0.094	0.094	0.094
甘　肃	年降水量(mm)			428.4	428.4
	年径流量(万 m^3)			26 371	26 371
	年径流深(mm)			25.2	25.2
	径流系数			0.059	0.059
宁　夏	年降水量(mm)			319.7	319.7
	年径流量(万 m^3)			415	415
	年径流深(mm)			10.0	10.0
	径流系数			0.031	0.031

表 9-46　治理二区行政分区地表水资源量成果

省(区)	县(旗、区、市)	面积(km^2)	年均地表水资源量(万 m^3)				
			1956 ~ 1969	1970 ~ 1979	1980 ~ 1989	1990 ~ 2000	1956 ~ 2000
内蒙古	清水河	397	1 266	827	688	1 072	992
	东胜	24	68	64	58	48	60
	达旗	46	127	118	101	79	107
	准旗	1 008	2 974	3 312	2 079	1 687	2 536
	小计	1 475	4 434	4 321	2 926	2 887	3 695
陕　西	府谷	151	1 052	954	852	707	901
	神木	118	1 065	987	901	750	934
	佳县	372	2 274	1 870	1 746	1 591	1 900
	米脂	1 035	5 436	4 592	4 332	4 021	4 657
	榆阳	98	524	444	417	385	448
	横山	2 273	10 570	8 947	8 506	7 875	9 092
	靖边	987	4 556	3 861	3 714	3 466	3 948
	吴旗	12	56	47	45	42	48
	子洲	1 646	7 643	6 475	6 147	5 706	6 577
	吴堡	374	2 233	1 838	1 722	1 572	1 870
	绥德	740	3 972	3 390	3 116	2 956	3 404
	清涧	475	2 237	1 956	1 725	1 747	1 941
	志丹	559	2 191	1 840	1 866	1 847	1 956
	安塞	2 094	6 933	5 881	5 859	5 909	6 210
	宝塔	649	2 181	1 832	1 857	1 840	1 948
	子长	1 225	5 021	4 606	3 881	4 420	4 528
	小计	12 808	57 944	49 520	46 686	44 832	50 365
山　西	偏关	1 097	3 110	1 811	1 262	4 467	2 742
	神池	21	74	44	34	49	52
	五寨	10	35	21	16	24	25
	河曲	993	4 478	2 687	2 072	3 002	3 184
	保德	674	3 532	1 943	1 456	2 164	2 383
	兴县	1 751	11 686	8 262	6 530	7 497	8 755
	临县	1 762	10 846	8 285	7 108	7 195	8 554
	离石	6	44	36	34	29	36
	柳林	36	128	100	91	82	103
	小计	6 350	33 932	23 189	18 604	24 508	25 835
总计		20 633	96 310	77 029	68 215	72 226	79 895

表 9-47　治理三区行政分区地表水资源量成果

省(区)	县(旗、区、市)	面积(km²)	年均地表水资源量(万 m³)				
			1956~1969	1970~1979	1980~1989	1990~2000	1956~2000
甘　肃	环县	6 992	18 548	17 532	16 357	17 096	17 480
	庆城	1 543	4 467	4 060	3 711	3 697	4 021
	华池	1 774	4 625	4 437	4 171	4 432	4 435
	镇原	145	576	452	378	292	435
	小计	10 454	28 215	26 481	24 617	25 517	26 371
宁　夏	盐池	415	433	415	390	415	415
内蒙古	和林格尔	246	813	592	385	593	615
	清水河	1 578	5 244	3 553	2 506	3 956	3 945
	东胜	149	424	395	360	298	372
	达旗	61	187	174	151	120	160
	伊旗	302	2 354	2 196	2 003	1 657	2 070
	准旗	573	1 810	1 879	1 384	1 134	1 565
	小计	2 909	10 833	8 789	6 789	7 759	8 728
陕　西	神木	607	5 433	5 044	4 587	3 862	4 774
	佳县	48	286	240	221	203	241
	榆阳	50	492	395	314	270	377
	横山	293	1 363	1 153	1 096	1 015	1 172
	靖边	786	3 481	3 078	3 108	2 815	3 146
	定边	3 123	8 425	8 069	8 182	7 704	8 116
	吴旗	3 764	9 940	9 687	10 597	8 940	9 785
	吴堡	54	322	265	249	227	270
	绥德	99	518	438	417	386	445
	清涧	667	3 099	2 843	2 357	2 696	2 779
	志丹	1 548	5 445	5 341	5 919	4 999	5 418
	安塞	182	612	515	521	517	547
	宝塔	924	3 105	2 609	2 643	2 619	2 773
	子长	888	3 323	3 234	2 488	3 283	3 108
	延川	1 941	7 206	6 877	5 501	6 920	6 684
	延长	1 755	6 010	5 138	5 050	5 127	5 387
	小计	16 729	59 059	54 926	53 249	51 583	55 022
山　西	偏关	169	454	262	177	751	422
	神池	65	229	137	106	153	162
	五寨	256	970	550	415	601	663
	河曲	184	704	423	326	472	501
	保德	91	569	265	206	463	395
	兴县	580	4 580	3 017	1 792	1 664	2 900
	临县	1 066	6 489	5 226	4 888	4 250	5 305
	离石	506	4 990	3 877	3 041	2 577	3 719
	方山	81	763	599	491	417	582
	柳林	1 254	6 666	4 653	3 755	3 295	4 748
	中阳	633	4 678	2 260	1 717	1 557	2 719
	石楼	1 624	10 707	5 704	4 860	4 563	6 794
	永和	1 217	8 050	6 207	5 177	4 299	6 085
	大宁	631	4 359	3 032	2 180	1 756	2 944
	隰县	299	2146	1536	1 155	939	1 495
	小计	8 656	56 353	37 746	30 284	27 757	39 435
总计		39 163	154 893	128 357	115 329	113 030	129 971

表 9-48　多沙粗沙区行政分区地表水资源量成果

省(区)	县(旗、区、市)	面积(km²)	年均地表水资源量(万 m³)				
			1956 ~ 1969	1970 ~ 1979	1980 ~ 1989	1990 ~ 2000	1956 ~ 2000
甘　肃	环县	6 992	18 548	17 532	16 357	17 096	17 480
	庆城	1 543	4 467	4 060	3 711	3 697	4 021
	华池	1 774	4 625	4 437	4 171	4 432	4 435
	镇原	145	576	452	378	292	435
	小计	10 454	28 215	26 481	24 617	25 517	26 371
宁　夏	盐池	415	433	415	390	415	415
内蒙古	和林格尔	246	813	592	385	593	615
	清水河	1 975	6 510	4 380	3 193	5 029	4 938
	东胜	173	492	459	418	346	432
	达旗	111	327	305	261	205	277
	伊旗	654	5 615	5 237	4 777	3 953	4 938
	准旗	6 017	27 602	25 669	19 858	15 315	22 448
	小计	9 176	41 359	36 640	28 892	25 442	33 649
陕　西	府谷	3 212	23 783	19 380	17 411	14 948	19 229
	神木	4 294	38 980	35 722	32 580	27 693	34 075
	佳县	1 792	11 340	9 158	7 762	6 836	8 959
	米脂	1 212	6 365	5 376	5 076	4 709	5 454
	子长	2 405	9 696	8 987	7 455	8 716	8 801
	榆阳	1 318	9 081	7 758	6 954	6 375	7 653
	横山	2 997	13 937	11 796	11 215	10 384	11 988
	靖边	3 227	14 782	12 645	12 269	11 349	12 910
	定边	3 123	8 425	8 069	8 182	7 704	8 116
	吴旗	3 776	9 995	9 734	10 642	8 981	9 833
	子洲	2 043	9 489	8 038	7 633	7 081	8 165
	吴堡	428	2 555	2 104	1 971	1 798	2 140
	绥德	1 878	9 936	8 439	7 910	7 398	8 533
	清涧	1 881	9 186	8 063	7 178	7 321	8 034
	志丹	2 107	7 635	7 180	7 785	6 846	7 374
	安塞	2 586	8 946	7 582	7 533	7 539	7 985
	宝塔	1 573	5 286	4 441	4 500	4 459	4 721
	延川	1 941	7 206	6 877	5 501	6 920	6 684
	延长	1 755	6 010	5 138	5 050	5 127	5 387
	小计	43 548	212 633	186 489	174 607	162 185	186 041
山　西	偏关	1 266	3 565	2 073	1 439	5 218	3 165
	神池	86	302	181	140	203	215
	五寨	266	1 005	571	431	625	688
	河曲	1 177	5 183	3 109	2 398	3 474	3 685
	保德	765	4 101	2 208	1 662	2 627	2 778
	兴县	2 331	16 266	11 279	8 322	9 161	11 655
	临县	2 828	17 335	13 510	11 996	11 445	13 859
	离石	512	5 033	3 912	3 075	2 606	3 755
	方山	81	763	599	491	417	582
	柳林	1 290	6 793	4 754	3 846	3 377	4 850
	中阳	633	4 678	2 260	1 717	1 557	2 719
	石楼	1 624	10 707	5 704	4 860	4 563	6 794
	永和	1 217	8 050	6 207	5 177	4 299	6 085
	大宁	631	4 359	3 032	2 180	1 756	2 944
	隰县	299	2 146	1 536	1 155	939	1 495
	小计	15 006	90 286	60 934	48 888	52 264	65 270
总计		78 599	372 925	310 960	277 394	265 823	311 746

第五节 地下水资源量

水资源由地表水和地下水两部分构成,它们之间密切联系、相互转化、互为依存,是一个共生的整体。要想弄清一个地区的水资源总量,必须清楚它们之间的转化关系,分别计算地表水资源、地下水资源和地表水与地下水间的重复计算量。也就是说,分析一个地区与地表水不重复的地下水资源量,是求算该地区水资源总量的关键所在。

多沙粗沙区年均地下水资源量(山丘区降水入渗补给量)为 13.74 亿 m^3,其中与地表水重复的年均地下水资源量(降水入渗补给量形成的河道排泄量或河川基流量)为 10.98 亿 m^3,与地表水不重复的年均地下水资源量为 2.75 亿 m^3,见表 9-49。

表 9-49　多沙粗沙区 1956～2000 年多年平均地下水资源量成果

区域	面积(km^2)	地下水资源量(降水入渗补给量)(万 m^3/a)	河川基流量(降水入渗补给量形成的河道排泄量)(万 m^3/a)	与地表水不重复的地下水资源量(万 m^3/a)
治理一区	18 803	30 067	28 346	1 721
治理二区	20 633	45 888	31 231	14 657
治理三区	39 163	61 396	50 250	11 147
多沙粗沙区	78 599	137 351	109 827	27 524

由于本节分析地下水资源量的目的是满足推算分区水资源总量的需要,同时考虑资料方面的限制,以下有关地下水资源量的推算及分析内容,全部为与地表水不重复的地下水资源量。

一、计算方法

根据黄河流域(片)第二次水资源评价中黄河流域地下水资源调查评价成果——1956～2000 年黄河流域计算分区(四级流域分区套地级行政分区)降水入渗补给量(山丘区地下水资源量)及其形成的河道排泄量系列成果,结合多沙粗沙区各治理分区的分区成果,采用模数类比的办法,分别推算出 1956～2000 年多沙粗沙区各治理分区与地表水不重复的地下水资源量系列成果。

具体采用黄河流域(片)第二次水资源评价中黄河流域的计算分区——四级流域分区套地级行政分区的分区图,与多沙粗沙区各治理分区的计算单元——支流(包括未控区间)套县级行政区的分区图进行套绘,分别利用以上两种分区切割的分区单元的面积与其所在四级流域分区套地级行政区中与地表水不重复的地下水资源量模数相乘,可分别推算出 1956～2000 年多沙粗沙区各治理分区与地表水不重复的地下水资源量系列成果。

按照黄河流域(片)第二次水资源评价有关技术文件要求,在多沙粗沙区各治理分区,均按照山丘区进行地下水资源评价,这些地区与地表水不重复的地下水资源量包括地下水开采净消耗量、山前侧向流出量和未计入河川径流的山前泉水溢出量。现就多沙粗沙区各治理分区与地表水不重复的地下水资源量分述如下。

二、多沙粗沙区治理一区与地表水不重复的地下水资源量

多沙粗沙区治理一区多年平均与地表水不重复的地下水资源量为 1 721 万 m^3,其中内蒙古为 686 万 m^3,占治理一区与地表水不重复的地下水资源量的 39.8%,其余全部为陕西的。治理一区行政分区和流域分区不同年代均值与地表水不重复的地下水资源量分别见表 9-50 和表 9-51。

表 9-50　多沙粗沙区治理一区行政分区与地表水不重复的地下水资源量成果

省(区)	县(旗、区、市)	面积(km^2)	与地表水不重复的地下水资源量(万 m^3/a)					
			1956 ~ 1969	1970 ~ 1979	1980 ~ 1989	1990 ~ 2000	1970 ~ 2000	1956 ~ 2000
内蒙古	达旗	4	1	0	1	1	1	1
	伊旗	352	56	18	49	74	48	50
	准旗	4 436	709	230	613	930	602	635
	小计	4 792	765	248	662	1 004	650	686
陕　西	安塞	310	0	0	2	5	2	2
	府谷	3 061	10	10	93	202	105	76
	横山	431	72	72	72	78	74	74
	佳县	1 372	11	11	47	95	52	39
	靖边	1 454	227	227	230	247	235	233
	米脂	177	26	26	27	30	28	27
	清涧	739	122	122	122	132	126	125
	神木	3 569	12	12	109	235	122	88
	绥德	1 039	172	172	172	187	177	175
	榆阳区	1 170	115	115	129	155	134	128
	子长	292	0	0	0	5	2	1
	子洲	397	67	67	67	72	69	68
	小计	14 011	834	834	1 070	1 442	1 126	1 035
总计		18 803	1 599	1 082	1 732	2 447	1 776	1 721

(一)地区分布

治理一区多年平均与地表水不重复的地下水资源量模数为 0.09 万 m^3/(km^2·a)。按行政分区,内蒙古和陕西与地表水不重复的地下水资源量模数分别为 0.14 万 m^3/(km^2·a)和 0.07 万 m^3/(km^2·a);在各县级行政区,以陕西横山县、清涧县、绥德县和子州县的 0.17 万 m^3/(km^2·a)为最大,其次为内蒙古的达拉特旗、伊金霍洛旗、准格尔旗的 0.14 万 m^3/(km^2·a),与地表水不重复的地下水资源相对比较丰富;陕西安塞县、府谷县、神木县和子

表 9-51 多沙粗沙区治理一区流域分区与地表水不重复的地下水资源量成果

河流名称	省(区)	面积(km²)	与地表水不重复的地下水资源量(万 m³/a)					
			1956 ~ 1969	1970 ~ 1979	1980 ~ 1989	1990 ~ 2000	1970 ~ 2000	1956 ~ 2000
皇甫川	内蒙古	2 783	445	144	385	583	378	398
	陕 西	412	1	1	13	27	14	10
	小 计	3 195	446	146	397	610	392	409
清水川	内蒙古	296	47	15	41	62	40	42
	陕 西	585	2	2	18	39	20	14
	小 计	881	49	17	59	101	60	57
窟野河	内蒙古	1 193	191	62	165	250	162	171
	陕 西	2 808	9	9	86	185	96	69
	小 计	4 001	200	71	250	435	258	240
秃尾河	陕 西	1 088	4	4	33	72	37	27
佳芦河	陕 西	932	3	3	28	61	32	23
无定河	陕 西	5 253	805	805	806	879	832	823
石马川	陕 西	241	1	1	7	16	8	6
孤山川	内蒙古	314	50	16	43	66	43	45
	陕 西	954	3	3	29	63	33	24
	小 计	1 268	53	20	73	129	75	69
乌龙河	陕 西	101	0	0	3	7	4	3
清涧河	陕 西	30	0	0	1	1	0	0
延 河	陕 西	235	0	0	4	4	3	2
河龙区间已控区	内蒙古	4 586	733	238	634	961	622	656
	陕 西	12 639	829	829	1 028	1 352	1 079	1 001
	小 计	17 225	1 562	1 067	1 661	2 313	1 701	1 658
河龙区间未控区	内蒙古	206	33	11	29	43	28	30
	陕 西	1 372	5	5	42	90	47	34
	小 计	1 578	38	15	70	134	75	63
治理一区合计	内蒙古	4 792	765	248	662	1 004	650	686
	陕 西	14 011	834	834	1 070	1 442	1 126	1 035
	小 计	18 803	1 599	1 082	1 732	2 447	1 776	1 721

长县为最小，均小于 0.01 万 $m^3/(km^2 \cdot a)$，与地表水不重复的地下水资源相对比较贫乏。按流域分区，以位于陕西境内无定河流域的 0.16 万 $m^3/(km^2 \cdot a)$为最大，其次为位于内蒙古境内皇甫川流域的 0.13 万 $m^3/(km^2 \cdot a)$，与地表水不重复的地下水资源相对比较丰富；位于陕西境内的清涧河流域和延河流域为最小，均仅为 0.01 万 $m^3/(km^2 \cdot a)$，与地表水不重复的地下水资源相对比较贫乏。

（二）年代变化

将 1956~2000 年分别划分为 1956~1969 年（代表 20 世纪 50、60 年代）、1970~1979 年（70 年代）、1980~1989 年（80 年代）和 1990~2000 年（90 年代）等四个年代，分别统计以上各年代以及 1970~2000 年、1956~2000 年多年与地表水不重复的地下水资源量平均值，并绘制各年代以及 1970~2000 年、1956~2000 年多年平均与地表水不重复的地下水资源量柱状图（见图 9-15），以期分析治理一区与地表水不重复的地下水资源量的年代变化情况。

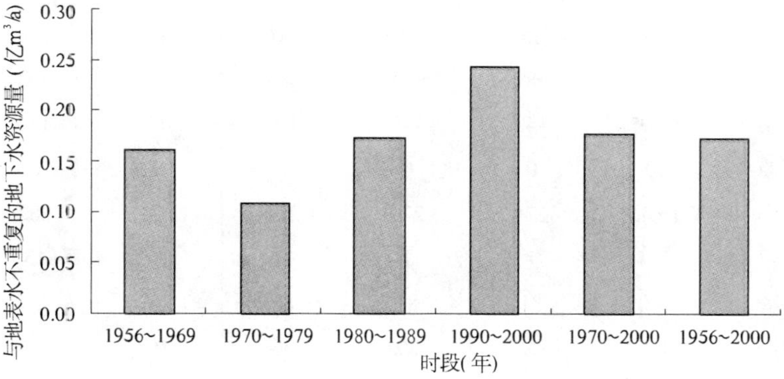

图 9-15　治理一区与地表水不重复的地下水资源量年代变化柱状图

根据图 9-15 并结合治理一区所在地区山区地下水的开发利用状况可以得出：在 20 世纪 50、60 年代人们开发利用地下水较少且人类活动对山区下垫面的影响也较小，山区与地表水不重复的地下水资源主要以山前侧向流出量和泉水自然出露溢出的形式存在，相对比较丰富；70 年代以后，人类活动影响越来越大，尤其人民生活以及工农业生产对水资源（其地下水用水消耗量均为与地表水不重复的地下水资源）需求增加，地下水开采量增大，地下水用水消耗量增大，从而使得山区与地表水不重复的地下水资源量的增多。到 90 年代，与地表水不重复的地下水资源量达到了最大。

三、多沙粗沙区治理二区与地表水不重复的地下水资源量

治理二区多年平均与地表水不重复的地下水资源量为 14 657 万 m^3，其中内蒙古为 1 085万 m^3，占治理二区与地表水不重复的地下水资源量的 7.4%；陕西为 1 146 万 m^3，占 7.8%；其余全部为山西的。治理二区行政分区和流域分区各年代与地表水不重复的地下水资源量分别见表 9-52 和表 9-53。

表 9-52　治理二区行政分区与地表水不重复的地下水资源量成果

省(区)	县(旗、区、市)	面积(km²)	与地表水不重复的地下水资源量(万 m³/a)					
			1956 ~ 1969	1970 ~ 1979	1980 ~ 1989	1990 ~ 2000	1970 ~ 2000	1956 ~ 2000
内蒙古	清水河	397	848	1 185	749	969	968	931
	东胜区	24	4	1	3	5	3	3
	达旗	46	7	2	6	10	6	7
	准旗	1 008	161	52	139	211	137	144
	小计	1 475	1 020	1 241	898	1 195	1 114	1 085
陕西	府谷	149	1	1	5	10	5	4
	神木	120	0	0	4	8	4	3
	佳县	372	1	1	11	25	13	9
	米脂	1 035	141	141	145	162	150	147
	榆阳区	98	15	15	16	17	16	16
	横山	2 273	381	381	381	412	392	389
	靖边	1 497	140	140	159	163	154	150
	吴旗	12	0	0	0	0	0	0
	子洲	1 646	274	274	274	296	282	279
	吴堡	374	1	1	11	25	13	9
	绥德	740	81	81	88	92	87	85
	清涧	475	29	29	36	36	34	32
	志丹	559	0	0	6	8	5	3
	安塞	2 094	0	0	22	31	18	12
	宝塔区	139	0	0	1	2	1	1
	子长	1 225	0	0	8	18	9	6
	小计	12 808	1 064	1 064	1 167	1 304	1 182	1 145
山西	偏关	1 097	4 279	4 271	4 253	4 284	4 270	4 273
	神池	21	82	82	81	82	82	82
	五寨	10	39	39	39	39	39	39
	河曲	993	3 873	3 866	3 850	3 878	3 865	3 867
	保德	674	2 629	2 624	2 613	2 632	2 623	2 625
	兴县	1 751	765	757	754	756	756	759
	临县	1 762	770	762	759	761	761	764
	离石区	6	3	3	3	3	3	3
	柳林	36	16	16	16	16	16	16
	小计	6 350	12 455	12 419	12 368	12 449	12 413	12 426
总计		20 633	14 539	14 723	14 433	14 949	14 710	14 657

表 9-53　多沙粗沙区治理二区流域分区与地表水不重复的地下水资源量成果

河流名称	省(区)	面积(km^2)	与地表水不重复的地下水资源量(万 m^3/a)					
			1956~1969	1970~1979	1980~1989	1990~2000	1970~2000	1956~2000
皇甫川	内蒙古	17	3	1	2	4	2	2
	陕　西	22	0	0	1	2	1	1
	小　计	39	3	1	3	5	3	3
杨家川	内蒙古	199	425	594	375	486	485	466
偏关河	内蒙古	47	100	140	89	115	115	110
	山　西	656	2 559	2 554	2 543	2 562	2 553	2 555
	小　计	703	2 659	2 694	2 632	2 677	2 668	2 665
窟野河	内蒙古	54	9	3	8	11	7	8
	陕　西	173	1	1	5	11	6	4
	小　计	227	9	3	13	23	13	12
秃尾河	陕　西	3	0	0	0	0	0	0
佳芦河	陕　西	10	0	0	0	1	0	0
无定河	陕　西	6 821	1 060	1 060	1 061	1 155	1 094	1 084
县川河	山　西	621	2 422	2 418	2 408	2 425	2 417	2 419
朱家川	山　西	120	468	467	465	469	467	467
岚漪河	山　西	284	180	178	178	178	178	179
蔚汾河	山　西	351	153	152	151	152	152	152
石马川	陕　西	2	0	0	0	0	0	0
孤山川	内蒙古	4	1	0	1	1	1	1
清凉寺沟	山　西	256	112	111	110	111	111	111
湫水河	山　西	345	151	149	149	149	149	150
乌龙河	陕　西	276	1	1	8	18	10	7
清涧河	陕　西	964	0	0	10	14	8	6
延　河	陕　西	3 321	0	0	46	49	32	22
河龙区间已控区	内蒙古	321	538	738	474	616	610	587
	山　西	2 633	6 044	6 029	6 004	6 045	6 026	6 032
	陕　西	11 592	1 062	1 062	1 132	1 250	1 151	1 124
	小　计	14 546	7 644	7 829	7 610	7 911	7 787	7 743
河龙区间未控区	内蒙古	1 154	483	503	423	579	504	498
	山　西	3 717	6 411	6 390	6 364	6 405	6 387	6 394
	陕　西	1 201	2	2	34	52	30	22
	小　计	6 072	6 896	6 895	6 822	7 036	6 921	6 913
河龙区间	内蒙古	1 475	1 020	1 241	898	1 195	1 114	1 085
	山　西	6 350	12 455	12 419	12 368	12 449	12 413	12 426
	陕　西	12 793	1 064	1 064	1 166	1 302	1 183	1 145
	小　计	20 618	14 539	14 723	14 432	14 947	14 709	14 656
北洛河刘家河以上	陕　西	15	0	0	1	1	1	1
治理二区合计	内蒙古	1 475	1 020	1 241	898	1 195	1 114	1 085
	山　西	6 350	12 455	12 419	12 368	12 449	12 413	12 426
	陕　西	12 808	1 064	1 064	1 167	1 304	1 182	1 146
	总　计	20 633	14 539	14 723	14 433	14 949	14 710	14 657

（一）地区分布

治理二区多年平均与地表水不重复的地下水资源量模数为0.71万 $m^3/(km^2·a)$，与治理一区相比，与地表水不重复的地下水资源量模数有所提高。据山西有关资料分析，主要是由于治理二区所在的山西境内有较大范围的岩溶分布，岩溶泉水比较丰富，而岩溶泉水汇流后直接在黄河干流河道出露后汇入黄河所致。按行政分区，山西、内蒙古和陕西与地表水不重复的地下水资源量模数分别为1.96万 $m^3/(km^2·a)$、0.74万 $m^3/(km^2·a)$和0.09万 $m^3/(km^2·a)$；在各县级行政区，以山西偏关县、神池县、五寨县、河曲县和保德县为最大，均为3.89万 $m^3/(km^2·a)$，其次为内蒙古的清水河县，为2.34万 $m^3/(km^2·a)$，与地表水不重复的地下水资源相对比较丰富；陕西佳县、神木县、府谷县、吴旗县、吴堡县、清涧县、志丹县、安塞县、宝塔区和子长县为最小，均小于0.01万 $m^3/(km^2·a)$，与地表水不重复的地下水资源相对比较贫乏。按流域分区，以位于山西境内县川河和朱家川流域的3.89万 $m^3/(km^2·a)$为最大，其次为跨内蒙古和山西的偏关河流域的3.79万 $m^3/(km^2·a)$，与地表水不重复的地下水资源相对比较丰富；跨内蒙古和陕西的皇甫川和窟野河、位于陕西境内的清涧河流域和延河流域为最小，仅为0.01万 $m^3/(km^2·a)$，与地表水不重复的地下水资源相对比较贫乏。

（二）年代变化

分别统计1956～2000年的1956～1969年（代表20世纪50、60年代）、1970～1979年（70年代）、1980～1989年（80年代）和1990～2000年（90年代）等四个年代以及1970～2000年、1956～2000年多年与地表水不重复的地下水资源量平均值，并绘制各年代以及1970～2000年、1956～2000年多年平均与地表水不重复的地下水资源量柱状图（见图9-16），以期分析治理二区与地表水不重复的地下水资源量的年代变化情况。

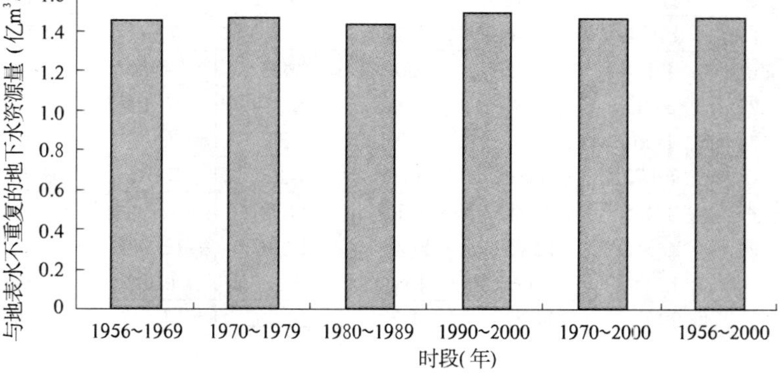

图9-16 治理二区与地表水不重复的地下水资源量年代变化柱状图

据图9-16，多沙粗沙区治理二区在20世纪50、60年代和70年代、80年代、90年代等分别四个年代与地表水不重复的地下水资源量平均值之间比较接近，但随着时间的推移，总体呈增大趋势，到了 90 年代，与地表水不重复的地下水资源量达到了最大，主要原因为人民生活以及工农业生产对水资源(其地下水用水消耗量均为与地表水不重复的地下水资源)需求增加。

四、多沙粗沙区治理三区与地表水不重复的地下水资源量

治理三区多年平均与地表水不重复的地下水资源量为 11 147 万 m^3，其中甘肃为 845 万 m^3，占治理三区与地表水不重复的地下水资源量的 7.6%；宁夏的盐池县没有计算与地表水不重复的地下水资源量，也就是说，其所在地区的地下水资源全部为地表水资源量重复；内蒙古为 4 431 万 m^3，占 39.7%；陕西为 554 万 m^3，占 5.0%，其余全部为山西的。治理三区行政分区和流域分区不同年代均值与地表水不重复的地下水资源量分别见表 9-54 和表 9-55。

(一)地区分布

治理三区多年平均与地表水不重复的地下水资源量模数为 0.28 万 $m^3/(km^2 \cdot a)$，介于治理一区与治理二区之间，甘肃、内蒙古、陕西和山西与地表水不重复的地下水资源量模数分别为 0.08 万 $m^3/(km^2 \cdot a)$、1.52 万 $m^3/(km^2 \cdot a)$、0.03 万 $m^3/(km^2 \cdot a)$和 0.61 万 $m^3/(km^2 \cdot a)$；在各县级行政区，以山西偏关县、神池县、五寨县、河曲县、保德县与地表水不重复的地下水资源量模数最大，均为 3.89 万 $m^3/(km^2 \cdot a)$，其次为内蒙古的和林格尔县和清水河县的 2.34 万 $m^3/(km^2 \cdot a)$，与地表水不重复的地下水资源相对比较丰富，同样是由于岩溶泉水的影响所致；除宁夏回族盐池县为 0 外，陕西安塞县和子长县为最小，均为 0.01 万 $m^3/(km^2 \cdot a)$，与地表水不重复的地下水资源相对比较贫乏。按流域分区，以位于山西境内的县川河和朱家川流域的 3.89 万 $m^3/(km^2 \cdot a)$为最大，其次为跨内蒙古和山西的偏关河流域的 3.35 万 $m^3/(km^2 \cdot a)$，与地表水不重复的地下水资源相对比较丰富；位于陕西境内的清涧河流域和延河流域为最小，仅为 0.01 万 $m^3/(km^2 \cdot a)$，与地表水不重复的地下水资源相对比较贫乏。

(二)年代变化

分别统计 1956 ~ 2000 年的 1956 ~ 1969 年(代表 20 世纪 50、60 年代)、1970 ~ 1979 年(70 年代)、1980 ~ 1989 年(80 年代)和 1990 ~ 2000 年(90 年代)等四个年代以及 1970 ~ 2000 年、1956 ~ 2000 年多年与地表水不重复的地下水资源量平均值，并绘制各年代以及 1970 ~ 2000 年、1956 ~ 2000 年多年平均与地表水不重复的地下水资源量柱状图(见图 9-17)，以期分析治理三区与地表水不重复的地下水资源量的年代变化情况。

据图 9-17，治理三区在 20 世纪 50、60 年代和 70 年代、80 年代、90 年代等分别四个年代与地表水不重复的地下水资源量平均值之间相比较，随着时间的推移，明显呈增大趋势，到了 90 年代，与地表水不重复的地下水资源量达到了最大，主要是由于人民生活以及

表 9-54　多沙粗沙区治理三区行政分区与地表水不重复的地下水资源量

省(区)	县 (旗、区、市)	面积 (km²)	与地表水不重复的地下水资源量(万 m³/a)					
			1956～1969	1970～1979	1980～1989	1990～2000	1970～2000	1956～2000
甘　肃	环县	6 992	307	265	766	985	682	565
	庆城市	1 543	68	59	169	217	151	125
	华池	1 774	78	67	194	250	173	143
	镇原	145	6	6	16	20	14	12
	小计	10 454	459	397	1 145	1 473	1 020	845
宁　夏	盐池	415	0	0	0	0	0	0
内蒙古	和林格尔	246	526	734	464	601	600	577
	清水河	1 578	3 371	4 709	2 977	3 853	3 847	3 699
	东胜区	149	24	8	21	31	20	21
	达旗	61	10	3	8	13	8	9
	伊旗	302	48	16	42	63	41	43
	准旗	573	92	30	79	120	78	82
	小计	2 909	4 070	5 500	3 590	4 681	4 593	4 431
陕　西	神木	607	2	2	19	40	21	15
	佳县	48	7	7	7	8	7	7
	子长	888	0	0	9	13	8	5
	榆阳区	50	0	0	2	3	2	1
	横山	293	49	49	49	53	51	50
	靖边	786	72	72	88	101	87	82
	定边	3 123	52	52	126	184	122	100
	吴旗	3 764	0	0	273	386	225	155
	吴堡	54	0	0	2	4	2	1
	绥德	99	17	17	17	18	17	17
	清涧	667	22	22	29	32	28	26
	志丹	1 548	0	0	115	161	94	65
	安塞	182	0	0	2	3	2	1
	宝塔区	924	0	0	10	13	8	5
	延川	1 941	0	0	20	28	17	11
	延长	1 755	0	0	18	26	15	10
	小计	16 729	220	220	784	1 072	704	554
山　西	偏关	169	659	658	655	660	658	658
	神池	65	254	253	252	254	253	253
	五寨	256	999	997	993	1 000	996	997
	河曲	184	718	716	713	719	716	717
	保德	91	355	354	353	355	354	354
	兴县	580	254	251	250	250	250	251
	临县	1 066	466	461	459	460	460	462
	离石区	506	165	176	117	246	182	177
	方山	81	29	30	24	38	31	31
	柳林	1 254	408	436	291	610	451	438
	中阳	633	206	220	147	308	228	221
	石楼	1 624	529	564	377	790	584	567
	永和	1 217	97	108	91	141	115	109
	大宁	631	50	56	47	73	59	57
	隰县	299	24	27	22	35	28	27
	小计	8 656	5 211	5 307	4 792	5 938	5 365	5 317
总计		39 163	9 959	11 423	10 312	13 165	11 683	11 147

表 9-55　多沙粗沙区治理三区流域分区与地表水不重复的地下水资源量成果

河流名称	省(区)	面积(km²)	与地表水不重复的地下水资源量(万 m³/a)					
			1956～1969	1970～1979	1980～1989	1990～2000	1970～2000	1956～2000
浑　河	内蒙古	1 127	2 408	3 363	2 126	2 752	2 747	2 642
皇甫川	内蒙古	12	2	1	2	3	2	2
清水川	内蒙古	2	0	0	0	0	0	0
杨家川	内蒙古	546	1 166	1 629	1 030	1 333	1 331	1 280
偏关河	内蒙古	66	141	197	124	161	161	155
	山　西	123	480	479	477	480	479	479
	小　计	189	621	676	601	641	640	634
窟野河	内蒙古	719	115	37	99	151	98	103
	陕　西	509	2	2	16	34	17	13
	小　计	1 228	117	39	115	184	115	115
秃尾河	陕　西	113	0	0	3	7	4	3
佳芦河	陕　西	43	0	0	1	3	1	1
无定河	陕　西	1 679	218	218	218	241	226	223
县川河	山　西	487	1 899	1 896	1 888	1 902	1 896	1 897
朱家川	山　西	63	246	245	244	246	245	245
岚漪河	山　西	139	237	237	236	237	236	237
蔚汾河	山　西	459	201	198	198	198	198	199
清凉寺沟	山　西	30	13	13	13	13	13	13
湫水河	山　西	1 076	463	460	451	468	460	461
三种河	山　西	1 356	442	471	315	659	488	473
屈产河	山　西	1 074	350	373	249	522	386	375
昕水河	山　西	720	59	66	55	86	69	66
清涧河	陕　西	3 086	0	0	32	45	26	18
延　河	陕　西	3 129	0	0	35	46	27	19
河龙区间已控区	内蒙古	2 472	3 832	5 228	3 381	4 400	4 338	4 181
	山　西	5 527	4 389	4 438	4 126	4 811	4 470	4 445
	陕　西	8 559	220	220	304	376	303	277
	小　计	16 558	8 441	9 886	7 812	9 587	9 111	8 903
河龙区间未控区	内蒙古	437	238	272	209	281	255	250
	山　西	3 129	822	869	666	1 127	895	872
	陕　西	354	0	0	7	8	5	4
	小　计	3 920	1 060	1 141	882	1 416	1 155	1 125
河龙区间	内蒙古	2 909	4 070	5 500	3 590	4 681	4 593	4 431
	山　西	8 656	5 211	5 307	4 792	5 938	5 365	5 317
	陕　西	8 913	220	220	311	384	308	280
	小　计	20 478	9 501	11 027	8 694	11 004	10 266	10 028
北洛刘家河以上	陕　西	6 293	0	0	473	688	397	273
蒲河巴家嘴以上	甘　肃	925	41	35	101	130	90	75
马莲河庆城以上	甘　肃	9 529	418	362	1 044	1 343	930	771
	宁　夏	415	0	0	0	0	0	0
	陕　西	1 523	0	0	0	0	0	0
	小　计	11 467	418	362	1 044	1 343	930	771
泾河水系	甘　肃	10 454	459	397	1 145	1 473	1 020	845
	宁　夏	415	0	0	0	0	0	0
	陕　西	1 523	0	0	0	0	0	0
	小　计	12 392	459	397	1 145	1 473	1 020	845
龙三区间	甘　肃	10 454	459	397	1 145	1 473	1 020	845
	宁　夏	415	0	0	0	0	0	0
	陕　西	7 816	0	0	473	688	397	273
	小　计	18 685	459	397	1 618	2 161	1 417	1 119
治理三区合计	甘　肃	10 454	459	397	1 145	1 473	1 020	845
	宁　夏	415	0	0	0	0	0	0
	内蒙古	2 909	4 070	5 500	3 590	4 681	4 593	4 431
	山　西	8 656	5 211	5 307	4 792	5 938	5 365	5 317
	陕　西	16 729	220	220	784	1 072	704	554
	小　计	39 163	9 959	11 423	10 312	13 165	11 683	11 147

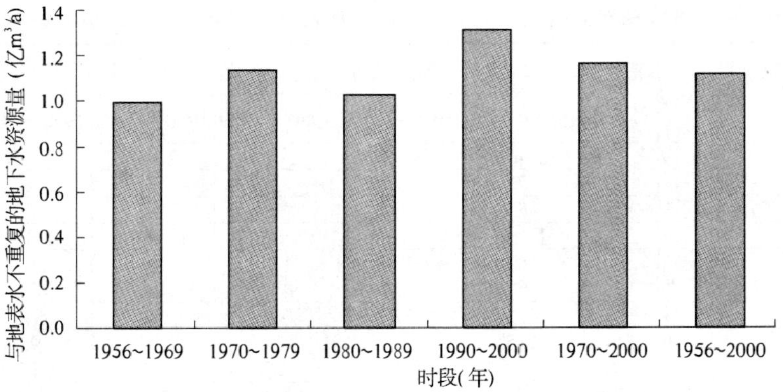

图 9-17　治理三区与地表水不重复的地下水资源量年代变化柱状图

工农业生产开发利用地下水增加、地下水用水消耗量增大所致。

五、多沙粗沙区与地表水不重复的地下水资源量

多沙粗沙区多年平均与地表水不重复的地下水资源量为 27 524 万 m³,其中甘肃为 845 万 m³,占多沙粗沙区与地表水不重复的地下水资源量的 3.1%;宁夏的盐池县没有计算与地表水不重复的地下水资源量,也就是说,其所在地区的地下水资源全部为地表水资源量重复;内蒙古为 6 201 万 m³,占 22.5%;陕西为 2 734 万 m³,占 9.9%;其余全部为山西的。多沙粗沙区行政分区和流域分区不同年代均值与地表水不重复的地下水资源量分别见表 9-56 和表 9-57。

(一)地区分布

多沙粗沙区多年平均与地表水不重复的地下水资源量模数为 0.35 万 m³/(km²·a),甘肃、内蒙古、陕西和山西与地表水不重复的地下水资源量模数分别为 0.08 万 m³/(km²·a)、0.68 万 m³/(km²·a)、0.06 万 m³/(km²·a)和 1.18 万 m³/(km²·a)。在各县级行政区,以山西偏关县、神池县、五寨县、河曲县、保德县与地表水不重复的地下水资源量模数最大,均为 3.89 万 m³/(km²·a),其次为内蒙古的和林格尔县和清水河县的 2.34 万 m³/(km²·a),与地表水不重复的地下水资源相对比较丰富,是由于岩溶泉水的分配量所致;除宁夏回族盐池县为 0 外,陕西安塞县、宝塔区、延川县、延长县和子长县为最小,均为 0.01 万m³/(km²·a),与地表水不重复的地下水资源相对比较贫乏。

按流域分区,以位于山西境内的县川河和朱家川流域的 3.89 万 m³/(km²·a)为最大,其次为跨内蒙古和山西的偏关河流域的 3.70 万 m³/(km²·a),与地表水不重复的地下水资源相对比较丰富,同样是由于岩溶泉水的影响所致;位于陕西境内的清涧河流域和延河流域为最小,仅为 0.01 万 m³/(km²·a),与地表水不重复的地下水资源相对比较贫乏。

表 9-56　多沙粗沙区行政分区与地表水不重复的地下水资源量成果

省(区)	县(旗、区、市)	面积(km^2)	与地表水不重复的地下水资源量(万 m^3/a)					
			1956~1969	1970~1979	1980~1989	1990~2000	1970~2000	1956~2000
甘　肃	环县	6 992	307	265	766	985	682	565
	庆城市	1 543	68	59	169	217	151	125
	华池	1 774	78	67	194	250	173	144
	镇原	145	6	6	16	20	14	12
	小计	10 454	459	397	1 145	1 473	1 020	845
宁　夏	盐池	415	0	0	0	0	0	0
内蒙古	和林格尔	246	526	734	464	601	600	577
	清水河	1 975	4 219	5 894	3 725	4 823	4 814	4 629
	东胜区	173	28	9	24	36	24	25
	达旗	111	18	6	15	23	15	16
	伊旗	654	105	34	90	137	89	94
	准旗	6 017	961	312	831	1 261	816	861
	小计	9 176	5 856	6 988	5 150	6 881	6 357	6 201
陕　西	府谷	3 210	11	11	98	212	110	79
	神木	4 296	14	14	131	283	147	106
	佳县	1 792	19	19	65	127	72	55
	米脂	1 212	168	168	172	192	178	175
	子长	2 405	0	0	17	36	18	13
	榆阳区	1 318	131	131	146	176	152	145
	横山	2 997	502	502	503	544	517	512
	靖边	3 737	439	439	477	511	477	465
	定边	3 123	52	52	126	184	122	100
	吴旗	3 776	0	0	273	387	225	155
	子洲	2 043	340	340	341	368	350	347
	吴堡	428	1	1	13	28	15	11
	绥德	1 878	269	269	277	296	281	278
	清涧	1 881	173	173	188	200	187	183
	志丹	2 107	0	0	121	169	99	68
	安塞	2 586	0	0	25	38	22	15
	宝塔区	1 063	0	0	11	16	9	6
	延川	1 941	0	0	20	28	17	11
	延长	1 755	0	0	18	26	15	10
	小计	43 548	2 118	2 118	3 021	3 818	3 012	2 734
山　西	偏关	1 266	4 938	4 929	4 908	4 944	4 928	4 931
	神池	86	335	335	333	336	335	335
	五寨	266	1 038	1 036	1 031	1 039	1 035	1 036
	河曲	1 177	4 591	4 582	4 563	4 596	4 581	4 584
	保德	765	2 984	2 978	2 966	2 987	2 978	2 979
	兴县	2 331	1 019	1 008	1 004	1 006	1 006	1 010
	临县	2 828	1 236	1 223	1 218	1 221	1 221	1 226
	离石区	512	167	178	120	249	185	179
	方山	81	29	30	24	38	31	31
	柳林	1 290	424	451	307	625	466	453
	中阳	633	206	220	147	308	228	221
	石楼	1 624	529	564	377	790	584	567
	永和	1 217	97	108	91	141	115	109
	大宁	631	50	56	47	73	59	57
	隰县	299	24	27	22	35	28	27
	小计	15 006	17 666	17 726	17 160	18 388	17 778	17 743
总　计		78 599	26 098	27 229	26 476	30 560	28 168	27 524

表 9-57 多沙粗沙区流域分区与地表水不重复的地下水资源量成果

河流名称	省(区)	面积 (km^2)	与地表水不重复的地下水资源量(万 m^3/a)					
			1956～1969	1970～1979	1980～1989	1990～2000	1970～2000	1956～2000
浑河	内蒙古	1 127	2 408	3 363	2 126	2 752	2 747	2 642
皇甫川	内蒙古	2 812	449	146	389	589	381	403
	陕西	434	2	2	13	29	15	11
	小计	3 246	451	147	402	618	396	413
清水川	内蒙古	296	47	15	41	62	40	42
	陕西	585	2	2	18	39	20	14
	小计	881	49	17	59	101	60	57
杨家川	内蒙古	745	1 592	2 223	1 405	1 819	1 816	1 746
偏关河	内蒙古	113	241	337	213	276	276	265
	山西	779	3 038	3 033	3 020	3 042	3 032	3 034
	小计	892	3 280	3 370	3 233	3 318	3 308	3 299
窟野河	内蒙古	1 966	314	102	272	412	267	281
	陕西	3 490	12	12	106	230	120	86
	小计	5 456	326	114	378	642	386	368
秃尾河	陕西	1 204	4	4	37	79	41	30
佳芦河	陕西	985	3	3	30	65	34	24
无定河	陕西	13 753	2 083	2 083	2 084	2 275	2 152	2 130
县川河	山西	1 108	4 321	4 314	4 296	4 327	4 313	4 315
朱家川	山西	183	714	713	710	715	712	713
岚漪河	山西	423	417	415	413	415	414	415
蔚汾河	山西	810	354	350	349	350	350	351
石马川	陕西	243	1	1	7	16	8	6
孤山川	内蒙古	314	50	16	43	66	43	45
	陕西	954	3	3	29	63	33	24
	小计	1 268	53	20	73	129	75	69
清凉寺沟	山西	286	125	124	123	124	124	124
湫水河	山西	1 421	614	609	600	617	609	611
三川河	山西	1 356	442	471	315	659	488	473
屈产河	山西	1 074	350	373	249	522	386	375
昕水河	山西	720	59	66	55	86	69	66
乌龙河	陕西	377	1	1	12	25	13	9
青涧河	陕西	4 080	0	0	42	60	35	24
延河	陕西	6 685	0	0	85	98	62	43
河龙区间已控区	内蒙古	7 379	5 102	6 203	4 490	5 978	5 570	5 425
	山西	8 160	10 434	10 467	10 130	10 856	10 496	10 477
	陕西	32 790	2 111	2 111	2 464	2 978	2 533	2 401
	小计	48 329	17 647	18 781	17 083	19 812	18 599	18 303
河龙区间未控区	内蒙古	1 797	754	785	661	903	787	777
	山西	6 846	7 232	7 259	7 031	7 532	7 282	7 267
	陕西	2 927	7	7	83	150	82	59
	小计	11 570	7 993	8 051	7 774	8 586	8 151	8 102
河龙区间	内蒙古	9 176	5 856	6 988	5 150	6 881	6 357	6 201
	山西	15 006	17 666	17 726	17 160	18 388	17 778	17 743
	陕西	35 717	2 118	2 118	2 547	3 129	2 615	2 460
	小计	59 899	25 640	26 832	24 857	28 397	26 750	26 405
北洛河刘家河以上	陕西	6 308	0	0	474	690	398	274
蒲河巴家嘴以上	甘肃	925	41	35	101	130	90	75
马莲河庆城以上	甘肃	9 529	418	362	1 044	1 343	930	771
	宁夏	415	0	0	0	0	0	0
	陕西	1 523	0	0	0	0	0	0
	小计	11 467	11 468	11 469	11 470	11 471	11 472	11 473
泾河水系	甘肃	10 454	459	397	1 145	1 473	1 020	845
	宁夏	415	0	0	0	0	0	0
	陕西	1 523	0	0	0	0	0	0
	小计	12 392	459	397	1 145	1 473	1 020	845
龙三区间	甘肃	10 454	459	397	1 145	1 473	1 020	845
	宁夏	415	0	0	0	0	0	0
	陕西	7 831	0	0	474	690	398	274
	小计	18 700	459	397	1 619	2 163	1 418	1 119
多沙粗沙区合计	甘肃	10 454	459	397	1 145	1 473	1 020	845
	宁夏	415	0	0	0	0	0	0
	内蒙古	9 176	5 856	6 988	5 150	6 881	6 357	6 201
	山西	15 006	17 666	17 726	17 160	18 388	17 778	17 743
	陕西	43 548	2 118	2 118	3 021	3 818	3 012	2 734
	小计	78 599	26 098	27 229	26 476	30 560	28 168	27 525

(二)年代变化

分别统计1956～2000年的1956～1969年(代表20世纪50、60年代)、1970～1979年(70年代)、1980～1989年(80年代)和1990～2000年(90年代)等四个年代以及1970～2000年、1956～2000年多年与地表水不重复的地下水资源量平均值,并绘制各年代以及1970～2000年、1956～2000年多年平均与地表水不重复的地下水资源量柱状图(见图9-18),以期分析多沙粗沙区与地表水不重复的地下水资源量的年代变化情况。

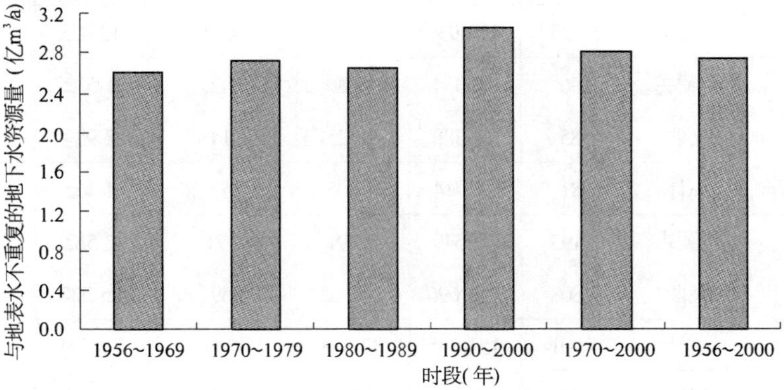

图9-18　多沙粗沙区与地表水不重复的地下水资源量年代变化柱状图

据图9-18,多沙粗沙区在20世纪50、60年代和70、80年代与地表水不重复的地下水资源量平均值之间基本持平,到了90年代,与地表水不重复的地下水资源量达到了最大,主要是由于人民生活以及工农业生产开发利用地下水增加、地下水用水消耗量增大所致。

第六节　水资源总量

一定区域内的水资源总量是指当地降水形成的地表和地下产水量,即地表径流量与降水入渗净补给量之和。本次要求计算各计算分区1956～2000年的水资源总量系列。多沙粗沙区分区水资源总量由两部分组成,即地表水资源量和与地表水不重复的地下水资源量(降水入渗补给量形成的河道排泄量或河川基流量)。表9-58～表9-65分别给出了黄河中游多沙粗沙区各治理区流域分区套行政分区水资源总量组成情况。

一、各治理分区水资源总量

多沙粗沙区多年平均水资源总量为33.93亿m^3,产水模数4.34万$m^3/(km^2·a)$。其中,治理一区水资源总量10.36亿m^3,占多沙粗沙区总水资源量的30.5%,产水模数5.51万$m^3/(km^2·a)$;治理二区水资源总量9.46亿m^3,占多沙粗沙区总水资源量的27.8%,产水模数4.58万$m^3/(km^2·a)$;治理三区水资源总量14.11亿m^3,占多沙粗沙区总水资源量的41.7%,产水模数3.60万$m^3/(km^2·a)$。

表 9-58 多沙粗沙区治理一区流域分区多年平均水资源总量统计

支流名称	省(区)	面积(km^2)	年降水总量(万 m^3)	年地表水资源量(万 m^3)	与地表水不重复的年地下水资源量(万 m^3)	年水资源总量(万 m^3)	总产水模数(万 m^3/(km^2·a))
皇甫川	内蒙古	2 783	98 409	9 955	398	10 353	3.72
	陕西	412	15 527	2 060	10	2 070	5.02
	小计	3 195	113 936	12 015	409	12 423	3.89
清水川	内蒙古	296	11 334	1 480	42	1 522	5.14
	陕西	585	22 380	2 925	14	2 939	5.02
	小计	881	33 714	4 405	57	4 462	5.06
窟野河	内蒙古	1 193	42 549	7 391	171	7 562	6.34
	陕西	2 808	110 696	25 162	69	25 232	8.99
	小计	4 001	153 245	32 554	240	32 794	8.20
秃尾河	陕西	1 088	42 261	7 886	27	7 912	7.27
佳芦河	陕西	932	36 374	4 891	23	4 914	5.27
无定河	陕西	5 253	218 973	22 341	823	23 165	4.41
石马川	陕西	241	9 651	1 926	6	1 932	8.02
孤山川	内蒙古	314	12 168	1 884	45	1 929	6.14
	陕西	954	37 482	5 110	24	5 134	5.38
	小计	1 268	49 649	6 994	68	7 063	5.57
乌龙河	陕西	101	4 007	455	2	457	4.52
清涧河	陕西	30	1 340	99	0	99	3.31
延　河	陕西	235	9 788	940	2	942	4.01
河龙区间已控区	内蒙古	4 586	164 460	20 710	656	21 366	4.66
	陕西	12 639	508 478	73 795	1 001	74 796	5.92
	小计	17 225	672 937	94 505	1 657	96 163	5.58
河龙区间未控区	内蒙古	206	7 655	515	29	544	2.64
	陕西	1 372	55 999	6 860	34	6 894	5.02
	小计	1 578	63 654	7 375	63	7 438	4.71
治理一区合计	内蒙古	4 792	172 114	21 225	686	21 911	4.57
	陕西	14 011	564 477	80 654	1 035	81 689	5.83
	小计	18 803	736 591	101 880	1 721	103 600	5.51

表 9-59　多沙粗沙区治理一区行政分区多年平均水资源总量统计

省(区)	县(旗、区)	面积(km^2)	年降水总量(万 m^3)	年地表水资源量(万 m^3)	与地表水不重复的年地下水资源量(万 m^3)	年水资源总量(万 m^3)	总产水模数(万 m^3/(km^2·a))
内蒙古	达旗	4	125	10	1	11	2.64
	伊旗	352	12 758	2 868	50	2 918	8.29
	准旗	4 436	159 232	18 347	635	18 982	4.28
	小计	4 792	172 114	21 225	686	21 911	4.57
陕　西	安塞	310	13 382	1 228	1	1 229	3.97
	府谷	3 061	119 874	18 328	76	18 403	6.01
	横山	431	17 547	1 724	74	1 798	4.17
	佳县	1 372	53 864	6 818	39	6 857	5.00
	靖边	1 454	57 683	5 816	233	6 049	4.16
	米脂	177	6 861	796	27	824	4.65
	清涧	739	33 832	3 314	125	3 439	4.65
	神木	3 569	141 534	28 366	88	28 454	7.97
	绥德	1 039	45 349	4 683	175	4 858	4.68
	榆阳区	1 170	44 361	6 828	128	6 956	5.95
	子长	292	12 713	1 164	1	1 166	3.99
	子洲	397	17 478	1 588	68	1 656	4.17
	小计	14 011	564 477	80 654	1 035	81 689	5.83
总计		18 803	736 591	101 880	1 721	103 600	5.51

表 9-60　多沙粗沙区治理二区流域分区多年平均水资源总量统计

支流名称	省(区)	面积 (km^2)	年降水总量 (万 m^3)	年地表水资源量 (万 m^3)	与地表水不重复的年地下水资源量 (万 m^3)	年水资源总量 (万 m^3)	总产水模数 (万 m^3/(km^2·a))
皇甫川	内蒙古	17	535	37	2	39	2.29
	陕西	22	830	110	1	111	5.02
	小计	39	1 365	147	3	149	3.83
杨家川	内蒙古	199	8 150	497	466	964	4.84
偏关河	内蒙古	47	1 949	117	110	228	4.84
	山西	656	27 035	1 640	2 555	4 195	6.39
	小计	703	28 984	1 757	2 665	4 423	6.29
窟野河	内蒙古	54	1 759	135	8	143	2.64
	陕西	173	6 787	1 469	4	1 473	8.52
	小计	227	8 546	1 604	12	1 616	7.12
秃尾河	陕西	3	116	24	0	24	8.02
佳芦河	陕西	10	389	45	0	45	4.52
无定河	陕西	6 821	276 275	28 077	1 084	29 161	4.28
县川河	山西	621	27 164	1 552	2 419	3 971	6.39
朱家川	山西	120	5 250	420	467	887	7.39
岚漪河	山西	284	12 703	1 420	178	1 598	5.63
蔚汾河	山西	351	16 358	1 755	152	1 907	5.43
石马川	陕西	2	80	10	0	10	5.02
孤山川	内蒙古	4	155	24	1	25	6.14
清凉寺河	山西	256	10 891	1 024	111	1 135	4.43
湫水河	山西	345	15 874	1 731	150	1 881	5.45
乌龙河	陕西	276	11 259	1 242	7	1 249	4.52
清涧河	陕西	964	43 348	3 380	6	3 386	3.51
延　河	陕西	3 321	157 711	10 243	22	10 266	3.09
河龙区间已控区	内蒙古	321	12 548	810	587	1 398	4.35
	山西	2 632	115 274	9 542	6 032	15 574	5.91
	陕西	11 592	496 794	44 600	1 123	45 724	3.94
	小计	14 546	624 617	54 953	7 743	62 696	4.31
河龙区间未控区	内蒙古	1 154	43 412	2 885	497	3 382	2.93
	山西	3 717	158 670	16 293	6 394	22 687	6.10
	陕西	1 201	52 080	5 705	22	5 726	4.77
	小计	6 072	254 162	24 882	6 913	31 795	5.24
河龙区间	内蒙古	1 475	55 960	3 695	1 085	4 780	3.24
	山西	6 350	273 944	25 835	12 426	38 261	6.03
	陕西	12 793	548 874	50 305	1 145	51 450	4.02
	小计	20 618	878 779	79 835	14 656	94 491	4.58
北洛河刘家河以上	陕西	15	581	60	1	61	4.04
治理二区合计	内蒙古	1 475	55 960	3 695	1 085	4 780	3.24
	山西	6 350	273 944	25 835	12 426	38 261	6.03
	陕西	12 808	549 456	50 365	1 146	51 510	4.02
	小计	20 633	879 360	79 895	14 657	94 552	4.58

表 9-61　多沙粗沙区治理二区行政分区多年平均水资源总量统计

省（区）	县（旗、区）	面积（km^2）	年降水总量（万 m^3）	年地表水资源量（万 m^3）	与地表水不重复的年地下水资源量（万 m^3）	年水资源总量（万 m^3）	总产水模数（万 m^3/(km^2·a)）
内蒙古	清水河	397	15 860	992	931	1 923	4.84
	东胜区	24	810	60	3	63	2.64
	达旗	46	1 449	107	7	114	2.48
	准旗	1 008	37 841	2 536	144	2 680	2.66
	小计	1 475	55 960	3 695	1 085	4 780	3.24
陕　西	府谷	151	6 027	901	4	905	5.99
	神木	118	4 663	934	3	937	7.94
	佳县	372	15 209	1 900	9	1 909	5.13
	米脂	1 035	41 705	4 657	147	4 805	4.64
	榆阳区	98	3 673	448	16	464	4.74
	横山	2 273	86 103	9 092	389	9 481	4.17
	靖边	987	38 188	3 948	150	4 098	4.15
	吴旗	12	434	48	0	48	4.00
	子洲	1 646	71 229	6 577	279	6 857	4.17
	吴堡	374	16 348	1 870	9	1 879	5.02
	绥德	740	32 087	3 404	85	3 489	4.72
	清涧	475	21 903	1 941	32	1 973	4.15
	志丹	559	25 811	1 956	3	1 960	3.51
	安塞	2 094	99 409	6 210	12	6 222	2.97
	宝塔区	649	32 257	1 948	1	1 949	3.00
	子长	1 225	54 409	4 528	6	4 535	3.70
	小计	12 808	549 456	50 366	1 145	51 510	4.02
山　西	偏关	1 097	45 982	2 743	4 270	7 015	6.39
	神池	21	919	52	82	134	6.39
	五寨	10	438	25	39	64	6.39
	河曲	993	42 194	3 184	3 867	7 052	7.10
	保德	674	29 485	2 383	2 625	5 008	7.43
	兴县	1 751	77 319	8 755	759	9 514	5.43
	临县	1 762	75 673	8 554	764	9 317	5.29
	离石区	6	278	36	3	39	6.43
	柳林	36	1 657	103	16	118	3.28
	小计	6 350	273 944	25 835	12 426	38 261	6.03
总计		20 633	879 360	79 895	14 657	94 552	4.58

表 9-62　多沙粗沙区治理三区流域分区多年平均水资源总量统计

河流名称	省(区)	面积 (km^2)	年降水总量 (万 m^3)	年地表水资源量 (万 m^3)	与地表水不重复的年地下水资源量 (万 m^3)	年水资源总量 (万 m^3)	总产水模数 (万 m^3/(km^2·a))
浑　河	内蒙古	1 127	43 563	2 818	2 642	5 459	4.84
皇甫川	内蒙古	12	375	38	2	39	3.27
清水川	内蒙古	2	77	10	0	10	5.14
杨家川	内蒙古	546	22 307	1 365	1 280	2 645	4.84
偏关河	内蒙古	66	2 752	165	155	320	4.84
	山西	123	5 237	307	479	787	6.39
	小计	189	7 988	472	634	1 106	5.85
窟野河	内蒙古	719	25 034	3 241	103	3 344	4.65
	陕西	509	19 826	4 110	13	4 123	8.10
	小计	1 228	44 861	7 351	115	7 467	6.08
秃尾河	陕西	113	4 386	779	3	782	6.92
佳芦河	陕西	43	1 660	303	1	304	7.06
无定河	陕西	1 679	62 632	6 520	223	6 744	4.02
县川河	山西	487	21 313	1 217	1 897	3 114	6.39
朱家川	山西	63	2 756	221	245	466	7.39
岚漪河	山西	139	6 252	695	237	932	6.70
蔚汾河	山西	459	22 154	2 295	199	2 494	5.43
清凉寺沟	山西	30	1 290	120	13	133	4.43
湫水河	山西	1 076	53 590	5 497	461	5 958	5.54
三川河	山西	1 356	67 236	8 065	473	8 538	6.30
屈产河	山西	1 074	53 824	3 427	375	3 802	3.54
昕水河	山西	720	35 877	3 600	66	3 666	5.09
清涧河	陕西	3 086	145 170	10 801	18	10 819	3.51
延　河	陕	3 129	154 220	9 603	19	9 622	3.08
河龙区间已控区	内蒙古	2 472	94 108	7 636	4 181	11 817	4.78
	山西	5 527	269 530	25 445	4 445	29 890	5.41
	陕西	8 559	387 895	32 117	277	32 393	3.78
	小计	16 558	751 532	65 198	8 903	74 100	4.48
河龙区间未控区	内蒙古	437	15 965	1 093	250	1 342	3.07
	山西	3 129	148 779	13 990	872	14 862	4.75
	陕西	354	16 418	1 633	4	1 637	4.62
	小计	3 920	181 163	16 715	1 125	17 841	4.55
河龙区间	内蒙古	2 909	110 074	8 728	4 431	13 159	4.52
	山西	8 656	418 309	39 435	5 317	44 752	5.17
	陕西	8 913	404 312	33 750	280	34 030	3.82
	小计	20 478	932 695	81 913	10 028	91 941	4.49
北洛河刘家河以上	陕西	6 293	246 934	17 464	273	17 738	2.82
蒲河巴家嘴以上	甘肃	925	44 064	2 548	75	2 623	2.84
马莲河庆城以上	甘肃	9 529	403 735	23 823	771	24 593	2.58
	宁夏	415	13 269	415	0	415	1.00
	陕西	1 523	53 583	3 808	0	3 808	2.50
	小计	11 467	470 586	28 045	771	28 816	2.51
泾河水系	甘肃	10 454	447 799	26 371	845	27 216	2.60
	宁夏	415	13 269	415	0	415	1.00
	陕西	1 523	53 583	3 808	0	3 808	2.50
	小计	12 392	514 650	30 593	845	31 439	2.54
龙三区间	甘肃	10 454	447 799	26 371	845	27 216	2.60
	宁夏	415	13 269	415	0	415	1.00
	陕西	7 816	300 518	21 272	273	21 545	2.76
	小计	18 685	761 585	48 058	1 119	49 176	2.63
治理三区合计	甘肃	10 454	447 799	26 371	845	27 216	2.60
	宁夏	415	13 269	415	0	415	1.00
	内蒙古	2 909	110 074	8 728	4 431	13 159	4.52
	山西	8 656	418 309	39 435	5 317	44 752	5.17
	陕西	16 729	704 830	55 022	554	55 576	3.32
	小计	39 163	1 694 280	129 971	11 147	141 118	3.60

表 9-63　多沙粗沙区治理三区行政分区多年平均水资源总量统计

省(自治区)	县(旗、区)	面积(km^2)	年降水总量(万 m^3)	年地表水资源量(万 m^3)	与地表水不重复的年地下水资源量(万 m^3)	年水资源总量(万 m^3)	总产水模数(万 m^3/(km^2·a))
甘　肃	环县	6 992	283 884	17 480	565	18 046	2.58
	庆城市	1 543	75 510	4 021	125	4 145	2.69
	华池	1 774	81 357	4 435	143	4 578	2.58
	镇原	145	7 046	435	12	447	3.08
	小计	10 454	447 799	26 371	845	27 216	2.60
宁　夏	盐池	415	13 269	415	0	415	1.00
内蒙古	和林格尔	246	9 269	615	577	1 192	4.84
	清水河	1 578	62 467	3 945	3 699	7 644	4.84
	东胜区	149	5 029	372	21	394	2.64
	达旗	61	1 971	160	9	169	2.77
	伊旗	302	10 718	2 070	43	2 114	7.00
	准旗	573	20 619	1 565	82	1 648	2.88
	小计	2 909	110 074	8 728	4 431	13 159	4.52
陕　西	神木	607	23 633	4 774	15	4 789	7.89
	佳县	48	1 862	241	7	248	5.17
	子长	888	40 513	3 108	5	3 113	3.51
	榆阳区	50	1 927	377	1	378	7.55
	横山	293	11 076	1 172	50	1 222	4.17
	靖边	786	30 513	3 146	82	3 228	4.11
	定边	3 123	109 498	8 116	100	8 216	2.63
	吴旗	3 764	149 532	9 785	155	9 940	2.64
	吴堡	54	2 381	270	1	271	5.02
	绥德	99	4 285	445	17	462	4.67
	清涧	667	30 824	2 779	26	2 805	4.21
	志丹	1 548	63 323	5 418	65	5 483	3.54
	安塞	182	8 721	547	1	548	3.01
	宝塔区	924	46 097	2 773	5	2 779	3.01
	延川	1 941	92 873	6 684	11	6 695	3.45
	延长	1 755	87 771	5 387	10	5 397	3.08
	小计	16 729	704 830	55 022	554	55 576	3.32
山　西	偏关	169	7 249	422	658	1 081	6.39
	神池	65	2 844	162	253	416	6.39
	五寨	256	11 200	663	997	1 660	6.48
	河曲	184	7 986	501	717	1 218	6.62
	保德	91	4 033	395	354	749	8.24
	兴县	580	27 760	2 900	251	3 152	5.43
	临县	1 066	52 510	5 305	462	5 767	5.41
	离石区	506	24 500	3 719	177	3 896	7.70
	方山	81	4 065	582	30	612	7.56
	柳林	1 254	61 135	4 748	437	5 185	4.13
	中阳	633	32 441	2 719	221	2 940	4.65
	石楼	1 624	77 447	6 794	567	7 361	4.53
	永和	1 217	58 768	6 085	109	6 194	5.09
	大宁	631	31 068	2 944	57	3 000	4.75
	隰县	299	15 302	1 495	27	1 522	5.09
	小计	8 656	418 309	39 435	5 317	44 752	5.17
总计		39 163	1 694 280	129 971	11 147	141 118	3.60

表 9-64　多沙粗沙区流域分区多年平均水资源总量统计

支流名称	省（区）	面积（km^2）	年降水总量（万 m^3）	年地表水资源量（万 m^3）	与地表水不重复的年地下水资源量（万 m^3）	年水资源总量（万 m^3）	总产水模数（万 m^3/(km^2·a)）
浑　河	内蒙古	1 127	43 563	2 818	2 642	5 459	4.84
皇甫川	内蒙古	2 812	99 319	10 029	402	10 431	3.71
	陕西	434	16 357	2 170	12	2 182	5.03
	小计	3 246	115 676	12 199	415	12 614	3.89
清水川	内蒙古	298	11 411	1 490	43	1 533	5.14
	陕西	585	22 380	2 925	15	2 940	5.03
	小计	883	33 791	4 415	57	4 472	5.06
杨家川	内蒙古	745	30 457	1 862	1 746	3 609	4.84
偏关河	内蒙古	113	4 700	282	265	547	4.84
	山西	779	32 272	1 947	3 034	4 981	6.39
	小计	892	36 972	2 230	3 299	5 529	6.20
窟野河	内蒙古	1 966	69 342	10 767	281	11 049	5.62
	陕西	3 490	137 309	30 742	86	30 828	8.83
	小计	5 456	206 652	41 509	368	41 877	7.68
秃尾河	陕西	1 204	46 763	8 689	30	8 718	7.24
佳芦河	陕西	985	38 423	5 239	24	5 263	5.34
无定河	陕西	13 753	557 879	56 939	2 130	59 069	4.14
县川河	山西	1 108	48 477	2 770	4 315	7 085	6.39
朱家川	山西	183	8 006	641	713	1 353	7.39
岚漪河	山西	423	18 955	2 115	415	2 530	5.98
蔚汾河	山西	810	38 512	4 050	351	4 401	5.43
石马川	陕西	243	9 731	1 936	6	1 942	7.99
孤山川	内蒙古	318	12 323	1 908	46	1 954	6.14
	陕西	954	37 482	5 110	24	5 134	5.38
	小计	1 272	49 804	7 018	69	7 087	5.57
清凉寺沟	山西	286	12 181	1 144	124	1 268	4.43
湫水河	山西	1 421	69 464	7 228	610	7 839	5.52
三川河	山西	1 356	67 236	8 065	473	8 538	6.30
屈产河	山西	1 074	53 824	3 427	375	3 802	3.54
昕水河	山西	720	35 877	3 600	66	3 666	5.09
乌龙河	陕西	377	15 266	1 697	9	1 706	4.52
清涧河	陕西	4 080	189 858	14 280	24	14 304	3.51
延　河	陕西	6 685	321 719	20 787	43	20 830	3.12
河龙区间已控区	内蒙古	7 379	271 116	29 157	5 425	34 581	4.69
	山西	8 160	384 804	34 988	10 477	45 464	5.57
	陕西	32 790	1 393 166	150 512	2 403	152 915	4.66
	小计	48 329	2 049 087	214 656	18 305	232 961	4.82
河龙区间未控区	内蒙古	1 797	67 032	4 493	777	5 269	2.93
	山西	6 846	307 449	30 282	7 267	37 549	5.48
	陕西	2 927	124 497	14 198	59	14 256	4.87
	小计	11 570	498 978	48 972	8 102	57 074	4.93
河龙区间	内蒙古	9 176	338 148	33 649	6 201	39 850	4.34
	山西	15 006	692 253	65 270	17 743	83 013	5.53
	陕西	35 717	1 517 664	164 709	2 462	167 172	4.68
	小计	59 899	2 548 065	263 628	26 407	290 035	4.84
北洛河刘家河以上	陕西	6 308	247 516	17 524	274	17 798	2.82
蒲河巴家嘴以上	甘肃	925	44 064	2 548	75	2 623	2.84
马莲河庆城以上	陕西	1 523	53 583	3 808	771	4 578	3.01
	甘肃	9 529	403 735	23 823	0	23 823	2.50
	宁夏	415	13 269	415	0	415	1.00
	小计	11 467	470 586	28 045	771	28 816	2.51
泾河水系	陕西	1 523	53 583	3 808	771	4 578	3.01
	甘肃	10 454	447 799	26 371	75	26 445	2.53
	宁夏	415	13 269	415	0	415	1.00
	小计	12 392	514 650	30 593	845	31 439	2.54
龙三区间	陕西	7 831	301 099	21 332	1 044	22 376	2.86
	甘肃	10 454	447 799	26 371	75	26 445	2.53
	宁夏	415	13 269	415	0	415	1.00
	小计	18 700	762 166	48 118	1 119	49 237	2.63
多沙粗沙区合计	甘肃	10 454	447 799	26 371	75	26 445	2.53
	宁夏	415	13 269	415	0	415	1.00
	内蒙古	9 176	338 148	33 649	6 201	39 850	4.34
	山西	15 006	692 253	65 270	17 743	83 013	5.53
	陕西	43 548	1 818 763	186 041	3 507	189 548	4.35
	小计	78 599	3 310 231	311 746	27 526	339 272	4.32

表 9-65 多沙粗沙区行政分区多年平均水资源总量统计

省(区)	县(旗、区)	面积(km^2)	年降水总量(万 m^3)	年地表水资源量(万 m^3)	与地表水不重复的年地下水资源量(万 m^3)	年水资源总量(万 m^3)	总产水模数(万 m^3/(km^2·a))
甘肃	环县	6 992	283 884	17 480	565	18 046	2.58
	庆城市	1 543	75 510	4 021	125	4 145	2.69
	华池	1 774	81 357	4 435	143	4 578	2.58
	镇原	145	7 046	435	12	447	3.08
	小计	10 454	447 799	26 371	845	27 216	2.60
宁夏	盐池	415	13 269	415	0	415	1.00
内蒙古	和林格尔	246	9 269	615	577	1 192	4.84
	清水河	1 975	78 327	4 938	4 629	9 567	4.84
	东胜区	173	5 839	432	25	457	2.64
	达旗	111	3 546	277	16	293	2.64
	伊旗	654	23 476	4 938	94	5 032	7.69
	准旗	6 017	217 692	22 448	861	23 309	3.87
	小计	9 176	338 148	33 649	6 201	39 850	4.34
陕西	府谷	3 212	125 901	19 229	79	19 308	6.01
	神木	4 294	169 830	34 075	106	34 181	7.96
	佳县	1 792	70 936	8 959	55	9 014	5.03
	米脂	1 212	48 566	5 454	175	5 628	4.64
	子长	2 405	107 635	8 801	13	8 813	3.66
	榆阳区	1 318	49 960	7 653	145	7 798	5.92
	横山	2 997	114 727	11 988	512	12 500	4.17
	靖边	3 227	126 384	12 910	465	13 375	4.14
	定边	3 123	109 498	8 116	100	8 216	2.63
	吴旗	3 776	149 966	9 833	155	9 988	2.65
	子洲	2 043	88 707	8 165	347	8 513	4.17
	吴堡	428	18 729	2 140	11	2 151	5.02
	绥德县	1 878	81 721	8 533	278	8 810	4.69
	清涧	1 881	86 558	8 034	183	8 217	4.37
	志丹	2 107	89 134	7 374	68	7 443	3.53
	安塞	2 586	121 512	7 985	15	8 000	3.09
	宝塔区	1 573	78 354	4 721	6	4 728	3.01
	延川	1 941	92 873	6 684	11	6 695	3.45
	延长	1 755	87 771	5 387	10	5 397	3.08
	小计	43 548	1 818 763	186 041	2 734	188 775	4.33
山西	偏关	1 266	53 231	3 165	4 931	8 096	6.39
	神池	86	3 763	215	335	550	6.39
	五寨	266	11 638	688	1 036	1 724	6.48
	河曲	1 177	50 181	3 685	4 584	8 270	7.03
	保德	765	33 517	2 778	2 979	5 757	7.53
	兴县	2 331	105 079	11 655	1 010	12 665	5.43
	临县	2 828	128 183	13 859	1 225	15 084	5.33
	离石区	512	24 777	3 755	179	3 935	7.68
	方山	81	4 065	582	30	612	7.56
	柳林	1 290	62 792	4 850	453	5 303	4.11
	中阳	633	32 441	2 719	221	2 940	4.65
	石楼	1 624	77 447	6 794	567	7 361	4.53
	永和	1 217	58 768	6 085	109	6 194	5.09
	大宁	631	31 068	2 944	57	3 000	4.75
	隰县	299	15 302	1 495	27	1 522	5.09
	小计	15 006	692 253	65 270	17 743	83 013	5.53
总计		78 599	3 310 231	311 746	27 526	339 272	4.32

二、各治理内行政分区水资源总量

从各行政分区来看,多沙粗沙区甘肃水资源总量为2.72亿m^3,占多沙粗沙区总水资源量的8.0%,产水模数2.6万$m^3/(km^2·a)$;宁夏水资源总量为0.04亿m^3,占多沙粗沙区总水资源量的0.1%,产水模数1.0万$m^3/(km^2·a)$;内蒙古水资源总量为3.99亿m^3,占多沙粗沙区总水资源量的11.7%,产水模数4.34万$m^3/(km^2·a)$;陕西水资源总量为18.88亿m^3,占多沙粗沙区总水资源量的55.8%,产水模数4.33万$m^3/(km^2·a)$;山西水资源总量为8.30亿m^3,占多沙粗沙区水资源总量的24.4%,产水模数5.53万$m^3/(km^2·a)$。

治理一区中内蒙古水资源总量为2.19亿m^3,占治理一区水资源总量的21.1%,产水模数4.57万$m^3/(km^2·a)$;陕西水资源总量为8.17亿m^3,占治理一区水资源总量的78.9%,产水模数5.83万$m^3/(km^2·a)$。

治理二区中内蒙古水资源总量为0.48亿m^3,占治理二区水资源总量的5.1%,产水模数3.24万$m^3/(km^2·a)$;陕西水资源总量为5.15亿m^3,占治理二区水资源总量的54.4%,产水模数4.02万$m^3/(km^2·a)$;山西水资源总量为3.83亿m^3,占治理二区水资源总量的40.5%,产水模数6.03万$m^3/(km^2·a)$。

治理三区中甘肃省水资源总量为2.72亿m^3,占治理三区水资源总量的19.3%,产水模数2.6万$m^3/(km^2·a)$;宁夏水资源总量为0.04亿m^3,占治理三区水资源总量的0.2%,产水模数1.0万$m^3/(km^2·a)$;内蒙古水资源总量为1.32亿m^3,占治理三区水资源总量的9.3%,产水模数4.52万$m^3/(km^2·a)$;陕西水资源总量为5.56亿m^3,占治理三区水资源总量的39.4%,产水模数3.32万$m^3/(km^2·a)$;山西水资源总量为4.48亿m^3,占治理三区水资源总量的31.8%,产水模数5.17万$m^3/(km^2·a)$。

从产流模数来看,多沙粗沙区治理分区中,产流模数最大的是治理一区,治理二区次之,治理三区最小。这是因为治理一区处在黄河中游的多暴雨区,地表物质组成以及沟壑密度等都有利于产流。从省区来看,山西最大,为5.53万$m^3/(km^2·a)$;宁夏最小,只有1.0万$m^3/(km^2·a)$。

三、水资源总量年际变化

图9-19‘给出了黄河中游多沙粗沙区水资源总量不同年代的对比情况图。从图9-19和表9-66中可以看出,20世纪50年代水资源总量较丰,以后逐年代递减,90年代最枯,这和降水的变化趋势基本一致。

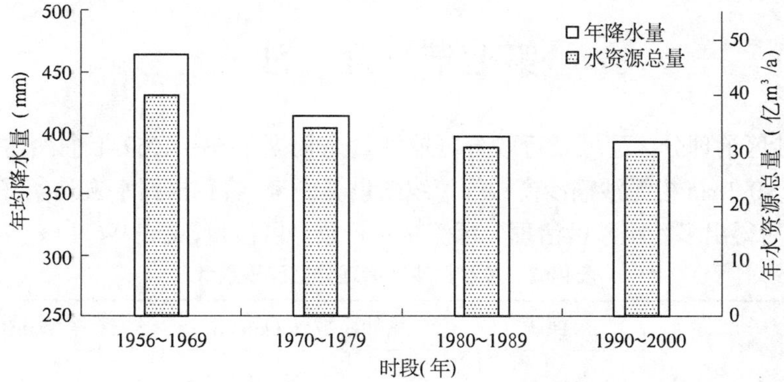

图 9-19　黄河中游多沙粗沙区不同年代水资源总量对比柱状图

表 9-66　多沙粗沙区治理分区水资源总量年代统计

治理分区	省(区)	面积		年均总水资源量(万 m³)				
		km²	占多沙粗沙区(%)	1956～1969	1970～1979	1980～1989	1990～2000	1956～2000
治理一区	内蒙古	4 792	6.1	26 857	23 779	19 840	15 800	21 911
	陕西	14 011	17.8	96 464	82 876	75 742	67 213	81 689
	小计	18 803	23.9	123 322	106 656	95 581	83 013	103 600
治理二区	内蒙古	1 475	1.9	5 455	5 561	3 823	4 082	4 780
	陕西	12 808	16.3	59 008	50 584	47 853	46 136	51 510
	山西	6 350	8.1	46 387	35 607	30 972	36 957	38 261
	小计	20 633	26.3	110 850	91 752	82 648	87 175	94 552
治理三区	甘肃	10 454	13.3	28 674	26 878	25 762	26 990	27 216
	宁夏	415	0.5	433	415	390	415	415
	内蒙古	2 909	3.7	14 903	14 288	10 379	12 440	13 159
	陕西	16 729	21.3	59 279	55 146	54 033	52 655	55 576
	山西	8 656	11.0	61 564	43 053	35 077	33 695	44 752
	小计	39 163	49.8	164 852	139 781	125 641	126 195	141 118
多沙粗沙区合计	甘肃	10 454	13.3	28 256	26 516	24 718	25 647	26 445
	宁夏	415	0.5	433	415	390	415	415
	内蒙古	9 176	11.7	47 234	43 629	34 042	32 323	39 850
	陕西	43 548	55.4	214 986	190 728	180 966	170 402	189 548
	山西	15 006	19.1	107 931	78 660	66 049	70 652	83 013
	小计	78 599	100.0	398 840	339 948	306 166	299 439	339 272

第七节　泥　沙

多沙粗沙区治理分区流域及行政分区输沙量是根据 1954 ~ 1969 年全沙输沙模数、$d \geqslant 0.05$mm 和 $d \geqslant 0.1$mm 粗泥沙输沙模数等值线图量算而来，然后根据水文站实测输沙量进行沙量平衡，最后得出多沙粗沙区治理分区流域及行政分区沙量，见表 9-67 ~ 表 9-75。

表 9-67　多沙粗沙区治理分区沙量统计

治理分区	省(区)	面积		输沙模数(t/(km²·a))			产沙量(万 t/a)		
		km²	占多沙粗沙区(%)	全沙	d≥0.05mm	d≥0.10mm	全沙	d≥0.05mm	d≥0.10mm
治理一区	内蒙古	4 792	6.1	19 169	6 701	3 852	9 186	3 211	1 846
	陕西省	14 011	17.8	22 564	8 557	3 036	31 614	11 989	4 254
	小 计	18 803	23.9	21 699	8 084	3 244	40 800	15 200	6 100
治理二区	内蒙古	1 475	1.9	14 231	3 264	776	2 099	482	114
	山西省	6 350	8.1	14 890	3 980	750	9 455	2 527	476
	陕西省	12 808	16.3	12 918	4 209	710	16 545	5 392	910
	小计	20 633	26.3	13 618	4 071	727	28 099	8 400	1 500
治理三区	甘肃	10 454	13.3	10 816	1 605	222	11 307	1 678	232
	宁夏	415	0.5	10 675	1 590	267	443	66	11
	内蒙古	2 909	3.7	10 955	2 381	452	3 187	693	131
	山西	8 656	11.0	15 027	2 089	385	13 007	1 808	333
	陕西	16 729	21.3	12 766	2 425	333	21 357	4 057	557
	小计	39 163	49.8	12 589	2 120	323	49 301	8 301	1 265
多沙粗沙区合计	甘肃	10 454	13.3	10 816	1 605	222	11 307	1 678	232
	宁夏	415	0.5	10 675	1 590	267	443	66	11
	内蒙古	9 176	11.7	15 771	4 779	2 280	14 472	4 385	2 092
	山西	15 006	19.1	14 969	2 889	539	22 462	4 335	809
	陕西	43 548	55.4	15 963	4 923	1 314	69 516	21 437	5 721
	小计	78 599	100.0	15 038	4 059	1 128	118 200	31 901	8 865

表 9-68　多沙粗沙区治理一区流域分区沙量计算

支流名称	省(区)	面积		输沙模数(t/(km²·a))			产沙量(万 t/a)		
		km²	占多沙粗沙区(%)	全沙	d≥0.05mm	d≥0.10mm	全沙	d≥0.05mm	d≥0.10mm
皇甫川	内蒙古	2 783	3.5	18 257	6 116	4 139	5 081	1 702	1 152
	陕西	412	0.5	16 893	5 558	3 592	696	229	148
	小计	3 195	4.1	18 100	6 044	4 069	5 777	1 931	1 300
清水川	内蒙古	296	0.4	23 378	8 547	4 088	692	253	121
	陕西	585	0.7	20 940	6 530	3 060	1 225	382	179
	小计	881	1.1	21 759	7 208	3 405	1 917	635	300
窟野河	内蒙古	1 193	1.5	19 547	7 779	3 982	2 332	928	475
	陕西	2 808	3.6	30 509	12 553	6 699	8 567	3 525	1 881
	小计	4 001	5.1	27 241	11 130	5 889	10 899	4 453	2 356
秃尾河	陕西	1 088	1.4	19 145	7 472	2 923	2 083	813	318
佳芦河	陕西	932	1.2	28 927	13 584	3 519	2 696	1 266	328
无定河	陕西	5 253	6.7	17 997	6 598	1 433	9 454	3 466	753
石马川	陕西	241	0.3	32 365	7 801	3 693	780	188	89
孤山川	内蒙古	314	0.4	20 032	5 605	2 197	629	176	69
	陕西	954	1.2	21 237	6 415	3 040	2 026	612	290
	小计	1 268	1.6	20 938	6 215	2 831	2 655	788	359
乌龙河	陕西	101	0.1	20 396	6 733	2 970	206	68	30
清涧河	陕西	30	0.0	17 333	5 333	1 667	52	16	5.0
延　河	陕西	235	0.3	17 149	5 064	1 489	403	119	35
河龙区间已控区	内蒙古	4 586	5.8	19 045	6 670	3 962	8 734	3 059	1 817
	陕西	12 639	16.1	22 302	8 453	3 209	28 188	10 684	4 056
	小计	17 225	21.9	21 435	7 979	3 410	36 922	13 743	5 873
河龙区间未控区	内蒙古	206	0.3	21 942	7 379	1 408	452	152	29
	陕西	1 372	1.7	24 971	9 512	1 443	3 426	1 305	198
	小计	1 578	2.0	24 575	9 233	1 439	3 878	1 457	227
治理一区合计	内蒙古	4 792	6.1	19 169	6 701	3 852	9 186	3 211	1 846
	陕西	14 011	17.8	22 564	8 557	3 036	31 614	11 989	4 254
	总计	18 803	23.9	21 699	8 084	3 244	40 800	15 200	6 100

表 9-69　多沙粗沙区治理一区行政分区沙量计算

省(区)	涉及行政区	面积		输沙模数(t/(km²·a))			产沙量(万 t/a)		
		km²	占多沙粗沙区(%)	全沙	d≥0.05mm	d≥0.10mm	全沙	d≥0.05mm	d≥0.10mm
内蒙古	达旗	4	0.01	15 000	5 000	2 500	6	2	1.0
	伊旗	352	0.45	17 074	6 591	3 182	601	232	112
	准旗	4 436	5.64	19 339	6 711	3 907	8 579	2 977	1 733
	小计	4 792	6.10	19 169	6 701	3 852	9 186	3 211	1 846
陕　西	府谷	3 061	3.89	22 924	9 085	3 754	7 017	2 781	1 149
	神木	3 569	4.54	25 898	10 098	5 071	9 243	3 604	1 810
	佳县	1 372	1.75	21 851	10 831	2 201	2 998	1 486	302
	米脂	177	0.23	21 808	8 023	2 599	386	142	46
	榆阳区	1 170	1.49	21 872	7 393	1 795	2 559	865	210
	横山	431	0.55	19 258	6 705	1 439	830	289	62
	靖边	1 454	1.85	19 085	6 155	1 554	2 775	895	226
	子洲	397	0.51	20 126	6 776	1 637	799	269	65
	绥德	1 039	1.32	21 790	7 459	1 819	2 264	775	189
	清涧	739	0.94	21 881	6 996	1 461	1 617	517	108
	安塞	310	0.39	18 419	6 226	1 452	571	193	45
	子长	292	0.37	19 007	5 925	1 438	555	173	42
	小计	14 011	17.8	22 564	8 557	3 036	31 614	11 989	4 254
总计		18 803	23.9	21 699	8 084	3 244	40 800	15 200	6 100

表 9-70 多沙粗沙区治理二区流域分区沙量计算

支流名称	省(区)	面积		输沙模数(t/(km²·a))			产沙量(万 t/a)		
		km²	占多沙粗沙区(%)	全沙	d≥0.05mm	d≥0.10mm	全沙	d≥0.05mm	d≥0.10mm
皇甫川	内蒙古	17	0.0	12 941	4 118	1 176	22	7	2.0
	陕西	22	0.0	16 364	5 000	909	36	11	2
	小计	39	0.0	14 872	4 615	1 026	58	18	4.0
杨家川	内蒙古	199	0.3	12 764	2 613	1 055	254	52	21
偏关河	内蒙古	47	0.1	19 362	5 957	1 064	91	28	5
	山西	656	0.8	19 238	6 098	1 098	1 262	400	72
	小计	703	0.9	19 246	6 088	1 081	1 353	428	76
窟野河	内蒙古	54	0.1	10 185	3 889	741	55	21	4.0
	陕西	173	0.2	10 462	4 104	925	181	71	16
	小计	227	0.3	10 396	4 053	881	236	92	20
秃尾河	陕西	3	0.0	16 667	6 667	833	5	2	0.3
佳芦河	陕西	10	0.0	18 000	8 000	1 000	18	8	1.0
无定河	陕西	6 821	8.7	14 650	5 238	705	9 993	3 573	481
县川河	山西	621	0.8	13 945	2 786	709	866	173	44
朱家川	山西	120	0.2	15 500	5 333	750	186	64	9
岚漪河	山西	284	0.4	15 493	5 352	739	440	152	21
蔚汾河	山西	351	0.4	11 054	5 214	712	388	183	25
石马川	陕西	2	0.0	15 000	7 500	1 000	3	1.5	0.2
孤山川	内蒙古	4	0.0	12 500	6 250	1 000	5	2.5	0.4
清凉寺沟	山西	256	0.3	15 078	3 555	703	386	91	18
湫水河	山西	345	0.4	14 609	3 942	725	504	136	25
乌龙河	陕西	276	0.4	16 268	5 362	725	449	148	20
清涧河	陕西	964	1.2	11 245	3 465	705	1 084	334	68
延　河	陕西	3 321	4.2	8 693	2 565	708	2 887	852	235
河龙区间已控区	内蒙古	321	0.4	13 302	3 442	1 009	427	111	32
	山西	2 633	3.3	15 313	4 554	813	4 032	1 199	214
	陕西	11 592	14.7	12 643	4 314	710	14 656	5 001	823
	小计	14 546	19.7	13 141	4 338	735	19 115	6 310	1 070
河龙区间未控区	内蒙古	1 154	1.5	14 489	3 215	711	1 672	371	82
	山西	3 717	4.7	14 590	3 573	705	5 423	1 328	262
	陕西	1 201	1.5	15 512	3 214	708	1 863	386	85
	小计	6 072	7.7	14 753	3 434	707	8 958	2 085	429
河龙区间	内蒙古	1 475	1.9	14 231	3 264	776	2 099	482	114
	山西	6 350	8.1	14 890	3 980	750	9 455	2 527	476
	陕西	12 793	16.3	12 913	4 211	710	16 519	5 387	908
	合计	20 618	26.2	13 616	4 072	727	28 073	8 395	1 499
北洛河刘家河以上	陕西	15	0.0	17 333	3 333	800	26	5	1.2
治理二区合计	内蒙古	1 475	1.9	14 231	3 264	776	2 099	482	114
	山西	6 350	8.1	14 890	3 980	750	9 455	2 527	476
	陕西	12 808	16.3	12 918	4 209	710	16 545	5 392	910
	总计	20 633	26.3	13 618	4 071	727	28 099	8 400	1 500

表 9-71　多沙粗沙区治理二区行政分区沙量计算

省(区)	涉及行政区	面积		输沙模数(t/(km²·a))			产沙量(万 t/a)		
		km²	占多沙粗沙区(%)	全沙	d≥0.05mm	d≥0.10mm	全沙	d≥0.05mm	d≥0.10mm
内蒙古	清水河	397	0.5	12 670	3 098	856	503	123	34
	东胜区	24	0.0	15 000	3 900	833	36	9	2
	达旗	46	0.1	14 565	3 913	870	67	18	4
	准旗	1 008	1.3	14 812	3 294	734	1 493	332	74
	小计	1 475	1.9	14 231	3 270	773	2 099	482	114
陕　西	府谷	151	0.2	15 563	5 033	728	235	76	11
	神木	118	0.2	15 763	5 085	763	186	60	9
	佳县	372	0.5	15 108	4 866	726	562	181	27
	米脂	1 035	1.3	13 169	4 242	715	1 363	439	74
	榆阳区	98	0.1	16 122	5 204	714	158	51	7
	横山	2 273	2.9	12 477	4 048	704	2 836	920	160
	靖边	987	1.3	15 704	5 086	709	1 550	502	70
	吴旗	12	0.0	13 333	4167	750	16	5	1
	子洲	1 646	2.1	11 409	3 967	705	1 878	653	116
	吴堡	374	0.5	13 717	4 412	775	513	165	29
	绥德	740	0.9	12 973	4 216	703	960	312	52
	清涧	475	0.6	12 337	3 979	716	586	189	34
	志丹	559	0.7	12 326	3 936	716	689	220	40
	安塞	2 094	2.7	13 658	4 446	707	2 860	931	148
	宝塔区	649	0.8	10 801	3 482	709	701	226	46
	子长	1 225	1.6	11 853	3 771	702	1 452	462	86
	小计	12 808	16.3	12 918	4 210	710	16 545	5 392	910
山　西	偏关	1 097	1.4	14 986	4 603	747	1 644	505	82
	神池	21	0.0	15 238	4 762	952	32	10	2
	五寨	10	0.0	14 000	4 000	800	14	4	1
	河曲	993	1.3	11 269	3 464	725	1 119	344	72
	保德	674	0.9	14 585	4 481	772	983	302	52
	兴县	1 751	2.2	15 820	3 735	731	2 770	654	128
	临县	1 762	2.2	16 050	3 910	760	2 828	689	134
	离石区	6	0.0	16 171	5 110	1 375	10	3	1
	柳林	36	0.0	15 278	4 444	1 299	55	16	5
	小计	6 350	8.1	14 889	3 980	750	9 455	2 527	476
总计		20 633	26.3	13 618	4 071	727	28 099	8 400	1 500

表 9-72 多沙粗沙区治理三区流域分区沙量计算

支流名称	省(区)	面积		输沙模数(t/(km²·a))			产沙量(万 t/a)		
		km²	占多沙粗沙区(%)	全沙	$d \geqslant$ 0.05mm	$d \geqslant$ 0.10mm	全沙	$d \geqslant$ 0.05mm	$d \geqslant$ 0.10mm
浑　河	内蒙古	1 127	1.4	7 498	1 721	375	845	194	42
皇甫川	内蒙古	12	0.0	13 333	4 667	667	16	6	1
清水川	内蒙古	2	0.0	20 000	7 500	800	4	2	0.16
杨家川	内蒙古	546	0.7	12 766	2 582	638	697	141	35
偏关河	内蒙古	66	0.1	19 242	5 965	606	127	39	4
	山西	123	0.2	19 268	5 973	650	237	73	8
	小计	189	0.2	19 259	5 970	635	364	113	12
窟野河	内蒙古	719	0.9	10 399	3 224	520	748	232	37
	陕西	509	0.6	10 393	3 224	520	529	164	26
	小计	1 228	1.6	10 396	3 224	520	1 277	396	64
秃尾河	陕西	113	0.1	3 363	1 291	354	38	15	4
佳芦河	陕西	43	0.1	28 837	13 640	698	124	59	3
无定河	陕西	1 679	2.1	16 010	4 002	459	2 688	672	77
县川河	山西	487	0.6	15 257	1 313	610	743	64	30
朱家川	山西	63	0.1	14 127	4 238	989	89	27	6
岚漪河	山西	139	0.2	14 029	4 209	561	195	59	8
蔚汾河	山西	459	0.6	15 229	3 046	609	699	140	28
清凉寺沟	山西	30	0.0	8 000	2 992	560	24	9	2
湫水河	山西	1 076	1.4	13 848	4 712	393	1 490	507	42
三川河	山西	1 356	1.7	13 953	1 881	436	1 892	255	59
屈产河	山西	1 074	1.4	13 929	1 650	395	1 496	177	42
昕水河	山西	720	0.9	15 000	1 650	375	1 080	119	27
清涧河	陕西	3 086	3.9	11 410	2 852	342	3 521	880	106
延　河	陕西	3 129	4.0	9 252	2 400	278	2 895	751	87
河龙区间已控区	内蒙古	2 472	3.1	9 857	2 481	483	2 437	613	119
	山西	5 527	7.0	14 375	2 586	456	7 945	1 429	252
	陕西	8 559	10.9	11 444	2 968	354	9 795	2 540	303
	小计	16 558	21.1	12 185	2 768	407	20 177	4 583	675
河龙区间未控区	内蒙古	437	0.6	17 162	1 815	275	750	79	12
	山西	3 129	4.0	16 178	1 210	259	5 062	379	81
	陕西	354	0.5	17 288	1 815	242	612	64	9
	小计	3 920	5.0	16 388	1 332	259	6 424	522	102
河龙区间	内蒙古	2 909	3.7	10 955	2 381	452	3 187	693	131
	山西	8 656	11.0	15 027	2 089	385	13 007	1 808	333
	陕西	8 913	11.3	11 676	2 922	350	10 407	2 605	312
	合计	20 478	26.1	12 990	2 493	379	26 601	5 105	776
北洛河刘家河以上	陕西	6 293	8.0	14 816	1 920	326	9 324	1 208	205
蒲河巴家嘴以上	甘肃	925	1.2	12 259	1 654	306	1 134	153	28
马莲河庆城以上	甘肃	9 529	12.1	10 676	1 600	214	10 173	1 525	203
	宁夏	415	0.5	10 675	1 590	267	443	66	11
	陕西	1 523	1.9	10 676	1 602	267	1 626	244	41
	小计	11 467	14.6	10 676	1 600	223	12 242	1 835	255
泾河水系	甘肃	10 454	13.3	10 816	1 605	222	11 307	1 678	232
	宁夏	415	0.5	10 675	1 590	267	443	66	11
	陕西	1 523	1.9	10 676	1 602	267	1 626	244	41
	小计	12 392	15.8	10 794	1 604	229	13 376	1 988	284
龙三区间	甘肃	10 454	13.3	10 816	1 605	222	11 307	1 678	232
	宁夏	415	0.5	10 675	1 590	267	443	66	11
	陕西	7 816	9.9	14 010	1 858	314	10 950	1 452	246
	合计	18 685	23.8	12 149	1 710	262	22 700	3 196	489
治理三区合计	甘肃	10 454	13.3	10 816	1 605	222	11 307	1 678	232
	宁夏	415	0.5	10 675	1 590	267	443	66	11
	内蒙古	2 909	3.7	10 955	2 381	452	3 187	693	131
	山西	8 656	11.0	15 027	2 089	385	13 007	1 808	333
	陕西	16 729	21.3	12 766	2 425	333	21 357	4 057	557
	小计	39 163	49.8	12 589	2 120	323	49 301	8 301	1 265

表 9-73　多沙粗沙区治理三区行政分区沙量计算

省(区)	县(旗、区、市)	面积		输沙模数(t/(km²·a))			产沙量(万 t/a)		
		km²	占多沙粗沙区(%)	全沙	d≥0.05mm	d≥0.10mm	全沙	d≥0.05mm	d≥0.10mm
甘　肃	环县	6 992	8.9	10 974	1 748	230	7 673	1 222	161
	庆城市	1 543	2.0	10 233	1 607	207	1 579	248	32
	华池	1 774	2.3	10 767	1 043	203	1 910	185	36
	镇原	145	0.2	10 000	1 586	207	145	23	3
	小计	10 454	13.3	10 816	1 605	222	11 307	1 678	232
宁　夏	盐池	415	0.5	10 675	1 590	265	443	66	11
内蒙古	和林格尔	246	0.3	10 366	2 398	488	255	59	12
	清水河	1 578	2.0	10 507	2 294	418	1 658	362	66
	东胜区	149	0.2	13 356	2 349	537	199	35	8
	达旗	61	0.1	12 623	2 623	656	77	16	4
	伊旗	302	0.4	11 424	2 715	497	345	82	15
	准旗	573	0.7	11 396	2 426	454	653	139	26
	小计	2 909	3.7	10 956	2 382	450	3 187	693	131
陕　西	神木	607	0.8	12 998	2 768	412	789	168	25
	佳县	48	0.1	13 125	3 542	417	63	17	2
	榆阳区	50	0.1	13 000	2 800	400	65	14	2
	横山	293	0.4	12 696	2 696	375	372	79	11
	靖边	786	1.0	13 410	2 519	344	1 054	198	27
	吴旗	3 764	4.8	13 369	2 479	332	5 032	933	125
	定边	3 123	4.0	11 335	2 456	346	3 540	767	108
	吴堡	54	0.1	13 519	2 593	370	73	14	2
	绥德	99	0.1	13 838	2 525	404	137	25	4
	清涧	667	0.8	13 013	2 519	345	868	168	23
	志丹	1 548	2.0	13 340	2 513	342	2 065	389	53
	安塞	182	0.2	12 802	2 527	275	233	46	5
	宝塔区	924	1.2	12 933	2 316	325	1 195	214	30
	子长	888	1.1	13 277	2 309	327	1 179	205	29
	延川	1 941	2.5	12 664	2 071	283	2 458	402	55
	延长	1 755	2.2	12 729	2 382	319	2 234	418	56
	小计	16 729	21.3	12 766	2 425	333	21 357	4 057	557
山　西	偏关	169	0.2	14 970	2 249	533	253	38	9
	神池	65	0.1	14 308	2 462	615	93	16	4
	五寨	256	0.3	14 766	2 188	430	378	56	11
	河曲	184	0.2	15 109	2 228	435	278	41	8
	保德	91	0.1	15 165	2 308	549	138	21	5
	兴县	580	0.7	14 759	2 207	397	856	128	23
	临县	1 066	1.4	15 338	2 158	394	1 635	230	42
	离石区	506	0.6	15 079	2 292	356	763	116	18
	方山	81	0.1	15 802	2 222	370	128	18	3
	柳林	1 254	1.6	15 439	2 010	367	1 936	252	46
	中阳	633	0.8	15 782	2 054	363	999	130	23
	石楼	1 624	2.1	15 018	2 026	376	2 439	329	61
	永和	1 217	1.5	14 577	2 013	378	1 774	245	46
	大宁	631	0.8	14 184	2 029	365	895	128	23
	隰县	299	0.4	14 783	2 007	368	442	60	11
	小计	8 656	11.0	15 027	2 089	385	13 007	1 808	333
总　计		39 163	49.8	12 589	2 120	323	49 301	8 302	1 265

表 9-74　多沙粗沙区流域分区沙量计算

支流名称	省(区)	面积		输沙模数(t/(km²·a))			产沙量(万 t/a)		
		km²	占多沙粗沙区(%)	全沙	$d \geqslant$ 0.05mm	$d \geqslant$ 0.10mm	全沙	$d \geqslant$ 0.05mm	$d \geqslant$ 0.10mm
浑　河	内蒙古	1 127	1.4	7 498	1 721	375	845	194	42
皇甫川	内蒙古	2 812	3.6	18 204	6 097	4 107	5 119	1 715	1 155
	陕西	434	0.6	16 866	5 530	3 456	732	240	150
	小计	3 246	4.1	18 025	6 022	4 020	5 851	1 955	1 305
清水川	内蒙古	298	0.4	23 356	8 540	4 066	696	255	121
	陕西	585	0.7	20 940	6 530	3 060	1 225	382	179
	小计	883	1.1	21 755	7 208	3 399	1 921	637	300
杨家川	内蒙古	745	0.9	12 765	2 591	750	951	193	56
偏关河	内蒙古	113	0.1	19 292	5 962	796	218	67	9
	山西	779	1.0	19 243	6 078	1 027	1 499	473	80
	小计	892	1.1	19 249	6 063	998	1 717	541	89
窟野河	内蒙古	1 966	2.5	15 945	6 006	2 627	3 135	1 181	516
	陕西	3 490	4.4	26 582	10 774	5 511	9 277	3 760	1 923
	小计	5 456	6.9	22 749	9 056	4 472	12 412	4 941	2 440
秃尾河	陕西	1 204	1.5	17 658	6 890	2 676	2 126	830	322
佳芦河	陕西	985	1.3	28 812	13 529	3 371	2 838	1 333	332
无定河	陕西	13 753	17.5	16 095	5 607	953	22 135	7 711	1 311
县川河	山西	1 108	1.4	14 522	2 139	665	1 609	237	74
朱家川	山西	183	0.2	15 027	4 956	832	275	91	15
岚漪河	山西	423	0.5	15 012	4 976	681	635	211	29
蔚汾河	山西	810	1.0	13 420	3 985	654	1 087	323	53
石马川	陕西	243	0.3	32 222	7 798	3 671	783	190	89
孤山川	内蒙古	318	0.4	19 937	5 613	2 182	634	179	69
	陕西	954	1.2	21 237	6 415	3 040	2 026	612	290
	小计	1 272	1.6	20 912	6 215	2 825	2 660	791	359
清凉寺沟	山西	286	0.4	14 336	3 496	688	410	100	20
湫水河	山西	1 421	1.8	14 032	4 525	473	1 994	643	67
三川河	山西	1 356	1.7	13 953	1 881	436	1 892	255	59
屈产河	山西	1 074	1.4	13 929	1 650	395	1 496	177	42
昕水河	山西	720	0.9	15 000	1 650	375	1 080	119	27
乌龙河	陕西	377	0.5	17 374	5 729	1 326	655	216	50
清涧河	陕西	4 080	5.2	11 414	3 015	438	4 657	1 230	179
延　河	陕西	6 685	8.5	9 252	2 576	534	6 185	1 722	357
河龙区间已控区	内蒙古	7 379	9.4	15 717	5 126	2 668	11 598	3 783	1 969
	山西	8 160	10.4	14 678	3 221	571	11 977	2 628	466
	陕西	32 790	41.7	16 053	5 558	1 580	52 639	18 225	5 182
	小计	48 329	61.5	15 770	5 098	1 576	76 214	24 636	7 617
河龙区间未控区	内蒙古	1 797	2.3	15 993	3 352	684	2 874	602	123
	山西	6 846	8.7	15 316	2 493	501	10 485	1 707	343
	陕西	2 927	3.7	20 161	5 997	996	5 901	1 755	292
	小计	11 570	14.7	16 646	3 513	655	19 260	4 064	758
河龙区间	内蒙古	9 176	11.7	15 771	4 779	2 280	14 472	4 385	2 092
	山西	15 006	19.1	14 969	2 889	539	22 462	4 335	809
	陕西	35 717	45.4	16 390	5 594	1 533	58 540	19 980	5 474
	小计	59 899	76.2	15 939	4 791	1 398	95 474	28 700	8 375
北洛河刘家河以上	陕西	6 308	8.0	14 822	1 923	327	9 350	1 213	206
蒲河巴家嘴以上	甘肃	925	1.2	12 259	1 654	306	1 134	153	28
马莲河庆城以上	陕西	1 523	0.5	10 676	1 602	267	1 626	244	41
	甘肃	9 529	1.9	10 676	1 600	214	10 173	1 525	203
	宁夏	415	12.1	10 675	1 590	267	443	66	11
	小计	9 944	12.7	12 311	1 845	257	12 242	1 835	255
泾河水系	陕西	1 523	1.9	10 676	1 602	267	1 626	244	41
	甘肃	10 454	13.3	10 816	1 605	222	11 307	1 678	232
	宁夏	415	0.5	10 675	1 590	267	443	66	11
	小计	12 392	15.8	10 794	1 604	229	13 376	1 988	284
龙三区间	陕西	7 831	10.0	14 016	1 861	315	10 976	1 457	247
	甘肃	10 454	13.3	10 816	1 605	222	11 307	1 678	232
	宁夏	415	0.5	10 675	1 590	267	443	66	11
	小计	18 700	23.8	12 153	1 712	262	22 726	3 201	490
多沙粗沙区合计	甘肃	10 454	13.3	10 816	1 605	222	11 307	1 678	232
	宁夏	415	0.5	10 675	1 590	267	443	66	11
	内蒙古	9 176	11.7	15 771	4 779	2 280	14 472	4 385	2 092
	山西	15 006	19.1	14 969	2 889	539	22 462	4 335	809
	陕西	43 548	55.4	15 963	4 923	1 314	69 516	21 437	5 721
	小计	78 599	100.0	15 038	4 059	1 128	118 200	31 901	8 865

表 9-75　多沙粗沙区行政分区沙量计算

省(区)	县(旗、区、市)	面积		输沙模数(t/(km²·a))			产沙量(万 t/a)		
		km²	占多沙粗沙区(%)	全沙	$d \geqslant$ 0.05mm	$d \geqslant$ 0.10mm	全沙	$d \geqslant$ 0.05mm	$d \geqslant$ 0.10mm
甘　肃	环县	6 992	8.9	10 974	1 748	230	7 673	1 222	161
	庆城市	1 543	2.0	10 233	1 607	207	1 579	248	32
	华池	1 774	2.3	10 767	1 043	203	1 910	185	36
	镇原	145	0.2	10 000	1 586	207	145	23	3
	小计	10 454	13.3	10 816	1 605	222	11 307	1 678	232
宁　夏	盐池	415	0.5	10 675	1 590	265	443	66	11
内蒙古	和林格尔	246	0.3	10 366	2 398	488	255	59	12
	清水河	1 975	2.5	10 942	2 456	506	2 161	485	100
	东胜	173	0.2	13 584	2 564	578	235	44	10
	达旗	111	0.1	13 514	3 243	811	150	36	9
	伊旗	654	0.8	14 465	4 801	1 942	946	314	127
	准旗	6 017	7.7	17 824	5 730	3 046	10 725	3 448	1 833
	小计	9 176	11.7	15 772	4 780	2 279	14 472	4 386	2 091
陕　西	府谷	3 212	4.1	22 578	8 895	3 611	7 252	2 857	1 160
	神木	4 294	5.5	23 796	8 924	4 294	10 218	3 832	1 844
	佳县	1 792	2.3	20 218	9 397	1 847	3 623	1 684	331
	米脂	1 212	1.5	14 431	4 794	990	1 749	581	120
	榆阳区	1 318	1.7	21 108	7 056	1 662	2 782	930	219
	横山	2 997	3.8	13 473	4 298	777	4 038	1 288	233
	靖边	3 227	4.1	16 669	4 943	1 001	5 379	1 595	323
	定边	3 123	4.0	11 335	2 456	346	3 540	767	108
	吴旗	3 776	4.8	13 369	2 484	333	5 048	938	126
	子洲	2 043	2.6	13 103	4 513	886	2 677	922	181
	吴堡	428	0.5	13 692	4 182	724	586	179	31
	绥德	1 878	2.4	17 897	5 921	1 305	3 361	1 112	245
	清涧	1 881	2.4	16 326	4 646	877	3 071	874	165
	志丹	2 107	2.7	13 071	2 890	441	2 754	609	93
	安塞	2 586	3.3	14 169	4 524	766	3 664	1 170	198
	宝塔区	1 573	2.0	12 053	2 797	483	1 896	440	76
	子长	2 405	3.1	13 247	3 493	653	3 186	840	157
	延川	1 941	2.5	12 664	2 071	283	2 458	402	55
	延长	1 755	2.2	12 729	2 382	319	2 234	418	56
	小计	43 548	55.4	15 963	4 923	1 314	69 516	21 438	5 721
山　西	偏关	1 266	1.6	14 984	4 289	719	1 897	543	91
	神池	86	0.1	14 535	3 023	698	125	26	6
	五寨	266	0.3	14 737	2 256	444	392	60	12
	河曲	1 177	1.5	11 869	3 271	680	1 397	385	80
	保德	765	1.0	14 654	4 222	745	1 121	323	57
	兴县	2 331	3.0	15 556	3 355	648	3 626	782	151
	临县	2 828	3.6	15 781	3 250	622	4 463	919	176
	离石区	512	0.7	15 092	2 326	368	773	119	19
	方山	81	0.1	15 802	2 222	370	128	18	3
	柳林	1 290	1.6	15 434	2 078	393	1 991	268	51
	中阳	633	0.8	15 782	2 054	363	999	130	23
	石楼	1 624	2.1	15 018	2 026	376	2 439	329	61
	永和	1 217	1.5	14 577	2 013	378	1 774	245	46
	大宁	631	0.8	14 184	2 029	365	895	128	23
	隰县	299	0.4	14 783	2 007	368	442	60	11
	小计	15 006	19.1	14 968	2 889	539	22 462	4 335	809
总　计		78 599	100.0	15 038	4 059	1 128	118 200	31 901	8 864

图 9-20 和图 9-21 为多沙粗沙区治理分区不同粒径级沙量地区分布图和不同粒径级输沙模数分布图。从不同粒径级沙量分布图看出,治理三区的输沙量最大,治理一区次之,治理二区最小,这主要是由产沙模数和面积的大小共同决定的;从相应粒径级输沙模数图来看:治理一区的输沙模数最大,治理二区次之,治理三区最小。

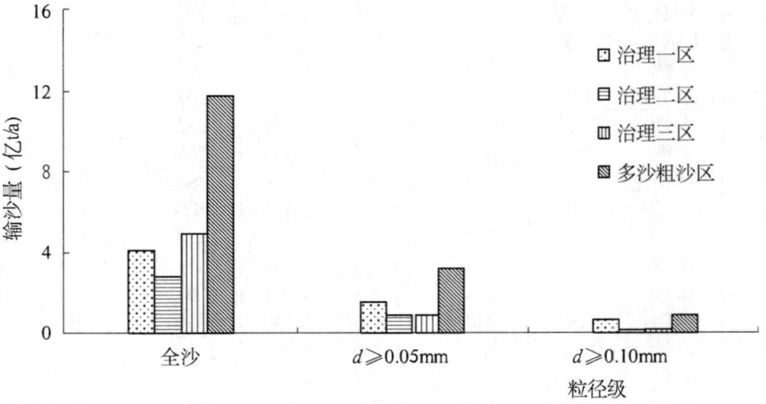

图 9-20　多沙粗沙区治理分区不同粒径级沙量地区分布柱状图

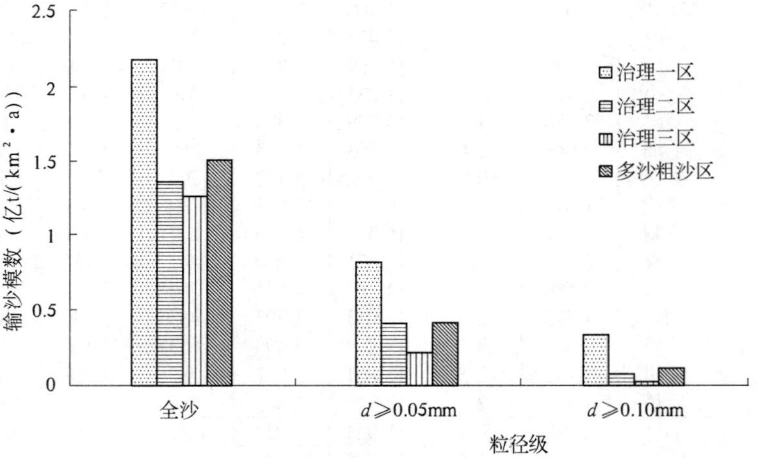

图 9-21　多沙粗沙区治理分区不同粒径级输沙模数地区分布柱状图

一、治理分区输沙量的地区分布

从表 9-67 看出:多沙粗沙区多年平均输沙量、$d \geqslant 0.05$mm 和 $d \geqslant 0.10$mm 的粗泥沙量分别为 11.82 亿 t、3.19亿 t 和 0.89 亿 t,相应的输沙模数为 15 038t/(km^2·a)、4 059t/(km^2·a)和 1 128t/(km^2·a)。

从表 9-68 看出,治理一区多年平均输沙量、$d \geqslant 0.05$mm 和 $d \geqslant 0.10$mm 的粗泥沙量分别为 4.08 亿 t、1.52 亿 t 和 0.61 亿 t,相应的输沙模数为 21 699t/(km^2·a)、8 084t/(km^2·a)和 3 244t/(km^2·a),在三个治理区中是最大的。

从表 9-70 看出,治理二区多年平均输沙量、$d \geqslant 0.05$mm 和 $d \geqslant 0.10$mm 的粗泥沙量分别为 2.81 亿 t、0.84 亿 t 和 0.15 亿 t,相应的输沙模数为 13 618t/(km^2·a)、4 071t/(km^2·a)和 727

t/(km^2·a),介于治理一区和治理三区之间。

从表 9-72 看出,治理三区多年平均输沙量、$d \geqslant 0.05$mm 和 $d \geqslant 0.10$mm 的粗泥沙量分别为 4.93 亿 t、0.83 亿 t 和 0.13 亿 t,相应的输沙模数为 12 589t/(km^2·a)、2 120t/(km^2·a)和 323 t/(km^2·a),从各种输沙模数来看,是治理一区大于治理二区,治理二区大于治理三区。

二、各治理分区中行政分区输沙量地区分布

从各行政分区(见表 9-67)来看,多沙粗沙区内蒙古多年平均输沙量、$d \geqslant 0.05$mm 和 $d \geqslant 0.10$mm 的粗泥沙量分别为 1.45 亿 t、0.44 亿 t 和 0.21 亿 t,相应的输沙模数为 15 771 t/(km^2·a)、4 779t/(km^2·a)和 2 280t/(km^2·a);山西多年平均输沙量、$d \geqslant 0.05$mm 和 $d \geqslant 0.10$mm 的粗泥沙量分别为 2.25 亿 t、0.43 亿 t 和 0.08 亿 t,相应的输沙模数为 14 969 t/(km^2·a)、2 889 t/(km^2·a)和 539t/(km^2·a);陕西多年平均输沙量、$d \geqslant 0.05$mm 和 $d \geqslant 0.10$mm 的粗泥沙量分别为 6.95 亿 t、2.14 亿 t 和 0.57 亿 t,相应的输沙模数为 15 963t/(km^2·a)、4 923t/(km^2·a)和1 314t/(km^2·a);甘肃多年平均输沙量、$d \geqslant 0.05$mm 和 $d \geqslant 0.10$mm 的粗泥沙量分别为 1.13 亿 t、0.17 亿 t 和 0.023 亿 t,相应的输沙模数为 10 816t/(km^2·a)、1 605t/(km^2·a)和 222 t/(km^2·a);宁夏多年平均输沙量、$d \geqslant 0.05$mm 和 0.10mm 的粗泥沙量分别为 443 万 t、66 万 t 和 11 万 t,相应的输沙模数为 10 675t/(km^2·a)、1 590t/(km^2·a)和 265 t/(km^2·a)。

治理一区(见表 9-69)内蒙古多年平均输沙量、$d \geqslant 0.05$mm 和 $d \geqslant 0.10$mm 的粗泥沙量分别为 0.92 亿 t、0.32 亿 t 和 0.18 亿 t,相应的输沙模数为 19 169t/(km^2·a)、6 701t/(km^2·a)和 3 852t/(km^2·a);陕西多年平均输沙量、$d \geqslant 0.05$mm 和 $d \geqslant 0.10$mm 的粗泥沙量分别为 3.16 亿 t、1.20 亿 t 和 0.43 亿 t,相应的输沙模数为 22 564t/(km^2·a)、8 557t/(km^2·a)和 3 036 t/(km^2·a)。

治理二区(见表 9-71)内蒙古多年平均输沙量、$d \geqslant 0.05$mm 和 $d \geqslant 0.10$mm 的粗泥沙量分别为 0.21亿 t、0.048亿 t 和 0.011亿 t,相应的输沙模数为 14 231t/(km^2·a)、3 264t/(km^2·a)和 776t/(km^2·a);陕西多年平均输沙量、$d \geqslant 0.05$mm 和 $d \geqslant 0.10$mm 的粗泥沙量分别为 1.65 亿 t、0.54 亿 t 和 0.09 亿 t,相应的输沙模数为 12 918t/(km^2·a)、4 209 t/(km^2·a)和 710 t/(km^2·a);山西多年平均输沙量、$d \geqslant 0.05$mm 和 $d \geqslant 0.10$mm 的粗泥沙量分别为 0.95 亿 t、0.25 亿 t 和 0.05 亿 t,相应的输沙模数为 14 890t/(km^2·a)、3 980t/(km^2·a)和 750t/(km^2·a)。

治理三区(见表 9-73)内蒙古多年平均输沙量、$d \geqslant 0.05$mm 和 $d \geqslant 0.10$mm 的粗泥沙量分别为 0.32 亿 t、0.069 亿 t 和 0.013 亿 t,相应的输沙模数为 10 956t/(km^2·a)、2 382 t/(km^2·a)和 450 t/(km^2·a);山西多年平均输沙量、$d \geqslant 0.05$mm 和 $d \geqslant 0.10$mm 的粗泥沙量分别为 1.30 亿 t、0.18 亿 t 和 0.03 亿 t,相应的输沙模数为 15 027t/(km^2·a)、2 089t/(km^2·a)和 385t/(km^2·a);陕西多年平均输沙量、$d \geqslant 0.05$mm 和 $d \geqslant 0.10$mm 的粗泥沙量分别为 2.14 亿 t、0.41 亿 t 和 0.056t,相应的输沙模数为 12 766t/(km^2·a)、2 425t/(km^2·a)和 333t/(km^2·a);甘肃多年平均输沙量、$d \geqslant 0.05$mm 和 $d \geqslant 0.10$mm 的粗泥沙量分别为 1.13 亿 t、0.17 亿 t 和 0.023 亿 t,相应的输沙模数为 10 816t/(km^2·a)、1 605t/(km^2·a)和 222 t/(km^2·a);宁夏多年平均输沙量、$d \geqslant 0.05$mm 和 $d \geqslant 0.10$mm 的粗泥沙量分别为 443 万 t、66 万 t 和 11 万 t,相应的输沙模数为10 675t/(km^2·a)、1 590t/(km^2·a)和 265t/(km^2·a)。

第八节　多沙粗沙区来水来沙对黄河水沙的影响

一、扣除泥沙后地表水资源量的估算

从整个黄河来看,多年平均河川径流量 580 亿 m^3,输入下游的泥沙 16 亿 t,考虑扣除泥沙后的地表水资源量意义不大。而本项目是评价黄河中游多沙粗沙区及各治理分区的水资源量,多沙粗沙区年平均地表水含沙量达 317kg/m^3,治理一区高达 335kg/m^3;多沙粗沙区泥沙占浑水体积达 9.5%,表明该区实际进入黄河中下游的清水只有地表水资源量的 90.5%,对此进行扣除泥沙后的地表水资源量估算,可为分析不同程度治理后对可能减少入黄水资源量的评估服务。因此,对多沙粗沙区有必要进行扣除泥沙后的地表水资源量的估算。

(一)各治理分区输沙量的估算

上节中给出的多沙粗沙区各治理分区的输沙量为 1954～1969 年均值,地表水资源量用的是 1956～2000 年均值,而 1954～1969 年输沙量明显偏丰,因此用该时段的输沙量作为估算扣除泥沙后的 1956～2000 年地表水资源量的基数偏大,需要对 1956～2000 年多年平均情况下的多沙粗沙区各治理分区的输沙量进行估算,估算时借用 1954～1969 年系列各分区输沙量占相应时段四站(即龙门、华县、河津、洑头)沙量的比重乘以 1956～2000 年四站沙量得出相应系列各治理分区 1956～2000 年输沙量,见表 9-76。

表 9-76　多沙粗沙区治理分区扣除泥沙后地表水资源量分析

项　目	单位	治理一区	治理二区	治理三区	多沙粗沙区
面积	万 km^2	1.88	2.06	3.92	7.86
年均地表水资源量	亿 m^3	10.19	7.99	13.00	31.18
年均输沙量	亿 t	2.77	1.90	3.34	8.01
年均输沙量	亿 m^3	1.03	0.70	1.24	2.97
泥沙占地表水资源量	%	10.1	8.8	9.5	9.5
扣除泥沙后水资源量	亿 m^3	9.16	7.29	11.76	28.21
$\frac{\text{扣除泥沙后水资源量}}{\text{地表水资源量}}$	%	89.9	91.2	90.5	90.5

注:①泥沙密度取值 2.7t/m^3;②表中系列为 1956～2000 年。

(二)泥沙体积的估算

泥沙体积的计算公式:$V_s = W_s/\gamma_s$

式中:V_s 为泥沙体积,m^3;W_s 为泥沙重量,t;γ_s 为泥沙密度,取 2.7t/m^3。

(三)扣除泥沙后地表水资源量的估算

假定黄河中游的水利水保措施只能拦截流域面上的地表径流,扣除泥沙后的水资源量等于地表水资源量减去泥沙在水中所占的体积,即:

$$W_{扣泥} = W_{地表} - V_s$$

具体计算结果见表9-76。从表中可以看出:多年平均情况下治理一区扣除泥沙后的水资源量为9.16亿m^3,占治理一区未扣泥沙前地表水资源量的89.9%;治理二区扣除泥沙后的水资源量为7.29亿m^3,占治理二区未扣泥沙前地表水资源量的91.2%;治理三区扣除泥沙后的水资源量为11.76亿m^3,占治理三区未扣泥沙前地表水资源量的90.5%;整个多沙粗沙区扣除泥沙后的水资源量为28.21亿m^3,占多沙粗沙区未扣泥沙前地表水资源量的90.5%。

二、各治理分区来水来沙对黄河水沙的影响分析

多沙粗沙区在黄河流域是一个产水少、产沙多的地区。多沙粗沙区的地表水资源量仅占黄河花园口天然河川径流量的5.9%,而全沙、$d \geqslant 0.05$mm和$d \geqslant 0.10$mm的粗泥沙量分别占黄河六站(龙门、华县、河津、洑头、黑石关和武陟,下同)相应输沙量的62.8%、72.5%和78.5%;治理一区的产水量占花园口天然河川径流量的1.9%,而全沙、$d \geqslant 0.05$mm和$d \geqslant 0.10$mm的粗泥沙量分别占六站相应沙量的21.7%、34.6%和54.0%。这些数据表明,多沙粗沙区的产水对黄河水资源的"贡献"很小,但对黄河泥沙的"贡献"很大,粗泥沙集中来源区中,这种对黄河的产水低"贡献"和产沙的高"贡献"尤其突出,也即是产水的效益远小于产沙的危害,这种现象是一区比二区明显,二区比三区明显。

从表9-77也可以看出,治理一区、治理二区、治理三区和多沙粗沙区,1956~2000年地表径流量分别占黄河花园口以上同期天然河川径流量的1.9%、1.5%、2.4%和5.9%;可产生的全沙量分别占六站1954~1969年全沙量的21.7%、14.9%、26.2%和62.8%;产生的$d \geqslant 0.10$mm的粗泥沙量分别占六站相应输沙量的54.0%、13.3%、11.5%和78.8%;各区间0.10mm以上输沙量占全河相应输沙量百分比与地表径流量占花园口以上径流量百分比的倍数分别为28.4、8.9、4.8和13.4。由此看出,各治理分区,特别是治理一区,对黄河的产水贡献远小于产沙的危害。

表9-77　多沙粗沙区治理分区径流泥沙与全河径流泥沙比较

项　目	单位	治理一区	治理二区	治理三区	多沙粗沙区
面积	万km^2	1.88	2.06	3.92	7.86
占花园口面积	%	2.6	2.8	5.4	10.8
地表径流量(含泥沙)	亿m^3/a	10.19	7.99	13.00	31.18
占花园口地表径流量(含泥沙)	%	1.9	1.5	2.4	5.9
全沙量	亿t/a	4.08	2.81	4.93	11.82
占全河沙量	%	21.7	14.9	26.2	62.8
0.05mm以上输沙量	亿t/a	1.52	0.84	0.83	3.19
占全河0.05mm以上输沙量	%	34.6	19.1	18.9	72.5
0.10mm以上输沙量	亿t/a	0.61	0.15	0.13	0.89
占全河0.10mm以上输沙量	%	54.0	13.3	11.5	78.8
占全河0.10mm以上沙量百分比 / 占花园口径流量百分比	倍	28.4	8.9	4.8	13.4

注:花园口1956~2000年河川径流量为532.8亿m^3(借用第二次水资源评价成果,仅供参考),1954~1969年的全沙、0.05mm和0.10mm以上的沙量分别为18.81亿t、4.40亿t和1.13亿t,花园口以上流域面积730 036km^2。

三、多沙粗沙区不同程度治理对黄河水资源影响的初步分析

(一)单位输沙耗水量指标的选取

严军、胡春宏通过对1950~2000年黄河下游河道实测水沙资料的分析[48],用输沙量法计算得到黄河下游各站的单位输沙水量,其中黄河下游利津站多年平均单位输沙水量汛期为30.33m^3/t,非汛期为140.44m^3/t,全年为42.84m^3/t。刘善建通过对20世纪20~70年代下游水沙资料分析[49],认为输1t沙入海,汛期需水30m^3,非汛期需水100m^3。由于多沙粗沙区及各治理分区的泥沙绝大部分来自汛期,因此单位输沙水量按30m^3/t考虑。

(二)多沙粗沙区不同程度治理后对黄河下游输沙用水的估算

假设多沙粗沙区中各治理分区的入黄泥沙分别减少10%、20%、30%、50%、70%和90%,单位输沙水量取30m^3/t,估算相对"节约"的输沙水量见表9-78。

表9-78 多沙粗沙区各治理区不同拦沙情况下"节约"下游输沙用水量估算

项 目	减沙指标	治理一区	治理二区	治理三区	多沙粗沙区
面积(km^2)		1.88	2.06	3.92	7.86
地表水资源量(亿m^3/a)		10.19	7.99	13.00	31.18
扣除泥沙后地表水资源量(亿m^3/a)		9.16	7.29	11.76	28.21
输沙量(亿t/a)		2.77	1.90	3.34	8.01
输沙量(亿m^3/a)		1.03	0.70	1.24	2.97
减少入黄沙量(亿t/a)	10%	0.28	0.19	0.33	0.80
	20%	0.55	0.38	0.67	1.60
	30%	0.83	0.57	1.00	2.40
	50%	1.39	0.95	1.67	4.01
	70%	1.94	1.33	2.34	5.61
	90%	2.49	1.71	3.01	7.21
减少入黄水量(亿m^3/a)	10%	1.17	0.72	1.20	3.09
	20%	2.34	1.45	2.39	6.18
	30%	3.51	2.17	3.59	9.27
	50%	5.85	3.62	5.99	15.64
	70%	8.19	5.07	8.38	21.64
	90%	9.17	6.52	10.78	26.46
输沙水量(亿m^3/a)	10%	8.3	5.7	10.0	24.0
	20%	16.6	11.4	20.0	48.1
	30%	24.9	17.1	30.1	72.1
	50%	41.6	28.5	50.1	120.2
	70%	58.2	39.9	70.1	168.2
	90%	74.8	51.3	90.2	216.3

续表 9-78

项　目	减沙指标	治理一区	治理二区	治理三区	多沙粗沙区
$\frac{输沙水量}{当地产水量}$(倍)	10%	0.82	0.71	0.77	0.77
	20%	1.63	1.43	1.54	1.54
	30%	2.45	2.14	2.31	2.31
	50%	4.08	3.57	3.85	3.85
	70%	5.71	4.99	5.40	5.39
	90%	7.34	6.42	6.94	6.94
$\frac{输沙水量}{当地产水量(扣除泥沙)}$(倍)	10%	0.91	0.78	0.85	0.85
	20%	1.81	1.56	1.70	1.70
	30%	2.72	2.35	2.56	2.56
	50%	4.53	3.91	4.26	4.26
	70%	6.35	5.48	5.96	5.96
	90%	8.16	7.04	7.67	7.67

注:①泥沙密度取值 2.7t/m³;②表中系列为 1956～2000 年。

从表 9-78 中可以看出,假定各治理分区入黄泥沙减少 10%,则减少入黄泥沙量为 0.80 亿 t,减少入黄水量为 3.09 亿 m³,“节约”的输沙用水量约 24.0 亿 m³,“节约”的输沙水量为入黄水量减少量的 7.8 倍,为当地地表水资源量(31.18 亿 m³)的 0.77 倍;假定各治理区入黄泥沙减少 30%,减少入黄泥沙量为 2.40 亿 t,减少入黄水量为 9.27 亿 m³,“节约”的输沙用水量约 72.1 亿 m³,节约的输沙水量为当地地表水资源量(31.18 亿 m³)的 2.31 倍。

各治理分区分别拦沙 30%时,下游“节约”的输沙用水是当地产水量的 2.45 倍、2.14 倍和 2.31 倍。

以治理一区为例,拦沙比例由 10%增到 90%时,其下游“节约”的输沙水量与当地的产水量的比值由 0.82 增加到 7.34,其他区的变化趋势相同。由此看出,随着拦沙比例的提高,各治理区“节约”的输沙水量与当地产水量的比值均呈增大趋势,即黄河中游多沙粗沙区治理程度越高,拦沙比例越大,相对节约的水资源量越多。

当治理一、二、三区和多沙粗沙区的入黄泥沙分别减少 12%、14%和 13%时,各区“节约”的输沙用水量约等于当地产浑水水资源量。当治理一、二、三区和多沙粗沙区的入黄泥沙分别减少 11%、13%、12%和 12%时,各治理区“节约”的输沙用水量约等于当地产清水水资源量。

以上采用的输沙用水量(30m³/t)一是多年平均值,二是全沙的概念。在黄河中游多沙粗沙区,特别是粗泥沙集中来源区产生的泥沙特别粗,产生大于 0.10mm 的粗泥沙占到全河相应泥沙的 54%,要把进入黄河下游的这些粗泥沙输送入海,将需要更多的输沙用水,并且输送的效果也很差,建议将这些粗泥沙就近拦截在当地。因此,加强黄河中游多沙粗沙区,特别是粗泥沙集中来源区粗泥沙的控制是实现“河床不抬高”的关键措施之一。

第九节 小 结

(1)多沙粗沙区 1956~2000 年多年平均降水量 421.2mm,其中治理一区年均降水量为 391.7mm,治理二区年均降水量为 426.2mm,治理三区年均降水量为 432.6mm。由于黄河中游降水分布大的趋势是由东南向西北递减,而治理一区到治理三区基本上是由北向南分布,因而形成治理一区降水量最小,治理三区最大。

多沙粗沙区治理分区多年平均水面蒸发变化不大,各治理分区水面蒸发量接近 1 030mm。

(2)多沙粗沙区 1956~2000 年多年平均地表水资源量 31.2 亿 m^3,其中治理一区年均 10.2 亿 m^3,治理二区年均 8.0 亿 m^3,治理三区年均 13.0 亿 m^3。从地表径流深来看,治理一区年均 54.2mm,治理二区年均 38.7mm,治理三区年均 33.2mm,治理一区大于治理二区,治理二区大于治理三区。其原因一是在多沙粗沙区内部越向北,砒砂岩出露越明显,砒砂岩地貌较黄土地貌更易产汇流;二是治理一区处于暴雨中心所致。

(3)多沙粗沙区地下水资源量(山丘区降水入渗补给量)为年均 13.74 亿 m^3,其中与地表水重复的地下水资源量(降水入渗补给量形成的河道排泄量或河川基流量)为年均 10.98 亿 m^3,与地表水不重复的地下水资源量为年均 2.75 亿 m^3,地下水相对贫乏。

(4)多沙粗沙区 1956~2000 年多年平均水资源总量 33.93 亿 m^3,治理一区水资源总量为年均 10.36 亿 m^3,治理二区为年均 9.46 亿 m^3,治理三区为年均 14.11 亿 m^3。

(5)多沙粗沙区多年平均全沙量、$d \geq 0.05$mm 和 $d \geq 0.10$mm 的粗泥沙量分别为 11.82 亿 t、3.19 亿 t 和 0.89 亿 t;其中,治理一区相应年均输沙量分别为 4.08 亿 t、1.52 亿 t 和 0.61 亿 t;治理二区相应为年均 2.81 亿 t、0.84 亿 t 和 0.15 亿 t;治理三区相应为年均 4.93 亿 t、0.83 亿 t 和 0.13 亿 t。

(6)扣除泥沙后的地表水资源量:多沙粗沙区为年均 28.21 亿 m^3,其中治理一区到治理三区分别为年均 9.16 亿 m^3、7.29 亿 m^3 和 11.76 亿 m^3,分别占未扣除泥沙前地表水资源量的 89.9%、91.2%和 90.5%;整个多沙粗沙区地表水资源量中,泥沙占 9.5%。

(7)多沙粗沙区的地表水资源量仅占黄河花园口天然河川径流量的 5.9%,而全沙、$d \geq 0.05$mm和 $d \geq 0.10$mm 的粗泥沙量分别占六站。相应输沙量的 62.8%、72.5% 和 78.8%,而治理一区的产水量占花园口天然河川径流量的 1.9%,而全沙、$d \geq 0.05$mm 和 $d \geq 0.10$mm的粗泥沙量分别占六站相应沙量的 21.7%、34.6%和 54.0%,这些数据表明,多沙粗沙区的产水对黄河水资源的“贡献”很小,但对黄河泥沙的“贡献”很大,粗泥沙集中来源区中,这种对黄河的产水低“贡献”和产沙的高“贡献”尤其突出,也即是产水的效益远小于产沙的危害,这种现象是一区比二区明显,二区比三区明显。

(8)多沙粗沙区进行不同程度治理后,虽然减少了入黄水量,但由于入黄泥沙的减少,反过来可节约下游输沙用水,黄河中游多沙粗沙区治理程度越高,拦沙比例越大,相对节约的水资源量越多。据估算,当治理一、二、三区和多沙粗沙区的入黄泥沙分别减少 11%、13% 、12%和 12%时,各区因减少入黄泥沙而“节约”的输沙用水量约等于当地产清水水资源量。

(9)随着拦沙比例的提高,各治理分区减沙后节约的输沙水量与当地的产水量的比值呈增大趋势,即黄河中游多沙粗沙区治理程度越高,拦沙比例越大,减轻下游河道淤积越多,相对节约的水资源量也越多。

第十章　多沙粗沙区治理分区经济社会调查评价

调查评价的范围为黄河中游多沙粗沙区，面积7.86万km^2，涉及甘肃、宁夏、内蒙古、陕西、山西5省（区）45个县（旗）；在多沙粗沙区内分别按治理一区（1.88万km^2）、治理二区（2.06万km^2）和治理三区（3.92万km^2）统计分析和评价。

第一节　调查评价指标的遴选

经济社会及水土保持方面的指标很多，这里主要选择与水土保持减沙有关的经济社会发展指标进行调查评价，通过分析评价，研究水土保持与经济社会发展的关系，为黄河中游多沙粗沙区的治理提供技术支撑。经对比分析，确定评价的指标主要包括：人口、劳力指标，农村经济发展指标，水土流失指标，水土保持指标，土地利用指标等方面。

一、人口、劳力指标

人口指标包括现有人口总量、农业人口、人口密度、农业人口密度、人口素质、文化水平等；劳力指标包括现有劳力总数、劳动力密度等。

二、农村经济发展指标

主要是农村产业结构指标、人均收入（元）和单位面积的产值、水土流失治理对农村各业生产的影响等。

三、水土流失指标

单位面积输沙模数（全沙、$d \geqslant 0.05$mm和$d \geqslant 0.10$mm粗泥沙）、单位降水侵蚀量等。

四、水土保持指标

指各项治理措施的保存面积，各类水土保持工程的数量；在典型小流域中调查各项措施与工程的布局，水土保持治沟骨干工程的分布与作用；各项治理措施和小流域综合治理的基础效益（保水、保土）、经济效益、社会效益、生态效益。

五、土地利用指标

主要包括各类土地利用面积、土地利用比例、土地利用率等；耕地中基本农田（梯田、坝地、小片水地等）所占比例；单位面积中林地比例、耕地比例、坝地比例等。

第二节　调查评价的方法

一、调查方法

主要采用调查统计、收集已有研究成果和有关资料的形式进行。资料的基准年为2004年底。总的调查程序是:先确定调查评价指标,制定统一的调查表格,举办由省、地、县、乡各级业务技术人员参加的培训班,由基层业务技术人员调查,乡镇逐级上报。上报前由业务主管部门审查,最后由黄河上中游管理局汇总,经专家审查后使用。具体方法包括以下几点:

(1)人口、劳力调查。主要从县以上各级民政部门和计划部门收集有关资料,按不同小流域分别进行统计计算。

(2)农村各业生产调查。从农业、林业、畜牧、水利、水产、综合经营、土地管理等部门收集有关资料,并进行局部现场调查,加以验证。除收集查阅有关资料外,选择典型小流域,选有代表性的乡、村、农户和农地、林地、牧地等,进行深入的典型调查或抽样调查。

(3)治理措施和土地利用调查。根据调查指标,确定调查表格,以不同治理分区内的小流域为单元,填报各指标的数量,另外,根据已有的研究结果,对调查统计的水土保持措施数量进行核实,确定保存数量。

二、分析评价的方法

分别以三个治理区为对象,根据调查的指标进行对比分析,采用综合与典型相结合的评价方法,综合评价以三个治理区和多沙粗沙区为范围,典型评价以典型小流域或典型区域为范围。

第三节　经济社会调查结果与分析

分别按三个治理区和7.86万km^2为区域进行统计分析。1.88万km^2为治理一区,2.06万km^2为治理二区、3.92万km^2为治理三区。调查的指标比较多,这里仅列出与经济社会发展和水土保持减沙有关的主要指标的调查结果,根据这些指标进行分析评价。

一、经济社会调查结果

(一)治理一区经济社会调查结果

1. 政区概况

治理一区(1.88万km^2的粗泥沙集中来源区)涉及内蒙古、陕西2省(区)的3个地市15个县级行政区。总面积18 803km^2。其中,内蒙古涉及1市3旗,总面积4 792 km^2;陕西省涉及2市12县(区),总面积14 011 km^2。行政区情况见表10-1。

表 10-1 治理一区行政区情况

行政区			总面积(km^2)	涉及乡镇(个)	行政村数
内蒙古	鄂尔多斯市	达旗	4	1	1
		伊旗	352	2	8
		准旗	4 436	17	167
	合计		4 792	20	176
陕西	延安市	子长	292	3	30
		安塞	310	2	29
		小计	602	5	59
	榆林市	榆阳区	1 170	10	78
		佳县	1 372	16	237
		神木	3 569	17	226
		府谷	3 061	21	203
		靖边	1 454	11	118
		横山	431	3	41
		绥德	1 039	14	132
		米脂	177	3	33
		清涧	739	8	133
		子洲	397	4	78
		小计	13 409	107	1 279
	合计		14 011	112	1 338
总计			18 803	132	1 514

2. 人口及粮食生产情况

区内总人口 123.43 万人,平均人口密度 65 人/ km^2,农业人口 105.7 万人,农业人口密度 56 人/km^2,劳动力数量 45.16 万人。粮食总产 41.08 万 t,农业人均粮食 389kg,每平方公里面积产粮 2.18 万 kg。内蒙古总人口 11.19 万人,平均人口密度 23 人/km^2;农业人口 9.62 万人,农业人口密度 20 人/ km^2。粮食总产 4.36 万 t,农业人均粮食 453kg,每平方公里面积产粮 0.91 万 kg;陕西总人口 112.25 万人,平均人口密度 80 人/km^2;农业人口 96.10 万人,农业人口密度 69 人/ km^2。粮食总产 36.72 万 t,农业人均粮食 382kg,每平方公里面积产粮 2.62 万 kg。

治理一区人口及粮食生产情况见表 10-2。

表 10-2 治理一区人口及粮食生产情况

行政区		总人口(万人)	农业人口(万人)	农业劳动力(万人)	农业人口密度(人/km^2)	年粮食总产量(万 t)	农业人均粮食(kg/人)	单位面积年产粮(万 kg/km^2)
内蒙古	鄂尔多斯市	11.19	9.62	3.71	20	4.36	453	0.91
陕西	延安市	4.25	3.54	1.03	59	1.51	426	2.51
	榆林市	108	92.56	40.42	69	35.21	380	2.63
	合计	112.25	96.1	41.45	69	36.72	382	2.62
总计		123.44	105.72	45.16	56	41.08	389	2.18

3. 经济发展情况

区内农业总产值15.53亿元，其中农业产值6.08亿元，林业产值1.42亿元，牧业产值5.15亿元，副业产值2.15亿元，其他0.71亿元。每平方公里面积产值8.26万元，人均纯收入1 519元。内蒙古自治区范围农业总产值3.97亿元，其中农业产值1.58亿元，林业产值0.35亿元，牧业产值1.80亿元，副业产值0.12亿元，其他0.10亿元。每平方公里面积产值8.28万元。人均纯收入2 199元。陕西省范围农业总产值11.56亿元，其中农业产值4.50亿元，林业产值1.07亿元，牧业产值3.35亿元，副业产值2.03亿元，其他0.61亿元。每平方公里面积产值8.25万元。人均纯收入1 451元。

治理一区各行政区经济发展情况见表10-3。

表10-3　治理一区经济发展情况

行政区		农村产业结构(亿元)						单位面积产值(万元/km²)	人均纯收入(元)
		农业总产值	农业	林业	牧业	副业	其他		
内蒙古	鄂尔多斯市	3.97	1.58	0.35	1.80	0.12	0.10	8.28	2 199
陕西	延安市	1.12	0.60	0.24	0.18	0.08	0.02	18.60	1 966
	榆林市	10.44	3.90	0.83	3.17	1.95	0.59	7.78	1 431
	合计	11.56	4.50	1.07	3.35	2.03	0.61	8.25	1 451
总计		15.53	6.08	1.42	5.15	2.15	0.71	8.26	1 519

4. 土地利用现状

区内耕地总面积24.92万hm^2，果园1.72万hm^2，林地33.72万hm^2，草地15.66万hm^2，水域4.71万hm^2，未利用地85.92万hm^2，非生产用地21.36万hm^2。

内蒙古自治区范围耕地总面积5.40万hm^2，果园0.12万hm^2，林地10.83万hm^2，草地9.87万hm^2，水域1.96万hm^2，未利用地18.90万hm^2，非生产用地0.84万hm^2。

陕西省范围内耕地总面积19.52万hm^2，果园1.60万hm^2，林地22.89万hm^2，草地5.79万hm^2，水域2.75万hm^2，未利用地67.02万hm^2，非生产用地20.52万hm^2。

治理一区各行政区土地利用情况详见表10-4。

表10-4　治理一区土地利用情况

行政区		土地利用面积(万 hm²)										
		耕地	果园	林地	草地	水域	未利用土地				非生产用地	合计
							荒地	难利用地	其他	小计		
内蒙古	鄂尔多斯市	5.40	0.12	10.83	9.87	1.96	14.7	4.18	0.02	18.9	0.84	47.92
陕西	延安市	0.36	0.09	1.26	0.38	0.04	3.22	0.37	0	3.59	0.29	6.01
	榆林市	19.16	1.51	21.63	5.41	2.71	26.99	33.52	2.92	63.43	20.23	134.08
	合计	19.52	1.60	22.89	5.79	2.75	30.21	33.89	2.92	67.02	20.52	140.09
总计		24.92	1.72	33.72	15.66	4.71	44.91	38.07	2.94	85.92	21.36	188.01

5. 水土保持治理措施

治理一区区域面积 18 803km²,治理面积 5 066km²,治理程度 30%。在治理面积中,基本农田 10.01 万 hm²,水保林 28.98 万 hm²,经果林 3.57 万 hm²,人工草地 7.16 万 hm²,封禁治理面积 0.93 万 hm²。水利水土保持工程共有中型水库 12 座,小型水库 73 座,控制面积 4 507km²;骨干坝 274 座,控制面积 1 313km²;中小型淤地坝 11 440 座,其他小型水利水保工程 101 755 处。

内蒙古自治区区域内面积 4 792km²,治理面积 1 379km²,治理程度 31%。在治理面积中,基本农田 0.97 万 hm²,水保林 10.76 万 hm²,经果林 0.20 万 hm²,人工草地 1.86 万 hm²。水利水土保持工程共有小型水库 18 座,控制面积 20 km²;骨干坝 146 座,控制面积 691 km²;中小型淤地坝 230 座,其他小型水利水保工程 44 985 处。

陕西省区域内面积 14 011km²,治理面积 3 687km²,治理程度 29%。在治理面积中,基本农田 9.04 万 hm²,水保林 18.22 万 hm²,经果林 3.37 万 hm²,人工草地 5.30 万 hm²,封禁治理面积 0.93 万 hm²。水利水土保持工程共有中型水库 12 座,小型水库 55 座,控制面积 4 487km²;骨干坝 128 座,控制面积 621.5 km²;中小型淤地坝 11 210 座,其他小型水利水保工程 56 770 处。

治理一区水土保持治理情况详见表 10-5、10-6。

表 10-5 治理一区水土保持治理措施统计

行政区		面积(km²)	治理面积(km²)	治理度(%)	基本农田(万 hm²)				水保林(万 hm²)			经果林(万 hm²)	人工种草(万 hm²)	封禁治理(万 hm²)
					小计	梯田	坝地	水地	小计	乔木林	灌木林			
内蒙古	鄂尔多斯市	4 792	1 379	31	0.97	0.56	0.22	0.19	10.76	2.46	8.30	0.20	1.86	0.00
陕西	延安市	602	182	31	0.27	0.20	0.04	0.03	1.03	0.36	0.67	0.23	0.29	0.00
	榆林市	13 409	3 505	29	8.77	5.54	0.95	2.28	17.19	4.50	12.69	3.14	5.01	0.93
	合计	14 011	3 687	29	9.04	5.74	0.99	2.31	18.22	4.86	13.36	3.37	5.30	0.93
总计		18 803	5 066	30	10.01	6.30	1.21	2.50	28.98	7.32	21.66	3.57	7.16	0.93

表 10-6 治理一区水利水土保持工程现状

行政区		水库				骨干坝		中小型淤地坝(座)			其他小型工程(处)
		大型(座)	中型(座)	小型(座)	控制面积(km²)	座数(座)	控制面积(km²)	小计	中型	小型	
内蒙古	鄂尔多斯市			18	20	146	691	230	62	168	44 985
陕西省	延安市					18	96.4	765	197	568	304
	榆林市		12	55	4 487	110	525.1	10 445	788	9 657	56 466
	合计		12	55	4 487	128	621.5	11 210	985	10 225	56 770
总计			12	73	4 507	274	1 313	11 440	1 047	10 393	101 755

(二)治理二区社会经济调查结果

1. 政区概况

治理二区(2.06 万 km^2)涉及内蒙古、陕西、山西 3 省(区)的 6 个地市 29 个县级行政区。总面积 20 633km^2。其中内蒙古自治区涉及 2 市 4 县(旗),面积 1 475km^2;陕西涉及 2 市 16 县(区),面积 12 808km^2;山西涉及 2 市 9 县(区),面积 6 350km^2。治理二区的行政区情况见表 10-7。

表 10-7　治理二区行政区情况

行政区			总面积(km^2)
内蒙古	呼和浩特市	清水河	397
	鄂尔多斯市	达旗	46
		东胜区	24
		准旗	1 008
		小计	1 078
	合计		1 475
陕西	延安市	子长	1 225
		吴旗	12
		宝塔区	649
		志丹	559
		安塞	2 094
		小计	4 539
	榆林市	榆阳区	98
		神木	118
		府谷	151
		靖边	987
		横山	2 273
		绥德	740
		米脂	1 035
		清涧	475
		子洲	1 646
		吴堡	374
		佳县	372
		小计	8 269
	合计		12 802
山西	吕梁市	兴县	1 751
		离石	6
		柳林	36
		临县	1 762
		小计	3 555
	忻州市	河曲	993
		偏关	1 097
		保德	674
		五寨	10
		神池	21
		小计	2 795
	合计		6 350
总计			20 633

2. 人口及粮食生产情况

区内总人口207.14万人，平均人口密度100人/km²，农业人口179.25万人，农业人口密度87人/km²，劳力数量67.05万人。粮食总产58.46万t，农业人均粮食326 kg，每平方公里面积产粮2.83万kg。治理二区人口及粮食生产情况见表10-8。

表10-8 治理二区人口及粮食生产情况

行政区		总人口（万人）	农业人口（万人）	农业劳力（万人）	农业人口密度（人/km²）	年粮食总产量（万t）	农业人均粮食（kg/人）	单位面积年产粮（万kg/km²）
内蒙古	呼和浩特市	1.45	1.4	0.46	35	0.51	364	1.28
	鄂尔多斯市	8.27	3.15	1.15	29	1.3	413	1.21
	合计	9.72	4.55	1.62	31	1.81	398	1.23
陕西	延安市	28.27	24.48	7.14	54	11.4	466	2.51
	榆林市	96.83	86.64	37.77	105	26.83	310	3.24
	合计	125.1	111.12	44.92	87	38.23	344	2.98
山西	吕梁市	37.84	35.87	10.75	101	10.12	282	2.85
	忻州市	34.49	27.71	9.76	99	8.3	300	2.97
	合计	72.32	63.58	20.51	100	18.42	290	2.90
总计		207.14	179.25	67.05	87	58.46	326	2.83

内蒙古自治区范围总人口9.72万人，农业人口4.55万人，平均人口密度66人/km²，农业人口密度31人/km²。粮食总产1.81万t，农业人均粮食398kg。每平方公里面积产粮1.23万kg。

陕西范围总人口125.10万人，农业人口111.12万人，平均人口密度98人/ km²，农业人口密度100人/km²。粮食总产38.23万t，农业人均粮食344 kg。每平方公里面积产粮2.98万kg。

山西范围总人口72.32万人，农业人口63.58万人，平均人口密度114人/ km²，农业人口密度100人/km²。粮食总产18.42万t，农业人均粮食290 kg。每平方公里面积产粮2.90万kg。

3. 经济发展情况

区内农业总产值29.38亿元，其中农业产值12.90亿元，林业产值4.15亿元，牧业产值6.58亿元，副业产值3.58亿元，其他2.17亿元。每平方公里面积产值14.24万元。人均纯收入1 321元。

内蒙古自治区范围农业总产值1.41亿元，其中农业产值0.41亿元，林业产值0.18亿元，牧业产值0.51亿元，副业产值0.24亿元，其他0.07亿元。每平方公里面积产值9.56万元。人均纯收入2 147元。

陕西省范围农业总产值18.50亿元，其中农业产值8.64亿元，林业产值2.48亿元，牧业产值4.46亿元,副业产值2.07亿元,其他0.85亿元。每平方公里面积产值14.44万元。人均纯收入1 275元。

山西省范围农业总产值9.47亿元,其中农业产值3.85亿元,林业产值1.49亿元,牧业产值1.61亿元,副业产值1.27亿元,其他1.25亿元。每平方公里面积产值14.91万元,人均纯收入1 011元。

治理二区各行政区经济发展情况详见表10-9。

表10-9　治理二区经济情况

<table>
<tr><th colspan="2" rowspan="2">行政区</th><th colspan="6">农村产业结构(亿元)</th><th rowspan="2">单位面积产值(万元/km²)</th><th rowspan="2">人均纯收入(元)</th></tr>
<tr><th>农业总产值</th><th>农业</th><th>林业</th><th>牧业</th><th>副业</th><th>其他</th></tr>
<tr><td rowspan="3">内蒙古</td><td>呼和浩特市</td><td>0.71</td><td>0.27</td><td>0.13</td><td>0.18</td><td>0.10</td><td>0.04</td><td>17.89</td><td>1 563</td></tr>
<tr><td>鄂尔多斯市</td><td>0.70</td><td>0.14</td><td>0.05</td><td>0.33</td><td>0.14</td><td>0.03</td><td>6.49</td><td>2 300</td></tr>
<tr><td>合计</td><td>1.41</td><td>0.41</td><td>0.18</td><td>0.51</td><td>0.24</td><td>0.07</td><td>9.56</td><td>2 147</td></tr>
<tr><td rowspan="3">陕西</td><td>延安市</td><td>10.23</td><td>5.63</td><td>1.64</td><td>1.85</td><td>0.64</td><td>0.48</td><td>22.54</td><td>1 910</td></tr>
<tr><td>榆林市</td><td>8.27</td><td>3.01</td><td>0.84</td><td>2.61</td><td>1.43</td><td>0.37</td><td>10</td><td>1 093</td></tr>
<tr><td>合计</td><td>18.50</td><td>8.64</td><td>2.48</td><td>4.46</td><td>2.07</td><td>0.85</td><td>14.44</td><td>1 275</td></tr>
<tr><td rowspan="3">山西</td><td>吕梁市</td><td>5.12</td><td>2.24</td><td>0.95</td><td>0.32</td><td>0.42</td><td>1.20</td><td>14.40</td><td>994</td></tr>
<tr><td>忻州市</td><td>4.35</td><td>1.61</td><td>0.54</td><td>1.29</td><td>0.85</td><td>0.05</td><td>15.56</td><td>1 032</td></tr>
<tr><td>合计</td><td>9.47</td><td>3.85</td><td>1.49</td><td>1.61</td><td>1.27</td><td>1.25</td><td>14.91</td><td>1 011</td></tr>
<tr><td colspan="2">总　计</td><td>29.38</td><td>12.90</td><td>4.15</td><td>6.58</td><td>3.58</td><td>2.17</td><td>14.24</td><td>1 321</td></tr>
</table>

4. 土地利用现状

区内耕地总面积44.33万hm^2,果园2.74万hm^2,林地35.33万hm^2,草地7.23万hm^2,水域3.23万hm^2,未利用地87.43万hm^2,非生产用地26.08万hm^2。

内蒙古自治区范围耕地总面积1.12万hm^2,林地1.63万hm^2,草地2.49万hm^2,水域0.02万hm^2,未利用地9.21万hm^2,非生产用地0.29万hm^2。

陕西省范围内耕地总面积21.36万hm^2,果园1.97万hm^2,林地26.24万hm^2,草地3.83万hm^2,水域2.52万hm^2,未利用地53.43万hm^2,非生产用地18.75万hm^2。

山西省范围内耕地总面积21.85万hm^2,果园0.77万hm^2,林地7.46万hm^2,草地0.91万hm^2,水域0.69万hm^2,未利用地24.79万hm^2,非生产用地7.04万hm^2。

治理二区各行政区土地利用情况详见表10-10。

5. 水土保持治理措施

治理二区区域面积20 633km^2,治理面积6 522km^2,治理程度35%。在治理面积中,基本农田18.68万hm^2,水保林31.48万hm^2,经果林7.76万hm^2,人工草地5.60万hm^2,封禁治理面积1.71万hm^2。水利水土保持工程共有大型水库1座,中型水库8座,小型水库23座,控制面积3 159km^2;骨干坝265座,控制面积1 393km^2;中小型淤地坝11 751座,其他小型水利水保工程120 522处。

表 10-10　治理二区土地利用现状统计

行政区		土地利用面积(万 hm^2)										
		耕地	果园	林地	草地	水域	未利用土地				非生产用地	合计
							荒地	难利用地	其他	小计		
内蒙古	呼和浩特市	0.61	0.00	0.37	0.19	0.02	2.62	0.07	0.00	2.69	0.08	3.96
	鄂尔多斯市	0.51	0.00	1.26	2.30	0.00	6.33	0.19	0.00	6.52	0.21	10.80
	合计	1.12	0.00	1.63	2.49	0.02	8.95	0.26	0.00	9.21	0.29	14.76
陕西	延安市	5.40	0.66	10.52	1.81	0.37	18.75	2.37	0.06	21.18	5.47	45.41
	榆林市	15.96	1.31	15.72	2.02	2.15	17.62	11.75	2.88	32.25	13.28	82.69
	合计	21.36	1.97	26.24	3.83	2.52	36.37	14.12	2.94	53.43	18.75	128.10
山西	吕梁市	11.64	0.56	2.57	0.05	0.46	5.95	4.30	4.65	14.90	5.38	35.56
	忻州市	10.21	0.21	4.89	0.86	0.23	6.22	2.03	1.64	9.89	1.66	27.95
	合计	21.85	0.77	7.46	0.91	0.69	12.17	6.33	6.29	24.79	7.04	63.51
总　计		44.33	2.74	35.33	7.23	3.23	57.49	20.71	9.23	87.43	26.08	206.37

内蒙古自治区区域内面积 1 475km^2,治理面积 228km^2,治理程度 16%。在治理面积中,基本农田 0.14 万 hm^2,水保林 1.61 万 hm^2,经果林 0.01 万 hm^2,人工草地 0.53 万 hm^2。小型水利水保工程 5 610 处。

陕西省区域内面积 12 808km^2,治理面积 4 960km^2,治理程度 41%。在治理面积中,基本农田 13.78 万 hm^2,水保林 24.17 万 hm^2,经果林 6.51 万 hm^2,人工草地 4.27 万 hm^2,封禁治理面积 0.88 万 hm^2。水利水土保持工程共有大型水库 1 座,中型水库 8 座,小型水库 21 座,控制面积 3 141km^2;骨干坝 151 座,控制面积 843km^2;中小型淤地坝 10 670 座,其他小型水利水保工程 63 334 处。

山西省区域内面积 6 350km^2,治理面积 1 334km^2,治理程度 26%。在治理面积中,基本农田 4.76 万 hm^2,水保林 5.70 万 hm^2,经果林 1.24 万 hm^2,人工草地 0.80 万 hm^2,封禁治理面积 0.83 万 hm^2。水利水土保持工程共有小型水库 2 座,控制面积 18km^2;骨干坝 114 座,控制面积 550km^2;中小型淤地坝 1 081 座,其他小型水利水保工程 51 578 处。

治理二区水土保持治理情况详见表 10-11、10-12。

(三)治理三区经济社会调查结果

1. 政区概况

治理三区涉及甘肃、宁夏、内蒙古、陕西、山西 5 省(区)的 9 个地市 42 个县级行政区,总面积 39 163km^2。

甘肃涉及 1 市 4 县(区),总面积 10 454km^2;宁夏涉及 1 市 1 县(区),总面积 415km^2;内蒙古自治区涉及 2 市 6 旗(区),总面积 2 909km^2;陕西涉及 2 市 16 县(区),总面积 16 729km^2;山西涉及 3 市 15 县(区),总面积 8 656km^2。

治理三区的行政区情况见表 10-13。

表 10-11　治理二区水土保持治理现状

行政区		面积(km²)	治理面积(km²)	治理度(%)	基本农田(万 hm²)				水保林(万 hm²)			经果林(万 hm²)	人工种草(万 hm²)	封禁治理(万 hm²)
					小计	梯田	坝地	水地	小计	乔木林	灌木林			
内蒙古	呼和浩特市	397	48	12	0.04	0.04	0.00	0.00	0.36	0.14	0.22	0.01	0.08	0.00
	鄂尔多斯市	1 078	180	18	0.10	0.01	0.01	0.08	1.25	0.30	0.95	0.00	0.45	0.00
	合计	1 475	228	16	0.14	0.05	0.01	0.08	1.61	0.44	1.17	0.01	0.53	0.00
陕西	延安市	4 539	1 506	34	1.93	1.52	0.23	0.18	7.35	3.24	4.11	3.93	1.85	0.00
	榆林市	8 269	3 454	45	11.85	9.18	0.92	1.75	16.82	5.40	11.42	2.58	2.42	0.88
	合计	12 808	4 960	41	13.78	10.70	1.15	1.93	24.17	8.64	15.53	6.51	4.27	0.88
山西	吕梁市	3 555	590	23	3.00	2.14	0.57	0.29	1.98	0.87	1.11	0.91	0.00	0.00
	忻州市	2 795	744	30	1.76	1.28	0.15	0.33	3.72	1.49	2.23	0.33	0.80	0.83
	合计	6 350	1 334	26	4.76	3.42	0.72	0.62	5.70	2.36	3.34	1.24	0.80	0.83
总计		20 633	6 522	35	18.68	14.17	1.88	2.63	31.48	11.44	20.04	7.76	5.60	1.71

表 10-12　治理二区水利水土保持工程现状

行政区		水库				骨干坝		中小型淤地坝(座)			其他小型水利水保工程(处)
		大型(座)	中型(座)	小型(座)	控制面积(km²)	座数	控制面积(km²)	小计	中型	小型	
内蒙古自治区	呼和浩特市	0	0	0	0	0	0	0	0	0	5 310
	鄂尔多斯市	0	0	0	0	0	0	0	0	0	300
	合计	0	0	0	0	0	0	0	0	0	5 610
陕西省	延安市	1	2	0	988	46	209	1 635	910	725	2 126
	榆林市	0	6	21	2 153	105	634	9 035	660	8 375	61 208
	合计	1	8	21	3 141	151	843	10 670	1 570	9 100	63 334
山西省	吕梁市	0	0	1	12	20	70	267	69	198	3 366
	忻州市	0	0	1	6	94	480	814	371	443	48 212
	合计	0	0	2	18	114	550	1 081	440	641	51 578
总计		1	8	23	3 159	265	1 393	11 751	2 010	9 741	120 522

表 10-13 治理三区行政区情况

行政区		总面积(km^2)	行政区		总面积(km^2)
甘肃	庆阳市	10 454	陕西	神木	607
	华池	1 774		定边	3 123
	镇原	145		靖边	786
	庆城	1 543		横山	293
	环县	6 992		绥德	99
	合计	10 454		清涧	667
宁夏	吴忠市	415		吴堡	54
	盐池	415		佳县	48
	合计	415		合计	16 729
内蒙古	呼和浩特市	1 824	山西	吕梁市	5 744
	和林格尔	246		兴县	580
	清水河	1 578		离石区	536
	鄂尔多斯市	1 085		柳林	1 254
	达旗	61		临县	1 066
	东胜区	149		方山	186
	伊旗	302		石楼	1 624
	准旗	573		中阳	498
	合计	2 909		忻州市	765
陕西	延安市	11 002		河曲	184
	延川	1 941		偏关	169
	志丹	1 548		保德	91
	子长	888		五寨	256
	吴旗	3 764		神池	65
	延长	1 755		临汾市	2 147
	宝塔区	924		永和	1 217
	安塞	182		隰县	299
	榆林市	5 727		大宁	631
	榆阳区	50		合计	8 656
			总计		39 163

2. 人口及粮食生产情况

区内总人口 296.34 万人,平均人口密度 76 人/ km^2,农业人口 252.06 万人,农业人口密度 64 人/ km^2,劳力数量 91.95 万人。粮食总产 112.32 万 t,农业人均粮食 446kg,每平方公里面积产粮 2.87 万 kg。

甘肃范围总人口 51.46 万人,农业人口 47.27 万人,农业人口密度 45 人/ km^2。劳动力 18.91 万人。粮食总产 23.40 万 t,农业人均粮食 495 kg,每平方公里面积产粮 2.24 万 kg。

宁夏范围总人口 1.48 万人,农业人口 1.43 万人,农业人口密度 34 人/ km^2。劳动力 0.86 万人。粮食总产 0.62 万 t,农业人均粮食 434 kg,每平方公里面积产粮 1.49 万 kg。

内蒙古自治区范围总人口 14.06 万人,农业人口 12.66 万人,农业人口密度 44 人/km^2。劳动力 4.21 万人。粮食总产 5.58 万 t,农业人均粮食 441kg,每平方公里面积产粮 1.92 万 kg。

陕西范围总人口 105.37 万人,农业人口 84.25 万人,农业人口密度 50 人/ km^2。劳动力 32.94 万人。粮食总产 46.66 万 t,农业人均粮食 554 kg,每平方公里面积产粮 2.79 万 kg。

山西范围总人口 123.97 万人,农业人口 106.45 万人,农业人口密度 123 人/ km^2。劳动力 35.03 万人。粮食总产 36.07 万 t,农业人均粮食 339kg,每平方公里面积产粮 4.17 万 kg。

治理三区人口及粮食生产情况见表 10-14。

表 10-14 治理三区人口及粮食生产情况

行政区		总人口(万人)	农业人口(万人)	农业劳动力(万人)	农业人口密度(人/km^2)	年粮食总产量(万 t)	农业人均粮食(kg/人)	单位面积年产粮(万 kg/km^2)
甘肃	庆阳市	51.46	47.27	18.91	45	23.40	495	2.24
宁夏	吴忠市	1.48	1.43	0.86	34	0.62	434	1.49
内蒙古	呼和浩特市	10.00	8.29	2.71	45	3.42	412	1.87
	鄂尔多斯市	4.06	4.37	1.50	40	2.16	494	1.99
	合计	14.06	12.66	4.21	44	5.58	441	1.92
陕西	延安市	71.36	54.37	20.12	49	31.69	583	2.88
	榆林市	34.01	29.88	12.81	52	14.97	501	2.61
	合计	105.37	84.25	32.94	50	46.66	554	2.79
山西	吕梁市	105.46	88.78	29.06	155	29.06	327	5.06
	忻州市	5.76	6.06	2.35	79	1.49	246	1.95
	临汾市	12.75	11.61	3.62	54	5.52	475	2.57
	合计	123.97	106.45	35.03	123	36.07	339	4.17
总计		296.34	252.06	91.95	64	112.32	446	2.87

3. 经济发展情况

区内农业总产值 63.09 亿元,其中农业产值 32.05 亿元,林业产值 6.89 亿元,牧业产值13.10亿元，副业产值6.65亿元，其他4.40亿元。每平方公里面积产值16.11万元。人均纯收入1 330元。

甘肃省范围农业总产值10.99亿元，其中农业产值4.87亿元，林业产值0.42亿元，牧业产值2.30亿元，副业产值3.02亿元，其他0.38亿元。每平方公里面积产值10.51万元。人均纯收入1 302元。

宁夏自治区范围农业总产值0.35亿元，其中农业产值0.11亿元，林业产值0.04亿元，牧业产值0.09亿元，副业产值0.08亿元，其他0.03亿元。每平方公里面积产值8.43万元。人均纯收入1 564元。

内蒙古自治区范围农业总产值5.12亿元，其中农业产值2.22亿元，林业产值0.66亿元，牧业产值1.27亿元，副业产值0.56亿元，其他0.41亿元。每平方公里面积产值17.64万元。人均纯收入2 116元。

陕西省范围农业总产值32.59亿元，其中农业产值18.10亿元，林业产值3.82亿元，牧业产值7.87亿元，副业产值1.48亿元，其他1.32亿元。每平方公里面积产值19.48万元。人均纯收入1 700元。

山西省范围农业总产值14.04亿元，其中农业产值6.75亿元，林业产值1.95亿元，牧业产值1.57亿元，副业产值1.51亿元，其他2.26亿元。每平方公里面积产值16.22万元。人均纯收入952元。

治理三区各行政区经济发展情况详见表10-15。

表10-15　治理三区经济情况调查统计

行政区		农村产业结构(亿元)						单位面积产值(万元/km²)	人均纯收入(元)
		农业总产值	农业	林业	牧业	副业	其他		
甘肃	庆阳市	10.99	4.87	0.42	2.30	3.02	0.38	10.51	1 302
宁夏	吴忠市	0.35	0.11	0.04	0.09	0.08	0.03	8.43	1 564
内蒙古	呼和浩特市	3.44	1.31	0.62	0.86	0.48	0.17	18.86	1 879
	鄂尔多斯市	1.68	0.91	0.04	0.41	0.08	0.24	15.48	2 738
	合计	5.12	2.22	0.66	1.27	0.56	0.41	17.64	2 116
陕西	延安市	28.40	16.70	3.51	6.22	0.91	1.06	25.81	1 828
	榆林市	4.19	1.40	0.31	1.65	0.57	0.26	7.3	1 533
	合计	32.59	18.10	3.82	7.87	1.48	1.32	19.48	1 700
山西	吕梁市	10.92	4.85	1.61	1.07	1.21	2.18	19.01	903
	忻州市	0.78	0.37	0.04	0.19	0.17	0.01	10.20	1 204
	临汾市	2.34	1.53	0.30	0.31	0.13	0.07	10.90	1 225
	合计	14.04	6.75	1.95	1.57	1.51	2.26	16.22	952
总计		63.09	32.05	6.89	13.10	6.65	4.40	16.11	1 330

4. 土地利用现状

治理三区内耕地总面积71.16万hm^2，果园9.42万hm^2，林地58.82万hm^2，草地45.06万hm^2，水域4.43万hm^2，未利用地176.04万hm^2，非生产用地26.75万hm^2。

甘肃省范围内耕地总面积20.54万hm^2，果园2.94万hm^2，林地6.32万hm^2，草地

16.15 万 hm^2,水域 0.69 万 hm^2,未利用地 55.40 万 hm^2,非生产用地 2.52 万 hm^2。

宁夏自治区范围内耕地总面积 0.74 万 hm^2,果园 0.03 万 hm^2,林地 0.33 万 hm^2,草地 0.35 万 hm^2,水域 0.17 万 hm^2,未利用地 2.27 万 hm^2,非生产用地 0.26 万 hm^2。

内蒙古自治区范围耕地总面积 5.29 万 hm^2,果园 0.01 万 hm^2,林地 4.71 万 hm^2,草地 3.49 万 hm^2,水域 0.49 万 hm^2,未利用地 13.62 万 hm^2,非生产用地 1.47 万 hm^2。

陕西省范围内耕地总面积 18.74 万 hm^2,果园 4.46 万 hm^2,林地 28.24 万 hm^2,草地 20.72 万 hm^2,水域 2.12 万 hm^2,未利用地 73.41 万 hm^2,非生产用地 19.63 万 hm^2。

山西省范围内耕地总面积 25.85 万 hm^2,果园 1.98 万 hm^2,林地 19.22 万 hm^2,草地 4.35 万 hm^2,水域 0.96 万 hm^2,未利用地 31.34 万 hm^2,非生产用地 2.87 万 hm^2。

治理三区各行政区土地利用情况详见表 10-16。

表 10-16　治理三区土地利用情况

行政区		土地利用面积(万 hm^2)										
		耕地	果园	林地	草地	水域	未利用土地				非生产用地	合计
							荒地	难利用地	其他	小计		
甘肃	庆阳市	20.54	2.94	6.32	16.15	0.69	53.06	1.90	0.44	55.40	2.52	104.56
宁夏	吴忠市	0.74	0.03	0.33	0.35	0.17	1.81	0.05	0.41	2.27	0.26	4.15
内蒙古	呼和浩特市	3.29	0.01	3.09	0.90	0.23	9.61	0.44	0.18	10.23	0.48	18.23
	鄂尔多斯市	2.00	0.00	1.62	2.59	0.26	2.47	0.90	0.02	3.39	0.99	10.85
	合计	5.29	0.01	4.71	3.49	0.49	12.08	1.34	0.20	13.62	1.47	29.08
陕西	延安市	9.92	4.07	18.18	18.88	1.41	38.17	7.15	0.09	45.41	12.16	110.03
	榆林市	8.82	0.39	10.06	1.84	0.71	17.02	10.08	0.90	28.00	7.47	57.29
	合计	18.74	4.46	28.24	20.72	2.12	55.19	17.23	0.99	73.41	19.63	167.32
山西	吕梁市	19.30	1.28	13.90	1.76	0.70	14.33	3.27	0.76	18.36	2.15	57.45
	忻州市	2.24	0.11	1.07	0.17	0.04	2.64	0.87	0.40	3.91	0.11	7.65
	临汾市	4.31	0.59	4.25	2.42	0.22	3.88	0.85	4.34	9.07	0.61	21.47
	合计	25.85	1.98	19.22	4.35	0.96	20.85	4.99	5.50	31.34	2.87	86.57
总计		71.16	9.42	58.82	45.06	4.43	142.99	25.51	7.54	176.04	26.75	391.68

5. 水土保持治理措施

治理三区区域内面积 39 163km^2,治理面积 11 903km^2,治理程度 34%。在治理面积中,基本农田 29.32 万 hm^2,水保林 47.56 万 hm^2,经果林 18.82 万 hm^2,人工草地 20.70 万 hm^2,封禁治理面积 2.60 万 hm^2。水利水土保持工程共有中型水库 12 座,小型水库 36 座,控制面积10 284km^2;骨干坝 614 座,控制面积 2 854.8km^2;中小型淤地坝 21 554 座,其他小型水利水保工程 421 288 处。

甘肃省区域内面积 10 454km^2,治理面积 2 902km^2,治理程度 31%。在治理面积中,基本农田 9.65 万 hm^2,水保林 5.23 万 hm^2,经果林 4.14 万 hm^2,人工草地 9.79 万 hm^2,封禁治理面积 0.21 万 hm^2。水利水土保持工程共有小型水库 5 座,控制面积 921km^2;骨干坝 99 座,控制面积 435km^2;中小型淤地坝 167 座,其他小型水利水保工程 175 314 处。

宁夏自治区范围面积 415km²，治理面积 74km²，治理程度 19%。在治理面积中，基本农田 0.36 万 hm²，水保林 0.14 万 hm²，经果林 0.04 万 hm²，人工草地 0.20 万 hm²。水土保持工程共有骨干坝 6 座，控制面积 56.8km²；中小型淤地坝 8 座，其他小型水利水保工程 3 627处。

内蒙古自治区区域内面积 2 909km²，治理面积 868km²，治理程度 37%。在治理面积中，基本农田 0.83 万 hm²，水保林 4.62 万 hm²，经果林 0.94 万 hm²，人工草地 2.28 万 hm²。水利水土保持工程共有中型水库 2 座，小型水库 6 座，控制面积 4 755km²；骨干坝 86 座，控制面积 535km²；中小型淤地坝 42 座，其他小型水利水保工程 30 094 处。

陕西省区域内面积 16 729km²，治理面积 5 181km²，治理程度 37%。在治理面积中，基本农田 8.79 万 hm²，水保林 26.31 万 hm²，经果林 9.45 万 hm²，人工草地 6.76 万 hm²，封禁治理面积 0.49 万 hm²。水利水土保持工程共有中型水库 6 座，小型水库 10 座，控制面积 947.2 km²；骨干坝 157 座，控制面积 888km²；中小型淤地坝 9 846 座，其他小型水利水保工程 54 027 处。

山西省区域内面积 8 656km²，治理面积 2 878km²，治理程度 36%。在治理面积中，基本农田 9.69 万 hm²，水保林 11.26 万 hm²，经果林 4.25 万 hm²，人工草地 1.67 万 hm²，封禁治理面积 1.90 万 hm²。水利水土保持工程共有中型水库 4 座，小型水库 15 座，控制面积 3 661km²；骨干坝 266 座，控制面积 940km²；中小型淤地坝 11 491 座，其他小型水利水保工程 158 226 处。

治理三区水土保持治理情况见表 10-17、表 10-18。

表 10-17 治理三区水土保持综合治理措施现状

行政区		面积(km²)	治理面积(km²)	治理度(%)	基本农田(万 hm²)				水保林(万 hm²)			经果林(万 hm²)	人工种草(万 hm²)	封禁治理(万 hm²)
					小计	梯田	坝地	水地	小计	乔木林	灌木林			
甘肃	庆阳市	10 454	2 902	31	9.65	9.55	0.10	0.00	5.23	2.49	2.74	4.14	9.79	0.21
宁夏	吴忠市	415	74	19	0.36	0.13	0.23	0.00	0.14	0.08	0.06	0.04	0.20	0.00
内蒙古	呼和浩特市	1 824	363	23	0.20	0.11	0.01	0.08	3.04	1.58	1.46	0.11	0.27	0.00
	鄂尔多斯市	1 085	506	70	0.63	0.48	0.04	0.11	1.58	0.53	1.05	0.84	2.01	0.00
	合计	2 909	868	37	0.83	0.59	0.05	0.19	4.62	2.11	2.51	0.94	2.28	0.00
陕西	延安市	11 002	3 565	37	5.37	4.35	0.67	0.35	16.84	7.95	8.89	8.51	4.93	0.00
	榆林市	5 727	1 616	39	3.42	2.05	0.33	1.04	9.47	2.62	6.85	0.93	1.84	0.49
	合计	16 729	5 181	37	8.79	6.40	1.01	1.39	26.31	10.57	15.74	9.45	6.76	0.49
山西	吕梁市	5 744	2 099	38	8.35	6.54	1.18	0.63	7.96	5.79	2.17	3.53	0.98	0.18
	忻州市	765	271	39	0.35	0.29	0.04	0.02	0.83	0.48	0.35	0.11	0.16	1.25
	临汾市	2 147	507	27	0.99	0.77	0.16	0.06	2.47	2.13	0.34	0.60	0.54	0.47
	合计	8 656	2 878	36	9.69	7.60	1.38	0.71	11.26	8.40	2.86	4.25	1.67	1.90
总计		39 163	11 903	34	29.32	24.27	2.77	2.29	47.56	23.65	23.91	18.82	20.70	2.60

表 10-18　治理三区水利水土保持工程现状

行政区		水库				骨干坝		中小型淤地坝(座)			其他小型水利水保工程(处)
		大型(座)	中型(座)	小型(座)	控制面积(km²)	座数(座)	控制面积(km²)	小计	中型	小型	
甘肃	庆阳市	0	0	5	921	99	435	167	88	79	175 314
宁夏	吴忠市	0	0	0	0	6	56.8	8	4	4	3 627
内蒙古	呼和浩特市	0	2	6	4 755	72	489	32	20	12	29 342
	鄂尔多斯市	0	0	0	0	14	46	10	2	8	752
	合计	0	2	6	4 755	86	535	42	22	20	30 094
陕西	延安市	0	4	5	461.2	132	768	7 694	1 532	6 162	36 080
	榆林市	0	2	5	486	25	120	2 152	179	1 973	17 947
	合计	0	6	10	947.2	157	888	9 846	1 711	8 135	54 027
山西	吕梁市	0	4	14	3 653	206	680	10 452	2 763	7 689	139 535
	忻州市	0	0	0	0	22	120	174	59	115	10 738
	临汾市	0	0	1	8.6	38	140	865	82	783	7 953
	合计	0	4	15	3 661.6	266	940	11 491	2 904	8 587	158 226
总计		0	12	36	10 284	614	2 854.8	21 554	4 729	16 825	421 288

(四)多沙粗沙区经济社会调查结果

1. 政区概况

多沙粗沙区涉及甘肃、宁夏、内蒙古、陕西、山西 5 省(区)的 9 个地市 45 个县级行政区 513 个乡镇,8 710 个行政村。总面积 78 599km²。

甘肃涉及 1 市 4 县(区),面积 10 454km²;宁夏自治区涉及 1 市 1 县,面积 415km²;内蒙古自治区涉及 2 市 6 旗(县、区),面积 9 176km²;陕西涉及 2 市 19 县(区),面积43 548km²;山西涉及 3 市 15 县(区),面积 15 006km²。

多沙粗沙区的政区情况见表 10-19。

2. 人口及粮食生产情况

多沙粗沙区内总人口 626.92 万人,平均人口密度 80 人/ km²,农业人口 537.03 万人,农业人口密度 68 人/km²,劳力数量 204.15 万人。年均粮食总产 211.86 万 t,农业人均粮食 395kg,每平方公里年均产粮 2.70 万 kg。

甘肃范围总人口 51.46 万人,农业人口 47.27 万人,农业人口密度 45 人/ km²。年均粮食总产 23.40 万 t,人均粮食 495kg,每平方公里年均产粮 2.24 万 kg。

宁夏范围总人口 1.48 万人,农业人口 1.43 万人,农业人口密度 34 人/ km²。年均粮食总产 0.62 万 t,人均粮食 434kg,每平方公里年均产粮 1.49 万 kg。

内蒙古自治区范围总人口 34.96 万人,农业人口 26.83 万人,农业人口密度 29 人/km²。年均粮食总产 11.75 万 t,人均粮食 438kg,每平方公里年均产粮 1.28 万 kg。

表 10-19　多沙粗沙区政区情况

行政区		总面积(km²)	涉及乡镇(个)	行政村数
甘肃	庆阳市	10 454	54	364
	华池县	1 774	15	95
	镇原县	145	3	9
	庆城县	1 543	13	91
	环县	6 992	23	169
	合计	10 454	54	364
宁夏	吴忠市	415	3	18
	盐池县	415	3	18
	合计	415	3	18
内蒙古	呼和浩特市	2 221	13	118
	和林格尔县	246	2	16
	清水河	1 975	11	102
	鄂尔多斯市	6 955	23	231
	达旗	111	1	3
	东胜区	173	2	4
	伊旗	654	2	15
	准旗	6 017	18	209
	合计	9 176	36	349
陕西	延安市	16 143	92	1 841
	延川	1 941	14	346
	志丹	2 107	9	106
	子长	2 405	16	355
	吴旗	3 776	12	174
	延长	1 755	11	228
	宝塔区	1 573	15	286
	安塞	2 586	15	346
	榆林市	27 405	197	2 903
	榆阳区	1 318	10	88
	神木	4 294	18	272
	府谷	3 212	21	213
	定边	3 123	14	226
	靖边	3 227	19	262
	横山	2 997	18	285
	绥德	1 878	20	253
	米脂	1 212	13	238
	清涧	1 881	15	261
	子洲	2 043	22	399
	吴堡	428	8	96
	佳县	1 792	19	310
	合计	43 548	289	4 744
山西	吕梁市	9 299	78	1 617
	兴县	2 331	15	345
	离石区	542	9	228
	柳林	1 290	15	246
	临县	2 828	21	582
	方山	186	5	54
	石楼	1 624	9	135
	中阳	498	4	27
	忻州市	3 560	39	1 463
	河曲	1 177	12	308
	偏关	1 266	10	190
	保德	765	11	294
	五寨	266	2	623
	神池	86	4	48
	临汾市	2 147	14	155
	永和	1 217	7	80
	隰县	299	2	21
	大宁	631	5	54
	合计	15 006	131	3 235
总计		78 599	513	8 710

陕西范围总人口 342.72 万人,农业人口 291.47 万人,农业人口密度 67 人/ km^2。年均粮食总产 121.60 万 t,人均粮食 417kg,每平方公里年均产粮 2.79 万 kg。

山西范围总人口 196.30 万人,农业人口 170.03 万人,农业人口密度 113 人/ km^2。年均粮食总产 54.49 万 t,人均粮食 320 kg,每平方公里年均产粮 3.63 万 kg。

多沙粗沙区人口及粮食生产情况见表 10-20。

表 10-20　多沙粗沙区人口及粮食情况

行政区		总人口（万人）	农业人口（万人）	农业劳动力（万人）	农业人口密度（人/km^2）	年粮食总产量（万 t）	农业人均粮食（kg/人）	单位面积年产粮（万 kg/km^2）
甘肃	庆阳市	51.46	47.27	18.91	45	23.40	495	2.24
宁夏	吴忠市	1.48	1.43	0.86	34	0.62	434	1.49
内蒙古	呼和浩特市	11.44	9.69	3.17	44	3.92	405	1.76
	鄂尔多斯市	23.52	17.14	6.37	25	7.83	457	1.13
	合计	34.96	26.83	9.54	29	11.75	438	1.28
陕西	延安市	103.88	82.39	28.29	51	44.59	541	2.76
	榆林市	238.84	209.08	91.00	76	77.01	368	2.81
	合计	342.72	291.47	119.29	67	121.60	417	2.79
山西	吕梁市	143.30	124.65	39.81	134	39.18	314	4.21
	忻州市	40.25	33.77	12.12	95	9.79	290	2.75
	临汾市	12.75	11.61	3.62	54	5.52	475	2.57
	合计	196.30	170.03	55.55	113	54.49	320	3.63
总计		626.92	537.03	204.15	68	211.86	395	2.70

3. 经济发展情况

多沙粗沙区内农业总产值 108.00 亿元,其中农业产值 51.05 亿元,林业产值 12.45 亿元,牧业产值 24.83 亿元,副业产值 12.38 亿元,其他 7.29 亿元。每平方公里年均产值 13.74 万元。人均纯收入 1 330 元。

甘肃省范围农业总产值 10.99 亿元,其中农业产值 4.87 亿元,林业产值 0.42 亿元,牧业产值 2.30 亿元,副业产值 3.02 亿元,其他 0.38 亿元。每平方公里年均产值 10.51 万元,人均纯收入 1 302 元。

宁夏自治区范围农业总产值 0.35 亿元,其中农业产值 0.11 亿元,林业产值 0.04 亿元,牧业产值 0.09 亿元,副业产值 0.08 亿元,其他 0.03 亿元。每平方公里年均产值 8.43 万元,人均纯收入 1 564 元。

内蒙古自治区范围农业总产值 10.50 亿元,其中农业产值 4.22 亿元,林业产值 1.19 亿元,牧业产值 3.58 亿元,副业产值 0.92 亿元,其他 0.59 亿元。每平方公里年均产值

11.44 万元，人均纯收入 2 151 元。

陕西省范围农业总产值 62.64 亿元，其中农业产值 31.25 亿元，林业产值 7.36 亿元，牧业产值 15.67 亿元，副业产值 5.58 亿元，其他 2.78 亿元。每平方公里年均产值 14.38 万元。人均纯收入 1 463 元。

山西省范围农业总产值 23.52 亿元，其中农业产值 10.60 亿元，林业产值 3.44 亿元，牧业产值 3.19 亿元，副业产值 2.78 亿元，其他 3.51 亿元。每平方公里年均产值 15.67 万元。人均纯收入 974 元。

多沙粗沙区各行政区经济发展情况详见表 10-21。

表 10-21　多沙粗沙区经济情况调查统计

行政区		农村产业结构(亿元)						单位面积产值(万元/km²)	人均纯收入(元/人)
		农业总产值	农业	林业	牧业	副业	其他		
甘肃	庆阳市	10.99	4.87	0.42	2.30	3.02	0.38	10.51	1 302
宁夏	吴忠市	0.35	0.11	0.04	0.09	0.08	0.03	8.43	1 564
内蒙古	呼和浩特市	4.16	1.58	0.75	1.04	0.58	0.21	18.73	1 839
	鄂尔多斯市	6.34	2.64	0.44	2.54	0.34	0.38	9.12	2 328
	合计	10.50	4.22	1.19	3.58	0.92	0.59	11.44	2 151
陕西	延安市	39.76	22.94	5.39	8.24	1.63	1.56	24.63	1 856
	榆林市	22.88	8.31	1.97	7.43	3.95	1.22	8.35	1 308
	合计	62.64	31.25	7.36	15.67	5.58	2.78	14.38	1 463
山西	吕梁市	16.05	7.09	2.56	1.39	1.63	3.38	17.26	927
	忻州市	5.13	1.98	0.58	1.49	1.02	0.06	14.41	1 057
	临汾市	2.34	1.53	0.30	0.31	0.13	0.07	10.90	1 225
	合计	23.52	10.60	3.44	3.19	2.78	3.51	15.67	974
总计		108.00	51.05	12.45	24.83	12.38	7.29	13.74	1 330

4. 土地利用现状

多沙粗沙区内耕地总面积 140.40 万 hm^2，果园 13.88 万 hm^2，林地 127.87 万 hm^2，草地 67.93 万 hm^2，水域 12.38 万 hm^2，未利用地 349.41 万 hm^2，非生产用地 74.17 万 hm^2。

甘肃省范围内耕地总面积 20.54 万 hm^2，果园 2.94 万 hm^2，林地 6.32 万 hm^2，草地 16.15 万 hm^2，水域 0.69 万 hm^2，未利用地 55.40 万 hm^2，非生产用地 2.52 万 hm^2。

宁夏自治区范围内耕地总面积 0.74 万 hm^2，果园 0.03 万 hm^2，林地 0.33 万 hm^2，草地 0.35 万 hm^2，水域 0.17 万 hm^2，未利用地 2.27 万 hm^2，非生产用地 0.26 万 hm^2。

内蒙古自治区范围内耕地总面积 11.81 万 hm^2，果园 0.13 万 hm^2，林地 17.17 万 hm^2，草地 15.85 万 hm^2，水域 2.48 万 hm^2，未利用地 41.72 万 hm^2，非生产用地 2.60 万 hm^2。

陕西省范围内耕地总面积 59.61 万 hm^2，果园 8.03 万 hm^2，林地 77.37 万 hm^2，草地

30.33 万 hm^2,水域 7.39 万 hm^2,未利用地 193.87 万 hm^2,非生产用地 58.89 万 hm^2。

山西省范围内耕地总面积 47.70 万 hm^2,果园 2.75 万 hm^2,林地 26.68 万 hm^2,草地 5.25 万 hm^2,水域 1.65 万 hm^2,未利用地 56.15 万 hm^2,非生产用地 9.90 万 hm^2。

多沙粗沙区各行政区土地利用情况详见表 10-22。

表 10-22　多沙粗沙区土地利用情况

行政区		土地利用(万 hm^2)										
		耕地	果园	林地	草地	水域	未利用土地				非生产用地	合计
							荒地	难利用地	其他用地	小计		
甘肃	庆阳市	20.54	2.94	6.32	16.15	0.69	53.06	1.90	0.44	55.40	2.52	104.56
宁夏	吴忠市	0.74	0.03	0.33	0.35	0.17	1.81	0.05	0.41	2.27	0.26	4.15
内蒙古	呼和浩特市	3.90	0.01	3.46	1.09	0.27	12.23	0.51	0.18	12.92	0.56	22.21
	鄂尔多斯市	7.91	0.12	13.71	14.76	2.21	23.49	5.27	0.04	28.80	2.04	69.55
	合计	11.81	0.13	17.17	15.85	2.48	35.72	5.78	0.22	41.72	2.60	91.76
陕西	延安市	15.68	4.82	29.95	21.06	1.81	60.15	9.88	0.15	70.18	17.92	161.42
	榆林市	43.93	3.21	47.42	9.27	5.58	61.63	55.35	6.71	123.69	40.97	274.07
	合计	59.61	8.03	77.37	30.33	7.39	121.78	65.23	6.86	193.87	58.89	435.49
山西	吕梁市	30.94	1.84	16.47	1.80	1.15	20.28	7.57	5.41	33.26	7.53	92.99
	忻州市	12.45	0.31	5.96	1.03	0.28	8.87	2.90	2.05	13.82	1.76	35.61
	临汾市	4.31	0.59	4.25	2.42	0.22	3.88	0.85	4.34	9.07	0.61	21.47
	合计	47.70	2.75	26.68	5.25	1.65	33.03	11.32	11.80	56.15	9.90	150.08
总计		140.40	13.88	127.87	67.93	12.38	245.40	84.28	19.73	349.41	74.17	786.04

5. 水土保持治理措施

多沙粗沙区面积 78 599km^2,其中流失面积 69 729km^2,治理面积 23 491km^2,治理程度 34%。在治理面积中,基本农田 58.02 万 hm^2,水保林 108.02 万 hm^2,经果林 30.15 万 hm^2,人工草地 33.48 万 hm^2,封禁治理面积 5.24 万 hm^2。水利水土保持工程共有大型水库 1 座,中型水库 32 座,小型水库 132 座,控制面积 17 950.3km^2;骨干坝 1 153 座,控制面积 5 559.11km^2;中小型淤地坝 44 745 座,其他小型水利水保工程 643 565 处。

甘肃省区域内面积 10 454km^2,治理面积 2 902km^2,治理程度 31%。在治理面积中,基本农田 9.65 万 hm^2,水保林 5.23 万 hm^2,经果林 4.14 万 hm^2,人工草地 9.79 万 hm^2,封禁治理面积 0.21 万 hm^2。水利水土保持工程共有小型水库 5 座,控制面积 921km^2;骨干坝 99 座,控制面积 435km^2;中小型淤地坝 167 座,其他小型水利水保工程 175 314 处。

宁夏自治区区域内面积 415km^2,治理面积 74km^2,治理程度 19%。在治理面积中,基本农田 0.36 万 hm^2,水保林 0.14 万 hm^2,经果林 0.04 万 hm^2,人工草地 0.20 万 hm^2。水土保持工程共有骨干坝 6 座,控制面积 56.8km²;中小型淤地坝 8 座,其他小型水利水保工程 3 627 处。

内蒙古自治区区域内面积 9 176km²,治理面积 2 476km²,治理程度 30%。在治理面积中,基本农田 1.93 万 hm²,水保林 17.00 万 hm²,经果林 1.16 万 hm²,人工草地 4.67 万 hm²。水利水土保持工程共有中型水库 2 座,小型水库 24 座,控制面积 4 775km²;骨干坝 232 座,控制面积 1 225.95km²;中小型淤地坝 272 座,其他小型水利水保工程 80 689 处。

陕西省区域内面积 43 548km²,治理面积 13 828km²,治理程度 36%。在治理面积中,基本农田 31.62 万 hm²,水保林 68.70 万 hm²,经果林 19.32 万 hm²,人工草地 16.34 万 hm²,封禁治理面积 2.30 万 hm²。水利水土保持工程共有大型水库 1 座,中型水库 26 座,小型水库 86 座,控制面积 8 575.2 km²;骨干坝 436 座,控制面积 2 351.8km²;中小型淤地坝 31 726座,其他小型水利水保工程 174 131 处。

山西省区域内面积 15 006km²,治理面积 4 211km²,治理程度 32%。在治理面积中,基本农田 14.46 万 hm²,水保林 16.96 万 hm²,经果林 5.49 万 hm²,人工草地 2.48 万 hm²,封禁治理面积 2.73 万 hm²。水利水土保持工程共有中型水库 4 座,小型水库 17 座,控制面积 3 678.8 km²;骨干坝 380 座,控制面积 1 489.6km²;中小型淤地坝 12 572 座,其他小型水利水保工程209 804 处。

多沙粗沙区水土保持治理情况详见表 10-23、表 10-24。

表 10-23　多沙粗沙区治理措施调查统计

行政区		面积(km²)	治理面积(km²)	治理度(%)	基本农田(万 hm²)				水保林(万 hm²)			经果林(万 hm²)	人工种草(万 hm²)	封禁治理(万 hm²)
					小计	梯田	坝地	水地	小计	乔木林	灌木林			
甘肃	庆阳市	10 454	2 902	31	9.65	9.55	0.10	0.00	5.23	2.49	2.74	4.14	9.79	0.21
宁夏	吴忠市	415	74	19	0.36	0.13	0.23	0.00	0.14	0.08	0.06	0.04	0.20	0.00
内蒙古	呼和浩特市	2 221	411	21	0.24	0.15	0.01	0.08	3.41	1.73	1.68	0.12	0.35	0.00
	鄂尔多斯市	6 955	2 065	33	1.69	1.06	0.26	0.37	13.59	3.29	10.30	1.04	4.32	0.00
	合计	9 176	2 476	30	1.93	1.21	0.27	0.45	17.00	5.02	11.98	1.16	4.67	0.00
陕西	延安市	16 143	5 253	36	7.58	6.07	0.94	0.57	25.22	11.55	13.67	12.66	7.07	0.00
	榆林市	27 406	8 575	36	24.04	16.77	2.21	5.06	43.48	12.52	30.96	6.66	9.27	2.30
	合计	43 548	13 828	36	31.62	22.84	3.15	5.63	68.70	24.07	44.63	19.32	16.34	2.30
山西	吕梁市	9 299	2 689	33	11.35	8.68	1.75	0.92	9.94	6.66	3.28	4.45	0.98	0.18
	忻州市	3 560	1 015	32	2.12	1.57	0.19	0.36	4.55	1.97	2.58	0.44	0.96	2.08
	临汾市	2 147	507	27	0.99	0.77	0.16	0.06	2.47	2.13	0.34	0.60	0.54	0.47
	合计	15 006	4 211	32	14.46	11.02	2.10	1.34	16.96	10.76	6.20	5.49	2.48	2.73
总计		78 599	23 491	34	58.02	44.75	5.85	7.42	108.02	42.42	65.61	30.15	33.48	5.24

表 10-24　多沙粗沙区水利水土保持工程现状

行政区		水库				骨干坝		中小型淤地坝(座)			其他小型水利水保工程(处)
		大型(座)	中型(座)	小型(座)	控制面积(km²)	座数(座)	控制面积(km²)	小计	中型	小型	
甘肃	庆阳市	0	0	5	921	99	434.96	167	88	79	175 314
宁夏	吴忠市	0	0	0	0	6	56.8	8	4	4	3 627
内蒙古	呼和浩特市	0	2	6	4 755	72	488.55	32	20	12	34 652
	鄂尔多斯市	0	0	18	20	160	737.4	240	64	176	46 037
	合计	0	2	24	4 775	232	1 225.95	272	84	188	80 689
陕西	延安市	1	6	5	1 449.2	196	1 072.7	10 094	2 639	7 455	38 510
	榆林市	0	20	81	7 126	240	1 279.1	21 632	1 627	20 005	135 621
	合计	1	26	86	8 575.2	436	2 351.8	31 726	4 266	27 460	174 131
山西	吕梁市	0	4	15	3 664.6	226	749.9	10 719	2 832	7 887	142 901
	忻州市	0	0	1	5.6	116	599.7	988	430	558	58 950
	临汾市	0	0	1	8.6	38	140	865	82	783	7 953
	合计	0	4	17	3 678.8	380	1 489.6	12 572	3 344	9 228	209 804
总计		1	32	132	17 950	1 153	5 559.11	44 745	7 786	36 959	643 565

二、经济社会情况分析

(一)人口及粮食生产情况分析

通过对调查结果分析可以看出,不同治理区的人口密度和农业人口密度有一定的差异。治理一区总人口密度、农业人口密度是三个治理区中最低的,分别为 65 人/km² 和 56 人/ km²。治理二区(2.06 万 km²)总人口密度、农业人口密度数值最大,分别为 100 人/km² 和 87 人/ km²,治理三区居中。3 个治理区及多沙粗沙区单位面积年均生产粮食分别为 2.18 万 kg、2.83 万 kg、2.87 万 kg、2.70 万 kg,一区最低,二区中间,三区较高。说明治理一区土地质量较差,土地的产出率低,生态环境差,人口密度小,人均粮食小于多沙粗沙人均粮食的平均值。

3 个治理区及多沙粗沙区人口及粮食生产情况见表 10-25。各治理分区单位面积年均生产粮食指标见图 10-1。

(二)经济发展状况对比分析

经分析,3 个治理区人均收入和单位面积年产值有一定的差别。单位面积年产值是反映单位面积上经济发展的一个指标,经过分析,治理一区最低,其次依次是治理二区、治理三区,其数值分别为 8.26 万元/km²、14.24 万元/ km²、16.11 万元/ km²,多沙粗沙区平均为 13.74 万元/ km²。说明治理一区经济发展水平最低,经济最落后。各治理分区经济基本情况对比见表 10-26,各治理分区单位面积产值指标见图 10-2。

表 10-25　各治理区人口及粮食生产情况对比分析

治理区	涉及面积 (km²)	总人口 (万人)	人口密度 (人/km²)	农业人口密度 (人/km²)	人均粮食 (kg/人)	年总产量 (万 t)	单位面积年产粮 (万 kg/km²)
治理一区	18 803	123.43	65	56	389	41.08	2.18
治理二区	20 633	207.14	100	87	326	58.46	2.83
治理三区	39 163	296.34	76	64	446	112.32	2.87
多沙粗沙区	78 599	626.91	80	68	394	211.86	2.70

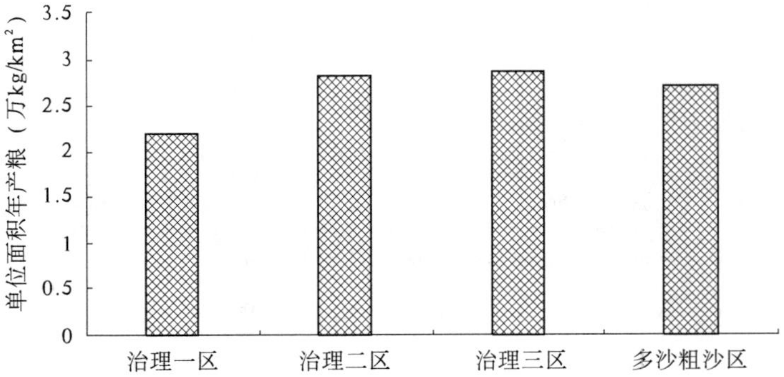

图 10-1　各治理区单位面积年生产粮食指标图

表 10-26　各治理区经济基本情况对比

治理区	农业总产值(万元)	人均收入(元)	单位面积产值(万元/km²)
治理一区	155 255	1 519	8.26
治理二区	293 822	1 321	14.24
治理三区	630 918	1 330	16.11
多沙粗沙区	1 079 995	1 330	13.74

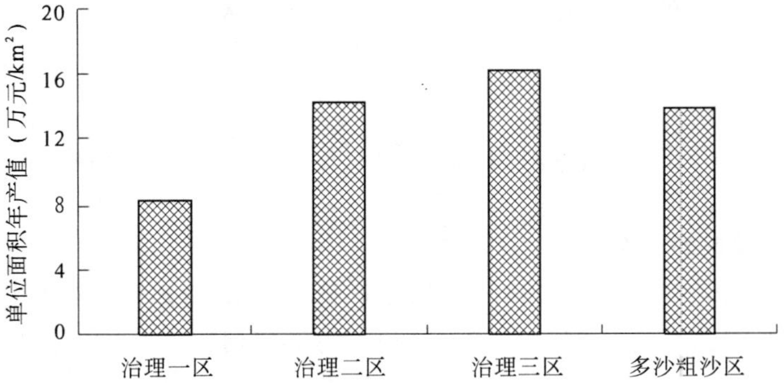

图 10-2　各治理区单位面积年产值指标示意图

(三)土地利用对比分析

主要以土地利用比例反映土地利用的合理程度。各治理区土地利用比例见表 10-27。

表 10-27　各治理区土地利用比例对比分析　（%）

治理区	农地	林地	草地	水域	未利用地	非生产用地	合计
治理一区	13.3	18.8	8.3	2.5	45.7	11.4	100
治理二区	21.5	18.4	3.5	1.6	42.4	12.6	100
治理三区	18.2	17.4	11.5	1.1	44.9	6.8	100
多沙粗沙区	17.9	18.0	8.6	1.6	44.5	9.4	100

从表 10-27 可以看出，不同治理分区的土地利用结构不完全相同。治理一区农地的比例最小，为 13.3%，治理二区农地的比例最大，达 21.5%。林地的比例三区基本相当。治理二区草地的比例最少。治理一区未利用地的比例最大，达 45.7%，二区最小，为 42.4%。可见土地利用结构不够合理，尤其治理一区的未利用土地比例较大，土地利用的潜力有待进一步发挥。

（四）水土保持情况对比分析

分别引入治理程度、单位面积基本农田、单位面积坝地等指标进行水土保持对比分析。通过分析可以看出，治理一区的治理程度最低，为 30%，二区和三区相同，为 35%，多沙粗沙区平均治理程度为 34%。单位面积基本农田、单位面积坝地也是一区最低，分别为 5.32hm^2/km^2 和 0.64hm^2/km^2，其次是二区，三区最高。各治理区水土保持对比分析结果见表 10-28。单位面积基本农田指标对比分析见图 10-3，单位面积坝地指标对比分析见图 10-4。

表 10-28　各治理区水土保持治理措施统计

治理区	基本农田（万 hm^2）	造林（万 hm^2）	种草（万 hm^2）	封禁治理（hm^2）	治理面积（km^2）	治理度（%）	单位面积基本农田（hm^2/km^2）	单位面积坝地（hm^2/km^2）
治理一区	10.01	32.55	7.17	0.93	5 066	30	5.32	0.64
治理二区	18.68	39.24	5.60	1.71	6 522	35	9.07	0.91
治理三区	29.32	66.38	20.70	2.60	11 903	35	7.48	0.71
多沙粗沙区	58.02	138.18	33.48	5.24	23 491	34	7.38	0.74

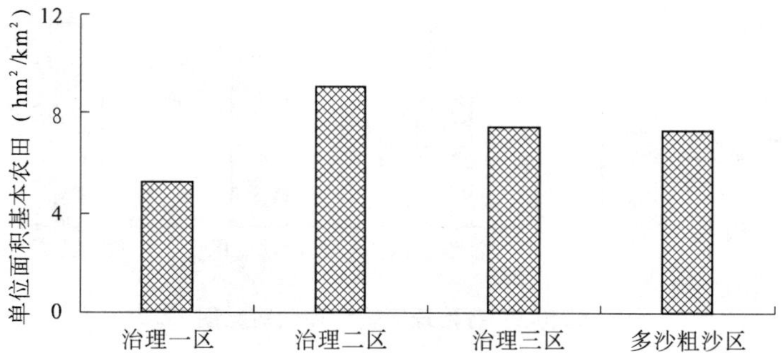

图 10-3　各治理区单位面积基本农田指标对比图

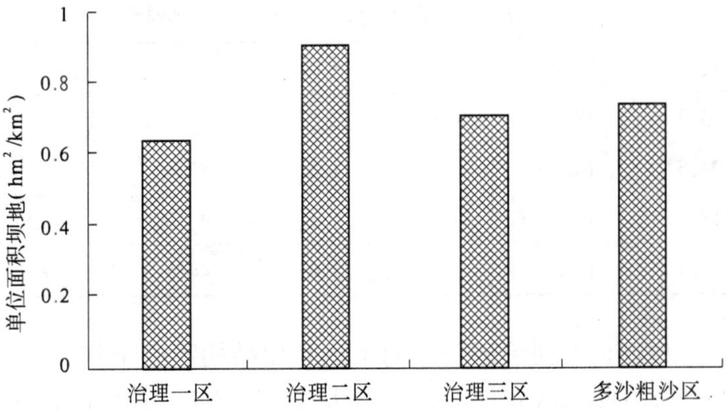

图 10-4　各治理区单位面积坝地指标对比图

(五)水土流失情况分析

经过对比分析,各治理区水土流失情况有一定的差异,各治理区水土流失对比分析结果见表 10-29,各治理区多年平均侵蚀模数对比分析见图 10-5,单位降水产沙量指标对比分析见图 10-6。可以看出,治理一区水土流失最为严重,单位降水产沙量最高,为 50.0 kg/m^3,三区水土流失最轻,平均侵蚀模数为 1.26 万 $t/(km^2 \cdot a)$,单位降水产沙量最低,为 26.4kg/m^3。治理一区水土流失具有以下特点:

表 10-29　各治理区水土流失指标统计

项目区	治理一区	治理二区	治理三区	多沙粗沙区
输沙模数(万 $t/(km^2 \cdot a)$)	2.17	1.36	1.26	1.50
单位降水产沙量(kg/m^3)	50.0	29.2	26.4	32.4

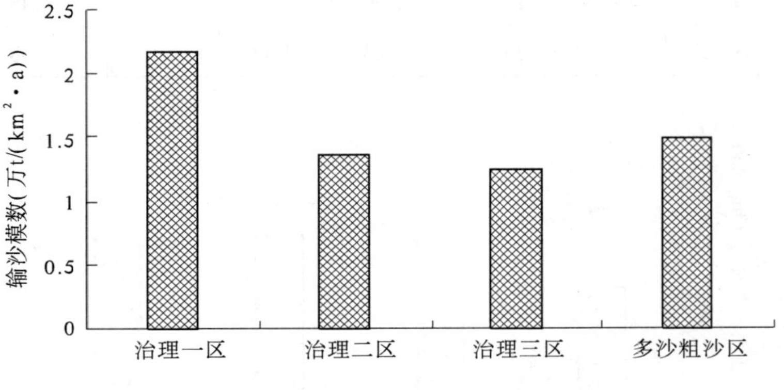

图 10-5　各治理区输沙模数对比图

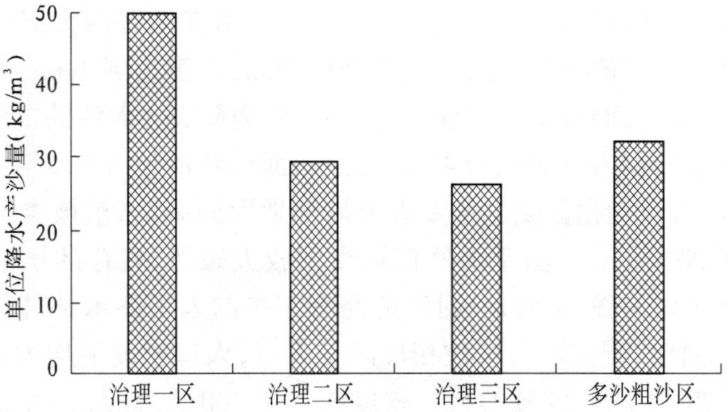

图 10-6　各治理区单位降水产沙量指标对比图

(1)侵蚀强度高。治理一区是我国水土流失强度最大的地区之一,输沙模数为1.2万~4万 t/(km^2·a),平均输沙模数达2.17万 t/(km^2·a),窟野河下游等部分地方高达3万~4万 t/(km^2·a)。

(2)粗泥沙比重大。在治理一区,年平均输沙总量4.08亿 t 中,产生 $d \geqslant 0.05$mm 和 $d \geqslant 0.10$mm 的粗泥沙量达1.52亿 t 和0.61亿 t,分别占黄河中游多沙粗沙区相应输沙量的47.6%和68.5%。

(3)时空分布集中。该区面积仅为18 803km^2,占黄河流域黄土高原水土流失面积45.4万 km^2 的4.1%,可产生的泥沙达4.08亿 t,占黄河流域同期输沙量的21.6%。

三、多沙粗沙区资源环境与经济社会分析评价

(一)区域环境分析评价

黄河中游多沙粗沙区地貌类型复杂多样,地面支离破碎、沟壑密布、坡陡沟深。除少数石质山岭外,地面组成物质大部分为黄土或沙盖黄土所覆盖,结构松散,富含碳酸盐,遇水易溶、易崩解,遇暴雨极易被冲刷流失[50]。具体体现在以下几个方面:

一是气候干旱,降雨少而集中,干旱、风沙等自然灾害时有发生。多年平均降水量313~458mm,由东南向西北减少,降水年际分布不均,年际变率在30%~35%,年内集中且以暴雨形式出现,7~9三个月占年降水量的60%~70%,最大日降水量占年降水量的1/9~1/10。据对窟野河流域重点调查,该流域降水年际分配比较集中,多年平均7~8月降水量占年降水量的53%,6~9月占年降水量的77.2%,其中新庙以上最大为78.2%,神木至温家川为76.1%。全流域降水年变率为4.1,新庙以上为2.7,神木为7.0,神木至王道恒区间为5.5。区域内干旱呈现出三年两旱、七年一大旱的特点,近十多年来,几乎每年都有不同程度的干旱发生。干旱的同时又伴随着大风,大风又促使干旱进一步加剧,多年平均风暴日数23.6d,其中沙尘暴日数12.8d。

二是沟深坡陡,地形破碎,地表组成物易遭侵蚀。沟壑密度平均为2~5km/km^2。地面坡度小于5°的面积仅占13.8%,介于5°~25°之间的占47.3%,25°以上的占38.9%。地表主要组成物质为沙黄土,在沟谷坡面有老黄土、红土及基岩出露。沟道侵蚀主要表现为沟底下切、沟岸扩张、沟头前进等几种形式。强烈的水土流失,特别是沟蚀,把地面切割得

支离破碎、千沟万壑。全区长度大于 0.5km 的沟道达 1 万条。区内大部分地区沟头每年前进 1 ~ 3m,有的地方一次暴雨就使沟头前进 20 ~ 30m,甚至达到 100m 以上。千沟万壑的地形地貌,崩塌、滑塌、泻溜等重力侵蚀十分活跃,使沟壑成为泥沙的主要来源地。据有关研究成果,该区沟谷面积占总面积的 45% ~ 55%,而产沙量却占 50% ~ 70%。

三是植被稀少而人口稠密。受气候要素及局部地形的影响,植被类型以灌丛草原为主,平均林草覆盖率 20%左右。由于天然植被受到较大破坏,残存的植被大部分属耐旱的物种,只有局部地区如沟谷、川台地、村庄道路有零星的人工乔木林,树种单一,多半是杨树、刺槐和少数的油松、侧柏。与植被相反的是人口,人口密度平均为 80 人/km^2,位于丘一副区的绥德、米脂、子洲等区域的人口密度超过了 100 人/km^2,大大超过了其自然容量。

四是水土流失十分严重。黄河中游多沙粗沙区是黄土高原乃至我国水土流失最严重的地区,也是生态系统最脆弱、破坏最严重的地区。现有 7.86 万 km^2 面积中,剧烈侵蚀面积为 3.67 万 km^2,强度侵蚀面积为 0.65 万 km^2,极强度侵蚀面积为 3.54 万 km^2。区内年产泥沙 11.82 亿 t,占上中游产沙量的 62.8%,产生粒径大于 0.05mm 的粗泥沙量 3.19 亿 t,占上中游实测量的 72.5%。全沙输沙模数以窟野河神木—温家川区间最高,达 3 万 ~ 4 万 t/(km^2·a)。加之区内地下资源丰富,尤其是煤田、石油、天然气等大规模开发与交通、城镇建设等,都将导致土地退化和土壤侵蚀的加剧。

该区既是黄河多沙来源区,又是粗沙来源区。据黄河中游多沙粗沙区区域界定及产沙输沙规律研究成果,黄河中游多沙粗沙区面积 7.86 万 km^2,面积虽不算太大,但产生的泥沙较多,达 11.82 亿 t,占黄河中游同期(1954 ~ 1969 年)实测年输沙量 17.07 亿 t 的 69.2%;产生的粗泥沙量达 3.19 亿 t,占黄河中游同期实测粗沙量 4.13 亿 t 的 77.2%。

粗泥沙集中来源区面积 1.88 万 km^2,占多沙粗沙区面积的 23.9%(约 1/4),产生的全沙、$d \geqslant 0.05$mm 和 $d \geqslant 0.10$mm 的粗泥沙分别为 4.08 亿 t、1.52 亿 t 和 0.61 亿 t,分别占多沙粗沙区中相应输沙量(11.82 亿 t 、3.19 亿 t 和 0.89 亿 t)的 34.5%(约1/3)、47.6%(约 1/2)和 68.5%(约 2/3)。因此,加强该区的水土流失治理,是减少黄河下游河道粗泥沙淤积的关键。

(二)经济、社会和人文环境评价

多沙粗沙区在经济、社会和人文环境方面具有以下 4 方面的特点:

(1)人口严重超载,人的文化素质较低。治理一区到治理三区人口密度分别达到 65 人/ km^2、100 人/ km^2、76 人/ km^2,远远超出该区域的人口承载标准。而且,人口的文化素质较低,高中入学率不到 50%,拥有大学毕业生的比例更低。

(2)土地利用结构不合理,农业生产经营单一,农林牧矛盾突出。由于种植比例过大,造成农业生态系统内部结构比例失调。在生产经营上表现为广种薄收、粗放经营,尤其在丘陵山区更为突出。广种薄收、粗放经营的农业,粮食产量低而不稳,导致陡坡垦荒,林草植被遭到破坏,林牧副业得不到应有的发展。人均耕地面积达到 0.24hm^2 以上,但人均占有基本农田和粮食产量甚少,人均基本农田只有 0.09hm^2,人均粮食 286 ~ 391kg,经济收入依然很低,最少的年人均纯收入仅 690 元。区域所涉及的 45 个县中,列入国家“八七”扶贫攻坚计划的就有 38 个县,国定贫困县的覆盖面达 84%。

(3)信息不畅,市场经济欠发达,资金来源渠道单一。投资主要为国家投资,由于国家投入不足,地方政府配套能力有限,群众无力自筹,三方面原因导致水土保持投入的严重不足,影响了治理进度和质量。

第四节　水土保持与经济社会发展的关系分析

水土保持是减轻黄土高原特别是黄河中游多沙粗沙区侵蚀产沙的关键所在。加快黄土高原水土保持工程建设对黄河下游的治理具有特殊的重要性和紧迫性。水土保持措施中的淤地坝工程作为黄土高原水土保持工程建设的主要措施,起到了蓄水拦沙、防洪、淤地、增产增收的作用。突出效益表现在拦沙淤地方面,一是能有效地减少入黄泥沙,减轻下游危害;二是建成高产稳产基本农田,发展坝系生态农业。通过水土保持工程建设,有效拦截泥沙,同时提高流域内农民的经济收入,改善生态环境。

一、水土保持措施的减沙作用分析

水土保持措施包括梯田、造林、种草和淤地坝等措施,减沙效益取决于这些措施的综合作用,而减沙效益的持久程度则取决于各项措施的可持续性。经初步统计,治理一区、治理二区、治理三区和7.86万km^2多沙粗沙区分别完成治理面积0.51万km^2、0.65万km^2、1.19万km^2和2.35万km^2,治理程度分别达到30%、35%、35%和34%。水土保持措施对减少入黄泥沙起到了很大的作用。以往的水保试验表明,通过水土流失治理,林草可减少土壤侵蚀量50%~55%,减少洪水量为40%~50%;梯田可以减少土壤侵蚀量70%,减少洪水量85%;谷坊、淤地坝、小水库拦蓄泥沙效果更为显著。

据资料,截至2002年底,黄土高原水土流失初步治理面积达到18万多平方公里,建成淤地坝11.35万座,营造水土保持林867万hm^2,人工种草267万hm^2,建设基本农田647万hm^2。现有治理措施平均每年可增产粮食50多亿公斤,使1 200多万人解决了温饱和农村生活用水问题,年均减少入黄泥沙3亿t左右,为确保黄河几十年安澜做出了重要贡献。

二、水土保持与当地经济发展的关系分析[51]

(一)水土流失是黄土高原贫困的主要原因

造成贫困有历史原因,也有现实生产力不发达原因,有自然因素的原因,也有人为不合理经营土地的原因。但其中水土流失是最根本原因。由于该地区农耕地70%以上是坡耕地,加上生产经营落后,习惯倒山种田、游耕撂荒、广种薄收,经济不发达,常以林木、灌木甚至草皮作燃料,彻底破坏了自然植被,加剧了水土流失和沙漠化进程。该地区土壤侵蚀以水蚀为主,辅以风蚀,侵蚀模数平均8 000~13 500t/(km^2·a),大量土壤养分随泥沙流入黄河。水土流失使土地贫瘠,保水保肥力下降,农牧业生产发展落后,群众生活贫困,而随着人口的增加对土地的需求不断扩大,这就形成越穷越垦越流失,越流失越穷越垦的恶性循环。

(二)水土保持是发展山区经济,加快群众脱贫致富奔小康的关键措施

水土保持是农业的重要组成部分,农业又是国民经济其他产业的基础,工业发展的速

度一定程度上取决于农业所释放的经济能量和市场容量。水土保持在发展区域经济方面主要有两点:一是增产作用,即增加粮食总产量,意味着增加国民生产总值(GDP);二是改善农业生产条件和生态环境,提高农业综合生产能力,促进区域经济可持续发展、社会进步和脱贫致富。

水土保持经济效益包括基本农田粮食增产,造林增产木材、果品、燃料,种草增产饲草等项的价值量。据调查,每修 $1hm^2$ 水平梯田,每年可以增产粮食 450 ~ 1 600kg,区域内通过小流域治理,达到脱贫致富的事例不少。在一些重点治理区,一大批综合治理的小流域成效显著,治理程度已达 70%以上,成了当地发展农林牧副业重要基地。陕西省榆林市,过去风沙、水土流失都十分严重,近几十年来,通过大搞水土保持,已把 1/4 的坡耕地修成了水平梯田,还固定和半固定了 40 万 hm^2 流沙,自然面貌发生了很大变化,抗灾能力大幅度提高。

黄河中游多沙粗沙区的无定河、皇甫川、三川河 1983 年被列入全国八片水土流失重点治理区,通过 15 年的治理,治理程度已达 70%,生态环境和生产条件大为改善,农民生活水平有较大提高[52]。皇甫川流域中的最大支流川掌沟小流域,面积 $147km^2$,到 2000 年,治理措施累计达 $124km^2$(占流域总面积的 84%),在支毛沟修建谷坊 100 多座,塘坝、淤地坝 15 座,骨干坝及治河造地工程 27 座,整个坝系控制面积为 $132km^2$(占流域总面积的 89.8%),总库容 4 413.4 万 m^3,平均每平方公里库容达 33.43 万 m^3,在一般年份降水情况下,可使控制区的全部径流泥沙流而不失,变害为利,起到蓄水灌溉拦泥淤地的作用。据估算,27 座治沟骨干坝和治河造地工程最终可淤出坝地 $659hm^2$,已淤出并投入耕种的坝地有 $443.4hm^2$,拦泥总量为 2 051.2 万 m^3。该小流域通过水土保持工程建设,使当地群众脱贫致富,生活水平有很大提高。据调查,全流域粮食总量由 1982 年的 81.88 万 kg提高到 2000 年的 374 万 kg,人均粮食由 1982 年的 244kg 增加到 2000 年的 1 100kg,人均收入由 1982 年的 130 元增加到 2 100 元。80%的农户购买了农用三轮车、摩托车等。

(三)水土保持促进了当地社会经济的全面发展

经过水土流失治理,使农业生产结构趋于合理,促进农业经济和商品经济的全面发展。人均占有粮食逐年提高,人均农业生产总值大幅度增长。随着大面积的造林种草,群众的燃料问题将得到缓解,为畜牧业的发展提供了大量的饲草、饲料。治理措施中各类植物资源和农副产品的利用,可促进养殖业、加工业和编织业的兴起,提高经济效益,加快山丘区商品经济的发展,人民生活水平得到明显改善。

延安市宝塔区碾庄流域,总面积 $54.2km^2$,涉及 17 个行政村,总人口 4 500 人,属黄土丘陵沟壑区第二副区。由于长期水力侵蚀及其他外营力的剥蚀作用,形成了地形破碎、沟壑纵横、沟谷深切、基岩裸露的地貌特征。流域多年平均降水量 527mm,多年平均侵蚀模数为 $10\ 000t/(km^2 \cdot a)$。经过几十年的水土流失治理,碾庄流域的生态建设已颇具规模和初见成效,特别是沟道坝系工程已初步形成相对稳定的坝系。据统计,截至目前,碾庄流域完成治理措施面积 $34.97km^2$,占流域面积的 64.5%,建成治沟骨干工程 2 座,大型淤地坝 6 座,中型淤地坝 13 座,小型淤地坝 147 座,通过大搞淤地坝建设,使人均坝地达到半亩,粮食大幅度增加。流域土地利用结构得到了调整,农业用地、林业用地、牧业用地分别占流域总面积的 12.1%、52.2%、1.1%,趋于合理。土地利用结构的变化直接促进了农村产业结构的调整,流域内的种植业已由单一的粮食生产变为粮食、经济作物齐发展,玉米、向日葵、蓖麻等大面积种植,商品率大幅度提高,促进了流域经济快速发展。

另外,水土保持是农村剩余劳动力再就业的主要出路。充分利用大量农村剩余劳动力,不仅可以减轻城市的就业压力,稳定社会秩序,还可以带动农村经济增长[53]。

综上所述,水土保持作为农业的重要组成部分,在可持续发展中具有非常重要的作用:一是减少入黄泥沙,减轻黄河下游河道淤积,对实现河床不抬高具有显著作用;二是开发利用水资源,为生产和生活服务,通过水土保持还可以间接增加水资源量,改善黄河水资源利用状况,对维持黄河健康生命具有重要作用;三是改善农业生产条件,发展区域经济,增加国民生产总值,尤其是能够发展农村经济,对促进区域经济社会的可持续发展具有非常重要的作用;四是改善生态环境,防止荒漠化,对促进和谐社会建设具有积极的作用;五是扩大内需,启动农村市场,充分利用农村剩余劳动力,缓解城市就业压力,为经济发展提供保证。

第五节　小　结

经过对多沙粗沙区各治理分区对比分析和综合评价,得到以下结论:

(1)区域生态环境恶劣,经济落后。水土流失严重,自然灾害频繁,农业生产水平很低,加之人口增长过快,群众生活比较贫困,经济发展落后。并且治理一区的生态环境最差,经济最为落后。

(2)区域内土地利用结构不合理。农业生产结构单一,农林牧矛盾突出。由于种植业比例过大,造成农业生态系统内部结构比例失调。尤其农耕地和未利用地的比例过大。

(3)区域内水土保持治理程度低。由于环境条件差,治理难度大,虽然通过多年治理,但平均治理程度只有 34%,治理一区的治理程度最低,仅为 30%。

(4)水土保持的减沙作用明显。通过典型流域分析说明,水土保持措施的减沙作用明显,尤其是淤地坝工程的减沙作用十分显著。因此,加强以淤地坝工程建设为主的综合治理,是减少黄河下游河道淤积的关键措施。

(5)水土保持对当地经济发展有很大的促进作用。水土保持改善了农业生产条件,提高农业综合生产能力,调整农业生产结构,在促进区域经济可持续发展、社会进步和脱贫致富方面具有重要的作用。

第十一章　结论与建议

第一节　结　论

一、粗泥沙界限的分析与选取

(1)1960 年前无三门峡水库影响情况下,铁谢至利津河段主槽淤积物中,$d \geqslant 0.05$mm 和 $d \geqslant 0.10$mm 的泥沙分别占主槽总淤积量的 76.1% 和 50.7%,比长系列(占 67.1% 和 33.5%)粗。

桃花峪至艾山河段主槽淤积物中,$d \geqslant 0.05$mm 和 $d \geqslant 0.10$mm 的泥沙分别占主槽总淤积量的 77.1% 和 47.5%,仍比长系列(占 74.8% 和 44.1%)粗。

(2)通过不同来源区洪水泥沙组成沿程变化分析发现,若洪水来自粗泥沙区,则三门峡、黑石关、武陟三站输沙量中,粒径大于 0.10mm 的粗泥沙占 8.2%,到利津仅占 0.2%,减少了 97.6%;0.05 ~ 0.10mm 的粗泥沙,利津较"三站"减少 63.3%;0.025 ~ 0.05mm 的泥沙仅减少 25.2%;粒径小于 0.025mm 的泥沙反而增加 70.8%。这足以看出粗泥沙集中来源区产生的粗泥沙,特别是粒径大于 0.10mm 以上的粗泥沙在下游的易淤程度。

(3)通过对 1960 ~ 2003 年下游输沙率资料分析后发现,粒径 0.10mm 以上粗泥沙的淤积比(83.1%)较 0.05mm 以上泥沙淤积比(44.1%)大 39 个百分点,说明下游是粗(泥)沙易淤,细(泥)沙可排。

(4)1960 年前"自然"水沙情况下,铁谢—利津主槽淤积物中,粒径 0.10mm 以上的粗泥沙占 50%,1960 ~ 1999 年因各种因素的影响降为 20%,到 1998 年汛前不足 20%。但在小浪底水库运用初期,下泄大多为低含沙水流和细泥沙,特别是经过三次调水调沙试验,加剧了河道冲刷,主槽逐渐粗化,粒径 0.10mm 以上的粗泥沙含量逐渐向 50% 靠近,今后小浪底以上来的洪水,虽都将经过水库调节,但根据三次调水调沙的结果来看,在小浪底水库拦沙库容未淤满之前,下游河道主槽淤积物中粒径 0.10mm 以上的粗泥沙也难以冲刷。

(5)根据 1960 年前黄河下游主槽淤积物中粒径 0.10mm 以上粗泥沙所占比重大(1/2),长系列分析粒径 0.10mm 以上粗泥沙淤积比较 0.05mm 以上粗泥沙淤积高许多(近 40 个百分点),粗泥沙来源区的洪水中 0.10mm 以上的泥沙含量在下游沿程降低特别多("三站"到利津削减率达 97.6%)和小浪底水库运用以来,特别是经过三次调水调沙试验表明,粒径 0.10mm 以上的粗泥沙也难以冲刷的事实,认为在黄河中游粗泥沙集中来源区界定研究中,应当把粒径 0.10mm 作为关键指标。

二、粗泥沙集中来源区界定研究

(1)根据地质构造、岩性、地貌等自然地理因素综合分析,认为多沙粗沙区内在吴旗—志丹—延安—延长以北,东胜—准格尔—清水河以南,吴旗—榆林—神木—大柳塔一线以东(风沙区以东)至晋西北黄河沿岸的范围是侵蚀最为严重的地区,也是粗泥沙集中区的宏观待选范围,应在此范围内再进一步确定粗泥沙集中来源区。

(2)根据黄河中游严重水土流失区侵蚀物钻探取样分析,各种粒径特征值(平均粒径、中数粒径、粒径大于0.10mm所占百分数)均有由取样区的东南向西北逐渐变粗的趋势,由此可以推断粗泥沙集中来源区应在取样区的北中部。

(3)利用输沙模数变率分析,粒径0.10mm以上的粗泥沙集中来源区面积为1.88万km^2,粒径0.05mm以上的粗泥沙集中来源区面积为1.97万km^2;根据面积相对较小,产粗泥沙量相对较多的"边际分析"方法,确定粒径大于0.10mm的粗泥沙模数为1 400t/(km^2·a)以上的区域为粗泥沙集中来源区,其面积为1.88万km^2。

(4)粗泥沙集中来源区区域呈一"品"字形分布,涉及三大片,最大的一片在皇甫川—佳芦河区间,第二片在无定河支流芦河、大理河、延河和清涧河上游一带,第三片在无定河下游。粗泥沙集中来源区的面积仅占多沙粗沙区面积(7.86万km^2)的23.9%(约1/4),产生的全沙、大于0.05mm和大于0.10mm的粗泥沙分别为4.08亿t、1.52亿t和0.61亿t,分别占多沙粗沙区中相应输沙量(11.82亿t、3.19亿t和0.89亿t)的34.5%(约1/3)、47.6%(约1/2)和68.5%(约2/3)。

三、重点支流特性深化研究

(1)在粗泥沙集中来源区,以来沙粒径的差异、粗泥沙输沙模数的大小(在粒径差异不明显时)和粗泥沙集中来源区所在支流面积比(在前两个因素差异不明显时)等要素的比较,遴选出窟野河、皇甫川、清水川、秃尾河、孤山川、石马川、佳芦河、乌龙河和无定河9条重点治理支流。

(2)对重点支流的地形地貌、土壤、植被、土地利用、土壤侵蚀和治理现状等水土流失特性进行了分析,初步提出了各支流中重点治理的顺序和部位,其中窟野河流域治理顺序和部位为:下游—中下游—上游左岸—其余区域;皇甫川流域为:干流及十里长川右岸—十里长川左岸;孤山川流域为:孤山川干流—支流木瓜川右岸—木瓜川左岸。

四、多沙粗沙区治理分区研究

按照对黄河中游多沙粗沙区的治理实行"先粗后细"的战略部署,为此要对多沙粗沙区进行治理分区的划分。

(一)分区原则及指标

本着快速减少下游河床主槽粗泥沙淤积和治理面积相对较小、拦减粗泥沙量相对较多的原则,以$d \geqslant 0.10$mm为粗泥沙界限,用粗泥沙输沙模数≥1 400t/(km^2·a)和700 t/(km^2·a)两个界线,可将黄河中游多沙粗沙区的治理分为三个区域。

(二)分区结果

(1)治理一区是 $d \geqslant 0.10$mm 且输沙模数大于 1 400t/(km^2·a)的区域,也就是粗泥沙集中来源区,其面积为 1.88 万 km^2,仅占多沙粗沙区面积(7.86 万 km^2)的 23.9%(约 1/4),但年均产生的全沙、$d \geqslant 0.05$mm 和 $d \geqslant 0.10$mm 的粗泥沙分别为 4.08 亿 t、1.52 亿 t 和 0.61亿 t,分别占多沙粗沙区相应沙量(11.82 亿 t 、3.19 亿 t 和 0.89 亿 t)的 34.5%(约 1/3)、47.6%(约 1/2)和 68.5%(约 2/3)。说明该区域面积不大,却是名副其实的产粗泥沙"大户",是减少入黄粗泥沙,实现"河床不抬高"应首先治理的区域。该面积中全沙、$d \geqslant 0.05$mm 和$d \geqslant 0.10$mm 的输沙模数分别为 21 702t/(km^2·a)、8 085t/(km^2·a)和 3 245 t/(km^2·a),是三个区中各粒级产沙模数最高的地区,应当首先作为黄河"治沙"工程的重点区。

(2)治理二区是 $d \geqslant 0.10$mm 的输沙模数在 700 ~ 1 400t/(km^2·a)之间的区域,面积为 2.06万 km^2,占多沙粗沙区面积的 26.2%,年均产生的全沙、$d \geqslant 0.05$mm 和 $d \geqslant 0.10$mm 的泥沙分别为 2.81 亿 t、0.84 亿 t 和 0.15 亿 t,分别占多沙粗沙区相应沙量的 23.8%、26.3%和 16.9%。该面积中全沙、$d \geqslant 0.05$mm 和 $d \geqslant 0.10$mm 的输沙模数分别为13 641t/(km^2·a), 4 078t/(km^2·a)和 728t/(km^2·a),其产沙强度明显不如 1.88 万 km^2 的粗泥沙集中来源区高,当治理到一区初步治理后应抓紧开展该区的治理。

(3)治理三区是多沙粗沙区减去前两个治理区后的区域,面积为 3.92 万 km^2,占多沙粗沙区面积的 49.9%,年均产生的全沙、$d \geqslant 0.05$mm 和$d \geqslant 0.10$mm 的泥沙分别为 4.93 亿 t、0.83亿 t 和 0.13 亿 t,分别占多沙粗沙区相应沙量的 41.7%、26.0%和 14.6%。该面积中全沙、$d \geqslant 0.05$mm 和$d \geqslant 0.10$mm 的输沙模数分别为 12 577t/(km^2·a)、2 117t/(km^2·a)和 332 t/(km^2·a),其产沙强度又明显比治理二区低,但在黄河中游来说,仍是重点区,也应有计划地纳入规划及早安排治理。

五、多沙粗沙区各治理分区水资源量评价

(1)黄河中游多沙粗沙区多年平均降水量 421.2mm,其中从治理一区到治理三区年降水量分别为 391.7mm、426.2mm 和 432.6mm,其差异是各治理区所处位置南北差异决定的。黄河中游多沙粗沙区多年平均地表水资源量 31.2 亿 m^3,其中治理一区到治理三区分别为 10.2 亿 m^3、8.0 亿 m^3 和 13.0 亿 m^3。从地表年径流深来看,治理一区(54.2mm)大于治理二区(38.7mm),治理二区大于治理三区(33.2mm),这种差异是由于下垫面和暴雨因素共同决定的。多沙粗沙区多年平均水资源总量 33.93 亿 m^3,其中治理一区到治理三区年均分别为 10.36 亿 m^3、9.46 亿 m^3 和 14.11 亿 m^3,因该区与地表水年不重复的地下水资源量不大,总径流深各区分布规律与地表水年径流深相同。从年均降水量、地表径流量和水资源总量年代变化来看,都有减少的趋势。

(2)多沙粗沙区进行不同程度治理后,虽然减少了入黄水量,但由于入黄泥沙的减少,也减轻了下游河道淤积,反过来可节约下游输沙用水,黄河中游多沙粗沙区治理程度越高,拦沙比例越大,相对节约的水资源量越多。据估算,当治理一区、治理二区、治理三区和多沙粗沙区的入黄泥沙分别减少 11%、13%、12%和 12%时,各区因减少入黄泥沙而"节约"的输沙用水量约等于当地产清水水资源量。

(3)分析表明,在同一减沙比例下,多沙粗沙区各治理分区实施水土保持综合治理,拦减入黄泥沙,减少输沙用水而相对“增加”的水资源量,一区大于二区,二区大于三区。同时,随着拦沙比例的提高,各治理分区减沙后节约的输沙水量与扣除泥沙后的清水资源量的比值均呈增大趋势,即黄河中游多沙粗沙区治理程度越高,拦沙比例越大,相对节约的水资源量越多。

六、多沙粗沙区各治理分区经济社会指标评价

(一)区域生态环境恶劣,经济落后

该区水土流失严重,农业生产水平低下,群众生活比较贫困,经济发展落后;农业生产结构单一,农林牧矛盾突出,由于种植业比例过大,造成农业生态系统内部结构比例失调,尤其农耕地和未利用地的比例过大;由于环境条件差,治理难度大,治理程度低,并且治理一区的生态环境最差,农业经济最为落后。

(二)水土保持对当地经济发展有很大的促进作用

典型流域分析说明,水土保持措施的减沙作用明显,尤其是淤地坝工程的减沙作用十分显著。因此,加强以淤地坝工程建设为主的综合治理,是减少黄河下游河道淤积的关键措施。水土保持改善了农业生产条件,提高农业综合生产能力,调整农业生产结构,在促进区域经济可持续发展、社会进步和脱贫致富方面具有重要的作用。

第二节　建　议

(1)由于粗泥沙集中来源区(治理一区)侵蚀环境特殊,水土流失规律复杂,建议设立专项对该区暴雨、洪水、产沙以及侵蚀规律进行深入研究,以便因害设防,进行治理。

(2)为落实将粗泥沙集中来源区作为控制黄河粗泥沙第一道防线的战略思想,应抓紧对该区拦沙关键措施的选择与布局等治理方略的研究。

(3)为有效减少黄河下游主槽粗泥沙淤积,应加快重点支流的规划治理工作。

(4)加强粗泥沙集中来源区水土保持监测和水沙监测,增加水文监测站网密度,为分析该区水土保持效益和侵蚀产沙规律服务。

(5)建议把多沙粗沙区列为国家基本建设项目,分期治理,首先开展第一期治理。

(6)在治理思路上,开展以骨干坝为主的沟道建设,同时配套修建必要的大型拦泥库,尽可能拦截该区域进入黄河的粗泥沙,减缓下游河道淤积,变荒沟为良田。

参 考 文 献

[1] 水利部黄河水利委员会.黄河近期重点治理开发规划.郑州:黄河水利出版社,2002

[2] 赵文林.黄河泥沙.郑州:黄河水利出版社,1996

[3] 水利部黄河水利委员会.黄河首次调水调沙试验.郑州:黄河水利出版社,2004

[4] 张仁,程秀文,熊贵枢,等.拦减粗泥沙对黄河河道冲淤变化影响.郑州:黄河水利出版社,1998

[5] 李国英.维持黄河健康生命.郑州:黄河水利出版社,2005

[6] 李国英.构筑控制黄河粗泥沙的"三道防线".黄河报,2004-8-7(1476)

[7] 钱宁.往事回忆三则.见:纪念钱宁同志.北京:清华大学出版社、水利电力出版社,1987

[8] 钱宁,王可钦,闫林德,等.黄河中游粗泥沙来源区及其对黄河下游冲淤的影响.见:河流泥沙国际学术讨论会论文集.北京:光华出版社,1980

[9] 龚时旸,熊贵枢.黄河泥沙来源及地区分布.人民黄河,1979(1)

[10] 景可,陈浩.黄河中游粗泥沙的范围、数量及其基岩产沙研究.科学通报,1986(12)

[11] 陈永宗,景可,卢金发,等.黄土高原侵蚀产沙的时空变化.见:中美黄河下游防洪措施学术讨论会文集.北京:中国环境科学出版社,1988

[12] 陈永宗,景可.黄河粗泥沙来源及其近期变化.见:黄河粗泥沙来源及侵蚀产沙机理研究文集.北京:气象出版社,1989

[13] 龚时旸,熊贵枢.黄河泥沙的来源及输移.见:河流泥沙国际学术讨论会论文集.北京:光华出版社,1980

[14] 景可,李钜章,李风新.黄河中游粗泥沙范围界定研究.土壤侵蚀与水土保持学报,1997(9)

[15] 支俊峰,李世明,邱宝冲.黄河流域粗泥沙来源及分布研究.水土保持学报, 1992(2)

[16] 甘枝茂,吴成基,刘立斌,等.黄河中游多沙粗沙区亚区划分及治理开发方略探讨.见黄河中游多沙粗沙区区域界定及产沙输沙规律研究.郑州:黄河水利出版社,2000

[17] 杨庆安,缪风举.黄河三门峡水库运用及工程决策的经验教训.见:黄河三门峡水库水利枢纽运用研究文集.郑州:河南人民出版社,1994

[18] 焦恩泽,张翠萍.潼关高程演变成因分析.人民黄河,1997(3)

[19] 中华人民共和国水利部.中华人民共和国行业标准(SL49—92)河流泥沙颗粒分析规程.北京:水利电力出版社,1993

[20] 熊贵枢,孙桐先,朱清雪.黄河下游输沙量及冲淤量测验资料的误差分析.见:第二次河流泥沙国际学术讨论会论文集.北京:水利电力出版社,1983

[21] 赵业安,周文浩,费祥俊,等.黄河下游河道演变基本规律.郑州:黄河水利出版社,1998

[22] 徐建华,吕光圻,张胜利,等.黄河中游多沙粗沙区区域界定及产输沙规律研究.郑州:黄河水利出版社,2000

[23] 陕西省地质矿产局.陕西省区域地质志.北京:地质出版社,1989

[24] 陕西省地质矿产局第二水文地质队.黄河中游区域工程地质.北京:地质出版社,1986

[25] 陈永宗,景可,蔡强国.黄土高原现代侵蚀与治理.北京:科学出版社,1988

[26] 齐矗华,甘枝茂,惠振德,等.黄土高原地貌与水土流失研究.西安:陕西人民教育出版社,1991

[27] 中国科学院,水利部西北水土保持研究所.黄土高原综合治理试验示范区专题地图集.北京:测绘出版社,1991

[28] 中国地质科学院.中华人民共和国地质图.北京:地图出版社,1976

[29] 孙虎,甘枝茂,吴成基.黄河中游河口镇至龙门区间不同岩层对河流粗泥沙贡献分析.中国沙漠,1997,17(3)
[30] 景可,陈永宗,李风新.黄河泥沙与环境.北京:科学出版社,1993
[31] 李勇,董雪娜,张晓华,等.黄河水沙特性变化研究.郑州:黄河水利出版社,2004
[32] 徐建华,牛玉国.水利水保工程对黄河中游多沙粗沙区径流泥沙影响研究.郑州:黄河水利出版社,2000
[33] 中国科学院,国家计划委员会自然资源综合考察委员会主持,1:50万黄土高原地区资源与环境遥感系列图编委会.黄土高原地区资源与环境调查和系列制图研究.北京:地震出版社,1992
[34] 卢金发.黄土高原侵蚀图.西安:西安地图出版社,1992
[35] 刘东生,等.黄土与环境.北京:科学出版社,1985
[36] 马秀峰.关于黄河粗颗粒泥沙来源问题的商榷.人民黄河,1982(4)
[37] 中国水利学会泥沙专业委员会. 泥沙手册.北京:中国环境科学出版社,1992
[38] 徐建华,李雪梅,李世明,等. 延河流域水沙还原计算方法探讨.人民黄河,1997(8)
[39] 中国科学院黄土高原综合科学考察队. 黄土高原地区土壤侵蚀与侵蚀类型图说明书.北京:地震出版社,1990
[40] 中华人民共和国水利部.土壤侵蚀类型区分类分级标准(SL190—96).北京:中国水利水电出版社,2002
[41] 国家大地图集编辑委员会.中华人民共和国自然地图集.北京:国家测绘总局出版,1964
[42] 中国科学院《中国自然地理》编辑委员会.中国自然地理·地貌.北京: 科学出版社,1980
[43] 戴英生.黄河的形成与发育简史.人民黄河,1983(6)
[44] 水利水电部黄河水利委员会治黄研究组.黄河的治理与开发.上海:上海教育出版社,1984
[45] 程积民,万惠娥.中国黄土高原植被建设与水土保持.北京:中国林业出版社,2002
[46] 中国科学院黄土高原综合科学考察队.黄土高原地区土壤侵蚀区域特征及其治理途径.北京:中国科学技术出版社,1998
[47] 甘枝茂,吴成基,刘立斌,等.黄河中游多沙粗沙区亚区划分及治理开发方略探讨.见:黄河中游多沙粗沙区区域界定及产沙输沙规律研究.郑州:黄河水利出版社,2000
[48] 严军,胡春宏.黄河下游河道输沙水量的计算方法及应用.泥沙研究,2004(4)
[49] 刘善建. 调水调沙是黄河下游不淤的关键措施.人民黄河,2005(1)
[50] 许炯心. 黄土高原生态环境建设的若干问题与研究需求.水土保持研究.2000,7(2)
[51] 喻权刚.水土供持与经济宏观调控和可持续发展的关系.见:西部经济发展论坛论文集.陕西科学出版社,1999
[52] 喻权刚.黄河流域四大片水土保持治理成就及经验.中国水土保持,1996(10)
[53] 喻权刚,贾泽祥.依托重点治理　发展区域经济.水土保持通报,1998(1)

附　　录

附录一

构筑控制黄河粗泥沙的“三道防线”

——在研究黄河中游粗泥沙集中来源区界定工作会议上的讲话

黄河水利委员会主任　李国英

(2004年8月5日)

黄河下游地上悬河泥沙淤积的治理要按“三道防线”开展工作,第一道防线是黄土高原,第二道防线是小北干流,第三道防线是小浪底水库。每道防线都要围绕对黄河下游地上悬河淤积最严重的粗泥沙做文章。

黄土高原面积64万km^2,有45.4万km^2的水土流失区,其中7.86万km^2为多沙粗沙区。然而,治理这7.86万km^2,相对于国家投资强度而言仍明显偏大。这个面积相当于河南省地域面积的一半,分布在黄土高原千沟万壑之中,分散治理的效果特别对下游河道的减淤效果不明显。必须突出重点区域进行集中治理。怎么寻找重点区域?治理黄河还得从黄河病情入手,因此首先要搞清黄河下游河道淤积物中“贡献”最大的泥沙是哪一种,以此溯源来治理黄土高原。

要时刻牢记治河是流域机构的第一要务,黄土高原水土流失治理工作要据此寻找治理的重点,确定对黄河下游河道淤积影响最严重的粗沙来源区,而且面积不能太大,从而集中力量进行治理。这就是说,在黄土高原水土流失区治理上,不能“眉毛胡子一把抓”,重点在粗沙来源区,应先行对其进行治理,而细沙来源区则可往后放。因此,对黄土高原水土流失区的治理可概括为“先粗后细”。

黄河小北干流河道宽阔,地势低洼,其地理位置正好处于晋陕峡谷与干流三门峡、小浪底水库的连接部位,在这里处理黄河泥沙不仅有必然的要求(控制泥沙不要进入水库),而且具备客观的条件。因此,应将小北干流作为继黄土高原之后控制黄河泥沙的第二道防线。在这个防区内,对泥沙的处理主要是放淤。但放淤也不是什么沙都放,而是通过工程措施,借助水力自然分选,实现“淤粗排细”,即把对下游河道淤积影响最严重的粗泥沙沉淀在淤区,而把细泥沙回归黄河。

小浪底水库处于控制黄河下游水沙的关键部位,可作为控制黄河下游河道泥沙的第三道防线。在其 126.5 亿 m^3 的总库容中，拦沙库容 75 亿 m^3，可拦蓄泥沙 100 亿 t。拦沙初期水库蓄水体相对较大，粗泥沙拦在库区，细泥沙通过异重流形式排出库外。在小浪底水库运用的后期，蓄水体相对较小，含沙水流进入后基本呈明流输沙状态，通过控制运用可实现“拦粗泄细”。

上述三道防线，互为联系，构成控制黄河下游河道泥沙淤积的立体防御系统。

要进一步研究黄河下游河道河床淤积物的泥沙颗粒级配。关于黄河下游河道河床淤积物的泥沙颗粒级配，以往的研究做了大量工作，积累了丰富的资料。过去分析粗沙情况，是以0.05mm为界限。现在不能停留在 0.05mm 上，应再分一个或几个等级，以 0.05mm 以上某个粒径级划分。粒径 0.05mm 以上粗泥沙淤积了 70% ~ 80%，应找到淤积比达到 100%的粒径级，并且要逐河段进行分析。这是界定黄河中游粗泥沙集中来源区最重要的前提条件。

在 7.86 万 km^2 多沙粗沙区寻找粗泥沙相对集中区，仅用输沙模数方法是不全面的。还要用 0.05mm 以上的粒径级来寻找、界定粗泥沙集中区，不能局限于原有成果，需要不断创新、进步，才能满足生产的需要。

界定粗泥沙来源区，除借助各地貌单元全沙输沙模数、粗泥沙输沙模数勾绘等值线图方法外，还应辅以野外的地质调查、地貌调查、物探取样等方法。目前等值线所依据的水文站网测验资料不够全面、合理，有些重要地方甚至没有设立水文站和雨量站，存在空白点，因此更需要借助多种实地调查方法，全面分析研究下垫面条件，才能使粗沙区域得到准确界定。

要把粗沙区落实到支流，以粗泥沙集中来源区确定重点治理支流。如何确定重点支流？在比选中可依据三个方面：一是首选来沙粒径，选较粗泥沙的支流，这是追求“质”，如初选了窟野河和秃尾河为多沙粗沙治理支流，若窟野河来沙粒径大于 0.10mm 的比例超过了秃尾河，就优先选择窟野河为粗沙治理重点；二是来沙粒径一样时比较输沙模数，这是追求“量”；三是来沙粒径、输沙模数都相同时，比较水土流失面积占河流流域面积的比例。在落实到具体支流后，要对每条支流分上下游、左右岸，进行细化分区，治理区域选在粗沙集中部位，治理措施与其紧密挂钩。在缩小治理面积、突出治理重点之后，治理精度要相应提高。

淤地坝建设的重点要与确定的粗沙相对集中区域（支流）挂钩。在确定重点支流后，还要修订淤地坝规划，即不同区域淤地坝的布局、规模应有所区别，在粗泥沙特别集中的支流要大幅度拦截泥沙，甚至不惜拦减所有水量，如某一条支流，如果产沙的 100%为粒径大于 0.10mm 的粗沙，就可以连沙带水全部拦截，但有些支流，若产沙的 20%为粒径大于 0.10mm 的粗沙，还有相当一部分的泥沙是粒径小于 0.025mm 的细沙，就不要采取与产沙 100%为粗沙的支流相同的治理方式。

多沙粗沙区，特别是粗沙区的水文站网布置要满足监测要求。对粗沙区水文站网要做出重点布置。陕北地区现在仍有不少雨量站、水文站空白点，要及时补充，否则连降雨等值线图都难以绘制。在设站工作中，优先在粗沙区域加密站点，以后再扩展到整个小北干流区域。

黄河难治的症结是泥沙，其中关键还在粗泥沙。因此，在黄河治理中，要树立强烈的粗泥沙意识,以控制粗泥沙为中心安排各项有关工作,可以获得事半功倍的效果。

总之,从现在起,应下大力气研究和建设控制粗泥沙的“三道防线”。

（原载《黄河报》2004年8月12日　总1476期）

附录二

专题会议纪要

82 号(领导参阅)

会议类别:专题办公会
会议内容:黄河中游粗泥沙集中来源区界定研究工作
会议时间:2004 年 3 月 5 日
地　　点:9 楼会议室
主 持 人:李国英
参加人员:薛松贵、翟家瑞、李景宗、杨含侠、刘晓燕、汪习军、牛玉国、姚文艺等
纪要内容:

会议听取了水保局和水文局对黄河中游粗泥沙集中来源区界定研究工作初步成果的汇报,并对有关问题进行讨论,提出下一步工作的重点及方向,形成纪要如下:

一、目前多沙粗沙区 7.86 万平方公里因受投资强度等限制,全部治理难度大,要进一步寻找粗泥沙集中来源区。研究黄河中游粗泥沙集中来源区界定要立足于黄河症结的治理,与黄河下游淤积情况紧密联系起来,以此找到重点治理区域。对黄河治理要分三个阶梯,分别采取三种方式:(1)在黄土高原实施“先粗后细”;(2)在黄河小北干流地区实施“淤粗排细”;(3)在小浪底水库实施“拦粗泄细”。

二、进一步研究黄河下游河道河床淤积物、泥沙颗粒级配,对于粗泥沙需在直径 0.05mm以上再分级,对黄河下游河道逐河段分析。

三、目前界定粗沙相对集中区域是用输沙模数分级方法,除此以外,还要用直径 0.05mm以上级寻找粗沙区。

四、借助各地貌单元全沙、粗泥沙输沙模数勾画等值线图的方法不全面,还应辅以野外地质调查、地貌调查、物探取样等方法。

五、要根据粗沙来源区确定需重点治理的支流,在比选中可依据三个方面:(1)首选来沙粒径;(2)来沙粒径一样时比输沙模数;(3)来沙粒径、输沙模数都相同时,比粗泥沙集中来源区区域占河流流域面积比例。要求每条支流分上下游、左右岸,治理措施与其紧密挂钩。

六、淤地坝建设的重点要与确定的粗沙相对集中区域挂钩,不同区域淤地坝的规划、布置应有所区别。

七、多沙粗沙区特别是粗沙区水文站网的布置应满足监测要求,设站要有强烈的粗沙意识。

八、水保局负责,水文局、黄科院协助,进一步开展研究工作,今年年底前提交成果报告。

附录三

专题会议纪要

96 号(领导参阅)

会议类别:专题会议
会议内容:研究黄河下游河道粗泥沙淤积问题
会议时间:2004 年 9 月 24 日
地　　点:9 楼会议室
主 持 人:李国英
参加人员:李文家、汪习军、曹俊峰、杨希刚、张建中、周月鲁、谷源泽、江恩慧、郑新民等
纪要内容:

会议听取了项目组关于黄河下游河道粗泥沙淤积问题研究工作的阶段成果汇报,对有关问题进行了讨论,提出下一步工作的重点及方向,形成纪要如下:

一、粗沙是造成黄河下游河道淤积的主要因素,因此一定要深入研究黄河下游河道河床淤积物、泥沙颗粒级配情况,找出河道淤积的规律,为下一步的水土保持工作打下基础。

二、要坚持“抓重点”的工作思想,从以下几个方面开展工作。

(一)关于研究部位。一定要将“主槽”作为研究重点,原因是:

1. 黄河下游是游荡性河道,泥沙淤积时往往是主槽淤积快,滩地淤积慢,主槽的淤积将进一步加剧河道的游荡性。

2. 目前黄河下游“二级悬河”比较发育,造成河道横比降比纵比降大 10 倍以上,若没有主槽,“横河”、“斜河”会时有发生,对下游堤防的冲击更大,危害更大。

(二)关于河段。一定要逐河段分析,将艾山以上河段作为重点河段,原因是:

1. 黄河下游河道的形态是“上宽下窄”,下游河道内的淤积泥沙大多数分布在艾山以上河段,而艾山以上河段“悬河”形势也最为严重。

2. 艾山以上河段发生洪水决口的几率较大,影响范围也较大。

3. 从发生洪水的几率分析,中常洪水发生的几率大,大洪水和特大洪水发生的几率小,而洪水愈大其挟沙能力愈强,反之愈弱,正是由于长期挟沙能力弱的中常洪水才造成艾山以上河段泥沙的严重淤积。高村至孙口的“驼峰”河段也是长期中常洪水造成的结果,要特别关注这一河段。

(三)关于时段。要把 1950 年至 1999 年作为研究的重点时段,整个研究可分三门峡水库运用前、三门峡水库运用后至小浪底水库运用前及小浪底水库运用后三个时段分别进行分析,其中以三门峡水库运用前作为工作的重中之重,因为这个时段没有人为干扰因素,是自然条件下的状态。钻孔深度要涵盖 50 多年的淤积厚度。

三、增加三门峡水库、小浪底水库库区内淤积泥沙的分析研究内容。

四、请规计局商水保局抓紧解决立项问题。

附录四

专题会议纪要

112号(领导参阅)

会议类别:专题会议
会议内容:研究黄河中游粗泥沙集中来源区界定工作
会议时间:2004年12月9日
地　　点:9楼会议室
主 持 人:李国英
参加人员:薛松贵、朱庆平、李文家、翟家瑞、杨希刚、杨含侠、刘晓燕、汪习军、周月鲁、牛玉国、姚文艺等
纪要内容:

会议听取了项目组对黄河中游粗泥沙集中来源区界定研究工作成果的汇报,对有关问题进行了讨论,现纪要如下:

一、该项研究成果将直接指导下一步的水土保持工作,工作是否到位关系到近期水保工作的成败。因此,项目组成员一定要树立责任意识,充分认识到工作的重要性和紧迫性。

二、目前的研究工作已取得了可喜成果,但离要求还有一定差距,需要进一步修改完善。在下一步修改完善中,应着力开展以下几方面工作。

(一)要通过分析黄河下游河道河床淤积泥沙和水库淤积泥沙颗粒级配来进行中游粗沙区的界定。

1. 以1950~1960年的资料作为河道淤积物的分析重点,该时段没有人为干扰因素,是自然条件下的状态。利用钻孔法分析要注意三点,一偏重"主槽";二钻孔深度要能证明是取样为1950~1960年的淤积物(借助当年大断面测验资料);三偏重艾山以上河段。利用输沙率法分析时,要给出进入下游河道不同颗粒级配泥沙的总量及其各自在不同河道的淤积比例。

2. 对于三门峡水库运用后至小浪底水库运用前时段的分析,也要给出进入水库前不同颗粒级配泥沙总量及其各自在不同河道的淤积比例。

3. 对于小浪底水库运用后时段分析,要重点分析近三年"调水调沙"对河道淤积物的冲刷影响,分别就试验前的河槽淤积物组成和试验后的河槽淤积物组成,以确定不同级配泥沙的冲走比例、剩余比例。

(二)若通过以上的分析论证仍不能分清何种颗粒级配的泥沙是造成对下游河道淤积主要因素,可引入"边际"分析法,通过比较增量影响分析论证主次因素。

(三)最终的成果要将粗沙区的边界勾画出来,在确定范围时要避免人为因素。先以

水文资料确定河流,再用野外调查方法确定河流的部位。最后,若不能分出具体河流,可找准范围,将边界勾画清楚,找出重点部位。

三、根据提出的建议对成果进一步修改完善,在 2005 年 1 月底之前完成。

附录五

专题会议纪要

15 号(领导参阅)

会议类别:专题会议
会议议题:研究黄河中游粗泥沙集中来源区界定工作
会议时间:2005 年 3 月 29 日
地　　点:9 楼会议室
主 持 人:李国英
参加人员:薛松贵、朱庆平、李文家、翟家瑞、杨希刚、曹俊峰、刘晓燕、汪习军、牛玉国、周月鲁、谷源泽、郑新民、姚文艺等
纪要内容:

会议听取了水文局关于黄河中游粗泥沙集中来源区界定研究成果的汇报,对相关问题进行了研究讨论,纪要如下:

一、黄土高原水土流失的治理不仅要考虑改善当地生态系统,更重要的是为黄河下游河道治理服务,为维持黄河下游健康的河道形态服务。这次研究根据黄河下游"主槽萎缩"、"河床淤积"、"地上悬河"等病症找出对下游河道淤积影响最大的粗泥沙集中来源区,其思路是正确的。

二、根据对下游水库淤积物、主河槽淤积物分析初步得出结论:粒径大于 0.05mm 的泥沙约占 3/4,粒径大于 0.10mm 的约占 1/2。粒径大于 0.10mm 的粗泥沙来源区面积小,但对黄河下游河道淤积危害大,在 7.86 万 km^2 的多沙粗沙区中找出粒径大于 0.10mm、侵蚀模数为 1 400t/(km^2·a)以上的 1.88 万 km^2 的粗泥沙集中来源区,结论是可信的。

三、下一步需补充的工作:

(一)治理的分期。建议 7.86 万 km^2 的多沙粗沙区分三期治理,第一期是现在界定的 1.88 万 km^2,第二期治理约 50% 的面积,第三期将余下的全部治理完。

(二)现在界定的 1.88 万 km^2 的面积一定要落实到每一条支流上,并且提出指标,绘出电子地图,提供给上中游局和水保局。

(三)提出每一期治理区域的产水指标,说明产水的贡献小于产沙的危害,为下一步立项提供依据。

(四)补充经济社会发展指标,把泥沙治理与当地经济社会发展结合起来。

四、水保局牵头,国科局、规计局、上中游局、水科院等部门和单位配合,提出不同分期、不同治理区域内的治理措施研究报告,与这次补充完善的报告一起,今年年底之前上报水利部。

五、今后水土流失基本规律的研究、水文站网以及监测设施的布设等工作都将围绕粗泥沙集中来源区开展。

六、6 月底以前完成报告的修改工作。

附录六

水利部黄河水利委员会
关于黄河中游粗泥沙集中来源区界定研究任务书的批复

黄规计[2004]197号

水文局：

你局“关于黄河中游多沙粗沙区不同模数级粗泥沙来源区界定分析任务书的请示”(黄水计[2004]48号)收悉。我委组织有关单位及专家对《黄河中游多沙粗沙区不同模数级粗泥沙来源区界定分析任务书》进行了审查并提出了审查意见(详见附件)。经研究,现批复如下：

一、为了进一步查明对黄河下游河道淤积影响最大的粗泥沙来源区,突出治理重点,有效减少入黄粗泥沙,同意开展黄河中游多沙粗沙区不同模数级粗泥沙来源区界定研究。

二、基本同意《黄河中游多沙粗沙区不同模数级粗泥沙来源区界定分析任务书》确定的主要内容和预期成果。

三、根据有关规定,核定《黄河中游多沙粗沙区不同模数级粗泥沙来源区界定研究报告》编制工作经费为154万元。上述工作于2004年12月底之前完成。

四、请你局加强组织协调,按照任务书要求开展各项工作,确保按时完成。

附件：黄河中游粗泥沙集中来源区界定研究任务书审查意见

2004年10月14日

注：黄委上报水利部备案的任务书名称为“黄河中游多沙粗沙区不同模数级粗泥沙来源区界定分析”,经过一段研究工作后,根据专家意见,项目名称最终定为“黄河中游粗泥沙集中来源区界定研究”。

黄河中游粗泥沙集中来源区界定研究任务书
审 查 意 见

2004年8月25日,黄河水利委员会在郑州召开会议,对黄委水文局编报的黄河中游粗泥沙集中来源区界定研究任务书进行了审查。参加会议的有黄委会、委科学技术委员会、水土保持局、总工办、规划计划局,黄河上中游管理局、黄河水利科学研究院、黄委水文局等单位的专家和代表。会议听取了委水文局的汇报,并进行了认真讨论,提出审查意见如下:

1. 为了进一步查明对黄河下游河道淤积影响最大的粗泥沙来源区,突出治理重点,有效减少入黄粗泥沙,开展黄河中游粗泥沙集中来源区界定研究是必要和迫切的。

2. 基本同意任务书提出的研究目标,即分析黄河下游河道淤积物,研究确定不同粒径粗泥沙的淤积比;界定黄河中游多沙粗沙区不同模数级粗泥沙集中来源区;选择近期重点治理支流,并对其粗泥沙的产沙情况进行分析。

3. 基本同意通过淤积物取样分析、输沙率分析进一步研究黄河下游河床淤积物级配。在分析过程中,要充分利用现有成果,提出淤积比接近100%的粗泥沙粒径界限。

4. 基本同意任务书提出的粗泥沙集中来源区界定指标和工作方法。粗泥沙集中来源区界定应采用1954~1969年资料系列,同时选择典型支流对近10~20年的粗泥沙变化情况进行分析。

5. 同意辅以遥感调查、取样分析等方法,更准确地界定粗泥沙来源区及重点支流的粗泥沙分布。

遥感调查应突出重点,提高精度。应充分利用现有黄河中游黄土特性、地质等有关研究成果,并进一步优化取样方案。

6. 同意任务书提出的重点治理支流选择方法。即按来沙粒径大小、输沙模数的大小、粗泥沙来源区面积占支流流域面积的比例,进行比选。

7. 同意任务书提出的进度安排。该项目在2004年12月底前提交《黄河中游粗泥沙集中来源区界定研究报告》。

8. 经核定,黄河中游粗泥沙集中来源区界定研究工作经费为154.0万元。

专家审查组组长: 薛松贵

2004年8月25日

附录七

“黄河中游粗泥沙集中来源区界定研究”课题阶段成果专家咨询意见

2004 年 11 月 20 日至 21 日，黄河水利委员会在郑州组织专家对“黄河中游粗泥沙集中来源区界定研究”课题阶段成果进行了技术咨询。会议听取了课题组的汇报，并就有关问题进行了认真细致的讨论，形成如下咨询意见：

1.本项目研究是在黄河中游多沙粗沙区界定的基础上，通过对三门峡库区和下游河道主槽淤积物粒径分析，利用多种手段寻求对下游河道淤积危害最为严重的粗泥沙集中来源区，是十分必要的。

2.课题组在已有研究成果基础上，新增了三门峡库区及下游淤积物钻孔资料、中游侵蚀土壤钻孔取样及地质、地貌调查资料等，综合分析了对三门峡库区和下游河道淤积危害最大的泥沙粒径和数量，并在中游寻找了不同粒径、不同粗泥沙模数级的粗泥沙来源区，为确定黄河中游当前水土流失重点治理区提供了技术支撑。

3.通过对三门峡库区滩地淤积物钻孔资料及历年河床质取样资料分析，在三门峡库区淤积物中，粒径级 $d \geq 0.05$mm 和 $d \geq 0.10$mm 的粗泥沙量占总淤积量的比重为 49.8% 和 25.9%；库区主槽淤积物中相应粒径级的泥沙占主槽淤积量约 66.2% 和 37.6%。

通过下游多次钻孔资料分析计算，黄河下游铁谢—利津淤积物中粒径级 $d \geq 0.05$mm 和 $d \geq 0.10$mm 的泥沙占总淤积量的 48.8% 和 18.7%；主槽中相应粒径级的泥沙占主槽总淤积量的 67.1% 和 33.5%。

桃花峪—艾山河段淤积物中 $d \geq 0.05$mm 和 $d \geq 0.10$mm 的泥沙占总淤积量的 54.5% 和 24.0%；主槽中相应粒径级占主槽总淤积量的 74.8% 和 44.4%，比铁谢—利津稍粗。

1960 年前(三门峡水库运用前)铁谢至利津河段淤积物中粒径级 $d \geq 0.05$mm 和 $d \geq 0.10$mm 的泥沙占总淤积物的 49.3% 和 21.2%，主槽中相应粒径级占主槽总淤积量的 76.1% 和 50.7%，比长系列粗。

上述成果和结论基本合理可信。

4.本项研究分别对黄河中游多沙粗沙区中，根据不同粗泥沙输沙模数，对 $d \geq 0.05$mm 和 $d \geq 0.10$mm 的分布区域进行了界定，其成果基本合理。

5.通过对基岩岩性组成、破碎特征及胶结性特征分析，认为佳芦河北侧侏罗纪及三叠纪碎屑岩地层是主要粗泥沙产沙基岩地层，与粗泥沙高产沙区的范围是基本一致的。

6.建议：

(1)补充三门峡水库及下游河道各河段及不同粒径级所占的淤积量。

(2)补充 0.05mm 和 0.10mm 各模数级对应区域内 0.05mm 和 0.10mm 的产沙量。

(3)进一步对初步界定的区域内支流特性进行深化研究,重点分析粗泥沙集中来源区各支流上中下游、左右岸水土流失特性的差异;不再进行重点治理支流亚区划分和治理顺序及治理方略研究。

(4)各参加单位要加强协作,注重项目成果的整合,保持数据和结论的一致性。对成果数据要进一步核实,避免出现差错。

(5)鉴于小浪底水库运用以来,起始运用水位以下库容尚未淤满,下游河道以冲刷为主,因而建议在分析下游河道淤积时,不包括小浪底水库运用后的相关资料。

专家咨询组组长:薛松贵

2004 年 11 月 21 日

附录八

“黄河中游粗泥沙集中来源区界定研究”(补充完善)部分专家咨询意见

2005年9月25日,黄委会在郑州组织专家对“黄河中游粗泥沙集中来源区界定研究”(补充完善)部分进行了技术咨询。会议听取了课题组的汇报,并就有关问题进行了认真细致的讨论,形成意见如下:

1. 项目组根据委3月29日主任办公会会议纪要的要求,做了大量细致的工作,取得了阶段性研究成果,结论基本可信。

2. 黄河中游多沙粗沙区分期治理区划分研究中,按照确定的分区原则及指标,提出了分期治理区成果,第一期为1.88万km^2,第二期为2.06万km^2,第三期为3.92万km^2,符合“先粗后细”治理战略的需要。

3. 多沙粗沙区多年平均产沙量11.82亿t,其中,第一期治理区产沙量4.08亿t;第二期治理区产沙量2.81亿t;第三期治理区产沙量4.93亿t。$d \geqslant 0.10mm$的粗泥沙量为0.89亿t,其中,第一期治理区为0.61亿t;第二期治理区为0.15亿t;第三期治理区为0.13亿t。

4. 根据1956~2000年水文系列,按照三期治理分区进行了水资源评价,评价结果为:

(1)多沙粗沙区多年平均降水量421.2mm,其中第一期治理区年降水量为391.7mm,第二期治理区年降水量为426.2mm,第三期治理区年降水量为432.6mm。

(2)多沙粗沙区多年平均地表水资源量为31.18亿m^3,其中第一期治理区为10.19亿m^3,第二期治理区为7.99亿m^3,第三期治理区为13.00亿m^3。

(3)多沙粗沙区多年平均地下水资源量为13.74亿m^3,其中与地表水不重复的地下水资源量为2.75亿m^3。

(4)多沙粗沙区多年平均水资源总量为33.93亿m^3,其中,第一期治理区年水资源总量10.36亿m^3;第二期治理区年水资源总量9.46亿m^3;第三期治理区年水资源总量14.11亿m^3。

5. 通过对该区社会经济调查评价和水土保持措施的减沙作用、与当地经济发展的关系、改善区域环境等方面的分析认为,水土保持在经济社会发展中具有重要的作用。

6. 建议:

(1)该项成果建议作为黄河中游粗泥沙集中来源区界定研究的附件。

(2)“治理分期”建议改为“治理分区”,将1.88万km^2的粗泥沙集中来源区作为重点,优先安排。

专家咨询组组长:翟家瑞

2005年9月25日

附录九

“黄河中游粗泥沙集中来源区界定研究”项目 验 收 意 见

按照黄河水利委员会基建项目管理等有关规定，黄河水利委员会水土保持局于2006年1月5日在郑州组织召开了“黄河中游粗泥沙集中来源区界定研究”项目验收会，验收委员会(略)听取了水文局关于黄河中游粗泥沙集中来源区界定研究成果的汇报，查阅了相关资料，经过讨论，形成验收意见如下：

1. 本项目通过对下游主槽淤积物的分析，寻找出对下游河道淤积危害最大的粗泥沙粒径，界定出集中来源区。项目研究技术路线正确，资料翔实可靠，完成了任务书确定的研究内容，提交了《黄河中游粗泥沙集中来源区界定研究》等报告。

2. 项目取得的主要成果如下：

(1)通过分析下游淤积物组成、不同粒径泥沙淤积比、不同来源区洪水粗泥沙含量的变化，以及小浪底水库运用以来不同粒径泥沙冲淤规律分析，提出以粒径大于0.10mm作为中游粗泥沙集中来源区界定的粗泥沙界限指标。

(2)在地质、地貌和侵蚀物钻探取样成果宏观判析的基础上，通过输沙模数变率(二阶导数)分析，以粒径0.10mm的以上输沙模数1 400t/(km^2·a)为指标，界定出黄河中游粗泥沙集中来源区面积为1.88万km^2。

(3)根据粒径粗细和粗泥沙输沙模数大小对重点治理支流进行了排序。利用遥感和GIS技术对各支流的地形、地质、土壤、植被、土地利用、水土流失和治理现状等特性进行了深入研究。

(4)按照确定的分区原则及指标对黄河中游多沙粗沙区进行了治理区划分，提出的治理分区成果符合“先粗后细”的治理策略。

(5)按各治理分区进行了水资源评价和社会经济指标的调查。

3. 项目由科研、管理、教学等单位共同协作完成，该项目研究成果应用前景广阔，将为黄河中游重点治理、下游防洪减淤、流域水资源开发利用和改善生态环境提供科学支持。

4. 项目按照黄河水利委员会有关验收规定，编制了财务决算，经过了竣工决算审计，有关文件和档案资料整理符合规定要求。

验收委员会认为：本项目全面完成了任务书确定的各项要求，符合验收规定，同意验收。

验收委员会主任：吴宾格

2006年1月5日

附录十

“黄河中游粗泥沙集中来源区界定研究”专家鉴定意见

由河南省科学技术厅邀请有关专家，于2006年3月31日对水利部黄河水利委员会治黄专项“黄河中游粗泥沙集中来源区界定研究”进行了科技成果鉴定。鉴定委员会听取了项目组的汇报并进行了质疑，审阅了研究报告、查新报告等有关材料，经充分讨论，形成鉴定意见如下：

一、该项目本着黄河减沙、减淤的目的，旨在原7.86万km^2的多沙粗沙区内，进一步界定对黄河下游淤积危害最大的粗泥沙及其集中来源区，依此作为治理的重点和突破口，以便在全面治理的基础上为实施快速治理、重点突破提供科学依据。

二、本课题研究取得如下创新性成果：

1.采用钻孔取样、输沙率平衡法和淤积比分析，对黄河下游不同时段、不同河段、不同部位淤积物粒径组成比例研究，在前人研究黄河中游粗泥沙集中来源区界定的基础上，根据治黄的需要，提出了以0.10mm为粗泥沙界限的重要指标。

2.为了确定$d \geqslant 0.10$mm粗泥沙来源地，在中游多沙粗沙区对地貌、岩性等自然地理条件空间变化进行了勘察和深入分析；对坡面、坝地淤积物粒径进行钻孔取样分析，确定粗泥沙集中来源区应在吴旗—志丹—延安—延长以北，东胜—准格尔—清水河以南，吴旗—榆林—神木—大柳塔一线以东至晋西北黄河沿岸的范围内。

3.在上述研究基础上，通过研究输沙模数与分布面积的相关关系等，最终确定出$d \geqslant 0.10$mm，且粗泥沙输沙模数大于等于1 400t/(km^2·a)的区域是粗泥沙集中来源区，面积为1.88万km^2。

4.根据来沙粒径、粗泥沙输沙模数等指标，对粗泥沙集中来源区的九条支流进行了产沙排序，依次是：窟野河、皇甫川、清水川、秃尾河、孤山川、石马川、佳芦河、乌龙河和无定河。并利用遥感和地理信息系统技术，进一步分析了重点支流内部差异，指出了支流内部治理的先后顺序，这将为重点支流治理提供科学支撑。

三、该项成果对指导防治黄河中游水土流失、减少入黄粗泥沙、防洪减淤、实施重点治理、维持黄河健康生命具有重要的理论意义和实践价值。

研究内容全面、系统，资料翔实可信，技术路线正确，科学性、实用性强，创新明显。总体上达到了国际先进水平；其中采用的界定粗泥沙集中来源区的方法，具有很强的综合集成特点，达到了国际领先水平。

建议：对粗泥沙集中来源区的产流汇流及产沙输沙规律深化研究。

鉴定委员会主任：李佩成　　副主任：山仑

2006年3月31日

注：本书中第八章至第十章内容未参加项目鉴定。

后 记

水孕育了生命,河流孕育了人类文明。

我生在长江流域的安溪河畔,儿时常嬉戏于山涧、小溪之中,似乎生来就注定要与河流结缘。但没有想到结缘的是一条举世闻名的多沙河流——黄河。因为没想到,所以大学时没下力气去学“泥沙运动学”;因为没想到,所以没在意黄河为什么姓黄;因为没想到,所以更没有去刨根问底探究黄河为什么这么黄。

25 年前,走出大学校门的我,不经意间却把命运交给偶然,去听从一条陌生河流的摆布。当我第一次同黄河零距离接触,梦想放飞的心情却再也无法飞扬起来,满怀的豪情壮志之中,却夹杂着一丝浓浓的感伤;脑子里久久萦回着那无尽的泥沙、高悬的河床、乖戾的浊流……也正是从那时起,我复杂的心情隐藏着以清澈的激流代替眼前一切的渴望;也就是在这渴望中,我学着轻轻地去把脉这条熟悉而又陌生的河流。

黄河,这条万里巨川,千百年来,因为其“黄”给人们带来多少苦难,为改变其“黄”,又有多少仁人志士为之呕心沥血、为之无奈、为之憔悴。在黑暗中摸索,是为了争取一线光明;在矛盾中徘徊,是为了理清千丝万缕。在摸索中,我领略了前贤和同仁的先见和启迪,在徘徊中,我体验了无边的苦海和无穷的快乐——这些,就是我 25 年的感悟和品味。

黄河泥沙来自广袤的黄土高原,其面积为 64 万 km^2。在这 64 万 km^2 的黄土高原中,有 45.4 万 km^2 的水土流失区;在 45.4 万 km^2 的水土流失区中,有 19.1 万 km^2 的多沙区;在 19.1 万 km^2 的多沙区中,有 7.86 万 km^2 的多沙粗沙区;在 7.86 万 km^2 的多沙粗沙区中,又有 1.88 万 km^2 的粗泥沙集中来源区。这些成果的提出,为控制黄河泥沙,特别是粗泥沙,提供了科学依据。这一串串数据的获得,既有前人的探索研究,又有我们这些后来者的继承深化。

25 年,弹指而过。从清澈的龙羊峡到浑浊的三门峡、从千沟万壑的黄土高原到一望无际的华北平原、从黄河上游的兰州到黄河河口的东营,从黄河水沙变化到黄河水土保持减水减沙效益、从黄河泥沙来源到多沙粗沙区区域界定、从多沙粗沙区区域界定到粗泥沙集中来源区界定,每走一步都在想起黄河,每行一程都在念及泥沙,因为黄河是我第二故乡,因为我生来与河流有缘。

河流是生命的发源地,是人类社会生存和发展的重要支撑。黄河健康的四大标志——堤防不决口,河道不断流,河床不抬高,污染不超标。其中前三个标志都与黄河泥沙有关。所以,解决好黄河泥沙问题,是维持黄河健康生命的核心问题之一。

感谢前贤为我指引研究黄河泥沙的航向,感谢同仁给我创造探索多沙河流的机会,感谢领导给我营造宽松的工作氛围,更感谢陪伴我度过了 20 个春秋的妻子,是她,除了完成所承担的专业工作,几乎包揽了全部家务,从多方面支持我的工作,为我专心致志地研究黄河中游多沙粗沙区和粗泥沙集中来源区等课题提供了切实保障。前辈的指点,同行的合作,朋友的帮助,亲人的理解,才最终使得本书能够顺利、及时的出版。

黄河是中国的也是世界的,与黄河结缘,一生何悔?

谨以此书献给人民治理黄河60年和所有关注黄河的人们。

徐建华

于郑州市城北路8号院

2006年6月16日